北京安全生产年鉴

BEIJING ANQUAN SHENGCHAN NIANJIAN

2015

北京市安全生产监督管理局
北京煤矿安全监察局 编

中国劳动社会保障出版社

图书在版编目(CIP)数据

北京安全生产年鉴. 2015/北京市安全生产监督管理局，北京煤矿安全监察局编. —北京：中国劳动社会保障出版社，2016

ISBN 978-7-5167-2279-4

Ⅰ.①北…　Ⅱ.①北…②北…　Ⅲ.①安全生产-北京市-2015-年鉴　Ⅳ.①X931-54

中国版本图书馆 CIP 数据核字(2016)第 001201 号

中国劳动社会保障出版社出版发行

（北京市惠新东街 1 号　邮政编码：100029）

*

中国铁道出版社印刷厂印刷装订　　新华书店经销

787 毫米×1092 毫米　16 开本　37.25 印张　6.25 彩色印张　805 千字

2016 年 1 月第 1 版　　2016 年 1 月第 1 次印刷

定价：230.00 元

读者服务部电话：(010) 64929211/64921644/84626437

营销部电话：(010) 64961894

出版社网址：http://www.class.com.cn

《北京安全生产年鉴》编纂委员会

《北京安全生产年鉴》编辑部

编 辑 说 明

一、《北京安全生产年鉴》2015年版，由北京市安全生产监督管理局（简称“市安全监管局”）、北京煤矿安全监察局（简称“北京煤监局”）编，委托北京市安全生产联合会负责资料收集和编辑工作。

二、本年鉴是一部记载北京市2014年安全生产信息的大型工具书，内容客观、真实、全面、系统，对于了解和掌握北京安全生产工作状况、取得的成就和存在的问题，研究安全生产发展变化及其规律性有重要的参考价值。

三、本年鉴紧紧围绕2014年北京市安全生产中心工作，坚持群众路线，“众手成鉴”，突出北京市安全生产的特点，全面记述、宣传和报道。

四、本年鉴选用材料由市安委会办公室、市安全监管局、北京煤监局、市政府有关委办局，以及16个区县、北京经济技术开发区安全监管局和部分企事业单位提供，经年鉴编辑部审读修改选编，报年鉴编委会审查批准后，由出版社出版发行。

五、《北京安全生产年鉴》创刊于2008年（2003年至2007年合刊），已连续出版发行8部。

六、《北京安全生产年鉴》编辑部联系方式：电话：63522837，传真：63522837，电子邮箱：bjax2013@126.com，地址：北京市朝阳区惠新东街1-1-406、407，邮编：100029。

目　录

特　载

大 事 记

安 全 监 管

统计资料

事故案例

人　　物

附　　录

索　　引

▲ 1 月 28 日，国务委员王勇（右二）来北京市指导检查安全生产工作

▲ 6 月 24 日，北京市市长王安顺（左二）带队检查本市城乡结合部安全生产工作

12月4日，交通运输部部长杨传堂（前右四）在地铁7号线指挥大厅观摩轨道交通重大运营突发事件应急演练

5月23日，国家安全监管总局副局长徐绍川（中）检查北京市安全生产宣传培训工作

11月5日，国家安全监管总局副局长李兆前（右二）在北京市顺义区调研安全生产工作

5月5日，时任北京市市委常委、市委秘书长赵凤桐（左四）检查新档案馆施工安全

6月10日，副市长陈刚（右五）带队检查朝阳区崔各庄乡拆违现场

9月23日，副市长张延昆（左一）带队检查本市燃气运营安全

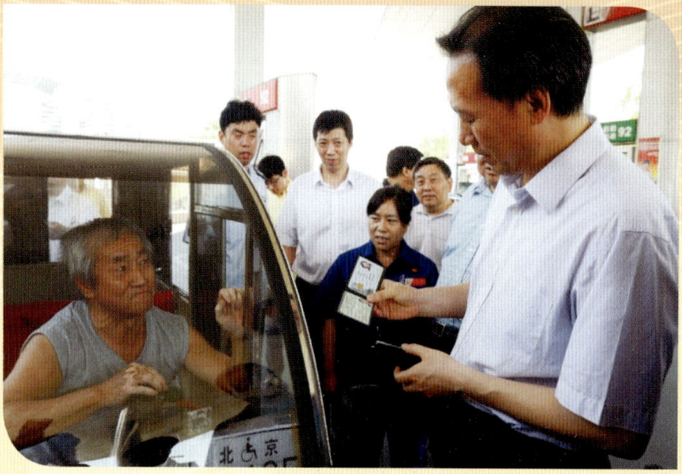

6月12日，副市长张延昆（右一）在加油站检查安全生产工作

11月24日，副市长张延昆出席全国油气输送管道隐患整治攻坚战动员部署视频会

8月12日，市安全监管局局长张树森（前右一）带队检查APEC会场施工安全

▶ 1 月 24 日，烟花爆竹综合管理物联网应用示范工程项目通过验收

◀ 10 月 30 日，市安全监管局领导带队到房山区调研危险化学品集中管理体系建设工作

▶ 5 月 22 日，市安全监管局领导带队检查加油站安全

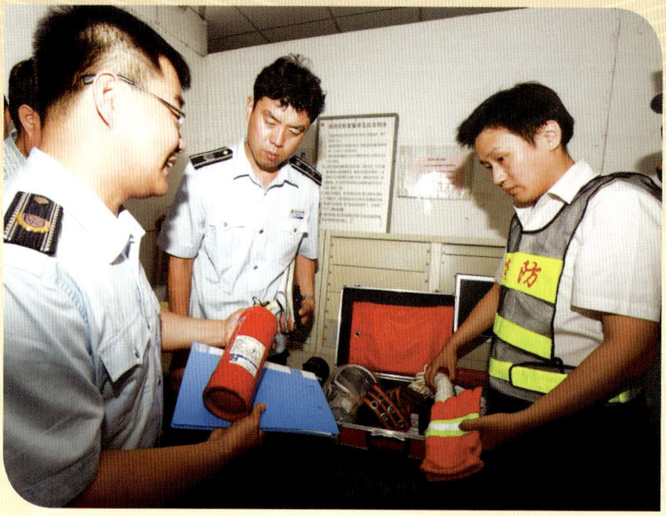

6月12日，市安全监管局执法人员检查本市餐饮场所安全

11月28日，市安全监管局副局长蔡淑敏参加第八届北京安全文化论坛并致辞

3月7日，市安全监管局副局长陈清（右）带领专项督查组，现场检查城乡结合部地区专项整治工作

市安全监管局副局长贾太保（中）检查煤矿安全生产工作

2 月 21 日，市安全监管局副局长汪卫国（中）带队调研特种作业便民补证网点设置工作

6 月 11 日，市安全监管局副局长阎军（右）夜查有限空间作业安全

6 月 29 日，市安全监管局副局长唐明明（中）主持召开安全生产物联网项目建设工作调度会

11 月 27 日，时任驻市安全监管局纪检组组长高翔（右二）在市安全监管局行政服务大厅检查工作

3 月 1 日，市安全监管局副巡视员谢清顺（右一）为外来务工人员发放安全生产宣传资料

▲ 6 月 16 日，市安全监管局副巡视员钱山（左二）参加首都之窗网站安全生产月宣传咨询日特别节目

▼ 11 月 21 日，市安全监管局副巡视员高士虎（左一）检查安全生产从业人员技能考试工作

7 月 24 日，市安全监管局执法人员夜查有限空间作业安全

北京煤监局执法监察人员到煤矿检查安全生产工作

9 月 24 日， 市安全监管局执法人员在杏山铁矿检查井下安全

6 月 17 日，北京市石油流通行业安全知识竞赛决赛现场

11 月 3 日，全市安全生产培训考核视频会

2 月 25 日，全市安全生产宣传工作会议在北京会议中心召开

▲ 12 月 3 日，安全文化示范企业创建专家评审组在燕山石化公司进行现场评定

▼ 11 月 2 日，北京市“六打六治”专项行动工作会议

▲ 6 月 16 日，北京市安全生产月宣传咨询日活动在朝阳公园举行

▶ 安全生产月宣传咨询日活动现场

6月27日，北京市青年安全生产示范岗创建活动启动仪式

北京市青年安全生产示范岗创建活动宣传展板

9月24日，安全生产月主题情景剧大赛汇报演出现场

8 月 7 日，“家庭安全知识竞赛”市级复赛活动现场

8 月 24 日，北京电视台“家庭安全知识竞赛”决赛现场

“家庭安全知识竞赛”获奖家庭代表

◀ 8月28日，市安全监管局有关人员做客首都之窗，就粉尘爆炸危险企业专项整治接受访谈

▶ 3月1日，“加强岗前培训，落实先培训后上岗制度”安全生产培训日活动走进建筑工地

▼ 燃气安全宣传日活动现场

▲ 9 月 18 日，市安委会召开国庆 65 周年和 APEC 会议安全保障工作会议

▼ 11 月 27 日，第八届北京安全文化论坛会场

▼ 安全生产宣传进社区和家庭活动

7 月 24 日，北京市第一次安全生产条件普查工作动员部署会

2 月 28 日，企业安全生产条件普查标准研讨会

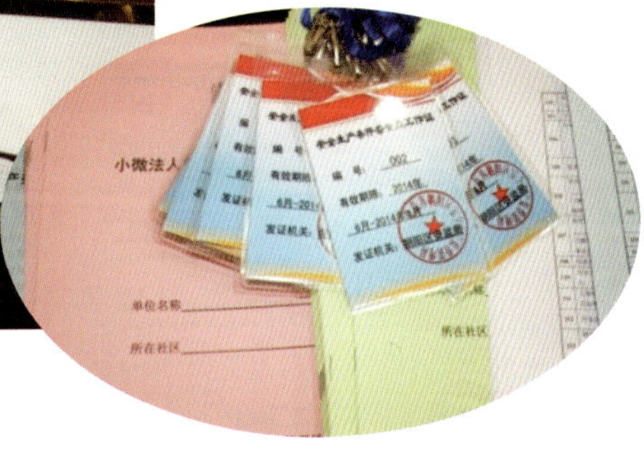

安全生产条件普查人员在查阅普查工作材料

▲ 4 月 9 日，“五小企业”安全专项整治行动

▼ 8 月 20 日，农机事故应急救援演练

特　载

【文　选】

北京市市长王安顺在市安委会工作电视电话会议上的讲话

2014 年 5 月 30 日

安全生产工作是全市最重要的一项工作，也是责任最大、风险最大的一项工作。我作为行政主要领导，担任市安委会主任一职，责任重大。各区县主要行政领导也要担任区县安委会主任，敢于担当，把安全生产工作抓在手上、放在心上。从前一阶段工作来看，各区县、各部门、各单位都高度重视安全生产，工作力度也很大，取得了新的进展和成效。但是应当清醒地认识到，当前首都安全生产形势不容乐观。从今年 1 月至 4 月安全生产事故的情况看，全市共发生道路交通、生产安全、火灾、铁路交通死亡事故 307 起，死亡 341 人，事故起数同比增加 52 起，上升 20.4%，死亡人数同比增加 59 人，上升 20.9%，事故反弹比较明显。无论是相比于去年当期的安全生产事故情况，还是相对于北京市作为全国首都重要地位来说，我们的各项安全生产指标情况都不太理想。作为首善之区，要在安全生产工作上做出表率，各项安全生产事故指标要降至全国前三名。现在，我市各项指标情况已经落后于不少兄弟省市，应当引起我们高度重视。

现在汛期马上就要到来，这个时期历来是各类安全生产事故的易发期，随着高温、雷电、暴雨等极端天气逐步增多，危险化学品、地下管网、轨道交通运营等重点领域的安全风险加大，安全生产形势更加严峻。大家必须时刻绷紧安全生产这根弦，切实把各项工作抓实抓细抓好。下面，我再强调 4 点意见。

第一，要在树立安全生产红线意识上有提高

我们一直强调，要牢固树立安全发展理念，守住发展绝不能以牺牲人的生命为代价这条红线。从当前我市安全生产事故频发的情况看，这条红线我们还是没有完全守住。部分企业安全第一的思想树立得还不牢固，从业人员的安全意识淡薄，今年一季度发生的3起煤矿死亡事故，都是因为安全意识差、违规操作造成的。我们搞建设、谋发展，最终目的不是创造多少GDP、上多少项目、盖多少高楼大厦，而是让人民过上更加幸福美好的生活，如果生命安全都不能保证，谈何幸福生活？如果为了一些眼前的小利，忽视了安全这个大计，从长远来看，得不偿失。各区县、各部门、各单位必须进一步强化安全生产红线意识，充分认识做好汛期安全生产工作的极端重要性，加强组织领导，提早部署、周密安排，以高度的责任感和紧迫感，扎实做好各项工作，确保安全度汛。

第二，要在建设安全生产责任体系上有新进展

建立健全“党政同责、一岗双责、齐抓共管”，“横向到边、纵向到底”的安全生产责任体系十分重要。行业主管部门要切实加强直接监管，特别是道路交通、城乡建设、旅游、民爆物品、特种设备、商务、体育、文化以及国有资产管理等部门，要结合本行业实际，针对汛期特点，组织和督促相关单位制定汛期安全生产工作方案，并抓好落实。区县政府要强化属地监管，从严、从细落实工作责任制，确保各项责任落实到岗位、落实到人头。同时，要深入开展安全生产标准化达标企业创建，督促企业落实好主体责任，保障安全投入，完善安全设施，提升安全生产管理水平。市安委会要发挥组织、指导和协调作用，安全监管部门要加强综合监管，围绕汛期安全生产工作重点领域和薄弱环节，进一步加大工作督导力度。

第三，要在安全生产监督检查上有创新

不断探索创新安全生产执法检查机制，坚持并推广“四不两直”工作方法，做到查前要保密，查中要严格，查后有整改，使其制度化、常态化。我和各位副市长将带队适时检查汛期安全生产工作，各区县、各部门领导也要深入基层、深入现场开展安全生产督促检查。要突出重点，对汛期安全生产重点部位和关键环节，进行拉网式检查，不放过任何一个安全隐患。在执法检查过程中还要做到“全过程、全环节、全链条”，从存在安全隐患和非法违法行为的生产经营单位入手，检查上下游产业链中的相关责任单位，建立起责任层层倒查追溯机制，掌握整个链条的安全生产情况，做到无遗漏、全覆盖。要把隐患当作事故处理，对于检查中发现的重大安全隐患和非法违法行为，全部上账，坚决查处，并及时向属地党委政府和有关部门通报。要加大公开曝光力度，适时邀请新闻媒体参与安全生产检查，积极主动对外公布检查结果，让守法者安心，违规违法者畏惧，真正起到警示和震慑作用。在检查后要开展“回头看”，对整改落实情况及时进行跟踪，杜绝整改通知书一发了之的现象，确保件件有着落，事事有回音。

第四，要在重点领域安全生产工作上有突破

抓住汛期事故多发易发和可能引起群死群伤事故的重点领域，加大工作力度，坚决遏制重特大安全事故。要采取有效措施，确保城市地下管网的安全运行。目前，北京已形成自来水、燃气、热力、电力、雨水、污水、通信、路灯、

有线电视等10大类的城市地下管线网络，总长度10万余公里，地下设施检查井近149万个，输油管道总长度达1200余公里，天然气管线达19300公里。这些地下管线密布交错，高负荷运转使用，一些设备设施老化，防御灾害水平普遍较低；还有些管线与居民区交叉重叠，安全间距不足，一旦发生事故，就是群死群伤，后果不堪设想。必须加强这方面的宣传教育、监测监控和安全管理，深入排查治理隐患，保障管线安全运行。要进一步提升地铁安全运行管理水平。现在我市地铁客流高位运营已成常态，截至一季度的数据统计，工作日日均客流达930万人次；4月4日客运量又创下历史新高，达到1124万人次。进入汛期，逢雨天特别是下大雨或暴雨时，上下班高峰期选择乘坐地铁的人群会瞬时大幅上升，一旦发生火灾、爆炸，或者运行故障等，都极易造成群死群伤，是影响城市安全运行的“不定时炸弹”。特别是在当前反恐防暴形势严峻的情况下，必须从严做好地铁安检工作，扎实细致做好地铁突发事故的应急预案。城乡结合部地区一直是安全生产的“软肋”，人口密度高，违法生产、违法经营、违法建设集中，必须持续深入开展专项整治。另外，针对汛期高温、雷电、暴雨增多的情况，还要细致排查煤矿及非煤矿山、尾矿库、危险化学品、建筑施工等领域的风险点，并切实采取有效应对措施。

北京市市长王安顺在市政府常务会上的讲话

2014年6月17日

一、充分认识首都安全工作的极端重要性

首都的安全稳定高于一切。当前我市安全生产情况不容乐观，各区县、各部门、各单位要深刻认清我们面临的严峻形势，以高度的责任感和紧迫感，把安全工作作为重中之重来抓。要以隐患排查治理为重点，以信息化和科学技术为手段，以法律法规和制度建设为保障，坚持抓法制、抓源头、抓创新、抓监管，加快构建安全监管长效机制。

二、建立多元化的安全生产投入保障机制

各级政府要建立安全生产隐患整改专项资金，市政府各有关部门要制定落实关于推动隐患排查治理工作的政策措施，对存在重大事故隐患且整改不力的企业，投资、国土资源、建设、银行、证券等部门，要严格限制新增的项目核准、用地审批、证券融资等，并作为银行贷款等的重要参考依据。要积极稳妥推行安全生产责任保险制度和重点行业领域企业安全费用提取制度，加强对企业安全生产工作的指导和监督。

三、全面加强安全生产法制建设

要加快研究制定安全生产隐患排查消除、生产经营单位主体责任落实等政策法规，及时修订完善行业安全技术标准，使安全生产真正有法可依。进一步加大安全违法处罚力度，增加企业违法成本，有效保障职工合法权益。

四、用信息化手段提高隐患排查治理能力

各区县政府、经济信息、财政等有关部门要加大对安全生产信息化的投入，进一步强化安全生产信息化建设，通过信息化手段，监督指导生产经营单位全覆盖、全过程开展隐患排查治理，形成无死角、无缝隙、可追溯的隐患排查治理体系。

五、建立重大事故隐患台账

各区县、各部门、各单位要按照预防为主、源头治理的思路，对地铁运营、地下空间、地下管线、危险化学品、人员密集场所等重点行业领域开展安全生产检查和专项整治，建立全市重大事故隐患台账。根据隐患形成原因、危害后果和治理难度等情况，分轻重缓急，提请政府分级挂账督办，实施滚动消除，坚决遏制重特大安全事故发生。

同志们，安全稳定是硬任务，是第一责任。各区县、各部门、各单位要牢固树立安全发展理念，把安全生产工作摆在更加突出的位置，推动各项工作有效落实，确保首都安全稳定、社会和谐。

北京市副市长张延昆在全市安全生产和消防工作电视电话会议上的讲话

2015 年 3 月 3 日

今年 1 月 6 日，国务院召开全国安全生产电视电话会议。全市“两会”结束之后，王安顺市长召开市安全生产委员会第一次会议，对于今年安全生产工作提出要求。今天的会议主要是贯彻落实这两个会的精神，部署 2015 年安全生产工作。刚才，树森、志强同志分别对去年的安全生产、消防工作形势进行了具体的分析，既指出成绩，也指出不足和问题，对今年的工作提出明确具体的要求，大家一定要结合本行业、本单位实际认真抓好贯彻落实。下面，我强调两点意见：

一、充分认识当前安全生产、消防安全工作存在的隐患和问题

从这几年的情况来看，最大的隐患就是责任不落实，包括企业主体责任不落实、行业监管（管理）责任不落实、属地管理责任不落实。分析这几年我们查出的安全隐患以及发生的重大和较大事故，都存在这 3 个方面责任不落实的问题。去年，已经结案的几起挖断燃气管道、地下空间作业造成人员死亡事故，都存在企业违法、违规施工，对施工人员教育不到位，甚至根本就没有教育的问题。企业存在违法行为、违章操作，监管监理单位的检查、甲方的检查形同虚设，行业监管部门、属地政府检查也不到位。

安全生产、消防安全、城市运行安全另一个最大的隐患就是不真重视。为了让大家重视安全问题，我们想了很多办法，完善相关的法律法规，完善体制机制，加强队伍建设等。特别是去年 6 月 26 日，习近平总书记提出要建立安全生产“党政同责、一岗双责、齐抓共管”责任体系和“管行业必须管安全，管业务必须管安全，管生产经营必须管安全”要求。针对的就是有些地方和部门，没有把安全生产当成一条“红线”来看，没有把事故亡人当成一条“红线”的问题。有些干部可能认为，在经济快速发展时期死几个人是不可避免的，这种想法万万要不得。

去年，市政府约谈两个企业董事长。现在出了事我们就约谈董事长，不约谈总经理，也不约谈主管安全的副总经理。有企业负责同志说，企业有分工，而且专门研究制定安全生产制度。但是，这种分工是不合理的。明确一个副总经理主管安全生产没有问题，可是企业生产经营情况他不知道，和谁签合同他不知道，分包过程当中合同是不是合法他不知道，什么时候组织施工他也不知道。他就负责去检查，一个企业上千个工地，就一个经理也查不过来。

另外，制定了制度，要靠手段来落实。比如信息化手段，检查督查手段等。之前国务院安委会督查组来京检查一个单位，问有没有应急预案，一线组织施工的人员很认真，他对单位的隐患，包括重大隐患、较大隐患都知道。但督查组问如果出了问题怎么处置，他却说应急处置预案在办公桌内锁着呢，我给你拿去。拿着应急方案来应急，这不是开玩笑吗？因为这个问题，国务院安委会进行了通报，说我们责任不落实。责任落实这个问题是老生常谈，我们能不能下决心把这个问题解决了。

第一，企业要落实主体责任。今天参加会议的都是政府部门有关领导，还有国企老总，如何让企业主体责任落实，企业内部如何实现各级主体责任落实，要想办法。比如企业标准化问题、隐患排查治理问题、企业内部安全机构建设问题、工作责任分工等问题，我建议分工由主要领导亲自抓，别再安排副总经理一个人抓，董事长、总经理亲自抓，马上落实。其中责任分工要明确，董事长、每一个经理都要把责任落实了，就解决了“看得见的管不着，管得着的看不见”问题。

第二，政府部门要检查到位。一方面，企业内部检查处罚要到位。各企业的总经理们对你们内部查出的隐患，在处罚过程中一定不能手软，对一线管理者的手软，就是对人民群众生命财产安全不负责任，就是对企业不负责任，也是对自己不负责任。另一方面，各行业主管部门、属地政府也要检查到位。对于存在较大安全隐患的单位，要下决心让它停下来进行整改，不要客气。对于安全隐患整改不到位的单位，要坚决停工整改，要综合利用各种手段，从安全生产本身进行处罚，从承包合同进行处罚，从违法经营进行处罚，把各项法律法规都用起来综合施策，树立起法律的“红线”，真正让企业的主体责任树起来。

第三，落实“管行业必须管安全”。市委、市政府“党政同责、一岗双责、齐抓共管”的文件已经印发，各区县、各委办局与市属国有企业具体实施意见正在制定过程中，要抓紧制定印发。在这我说一下“管行业必须管安全”的问题。新修订的《中华人民共和国安全生产法》明确“管行业必须管安全”的要求，所谓“管行业必须管安全”是指行业全覆盖，无死角。这件事情请各部门回去梳理一下你们的“三定”方案，对这几年市里下发的行业管理文件，该修改的修改，该废止的废止，切实主动负起“管行业必须管安全”的责任。这件事情各部门不要等着别人提，要自己主动提出来，看看有没有做到安全监管的“全覆盖”。

第四，继续加大通报、曝光、约谈力度。王安顺市长指出，北京市本身就有自己的媒体，《北京日报》、北京广播电视台等媒体，我们要主动报、主动揭短、主动发现问题、主动解决问题。不能老是今天中央电视台报一下，明天《人民日报》报一下。我们要有这种敢于担当的意识，要知道隐患在哪里，真正要主动作为、敢于作为。办法都有了，标准也有了，关键是我们抓不抓。另外，我们一些重点部门，重点行业，主管单位“一把手”要把本部门、本行业的隐患排查治理工作牢牢把握在自己手里头。地铁安全、危险化学品管理、地下输油管线、城乡结合部、人员密集场所，主管领导要了然于心，各单位“一把手”要牢牢抓在手里，保证整体运行安全、生产安全和消防安全。

二、明确重点，全力抓好当前及2015年安全生产和消防工作

2015年是全面深化改革的关键之年，是全面推进依法治国的开局之年，也是全面完成“十二五”规划目标任务的收官之年，做好全年的安全生产工作意义重大。1月6日，中共中央政治局委员、国务院副总理、国务院安委会主任马凯出席全国安全生产电视电话会议并作重要讲话，明确2015年安全生产工作的总体要求。2月11日，王安顺市长在市安委会第一次大会上，对全市安全生产工作进行部署。重点做好以下几个方面的工作：

（一）强化安全生产“红线”意识。各区县、各部门、各单位要充分认识到当前全市安全生产工作面临的严峻形势，牢固树立安全生产“红线”意识，真正把安全生产作为不能触碰、不可逾越的高压线，把“红线”作为守护生命安全的保护线。要始终把安全生产工作放在经济社会发展全局中去把握和推进，准确理解和把握安全生产的新摆位。充分发挥安全生产、消防安全在保障城市运行安全、维护社会安全稳定等方面的功能，使其与落实首都城市战略定位、推进经济结构调整、深化依法行政、维护市场秩序、提升城市治理水平有机结合起来，积极推动和谐宜居之都建设。进一步加大安全生产、消防安全在经济社会发展、精神文明建设、社会管理综合治理考核中的权重，实行安全生产和重大生产安全事故风险“一票否决”。

（二）强化安全生产责任落实。各区县、各部门、各单位要把安全生产“党

政同责、一岗双责、齐抓共管”履行情况作为党委、政府评选先进单位和先进个人，以及干部考核评价的重要内容。要进一步推动完善区县、乡镇（街道）、村委会（社区）三级安全生产责任体系，全面落实“三个必须”要求。强化安全生产综合考核，实现安全生产重点工作的量化考核。依法强化企业安全生产主体责任，围绕健全安全生产管理机构、完善安全生产制度、加强教育培训、加大安全投入、排查治理隐患等方面，严格落实企业安全生产法定职责和义务，建立自我约束、持续改进的工作机制。

（三）强化依法治安。要全面推进依法治安，把安全生产、消防安全工作纳入建设法治中国首善之区的整体战略和经济社会发展大局中谋划推动。健全完善安全生产地方性法规和规章体系，加快建立完善符合产业结构调整和城市安全运行要求的安全生产标准体系。加强安全生产监管队伍建设，强化基层监管执法力量。加大安全生产执法力度，继续保持“打非治违”的高压态势，依据新修订的《中华人民共和国安全生产法》从严从重惩处各类非法违法行为，依法严肃事故查处和责任追究。尤其是要针对事故多发、连发领域，对社会影响大的一般事故提级到由市级调查组调查，提高事故调查的威慑力。

（四）强化安全预防源头治理。要严格安全生产审查，鼓励和支持符合高端化、服务化、集聚化、融合化、低碳化要求的企业发展，推动经济存量中高危险、高污染、高耗能、高职业危害生产企业的转移或退出。进一步健全完善隐患排查治理体系，实施重点行业领域消隐工程，加强安全风险的防控。深入推进建筑施工、城镇燃气和油气输送管道隐患攻坚战、人员密集场所和劳动密集型企业消防安全、道路交通、工矿商贸、“打非治违”等重点行业领域安全生产专项整治，严格落实安全防范措施，严防重特大事故发生。

（五）深化安全生产领域改革创新。按照国务院安委会的统一部署，深入抓好北京市安全生产改革试点工作，确保年底完成各项试点任务。积极推进安全生产领域社会治理，大力培育和扶持安全生产社团和中介组织，促使他们在行业自律、技术支撑、辅助监管等工作中发挥重要作用。充分发挥安全生产责任保险在保障从业者权益，加强事故预防的作用，总结试点经验，做好全面推进的准备。开展安全生产诚信体系建设，强化激励约束措施。要充分发挥工伤保险基金的作用，加强预防工伤事故的宣传培训。要进一步加强改革试点示范，在推动通州、朝阳、房山 3 个区县的安全生产工作试点基础上，启动生产经营单位建立安全生产机构或配备专职安全生产管理人员等方面的试点。

（六）夯实安全生产基础。继续深入开展企业安全生产标准化和行业消防安全标准化建设，提升标准化达标创建的质量。实施全民安全素质提升工程，强化安全生产宣传教育和培训，特别是要提升农民工的安全意识和技能素质。加强安全生产监管机构和队伍建设，把安全生产专业人才的培养纳入全市人才规划中，加强安全生产人才的培养、使用和管理，壮大基层安全监管力量，提升专职安全员队伍履职能力。大力推广应用先进适用、简便易行的安全生产技术和装备，为弱势群体家庭、城乡结合部“六小单位”安装独立式火灾报警装置和简易喷淋系统。要发挥“物联网”和“大数据”等技术的作用，提升事故防范的能力。要加强应急管理，健全完善城市运行安全风险评估制度和预测预警机制，加强应急救援队伍建设，推动市区两级以及市级部门间的应急联动，完善应急救援体系。

（七）全力做好当前安全监管重点工作。一是做好全国“两会”安全保障工作。属地政府和有关行业部门要对会场周边生产安全、消防安全情况全部检查一遍，确保万无一失，防止出现问题，形成社会热点。二是做好元宵节烟花爆竹燃放安全监管工作。元宵节恰逢“两会”开幕，一定要严防死守，严格禁放区域和禁放时段管控。一方面要加强宣传，同时还要加大处罚力度。三是继续加强对建筑施工领域安全监管。春节过后，有些工地将陆续复工。去年 12 月 29 日，清华附中体育馆建设工地发生死亡 10 人事故后，全市所有建筑工地全部停工检查，不经验收合格，不允许复工。今天我再强调一下，这条命令没有作废，不经验收合格不允许复工。春节过后各区县、建筑主管部门、安全生产部门、消防部门还要全面检查，全面验收，一项都不能漏。既要提高工作效率，争取尽快开复工，标准也绝不能降低，合同有问题的不允许开工，分包队伍有问题的不允许开工，没有资质的不允许开工，人员教育不到位的不允许开工。四是针对大量人流返京实际，要防范交通、煤气中毒等事故发生。去年我市道路交通事故死亡人数占全市的 85%，今年全市定的目标是万车死亡率 1.64，这个指标不能突破。近期，房山、昌平、海淀又相继发生煤气中毒致人伤亡的事故，要吸取教训，加大宣传，把工作抓实抓好。

同志们，安全生产和消防工作任务艰巨，责任重大，使命光荣。我们要在市委、市政府的领导下，深入贯彻落实科学发展观，勇于改革创新，强化依法治安，狠抓责任落实，大力推动安全生产形势持续稳定好转，为经济持续健康发展和社会稳定大局做出新的更大贡献！

北京市安全监管局局长张树森在全市安全生产和消防工作电视电话会议上的讲话

2015 年 3 月 3 日

根据会议安排，我代表北京市安全生产委员会，通报 2014 年全市安全生产情况和 2015 年重点工作任务。

党的十八大和十八届三中、四中全会把安全生产工作作为全面深化改革、全面推进依法治国的重要内容。市委、市政府认真学习贯彻习近平总书记重要讲话精神，始终把安全工作作为首要任务，扎实推进落实。市委书记郭金龙3次召开市委常委会，市长王安顺6次召开市政府常务会研究部署安全生产工作。市长王安顺担任市安委会主任。市委、市政府印发《关于实施安全发展战略促进和谐宜居之都建设的意见》，把安全生产作为首都和谐宜居之都建设的重要抓手。印发《北京市安全生产“党政同责”规定》、《关于进一步完善和加强市政府工作部门安全监管（管理）职责的通知》等一系列重要文件，全市安全生产“党政同责、一岗双责、齐抓共管”局面逐步形成。

2014年，各区县、各部门、各单位按照全国和市委、市政府工作部署，扎实推进安全生产各项工作，在抓落实上狠下功夫，全市安全生产工作取得新进展、新成效。一是深入开展“六打六治”打非治违专项行动、油气输送和城镇燃气隐患排查治理、制造加工企业粉尘防爆整治、电气安全暨特种作业“双打”行动、液氨企业整治、有限空间夜查，深化矿山、危险化学品、烟花爆竹、道路交通、消防、建筑施工、特种设备、人员密集场所等重点行业领域安全专项治理，以消除事故隐患为抓手，实现安全生产工作与首都经济转型、产业机构调整、人口调控和净化市场环境有机结合。二是全面推进隐患排查治理体系建设，建立八部门安全生产标准化激励措施，启动安全生产责任保险制度，推动危险化学品集中管理体系建设，深化安全生产改革试点，助力首都安全发展。三是建立乡镇、街道（园区）安全生产专职安全员队伍，开展安全生产条件普查，强化信息化系统建设应用，进一步发挥科技创新支撑引领作用，不断加强完善安全生产基层基础工作。四是以贯彻实施新修订的《中华人民共和国安全生产法》为契机，大力推进安全生产法制建设，成功立项《北京市生产安全事故隐患排查治理办法》等政府规章，积极制定修订安全生产领域地方标准。五是坚持暗访暗查、链条式检查和约谈通报制度，严格事故调查处理和责任追究，强化重点时期安全生产检查督查，圆满完成国庆65周年、APEC会议等重大活动的安全监管任务，安全生产保障力度不断加大。

回顾总结一年来的工作，我们认真贯彻落实习近平总书记和市委、市政府对安全生产工作的一系列指示要求，努力形成“党政同责、一岗双责、齐抓共管”的工作格局。始终坚持首都功能定位，将安全生产工作放入城市功能调整的大局中来谋划。在市委、市政府的正确领导和各区县、各部门、各单位的共同努力下，全市安全生产工作取得积极进展和明显成效。但是，我们也要看到，事故总量依然较大，部分行业领域和区县重大未遂事故和较大、重大事故时有发生，安全生产形势依然严峻。

一是事故总量有所反弹。全市共发生道路交通、生产安全、火灾、铁路交通死亡事故1003起，死亡1096人，与2013年相比增加66起64人，分别上升7.0%和6.2%。各类事故死亡总人数占国务院安委会下达指标的77.7%，控制在考核指标范围内。

二是主要相对指标均控制在考核指标范围内。在反映全市安全生产整体水平的主要相对性指标中，全市亿元GDP

生产安全事故死亡率、道路交通万车死亡率分别为0.052和1.6，同比分别下降1.9%和上升4.37%，与国务院安委会下达的控制指标相比分别下降7.1%和0.1%；工矿商贸就业人员10万人生产安全事故死亡率0.91，与国务院安委会下达的控制指标相比下降26.0%，同比上升4.25%。

三是重点行业领域安全生产状况不平衡。全市发生道路交通死亡事故860起，死亡923人，同比增加69起63人，分别上升8.7%和7.3%，上升幅度较大；发生火灾死亡事故43起，死亡51人，事故起数同比上升34.4%，死亡人数同比下降3.8%；发生铁路交通事故20起，死亡20人，同比分别下降13.0%和16.7%。

发生生产安全死亡事故80起102人，事故起数减少11起，下降12.1%，死亡人数增加7人，上升6.9%。其中：建筑业事故高发，共发生建筑业死亡事故51起，死亡69人，事故起数同比减少4起，下降7.3%，死亡人数同比增加13人，上升23.2%。建筑业事故起数和死亡人数分别占事故总量的63.8%和67.6%。发生工业企业死亡事故8起，死亡10人，分别下降4.3%和2.9%。全年未发生危险化学品、非煤矿山、特种设备和农业机械死亡事故。

四是各区县安全生产状况进一步好转。大兴区、房山区等14个区县和北京经济技术开发区、市交通委等23个部门安全生产综合考核成绩优秀。东城区、房山区、怀柔区、延庆县4个区县事故总量同比下降且未发生一次死亡3人以上较大事故。

全年事故中，道路交通死亡事故占85.7%，建筑施工死亡事故占5.1%。全年共发生一次死亡3人以上事故11起，死亡41人，其中生产安全较大事故3起，死亡13人；道路交通较大事故7起，死亡24人。特别是发生了海淀"12·29"清华大学附属中学体育馆建筑工程坍塌重大事故，造成10人死亡，损失惨重，教训深刻。另外，城市运行领域事故不断，造成一定社会影响。如昌平区郝庄家园"1·9"燃气泄漏事故，房山区"7·2"餐馆爆燃事故，通州区"11·19"燃气泄漏燃烧事故，地铁5号线"11·6"伤人事故等，这些事故虽然未造成重大人员伤亡，但是一旦进一步恶化，极有可能引发群死群伤，严重威胁群众生命财产安全。

分析造成一些行业领域、一些区县事故多发，全市安全生产形势严峻的原因，一方面是影响和制约首都安全生产的深层次矛盾还没有根本解决，企业主体责任落实不到位，重生产轻安全的观念还没有得到根本改变，非法违法生产经营建设问题依然严重，非首都功能疏解力度还需进一步加大，安全生产基础工作依然薄弱，人民群众的防灾减灾意识都还需要进一步的加强和提升。另一方面，城市运行安全保障压力巨大，高速铁路公路、轨道交通、超高层建筑、城市地下管网等施工、运行与管理的压力依然较大，新老问题聚集，安全监管任务重，隐患排查治理不及时、不彻底。对此，我们必须引起高度重视。

2015年是全面完成"十二五"规划任务的关键之年，也是集中精力推动科学发展、安全发展，继续深化安全生产领域改革创新的重要一年。1月6日，国务院副总理、国务院安委会主任马凯出席全国安全生产电视电话会议并做重要讲话，对全国安全生产工作进行了部署。市委书记郭金龙、市长王安顺和副市长张延昆分别就做好当前和2015年安全生产工作做出了重要指示批示，我们要认真贯彻落实。

2015年，全市安全生产工作要以大幅度降低事故总量，坚决遏制重特大事故，实现首都安全生产形势根本好转为目标，重点抓好以下几个方面工作：

一是凝聚共识，健全完善安全生产责任体系。要紧紧围绕“党政同责、一岗双责、齐抓共管”安全生产责任体系，推动市、区县、街乡、村实现责任体系“五覆盖”。研究制定本市安全生产综合监管工作的意见和落实企业主体责任的指导意见，进一步健全综合监管工作体制机制。制定重点行业领域检查标准，明确安全检查的频次、内容、方式和要求。深化安全生产综合考核，建立动态管理的安全生产量化考核体系。坚持定期向组织部门通报安全生产情况的工作机制。制定企业主体责任落实指导意见。严格按照“四不放过”原则，依法依规做好生产安全事故调查处理，特别是针对事故高发、连发领域，对社会影响大的一般事故提级到由市级调查组调查，对发生社会影响大的较大以下事故，提高处理层次，严肃追究责任。

二是注重源头治理，推进隐患排查治理体系建设。深入贯彻落实《市政府关于推进安全生产隐患排查治理体系建设的意见》，推动、引导、规范、完善各级政府和企业隐患排查治理机制。制定隐患排查治理体系建设规范、企业导则等指导性文件，建立体系建设考核评价指标体系，客观反映评价体系建设的特点和状况。继续实施重点行业领域消隐工程，推动城乡结合部、城镇燃气和输油气管线占压等重大隐患治理。加大资金保障力度，规范管理，推进区县、乡镇街道、市属国有企业3个层面的体系建设试点。研究制定《北京市安全生产预防控制体系建设指导意见》，推进安全生产预防控制体系建设。

三是加强依法治安，深化安全生产重点领域专项整治。深刻吸取“12·29”事故教训，开展建筑施工领域安全生产大检查，严厉查处建设工程无资质、无安全生产许可证、未办理施工许可的，以及工程发包、承包、分包中的违法行为，做好建筑施工现场安全监管工作。以道路运输、轨道交通运营、危险化学品运输以及高速公路隧道、公路桥梁为重点，开展道路交通整治，严厉打击非法挂靠、非法改装、“三超一疲劳”和酒后驾驶等严重违法违规行为。落实治理措施、责任、资金、时限和预案，扎实推动城镇燃气和油气输送管道安全隐患整治攻坚。开展商市场、仓储单位、劳动密集型企业消防整治，打击“三合一”“多合一”场所违法生产经营行为。扎实开展铁路安全生产和沿线环境秩序专项整治，严查铁路沿线安全保护区内违法建设、违法施工、违法经营等问题。深入开展粉尘防爆企业、有限空间、涉氨制冷企业安全整治，以及住宅内非法违法生产经营活动专项清理行动，深化城乡结合部安全生产专项整治。加大职业卫生执法力度，推进职业卫生监管能力建设。全力做好重大活动安全保障，规范重大活动安全监管，确保重要会议、重点时期本市安全生产形势稳定。

四是强化激励约束，全面落实企业主体责任。继续推进安全生产标准化建设，规范工作流程，完善制度标准，强化年度考核和目标管理，加快推进商务、文化、旅游、广电、建筑、交通、电力、市政、水务、园林等行业领域企业达标创建。建立企业安全生产信用体系，制定企业安全生产信用体系建设管理办法，明确信用等级评定标准和信用信息归集、信用约束、信用修复、激励约束等措施，建立企业安全生产信用承诺制度，督促企业向社会和全体员工公开承诺内容。全面做好安全生产条件普查，强化协调配合和数据对接，确保普查数据的准确性和完整性。加快推进安全生产责任保险，在危险化学品、矿山、轨道交通运营、高处悬吊作业、使用液化石油气罐餐饮企业等11个领域开展安责险制度试点，逐步完善责任保险运行管理机制。

五是狠抓预防治本，深化安全生产领域改革创新。编制安全生产“十三五”规划，推动安全生产与经济社会同步协调发展。建立规划环节安全风险管控制度，加强城乡发展规划和城市地下公用基础设施与建设规划的衔接。进一步发挥中介组织与专家的作用，指导、监督、推动安全生产技术服务社团组织的顺利运行。开展百名安全监管干部对话万家企业、百名专家服务万家企业试点活动，建立专家参与安全检查和帮扶企业工作机制。深化安全生产行政审批制度改革，做好行政审批事项“放、接、管”工作。进一步推进通州区安全生产领域综合改革、朝阳区安全生产社会化工作、房山区危险化学品集中管理体系建设等试点建设任务。

六是强化基层基础，提高安全生产保障水平。进一步加大安全生产投入，加大财政资金对市级挂账生产安全隐患治理的支持力度，抓好企业安全生产费用提取使用制度的落实。以修订《北京市安全生产条例》为契机，不断健全完善法规标准和政策措施。继续加大对新修订的《中华人民共和国安全生产法》的宣传，加快出台《北京市生产安全事故隐患排查治理办法》政府规章，推进百部安全生产地方标准的制定，年底前争取完成30%。坚持“科技兴安”战略，利用信息化和物联网等技术手段，对重大危险源、重点设备设施、重点工艺环节等内容进行监控和预警。大力推进安全生产信息化建设，进一步发挥“京安工程”平台作用，优化执法检查和隐患排查治理等信息系统。强化安全生产应急管理，推动重大危险源“一对一”应急预案管理工作。充分依托社会力量强化宣传，不断巩固传统安全生产宣传阵地，打造一批安全生产宣传品牌项目，组织开展好安全生产月系列活动。加大安全生产培训力度，抓好特种作业等“三项岗位人员”的安全培训考核。进一步做好安全生产举报投诉工作，不断延伸举报投诉窗口化服务，落实举报奖励资金管理与发放。加强安全生产人才队伍建设，强化专职安全员队伍管理。

【市委、市政府文件】

中共北京市委　北京市人民政府关于实施安全发展战略促进和谐宜居之都建设的意见

京发〔2014〕21号

为深入贯彻党的十八大、十八届三中、四中全会精神和习近平总书记系列重要讲话精神，落实首都城市战略定位，提升城市治理水平，经市委、市政府同意，现就实施安全发展战略，进一步加强和改进安全生产工作，促进和谐宜居之都建设，提出如下意见。

一、牢固树立红线意识，切实推进首都安全发展

（一）把安全生产工作作为整体推进和谐宜居之都建设的重要抓手

各级党委、政府要深入贯彻落实习近平总书记关于安全生产工作的重要指示和视察北京时的重要讲话精神，牢固树立发展决不能以牺牲人的生命为代价的红线意识，始终把安全生产工作放在全市经济社会发展全局中去把握和推进。充分发挥安全生产在保障城市运行安全、维护社会安全稳定等方面的功能，使其与落实首都城市战略定位、推进经济结构调整、深化依法行政、维护市场秩序、提升城市治理水平有机结合起来，积极推动和谐宜居之都建设。

（二）把实现安全发展作为深化安全生产管理体制机制改革的根本目标

各级党委、政府要始终牢记安全发展，把人民群众生命财产安全放在第一位，坚持高标准、严要求，健全和落实"党政同责、一岗双责、齐抓共管"的责任体系，构建"党政统一领导、部门依法监管、企业全面负责、群众参与监督、社会广泛支持"的安全生产工作格局。要不断推进安全生产法治化。标准化、信息化、社会化建设，健全企业和政府对安全生产的投入保障机制，构建与全市经济社会发展相适应的隐患排查治理体系和安全预防控制体系。要坚决遏制重特大事故，有效防范较大事故和社会影响大的事故，全力压减一般事故。到2020年，反映本市安全生产形势的各项指标接近或达到发达国家水平。

二、坚持"党政同责、一岗双责、齐抓共管"，健全安全生产责任体系

（一）加强党委领导

各级党委要把安全发展纳入重要议事日程，每半年至少研究部署一次安全生产工作，全面担负起推动本地区安全发展的重要职责。把安全生产宣传教育纳入党的思想宣传工作总体布局，作为党委理论中心组学习和干部教育培训的重要内容。把安全生产考

核指标纳入经济社会发展考核评价指标体系，强化激励约束作用。加强安全生产监管机构和队伍建设，把安全生产专业人才的培养纳入全市人才规划之中，提升安全生产监管能力。

（二）落实政府责任

各级政府在党委领导下全面负责本地区安全生产工作，政府主要负责同志担任同级安全生产委员会主任，是安全生产工作第一责任人，其他负责同志对分管领域的安全生产工作负直接领导责任。各级政府每季度至少研究一次安全生产工作，协调解决重大问题，督促和支持各有关部门依法履行安全生产监管职责，落实安全生产目标管理责任制；充分发挥安全生产委员会作用，有效开展安全生产组织协调、动员部署、督办落实等工作；健全安全生产预算保障机制，加强安全生产监管能力建设和基层基础工作。

（三）明晰政府工作部门安全监管（管理）责任

各级安全监管部门要依法加强对同级行业（领域）监管（管理）部门和下级政府安全生产工作的监督、指导、协调，督促履行职责，定期开展考核，并及时向党委、政府报告，推动安全生产各项政策措施落实到位。各专项监管部门和行业（领域）监管（管理）部门要按照“谁主管、谁负责”的要求，制定完善符合本市要求的本行业（领域）安全生产标准，抓好日常监管、现场执法。专业监管、监督检查等工作，切实履行监管责任。其他相关部门要履行支持安全生产工作的责任，在干部监督考核、资金支持、产业政策、科技装备、市场监管等方面，积极落实有利于安全生产的各项措施。

（四）完善考核激励机制

进一步加大安全生产在经济社会发展、精神文明建设、社会管理综合治理考核中的权重，实行安全生产和重大生产安全事故风险“一票否决”。把安全生产“党政同责、一岗双责”履行情况作为党委、政府评选先进单位和个人以及干部考核评价的重要内容。各级安全生产委员会要进一步细化完善考核指标体系，加大对下级政府和本级政府部门的综合考核，向社会公布考核结果，并报送组织部门，作为干部考核评价和选拔任用的重要依据。

（五）发挥人大和政协监督作用

各级政府和部门要及时向同级人大及其常委会和同级政协汇报或通报安全生产工作情况。各级人大及其常委会依法加强对安全生产相关法律法规执行情况的监督检查，各级政协对安全生产工作开展民主监督，共同推进安全发展。

三、夯实企业安全生产基础，提高安全生产保障能力

（一）强化企业安全生产主体责任

企业要建立责任与考核相结合的全员安全生产责任体系，建立与现代企业制度相适应、以安全生产标准化为基础的安全生产管理体系，建立隐患排查治理体系和安全预防控制体系，做到安全投入到位、安全培训到位、基础管理到位、应急救援到位。逐步建立以注册安全工程师和注册助理安全工程师为主体的安全管理队伍，不断提升安全生产管理专业化水平。

（二）提高企业安全风险防控能力

把风险防范的理念落实到企业生产全过程，加强风险识别评估、预测预警、监测控制、应急准备和应急处置的综合管理。要根据风险状况完善事故应急预案，加强专兼职应急力量，储备必要的应急设备和物资，定期组织开展应急演练，切实提高应急处置能力。

（三）切实保障企业安全投入

危险化学品、煤矿、非煤矿山、交通运输等高危行业企业必须按照国家安全生产费用财务管理制度足额提取安全生产费用，其他行业企业也要根据有关规定提取安全生产费用，切实满足企业安全防护设备设施、应急救援设备设施和物资储备。安全生产检查检测评估、隐患排查整改和监控、安全教育培训和应急演练等方面的资金需求。

（四）加大企业安全生产培训力度

要把安全生产培训与生产经营活动同部署、同检查、同考核，全面落实先培训后上岗制度。采取理论学习与实际操作相结合的方式，加强全员安全知识和岗位安全操作、职业防护用品使用、风险辨识、应急处置、自救互救、疏散逃生等技能培训，全面提高从业人员安全素质。

（五）建立企业职业健康保障体系

企业在与从业人员订立劳动合同时，要如实告知工作过程中可能产生的职业危害和相应防护措施。加强劳动保护，改善劳动条件，预防和减少作业场所职业危害，确保从业人员安全和职业健康。落实职业病危害项目申报制度，并依法接受安全监管部门的监督。

（六）提升企业安全管理科技支撑能力

要利用物联网等信息化技术手段，对重大危险源、重点设备设施、重点工艺环节、危险区域、重要岗位以及影响生产作业安全的环境状态进行监控和预警。市政公用、交通运输、轨道交通建设等企业和地下空间、人员密集场所经营单位，要建设完善视频监控、远程监测、自动报警、智能识别等安全防护系统。

四、严格安全准入标准，促进产业结构调整升级

（一）健全法规标准体系

根据首都城市战略定位，进一步健全完善安全生产地方性法规和规章体系。借鉴国际先进经验，加快建立完善符合产业结构调整和城市安全运行要求的安全生产标准体系。

（二）严格安全生产审查

结合产业结构调整，建立安全生产负面清单制度。鼓励和支持符合高端化、服务化、集聚化、融合化、低碳化要求的企业发展，推动经济存量中高危险、高污染、高耗能。高职业危害生产企业的转移或退出。对于违反法律法规禁止性规定或达不到安全生产强制性标准的企业，市、区（县）政府应当依法责令停产停业整顿直至关闭；对于关闭的企业，有关部门应当依法吊销其相关证照。强化危险化学品安全监管，加快危险化学品集中管理体系建设，实现“集中销售、专门储存、统一配送”。

（三）建立企业安全生产信用评价和奖惩机制

建立企业安全生产信用评价体系，定期进行考核评价，考核结果作为实施安全生产监管的重要参考，并纳入社会信用体系，及时公开。建立安全生产守信激励和失信惩戒机制，对守信企业予以支持和激励，对失信企业在注册新公司、信用评级、获得荣誉、生产许可、资质审核、项目核准、政府采购、工程招投标。用地审批、投融资、财政奖补等方面依法予以限制或禁止，对严重违法失信的企业实行市场禁入制度。

五、加强安全风险防控，保障城市运行安全

（一）发挥安全生产规划引领作用

将安全生产规划纳入国民经济和社会发展规划体系，实施严格考核。地区发展规划和行业（领域）专项规划要明确安全生产目标。企业在制定发展规划和年度生产经营计划时要突出安全生产要求，确保各项安全措施到位。

（二）抓好城乡规划建设环节安全管理

充分考虑城市规划建设的整体安全性，加强城乡发展规划和城市地下公用基础设施规划的衔接，特别是与石油天然气管道、城镇燃气管线规划的衔接，建立规划环节安全风险管控制度。严格落实建设工程勘察设计质量终身负责制、建设项目安全设施和职业危害防护设施“三同时”（同时设计、同时施工、同时投产和使用）制度。

（三）推进隐患排查治理体系建设

强化企业在安全生产隐患排查治理中的主体责任，落实政府领导责任和政府部门监管责任，完善排查发现、整改治理、监控防范、惩处问责等机制，加强制度、资金、科技等方面保障，构建“职责明确、机制健全、标准清晰、政企互动、社会参与、保障有力、运转高效”的安全生产隐患排查治理体系。

（四）加强城市运行安全风险管控

健全完善城市运行安全风险评估制度和预测预警机制，加快建立对高危行业、重点工程以及重点领域的风险评估指标体系、风险监测预警和跟踪制度、风险管理联动机制。完善生产安全风险警示制度，依据风险程度，加强对事故概率高、易造成重大损失的环节和领域的监管，防范区域性、行业性和系统性风险。加强防灾减灾体系建设，提高气象、地质、地震灾害防御能力。

（五）提升应急救援能力

依托首都科技资源优势，加强安全生产技术支撑体系建设，大力推广应用先进适用的安全技术，提升安全保障能力。进一步提高各级政府应急快速响应、统筹指挥、协调调度能力，健全政府部门间以及政府与企业间应急联动机制。以企业自救互救为基础，以公安消防等相关专业应急救援队伍为支撑，以社会救援力量为补充，完善应急救援体系建设，定期开展多方协同的综合应急救援演练。加大应急救援装备建设力度，提高应急处置效率。

六、严格实施安全监管，依法打击非法违法行为

（一）健全安全生产大检查制度

按照“全覆盖、零容忍、严执法、重实效”的总要求，建立安全生产大检查与专项整治相结合的工作制度。全市每两年开展一次综合性安全生产大检查。根据工作实际，市安全生产委员会每年组织重点行业（领域）安全生产大检查，各行业（领域）监管（管理）部门组织开展集中的安全生产专项整治。各区县政府按照全市统一部署，结合本地区安全生产实际，组织开展安全生产大检查或安全生产专项整治。

（二）规范安全生产执法检查

实施安全生产监管部门权力清单制度，依法公开权力运行流程。建立生产安全事故和安全生产重大隐患责任可追溯机制，做到有案必查，有错必究，有责必追。整合优化安全生产执法资源，推动执法力量向基层和一线倾斜，完善以随机抽查为重点的日常监督检查制度。优化细化执法工作流程，严格限定和合理规范裁量权的行使。

（三）建立“四不两直”暗查暗访工作制度

将“四不两直”（不发通知、不打招呼、不听汇报、不用陪同接待，直奔基层、直插现场）暗查暗访方式制度化，市政府领导同志每年至少带队组织开展一次安全生产暗查暗访，市政府相关部门和各区县政府主要负责同志每季度至少开展一次安全生产暗查暗访。

（四）严厉打击安全生产非法违法行为

强化各级党委、政府和有关部门依法治理责任，综合运用法律、经济和教育、协商等手段，推进信息联通、执法联动、齐抓共管，严厉打击各种非法违法生产、经营、建设行为。加强对企业作业现场安全管理的监督检查，对存在严重违规行为的，要加大对企业管理人员的责任追究力度。

七、充分发挥社会力量作用，协同推进安全发展

（一）大力培育安全生产中介组织

推动行业协会商会建立健全安全生产行业自律规范、自律公约和职业道德准则，规范会员安全生产行为。鼓励行业协会商会参与制定安全生产标准、规划和政策法规。发挥首都高校、科研院所、专业人才集中的优势，培育支持风险评估、安全评价、安全培训、检验检测等方面的专业服务机构发展，积极为其参与企业安全生产工作和辅助政府监管创造条件。探索建立“政府支持、市场化运作”的事故善后处理中介组织。开展注册安全工程师事务所试点工作。

（二）发挥市场机制推动作用

支持建立北京安全生产公益基金，倡导社会机构和个人参与安全生产公益活动。将部分安全生产公共服务纳入政府购买服务指导性目录。在本市建立安全生产责任保险制度，发挥保险的风险防控和社会保障功能。从工伤保险基金中按一定比例提取专项费用，用于预防工伤事故的宣传培训工作。

（三）实施全民安全素质提升工程

大力开展安全发展示范城市、安全生产示范乡镇、安全社区、安全文化示范企业建设。充分利用电视、互联网、报纸、广播等媒体普及安全常识，增强全社会安全发展意识。在中小学广泛普及安全基础教育，加强防灾避险演练。全面开展安全生产、应急避险和职业健康知识进企业、进学校、进乡村、进社区、进家庭活动，努力提升全民安全素质。

（四）发挥社会公众的参与监督作用

充分发挥工会、共青团、妇联等组织广泛联系群众的优势，动员广大职工积极参与企业安全生产民主管理和监督。健全安全生产投诉举报机制，完善有奖举报制度，依法为举报人保密。充分发挥志愿者队伍的积极性，引导其主动参与和监督安全生产各项工作。充分发挥新闻媒体的作用，加强安全生产舆论监督。

市安全生产委员会要根据本意见制定具体实施办法。各区县、各部门、各单位要结合实际，研究制定加强安全生产、促进安全发展的具体措施，把各项工作落到实处，为建设国际一流的和谐宜居之都创造良好的安全发展环境。

中共北京市委

2014 年 12 月 1 日

北京市人民政府关于推进安全生产隐患排查治理体系建设的意见

京政发〔2014〕23号

各区、县人民政府，市政府各委、办、局，各市属机构：

为深入贯彻落实党中央、国务院关于加强安全生产工作的一系列重大决策部署和指示精神，切实预防和减少各类生产安全事故，保障人民群众生命财产安全，努力把北京建设成为国际一流的和谐宜居之都，现就推进安全生产隐患排查治理体系建设提出如下意见。

一、指导思想和工作目标

（一）指导思想

以邓小平理论、“三个代表”重要思想、科学发展观为指导，认真贯彻落实习近平总书记系列重要讲话特别是考察北京工作时的重要讲话精神，牢固树立安全生产红线意识和“以人为本、安全发展”的理念，坚持“安全第一、预防为主、综合治理”的方针，进一步落实企业安全生产主体责任，完善运行机制，健全政策措施，建立科学有效的安全生产隐患排查治理体系，推动实现安全生产隐患排查治理工作法治化、标准化、信息化和社会化。

（二）工作目标

力争用3到5年时间，建立起“职责明确、机制健全、标准清晰、政企互动、社会参与、保障有力、运转高效”的安全生产隐患排查治理体系，实现企业安全管理能力和政府安全监管水平显著提升，全社会安全生产环境普遍改善，各类生产安全事故总量持续下降，安全生产形势根本好转。

二、严格落实责任

（一）强化企业主体责任

企业是安全生产的责任主体，也是安全生产隐患排查治理的主体。要加强安全生产隐患排查治理组织机构建设，严格落实主要负责人、部门负责人、班组负责人和岗位从业人员的安全生产隐患排查治理责任制；制定符合生产经营活动特点的安全生产隐患排查标准，建立健全安全生产隐患排查、登记、评估、报告、监控、治理、验收、资金保障等规章制度。

（二）强化政府领导责任

认真贯彻落实《北京市安全生产“一岗双责”暂行规定》（京政发〔2013〕38号），明确各级政府主要负责人作为本行政区域安全生产隐患排查治理工作第一责任人；每季度至少组织召开一次工作会议，研究解决安全生产隐患排查治理工作中存在的重大问题；按照“四不两直”（不发通知、不打招呼、不听汇报、不陪同接待，直奔基层、直插现场）要求，开展经常性监督检查，严格考核奖惩，全面推进安全生产隐患排查治理体系建设。

（三）强化政府部门监管责任

要进一步健全和完善各级政府工作部门安全监管（管理）职责。按照“谁主管、谁负责，谁审批、谁负责，谁许可、谁负责”和“管行业必须管安全、管业务必须管安全、管生产经营必须管安全”的原则，落实安全生产隐患排查治理监督管理责任，制定发布企业安全生产隐患排查治理标准，检查、督促、指导重大安全生产隐患治理。

三、完善运行机制

（一）建立完善排查发现机制

企业要建立安全生产隐患风险评估制度，根据企业生产作业活动特点、生产设备设施性能及原料、货物、作业区域特性确定重点防范的事故风险；严格执行全员、全过程、全方位的安全生产隐患排查制度，开展日常检查、专项检查和全面检查，及时发现工艺系统、基础设施、技术装备、监控设施、场所环境等方面存在的危险状态及安全管理方面存在的缺陷和作业人员的不安全行为；班组每天至少要进行一次安全生产隐患排查，车间（矿区）每周至少组织一次安全生产隐患排查，工厂（矿山）每月至少组织一次全面隐患排查；建立安全生产隐患登记建档、统计分析和报告制度，如实记录、科学分析、定期保存、按时上报排查发现的安全生产隐患。

各级政府及其有关部门要组织开展经常性安全生产检查，各行业（领域）每年单独或联合开展2至3次专项检查督查，市安全生产委员会每年组织对安全生产问题突出的行业（领域）进行1至2次集中检查督查，排查发现各类隐患问题。

（二）建立完善整改治理机制

企业对排查发现的一般性安全生产隐患，要立即采取措施予以整改；对重大安全生产隐患，要组织对隐患现状进行评估，制定治理方案，落实治理责任、治理资金、治理措施、治理时限和应急预案，及时排除；严格执行重大安全生产隐患报告制度，对确认的重大隐患，要立即报告政府有关部门，并报送隐患现状评估报告和治理方案。

各级政府有关部门在接到重大安全生产隐患报告后，要根据需要进行现场核查，符合相关条件的，提请同级人民政府挂账督办；要将重大安全生产隐患治理纳入本部门工作计划，建立台账，制定专项监管方案，实施挂牌督办；要定期监督检查隐患治理进展情况，及时协调解决遇到的问题，确保企业整改治理措施落实。

（三）建立完善监控防范机制

企业要强化生产过程安全监控，完善报警、通信、定位、避险和人身防护系统，采取各种技术措施，加强重大安全生产隐患的动态监测、监控。在隐患治理过程中，要采取相应的安全防范措施，防止事故发生；事故隐患排除前或者排除过程中无法保证安全的，要从危险区域内撤出作业人员，疏散可能危及的其他人员，设置警戒标志，暂时停产停业、停止建设施工或者停止使用相关装置、设备、设施；暂时难以停产停业或停止使用相关装置、设备、设施的，按照国家有关规定妥善处置。

各级政府及其有关部门要加大对重大安全生产隐患的监控防范力度，隐患排除前或者排除过程中无法保证安全的，依法责令企业停产停业、停止施工、停止使用相关装置、设备、设施，并依法对存在重大安全生产隐患的场所、设备、设施、器材、物品实施临时查封或扣押。

（四）建立完善验收审查机制

企业在完成重大安全生产隐患治理后，应当组织专家、本单位专业技术人员或委托具有相应资质的专业机构进行验收，出具安全生产隐患治理验收评估意见；治理后符合安全生产条件的，经有关部门审查同意后方可恢复经营。

各级政府有关部门在企业验收评估后，要对政府挂账督办的重大安全生产隐患进行现场审查。经审查达到治理目标的，对事故隐患进行核销；未达到治理目标的，有关部门依法责令停产停业整顿或停止使用相关装置、设备、设施，并依法暂扣相关证照；经停产停业整顿，仍不具备安全生产条件的，应依法提请县级以上人民政府按照国务院相关规定中明确的权限予以关闭，相关部门依法吊销其有关证照。

（五）建立完善惩处问责机制

企业应建立安全生产隐患排查治理惩处制度，对未定期排查隐患或未及时有效整改的单位和人员予以责任追究。

各级政府及其有关部门要加大处罚力度，对存在未履行安全生产隐患排查治理职责造成生产安全事故、未按照规定报告重大安全生产隐患情况、未经验收合格擅自恢复生产经营等情况的企业要依法严格处罚。安全生产隐患排查治理与生产安全事故调查处理要协调联动，对未履行安全生产隐患排查治理职责导致重大、特别重大生产安全事故的企业主要负责人和相关负责人，依法追究责任；构成犯罪的，依照刑法有关规定追究刑事责任；终身不得再担任本行业企业的厂长（矿长、经理）。对存在重大安全生产隐患及整改治理不力的企业进行约谈告诫、公开曝光，其中情节严重的，还要对主要负责人和相关负责人强制进行安全生产教育培训。

各级政府及其有关部门要建立监管问责制度，对接到重大安全生产隐患举报不按照规定及时查处、发现企业存在重大安全生产隐患予以包庇纵容或存在其他玩忽职守、滥用职权、徇私舞弊行为的，要依法依规严肃处理；构成犯罪的，依法追究刑事责任。

四、强化保障措施

（一）健全法规标准

积极推进本市安全生产隐患排查治理工作法规制度建设，建立长效机制，提高安全生产隐患排查治理执法效能；制定符合首都企业安全生产实际的产业退出和工艺、设备淘汰目录；制定企业安全生产隐患排查治理实施导则，指导企业建立安全生产隐患排查治理责任制和各项规章制度；发布各行业（领域）企业安全生产隐患排查通用指导标准，制定各行业（领域）重大安全生产隐患的具体判定标准，加快推进企业安全生产隐患排查、政府监督检查等标准的融合互通。

（二）推进协调联动

税务落实落实税收政策，对企业安全生产隐患排查治理支出，按照国家有关规定，实行税前扣除；严格执行安全生产许可，建设项目安全设施与主体工程同时设计、同时施工、同时投入生产和使用等相关制度；安全生产监管部门要加强企业安全生产信用信息披露，定期向行业主管部门、投资主管部门、国土资源主管部门、证券保险监督管理部门及有关金融机构通报，并作为项目核准、用地审批、银行贷款、证券融资、保险费率浮动等的重要参考依据。

（三）完善信息化工作平台

开展企业安全生产条件普查，摸清企业安全管理水平、技术水平和危险因素等基本情况，建立企业安全生产基础信息台账；完善安全生产隐患排查治理信息化系统功能，改进运行载体和运行环境，探索使用移动终端系统，实现安全生产隐患排查治理工作信息化、精细化、便捷化、高效化。

（四）落实治理资金

市、区县政府在年度财政预算中安排安全生产隐患排查治理经费，用于支持重大安全生产隐患排查治理工作。市有关部门制定安全生产隐患排查治理资金使用管理办法，对重点行业（领域）安全技术创新、消除隐患改造、隐患监控监测等方面予以支持。

（五）提高社会化参与程度

培育安全生产隐患排查治理专业服务机构，鼓励和支持注册安全工程师事务所、安全评价机构、行业协会等社会力量参与企业安全生产隐患排查、教育培训、安全评估等基础管理工作。畅通安全生产隐患投诉举报渠道，对查证属实的，予以表彰和奖励。

（六）加强组织领导

市安全生产委员会负责本市安全生产隐患排查治理体系建设的决策部署和总体协调工作，市安全生产委员会办公室成立专门工作组负责日常工作。各区县政府、市政府有关部门和单位主要负责人要高度重视，加强领导，认真组织，明确职责，亲自推动，制定切实可行的落实意见，及时将有关情况报送市安全生产委员会办公室。

充分利用各类媒体，组织开展多种形式的宣传活动，营造良好舆论氛围，增强全社会做好安全生产隐患排查治理体系建设工作的主动性和自觉性；抓好区县、乡镇、企业试点工作，发挥示范带动作用；编印安全生产隐患排查治理体系问答手册，普及相关知识，提高治理能力。

将安全生产隐患排查治理体系建设相关工作纳入全市安全生产综合考核，对责任不落实、考核不达标的市有关部门、区县政府及其主要负责人，给予通报批评。

北京市人民政府

2014 年 8 月 8 日

北京市人民政府关于进一步完善和加强市政府工作部门安全监管（管理）职责的通知

京政发〔2014〕27号

各区、县人民政府，市政府各委、办、局，各市属机构：

为切实加强本市安全监管（管理）工作，现就进一步完善和加强市政府工作部门安全监管（管理）职责有关事项通知如下。

一、进一步明确安全监管（管理）责任

按照“谁主管、谁负责”“谁审批、谁负责”的原则，坚决落实“管行业必须管安全、管业务必须管安全、管生产经营必须管安全”“一岗双责”等要求，进一步明确安全监管（管理）责任。

（一）管理责任

不具有行政审批权或行政处罚权的政府主管部门，在职责权限内，对所主管行业的安全工作承担日常管理责任。主要包括：

1. 贯彻落实关于安全管理、安全生产等方面的法律、法规、规章和政策；起草本市相关地方性法规草案、政府规章草案；拟订并组织实施相关管理规范、技术标准。

2. 落实市政府关于安全工作的决策、部署和要求，定期研究分析行业安全工作形势，制定并实施相关工作规划、计划和措施，协调解决存在的突出问题。

3. 组织开展行业安全专项整治，指导督促有关单位开展隐患排查治理。

4. 组织制定行业安全应急预案，指导督促有关单位制定安全应急救援预案，组织行业安全应急处置和救援，配合做好事故调查处理工作。

5. 组织开展具有行业特点的安全宣传教育培训。

（二）监管责任

具有行政审批权或行政处罚权的政府主管部门，在职责权限内，除承担上述管理责任外，还需承担以下监管责任：

1. 在履行行政审批职责时，对涉及安全的有关事项严格按规定进行审查。

2. 对已审批的事项，以及未经审批擅自从事有关活动的，依法进行监督检查。

3. 依法对有关单位执行安全管理、安全生产方面的法律、法规、规章和政策以及相关管理规范、技术标准的情况进行监督检查。

4. 建立健全安全工作行政执法责任制度，及时纠正和查处违法行为。

（三）专项监管责任

承担消防、治安、公共卫生、食品药品、特种设备、职业卫生、文化执法等方面监

管职责的政府部门，在职责权限内，对本领域的安全作承担监管责任。主要包括：

1. 贯彻落实关于安全管理、安全生产等方面的法律、法规、规章和政策；起草本市相关地方性法规草案、政府规章草案；拟订相关管理规范、技术标准，并组织实施和监督检查执行情况。

2. 落实市政府关于安全工作的决策、部署和要求，定期研究分析本领域安全工作形势，制定并实施相关工作规划、计划和措施，协调解决存在的突出问题。

3. 在履行行政审批职责时，对涉及安全的有关事项严格按规定进行审查。

4. 对已审批的事项，以及未经审批擅自从事有关活动的，依法进行监督检查。

5. 制定并组织落实本领域安全隐患排查治理工作方案及措施。

6. 依法组织开展本领域专项监督检查，对安全违法行为予以纠正或给予行政处罚。

7. 组织制定本领域安全应急预案，指导督促有关单位制定安全应急救援预案，按规定权限组织本领域安全应急处置和救援，配合做好事故调查处理工作。

8. 组织开展具有本领域特点的安全宣传教育培训。

9. 承担法律、法规、规章和部门“三定”规定明确的具有本领域特点的其他责任。

（四）综合监管责任

安全生产监督管理等负有安全综合监管职责的部门，在职责权限内，承担以下综合监管责任：

1. 贯彻落实关于安全管理、安全生产等方面的法律、法规、规章和政策；起草本市相关地方性法规草案、政府规章草案；拟订相关管理规范、技术标准，并组织实施。

2. 落实市政府关于安全工作的决策、部署和要求，研究分析解决全局性、普遍性、倾向性的重大问题，制定并实施相关工作规划、计划和方案、措施。

3. 对安全工作进行分类指导、统筹协调、督促落实。

4. 组织开展安全专项整治。

5. 承担法律、法规、规章和部门“三定”规定明确的监督检查、行政处罚、安全应急管理、事故调查处理等其他责任。

二、进一步完善和加强部门安全监管（管理）职责

在《北京市人民政府关于印发市政府工作部门安全监管（管理）职责的通知》（京政发〔2004〕22号文，以下简称京政发〔2004〕22号文件）和部门“三定”规定基础上，进一步明确以下市政府部门安全监管（管理）职责。

（一）市教委

1. 负责本市各类教育机构（含学前教育机构）的安全监管，并承担相应的监管或管理责任。

2. 负责会同有关部门依照各自职责加强对校车的监督管理，并承担相应的管理责任。

3. 负责督促指导教育系统危险化学品使用的安全管理，并承担相应的管理责任。

（二）市经济信息化委（市国防科工办）

1. 负责工业、软件和信息服务业的行业管理，并承担相应的管理责任。

2. 按规定负责军工单位在武器装备科研生产活动中的安全监督管理，负责民用爆炸物品生产、销售的安全监督管理，并承担相应的监管责任。

（三）市公安局

负责危险化学品的公共安全管理，以及危险化学品运输车辆的道路交通安全管理，并承担相应的监管责任。

（四）市民政局

负责社会福利、殡葬服务等机构的行业管理，并承担相应的管理责任。

（五）市财政局

根据工作需要，负责安全管理（监管）投入保障，研究完善相关经济政策。

（六）市人力社保局

承担京政发〔2004〕22号文件中原市人事局、市劳动保障局职责。

（七）市国土局

1. 承担京政发〔2004〕22号文件中原市国土房管局（市政府房改办）除城镇房屋安全、房屋防汛相关职责以外的其他职责。

2. 负责对无采矿许可证擅自开采和越界开采的监管，并承担相应的监管责任。

（八）市规划委（首规委办）

负责指导全市违法建设查处工作，按规定制止和查处违法建设，并承担相应的监管责任。

（九）市住房城乡建设委（市政府房改办）

1. 承担京政发〔2004〕22号文件中原市建委职责和原市国土房管局（市政府房改办）关于城镇房屋使用安全管理、协调房屋防汛方面职责。

2. 负责建设工程（铁路、公路、水利、园林绿化、通信、电力等专业建设工程除外）安全生产监督管理，并承担相应的监管责任。

3. 按照管理权限，负责对在建筑业企业资质的统一监督管理中涉及安全的有关事项进行严格审查，并承担相应的监管责任。

4. 负责会同有关部门组织编制乡村建设工程施工技术规程、安全生产指南、建筑抗震与节能技术应用导则等技术文件，引导限额以下乡村建设工程的建设单位或者个人采用符合国家标准的建筑材料，并做好技术指导和服务。

5. 负责物业管理活动的综合监督管理，并承担相应的监管责任。

6. 负责普通地下室安全使用的综合管理，并承担相应的管理责任。

（十）市市政市容委（首都环境建设办）

1. 承担京政发〔2004〕22号文件中原市市政管委职责。

2. 负责城镇燃气、供热、市容环境卫生的行业管理，以及户外广告设施、城市市政道路照明设施安全运行管理，并承担相应的监管或管理责任。

3. 负责主管石油、天然气管道（不包括炼油、化工等企业厂区内管道）保护工作，并承担相应的监管责任。

（十一）市交通委

1. 承担京政发〔2004〕22号文件中原市交通委、市运输局（市海事局）、市路政局职责。

2. 负责对危险货物（含烟花爆竹）道路运输单位、运输车辆、驾驶员、装卸管理人员、押运员的资质管理，并承担相应的监管责任。

（十二）市水务局

1. 负责水利工程设施、防洪工程设施、水土保持设施等建设与运行安全的监督管理，并承担相应的监管责任。

2. 负责供水、排水、再生水利用的行业管理，并承担相应的管理责任。

（十三）市商务委

1. 负责商贸领域和餐饮、美容美发、洗染、摄影、家政、修理等生活服务业的行业管理，并承担相应的管理责任。其中，按规定对商业零售经营单位、餐饮经营单位的安全生产工作实施行业监督管理，并承担相应的监管责任。

2. 负责按规定对拍卖、典当、租赁、汽车流通、旧货流通、再生资源回收等行业进行监督管理，并承担相应的监管或管理责任。

3. 负责对生活必需品、部分应急商品、防汛物资、农业生产资料等政府储备仓库（含冷库）等行业进行监督管理，并承担相应的管理责任。

4. 会同外事等部门负责本市对外投资合作企业的安全管理，并承担相应的管理责任。

（十四）市旅游委

1. 承担京政发〔2004〕22号文件中原市旅游局职责。

2. 负责旅游、住宿业的行业管理，并承担相应的管理责任。

（十五）市文化局

负责按规定对文化娱乐场所经营单位的安全生产工作实施行业监督管理，并承担相应的管理责任。

（十六）市卫生计生委

1. 承担京政发〔2004〕22号文件中原市卫生局除食品卫生职责以外的其他职责和原市人口计生委职责。

2. 负责指导卫生医疗机构科学、安全使用危险化学品。

3. 负责职业病诊断、鉴定的监督管理，并承担相应的监管责任。

（十七）市质监局

负责对特种设备安全实施监督管理，并承担相应的专项监管责任。

（十八）市安全监管局

1. 负责危险化学品管道（不包括石油、天然气和城镇燃气管道）安全监管，并承担相应的监管责任。

2. 负责用人单位职业卫生监督管理，并承担相应的专项监管责任。

（十九）市食品药品监管局

负责食品药品安全的监督管理，并承担相应的专项监管责任。

（二十）市新闻出版广电局

1. 承担京政发〔2004〕22号文件中原市广播电视局和市新闻出版局（市版权局）职责。

2. 负责广播电影电视、新闻出版和印刷复制的行业管理，并承担相应的监管或管理责任。

（二十一）市文物局

按照文物保护的相关法律规定，负责对已依法核定为文物保护的纪念建筑物和古建筑等修缮进行安全生产监督管理，并承担相应的监管或管理责任。

（二十二）市体育局

负责体育运动场馆、设施和项目经营单位的安全监管，并承担相应的监管或管理责任。

（二十三）市园林绿化局

1. 承担京政发〔2004〕22号文件中原市园林局、首都绿化办（市林业局）职责。

2. 负责按有关规定对园林绿化生产经营单位的安全生产工作实施行业监督管理，并承担相应的监管或管理责任。

（二十四）市民防局

1. 承担京政发〔2004〕22号文件中原市人防办职责。

2. 负责人防工程安全使用的监督管理，并承担相应的监管责任。

（二十五）市农业局

1. 负责农村可再生能源开发利用的安全监管，并承担相应的管理责任。

2. 负责种植、畜牧、水产、农业机械化的行业监督管理，并承担相应的监管或管理责任。

3. 负责生猪定点屠宰监督管理，并承担相应的专项监管责任。

（二十六）市粮食局

负责粮食收购、储存等环节的安全监管，并承担相应的管理责任。

（二十七）市文化执法总队

负责集中行使文化、新闻出版广电等领域的行政处罚职责，并承担相应的专项监管责任。

（二十八）市南水北调办

负责南水北调工程项目建设与运行安全的监督管理，并承担相应的监管责任。

（二十九）市重大项目办

负责协调解决重大项目建设中安全生产疑难问题；协调市政府主管部门督促指导重大项目建设各方执行有关安全生产法律法规和政策文件。

三、其他事项

（一）各部门要充分认识首都安全工作的极端重要性，进一步强化安全监管（管理）责任意识，健全工作体系，完善长效机制，严格责任追究，抓好工作落实。各区县要结合实际，进一步完善本区县政府工作部门的安全监管（管理）职责体系，将安全工作责任落到实处。

（二）本通知所提及的内容与京政发〔2004〕22号文件和部门“三定”规定不一致的，以本通知为准；本通知未提及的相关责任要求和部门、职责等内容，仍按照京政发〔2004〕22号文件和部门“三定”规定执行。

北京市人民政府

2014年9月3日

中共北京市委办公厅　北京市人民政府办公厅关于印发《北京市安全生产“党政同责”规定》的通知

京办发〔2014〕39号

各区、县委，各区、县政府，市委、市政府各部委办局，各总公司，各人民团体，各高等院校：

经市委、市政府同意，现将《北京市安全生产“党政同责”规定》印发给你们，请认真贯彻执行。

中共北京市委办公厅
北京市人民政府办公厅
2014年12月30日

北京市安全生产“党政同责”规定

第一章　总　　则

第一条　为认真落实安全生产“党政同责、一岗双责、齐抓共管”的要求，进一步明确各级党委、政府安全生产责任，切实做好安全生产工作，结合本市实际，制定木规定。

第二条　各级党委、政府要建立健全涵盖领导班子成员及相关工作部门的安全生产责任体系，层层分解落实安全生产责任。

第二章　工作职责

第三条　各级党委安全生产工作主要职责：

（一）认真贯彻党中央、国务院关于安全生产工作的决策部署，中央领导同志有关重要指示精神以及上级机关有关安全生产工作要求，结合实际提出具体落实意见。

（二）把安全生产工作纳入党委重要议事日程，及时研究部署本地区安全生产工作重大事项。

（三）支持政府依法履行安全生产监管职责，并将安全生产工作情况作为考核评价领导班子及干部政绩的重要依据。

（四）加强安全生产宣传教育和舆论引导工作，大力宣传首都安全生产责任重于泰山、人民生命财产安全高于一切的理念，着力营造关爱生命、关注安全的良好社会氛围。

（五）加强安全生产监管队伍建设，把安全生产领域人才队伍建设纳入全市人才工作总体规划，充分发挥首都人才智力资源优势，不断提高安全生产领域人才队伍素质。

（六）严肃查处安全生产工作中的违纪行为，依法依纪追究相关党员干部的责任。

各级党委主要负责人对本地区的安全生产负领导责任。

第四条 各级政府安全生产工作主要职责：

（一）认真落实安全生产法律法规，上级党委、政府以及同级党委关于安全生产的决策部署。

（二）把安全生产工作纳入本地区国民经济和社会发展总体规划，制定并组织实施安全生产中长期发展规划、年度计划和政策措施。

（三）把安全生产工作纳入政府重要议事日程，及时研究部署本地区安全生产各项工作，协调解决重大问题，督促和支持有关部门依法履行安全生产监管职责。

（四）健全安全生产预算保障机制，进一步加大对安全生产基础设施、安全监管执法装备、事故隐患排查治理、应急救援装备和物资、安全宣传教育培训、安全生产科技创新及人才队伍建设等方面的投入，加强安全生产监管能力建设和基层基础工作。

（五）建立健全安全生产监管体系，充分发挥各级安全生产委员会的作用。

（六）健全安全生产应急救援体系，建立应急指挥机构，制定和完善生产安全事故应急救援预案，定期组织应急救援演练，切实提高领导、组织指挥事故应急救援和善后处理工作的能力。

（七）组织、督促、支持有关部门依法履行安全生产监管职责，开展安全生产执法检查，严厉打击各类安全生产非法违法行为，不断深化安全生产专项整治。

（八）依法负责或授权有关部门组织事故调查，对事故调查报告作出批复，并督促有关单位落实处理意见。

（九）法律法规规定的其他职责。

第五条 各级政府主要负责人担任本级安全生产委员会主任，全面负责本地区安全生产工作。

各级政府分管安全生产工作的负责人承担本地区安全生产工作综合协调和监督指导的领导责任，对分管行业（领域）的安全生产工作负直接领导责任。

各级政府其他负责人对分管行业（领域）的安全生产工作负直接领导责任，按照“一岗双责”的要求，协助本级政府主要负责人做好职责范围内的安全生产工作，配合分管安全生产工作的负责人抓好相关工作。

第六条 各级安全生产委员会在本级党委和政府的领导下，认真开展安全生产研究部署、指导协调、督促检查和考核奖惩等工作，推动政府有关部门严格落实安全生产监管责任。

第三章　工作机制

第七条　实行安全生产例会制度。

（一）各级党委根据本地区安全生产工作实际，及时研究解决重大问题，督促安全生产重点工作的落实。

（二）各级政府每季度至少召开1次安全生产工作会议，研究部署安全生产工作重点任务，协调解决重大问题，督促有关部门落实安全生产监管职责。

第八条　实行安全生产学习调研制度。

（一）把党中央、国务院有关重大方针政策和安全生产法律法规列入各级理论中心组学习内容。

（二）各级党委、政府领导班子成员每年至少开展1次安全生产调研，督导安全生产重点工作。

（三）各级党校（行政学院）要将安全生产教育纳入干部培训内容。

第九条　实行安全生产检查制度。

各级党委、政府要完善规范化、常态化的安全生产检查制度；各级党政领导干部要针对季节性特点和重大节日、重大活动，适时带队组织开展安全生产大检查。

第十条　实行安全生产情况通报制度。

（一）各级安全生产委员会每月通报安全生产控制指标实际情况，每季度通报贯彻落实安全生产工作重大决策部署情况。

（二）各级安全生产委员会根据安全生产工作实际，及时通报执法检查、专项整治行动中发现的重大事故隐患或严重违法违规行为，以及发生的较大及以上生产安全事故或社会影响恶劣的生产安全事故情况。

第十一条　实行安全生产约谈制度。

根据《北京市安全生产约谈办法》及各级政府制定的实施细则组织落实。需要由各级党委组织约谈的，由同级政府提出建议，报党委批准后实施。

第四章　监督与考核

第十二条　各级党委、政府每年对下级党委、政府“党政同责、一岗双责、齐抓共管”落实情况进行检查，对履职不力的，进行通报批评并督促其整改落实。

第十三条　各区县、乡镇党委、政府，街道党工委、街道办事处应于每年年初向上级党委、政府提交上年度安全生产工作情况报告。

第十四条　各级党委、政府要把安全生产考核指标纳入经济社会发展考核评价指标体系，并加大其考核权重，考核结果作为下级党委、政府及其相关工作部门能力评价和奖励惩戒的重要依据。

第十五条　凡年度安全生产综合考核不合格的党委、政府及其相关部门，当年不得参加评优评先。

第十六条 各级党政领导干部在参加评比表彰时，涉及需证明其安全生产职责履行情况的，应当书面征求安全监管部门意见。

第五章 责任追究

第十七条 各区县、乡镇党委、政府，街道党工委、街道办事处及相关工作部门未认真履行“党政同责、一岗双责”或工作不力，存在下列情形之一的，由上级党委、政府或纪检监察机关依法依纪对相关责任人严肃处理。

（一）对本地区发生生产安全事故负有责任的；

（二）对已经发生的各类生产安全事故瞒报、谎报、迟报或干涉事故调查的；

（三）发生生产安全事故，未按照规定组织救援或者玩忽职守致使人员伤亡或财产损失扩大的；

（四）未按照规定的权限、条件和程序作出行政许可决定或者因其他失职、渎职行为，造成重大生产安全事故隐患的；

（五）应当追究责任的其他情形。

第六章 附则

第十八条 各级党委、政府相关工作部门应当根据本规定制定安全生产“党政同责”实施办法。

市属国有企事业单位应当根据实际情况制定本单位安全生产“党政同责”管理制度。

第十九条 本规定自发布之日起施行。此前本市有关文件与本规定不一致的，按本规定执行。

北京市人民政府办公厅关于进一步加强煤矿安全生产工作的实施意见

京政办发〔2014〕30号

房山区、门头沟区人民政府，市政府有关委、办、局，市属有关单位：

为认真贯彻落实《国务院办公厅关于进一步加强煤矿安全生产工作的意见》（国办发〔2013〕99号）精神，进一步加强本市煤矿安全生产工作，经市政府同意，现提出如下实施意见：

一、提高煤矿安全管理和装备水平

（一）严格煤矿管理人员和专业技术人员配备标准。从事煤炭生产的企业必须有相关专业和实践经历的管理团队。煤矿必须配备矿长、总工程师和分管安全、生产、机电的副矿长，以及负责采煤、掘进、机电运输、通风、地质测量工作的专业技术人员。矿长、总工程师和分管安全、生产、机电的副矿长必须具有安全资格证，且严禁在其他煤矿兼职；专业技术人员必须具备煤矿相关专业中专以上学历或注册安全工程师资格，且具有3年以上井下工作经历。

（二）提高煤矿防灾能力。开采具有冲击地压、水文地质情况和条件复杂等煤炭资源的企业，要具备相应灾害防治能力，并经过有相应资质的机构评价，在确保安全的前提下方可开采。

（三）严格煤矿生产工艺和技术设备准入。严禁使用国家明令禁止或淘汰的设备和工艺。煤矿使用的设备必须按规定取得煤矿矿用产品安全标志，设备选型必须符合设计规范和煤层地质条件。

二、严格落实安全生产责任制

（一）建立责任倒查的考核机制。按照“一岗双责、齐抓共管”的原则，进一步细化、完善煤矿各级管理人员、各职能部门的安全管理责任，建立责任倒查的考核机制，把安全管理责任落实到岗位、落实到人。

（二）严格落实煤矿矿长责任制度和矿领导下井带班制度。煤矿矿长要落实安全生产责任，切实保护矿工生命安全，确保煤矿证照齐全，严禁无证照或者证照失效非法生产；必须在批准区域正规开采，严禁超层越界或者巷道式采煤、空顶作业；必须做到通风系统可靠，严禁无风、微风、循环风冒险作业；必须做到监控系统有效，瓦斯超限立即撤人，严禁违规作业；必须落实井下探放水规定，严禁开采防隔水煤柱；必须保证井下机电和所有提升设备完好，严禁非阻燃、非防爆设备违规入井；带班领导必须确保员工培训合格、持证上岗，严禁违章指挥。达不到安全生产要求的煤矿，一律停产整顿。

（三）完善管理人员责任制度。完善煤矿各级管理人员岗位责任；制定矿长以下的各级管理人员、重要岗位操作人员的禁止性规定，并严格贯彻落实。

三、建立健全隐患排查治理和安全预防控制体系

（一）建立健全隐患排查治理体系。要继续完善煤矿隐患排查治理体系建设，严格执行国家关于隐患认定、排查和治理的相关规定，严格对重大事故隐患、较大事故隐患和一般事故隐患进行分级分类和排查治理；规范隐患排查治理程序和标准，明确各级管理人员隐患排查治理责任，建立隐患排查治理责任追究制度；采用信息化手段，完善隐患排查治理的跟踪和预警机制，确保隐患排查治理落实到位。

（二）建立健全安全预防控制体系。要加强对煤矿风险点和危险源的监控和管理，建立风险排查的组织机构，明确监控和管理的责任部门和责任人；加强对风险的辨识、监控、巡视和检查，建立管理台账，制定风险防控应急预案，确保风险可控；积极采用先进的信息化、物联网、遥感监控等技术，逐步实现对重大风险的远程、地面、实时数据或视频监控，有效防范较大以上事故发生。

四、大力推进煤矿“五化”建设

（一）加快推进煤矿安全生产法治化建设。进一步增强法治意识，依法治矿、依法办矿，严格执行国家有关煤矿安全生产的法律法规、行业标准，不断完善有关煤矿安全生产的规章制度，并加强对制度落实情况的监督检查，推进煤矿安全管理工作法治化。

（二）加快推进煤矿机械化建设。继续推进在复杂地质条件下应用机械化采掘新技术，并进一步完善工艺流程；加快推进机电、运输和采掘工作面辅助环节机械化建设，提高机械化水平。

（三）大力推进煤矿安全质量标准化建设。深入开展以“点”（岗位、班组）、“线”（科段、专业）、“面”（煤矿）为主要内容的安全质量标准化建设工作，定期修订完善岗位达标、班组达标、科段达标的具体内容和考核制度，实施动态管理，强化动态达标。

（四）大力推进煤矿自动化建设。加强对煤矿自动化技术的研究，推进自动化技术在各生产系统、重点环节、重点部位的运用，尤其要加强对辅助环节自动化技术的研究和运用，实现自动化控制，提高煤矿运行的可靠性和安全性。

（五）大力推进煤矿信息化建设。煤矿必须确保安全监控、人员定位、通信联络系统正常运转，并持续推进信息化、物联网技术应用，充分利用和整合现有的生产调度、监测监控、隐患排查、安全风险预警、办公自动化等信息化系统，建设完善安全生产综合调度信息平台，做到视频监视、实时监测、远程控制。

五、夯实煤矿安全生产基础工作

（一）加强煤矿班组建设。持续推进“安全·和谐”班组创建工作，全面提升班组安全管理水平。进一步加强“安全·和谐”班组的制度建设，建立健全班组自主管理、班组长培训、内部考核等制度，切实推进班组安全管理体系建设。

（二）加强煤矿通风管理。严格执行煤矿通风管理的有关规定，优化通风系统，完善通风设施，加强对通风设施的管理，加强对风流、风量的调控，严格按风量组织生产。加强瓦斯及瓦斯监控系统的管理，发现瓦斯超限仍然作业的，一律按照事故查处，依法依规处理责任人。

（三）全面普查煤矿隐蔽致灾因素。要加强煤矿建设、生产期间的地质勘查，查明井田范围内的水、冲击地压、火、瓦斯等隐蔽致灾因素，分析、探明采空区及周边小煤矿的积水情况；否则，一律不得继续建设和生产。

六、加强劳动用工管理

（一）规范煤矿劳动用工管理。在一定区域内，建立劳务合作基地，公布煤矿企业招工信息，统一组织报名、资格审查、身体检查。煤矿统一招录的务工人员，要组织开展岗前培训，合格后签订劳动合同，按时足额缴纳社会保险。同时，要严格实施工伤保险实名制。

（二）维护煤矿工人合法权益。推动行业性工资集体协商机制，建立正常的工资增长机制。提高下井补贴标准，提高煤矿工人收入。严格执行国家法定工时制度。

（三）提高煤矿工人素质。加强煤矿班组安全建设，加快变“招工”为“招生”，强化矿工实际操作技能培训与考核。所有煤矿从业人员必须经考试合格后持证上岗，严格教考分离、建立统一题库、制定考核办法、对考核合格人员免费颁发上岗证书。健全考务管理体系，建立考试档案，切实做到考试不合格不发证书。

（四）加强对特种作业人员的管理。煤矿要根据本单位实际工作需要，确定本单位特种作业岗位及人员配备数量，配足配齐特种作业人员，并制定特种作业岗位安全生产责任制度、日常管理制度和操作规程，加强对特种作业人员的培训和管理，严禁无证上岗、持假证上岗。

七、强化煤矿安全生产事前防控

（一）加强职业危害的预防。要加强对煤矿职业危害的防治与管理，做好作业场所的职业卫生和劳动保护工作。采取有效措施控制尘、毒危害，保证作业场所符合国家职业卫生标准。煤矿必须按照国家有关法律、法规的规定，对新入矿工人进行职业健康检查，并建立健康档案；定期对接触粉尘、毒物等有害物质的作业人员进行职业健康检查；对离岗工人必须进行离岗职业健康检查。必须依法配备劳动保护用品，建设标准化的食堂、澡堂和宿舍。

（二）加强对轻重伤及涉险事故的调查处理。要进一步强化事前防控，树立隐患就是事故的理念，依法健全完善对轻重伤及涉险事故的调查处理工作。要按照“科学严谨、依法依规、实事求是、注重实效”的原则，查清并分析涉及管理、技术等方面的深层次原因，认真组织开展事故调查处理工作。建立轻重伤及涉险事故的统计分析制度，真正做到安全生产，预防为主。

（三）加大根治“三违”（违章指挥、违章作业和违反劳动纪律）的力度。加强对员工安全意识、遵章守纪的教育和规范操作的培训，树立“三违”是最大隐患的理念。定期对“三违”现象进行分析，提出有针对性的预防控制措施。建立治理“三违”工作的长效机制，为员工提供安全、有利于正规作业的工作环境。

（四）加强环境保护。加强煤矿开采过程的环境保护，充分应用先进的技术和方法，加大矸石回填、污水处理、环境恢复、厂区绿化美化等方面的力度，实现绿色开采。

八、提升煤矿安全监管和应急救援科学化水平

（一）落实部门安全监管职责。按照管行业必须管安全、管业务必须管安全、谁主管谁负责的原则，进一步落实各部门监管职责。创新监管监察方式方法，通过开展突击暗查、联合执法，提高监督管理的针对性和有效性。煤矿安全监管监察部门发现煤矿存在超能力生产等重大安全生产隐患和行为的，要依法责令停产整顿；国土资源部门要严厉打击煤矿超越批准的矿区范围采矿等违法违规行为。投资主管部门要提高煤矿安全技术改造资金分配使用的针对性和实效性。

（二）加强煤矿应急救援能力建设。煤矿要加强对应急救援队伍建设，每个班组必须配备一名经过培训合格的急救人员，每个工作面必须配备急救装备，建立快速有效的应急处置机制，提高应急救援能力；每年至少组织一次全员应急演练。加强煤矿事故应急救援指挥。在煤矿抢险救灾中牺牲的救援人员，应当按照国家有关规定申报烈士。

（三）加强煤矿应急救援装备建设。煤矿要按照规定建设完善紧急避险、压风自救、供水施救系统，配备井下应急广播系统，储备自救互救器材，配备适用的排水设备和应急救援物资，提升煤矿应急救援装备水平。

北京市人民政府办公厅

2014 年 5 月 7 日

北京市人民政府办公厅关于建立乡镇、街道（园区）安全生产专职安全员队伍的意见

京政办发〔2014〕31号

各区县人民政府、北京经济技术开发区管委会：

为加强本市安全生产基层基础工作，健全完善安全生产监管体系，促进安全生产形势持续稳定好转，经市政府同意，现就建立乡镇、街道（园区）安全生产专职安全员（以下简称安全员）队伍提出以下意见：

一、充分认识建立乡镇、街道（园区）安全员队伍的重要意义

市委、市政府始终高度重视安全生产工作，不断采取措施加强对安全生产的监督和管理，全市安全生产工作取得了积极成效。但是，全市安全生产形势依然严峻，安全生产基层基础工作薄弱问题仍然比较突出，主要表现在：生产安全事故总量仍然偏大；中小企业数量众多，部分地区特别是城乡结合部地区流动人口高度聚集，安全生产隐患大量存在；一些企业重生产轻安全，主体责任不落实，安全投入、安全培训、基础管理、应急救援不到位，从业人员安全意识不强；部分乡镇、街道（园区）未设立专门的安全生产监管机构，安全生产执法检查人员兼职过多、流动性大、业务素质和执法能力参差不齐，监管力量明显不足。安全稳定是首都第一位的政治任务，安全生产事关人民群众生命财产安全，事关首都经济社会发展和稳定的大局，责任重于泰山。乡镇政府、街道办事处（园区管委会）处于安全生产监管第一线，在政府监管体系中发挥着重要的作用，各区县政府必须充分认识在全市乡镇、街道（园区）建立安全员队伍的重要意义，切实统一思想，提高认识，加强基层安全生产监管队伍建设，健全完善安全生产监管体系，推动安全生产工作重心下移、安全生产检查力量向乡镇、街道（园区）下沉，确保首都科学发展、安全发展。

二、建立街道、乡镇（园区）安全员队伍的总体思路

深入贯彻落实党中央、国务院关于安全生产工作的重要指示精神，认真落实市委、市政府关于加强安全生产工作的决策部署，坚持“安全第一、预防为主、综合治理”的方针，以有效防范各类生产安全事故、保障人民群众生命财产安全为核心，以切实加强乡镇、街道（园区）安全生产检查力量为目标，积极推进乡镇、街道（园区）安全员队伍建设，夯实安全生产工作的属地责任，促进全市安全生产形势持续稳定好转，为首都经济社会平稳较快发展创造良好的安全生产环境。

三、建立街道、乡镇（园区）安全员队伍的方式和具体要求

（一）组建方式

各区县政府按照“公开、平等、竞争、择优”的原则，统一标准、统一招聘、择优聘用安全员，安全员经统一培训、考核合格后方能上岗。

安全员一律采用劳动合同制的用工方式。各乡镇政府、街道办事处（园区管委会）可以通过购买服务的方式，依托合法经营且信誉良好的劳务派遣企业与所招聘的安全员签订劳动合同，也可依托公益性就业组织与所招聘的安全员签订劳动合同。

（二）招聘条件

1. 思想政治素质好，事业心责任感强，热爱基层安全生产管理工作；

2. 遵纪守法，具有较强的组织纪律观念；

3. 一般应具有大专及以上学历，对具备一定的危险化学品、电气、机械、建筑等专业知识或具有安全生产管理工作经历者，学历条件可放宽至中等专业学校、技工学校和职业高级中学毕业；

4. 年龄一般在48周岁以下；

5. 具有正常履行职责的身体条件；

6. 本市户籍人口。

（三）配备数量

各区县政府要根据所属乡镇政府、街道办事处（园区管委会）行政区划内经济总量、生产经营单位数量、规模企业数量、从业人口数量、产业结构及行政区域面积等因素，科学合理。实事求是地确定安全员的数量。

原则上每个平原乡镇配备15～30名安全员，每个山区乡镇配备5～10名安全员，每个街道办事处配备15～25名安全员。经市编办或区县编办批准成立并有独立管辖区域的园区配备10～15名安全员。

人员密集场所（含高层建筑、地下空间）较多，危险化学品生产、经营、运输企业较多，矿山企业较多，建筑施工工地较多，城乡结合部面积较大的乡镇、街道，可以根据实际情况，适当增加安全员的配备数量。

各乡镇、街道（园区）安全员的配备数量，由各区县安全监管局会同乡镇政府、街道办事处（园区管委会）研究提出具体意见，报区县政府批准。

北京经济技术开发区按不低于50名的数量配备安全员。

（四）人员待遇及管理

安全员的工资由区县财政负担，列入区县年度财政预算予以保障。其中：工资收入水平由各区县政府按照上一年度本市职工平均工资85%～125%的比例合理确定，并根据安全员的学历水平、工作年限、工作表现、所任职务等因素，制定安全员薪酬的具体发放标准和管理办法。

安全员按规定参加社会保险，享受住房公积金和独生子女费待遇。

安全员通过注册安全工程师水平考试，获得助理注册安全工程师证书的，自完成注

册下月起，每人每月增加职业水平补贴 100～300 元。获得注册安全工程师证书的，自完成注册下月起，每人每月增加职业水平补贴 200～400 元。取得安全工程相应技术职称的，可增加相应的补贴；其中，获得高级职称的，每人每月增加补贴 300～500 元。各区县政府可以根据本地区实际，适当上浮补贴标准。

各区县安全监管局负责本辖区内安全员的统一调配使用，乡镇政府、街道办事处（园区管委会）安全监管机构负责安全员队伍的日常管理。区县安全监管局要建立健全安全员教育培训、考核评议、退出等管理制度，明确岗位职责、权利和义务，规范安全员行为。

（五）基本职责

安全员主要承担本辖区内的日常安全生产检查工作。具体职责为：

负责检查生产经营单位执行安全生产法律、法规、规章和国家标准、行业标准、地方标准的情况；负责检查本辖区内作业场所职业危害防治及职业卫生工作；发现事故隐患或者安全生产违法行为，应立即告知生产经营单位整改，认真做好记录并及时报告乡镇、街道（园区）安全监管机构。

负责宣传安全生产法律法规、方针政策及相关要求，督促生产经营单位建立健全安全生产责任制、制定安全生产规章制度和操作规程、强现场安全管理、完善安全生产条件。

参与乡镇、街道（园区）安全监管机构组织的安全生产专项整治和安全隐患排查工作。

协助相关部门和单位做好安全生产应急救援、生产安全事故现场保护、人员和财产抢救。事故调查和善后处理等工作。

负责采集生产经营单位安全生产基础信息数据，协助乡镇、街道（园区）安全监管机构建立健全各类安全生产台账，实现安全生产动态监管。

各区县政府和乡镇政府、街道办事处（园区管委会）可以根据安全员的不同岗位，制定安全员岗位职责细则。

四、认真组织实施，按时完成任务

（一）加强组织领导。各区县政府要认真研究、统筹安排本地区安全员队伍的组建工作，主要领导要亲自安排部署，确保责任到位、人员到位、资金到位、装备到位；分管领导要切实负起责任，集中精力推动工作落实。

（二）落实保障措施。各区县政府要将安全员工资、办公场所、装备设施等保障经费列入年度财政预算，确保工作正常开展。乡镇政府、街道办事处（园区管委会）要为安全员设立必要的办公场所，配备必要的办公用品，以及安全帽、防护服、防护鞋等防护装备，不断改善安全员的工作条件。

（三）按时完成任务。市安委会要将各区县政府安全员队伍建设情况纳入年度安全生产考核内容。各区县政府要及时对所属乡镇政府、街道办事处（园区管委会）贯彻落实情况进行督促检查，落实属地监管责任，不断提升安全监管水平。各区县政府应于

2014年10月底前，完成本地区安全员队伍的组建工作，并于2015年1月10日前将贯彻落实本意见的具体情况报市政府。

北京经济技术开发区安全员的招聘工作由北京经济技术开发区管委会组织实施，有关安全员的组建方式、招聘条件、人员待遇及管理、基本职责、工作要求等参照各区县的标准执行。

北京市人民政府办公厅

2014年5月28日

北京市人民政府办公厅关于印发《北京市安全生产约谈办法》的通知

京政办发〔2014〕40号

各区、县人民政府，市政府各委、办、局，各市属机构：

经市政府同意，现将《北京市安全生产约谈办法》印发给你们，请结合实际认真贯彻落实。

北京市人民政府办公厅

2014年6月30日

北京市安全生产约谈办法

第一章 总 则

第一条 为落实《北京市安全生产条例》《北京市安全生产“一岗双责”暂行规定》，强化区县政府、行业管理部门安全生产责任，有效预防和减少生产安全事故发生，制定本办法。

第二条 本办法所称安全生产约谈是指针对存在以下安全生产问题的，由市政府组织对市政府有关部门、区县政府、市属国有或国有控股企业的主要或主管负责人实施的约见谈话：

（一）安全生产检查中发现存在重大安全隐患或对重大安全隐患整改不到位的；

（二）发生重大及以上生产安全事故的；

（三）发生社会影响恶劣的较大生产安全事故的；

（四）30日内连续发生两起较大生产安全事故的；

（五）被连续3次给予安全生产警示性通报或通报后对重大安全隐患整改不到位的；

（六）其他确需约谈的事项。

第二章 约谈对象及程序

第三条 安全生产约谈人员为市长、分管安全生产的副市长或其他副市长，以及市安委会有关领导同志。约谈对象为：

（一）市政府有关部门的主要或主管领导同志；

（二）区县政府的主要或主管领导同志；

（三）市属国有或国有控股企业的主要或主管负责同志；

（四）其他确需约谈的人员。

第四条 安全生产约谈由市安委会办公室具体组织实施。可视情况需要邀请市监察局、市有关部门负责人及技术专家等参加约谈。约谈程序为：

（一）约谈前，市安委会办公室向市政府提出约谈工作建议，经市政府同意后，制定约谈方案、组成约谈小组、下发约谈通知书，注明约谈单位、被约谈人、约谈事项、约谈时间和地点，以及需要提交的相关材料等内容；

（二）约谈时，被约谈单位汇报所负责领域的安全生产工作现状和被约谈事项的有关情况，约谈领导对被约谈单位提出工作要求、整改意见和完成时限；

（三）约谈后，市安委会办公室及时形成约谈纪要发送相关部门和单位，被约谈单位须在10日内以书面形式反馈工作落实情况，市安委会办公室视工作落实情况，开展书面或现场跟踪督办。

第三章 监督考核

第五条 安全生产被约谈单位及人员应按时参加约谈，不得委托他人。对无故不参加约谈或不认真落实约谈要求的单位及个人进行通报批评，责令作出书面检查，并按有关规定追究被约谈单位和相关人员的责任，同时被约谈单位当年安全生产综合考核不得评为优秀等次。

第六条 因约谈事项未落实或落实不到位而引发生产安全事故的，按照相关法律法规规定的处理上限对被约谈单位进行处罚，对被约谈人从严追究党纪、政纪和法律责任，并对被约谈单位当年安全生产综合考核实行"一票否决"。

第四章 附 则

第七条 市政府有关部门、区县政府、市属国有或国有控股企业可根据本办法，结合实际制定本行业、区域、单位的安全生产约谈办法。

第八条 本办法自发布之日起实施。

【市安委会文件】

北京市安全生产委员会关于印发北京市安全生产情况通报办法的通知

京安发〔2014〕12号

各区、县人民政府，市政府有关委、办、局，各市属机构：

经市政府同意，现将《北京市安全生产情况通报办法》印发给你们，请结合实际认真贯彻执行。

北京市安全生产委员会

2014年7月17日

北京市安全生产情况通报办法

第一条　【目的依据】为加强安全生产监督管理，强化落实安全生产责任，加大新闻媒体和社会舆论监督力度，着力构建安全生产长效机制，依据《北京市安全生产条例》和《北京市安全生产“一岗双责”暂行规定》等法规文件，制定本办法。

第二条　【通报含义】本办法所称安全生产情况通报，是指提请市政府领导同意并以市安委会名义发布，反映全市安全生产形势，总结汲取事故教训，推广宣传经验做法，推动工作有效落实的工作制度。

第三条　【通报分类】根据通报的性质不同，分为警示性通报和表彰性通报两类。警示性通报是指内容为批评工作落后单位的通报。表彰性通报是指内容为表彰先进单位、介绍先进经验的通报。

第四条　【实施单位】市安全生产委员会办公室负责安全生产情况通报的实施和督促落实工作。

第五条　【通报原则】坚持及时准确、客观公正、公开透明的原则，定期或适时通报安全生产情况。

第六条　【通报对象】

（一）各区县政府、北京经济技术开发区管委会（以下简称“各区县”）；

（二）市政府有关部门；

（三）市属国有或国有控股企业；

（四）其他需要通报的单位。

第七条 【内容与频次】

本办法通报的安全生产情况分为月、季度的定期通报和不定期的适时通报。每月15日前和每季度下月15日前固定完成一次通报工作，根据实际情况进行适时通报。

（一）每月通报国务院安委会和市安委会下达的控制指标实施情况，包括工矿商贸（含矿山、建筑施工、特种设备）、道路交通、火灾、铁路交通、农业机械等行业领域事故情况。

（二）每季度通报贯彻落实市委、市政府和市安全生产委员会关于安全生产工作重大决策部署情况。

（三）通报执法检查或专项整治行动发现的重大事故隐患或严重违法违规行为；发生一次死亡3人以上较大及重特大安全生产事故情况，或造成恶劣社会影响的事故情况。

（四）通报安全生产工作中形成的好经验、好做法及取得的突出成效。

（五）需要通报的其他情况。

第八条 【工作程序】

（一）市安委会办公室根据工作实际，及时、准确、全面收集整理通报材料，拟定通报意见，确定通报内容；

（二）上报市安委会领导审定，提请市政府领导同意后印发；

（三）通过信函等方式，将通报材料发送至各有关单位；

（四）根据信息公开的有关规定和工作实际，采取新闻发布会或向媒体提供新闻通稿等形式，公开通报内容；

（五）根据通报要求，市安委会办公室负责做好督促落实工作。

第九条 【督促落实】

安全生产情况通报中被警示性通报的单位，应立即研究制定整改意见，认真做好整改工作，并于通报正式发出后15个工作日内将整改落实情况报市安委会办公室备案。一时无法解决的要制定并上报整改方案，指定专人负责，限期完成整改工作。

凡是被2次以上警示性通报的单位，由市安委会办公室下达整改意见函，进行挂牌督办。

第十条 【启动约谈】凡是被连续3次警示性通报或经通报重大事故隐患整改责任落实不到位的，启动安全生产约谈制度。

第十一条 【纳入考核】安全生产情况通报纳入年度安全生产综合考核内容。具体标准依据《北京市安全生产综合考核细则》确定。

第十二条 【附则】本办法由市安委会办公室负责解释，自印发之日起施行。

北京市安全生产委员会关于集中开展“六打六治”打非治违专项行动的通知

京安发〔2014〕15号

各区县人民政府，市政府有关委、办、局，市属国有企业，各有关单位：

为深入贯彻中央领导重要批示、指示，全面落实全国“六打六治”打非治违专项行动视频会议精神，深刻吸取近期发生的重大事故教训，有效防范和坚决遏制重特大安全生产事故，按照国务院安委会《关于集中开展“六打六治”打非治违专项行动的通知》（安委〔2014〕6号）要求，经市政府同意，从2014年8月至12月底，在全市范围内集中开展以“六打六治”为重点的打非治违专项行动（以下简称专项行动），现就有关事项通知如下：

一、总体要求和工作目标

以习近平总书记、李克强总理等中央领导同志关于安全生产的重要指示精神为指导，深入贯彻国务院安委会和市委、市政府的工作部署，按照“打出威风，治出成效”的总要求，集中打击、整治一批当前表现突出的非法违法、违规违章行为，全力压减一般事故，有效防范较大事故和社会影响大的事故，坚决遏制重特大事故，为党的十八届四中全会和APEC会议顺利召开创造良好的安全生产环境。

二、整治方式

此次专项行动，按照“谁审批、谁负责，谁许可、谁负责”的原则和“管行业必须管安全，管业务必须管安全，管生产经营必须管安全”的要求，行业部门制定方案，行业、属地同时行动，相互衔接，市级行业部门加强指导，属地政府组织实施。

三、整治重点

针对煤矿、金属与非金属矿山、危险化学品、油气管道、交通运输、建设施工、消防等重点行业领域，集中开展“六打六治”：

（一）打击工矿企业违法违规行为，整治主体责任不落实、粉尘治理、危化品使用等隐患排查治理不到位等问题。

牵头部门：市安全监管局

（二）打击破坏损害油气管道和液化石油气非法违法行为，整治管道周边乱建乱挖乱钻和违法违规从事燃气供应经营活动等问题。

牵头部门：市市政市容委

（三）打击“两客一危”非法运输行为，整治无证经营、充装、运输，非法改装、认证，违法挂靠、外包，违规装载和超速、超员、疲劳驾驶和长途客车夜间违规行驶等问题。

牵头部门：市交通委

（四）打击无资质施工行为，整治层层转包、违法分包等问题。

牵头部门：市住房城乡建设委

（五）打击“三合一”“多合一”场所违法生产经营行为，整治违规住人、消防设施缺失损坏、安全出口疏散通道堵塞封闭等问题。

牵头部门：市公安局消防局

（六）打击城乡结合部地区违法生产、经营、建设行为，整治“五小企业”、“六小场所”、商品批发零售市场、仓储场所及群租房屋等非法违法生产经营建设问题。

责任部门：各区县政府

四、时间步骤

专项行动从2014年8月开始，到12月底结束。分三个阶段进行：

（一）动员部署和自查自纠阶段（8月上中旬）

1. 各区县、各部门成立领导机构，在调查摸底基础上，制定实施方案，层层动员部署，广泛宣传发动。

2. 各区县政府组织对企业依法取得安全生产许可情况进行全面梳理，将未取得证照或证照过期的企业向社会公告。

3. 相关行业部门按照职责分工，组织企业认真自查自纠，凡存在重点打击整治的六类行为的，立即整改。

（二）集中打击整治阶段（8月中旬—11月底）

各区县、各部门要按照专项行动方案要求，对事故频发、隐患突出、非法违法行为突出的行业领域深入开展集中整治。要充分发挥政府统一领导、相关部门共同参与的联合执法机制，采取“四不两直”的方式，对事故频发、隐患突出、非法违法行为突出的行业（领域），强执法，严处罚，通过严格执法检查，整顿一批、规范一批、关闭取缔一批。要按照“四个一律”的要求，对非法生产经营建设和经停产整顿仍未达到要求的，一律关闭取缔；对非法违法生产经营建设的有关单位和责任人，一律按规定上限予以经济处罚；对存在违法生产经营建设行为的单位，一律责令停产整顿，并严格落实监管措施；对触犯法律的有关单位和人员，一律依法严格追究法律责任。

（三）巩固深化阶段（12月）

1. 各区县、各部门要对非法违法、违规违章行为严重的地区和单位进行重点督查，采取明察暗访、突击夜查、回头检查等方式，对已停产整顿或关闭取缔的企业逐一复查，巩固专项行动成果。市安委会将组成市级督查组开展综合督查。

2. 各区县、各部门在专项行动开展中要坚持远近结合，治标与治本结合，集中打击与长效治理结合，把查找深层次问题与完善规范制度结合起来，一手抓专项行动，一手抓安全生产法律法规和制度的健全完善，要把专项行动中行之有效的方法、措施上升为制度规范，推动建立常态化“打非治违”工作机制。

五、重点工作措施

（一）实施重大非法违法行为备案督办制度

各区县要将实施关闭取缔、暂扣或吊销有关许可证、责令停产整顿、没收非法所得并按国家规定上限罚款等行政处罚以及应追究刑事责任的严重非法违法行为的生产经营单位建立台账，并报市专项行动领导小组办公室进行备案，一案一档，跟踪督办。

（二）实施“黑名单”制度

市、区两级要将存在严重非法违法行为且不整改以及因非法违法行为导致事故的企业列入“黑名单”，并建立台账，定期在网上曝光并通报相关部门，在项目审批、核准、备案、用地审批、证券融资、银行贷款等方面严格限制，并在各类考核中实行安全生产“一票否决”。

（三）实施典型案例通报和约谈警示制度

对在专项行动发现重大安全隐患或对重大隐患整改不到位的，以及对专项行动组织开展不力或专项行动期间事故多发的地区，逐级开展约谈警示或通报。

（四）实施“一案双查”制度

专项行动期间，同一企业 1 个月内发现 2 次严重非法违法行为的，一律予以关闭，并严肃追究企业主要负责人责任。因此导致事故的，在追究企业及其负责人责任的同时，依法追究政府及有关部门相关责任人的责任。

六、组织领导和职责分工

（一）全市专项行动的组织领导

市安委会成立专项行动领导小组，组长由张延昆副市长担任，副组长由市政府副秘书长刘志、市安全监管局局长张树森担任。负责全市“六打六治”打非治违专项行动的组织领导工作。

领导小组下设“六打六治”打非治违专项行动办公室。办公室设在市安全监管局，主任由市安委会办公室主任、市安全监管局局长张树森担任，副主任由市市政市容委、市交通委、市住房城乡建设委、市公安局消防局的分管领导担任。

各区县、各部门均要成立专项行动领导小组并明确牵头部门，组织本地区、本行业、本单位专项行动。

（二）有关职能部门的职责分工

市安全监管局、市市政市容委、市交通委、市住房城乡建设委、市公安局消防局要结合实际，按照要求，认真制定本行业（领域）专项行动工作方案，并指导区县开展专项行动。市国资委负责指导督促市属国有企业认真落实整治任务；工商部门负责依法查处无照无证或证照不全的非法经营行为，并对有关部门撤销许可的企业，依法督促其办理变更经营范围或注销登记，配合有关部门依法查处取缔未经安全生产（经营）许可的企业；宣传、新闻出版广电等部门负责组织协调新闻媒体做好专项行动的宣传报道和舆论引导工作；其他有关行业主管部门要针对本行业领域存在的非法违法、违规违章行为，明确细化重点打击和整治内容，深入开展专项行动。

（三）各区县专项行动的组织领导

各区县政府要按照市级行业部门下发的专项行动方案，协调推动本地区各行业部门开展专项整治。对存在职能交叉、多头管理的行业领域，区县政府应及时协调，落实有关部门责任，防止出现推诿扯皮现象。

七、工作要求

（一）加强组织领导

各区县，各部门要细化方案，精心部署，认真组织开展好专项行动；各级领导要亲自带队进行督促和检查，切实推动解决安全生产中存在的突出问题和薄弱环节。要强化责任落实，重点强化生产经营单位主体责任、部门监管责任和属地管理责任，绝不能出现责任“真空”。

（二）强化工作落实

各区县、各部门要按照“谁主管、谁检查、谁负责”和属地管理的原则，强化安全监管，对检查发现的隐患和问题，要迅速落实整改和开展集中整治。要以处理事故的严肃态度来对待治理事故隐患。要严格执法，严厉打击各种非法违法生产经营建设行为。对情节恶劣、屡禁不止的非法违法行为，要重拳出击，坚决打击。

（三）形成社会氛围

各区县、各部门要充分发挥舆论监督和群众监督的作用，加大宣传力度，畅通投诉举报渠道，鼓励发动职工群众举报和新闻媒体曝光非法违法生产经营建设行为。通过摘选典型案例深度报道、张贴通告、散发宣传材料等形式，向社会公开宣传，营造强大的舆论声势。要坚持和完善“黑名单”制度，对非法违法生产经营建设行为猖獗、后果严重的企业，要通过媒体向社会公开曝光。

各区县、各部门于2014年8月25日前将分管领导、牵头部门、联络人员名单（姓名、部门、职务、联系方式）和专项行动方案报市安委会办公室。每月5日前报送工作进展情况，市安委会办公室将定期编发简报专刊，反映情况、交流经验。

北京市安全生产委员会

2014年8月27日

北京市安全生产委员会关于印发《北京市安全生产事故隐患排查治理体系建设三年行动计划（2015—2017）》的通知

京安发〔2014〕16号

各区县人民政府，市安委会有关成员单位，市属国有企业：

为深入推进本市安全生产隐患排查治理体系建设工作，根据《北京市人民政府关于推进安全生产事故隐患排查治理体系建设的意见》（京政发〔2014〕23号），市安全生产委员会制定了《北京市安全生产事故隐患排查治理体系建设三年行动计划（2015—2017）》，现印发给你们，请结合实际认真贯彻执行。

附件：1. 北京市安全生产事故隐患排查治理体系建设三年行动计划（2015—2017）

2. 拟制定出台法规、标准、政策、制度目录

北京市安全生产委员会

2014年9月16日

附件1

北京市安全生产事故隐患排查治理体系建设三年行动计划（2015—2017）

建立隐患排查治理体系，是市委市政府立足首都安全生产新形势，着眼科学发展、安全发展作出的重大决策和战略部署，是深化安全生产管理体制改革，建设国际一流和谐宜居之都的重要任务，对于防范遏制重特大事故，促进产业结构升级，保障城市运行安全，具有极其重要作用。为深入推进隐患排查治理体系建设工作，依据《北京市人民政府关于推进安全生产事故隐患排查治理体系建设的意见》（京政发〔2014〕23号），制定本行动计划。

一、总体思路

（一）指导思想

深入贯彻落实科学发展观，牢固树安全生产红线意识，坚持“安全第一、预防为主、综合治理”方针，以落实企业主体责任为落脚点，以细化工作任务提高可操作性为

目标，以切实解决隐患排查治理工作存在的重点难点问题为导向，以政策引导和体制机制创新为手段，着力构建严密的隐患排查治理责任落实机制、高效的隐患排查治理运行机制和有力的隐患排查治理保障机制，实现隐患排查治理工作法治化、标准化、信息化、社会化，保障首都城市运行安全。

（二）推进原则

——夯实基础，分步实施。把提升隐患排查治理法治化、信息化水平和强化基层基础工作放在突出位置，加强统筹规划、规范管理，加大投入和保障力度；通过滚动推进计划实施，分步、有序推进隐患排查治理体系建设持续深入开展。

——统筹兼顾，稳妥推进。统筹兼顾隐患排查治理体系政策、资金、队伍、管理等方面的问题，加强与日常监管、标准化建设、专项整治的有机结合，扎实稳妥推进，不急于求成、不图形式、不搞花架子。

——市区联动，示范带动。市和区县两级政府协调推进，支持有基础、有条件的区县先行先试，加快重点领域、重点区域、重点企业的示范建设，增强辐射和带动作用。

——政府引导，企业主体。加强政府引导，强化政策法规、标准规范建设，加强安全监管和指导服务，营造公平有序的社会环境。坚持以企业需求为导向，综合运用法律、经济、科技和行政手段，充分调动企业隐患排查治理内动力，形成全社会广泛参与隐患排查治理体系建设的良好氛围。

（三）工作目标

力争用 3 年左右时间，建立起“职责明确、机制健全、标准清晰、运转高效、保障有力、政企互动、社会参与”的隐患排查治理体系，实现企业安全管理能力本质提升，政府安全监管水平显著提高，社会安全生产环境普遍改善，各类事故总量持续下降，安全生产形势根本好转。

二、主要任务

（一）完善隐患排查治理法规标准

1. 制定隐患排查治理地方政府规章。以市政府令形式出台本市隐患排查治理规定，进一步细化上位法的原则规定，强化企业主体责任，明确部门职责分工，强化监管手段，提高违法成本。2014 年年底前，完成规章的前期调研和立项论证工作。2015 年年底前，完成规章的起草工作。（责任单位：市安全监管局，完成时限：2015 年 12 月 31 日）

2. 制定隐患排查治理规范性文件。以市安全监管局名义印发企业隐患排查治理实施导则，从具体操作层面指导企业建立隐患排查治理责任制和各项规章制度，开展隐患排查、上报、治理、验收和建档工作。（责任单位：市安全监管局，完成时限：2015 年 6 月 30 日）

3. 制定各行业领域隐患排查指导标准。结合安全生产标准化工作，充分发挥指导服务职能，梳理安全生产相关法律、法规、标准、规范、规程，制定发布各行业领域企业隐患排查指导标准。条件成熟的，可上升为地方标准。（责任单位：市安全监管局、市城乡住房建设委、市发展改革委、市经信委、市交通委、市商务委、市文化委、市旅

游委、市民防局等有关部门，完成时限：2015 年 12 月 31 日）

4. 制定各行业领域重大隐患具体判定标准。根据安全生产相关法律、法规、标准、规范、规程，制定出台各行业领域重大隐患具体判定标准。条件成熟的，可上升为地方标准。（责任单位：市安全监管局、市城乡住房建设委、市发展改革委、市经信委、市交通委、市商务委、市文化委、市旅游委、市民防局等有关部门，完成时限：2015 年 12 月 31 日）

（二）提升隐患排查治理信息化支撑

1. 建设企业基础信息台账系统。开展全覆盖企业安全生产条件普查，摸清监管底数和企业安全管理水平、技术水平和危险因素等基本情况，建立企业安全生产基础信息台账，做到底数清、情况明。2014 年启动安全生产条件普查工作，完成 2.3 万家；2015 年全面完成企业安全生产条件普查工作。（责任单位：各区县政府、市安全监管局，完成时限：2015 年 12 月 31 日）

2. 完善隐患排查治理信息系统功能。改进系统运用载体和环境，推行移动终端系统，加大推广运用力度，提高系统运用的覆盖面，拓展系统运用的深度和广度，实现隐患排查治理工作的信息化、精细化、便捷化、高效化。2014 年年底前，完成系统功能调整；2015 年 6 月底前，完成移动终端软件开发，完成系统推广运用的再动员再部署；2015 年年底前，将系统延伸至相关行业主管部门，实现行业部门全覆盖。（责任单位：市安全监管局、市有关行业监管部门、各区县政府，完成时限：2015 年 12 月 31 日）

（三）完善隐患排查治理激励约束政策措施

1. 落实隐患排查治理税收政策。按照国家有关规定，研究隐患排查治理资金列支、税前扣除和安全生产专用设备税款抵扣的具体实施办法。（责任单位：市财政局、市地税局、市安全监管局，完成时限：2015 年 12 月 31 日）

2. 建立企业信用信息联动制度。记录企业隐患排查治理信用信息，定期通报政府有关部门。制定隐患排查治理情况与企业工伤保险费率、安全生产责任险费率浮动挂钩的具体实施办法。（责任单位：市人力社保局、市安全监管局、市工商局，完成时限：2015 年 12 月 31 日）

3. 建立市区（县）两级隐患治理财政资金保障机制。市和区县人民政府在年度预算中安排隐患治理经费，支持重大事故隐患治理工作，在政策允许范围内，对重点行业领域消隐改造、企业安全技术创新等方面给予支持。（责任单位：市财政局、市安全监管局、各区县政府，完成时限：2015 年 12 月 31 日）

4. 制定出台多元化安全生产投入保障政策措施。落实企业安全生产费用提取制度，鼓励企业建立内部安全保障金和隐患报告奖励金；研究工伤保险、安全生产责任保险费用提取，设立安全生产公益性基金等政策措施，调动政府、企业和社会各方面的资源和力量参与到隐患排查治理工作。（责任单位：市安全监管局、市有关部门，完成时限：2015 年 12 月 31 日）

5. 加大隐患投诉举报奖励力度。完善隐患投诉举报奖励制度，鼓励通过来信、走访、网络、电话等方式，举报安全生产事故隐患和安全生产违法行为。经查证属实的，对实名举报人予以现金奖励。（责任单位：市安全监管局、市财政局，完成时限：2014年12月31日）

6. 制定符合本市经济社会发展实际的产业退出和工艺、设备淘汰目录。结合本市城市功能发展定位，对不符合本市产业政策要求的低端产业和危及生产和人身安全，不具备安全生产条件的工艺、设备强制淘汰退出。（责任单位：市发展改革委、市经信委、市安全监管局，完成时限：2016年12月31日）

7. 加强乡镇街道专职安全生产检查员队伍建设。按照《市政府办公厅关于建立全市乡镇（街道）安全生产专职安全员队伍的意见》要求，配齐配强人员，落实专职安全员隐患发现报告等基本职责。2014年年底前，原则上每个平原乡镇配备15～30名安全员，每个山区乡镇配备5～10名安全员，每个街道办事处配备15～25名安全员，有独立管辖区域的各类园区配备10～15名安全员。（责任单位：市安全监管局、各区县政府，完成时限：2014年12月31日）

（四）强化政府监管和引导

1. 在《北京市安全生产"一岗双责"暂行规定》基础上制定出台《北京市安全生产党政同责规定》。各地区、各部门要结合本单位实际情况，梳理细化并落实各级党委、政府及其工作部门领导干部与岗位业务工作职责密切相关的安全生产监督管理职责。（责任单位：市有关部门、各区县政府，完成时限：2015年6月30日）

2. 出台《关于进一步完善和加强市政府工作部门安全监管（管理）职责的通知》，进一步明确各部门承担的管理责任、监管责任、专项监管责任、综合监管责任的内容和要求。各区县应根据文件精神，修订完善本区县政府工作部门安全监管（管理）职责。（责任单位：市编办、市安全监管局、各区县政府，完成时限：2015年6月30日）

3. 建立企业惩戒约束机制。制定《安全生产约谈办法》、《安全生产情况通报办法》以及《企业安全生产违法行为警示办法》，定期通报隐患排查治理情况，对重大事故隐患整改治理不力，拖延或拒绝履行重大隐患治理责任的，对企业主要负责人进行约谈告诫。（责任单位：市安全监管局，完成时限：2014年12月31日）

4. 落实隐患排查治理与事故调查处理联动制度。加大对发生安全生产责任事故的倒查问责力度，对发生责任事故的企业按照属地管理和行业监管职责范围进行责任倒查，将事故隐患排查治理工作开展情况，作为追究或从重追究相关责任的重要依据。（责任单位：市安全监管局、市监察局，完成时限：2015年12月31日）

（五）实施隐患排查治理工程

1. 实施重点行业领域专项整治工程。立足于除大隐患、防大事故，每年突出几个行业领域，持续深化矿山、建筑施工、危险化学品、瓶装液化石油气、道路交通、消防、人防工程及普通地下空间、城市地下管网、轨道交通建设及地铁运营、城乡结合部等事故易发高发地区和行业领域的专项整治。（责任单位：市安全监管局、市有关行业监管部门，完成时限：2017年12月31日）

2. 实施重点行业领域消隐工程。各区县、各部门在专项整治和执法检查基础上，逐级建立重大事故隐患台账，进行挂账督办，落实保障资金，实施三年滚动治理。市安委会办公室统筹协调、督促落实。（责任单位：市安全监管局、市财政局、市有关行业监管部门、有关区县政府，完成时限：2017 年 12 月 31 日）

3. 实施标准化达标创建消隐工程。将隐患排查治理工作与安全生产标准化创建工作与紧密结合，将企业安全生产标准化未达标项作为隐患，落实整改治理措施。（责任单位：市安全监管局、市有关行业监管部门、有关区县政府，完成时限：2017 年 12 月 31 日）

4. 实施安全发展示范工程。以隐患排查治理为抓手，开展安全发展示范城市、示范乡镇（街道）建设，大力发展本质安全型企业，打造安全发展性行业，创新监管体制机制。2016 年年底前，完成乡镇（街道）的安全发展示范创建试点。（责任单位：有关区县政府、市安全监管局，完成时限：2016 年 12 月 31 日）

5. 实施企业典型带动工程。按照“属地为主、典型带动”原则，各区县要注重发现、培养和树立隐患排查治理典型企业，形成可复制、可借鉴、可推广的经验做法。2015 年底前，每个区县典型示范企业不少于 5 家。（责任单位：各区县政府、市安全监管局，完成时限：2016 年 12 月 31 日）

6. 实施隐患排查治理培训工程。组织开展市、区（县）两级培训，编印隐患排查治理体系培训教材，服务指导企业建立完善内部隐患排查治理机制，教育培训企业实际操作使用隐患排查治理信息系统。（责任单位：市安全监管局，完成时限：2015 年 12 月 30 日）

7. 实施千企万人服务基层工程。组织本市安全生产专家、专业技术人员以及注册安全工程师开展服务企业活动。根据企业实际和需求，全面宣传、讲解安全生产法律法规和安全管理知识，以隐患排查治理为重点，解决企业安全管理上存在的突出问题和薄弱环节。（责任单位：市安全监管局、市有关行业监管部门、各区县政府，完成时限：2016 年 12 月 31 日）

8. 实施中介组织培育工程。扶持、培育一批安全评价机构、注册安全工程师事务所等社会中介组织，参与隐患现状评估、治理方案审核、治理结果验收和隐患治理技术服务工作。2015 年年底前，扶持、培育隐患排查治理中介组织 10 家。（责任单位：市安全监管局，完成时限：2016 年 12 月 31 日）

三、保障措施

（一）加强组织领导

各单位要进一步统一思想，提高认识，主要领导要对本单位承担的工作任务亲自过问、亲自研究、亲自上手、亲自推动，破解难题、干出亮点。各单位要制定各项工作任务的落实预案，明确承办部门、责任人和完成时限。各单位应于 2014 年 12 月 31 日前，将工作任务落实预案报市安委会办公室，并应于每季度末向市安委会办公室报送所承办任务的进展情况。

（二）加强协调配合

各单位要紧紧围绕行动计划确定的主要任务，突出重点，力克难点，注重部门协作配合。承办单位要敢于担当，细化任务分工，牵好头、抓好总，协办单位要主要作为，积极配合，形成工作合力，确保各项工作任务顺利完成。

（三）加强督促考核

市安委会办公室要加强隐患排查治理体系建设工作落实的督导检查，定期调度工作任务推进情况，并在每季度市安委会专题会议上进行通报，确保各项措施落到实处，各项任务取得实效。隐患排查治理体系建设工作纳入各区县、各部门安全生产综合考核内容，突出工作过程和工作结果量化考核。对任务完成质量较高、业绩突出的，纳入北京市安全生产先进单位和先进个人奖项，给予表彰奖励；对责任不落实、未按要求完成任务或配合不力的，给予通报批评。

（四）加强宣传报道

充分利用报纸、电视、广播、网络、手机等各类新闻媒介，全方位、多层次、多角度宣传隐患排查治理体系建设工作，宣传先进经验和正面典型，曝光隐患排查治理违法行为，营造全社会了解、支持、参与隐患排查治理的舆论氛围。

附件 2

拟制定出台法规、标准、政策、制度目录

1. 生产安全隐患排查治理规定（地方政府规章）
2. 企业隐患排查治理实施导则（规范性文件）
3. 各行业领域隐患排查指导标准
4. 各行业领域重大隐患判定标准
5. 危及安全生产的产业退出或限制目录
6. 危及安全生产的工艺、设备淘汰目录
7. 多元化安全生产投入保障政策
8. 企业隐患治理资金税前扣除具体实施办法
9. 企业隐患排查治理信用信息管理办法
10. 隐患举报投诉奖励办法
11. 安全生产党政同责规定
12. 完善和加强市政府工作部门安全监管职责的意见
13. 安全生产约谈办法
14. 安全生产情况通报办法
15. 企业安全生产违法行为警示办法
16. 隐患排查治理与事故调查处理联动制度

【规范性文件】

北京市安全生产监督管理局关于实施烟花爆竹经营许可工作有关事项的通知

京安监发〔2014〕2号

各区县、北京经济技术开发区安全监管局，各有关单位：

《烟花爆竹经营许可实施办法》（国家安全监管总局令第65号，以下简称《办法》）已于2013年10月16日公布，并自2013年12月1日起施行。为做好本市烟花爆竹经营许可证的颁发和管理工作，按照《办法》有关规定并结合本市工作实际，现将有关事项通知如下：

一、许可范围

本市行政区域内从事烟花爆竹批发的企业（以下简称批发企业）和从事烟花爆竹零售的经营者（以下简称零售经营者）应当按照《办法》的规定，分别取得《烟花爆竹经营（批发）许可证》（以下简称批发许可证）和《烟花爆竹经营（零售）许可证》（以下简称零售许可证）。

从事烟花爆竹进出口的企业，应当按照《办法》的规定申请办理批发许可证。

二、许可权限

（一）市安全监管局负责制定本市批发企业布点规划，统一批发许可编号，指导、监督烟花爆竹经营许可证的颁发和管理工作。

（二）区县安全监管局根据市安全监管局的批发企业布点规划和统一编号，负责本区县烟花爆竹批发许可证的颁发和管理工作；负责本区县零售经营布点规划与零售许可证的颁发和管理工作。

三、许可条件

批发企业应符合《办法》第六条和第七条规定的条件。

零售经营者应当符合下列条件：

（一）在本市工商行政管理部门登记注册；

（二）符合所在区县安全监管局制定的零售经营布点规划；

（三）主要负责人经过安全培训合格，销售人员经过安全知识教育；

（四）春节期间零售点、城市长期零售点实行专店销售，专店包括固定零售点和临建零售点。乡村长期零售点在淡季实行专柜销售时，安排专人销售，专柜相对独立，并与其他柜台保持一定的距离，保证安全通道畅通；

（五）零售场所的面积不小于10平方米，其周边50米范围内没有其他烟花爆竹零售点，并与学校、幼儿园、医院、集贸市场等人员密集场所和加油站等易燃易爆物品生产、储存设施等重点建筑物保持100米以上的安全距离；

（六）零售场所配备必要的消防器材，张贴明显的安全警示标志；

（七）符合法律、法规和本市地方标准《烟花爆竹零售网点设置管理安全要求》（DB 11/834）规定的其他条件。

四、提交材料

批发企业申请领取批发许可证时，应当向发证机关提交《办法》第八条规定的申请文件、资料，并对其真实性负责。

零售经营者申请领取零售许可证时，应当提交下列申请文件、资料，并对其真实性负责：

（一）零售许可证申请书（一式三份）；

（二）本市工商行政管理部门登记注册的营业执照复制件；

（三）市安全监管局核发的主要负责人安全资格证书复制件；

（四）主要负责人、安全管理人员身份证复制件；

（五）零售场所及其周围安全条件说明及平面示意图；

（六）零售场所配备必要的消防器材清单及张贴安全警示标志清单；

（七）主要负责人岗位责任制、安全管理人员岗位责任制、销售人员岗位责任制、购销管理制度、存放管理制度；

（八）发证机关要求提供的其他材料。

五、储存限量

零售许可证上载明的储存限量按照下列规定确定：

（一）经营场所面积10～20（不含20）平方米的，限制存放量50箱；

（二）经营场所面积20～40（不含40）平方米的，限制存放量150箱；

（三）经营场所面积40（含40）平方米以上，周边防火间距大于6米的，限制存放量300箱；

（四）经营场所面积50（含50）平方米以上，周边防火间距大于12米的，限制存放量500箱。

六、许可证有效期

批发许可证的有效期限为3年。本市五环路以内地区零售许可证的有效期为每年的农历腊月十五日至次年正月十五日；五环路以外地区零售许可证的有效期限由发证机关确定，最长不超过2年。

七、网上申请办理

（一）批发企业应按照《危险化学品行政许可信息系统使用管理办法》的规定，通过北京市安全生产监管信息平台企业门户（http://210.75.218.101/ajjweb）中行政许可系统进行烟花爆竹经营许可证申请。零售经营者原则上应通过行政许可系统申请经营许可证。

（二）申请人通过许可系统申请烟花爆竹经营许可时，应同时向发证机关报送纸质材料，并确保通过行政许可系统上传的信息和纸质材料内容保持一致。

（三）各区县安全监管局应按照规定使用行政许可系统对经营许可证进行审批管理。

八、信息公开

（一）各区县安全监管局要将烟花爆竹经营许可证办理地点、联系方式以及相关文书在本部门政务网站上予以公开，供申请单位查询和下载。

（二）各区县安全监管局应及时向社会公告取证企业（或者零售经营者）名单。

九、监督管理

各区县安全监管局应当按照有关规定认真做好烟花爆竹经营许可证的颁发和管理工作，并于每年 3 月 1 日前将本行政区域内上年度烟花爆竹经营许可证的颁发和管理情况报告市安全监管局。市安全监管局将加强烟花爆竹经营许可工作的监督指导，并按照规定于每年 3 月 15 日前将有关情况报告国家安全监管总局。

本通知自 2014 年 1 月 1 日起实施，市安全监管局于 2006 年 12 月 4 日制定印发的《北京市烟花爆竹经营许可实施办法》（京安监危化字〔2006〕170 号）同时废止。

北京市安全生产监督管理局

2014 年 1 月 2 日

北京市安全生产监督管理局关于印发《北京市特种作业人员安全技术考核管理办法（试行)》的通知

京安监发〔2014〕11 号

各区县、北京经济技术开发区安全监管局，各有关单位：

为加强本市特种作业人员安全技术考核管理，北京市安全生产监督管理局依法制定了《北京市特种作业人员安全技术考核管理办法（试行)》，现予发布，自 2014 年 4 月 1 日起施行，请遵照执行。

附件：北京市特种作业人员安全技术考核管理办法（试行）

北京市安全生产监督管理局

2014 年 1 月 28 日

附件

北京市特种作业人员安全技术考核管理办法（试行)

第一章　总　　则

第一条　为规范本市特种作业人员安全技术考核管理工作，提高特种作业人员的安全技术水平，防止和减少伤亡事故，根据《中华人民共和国安全生产法》《中华人民共和国行政许可法》《特种作业人员安全技术培训考核管理规定》（国家安全生产监督管理总局令第 30 号）等法律法规，制定本办法。

第二条　本办法适用于本市行政区域内特种作业人员的安全技术考核管理工作。

本市开设的特种作业类别和操作项目由北京市安全生产监督管理局（以下简称市安全生产监督管理局）发布。

第三条　特种作业人员必须具备以下条件：

（一）年满 18 周岁，且女 50 周岁（含）以下、男 60 周岁（含）以下；

（二）经本市社区或者县级以上医疗机构体检健康合格，并无妨碍从事相应特种作业的器质性心脏病、癫痫病、美尼尔氏症、眩晕症、癔病、震颤麻痹症、精神病、痴呆症以及其他疾病和生理缺陷；

（三）具有初中及以上文化程度；

（四）具备必要的安全技术知识与技能；

（五）相应特种作业规定的其他条件。

申请危险化学品特种作业的人员除符合前款第（一）项、第（二）项、第（四）项和第（五）项规定的条件外，应当具备高中或者相当于高中及以上文化程度。

第四条 特种作业人员的安全技术培训、考核、发证、复审工作实行统一监管、教考分离的原则。

第五条 市安全生产监督管理局负责全市特种作业人员安全技术培训考核工作。

北京市安全生产考试中心（以下简称市安全生产考试中心）组织实施全市特种作业人员安全技术考试工作，合理设置特种作业人员安全技术考试点（以下简称考试点），指导监督考试点工作。

区、县安全生产监督管理局配合市安全生产考试中心组织本辖区内特种作业人员安全技术考试工作。

第六条 市安全生产监督管理局应当将办理特种作业操作资格许可的依据、条件、程序、期限、收费标准、需要提交的全部材料以及考试点信息予以公示。

第七条 对特种作业人员安全技术培训、考试、审核发证、复审工作中的违法行为，任何单位和个人均有权向市安全生产监督管理局（电话：12350）举报。

第二章 考 试

第八条 申请人可以通过市安全生产监督管理局网站（www.bjsafety.gov.cn）向市安全生产考试中心提出考试申请，也可以直接到考试点提出考试申请。申请人须向考试点提交以下材料：

（一）北京市特种作业操作资格申请表；

（二）身份证明；

（三）文化程度证明材料；

（四）本市社区或者县级以上医疗机构出具的健康证明；

（五）培训证明；

（六）本人近期1寸白底彩色电子版照片；

（七）其他材料。

已经取得职业高中、技工学校及中专以上学历的毕业生从事与其所学专业相应的特种作业，应当提交前款第（一）项、第（二）项、第（三）项、第（四）项、第（六）项材料。

申请人提交的文字材料应使用A4白色胶版纸，并对材料实质内容的真实性负责。

第九条 市安全生产考试中心对申请人提交的材料进行审查，审查合格后，应在15个工作日内组织考试。考试时间按照市安全生产考试中心发布的考试公告执行。

第十条 特种作业人员安全技术考试包括安全技术理论考试和实际操作考试两部分。安全技术理论考试采取计算机考试方式，实际操作考试采取现场实际操作方式，实操考试成绩由特种作业实操考评员现场评定。理论或者实操考试不合格的，3 个月内允许补考 1 次，考试合格成绩有效期为 12 个月。经补考仍不合格的，重新参加相应的安全技术培训。

第十一条 考试点应当具备相应的场所、设施、设备等条件，建立相应的管理制度，并公布收费标准等信息。

第十二条 特种作业实操考评员须经市安全生产考试中心统一培训并考试合格，方可开展实际操作考评工作。

第十三条 市安全生产考试中心应当在申请人考试结束时，现场告知考试成绩，并于考试结束后 5 个工作日内，通过市安全生产监督管理局网站向社会公布。

第十四条 市安全生产考试中心于考试结束后，核定成绩，汇总考试合格的申请人材料。申请人可直接提出特种作业操作资格申请，也可以委托市安全生产考试中心集中提出特种作业操作资格代理申请。

第三章 审核发证

第十五条 市安全生产监督管理局应当在收到申请后 10 个工作日内完成审核工作。符合条件的，颁发特种作业操作证；不符合条件的，应当说明理由。

第十六条 特种作业操作证有效期为 6 年，在全国范围内有效。

特种作业操作证由国家安全生产监督管理总局统一式样、标准及编号。

第十七条 特种作业操作证损坏或者遗失的，申请人应当向市安全生产监督管理局申请补发，并提交以下材料：

（一）北京市特种作业操作资格补证申请表；

（二）特种作业操作证原件或者本人出具的书面损坏或遗失声明；

（三）本人近期 1 寸白底彩色电子版照片。

市安全生产监督管理局对申请材料进行审查，符合条件的，应当当场予以补发；不符合条件的，不予补发，并告知理由。

第十八条 特种作业操作证所记载的个人身份信息有误或者发生变化的，申请人应当向市安全生产监督管理局申请变更，并提交以下材料：

（一）北京市特种作业操作资格变更申请表；

（二）身份证明或者身份信息变更证明；

（三）特种作业操作证原件；

（四）本人近期 1 寸白底彩色电子版照片。

市安全生产监督管理局对申请材料进行审查，符合条件的，应当当场予以变更；不符合条件的，不予变更，并告知理由。

第四章 复 审

第十九条 特种作业操作证每3年复审1次。

特种作业人员在特种作业操作证有效期内，连续从事本工种10年以上，严格遵守有关安全生产法律法规的，经原考核发证机关或者从业所在地考核发证机关同意，特种作业操作证的复审时间可以延长至每6年1次。

第二十条 特种作业操作证需要复审或者延期复审的，应当在期满前90日内，由申请人向市安全生产考试中心提交下列材料：

（一）北京市特种作业操作资格申请表；

（二）特种作业操作证原件；

（三）本市社区或者县级以上医疗机构出具的健康证明；

（四）培训证明；

（五）本人近期1寸白底彩色电子版照片。

第二十一条 特种作业操作证需要复审或者延期复审的，申请人应当参加考试。

第二十二条 市安全生产考试中心对申请人提交的申请材料进行审查，审查合格后，应在15个工作日内组织考试。考试时间按照市安全生产考试中心发布的考试公告执行。

第二十三条 市安全生产考试中心于考试结束后，核定成绩，汇总考试合格的申请人材料。申请人于证件期满前60日内，可直接提出特种作业操作资格复审、延期复审申请，也可以委托市安全生产考试中心集中提出特种作业操作资格复审、延期复审代理申请。

市安全生产监督管理局应当在收到申请后10个工作日内完成审核工作。符合复审条件的，由市安全生产监督管理局签章、登记，予以确认；符合延期复审条件的，由市安全生产监督管理局重新颁发特种作业操作证；不符合复审或者延期复审条件的，应当说明理由。

第二十四条 特种作业人员有下列情形之一的，特种作业操作证复审或者延期复审不予通过：

（一）健康体检不合格的；

（二）违章操作造成严重后果或者有2次以上违章行为，并经查证确实的；

（三）有安全生产违法行为，并给予行政处罚的；

（四）拒绝、阻碍安全生产监管监察部门监督检查的；

（五）未按规定参加安全培训，或者考试不合格的；

（六）具有本办法第二十九条、第三十条规定情形的。

第二十五条 特种作业操作证复审或者延期复审符合本办法第二十四条第（二）项、第（三）项、第（四）项，应当经重新专门培训并考试合格后，再办理复审或者延期复审手续。

特种作业操作证复审或者延期复审符合本办法第二十四条第（五）项情形，且特种作业操作证未到有效期的，应当经重新复审培训并考试合格后，再办理复审或者延期复审手续；未按要求参加培训或者考试仍不合格的，复审或者延期复审不合格。

第二十六条 特种作业操作证复审、延期复审不合格，或者未按期复审的，特种作业操作证失效。

第二十七条 申请人对复审或者延期复审有异议的，可以依法申请行政复议或者提起行政诉讼。

第五章 监督管理

第二十八条 考生存在考试违规违纪行为的，应当按照有关规定，视其情节、后果予以口头警告、责令离开考场并取消本场考试成绩、一年内不得报名参加考试的处理。

第二十九条 市安全生产监督管理局应当加强对特种作业人员的监督检查，发现其具有下列情形之一的，应当撤销其特种作业操作证：

（一）特种作业操作证未按期复审，或者超过有效期未延期复审的；

（二）特种作业人员的身体条件已不适合继续从事特种作业的；

（三）对发生生产安全事故负有责任的；

（四）特种作业操作证记载虚假信息的；

（五）以欺骗、贿赂等不正当手段取得特种作业操作证的。

特种作业人员违反前款第（四）项、第（五）项规定的，三年内不得再次申请特种作业操作证。

第三十条 有下列情形之一的，市安全生产监督管理局应当注销特种作业操作证：

（一）特种作业人员死亡的；

（二）特种作业人员提出注销申请的；

（三）特种作业操作证被依法撤销的。

第三十一条 市安全生产监督管理局应当建立特种作业人员管理信息系统，方便用人单位和社会公众查询。市安全生产监督管理局应当向社会公布特种作业人员违章行为登记信息，以及撤销、注销特种作业操作证的相关信息。

第六章 附则

第三十二条 申请人提交的培训证明、健康证明的有效期为半年。

第三十三条 有关法律法规和《特种作业人员安全技术培训考核管理规定》（国家安全生产监督管理总局令第30号）另有规定的，按照其规定执行。

第三十四条 本管理办法自2014年4月1日起实施。2006年4月30日市安全生产监督管理局发布的《北京市特种作业人员操作资格认定管理办法（暂行）》（京安监人教字〔2006〕49号）同时废止。

附件：1. 北京市开设的特种作业类别、操作项目名录

2. 北京市特种作业操作资格申请表

3. 北京市特种作业人员体检表

附件 1

北京市开设的特种作业类别、操作项目名录

序号	作业类别	操作项目	
1	电工作业	低压电工作业	
		高压电工作业	
		防爆电气作业	
2	焊接与热切割作业	熔化焊接与热切割作业	焊条电弧焊与碳弧气刨、气焊、气割
			埋弧焊
			气体保护焊（手工钨极氩弧焊）
			气体保护焊（二氧化碳气体保护焊）
			等离子弧焊
			电渣焊
			电子束焊
			激光焊
			氧熔剂切割
			激光切割
			等离子切割
		压力焊作业	电阻焊
			气压焊
			爆炸焊
			摩擦焊
			冷压焊
			超声波焊
			锻焊
		钎焊作业	火焰钎焊作业
			电阻钎焊作业
			感应钎焊作业
			浸渍钎焊作业
			炉中钎焊作业

续表

<table>
<tr><th>序号</th><th>作业类别</th><th colspan="2">操作项目</th></tr>
<tr><td rowspan="7">3</td><td rowspan="7">高处作业</td><td colspan="2">登高架设作业</td></tr>
<tr><td rowspan="6">高处安装、维护、拆除作业</td><td>建筑物内外装饰、清洁、装修</td></tr>
<tr><td>电力、电信等线路架设</td></tr>
<tr><td>高处管道架设</td></tr>
<tr><td>小型空调高处安装、维修</td></tr>
<tr><td>各种设备设施与户外广告设施的安装、检修、维护</td></tr>
<tr><td>建筑物、设备设施拆除作业</td></tr>
<tr><td rowspan="4">4</td><td rowspan="4">制冷与空调作业</td><td rowspan="2">制冷与空调设备运行操作作业</td><td>制冷设备运行操作作业</td></tr>
<tr><td>空调设备运行操作作业</td></tr>
<tr><td rowspan="2">制冷与空调设备安装修理作业</td><td>制冷设备安装修理作业</td></tr>
<tr><td>空调设备安装修理作业</td></tr>
<tr><td rowspan="8">5</td><td rowspan="8">煤矿安全作业</td><td colspan="2">煤矿井下电气作业</td></tr>
<tr><td colspan="2">煤矿井下爆破作业</td></tr>
<tr><td colspan="2">煤矿安全监测监控作业</td></tr>
<tr><td colspan="2">煤矿瓦斯检查作业</td></tr>
<tr><td colspan="2">煤矿安全检查作业</td></tr>
<tr><td colspan="2">煤矿提升机操作作业</td></tr>
<tr><td colspan="2">煤矿采煤机（掘进机）操作作业</td></tr>
<tr><td colspan="2">煤矿探放水作业</td></tr>
<tr><td rowspan="8">6</td><td rowspan="8">金属非金属矿山安全作业</td><td colspan="2">金属非金属矿井通风作业</td></tr>
<tr><td colspan="2">尾矿作业</td></tr>
<tr><td colspan="2">金属非金属矿山安全检查作业</td></tr>
<tr><td colspan="2">金属非金属矿山提升机操作作业</td></tr>
<tr><td colspan="2">金属非金属矿山支柱作业</td></tr>
<tr><td colspan="2">金属非金属矿山井下电气作业</td></tr>
<tr><td colspan="2">金属非金属矿山排水作业</td></tr>
<tr><td colspan="2">金属非金属矿山爆破作业</td></tr>
<tr><td>7</td><td>冶金（有色）生产安全作业</td><td colspan="2">煤气作业</td></tr>
</table>

续表

序号	作业类别	操作项目
8	危险化学品安全作业	氯化工艺作业
		裂解（裂化）工艺作业
		加氢工艺作业
		氧化工艺作业
		过氧化工艺作业
		磺化工艺作业
		聚合工艺作业
		烷基化工艺作业
		化工自动化控制仪表作业
9	烟花爆竹安全作业	烟花爆竹储存作业
10	有限空间作业	地下有限空间监护作业
11	城市轨道交通作业	城轨电动列车司机
		城轨电动列车信号工

注：国家安全生产监督管理总局第30号令中规定的煤矿安全作业类中煤矿瓦斯抽采作业、煤矿防突作业，危险化学品安全作业中光气及光气化工艺作业、氯碱电解工艺作业、硝化工艺作业、合成氨工艺作业、氟化工艺作业、重氮化工艺作业、胺基化工艺作业，石油天然气安全作业中司钻作业，烟花爆竹安全作业中烟火药制造作业、黑火药制造作业、引火线制造作业、烟花爆竹产品涉药作业，共计14个操作项目，因本市暂无从业人员未列入名录，今后将根据实际工作需要及时增设。

附件 2

北京市特种作业操作资格申请表

<table>
<tr><td colspan="2">姓名</td><td></td><td>性别</td><td colspan="2"></td><td colspan="2">年龄</td><td></td><td rowspan="3">照片
（一寸）</td></tr>
<tr><td colspan="2">证件名称</td><td></td><td>证件号码</td><td colspan="5"></td></tr>
<tr><td colspan="2">出生日期</td><td></td><td>健康状况</td><td colspan="2"></td><td colspan="2">学历</td><td></td></tr>
<tr><td colspan="2">工作单位</td><td colspan="4"></td><td colspan="2">联系电话
（手机）</td><td colspan="2"></td></tr>
<tr><td rowspan="6">特种作业操作资格申请种类</td><td rowspan="2">初学申请</td><td>申请作业类别</td><td colspan="7"></td></tr>
<tr><td>申请作业项目</td><td colspan="7"></td></tr>
<tr><td rowspan="4">复审或延期复审申请</td><td>申请作业类别</td><td colspan="7"></td></tr>
<tr><td>申请作业项目</td><td colspan="7"></td></tr>
<tr><td>初次领证日期</td><td colspan="2"></td><td colspan="2">上次复审日期</td><td colspan="3"></td></tr>
<tr><td>证件编号</td><td colspan="7"></td></tr>
<tr><td colspan="10">本人是否委托北京市安全生产考试中心集中办理操作资格代理申请：是□　否□</td></tr>
<tr><td colspan="10">本人保证所填写信息和提供材料均真实有效，无任何虚假申报情况。如不属实，本人愿意承担由此带来的一切法律后果。
申请人签字：
年　　月　　日</td></tr>
</table>

附件 3

北京市特种作业人员体检表

姓名		性别		年龄		照片
身份证号						
作业类别			工种			
工作单位			联系电话（手机）			
外科	身高	cm	四肢			医师意见（签字）：
	体重	kg	关节			
内科	血压	毫米汞柱	内脏		心率　次/分	医师意见（签字）：
					神经及精神	
五官科	眼	裸眼视力 左：	矫正视力 左：	辨色	辨色力	医师意见（签字）：
		裸眼视力 右：	矫正视力 右：		其他眼疾	
	耳	听力	左：	鼻	嗅觉	
			右：			
		耳疾			鼻及鼻窦疾病	
申告事项	本人如实申告（具有□　不具有□）下列疾病或者情况： 器质性心脏病□　高血压□　癫痫□　眩晕症□　恐高症□ 美尼尔氏症□　精神病□　神经官能症□　脑外伤后遗症□ （注：凡有以上疾病者均不得从事特种作业）					
体检结论	医师意见（签字）：			体检单位（盖章）： 年　月　日		

北京市安全生产监督管理局关于印发《北京市安全生产资格考试考生违纪行为处理办法》的通知

京安监发〔2014〕127号

各区县、北京经济技术开发区安全监管局，市政府各部门安全监管机构，市属国有企业，各有关单位：

为加强本市安全生产资格考试管理工作，北京市安全生产监督管理局依法制定了《北京市安全生产资格考试考生违纪行为处理办法》，现予发布，自颁布之日起施行，请遵照执行。

附件：北京市安全生产资格考试考生违纪行为处理办法

北京市安全生产监督管理局

2014年9月28日

附件

北京市安全生产资格考试考生违纪行为处理办法

第一章　总　　则

第一条　为加强本市安全生产资格考试管理工作，根据《特种作业人员安全技术培训考核管理规定》（国家安全生产监督管理总局令第30号）、《安全生产资格考试与证书管理暂行办法》（安监总培训〔2013〕104号）等有关规定，结合本市实际，制定本办法。

第二条　本办法适用于本市行政区域内安全生产资格考试考生违纪行为的处理。

第三条　本市安全生产资格考试坚持从严考试、保证质量的原则。对考生考试违纪行为的处理，应做到事实清楚、证据确凿、定性准确、程序合法。

第四条　市安全生产考试中心承担本市行政区域内安全生产资格考试考生违纪管理工作。

第二章 考生违纪行为的认定与处理

第五条 考生违纪行为的处理种类包括：

（一）警告，并责令立即改正；

（二）责令离开考场，并取消本场考试成绩；

（三）取消本场考试成绩，且一年内不得报名参加安全生产资格考试。

第六条 考生在考试过程中存在下列行为之一的，应当对其当场给予警告，并责令立即改正：

（一）携带书包、饮料、考试相关资料等禁止带入考场的物品进入考场的；

（二）在考场内吸烟、喧哗或者其他影响考试秩序行为的；

（三）未在规定座位上答题，或者在规定时限内未经允许离开考场的；

（四）考试期间旁窥、交头接耳、互打暗号或者手势的；

（五）在考试开始指令发出前答卷，或考试结束指令发出后继续答卷的；

（六）未关闭无线通信设备或违反计算机考试操作规定的；

（七）其他一般的考场违纪行为。

第七条 考生存在下列行为之一的，应当责令其离开考场，并取消本场考试成绩：

（一）存在第六条所列行为之一，经 2 次警告后拒不改正的；

（二）未按规定携带有效身份证明强行参加考试，经监考人员劝阻后，拒不离开考场的；

（三）在实操考试中，未按要求穿戴安全防护用品的；

（四）严重影响他人正常考试的。

第八条 考生存在下列行为之一的，应当取消其本场考试成绩，且一年内不得报名参加安全生产资格考试：

（一）以伪造证件、证明及其他相关材料获得考试资格和考试成绩，或者由他人冒名顶替参加考试的；

（二）通过考场内外串通获取或者试图获取试题答案的；

（三）利用通信工具、电子产品或者其他技术手段接收、发送与考试相关信息的；

（四）夹带、查看与考试有关资料，抄袭他人答案或者同意、默许、帮助他人抄袭的；

（五）威胁、侮辱、诽谤、诬陷、殴打考试工作人员的，蓄意扰乱考场秩序的；

（六）与考试工作人员串通作弊或者参与有组织作弊的；

（七）其他严重违纪行为。

第九条 发现考生存在本办法第六条、第七条所列情形的，考试点监考人员应当当场作出处理决定，并如实填写考生违纪行为处理情况登记表，经考试点负责人签字后，报送市安全生产考试中心备案。

第十条 发现考生存在本办法第八条所列情形的，考试点监考人员应当收集、保存相应证据材料，如实填写考生违纪行为处理情况登记表，当场告知考生记录内容，并要求考生本人确认签字；考生拒绝签字的，如实记录拒签的情况，由两名以上监考人员签名确认。考生违纪行为处理情况登记表经考点负责人签字认定后，报市安全生产考试中心批准。

市安全生产考试中心自收到考生违纪行为处理情况登记表之日起 5 个工作日内，核实违纪事实和相关证据，作出是否给予违纪考生取消本场考试成绩，且一年内不得报名参加安全生产资格考试的决定，并将处理决定书面告知考试点，考试点应于接到处理决定当天将处理结果告知本人。

第十一条 考生对违纪处理决定不服的，可向市安全生产考试中心申请复核。复核中发现处理有误或者不当的，由市安全生产考试中心在 10 个工作日内予以纠正，并将复核结论告知本人。

第十二条 考生违纪行为情节严重，违反《中华人民共和国治安管理处罚法》，考试点负责人应及时报警，由公安机关依法予以处理。

第三章 违纪行为的公告

第十三条 对考生作出取消本场考试成绩，且一年内不得报名参加安全生产资格考试的处理决定，市安全生产考试中心在市安全监管局网站（www.bjsafety.gov.cn）上予以公告，并进行及时更新。

第十四条 对于考生的违纪行为，任何个人或单位均可向市安全生产考试中心举报（举报电话 010-63917777），一经查实，将按照本办法严肃处理。

第四章 附 则

第十五条 本办法所称安全生产资格考试，是指本市煤矿、非煤矿山、危险化学品、烟花爆竹等高危行业生产经营单位主要负责人、安全生产管理人员安全资格，特种作业人员操作资格考试。

本办法所称考试点，是指受市安全生产考试中心委托，负责具体组织实施安全生产资格考试的单位。

本办法所称考生，是指参加安全生产资格考试的人员。

第十六条 按照本办法一年内不得报名参加安全生产资格考试决定的期限，应当自作出决定之日起算。

被处理的考生可以在前款规定的期限内报名，但应当在期限届满后参加安全生产资格考试。

第十七条 本办法自颁布之日起施行。《北京市安全生产相关考试考生违纪违规行为处理办法（试行）》（京安监发〔2009〕91 号）同时废止。

大事记

1月

1月1日 市安全监管局安全生产隐患排查治理信息系统完成升级改造，各生产经营单位发现隐患后可立即报送。系统升级后，实现隐患排查系统与标准化达标系统的数据贯通。

1月2日 市安全监管局局长张树森带队，采取“四不两直”的方式，开展城乡结合部安全生产暗访检查行动。重点抽查海淀区五道口地区的5家人员密集场所。

同日 市安全监管局与市质监局完成本市叉（铲）车、电瓶车特种作业人员考核移交工作。

1月7日 市安全监管局局长张树森主持召开专题会议，听取有关部门关于安全生产标准化建设情况以及下一步工作思路的汇报，研究部署安全生产标准化工作。

同日 市安全监管局副局长陈清主持召开城乡结合部地区安全生产专项整治指挥部办公室会议，通报专项整治工作进展情况，对整治落实方案、工作制度、综合督查等项工作进行说明，并提出工作要求。

同日 通州区新华大街京杭广场1号住宅商业楼施工现场发生坍塌事故，造成5人死亡。

1月8日 市安全监管局副局长贾太保主持召开专题会议，研究预防中心技术支撑工作的职能定位和发展方向。

同日 市安全监管局副巡视员高士虎带领市防火委第八工作组，对平谷区、门头沟区2013年度消防安全工作进行考核。

1月9日 全国政协副主席卢展工带队，对北京市“建筑工人工伤维权有关问题”开展调研。调研通报会上，市安全监管局局长张树森汇报本市安全生产事故、综合监管、建筑施工安全生产等情况。

同日 国家煤矿安全监察局副局长李万疆带领国务院安委会督查组，对北京市安全生产大检查“回头看”和安全生产工作进行专项督查。副市长张延昆参加督查。

1月11日 昌平区某电力工程施工现场发生中毒和窒息事故，造成5人死亡。

1月12日 副市长林克庆、张延昆主持召开全市安全生产、消防、森林防火电视电话会议，通报通州区“1·7”建筑施工垮塌事故、昌平区“1·9”燃气泄漏燃烧事故、昌平区“1·11”电缆管线施工中毒事故等，对市“两会”、春节期间安全生产、消防和森林防火工作进行动员部署。

1月14日 市安全监管局召开2014

年全市安全生产监管监察系统工作会，会议学习贯彻十八届三中全会及市委十一届四次全会精神，分析2013年全市安全生产形势，明确2014年主要工作任务及今后一段时期全市安全生产工作的思路和方向。

1月15日 市安全监管局建立职业卫生工作跟踪监测督办机制，将职业病危害项目申报、危害检测等指标列入区县安全监管局月度工作督办内容，按月进行跟踪，定期通报工作情况。

1月16日 市安全监管局召开全市安全生产标准化工作部署会。会议总结通报2013年全市标准化工作，对《北京市安全生产委员会关于进一步深化企业安全生产标准化建设工作的若干意见》《关于全面推进企业安全生产标准化建设若干政策》进行解读，部署2014年度标准化重点工作。

1月17日 市安全监管局和市教委举行第四届“安全伴我在校园，我把安全带回家”主题征文活动启动仪式。

1月21日 市安委会召开全市安全生产和消防工作电视电话会议，副市长张延昆参加会议并讲话。市安全监管局局长张树森、公安局消防局局长张高潮分别通报2013年安全生产和消防工作情况，分析安全生产和消防工作面临的形势和挑战，提出本年工作安排。

同日 市安全监管局局长张树森带队，对门头沟区、房山区4家烟花爆竹批发企业储存、配送环节安全生产进行节前检查。

1月23日 副市长张延昆带队，采取“四不两直”的方式，对本市人员密集场所、燃气供应站、油库等与城市安全运行相关的重点企业进行突击检查。市安全监管局、市政市容委、公安局、城管执法局、公安局消防局有关负责人参加检查。

同日 市安全监管局采取书面新闻发布会的形式，通过《北京日报》、《新华时报》和北京电视台等16家新闻媒体，就2014年全市烟花爆竹安全管理工作进行新闻发布。

同日 2013年度全市安全生产综合考核工作完成。市安委会办公室按照“统筹、简化、透明、规范”的工作原则，对16个区县政府和北京经济技术开发区管委会、市政府有关部门进行安全生产综合考核。

同日 市安全监管局局长张树森带队，赴昌平区小汤山镇调研安全生产基层执法力量建设，并对北京市烟花鞭炮有限公司的库房进行安全生产执法检查夜查行动。

同日 国家煤矿安全监察局副局长杨富带队，到京煤集团昊华能源公司长沟峪煤矿进行调研。

1月24日 市安全监管局开发的“买烟花摇一摇”软件上线，可以查询烟花爆竹销售点信息，以及16个禁放地点、燃放时间规定、安全环保提示、烟花爆竹投诉举报电话等，并提供全市所有1178个销售点的距离测算和路线导航等服务。

1月26日 市委书记郭金龙，市委副书记、市长王安顺和副市长张延昆带领市安全监管局等相关部门，深入本市超市、车站等基层单位，检查安全生产工作。

1月27日 市安全监管局、市民防局共同组织应急移动通信指挥系统联动应急演练，检验应急移动通信指挥系统联动工作机制，规范应对和处置突发事件调度流程。

1月28日 国务委员王勇来京检查春节安全生产工作。

同日 市安全监管局局长张树森带队，对丰台区、海淀区、昌平区、朝阳区8家烟花爆竹零售网点安全管理情况进行突击夜查。

同日 全市1092家主营业务收入2000万元以上的工矿商贸企业完成职业卫生统计填报工作。

1月29日 副市长李士祥带队，采取“四不两直”的方式，对本市商业零售行业、烟花爆竹零售网点等重点行业进行安全检查。

2月

2月8日 市安全监管局局长张树森主持召开专题会议，研究部署安全生产宣传教育和信息化工作。

2月11日 市安全监管局局长张树森带队前往团市委，与团市委书记常宇等就借助全市团组织力量、动员激励广大青年参与安全生产宣传和社会监督工作进行座谈。

同日 市安全监管局副局长唐明明组织北京市烟花鞭炮有限公司、北京市熊猫烟花有限公司、北京市逗逗烟花爆竹有限公司等单位负责人召开会议，部署元宵节期间烟花爆竹安全生产工作。

2月12日 市安全监管局局长张树森带领调研组赴北京市电力公司，就利用专业资源优势加强用电环节安全生产等有关问题交换意见，并达成共识。市安全监管局副局长陈清和市公安局消防局副局长李进参加调研。

2月13日 市安全监管局采取书面新闻发布会的形式，通过《北京日报》、《新华时报》和北京电视台等16家新闻媒体，就春节期间全市安全管理、执法检查、应急值守进行新闻发布。

2月14日 市安全监管局副局长唐明明、副巡视员钱山分别带队，对东城区、西城区、朝阳区、海淀区、丰台区、石景山区烟花爆竹销售网点进行安全生产检查。

2月18日 市安全监管局局长张树森主持召开北京市煤矿安全生产工作会议，部署2014年煤矿安全生产工作，对“安全·和谐”示范班组及优秀班组长进行表彰。

同日 全国人大法工委社会法室主任腾炜、国家安全监管总局政法司司长支同祥带领调研组，赴京调研《中华人民共和国安全生产法》有关修订工作。市安全监管局局长张树森、副局长唐明明参加调研。

2月20日 市安委会办公室组织市有关行业部门及相关区县安全监管局召开全国“两会”安全生产保障工作部署会，市安全监管局副局长蔡淑敏参加会议并讲话。

2月21日 国家安全监管总局召开全国危险化学品和烟花爆竹安全监管工作视频会。会后，市安全监管局立即进行部署，落实会议精神。

同日 市安全监管局副局长贾太保带队，对京煤集团昊华能源公司长沟峪煤矿安全生产工作进行督查。

同日 市安全监管局副局长汪卫国带队，调研顺义区、昌平区特种作业便民补证网点设置工作，实地查看顺义区网点软硬件配备情况。

2月24日 市安全监管局副局长唐明明带队，对北京市熊猫烟花有限公司、北京市逗逗烟花爆竹有限公司、北京汇源北路工贸有限责任公司进行安全生产检查。

2月25日 市安全监管局局长张树森主持召开全市安全生产宣传工作会议。会议印发《中共北京市委宣传部、北京市安委会办公室关于印发〈2014年北京市安全生产宣传工作指导意见〉的通知》，明确2014年安全生产宣传教育工作的指导思想、工作目标、重点任务及工作要求。市委宣传部副部长崔耀中、市总工会副主席高小强参加会议。

同日 市安全监管局副局长陈清主持召开全市安全生产隐患排查治理体系建设研讨会，分析和探讨安全生产隐患排查治理体系建设的目标主体、顶层设计、框架搭建、重点内容、工作进度，并就体系建设工作提出具体要求。

2月26日至28日 工业和信息化部副部长苏波带领国务院安委会第二专项督查组赴西城区，对北京建工六建集团北京宣武医院工程项目和北京菜市口百货股份有限公司进行督查。副市长张延昆，市安全监管局、住房城乡建设委、经济信息化委、商务委、公安局消防局等部门负责人参加督查。国务院安委会第二专项督查组对本市贯彻中央领导重要指示精神、开展安全生产大检查“回头看”和加强岁末年初安全生产工作进行督查。先后检查京煤集团昊华能源公司长峪沟煤矿、大兴区烟花爆竹仓库和危险化学品经营单位、菜市口百货商场、宣武医院建筑工地以及北京经济技术开发区部分工业企业安全生产情况。

2月26日 市安全监管局局长张树森主持召开全市安全生产执法工作会议，重点部署2014年安全生产执法工作。

同日 市安全监管局召开新闻发布会，通报昌平区“1·9”燃气泄漏事故调查处理有关情况。

2月27日 市长王安顺与国务院安委会第二专项督查组领导进行座谈，副市长张延昆主持座谈会，市安全监管局局长张树森向督查组汇报北京市安全生产工作情况。

同日 由市安全监管局、公安局组成的市安委会第一督查组，对丰台区城乡结合部地区安全生产专项整治工作进行综合督查。督查组实地检查大红门、花乡城乡结合部拆迁现场，查阅丰台区、花乡乡政府安全生产台账和文件资料。

同日 市质监局发布《北京市地方标准公告》（2014年标字第1号），正式批准《地下有限空间作业安全技术规范 第3部分：防护设备设施配置》（DB 11/852.3—2014），实施日期为2014年6月1日。

同日 市安全监管局副局长贾太保主持召开2014年全市安全生产培训考核工作视频会，宣传贯彻《关于进一步加强企业特种作业安全管理工作的指导意见》和《北京市特种作业人员安全技术考核管理办法》，部署安全生产培训考核工作。

3月

3月1日 北京市第5个“安全生产培训日”在北京建工集团万泉寺住宅小区D区回迁安置房施工现场举办，市安全监管局副巡视员谢清顺参加活动并讲话。

3月3日 市安全监管局副局长陈清主持召开专题座谈会，研究全市生产经营单位安全生产条件普查工作方案、管理办法和标准，以及下一步普查试点工作安排。

3月4日 北京煤监局组织召开大安山煤矿“2·19”事故通报会，副局长贾太保参加会议。

3月7日 市安全监管局副局长陈清带领市安委会第二督查组，对西城区、通州区城乡结合地区安全生产专项整治工作进行综合督查。

同日 市安委会第八督查组对房山区城乡结合部地区安全生产专项整治工作进行综合督查。

3月8日 国家安全生产应急救援指挥中心信息管理部主任雷长群一行到北京市燃气集团有限责任公司进行调研，围绕预案管理、应急演练、专业应急救援队伍建设和应急救援装备物资储备等进行座谈。

3月11日 市委常委、市委宣传部部长李伟主持召开会议，专题听取全市安全生产宣传教育开展情况汇报。市安全监管局局长张树森、副局长蔡淑敏参加会议。

3月12日 市安全监管局副局长唐明明主持召开专题工作会，研究部署全市涉氨制冷企业液氨使用专项治理工作。

3月13日 市安全监管局召开全市注册（助理）安全工程师报名考试工作动员视频会，局长张树森参加会议并讲话。

3月17日 市安全监管局采取书面新闻发布会的形式，通过《北京日报》、《新华时报》和北京电视台16家新闻媒体，就本市安全生产形势、1月至2月各类事故数据、事故分布地区特点和行业特点等进行新闻发布。

3月18日 市安全监管局召开全市安全生产应急管理系统工作视频会，总结上年安全生产应急管理工作，对本年重点工作进行部署。副局长唐明明出席会议并讲话，各区县安全监管局主管领导和相关人员参加会议。

3月21日 副市长张延昆主持召开安全生产专题会，研究石油天然气危险化学品管线安全专项排查整治工作。

3月26日 市安全监管局副局长贾太保主持召开液氨制冷特种作业人员安全培训考核协调会，研究本市涉氨制冷企业特种作业人员培训考核工作。

3月31日 由市规划委、安全监管局、水务局组成的市安委会第五督查组对海淀区城乡结合部地区安全生产专项整治工作进行综合督查。督查组实地查看碧森里小区地下室1300户群租户清理整治现场、锦绣大地农副产品批发市场违规库房拆除现场，听取海淀区安全环境综合整治暨城乡结合部地区安全生产专项整治工作情况汇报。海淀区副区长刘长利和区规划分局、安全监管局、水务局负责人参加督查。

4月

4月1日 市安全监管局副局长蔡淑敏带领市安委会第一督查组，对丰台区城乡结合部地区安全生产专项整治工作进行第二轮综合督查。丰台区副区长高峰和区安全监管局、工商局、消防支队等相关职能部门负责人参加督查。督查组采取“四不两直”方式，检查东铁匠营街道、马家堡街道现场整治情况。

4月2日 市安全监管局召开新闻发布会，副局长蔡淑敏就《关于进一步加强建设项目安全设施“三同时”监督管理工作的通知》的起草背景，“三同时”监管工作以及《通知》主要解决的重点问题等进行介绍。北京电视台、《北京日报》等媒体播发新闻发布会有关报道，多家互联网站转发消息。

同日 市教委、公安局、交通委、安全监管局、财政局5部门联合印发《北京市校车安全管理暂行规定》，对本市中小学校车安全管理工作作出进一步规范。

4月3日 国家安全监管总局职业健康司司长高世民一行4人，到本市调研职业卫生工作。

同日 市安全监管局召开新闻发布会，通报本市煤矿事故情况。

4月4日 市安全监管局副局长蔡淑敏带领市安委会第一督查组，对东城区城乡结合部地区安全生产专项整治工作进行第二轮综合督查。

4月9日 由市国土局、国资委、安全监管局组成的市安委会第四督查组对朝阳区城乡结合部安全生产专项整治工作进行第二轮综合督查。

同日 市安全监管局局长张树森赴市人力社保局调研乡镇（街道）安全生产专职安全员队伍建设工作。

同日 市安全监管局副局长陈清、唐明明与市政府法制办副主任王荣梅召开会议，研究《北京市安全生产隐患排查治理办法》等3个列入市政府规章立法计划项目的推进工作。

4月10日 市安全监管局召开全市安全监管系统法制工作会，局长张树森参加会议并讲话。

4月11日 由市安全监管局、商务委组成的市安委会督查组，采取“四不两直”的方式，对大兴区城乡结合部地区安全生产专项整治工作进行第二轮综合督查。

4月14日 市交通委召开约谈会，就地铁14号线18标段违规穿越二道河桥事件对中铁十九局，市轨道交通建设公司进行约谈。市安全监管局、市政市容委、公安局交管局、住房城乡建设委有关负责人参加约谈。

4月17日 副市长张延昆主持召开全市一季度安全生产形势分析会议，通报全市安全生产形势和重点工作进展情况，研究部署安全生产工作。

4月18日 市安全监管局局长张树森主持召开第一次行业部门安全监管工作座谈会，听取商务、旅游、文化、体育和物业行业领域安全生产工作基本情况，以及安全监管工作中存在的问题和有关建议。

同日 市安全监管局、国资委在北京电子科技职业学院联合举办市属国有企业安全副总经理和管理人员培训班。

市安全监管局副局长贾太保、市国资委副主任尹义省到会并讲话。来自市属各集团公司及其下属子公司有关负责人260余人参加培训。

同日 市安全监管局副局长唐明明主持召开全市37家安全评价机构参加的会议，研究成立北京市安全生产技术服务协会工作。

4月24日 副市长张延昆带队，对本市在建轨道交通安全生产工作进行检查。

同日 市安全监管局局长张树森主持召开第二次行业部门安全监管工作座谈会，就部分行业领域安全生产形势和推动行业安全监管职责落实工作，广泛听取工业、市政、农业、水务、园林、民防等部门的意见和建议。

同日 市安委会办公室召开全市有限空间安全生产工作视频会。市安全监管局副局长阎军参加会议并讲话。

4月25日 市安全监管局副局长汪卫国主持召开乡镇街道安全生产负责人座谈交流会，就落实属地监管职责、推动基层安全生产工作进行研讨，梳理安全监管实际工作中存在的问题，征集工作建议。

5月

5月5日 副市长张延昆主持召开安全生产专题会，研究本市高危行业和重点领域推进安全生产责任保险试点、隐患排查治理体系建设和规章立法、安全生产综合考核、农村地区“两气工程”安全管理等4个方面工作。

同日 市安全监管局局长张树森主持召开第三次行业部门安全监管工作座谈会，听取建筑施工、交通、特种设备、消防等行业领域各项工作开展情况、制约安全生产工作的重点难点问题及有关工作建议。

同日 市安全监管局局长张树森主持召开全市生产经营单位用电安全管理专题会议，研究本市生产经营单位用电安全管理工作。市发展改革委、公安局消防局、电力公司有关领导参加会议。

同日 市安全监管局副局长唐明明主持召开危险化学品集中管理体系房山区试点建设有关工作研讨会，研究部署危险化学品集中管理体系建设有关工作。

同日 市安全监管局召开新闻发布会，面向各新闻媒体就本市有限空间安全监管相关工作进行通报。

同日 市民防局、安全监管局、工商局、公安局治安总队联合督查东城、西城、朝阳、海淀、丰台、石景山、通州和昌平等城区地下空间综合整治行动开展情况，此次督查行动采取听汇报与实地查看的方式进行。

5月6日 市安全监管局副局长阎军带队，开展全市有限空间夜查行动。

5月7日 市委书记郭金龙主持召开第100次市委常委会会议。会议听取全市安全生产工作情况汇报，分析当前存在的突出问题，确定下一步工作措施。会议同意由市长王安顺担任市安委会主任，市委常委会每半年至少研究部署一次安全生产工作。

5月8日 市安全监管局局长张树森和团市委副书记杨立宪共同研究全市青年安全生产示范岗创建活动，以及安全监管系统青年先锋作用发挥等工作。

同日 市安全监管局副局长阎军带队，赴怀柔区检查《国家安全监管总局关于加强水泥制造和石材加工企业粉尘危害治理工作的通知》的落实情况。

5月9日 副市长张延昆主持召开安全生产专题会，研究北京新机场建设工程安全监管、突发事件伤亡者家属善后安抚赔偿工作，部署安全生产重点工作。

同日 北京市安全生产科学技术促进会第一届会员大会召开，市安全监管局副局长贾太保到会并讲话。

5月11日 市安全监管局主办的北京市第一届矿山救援技术竞赛在昊华能源公司矿山救护队拉开帷幕，国家安全监管总局矿山救援指挥中心副主任陈钊、市安全监管局副局长唐明明出席竞赛活动。

5月12日 市安委会办公室启动“十佳安全生产监管卫士”评选活动，作为安全生产月全市性活动之一，旨在通过层层推荐及公开评选方式，评出政治坚定、业务过硬、作风优良、甘于奉献、清正廉洁的“十佳安全生产监管卫士”。

同日 市安全监管局局长张树森带队，到河北省迁安市调研首钢矿业公司安全生产工作。副局长陈清、贾太保一同调研。

同日 市安全监管局副局长阎军针对5月6日有限空间夜查发现的问题，约谈热力集团、北京移动、北京联通、北京电信、北信基础、电信工程局等单位安全部门负责人。

5月14日 市安全监管局局长张树森主持召开全局干部队伍建设大会，局领导班子成员和局机关处室、执法监察总队、直属事业单位全体干部参加会议。会上，对“首都劳动奖章”“北京青年五四奖章”和“北京市三八红旗奖章”获得者，以及首届“局优秀青年人才”获奖者进行颁奖。

同日 市安全监管局副局长陈清、副巡视员高士虎带队，赴大兴区西红门镇调研安全生产条件普查试点工作。大兴区副区长沈洁和大兴区安全监管局、开发区安全监管局、大兴区西红门镇主要负责人参加调研。

5月15日 国家安全监管总局统计司巡视员周永平带领调研组来京调研安全生产统计工作，重点了解北京市2014年安全生产控制指标实施进展以及数据收集、统计分析方面的工作。市安全监管局局长张树森和副局长陈清、贾太保参加调研。

5月16日 在全国安全生产月活动动员视频会议召开后，北京市召开2014年安全生产月活动动员部署电视电话会议，副市长张延昆参加会议并讲话，市安全监管局局长张树森代表市安委会办公室部署2014年安全生产月活动具体工作。

5月21日 北京市机构编制委员会就市安委会办公室《关于调整北京市安全生产委员会领导函》作出批复，同意市长王安顺担任市安委会主任，副市长张延昆担任市安委会副主任。

同日 市安委会办公室组织召开建设、市政、交通、质监、消防等行业领域专题会议，分析全市安全生产形势，研究有效压减事故的具体措施。

5月22日 国家安全监管总局总工程师吴鑫带领国务院安委会办公室第六督查组对本市矿山等有关行业领域汛期

安全生产工作进行督查。督查组听取市安全监管局关于汛期安全生产工作情况汇报，分3个小组并邀请专家对矿山、尾矿库、危险化学品、建筑施工和交通运输等重点行业领域进行检查。

5月23日 国家安全监管总局副局长徐绍川带队，到首钢技师学院调研安全生产培训考核工作。市安全监管局局长张树森、副局长贾太保参加调研。

5月26日 市安全监管局副局长贾太保主持召开安全生产社会化三年行动计划编制工作专题会，中国安科院副院长李克荣参加会议。

5月28日 副市长张延昆带领市安全监管局、公安局、住房城乡建设委、市政市容委、交通委、商务委、城管执法局有关负责人对第三届京交会安全生产服务保障、展区周边安全环境和轨道建设施工、危险化学品经营和公交场站等进行“四不两直”安全检查。

同日 副市长张延昆主持召开安全生产专题会，研究部署加油站销售油品实名制和危险化学品集中管理体系建设等重点工作。

同日 市政府办公厅印发《关于建立乡镇、街道（园区）安全生产专职安全员队伍的意见》（京政办发〔2014〕31号）。

同日 由市重大办、住房城乡建设委和北京城市快轨建设管理有限公司主办，中铁一局集团有限公司承办的北京市轨道交通2014年防汛应急演练在北京地铁16号线09标举行。

5月29日 市安全监管局局长张树森、副局长蔡淑敏与市总工会副主席高小强、韩世春就“安康杯”竞赛及相关工作进行座谈。

5月30日 市长王安顺主持召开市安委会工作会议，传达第100次市委常委会会议精神，宣布市安委会主要领导调整情况，研究部署汛期安全生产工作、市政府有关部门安全生产综合考核和安全生产责任保险试点等工作。副市长张延昆，市安委会各成员单位，各区县政府主要领导参加会议。

同日 市安全监管局副局长贾太保主持召开2014年全市特种作业管理工作联席会议，研究部署本市特种作业及特种设备作业人员安全管理工作。市住房城乡建设委、质监局、公安局消防局、华北能源监管局有关负责人参加会议。

6月

6月3日 市安委会第一督查组对丰台区城乡结合部地区安全生产专项整治工作进行第三轮综合督查，重点检查和义街道、南苑乡专项整治工作的进展情况。

6月4日 市规划委副主任曹跃进带领市安委会第五督查组，对海淀区城乡结合部地区安全生产专项整治工作进行第二轮综合督查。督查组先后检查碧森里小区地下群租房安全隐患整治情况、碧森里小区南区地下2层、3层关停整改情况、行集寺村105号燃气管线占压隐患整治情况，并听取海淀区政府关于城乡结合部地区安全生产专项整治工作的汇报。

6月5日 副市长张延昆带队，到房山区调研地下管线安全生产工作。市安全监管局局长张树森、市市政市容委委员蒋志辉、房山区副区长刘胜国，以及有关部门和企业相关负责人参加调研。

6月10日 市安全监管局局长张树森做客北京纪检监察网在线访谈节目，与网友就“深化改革、转变职能、聚焦主业，切实落实党风廉政建设主体责任”的主题进行交流，向公众介绍市安全监管局党组落实党风廉政建设主体责任情况。

6月11日 副市长张延昆主持召开推进夏季火灾防控暨重大火灾隐患集中整治动员部署会议，分析消防安全形势，传达贯彻上级部署，全面推进重大火灾隐患集中整治专项行动。

6月12日 副市长张延昆带领市政府办公厅、市安全监管局、商务委、市政市容委、公安局消防局、公安局公交保卫总队有关负责人，采取“四不两直”的方式，对本市人员密集、危险化学品、液化石油气等重点行业和领域进行联合检查。

6月16日 2014年北京市安全生产月宣传咨询日活动在朝阳公园南门广场隆重举行。国家安全监管总局副局长徐绍川，北京市市长王安顺、副市长张延昆、市政府副秘书长刘志出席活动，市安全监管局局长张树森、副局长蔡淑敏，国家安全监管总局有关司局领导，朝阳区政府有关领导参加活动。市安全监管局领导班子成员参加部分区县和企业的宣传咨询日活动。

同日 国家旅游局、市旅游委、东城区政府在天坛公园联合举办旅游安全宣传咨询日活动，国家旅游局副局长吴文学、市旅游委主任宋宇，北京市公园管理中心副主任杨月、东城区副区长王中华到现场为游客和市民发放宣传资料。

6月17日 市长王安顺主持召开市政府第45次常务会议，研究安全生产有关工作。会议审议通过市安全监管局《关于推进安全生产事故隐患排查治理体系建设的意见》和市编办《关于进一步加强市政府工作部门安全监管（管理）职责的补充意见》。王安顺讲话强调：首都安全稳定是第一位的政治责任，各级领导干部要把安全稳定放在心中，抓在手上，安全生产工作宁可越位，也不能不到位，更不能缺位，各地区、各部门要突出重点，抓好隐患排查治理体系建设工作，建立多元化的投入保障机制。

同日 副市长戴均良带队，检查朝阳公园“高空飞翔”大型娱乐设施和基督教朝阳堂安全管理工作。

同日 市安全监管局副局长唐明明主持召开立法工作研讨会，研究市政府176号令、177号令修订工作，市商务委委员魏忆京和市政府法制办有关负责人参加会议。

同日 市安全监管局副巡视员谢清顺主持召开安全生产全员培训考核大纲、教材编制规划意见稿研讨会，听取行业部门意见。市市政市容委、交通委等有关部门负责人参加会议。

6月18日 市安全监管局副局长陈清主持召开安全生产信息化专题座谈会，研究讨论《北京市安全生产信息化总体规划（2014—2016年）》和《关于进一步加强全市安全生产信息化建设工作的指导意见》。有关区县安全监管局负责人参加会议。

6月19日 国家煤矿安全监察局副局长李万疆带领调研组，到京煤集团昊华能源公司大安山煤矿调研煤矿职业病危害防治工作。市安全监管局副局长贾太保参加调研。

6月23日 常务副市长李士祥带领市安全监管局、公安局消防局等部门有关负责人，检查博纳国际影城方庄店、地铁5号线蒲黄榆站、物美大卖场玉蜓桥店安全生产工作。

同日 副市长林克庆带队，对水上运动设施进行安全检查。

同日 市安全监管局、经济信息化委、人力社保局、财政局、国资委、工商局、质监局和中国银监会北京监管局8部门联合印发《关于进一步推进企业安全生产标准化建设若干激励政策》的通知（京安监发〔2014〕55号）。

同日 市安全监管局副局长唐明明主持召开安责险制度试点第一次联席会议。会议审议讨论《安全责任制度试点工作方案》等4个文件。

6月24日 市长王安顺、副市长张延昆带队，采取“四不两直”的方式，检查北京京客隆集团股份有限公司劲松店和北京十八里店金灿灿汽配用品市场中心安全生产情况。

同日 市安全监管局副局长贾太保主持召开《北京市安全生产社会化三年行动计划》专家研讨会。市科学技术研究院院长丁辉、国家安全监管总局宣传教育中心副主任贺定超等参加会议。

同日 市安全监管局副局长陈清、副巡视员高士虎到房山区调研企业安全生产标准化创建及隐患排查治理体系建设工作。房山区常务副区长李江参加调研。

6月26日 副市长陈刚带领市国土局、规划委、住房城乡建设委、安全监管局、重大办、公安局消防局等部门组成的联合检查组，采取“四不两直”的方式，对建筑施工企业进行安全生产检查。

同日 副市长程红带队，采取“四不两直”的方式，检查西单商场及超市安全生产情况。

6月27日 2014年度北京市青年安全生产示范岗创建活动工作会在首发集团京沈分公司白鹿收费所隆重举行，市安全监管局局长张树森、团市委书记常宇参加会议并讲话。

6月30日 市安全监管局副局长阎军主持召开全市有限空间安全生产工作部署会，对本市2014年有限空间安全生产工作进行再动员、再部署。市有关行业部门和18家企业集团负责人参加会议。

7月

7月3日 市安全监管局局长张树森带队，采取“四不两直”的方式，对本市城区商业综合楼宇、建筑工地等安全生产工作进行突击抽查。重点检查商业楼宇高压配电室、中央空调制冷机房的安全管理和应急演练情况。

同日 市安全监管局副局长蔡淑敏在市政府新闻发布厅主持召开安全生产专题新闻发布培训会，市政府新闻办主任、新闻发言人王惠做专题报告。各区县安全监管局局长及有关负责人，相关行业部门负责人参加会议。

同日 市安全监管局副局长贾太保主持召开本市非煤矿山安全生产工作会。

会议传达《国家安全监管总局关于严防十类非煤矿山生产安全事故的通知》，结合各类事故案例进行学习，部署下半年安全生产工作。

7月4日 市安全监管局副局长贾太保主持召开煤矿安全工作会，总结2014上半年煤矿安全生产工作，分析安全生产形势，部署下半年重点工作。

同日 市安全监管局副巡视员高士虎在朝阳区大屯街道主持召开全市生产经营单位安全生产条件普查试点工作会，全市7个试点区县安全监管局、10个试点乡镇街道主要负责人和有关人员参加会议。

7月7日 第三季度全市公共安全和安全生产形势分析会议首次合并召开。市委常委、常务副市长、市应急委副主任李士祥参加会议并讲话。会上，市应急办、公安局消防局分别通报本市事故情况和第三季度公共安全总体形势，提出应对措施。市安全监管局局长张树森、副局长陈清参加会议。

7月8日 市安全监管局与市政府新闻办联合召开北京市安全生产专题新闻发布会，面向境内外媒体，介绍北京市安全生产形势及工作重点，并就媒体普遍关注的安全生产领域热点问题回答记者提问。市政府新闻办主任王惠主持新闻发布会，市安全监管局局长张树森，副局长蔡淑敏、陈清、贾太保、唐明明参加会议。中央电视台、新华社、《北京日报》、《北京晚报》、日本经济新闻、美国ICN电视联播网、《香港大公报》、《香港商报》等30余家媒体参加新闻发布会。

7月10日 副市长张延昆主持召开2014年全市安全生产隐患排查治理体系建设推进电视电话会议，贯彻市政府第45次常务会议精神，部署全市安全生产隐患排查治理体系建设工作。47个市有关部门、21家企业主管领导参加会议。各区县、北京经济技术开发区及各乡镇街道分别设分会场，有关负责人参加会议。

同日 市安全监管局副局长贾太保主持召开煤矿安全工作会，剖析2014年以来发生的4起煤矿死亡事故原因，紧急部署安全生产大检查工作。京煤集团董事长付合年、昊华能源公司董事长耿养谋参加会议。

7月11日 市安全监管局在北京北整长欣整流器有限公司召开全市安全生产标准化建设工作现场会，推广企业标准化建设经验。市安全监管局局长张树森参加会议并讲话，副局长陈清、副巡视员高士虎，市安委会部分成员单位主管标准化工作的领导及部门负责人，各区县安全监管局主要领导及评审机构代表、乡镇街道代表参加会议。

7月14日 经市编办批复，北京市职业病防治研究院在北京市化工职业病防治院的基础上挂牌成立。

7月15日 市安全监管局召开新闻发布会，通报安全生产标准化建设激励政策及液氨专项治理的通知公告。

7月16日 副市长陈刚带队，对通程国际大厦工程和枣林前街12号楼抗震加固工程施工现场进行安全检查。市住房城乡建设委、国土局、规划委、安全监管局、重大办、公安局消防局相关领导参加检查。

同日 市安全监管局局长张树森主持召开2014年上半年全市安全生产工作

总结会议，分析安全生产形势，部署重点工作。市安全监管局机关全体干部、各区县安全监管局领导班子成员、市政府有关部门和市属国有企业安全生产负责人参加会议。

7月17日 市安全监管局局长张树森主持召开安全生产地方标准制定座谈会，研究讨论安全生产地方标准制定的总体思路和框架设计。市质监局副局长姚娉参加座谈会。

同日，市安全监管局副局长陈清带队，到市公安局交管局专题研究压减道路交通事故工作。市公安局交管局副局长刘恕参加会议。

7月18日 市安全监管局局长张树森与中国安科院院长吴宗之签署安全生产战略合作框架协议。

7月23日 副市长张延昆带队，到丰台区花乡京九铁路、京沪铁路、京津高速铁路交会处调研轨道交通桥下空间安全管理工作。市安全监管局局长张树森参加调研。

7月24日 市安全监管局局长张树森主持召开全市生产经营单位安全生产条件普查工作动员部署会。各区县安全监管局局长、分管副局长和科室负责人，以及全市60余个乡镇街道负责人参加会议。

7月25日 市安全监管局副局长陈清主持召开专题会议，研究加强本市危险化学品运输通行高速公路长隧道等特殊地段的安全监管工作。市公安局交管局、交通委运输局、首发集团有关负责人参加会议。

同日 北京市安全生产技术服务协会第一次会员大会举行，来自全市40家安全评价机构和检验检测机构的会员代表及个人会员参加大会，市安全监管局副局长唐明明参加会议并讲话。

7月28日 市安全监管局副局长陈清主持召开现场会，研究部署丰台花乡地区铁路桥下隐患整治工作。北京铁路局、市公安局消防局和丰台区政府及相关部门负责人参加会议。

7月31日 由市旅游委、安全监管局、公安局消防局、防汛办、红十字会和江泰保险公司联合主办的2014北京市旅游行业第二届安全技能大赛，圆满完成各项赛程，落下帷幕。

8月

8月1日 市安全监管局、北京煤监局召开2014年廉政工作会议，局机关和局属事业单位全体干部参加会议。

8月2日 市安全监管局采取书面新闻发布会的形式，通过新闻媒体，就上半年全市生产安全事故公示、集中开展"六打六治"打非治违专项行动进行新闻发布。

8月5日 国家安全监管总局职业健康司司长高世民带队，到北京市职业病防治研究院进行调研。

同日 副市长张延昆主持召开市安委会工作会，对亚太经合组织会议安全生产监管工作和建筑施工、道路交通领域专项整治工作进行部署。

8月6日 常务副市长李士祥、副市长张延昆召开会议，专题听取市安全监管局关于危险化学品集中管理体系建设工作情况的汇报。市安全监管局局长张树森、副局长唐明明参加会议。

8月7日 市安全监管局副局长贾太保带队，对密云威克铁矿尾矿库汛期安全生产工作进行检查。密云县副县长郭鹏、县安全监管局和密云冶金矿山公司主要负责人参加检查。

8月8日 市政府印发《关于推进安全生产隐患排查治理体系建设的意见》（京政发〔2014〕23号），作为指导全市隐患排查治理体系建设工作的纲领性文件。

同日 市安全监管局副局长蔡淑敏带领检查组，对怀柔雁栖湖生态示范区APEC会址建设和运营进行安全生产检查。检查组在栖湖饭店召开检查通报会，传达市领导对APEC会议安全生产工作的指示精神，通报检查发现的问题。

8月12日 全国“六打六治”打非治违专项行动视频会议结束后，副市长张延昆主持召开北京市“六打六治”打非治违专项行动动员部署会议。张延昆指出：“六打六治”打非治违专项行动是继2013年安全生产大检查以来，在全国范围内组织的又一次大规模行动，要认真学习领会，迅速传达贯彻落实。

同日 市安全监管局局长张树森带队，对水立方改造工程进行监督检查，督促各项工作推进落实，要求各部门按照既定的时间节点完成各项整改任务。

8月15日 市安全监管局举办全市工业企业粉尘防爆安全培训班。各区县和北京经济技术开发区安全监管局主管副局长和有关人员约260人参加培训班。

8月22日 副市长张延昆主持召开安全生产专题会，研究部署丰台区玉泉营铁路桥下违章建设专项整治工作。市安全监管局副局长陈清参加会议并汇报专项整治方案制定情况。

8月24日 由市安全监管局和市妇联共同主办，以“人人学安全，家家享平安”为主题的2014年北京市家庭安全知识竞赛总决赛在北京电视台拉开序幕。国家安全监管总局人事司监察专员杨占科，市安全监管局局长张树森、副局长蔡淑敏，市妇联副主席常红岩，北京青年报社常务副社长李小兵参加活动并颁奖。

8月25日 市安全监管局召开新闻发布会，通报全市乡镇、街道（园区）安全生产专职安全员招聘工作。

8月27日 常务副市长李士祥和副市长张延昆带队，对APEC会议涉及的水立方内部改造及鸟巢巨型网幕施工的安全工作进行调研。市政府秘书长李伟、副秘书长杨艺文，朝阳区区长吴桂英，市安全监管局局长张树森等参加调研。

同日 市安委会印发《关于集中开展“六打六治”打非治违专项行动的通知》（京安发〔2014〕15号），在全市范围内集中开展以“六打六治”为重点的打非治违专项行动。

8月28日 市安全监管局召开2014年全市安全生产月活动总结表彰会，国家安全监管总局人事司监察专员杨占科，市安全监管局局长张树森、副局长蔡淑敏，团市委副书记杨立宪参加会议。会议总结2014年安全生产月活动取得的成绩，对下阶段安全生产宣传工作提出要求，对全市312家先进单位进行表彰。

9月

9月3日 市政府印发《关于进一步

完善和加强市政府工作部门安全监管（管理）职责的通知》（京政发〔2014〕27号），明确市政府工作部门安全监管（管理）职责，强化安全生产监管责任体系建设。

同日 北京市职业病防治联合会第一届会员大会在北京会议中心举行，标志着北京市职业病防治联合会正式成立。

9月5日 市安全监管局副局长贾太保在木城涧煤矿主持召开煤矿安全紧急工作会议，部署煤矿安全生产工作。

9月10日 国家安全监管总局副局长杨元元在北京会议中心就新修订的《中华人民共和国安全生产法》做专题辅导讲座。市安全监管局机关全体干部和部分企业主管领导680人参加讲座。

9月12日 副市长张延昆主持召开安全生产专题会，研究部署安全生产重点工作。市安全监管局局长张树森、副巡视员高上虎参加会议。

9月16日 市安委会印发《北京市安全生产事故隐患排查治理体系建设三年行动计划（2015—2017）》（京安发〔2014〕16号）。

9月18日 副市长张延昆主持召开市安委会电视电话会议，落实国庆65周年活动北京市筹备工作领导小组第一次和第二次会议精神，研究部署国庆和APEC会议期间各项安全保障工作。会上，市安全监管局局长张树森传达国务院安委会办公室、国家安全监管总局《关于切实加强当前安全生产工作的通知》精神，市公安局消防局、市政市容委、交通委、公安局公交保卫总队、公安局交管局分别汇报安全保障工作。

9月19日 市安全监管局副局长唐明明主持召开全市安全监管监察系统开展“六打六治”打非治违专项行动工作视频会议。

9月23日 副市长张延昆带队，对本市城区重点单位安全管理情况进行暗访检查。市安全监管局局长张树森及有关部门负责人参加检查。

9月24日 国家安全监管总局办公厅副主任王士杰带领国务院安委会督查组，对本市安全生产“党政同责、一岗双责、齐抓共管”责任体系建立情况、“六打六治”打非治违专项行动开展情况，以及国庆65周年活动和党的十八届四中全会安全生产保障工作进行督查。

9月25日 黑龙江省安全监管局检查组代表国家安全监管总局，对怀柔区涉氨制冷企业液氨使用、工贸企业有限空间作业条件确认和粉尘防爆专项整治工作进行异地交叉检查。

9月26日 副市长程红带队，对国庆假日饭店服务接待和安全保障工作进行检查，市公安局、安全监管局、公安局消防局、工商局、城管局、商务委和旅游委等部门负责人参加检查。

9月27日 市安全监管局发布APEC峰会期间本市危险化学品、烟花爆竹、金属非金属矿山和煤矿有关安全生产管理措施的通告，并采取书面新闻发布会的形式，通过新闻媒体进行新闻发布。

9月28日 市长王安顺带队，检查公主坟地铁站换乘站、公主坟环岛公交场站和翠微大厦（翠微店）等人员密集场所安全生产工作。市安全监管局局长张树森参加检查。

同日 市安全监管局局长张树森、

副局长蔡淑敏、副巡视员钱山、副巡视员高士虎带领检查组，分赴各区县开展执法夜查，突击检查全市加油（气）站安全生产情况。

9月29日 常务副市长李士祥带队，对北展剧场、北京动物园、北京海洋馆安全管理工作进行检查。市安全监管局副局长蔡淑敏参加检查。

同日 副市长张工带队，检查市属国有企业安全生产工作。

10月

10月7日 市安全监管局采取书面新闻发布会的形式，通过新闻媒体，就国庆期间全市安全生产情况进行新闻发布。

10月13日 副市长张延昆主持召开全市地下空间综合整治总结暨工作部署会，学习贯彻市委常委会、市政府常务会关于地下空间综合整治工作会议精神，总结过去3年地下空间综合整治情况，部署未来3年整治任务。

10月15日 市安全监管局局长张树森主持召开座谈会，就新修订的《中华人民共和国安全生产法》进行研讨。国家安全监管总局副局长杨元元和政法司司长支同祥等出席会议。

10月16日 市安全监管局与市经济信息化委召开会议，重点围绕《北京市人民政府关于进一步完善和加强市政府工作部门安全监管（管理）职责的通知》（京政发〔2014〕27号）明确的相关职责要求，就如何强化工业企业安全监管工作进行座谈。市安全监管局局长张树森、市经济信息化委副主任樊健参加会议。

10月18日 市政府在北京金隅集团凤山矿召开非煤矿山安全生产现场会，推进非煤矿山企业信息化、标准化工作，建设“安全·和谐”矿山。副市长张延昆参加会议并讲话。

10月21日 市安全监管局副局长唐明明主持召开市安全生产协会换届筹备组工作会议，安排部署协会财务管理移交和换届筹备等相关工作。

10月22日 副市长张延昆主持召开安全生产监管工作现场会，诠释《关于进一步完善和加强市政府工作部门安全生产职责分工的修订意见》（京政发〔2014〕27号）的制定情况和主要内容，说明安全生产综合监管、行业监管（管理）的职责定位，学习交流政府部门安全生产监管工作经验，部署安全生产工作。

同日 市安全监管局副局长蔡淑敏带队，检查APEC会议欢迎晚宴文艺演出工程的安全管理工作。

10月23日 市安全监管局副局长蔡淑敏、副巡视员钱山召开安全生产专职安全员队伍组建工作协调会。

同日 市安全监管局副巡视员高士虎主持召开专题会议，与市烟花办共同研究2015年春节期间烟花爆竹安全管控措施。

同日 市安全文化促进会成立大会暨第一届会员代表大会在北京会议中心召开，市安全监管局副局长蔡淑敏参加会议并讲话。

10月25日 副市长张延昆主持召开2014—2015年度全市预防煤气中毒工作部署会。市委宣传部、市教委、公安局、安全监管局等23个政府部门和各区县主管领导参加会议。

10月29日 市安全监管局举办“北京市企业负责人安全生产法专题培训示范班”，邀请国家安全监管总局政法司副司长邬燕云做专题辅导。

11月

11月5日 国家安全监管总局副局长李兆前带队，到北京市专题调研安全生产标准化和隐患排查治理等工作，副市长张延昆和市安全监管局局长张树森、顺义区区委书记卢映川、区长王刚等参加调研。

同日 市安全生产标准化技术委员会获市质监局批准成立。

11月13日 市安全监管局局长张树森主持召开建筑行业安全生产监管工作座谈会，市住房城乡建设委副主任王承军参加会议。

11月24日 市住房城乡建设委副主任王钢带领市安委会第一督查组对朝阳区“六打六治”打非治违专项行动进行综合督查。朝阳区副区长汪洋和有关部门负责人参加督查。

同日 市安全监管局副局长贾太保主持召开煤矿隐患排查治理行动动员部署会，会议传达《国务院安委会办公室关于印发〈全国集中开展煤矿隐患排查治理行动方案〉的通知》，通报《北京市煤矿隐患排查治理行动实施方案》。京煤集团、昊华能源公司和生产技术部及安监部主要负责人，各煤矿矿长、总工程师、安监站长、救护队指战员等有关人员参加会议。

11月25日 副市长张延昆带队，对昌平区回龙观镇北四村外来人口服务管理工作进行调研。市安全监管局和昌平区区委、区政府负责人参加调研。

同日 市安全监管局、公安局交管局组成市安委会第十五督查组，对平谷区“六打六治”打非治违专项行动开展情况进行综合督查。

同日 市安全监管局召开新闻发布会，通报5月至9月全市由于外力施工破坏燃气管线事故情况。副局长蔡淑敏参加会议并进行现场新闻发布。北京电视台卫视频道、科教频道，北京新闻广播、北京交通广播、《北京日报》、新华社、《中国安全生产报》等16家媒体参加新闻发布会。

11月26日 市国土局副局长李燕飞带领市安委会第九督查组对大兴区“六打六治”打非治违专项行动开展情况进行综合督查。

同日 市政府副秘书长刘志主持召开北京市2014年度冬季消防和预防煤气中毒工作会，对冬季消防和预防煤气中毒工作进行部署。副市长张延昆参加会议并讲话。

同日 市安全监管局副局长唐明明带队，对怀柔区“六打六治”打非治违专项行动开展情况进行综合督查。

同日 市安全监管局副局长阎军带队，对平谷区“六打六治”打非治违专项行动开展情况进行综合督查。

同日 市安全监管局副巡视员高士虎带队，对北京经济技术开发区“六打六治”打非治违专项行动开展情况进行综合督查。

11月27日 市安全监管局、中国石油大学（北京）及北京市科学技术研究院共同主办以“坚守安全红线，保障城市安全”为主题的第八届北京安全文化论坛。论坛以“1＋9”模式（即1个主论坛及9个分论坛的组合形式），在全市范围内多个区县、行业部门及企业分别开展，分行业分领域研讨交流安全生产的前沿问题。

同日 市旅游委委员赵广朝带领市安委会第六督查组对延庆县“六打六治”打非治违专项行动开展情况进行综合督查。副县长谢文征等参加督查。

11月28日 市安全监管局召开新闻发布会，通报本市推进安全生产责任险有关工作情况，就贯彻新修订的《中华人民共和国安全生产法》致企业负责人的两封公开信。北京电视台、北京新闻广播、北京交通广播、《北京日报》、新华社、《中国安全生产报》等16家媒体参加新闻发布会。

11月29日 市委、市政府印发《关于大力实施安全发展战略，促进和谐宜居之都建设的意见》（京发〔2014〕21号）。

12月

12月1日 市安全监管局副局长贾太保带队，对门头沟区“六打六治”打非治违专项行动进行综合督查。门头沟区副区长张满仓和区安全监管局、区总工会、石龙管委会等部门负责人参加督查。

12月4日 市交通委在地铁7号线双合站举办北京市轨道交通重大运营突发事件应急演练活动，交通运输部部长杨传堂、北京市副市长戴均良、国务院应急办主任陈建安及交通运输部有关司局领导观摩演练。演练模拟发生地铁列车脱轨事故后的应急响应及处置，包括信息报告、先期处置、人员救助、乘客疏散、秩序维护、宣传引导、伤员救治、交通疏导、抢险抢修、恢复运营等10个科目。

12月5日 市安全监管局局长张树森主持召开北京市安全生产标准化技术委员会成立暨第一次全体委员大会。

12月8日 市安全监管局局长张树森主持召开安全生产综合执法监察定位以及行业部门安全生产执法工作会议。

12月9日 国家安全监管总局职业健康司副司长王建冬带队，通过查阅档案资料、人员访谈、现场检查等方式，对本市职业卫生技术服务机构进行专项检查。

12月11日 由市安全监管局、首都精神文明办、市总工会联合主办，市安全文化促进会、北汽集团、北京人民广播电台共同承办，首发集团、北京电视台等单位协办的“北京汽车杯”北京市十佳安全宣传员评选活动（2014年至2015年）正式启动。

12月18日 市安全监管局局长张树森、副局长蔡淑敏与市总工会副主席韩世春及有关人员，就“安康杯”竞赛活动相关工作进行座谈。

12月19日 副市长张延昆主持召开元旦、春节期间防火及烟花爆竹燃放安全专题会议。市安全监管局局长张树森、副巡视员高士虎参加会议。

12月23日 市安全监管局副局长唐明明主持召开全市醇基液体燃料和轻烃混合燃气使用管理工作会议。

12月25日 市安全监管局采取书面新闻发布会的形式，通过新闻媒体，就2015年春节烟花爆竹的整体工作安排，缩短销售时间、压缩网点数量、相关时间安排等进行新闻发布。

12月29日 市安全监管局在稻香湖会议中心召开北京市安全生产监管系统2014年度工作总结暨2015年工作部署会，总结2014年各项工作，分析2015年本市安全生产面临的新形势新要求，部署2015年安全生产重点工作。

同日 海淀区清华附中体育馆工程，发生基础钢筋坍塌事故，造成10名施工人员死亡，4名施工人员受伤。

12月30日 市委、市政府办公厅印发《北京市安全生产“党政同责”规定》，明确各级党委、政府的安全生产工作主要职责，规定落实党政同责的工作机制，明确监督与考核工作，规定进行责任追究的具体情形和原则，并对各级党委、政府工作部门和国有企事业单位安全生产党政同责作出规定。

12月31日 副市长陈刚主持召开会议，专题研究清华附中在建体育馆工地事故调查处理有关工作。市安全监管局局长张树森参加会议。

安全监管

综述

2014年，北京市安全监管监察系统认真学习贯彻党的十八大、十八届三中、四中全会精神，以习近平总书记系列重要讲话精神为指导，紧紧围绕市委十一届四次全会提出的安全生产“四化三体系双基”的总任务，开拓创新，狠抓落实，扎实工作。

2014年，全市共发生道路交通、生产安全、火灾、铁路交通死亡事故1003起，死亡1096人，事故起数同比增加66起，上升7.0%，死亡人数同比增加64人，上升6.2%。从指标控制情况看，考核性生产经营事故总量占国务院安委会下达年度指标的77.7%。相对指标控制情况较好，亿元地区GDP生产安全事故死亡率为0.051，与国务院安委会下达指标0.056相比，减少0.005；工矿商贸企业从业人员10万人生产安全事故死亡率为0.91，与国务院安委会下达指标1.27相比，减少0.36；煤矿百万吨煤死亡率为0.9，与国务院安委会下达指标1.685相比，减少0.785。

一、精准发力，狠抓落实，“四化三体系双基”总任务开局成效显著

（一）安全生产法治化建设深入推进

制定新修订的《中华人民共和国安全生产法》宣贯方案，采取多种方式加大宣传力度。制定并实施安全生产法治化三年行动计划。《北京市安全生产隐患排查治理办法》已经市政府法制办批准正式立项。《北京市危险化学品安全管理办法》和《北京市商业零售经营单位安全生产规定》《北京市餐饮经营单位安全生产规定》简易修订立法项目列入市政府规章立法计划。全年制定、修订地方标准项目达12项，《石油储罐机械化清洗施工安全规范》等7个项目已提交市质监局送审。安全生产百部地方标准制定方案得到市质监局的认同和支持，并列入首都标准委员会重大项目。整理出明确规定市和区县安全监管局行政处罚权力的法律法规58部，行政处罚权699项，摸清权力底数，为制定安全生产行政处罚权力清单奠定基础。开展行政处罚案卷评查，对本系统行政执法人员在行政处罚证据运用、法律法规适用各类问题298处进行全面梳理，提出156条具体改进意见。在全系统各执法处（科、队）配备专（兼）职法制员，负责本部门执法案卷制作等日常执法行为的规范把关。

（二）安全生产信息化建设稳步提升

新建安全生产培训考核管理系统，实现本市相关从业人员安全生产培训、考核、发证的全流程网上管理。新建区

县安全生产综合考核系统，实现考核指标下发、区县上报、市级评定、个性化考核等功能。建设安全生产条件普查系统，实现普查数据的录入、分级审核和上报汇总功能，并对普查数据进行分析和利用。完善安委会日常管理、危险化学品管理、隐患自查自报、综合指标、职业卫生和协同办公等多个系统功能。启动实施安全生产行政许可及电子监察项目。安全监管物联网示范工程基本建成并投入试运行。安全监管信息平台整合集成12个业务系统，7类安全生产核心业务，各类业务数据达6000余万条。朝阳区、顺义区、西城区、大兴区、怀柔区等5个区县建立安全生产信息平台，海淀区、门头沟区、房山区等区县建立信息系统，逐步实现与市安全监管局核心业务数据的信息共享。北京经济技术开发区、石景山区、东城区、房山区、昌平区、西城区、市市政市容委、市住房城乡建设委和轨道交通建设管理公司、纺织集团分别投入财政专项资金用于安全生产信息化建设。

（三）安全生产标准化建设成效明显

制定《北京市安全生产标准化三年行动计划》。注重提升标准化企业创建质量，不断规范标准化评审工作，建立标准化评审单位约谈制度，制定《北京市安全生产标准化评审单位管理办法》《北京市安全生产标准化评审组织单位管理办法》《北京市安全生产标准化评审单位评审过程控制指南》《北京市安全生产标准化二级标准化企业称号管理办法》《北京市安全生产标准化核查管理办法》等系列评审管理文件，规范评审管理，逐步建立对评审单位全过程、全流程的监督、考核、通报、退出工作机制。加大标准化工作核查力度，委托市安科院开展全市安全生产标准化核查，定期通报核查结果。全市各级财政投入7365万元用于安全生产标准化建设。全市完成达标企业数量51843家，其中一级标准化企业42家、二级标准化企业498家、三级标准化企业12025家、小微岗位达标企业39278家。16个区县、北京经济技术开发区全部完成标准化年度达标任务。

（四）安全生产社会化建设取得突破

市安全监管局成立安全生产科技促进会、职业病防治联合会、安全生产技术服务协会、安全文化促进会4家社团组织。14家注册安全工程师事务所完成注册登记。酝酿7年之久的安全生产责任保险制度试点工作取得突破，经市政府同意，以市安委会名义印发《关于建立安全生产责任保险制度试点工作指导意见》和《实施方案》，确定按照“政府推动、市场化运营”的方式在全市传统高危行业、道路交通、人员密集场所等11个重点领域建立安全生产责任保险试点，试点工作全面启动。依托市安科院以事业法人登记方式成立北京市安全生产技术服务中心和安全生产技能鉴定所，取得相应资质，为安科院发展带来新的生机活力。适应政府购买服务的新要求，适应财政资金拨付方式的转变，对全市安全生产领域社团组织建设提出明确要求。

（五）安全生产责任体系不断完善

着眼实现首都战略定位，以市委、市政府名义印发《关于大力实施安全发展战略，促进和谐宜居之都建设的意见》

（京发〔2014〕21号）。这是本市贯彻落实党中央、国务院和习近平总书记关于安全生产工作的批示、讲话精神的重要举措，是对本市安全生产工作实践的科学总结，是指导本市今后一个时期安全生产工作的纲领性文件。市委办公厅、市政府办公厅印发《北京市安全生产党政同责暂行规定》，市政府印发《关于进一步完善和加强市政府工作部门安全监管（管理）职责的通知》（京政发〔2014〕27号）。以市政府办公厅或市安委会名义分别制定安全生产约谈、警示、通报制度。连同去年出台的《北京市安全生产"一岗双责"暂行规定》（京政发〔2013〕38号），形成以京发〔2014〕21号文件为统领，7个文件为支撑的"1＋7"的本市安全生产责任体系，标志着本市安全生产领域"明责"环节的工作初步完成。印发《关于进一步完善市政府有关部门安全生产综合考核工作的意见》，新增7个部门作为考核对象，制定共性与特性双重考核内容，推动政府部门履行安全监管职责。

（六）隐患排查治理体系建设取得积极进展

市政府印发《关于推进安全生产隐患排查治理体系建设的意见》（京政发〔2014〕23号），设计"两个责任落实体系""五个运行机制体系""五个支撑保障体系"的"二五五"建设框架。市安委会印发《隐患排查治理体系建设三年行动计划》，明确体系建设总体思路、主要任务和保障措施。发挥典型带动示范作用，大力推广顺义区隐患排查治理体系建设经验。市财政加大隐患治理资金投入，2014年安排资金6475万元，用于液氨等重大隐患治理和安全生产条件普查等，完成110家涉氨制冷企业重大事故隐患的治理。

（七）安全预防控制体系建设有序推进

已经完成前期的课题研究，形成《北京市安全预防控制体系建设研究》调研报告，2015年将结合本市安全生产实际，出台相关文件，科学推进安全预防控制体系建设。

（八）安全生产基层基础不断夯实

加强基层安全生产检查力量。市政府办公厅印发《关于建立乡镇、街道（园区）安全生产专职安全员队伍的意见》（京政办发〔2014〕31号），乡镇、街道（园区）安全生产检查力量薄弱的难题得到有效解决。科学组织，严格程序，认真培训，2015年1月全市近4000名专职安全员正式上岗。以专职安全员队伍组建为契机，带动乡镇安全生产机构、装备、办公条件的设定和改善。全面加强市局机关建设和干部队伍建设。坚持公平、公正、公开的原则，形成"一个机制和六个体系"的干部队伍建设总体思路，市安全监管局机关建设和干部队伍建设走上更加规范、有序、高效和公平公正的轨道。在全市安全监管系统鼓励报考注册安全工程师（助理注册安全工程师），全市注册安全工程师报名人数同比翻番，考核通过人数达到1974名，同比增加128名。推动安全资格考点示范工程建设，健全完善安全资格考试制度体系，共培训考核三项岗位人员17万人，核发安全资格证12万个。

二、重点突出，持续发力，安全生产中心任务扎实落实

（一）危险化学品集中管理体系建设取得重要进展

市政府办公厅印发《关于建立北京市危险化学品集中管理体系的若干意见》，明确体系建设的总体思路、主要任务和保障措施。成品油、剧毒和气体（包括工业气体、车用燃气、瓶装液化气）首批纳入集中管理体系。稳步推进房山区危险化学品集中管理体系试点。以东方石油化工有限公司化工四厂转型升级为契机，整合周边生产、物流、仓储资源，建设区域危险化学品物流枢纽基地。完善北京燕星宇国际石化产品交易市场，初步建成房山区危险化学品交易专业分市场。

（二）加大重点行业领域监督执法和专项整治力度

持续推进"安全·和谐"矿山建设，加强金属非金属矿山的整顿关闭，对5家许可证到期的企业下达停产指令。持续开展城乡结合部、"六打六治"、粉尘作业、石油天然气长输管线、加油站贯标改造、危险化学品一书一签、电气安全暨特种作业"双打"等专项整治，全年消除事故隐患29.9万项。

（三）全力做好重大政治活动安全生产监管工作

圆满完成党的十八届四中全会、国庆65周年活动、全国"两会"，以及重要节假日等各个重要时期、关键节点的安全生产监管工作。采取进驻方式对APEC会议雁栖湖会址开展持续1年的执法检查，制定危险化学品等高危行业特殊管控措施，强化社会面、重点场所周边，焰火在京临时储存、燃放阵地现场施工和高空作业，以及水立方改造、领导人焰火观礼台等会场和活动场所临建设施的安全监管，确保APEC会议期间全市安全生产形势的稳定。

三、坚持创新，典型引领，安全生产工作方式方法持续改进

（一）稳步推进安全生产领域改革试点工作

落实国务院安委会《关于在北京等8省份开展全面深化安全生产领域改革试点方案》要求，以市安委会名义印发《北京市全面深化安全生产领域改革试点工作方案》和《北京市全面深化安全生产领域改革试点工作分工方案》。经市政府批准，确定通州区为体制机制综合改革试点区，建立安全生产监管责任体系、监管监察体系、隐患排查治理体系和社会共治体系；朝阳区为社会化改革试点区，建立政府监管与社会参与相结合的安全生产治理模式；房山区为危险化学品（烟花爆竹）安全监管政策试点区，建设危险化学品集中管理体系。

（二）全面启动北京市第一次安全生产条件普查

制发普查工作方案和管理办法，明确分工职责。确定普查标准，设计一般法人、个体工商户和在建工程3类普查表、189项普查指标，加强普查的可操作性。西城区、朝阳区等7个区县率先完成普查试点任务，共普查生产经营单位3万余家。

（三）开辟安全生产宣传教育新方式

举办以"坚守红线意识，保障城市安全"为主题的"安全生产月"系列活动，首次面向家庭组织开展"家庭安全知识竞赛"，首次面向全市安全监管系统

开展“十佳安全生产监管卫士评选”。由北京汽车集团公司冠名赞助150万元启动“十佳安全宣传员”的评选。

（四）进一步提升安全生产应急救援能力

成功主办北京市第一届矿山救援技术竞赛。推进属地政府与重大危险源企业“一对一”预案应急演练、油气输送管线事故应急演练，全年组织各类安全生产演练活动9200余次。

（五）持续深化行政审批制度改革

简化审批流程，制发《北京市安全生产监督管理局行政审批工作管理办法》《北京市安全生产监督管理局行政审批事项办理规定》，将许可事项按照不同情形从原来的4级决定权限简化为3级决定权限。加强服务窗口建设，通过推行工作日“延时服务制”、完善申请审批信息化系统、实行“一站式服务”等方式，提高审批效率，各项行政许可办理时间减少10个工作日。

（六）不断夯实职业卫生监管基础

编制《职业卫生地方标准编制大纲（2015—2020）》。制发《关于进一步做好本市用人单位职业卫生培训工作的指导意见》，进一步规范企事业单位职业卫生培训工作。制定《北京市职业病防治工作评估标准》，在全国率先开展职业病防治评估，完成对16个区县和北京经济技术开发区的评估结果一对一反馈。督促用人单位建立职业健康监护档案，涉及接触职业危害的劳动者约17万人，全年建档率达到90％以上。制定《北京市乙级职业卫生技术服务机构认可指南》，严格规范职业卫生技术服务机构资质评审，审批认定服务机构28家。

市安委会工作

【国务院安委会专项督查】 1月9日至13日，国家煤监局副局长李万疆带领国务院安委会督查组，对北京市安全生产大检查"回头看"等安全生产工作进行专项督查。督查组采用"四不两直"方式，抽查京煤集团昊华能源公司木城涧煤矿和大台煤矿、首云矿业公司、中石化北京石油分公司、双鹤药业公司、烟花爆竹仓库、液化气站等17家单位安全生产工作情况。督查组对本市取得的成效给予肯定，同时结合督查发现的问题，提出建议。副市长张延昆要求市各有关单位准确把握督查组提出的要求，确保各项建议落实。按照市领导及督查组有关要求，各项隐患问题均整改完毕。

（薛瑞丰）

【市安委会第一次会议】 1月12日，副市长林克庆、张延昆主持召开全市安全生产、消防、森林防火电视电话会议，通报通州区"1·7"建筑施工垮塌事故、昌平区"1·9"燃气泄漏燃烧事故、昌平区"1·11"电缆管线施工中毒事故、朝阳区"1·11"施工工地火灾事故情况，对市"两会"、春节期间安全生产、消防和森林防火工作进行再动员、再部署。林克庆就贯彻落实国务院副总理汪洋和北京市市长王安顺的重要批示，做好森林防火工作提出要求。张延昆要求：严格落实行业监管、属地监管，综合监管责任，全面深入开展安全生产、消防和森林防火大检查；加强城市运行安全监管，继续推进地下管线专项治理；强化商市场安全监管工作，深入推进城乡结合部地区专项治理，严查建设工地等安全，加强烟花爆竹安全监管，做好值守应急工作。

（薛瑞丰）

【安全生产和消防工作电视电话会议】 1月21日，市安委会召开全市安全生产和消防工作电视电话会议，副市长张延昆参加会议并讲话。市安全监管局局长张树森、公安局消防局局长张高潮分别通报2013年安全生产和消防工作情况，分析安全生产和消防工作面临的形势和挑战，提出本年工作安排。张延昆要求：要进一步强化安全生产"红线"意识，建立"党政同责、一岗双责、齐抓共管"责任体系，严格落实企业主体责任，强化地方属地监管责任。要加大监督检查力度，深入开展安全生产专项整治，坚持"四不两直"工作方法，完善"全链条""全过程""全环节"检查的方式；要落实安全生产和消防安全"一岗双责"，将安全生产、消防工作与转变经济发展方式、调整产业结构、提升经济质量结合起来；要着力构建长效机制，夯实安全生产基础，推进隐患排查治理和安全生产标准化工作；要把发挥社会组织的作用提上议事日程。

（薛瑞丰）

【国务院安委会第二次专项督查】 2月26日至28日，由国家工业和信息化部副部长苏波带领的国务院安委会专项督查组对本市安全生产重点工作进行专项督查。27日，市长王安顺与督查组领导等进行座谈，副市长张延昆参加会议，市安全监管局局长张树森向督查组汇报北京市安全生产工作。督查组检查京煤集团昊华能源公司长峪沟煤矿、大兴区烟花爆竹仓库和危险化学品经营单位、菜市口百货商场、宣武医院建筑工地以及北京经济技术开发区部分工业企业安全生产情况。督查组向北京市政府反馈4个方面问题和5个方面建议。王安顺批示："请延昆同志阅示。问题突出，长期形成。攻坚克难，下定决心解决，不留隐患。"张延昆要求各有关单位按照市长批示，解决国务院安委会督查组通报的问题。截至3月底，督查组反馈的问题整改完毕。

（薛瑞丰）

【一季度安全生产形势分析会】 4月17日，副市长张延昆主持召开全市一季度安全生产形势分析会议，通报安全生产形势和重点工作进展情况，研究部署安全生产工作。市安全监管局局长张树森通报全市一季度安全生产情况，安全监管、建设、交通、市政等部门分别通报城乡结合部、建筑施工、交通运输、燃气使用等行业领域安全生产工作进展情况。一季度全市安全生产形势严峻，发生道路交通、生产安全、火灾、铁路交通死亡事故209起，同比增加25起，上升13.6%；死亡233人，同比增加27人，上升13.1%。企业违法转包、分包现象严重，雇用无资质队伍施工，违规作业违章指挥现象仍未得到根治，现场安全管理混乱。设备设施未经验收、危险作业未经审批擅自开工，隐患排查治理不到位、施救不当造成伤亡扩大的情况仍然存在。张延昆要求：一是要保持良好的工作状态；二是把安全生产工作作为调整产业结构的有力抓手，统筹推动各项工作的顺利开展；三是深入推进隐患排查治理工作；四是进一步加大处罚力度；五是继续推动重点行业领域安全生产专项整治。

（薛瑞丰）

【市安委会领导调整】 5月21日，市编委会就市安委会办公室《关于调整北京市安全生产委员会领导的函》，同意市长王安顺担任市安委会主任，副市长张延昆担任市安委会副主任。

（薛瑞丰）

【市安委会第五次会议】 5月30日，市长王安顺、副市长张延昆主持召开市安委会第五次会议。张延昆传达第100次市委常委会会议精神，宣布市安委会主要领导调整情况，由王安顺担任市安委会主任。会议研究部署安全生产工作、市政府有关部门安全生产综合考核工作和安全生产责任保险试点等工作。王安顺指出，安全生产工作是全市最重要的一项工作，责任最大、风险最大。行政主要领导担任安委会主任一职，要敢于担当，把安全生产工作抓在手上、放在心上。特别是北京作为首善之区，要在安全生产工作上做出表率，各项安全生产事故指标要排名全国前列。

（薛瑞丰）

【公共安全和安全生产形势分析会】 7月7日，第三季度全市公共安全和安全生产形势分析会首次合并召开。市委常委、常务副市长、市应急委副主任李士祥出席并讲话。市公安局消防局、安全监管局、应急办分别通报7月6日地铁13号线火灾事故情况、上半年全市安全生产形势和第三季度公共安全总体形势，提出具体应对措施。李士祥指出，要充分认清首都安全的严峻形势，重点抓好隐患整治工作；要从讲政治高度，提高首都安全管理水平。要始终牢记首都安全无小事，进一步严肃工作纪律，防止事故发生。

（薛瑞丰）

【隐患排查治理体系建设推进会】 7月10日，市安委会召开安全生产隐患排查治理体系建设推进电视电话会议，贯彻市政府第45次常务会议精神，部署全市安全生产隐患排查治理体系建设工作。副市长张延昆参加会议并讲话，47个市有关部门、21家企业主管领导参加会议，各区县、北京经济技术开发区及各街道（乡镇）分别设分会场参加会议。张延昆强调，要充分认识做好隐患排查治理体系建设的重要意义。各区县、各部门、各单位要切实落实一把手负责制，把隐患排查治理体系建设作为统领各项安全生产工作的抓手，层层落实责任，逐级抓落实，切实有效推动隐患排查治理体系建设。

（薛瑞丰）

【安全生产领域改革试点】 7月31日，国务院安委会印发《关于在北京等8省份开展全面深化安全生产领域改革试点方案》，北京市被确定为全面深化安全生产领域改革试点地区。9月23日，国务院安委会批复同意《北京市全面深化安全生产领域改革试点工作实施方案》，实施方案设定7个方面32项改革任务。12月24日，市安委会办公室印发《北京市全面深化安全生产领域改革试点工作分工方案》，对实施方案中的改革任务进行细化、分解，梳理出77项具体改革任务，每项改革任务均明确责任单位和协办单位。

（薛瑞丰）

【市安委会第七次会议】 8月5日，市安委会召开第七次工作会议。副市长张延昆参加会议并讲话，市安全监管局局长张树森对亚太经合组织会议安全生产监管工作和建设施工、道路交通领域专项整治工作进行部署。张延昆指出，要增强做好亚太经合组织会议安全保障工作的紧迫感和责任感，紧盯重点工程、重点领域和涉会周边的安全监管，突出重点，狠抓落实，高质量完成筹委会赋予的各项任务，保障城市安全运行，切实防范有社会影响的各类安全事故，坚决遏制重大事故。

（薛瑞丰）

【市安委会第八次会议】 8月12日，国务院安委会召开全国“六打六治”打非治违专项行动视频会议，在全国部署开展“六打六治”打非治违专项行动。会后，副市长张延昆主持召开市安委会第八次会议暨“六打六治”打非治违专项行动动员部署会，张延昆指出，此次“六打六治”专项行动是继2013年开展安全生产大检查以来，在全国范围内组织的又一次大规模行动，要学习领会，传达贯彻落实。一是以“六打六治”为抓手，规范本市安全生产秩序，全力压减一般事故，有效防范较大事故，坚决遏制重特大事故。二是以“六打六治”为契机，进一步发挥安全生产在疏解非首都核心功能中的作用。三是突出重点行业和领域，集中开展“六打六治”打非治违专项行动。四是牢固树立科学发展安全发展理念，加强组织领导和工作措施的落实。

（薛瑞丰）

【市安委会第九次会议】 9月18日，市安委会召开第九次会议，贯彻落实国庆活动北京市筹备工作领导小组第一次和第二次会议精神，研究部署国庆和APEC会议期间各项安全保障措施，副市长张延昆参加会议并讲话。市安全监管局局长张树森传达国务院安委会办公室、国家安全监管总局《关于切实加强当前安全生产工作的通知》精神，总结安排国庆和APEC会议期间安全保障工作，市公安局消防局总结安排消防安全保障工作，市市政市容委、交通委、公安局公交保卫总队、公安局交管局分别汇报城市安全运行保障、地铁公交安全保障、地铁公交安全保卫以及交通安全保障等工作。

（薛瑞丰）

【国务院安委会第三次专项督查】 9月24日至26日，国家安全监管总局办公厅副主任王士杰带领国务院安委会办公室督查组，对本市进行督查，重点检查京煤集团昊华能源公司大安山煤矿、房山区石楼油库、石楼镇政府、永定门交通枢纽、北京经济技术开发区管委会、SMC中国有限公司、中航技研发展示中心项目工地、玉渊潭公园、海淀区甘家口街道办事处等单位。督查组提出14个方面具体整改意见。各有关单位落实具体措施，做好督查组反馈问题的整改工作。截至11月中旬，14项具体问题全部整改完毕，消除事故隐患。

（薛瑞丰）

【地下空间综合整治部署会】 10月13日，副市长张延昆主持召开全市地下空间3年综合整治总结暨工作部署会，学习贯彻市委常委会、市政府常务会关于地下空间综合整治工作会议精神，总结过去3年的地下空间综合整治情况，部署未来3年整治任务。会议指出，近3年由市民防局、住房城乡建设委牵头组织开展的地下空间整治专项行动，取得“安全隐患得到有效遏制、住人数量得到有效控制、公益便民的使用方向更加明确、管理法规进一步完善、管理体制机制初步形成”等5方面成效。会议明确，在未来3年，按照组织架构不变，目标任务不变，各部门职责分工不变，由市民防局、住房城乡建设委继续牵头组织开展地下空间综合整治。张延昆指出，要从贯彻落实习近平总书记视察北京时关于治理“城市病”的指示精神、维护首都安全稳定和做好首都资源配置的高度，充分认识做好地下空间综合整治工作的重要性。一要尽职尽责抓落实，必须落实主体、属地、部门责任，综合整治办公室要发挥总协调作用，市住房城乡建设委、公安局、公安局消防局、安全监管局、工商局等有关职能部门要各司其职，协同作战。二要群策群力抓落实，充分依靠广大人民群众，动员群众，发动群众，引导群众发现违法行为，鼓励群众举报，要借助媒体大力宣传地下空间综合整治工作。三要紧盯重点抓落实，对重大的安全隐患，发生问题容易出现群死群伤风险的，必须马上取缔，一方面各个部门去执法，另一方面要搞好联合执法，起到示范效应和警示作用。四要挂账督办抓落实，地下空间综合整治工作纳入首都综治年度考评，纳入人口规模调控计划，列为市政府折子工程，不间断地督查，针对问题随时指导。

（张聪）

【安责险制度试点】 10月17日，市安委会印发《关于建立安全生产责任保险制度试点工作的指导意见》（京安发〔2014〕18号），决定采用“政府推动、市场化运营”的方式，在危险化学品、烟花爆竹、煤矿非煤矿山、轨道交通运营、高处悬吊作业、有限空间作业、影剧院、使用液化石油气罐的餐饮经营企业、互联网上网服务营业场所、燃气供应等行业的企业、大型群众性活动承办单位等11个重点领域开展安责险制度试点。11月27日，副市长张延昆主持召开全市安责险制度试点工作动员部署电视电话会议。12月4日，市安全监管局组织召开安全监管系统及保险机构服务人员参加的安责险制度试点工作部署培训会。

（薛瑞丰）

【市政府部门安全监管现场会】 10月22日，市政府组织召开北京市政府部门安全生产监管工作现场会。会议诠释《关于进一步完善和加强市政府工作部门安全生产职责分工的修订意见》（京政发〔2014〕27号）的制定情况和主要内容，进一步说明安全生产综合监管、行业监管（管理）的职责定位，学习交流政府部门安全生产监管工作经验，并对安全生产工作进行部署。副市长张延昆出席并讲话。市发展改革委、经济信息化委、监察局、国土局、规划委等29个市政府部门主管安全生产工作的领导和处室负责人，各区县政府、北京经济技术开发区管委会主管安全生产工作的副区县长、副主任及各区县政府有关部门主管安全生产工作的负责人近600人参加会议。张延昆强调，要充分认识政府部门履行安全生产监管职责是法律赋予的法定职责，各有关部门应按照新修订的《中华人民共和国安全生产法》，坚持在岗就要尽职，履职必须到位。各相关部门在安全生产中要充分发挥规划引领、源头防控、政策引导、专业作用、规范提升等作用，推进本市产业结构调整、“高精尖”企业发展、城市人口调控、建设项目管理等方面工作，切实加强安全生产源头管理。要建立健全并全面落实安全生产责任体系，发挥安全监管在和谐宜居之都建设中的作用，加强重点行业领域安全生产工作，全力压减各类事故，为全面推进首都和谐宜居之都建设提供良好稳定的安全环境。

（张聪）

【总局到顺义调研安全生产工作】 11月5日，国家安全监管总局副局长李兆前带领调研组，到顺义区专题调研安全生产标准化、隐患排查治理、专项整治等工作。副市长张延昆和市安全监管局局长张树森、副巡视员高士虎，顺义区区委书记王刚、区长卢映川、副区长盛德利，以及部分区县安全监管局负责人参加调研。调研组对顺义区高丽营镇、顺鑫农业创新食品分公司和燕京啤酒股份有限公司实地调研，并召开座谈会。会上，市安全监管局局长张树森汇报北京市安全生产工作开展情况、取得的成效和开展的重要工作，顺义区、房山区、北京经济技术开发区汇报安全生产标准化、隐患排查治理、专项整治等工作开展情况，观看顺义区安全生产隐患排查系统和安全生产标准化系统的演示。李兆前对北京市安全生产标准化工作、隐患排查治理及专项整治工作取得的成效给予高度评价。他指出，北京市各级领导对安全生产高度重视，基础工作扎实，资金保障有力，很多工作具有前瞻性，在全国具有示范作用。

（赵昕）

【安全生产“党政同责”规定】 12月30日，市委、市政府办公厅正式印发《北京市安全生产“党政同责”规定》。规定的实施，标志着本市“党政同责、一岗双责、齐抓共管”的安全生产责任体系初步建立。《规定》共6章19条，明确各级党委、政府的安全生产工作主要职责，规定落实党政同责的工作机制，明确监督与考核工作，规定进行责任追究的具体情形和原则，并对各级党委、政府工作部门和国有企事业单位安全生产党政同责作出规定。《北京市安全生产“党政同责”规定》是对安全生产“一岗双责”制度的重要补充和完善，首次规定各级党委的安全生产工作职责，明确安全生产政府抓、党委也要抓的工作机制，强化各级安委会的作用，形成定责、履责、考责、追责的责任落实闭环，对于进一步加强党委对安全生产工作的统一领导、充分发挥党委对安全生产工作的统揽全局的作用有重要意义。

（张聪）

【城乡结合部专项整治】 1月7日，市安委会办公室召开城乡结合部地区安全生产专项整治指挥部办公室会议。会议通报全市城乡结合部地区专项整治工作进展情况，传达市领导的重要指示批示精神，并提出工作要求。参会单位分别就工作开展情况进行汇报，并提出建议。市规划委、住房城乡建设委、国土局、工商局、公安局消防局有关处室负责人参加会议。

（薛瑞丰）

【城乡结合部专项整治综合督查】 2月14日，市安委会办公室印发《关于开展城乡结合部地区安全生产专项整治综合督查工作的通知》，部署专项整治综合督查工作。市城乡结合部专项整治指挥部办公室组成8个督查组，主要采取“四不两直”方式，对全市各区县政府、部分乡镇街道和生产经营单位专项整治情况进行督查。文件还明确督查频次、督查组组成及分工、督查内容、督查方式、工作流程及有关要求。

（薛瑞丰）

【丰台区城乡结合部专项整治综合督查】 2月27日，由市安全监管局、公安局组成的市安委会督查组，督查丰台区城乡结合部地区安全生产专项整治工作进展情况。督查组实地检查大红门、花乡城乡结合部拆迁现场，查阅丰台区、花乡乡政府工作台账，听取汇报。从督查情况看，丰台区政府重视城乡结合部专项整治工作，整治效果明显。全区开展城乡结合部地区安全生产专项整治，部署严密，措施到位，效果明显。督查组发现，花乡乡政府城乡结合部专项整治工作材料分类存放较乱，在“纪家庙村”旧村改造中，仍有4个钉子户拆除工作面临难拆除的问题。

（叶子楠）

【大兴区城乡结合部专项整治综合督查】 3月4日，市安全监管局副巡视员高士虎带队，到大兴区督查城乡结合部安全生产专项整治工作，大兴区副区长沈洁及区安全监管局负责人参加督查。从督查情况看，大兴区城乡结合部安全生产专项整治工作开展有序，保障有力，工作有成效。主要特点：一是领导重视，健全机构，落实行政首长负责制和属地管理原则；二是全面动员，广泛宣传，营造良好氛围；三是明确工作重点，完善工措施，狠抓落实；四是上下联动，形成合力，注重实效；五是包片管理，量化指标，强势推进；六是周周通报，月月督查，严格问责机制。截至2月20日，大兴区出动检查人员31639人次，监督检查单位20381家，发现隐患12419项，行政处罚346次，罚款67.63万元，停产停业621家，关闭取缔276家，处理人员57人，清退人员4158人，拆除违法建设55.34万平方米。

（赵昕）

【海淀区城乡结合部专项整治综合督查】 3月31日，由市规划委、安全监管局、水务局组成市安委会督查组对海淀区城乡结合部地区安全生产专项整治工作进行综合督查。海淀区副区长刘长利和区规划分局、安全监管局、水务局负责人参加督查。督查组实地查看碧森里小区地下室1300户群租户清理整治现场、锦绣大地农副产品批发市场违规库房拆除现场，听取海淀区安全环境综合整治暨城乡结合部地区安全生产专项整治工作情况汇报。海淀区结合地区实际，将城乡结合部地区安全生产专项整治工作范围拓展为安全环境综合整治，整治时间延长至3年。各级“一把手”挂帅，完善整治体系，层层部署落实，加强督查检查，整治工作取得成效。

（刘卫坤）

【丰台区城乡结合部专项整治第二轮综合督查】 4月1日，由市安全监管局、公安局组成的市安委会督查组，对丰台区城乡结合部地区安全生产专项整治工作进展情况进行督查。督查组采取“四不两直”方式，检查东铁匠营街道、马家堡街道现场整治情况，查看丰台区及东铁匠营街道的专项整治台账等相关材料。丰台区副区长高峰和区安全监管局、工商局、消防支队等相关职能部门负责人参加督查。

（叶子楠）

【大兴区城乡结合部专项整治第二轮综合督查】 4月11日，由市安全监管局、商务委组成的市安委会督查组，采取“四不两直”方式，抽查大兴区天宫院街道城乡结合部安全生产专项整治工作情况。督查组重点查看天河北路被取缔关闭的非法经营单位整治现场和清源路龙湖时代天街底商违规经营单位整改现状，查阅街道专项整治台账和部分执法文书。督查组对大兴区天宫院街道整治工作给予肯定，并就整治工作提出两点要求：一是完善动态监管制度，对于新发现非法违法生产经营单位，要及时建账，全程监管；二是坚持整治与服务并重，对于表示愿意守法经营的商户，政府部门要主动为其在证照办理、规范经营等方面提供政策指引和专项服务，尽快实现由非法经营到合法经营的转变。

（赵昕）

【海淀区城乡结合部专项整治第二轮综合督查】 6月4日，市规划委副主任曹跃进带领市安委会督查组，对海淀区城乡结合部地区安全生产专项整治工作进行第二轮综合督查。督查组先后检查碧森里小区地下群租房安全隐患整治情况、碧森里小区南区地下2层、3层关停整改情况、行集寺村105号燃气管线占压隐患整治情况，并听取海淀区政府关于城乡结合部地区安全生产专项整治工作的汇报。督查组要求海淀区有关单位和属地镇政府加强管理，落实责任，确保隐患不反弹。

（刘卫坤）

【城乡结合部专项整治成效】 9月，全市城乡结合部地区安全生产专项整治活动结束。共建立专项整治台账15223项，销账率100%，完成整治任务。监督检查各类单位701769家，排查整改各类安全隐患337643项。其中，因非法违法或“三合一”“多合一”等安全隐患问题停产停业9945家，关闭取缔12215家，罚款5884.84万元，处理人员2328人，清退不法商户或个人租户154637人。

（薛瑞丰）

【部署“六打六治”打非治违专项行动】 8月27日，市安委会印发《关于集中开展“六打六治”打非治违专项行动的通知》，8月至12月底，在全市范围内集中开展以“六打六治”为重点的打非治违专项行动。主要针对煤矿、金属与非金属矿山、危险化学品、油气管道、交通运输、建设施工、消防等重点行业领域，打击工矿企业违法违规行为，整治主体责任不落实、粉尘治理、危险化学品使用等隐患排查治理不到位等问题；打击破坏损害油气管道和液化石油气非法违法行为，整治管道周边乱建乱挖乱钻和违法违规从事燃气供应经营活动等问题；打击“两客一危”非法运输行为，整治无证经营、充装、运输，非法改装、认证，违法挂靠、外包，违规装载和超速、超员、疲劳驾驶和长途客车夜间违规行驶等问题；打击无资质施工行为，整治层层转包、违法分包等问题；打击“三合一”“多合一”场所违法生产经营行为，整治违规住人、消防设施缺失损坏、安全出口疏散通道堵塞封闭等问题；打击城乡结合部地区违法生产、经营、建设行为，整治“五小企业”、“六小场所”、商品批发零售市场、仓储场所及群租房屋等非法违法生产经营建设问题。

（薛瑞丰）

【“六打六治”综合督查部署】 11月2日，市安委会办公室召开会议，对全市“六打六治”打非治违专项行动综合督查工作全面部署。按照市安委会办公室《关于开展“六打六治”打非治违专项行动综合督查工作的通知》要求，全市成立17个督查组，从11月1日至30日，对各区县关于“六打六治”打非治违专项行动动员部署、打击整治、隐患排查和宣传教育等，采取听取汇报、现场随机检查和反馈督查意见等方式进行督查。

（薛瑞丰）

【开发区“六打六治”综合督查】 11月26日，市安委会督查组对北京经济技术开发区“六打六治”打非治违专项行动工作进行督查。督查组听取开发区工作进展汇报，查阅台账，对和路雪（中国）有限公司液氨专项治理工作进行现场检查。督查组对开发区“六打六治”打非治违专项行动取得的成效给予肯定，并就企业正压式呼吸器维护保养制度、液氨机房周边禁停标线、室外液氨罐喷淋装置防冻等问题提出改进建议。

（赵昕）

【门头沟区“六打六治”综合督查】 12月1日，市安全监管局副局长贾太保带领市安委会督查组，到门头沟区就“六打六治”打非治违专项行动进行综合督查。门头沟区副区长张满仓，区安全监管局、区总工会、石龙管委等部门领导参加督查。督查组对北京东方大源非织造布有限公司和北京大源非织造有限公司两家企业进行现场检查，查看门头沟区永定镇政府及门头沟区政府开展“六打六治”专项治理行动的工作方案、执法文书、会议纪要等相关资料，听取门头沟区关于集中开展“六打六治”打非治违专项行动工作汇报。贾太保对门头沟区“六打六治”专项行动取得的成绩给予肯定，并对门头沟区安全生产工作提出要求。

（崔永杰）

【“六打六治”专项行动成效】 本年，全市开展“六打六治”打非治违专项行动，组织执法检查组32652个，其中暗查暗访2456次。参加149662人次，参加检查的专家5486人次，检查企事业单位86695家次。查处各类非法、违法行为17581件。其中，重大非法、违法行为2473件，实施关闭取缔1395件，暂扣或吊销有关许可证6件，责令停产整顿823件，没收非法所得并按规定罚款236件，被追究刑事责任的严重非法违法行为32件。

（薛瑞丰）

【综合考核表彰】 1月21日，市安委会印发《关于表彰2013年度安全生产综合考核先进单位的决定》，根据《北京市安全生产综合考核办法（试行）》有关要求，通过对各区县政府、北京经济技术开发区管委会和市政府有关部门安全生产综合考核，经市政府同意，决定东城区、西城区、海淀区、丰台区、石景山区、门头沟区、通州区、顺义区、大兴区、昌平区、平谷区、怀柔区、密云县、延庆县和北京经济技术开发区管委会等15个区县政府（管委会）为“2013年度安全生产工作先进区县”；决定市经济信息化委、住房城乡建设委、市政市容委、交通委、水务局、商务委、旅游委、文化局、质监局、安全监管局、广电局、体育局、园林绿化局、民防局、公安局交管局等15个市政府工作部门为“安全生产工作先进单位”。授予顺义区“安全生产工作特别贡献奖”，授予西城区、大兴区、通州区“安全生产工作基础管理创新奖”，授予门头沟区、北京经济技术开发区管委会“安全生产工作重大进步奖”。

（薛瑞丰）

【综合考核方案】 5月6日，市安委会办公室印发《2014年区县政府安全生产综合考核方案》，明确本年度区县政府安全生产综合考核等次、奖项设置、考核内容、考核方式、时间频次以及有关工作要求，并附《2014年区县政府安全生产综合考核细则》。

（薛瑞丰）

【控制指标】 本年，全市安全生产控制指标由总体控制指标、行业领域控制指标、相对控制指标和事故起数控制指标4类构成。总体控制指标：2014年全市各类事故（包括工矿商贸、道路交通、生产经营性火灾、铁路交通、农业机械）死亡总人数控制在1164人以下。行业领域控制指标：工矿商贸（生产安全）事故死亡人数控制在150人以下（含特种设备事故），其中：煤矿事故死亡人数控制在8人以下，建筑施工事故死亡人数控制在80人以下；道路交通事故死亡人数控制在950人以下，其中：生产经营性道路交通事故死亡人数控制在304人以下；生产经营性火灾事故死亡人数控制在30人以下；铁路交通事故死亡人数控制在30人以下；农业机械事故死亡人数控制在4人以下。相对控制指标：亿元国内生产总值生产安全事故死亡率控制在0.056以下；工矿商贸就业人员10万人生产安全事故死亡率控制在1.27以下；煤矿百万吨死亡率控制在1.685以下；特种设备万台死亡率控制在0.36以下。事故起数控制指标：全市工矿商贸（生产安全）、道路交通、生产经营性火灾、铁路交通、农业机械3人以上较大事故起数控制在23起以下。其中：煤矿较大事故起数控制在1起以下；重特大事故起数实行“零控制”。

（薛瑞丰）

【控制指标分解】 本年，区县政府控制指标包括总体控制指标、工矿商贸（生产安全）控制指标、道路交通控制指标、生产经营性火灾控制指标、铁路交通控制指标、农业机械控制指标、事故起数控制指标7项。重点行业领域控制指标包括：市安全监管局、住房城乡建设委、质监局等有关部门分别负责工矿商贸（生产安全）控制指标、亿元国内生产总值生产安全事故死亡率、工矿商贸就业人员10万人生产安全事故死亡率、煤矿百万吨死亡率、特种设备万台死亡率控制指标的管理工作；市公安局交管局负责道路交通（包括生产经营性道路交通）控制指标的管理工作；市公安局消防局负责生产经营性火灾控制指标的管理工作；北京铁路局会同市有关部门负责铁路交通控制指标的管理工作；市农业局负责农业机械控制指标的管理工作。相对控制指标：由负有安全监管（管理）职责的市级有关部门负责管理，不再按区县分解下达。

（薛瑞丰）

【控制指标下达】 5月28日，市安委会印发《关于下达2014年全市安全生产控制指标的通知》，将本年全市安全生产控制指标下达至各区、县人民政府、市政府有关部门及有关单位，并要求贯彻执行。

（薛瑞丰）

【控制指标落实】 本年，全市发生各类安全生产死亡事故1003起，死亡1096人，同比增加66起64人，分别上升7.0%和6.2%。从指标控制情况看，考核性生产经营事故总量占国务院安委会下达年度指标的77.7%。发生一次死亡3人以上较大事故10起，死亡37人，事故起数同比减少6起，下降37.5%，死亡人数同比减少18人，下降32.7%。发生一起重大建筑施工事故，造成10人死亡，4人受伤，突破国务院安委会下达的年度控制指标。相对指标控制情况：亿元地区GDP生产安全事故死亡率为0.051，与国务院安委会下达指标0.056相比，减少0.005；工矿商贸企业从业人员10万人生产安全事故死亡率为0.91，与国务院安委会下达指标1.27相比，减少0.36；煤矿百万吨煤死亡率为0.9，与国务院安委会下达指标1.685相比，减少0.785。

（薛瑞丰）

市安全监管局安全监管

综合监管

【营运车辆定位系统专项检查】 1月2日，市安全监管局会同市交通委运输局、公安局交管局对银建国际旅行社有限公司、新国线运输集团北京京汉运输有限公司、北京高客长途客运有限责任公司、公交集团燃料供应分公司、北京普莱克斯实用气体有限公司、北京北旅时代商务旅游投资有限公司等6家省际客运、旅游客运、危险化学品专业运输单位营运车辆定位系统监管使用及安全生产工作进行专项检查。检查发现，个别单位在车辆卫星定位系统监管使用和安全管理工作中还存在一些问题。一是个别单位未进行监控平台建设，未制定维护及管理制度和监控人员岗位职责及管理制度。二是未配备专职人员对运营车辆实施24小时监控。三是安全生产规章制度不健全，特种作业人员管理制度、生产安全事故隐患排查制度缺失。四是编制的应急预案过于简单缺乏针对性，不符合规定要求。五是客运车辆未配备破窗锤，存在消防灭火器材失效等问题。针对安全生产管理工作中存在问题，市安全监管局向银建国际旅行社有限公司和北京北旅时代商务旅游投资有限公司下达责令限期整改指令书。经复查，存在隐患和问题的相关单位，按限期指令书要求完成整改。

（张聪）

【南水北调施工现场安全检查】 1月7日，市安全监管局派员参加市南水北调办公室副主任刘光明、副巡视员王汉卿带队对密云水库反向输水工程施工一标施工现场进行突击检查。通过检查发现的突出问题：一是施工现场搭设的脚手架不规范，对现场施工人员未进行安全技术交底；二是施工现场安全管理人员和工程监理人员不在岗；三是现场管理混乱、文明施工环境差。检查组对中国水利水电第三工程局有限公司施工现场管理不规范、安全文明施工差等问题提出整改要求，对安徽大禹监理公司监理不到位进行严肃批评。1月8日，市南水北调办公室、市安全监管局紧急约谈中国水利水电第三工程局有限公司和安徽大禹监理公司主管负责人。经复查，存在隐患和问题的相关单位，按要求完成整改。

（张聪）

【春运交通安全动员部署会】 1月9日，市公安局交管局、交通委运输管理局、安全监管局联合召开北京市2014年春运交通安全工作动员部署会。会议通报春运交通安全形势，对全市春运交通安全工作进行动员部署，要求各区县、各单位严格履行交通安全主体责任，落实交通安全防范责任制，强化对车辆和驾驶人的管理，迅速开展交通安全大检查“回头看”活动，落实各项春运交通安保措施。春运期间，全市严格落实各项工作措施。一是结合“两排一清”即排查不放心的重点事，排查存在的隐患问题。拉列问题清单。“定线认路”即确定春运车辆，驾驶路线、班次，安排熟识线路，有经验驾驶员跑山区和农村公路及异地长途线路，熟悉春运期间的运营线路及沿线路况气候，掌握道路安全隐患和事故易发点段。二是加强路面执法和指挥疏导，确保“两路一站一地区”“四站两场”等重点区域、道路交通秩序良好，进出京主要道路交通安全、畅通。三是强化客运场站、专业运输单位、社会单位的安全监管，增强企业主体责任意识。四是加强宣传和便民服务，提高服务群众水平、效果。

（张聪）

【公园景区联合检查】 1月27日至28日，市安全监管局参与由市公安局牵头，市旅游委、园林绿化局、质监局、文物局、体育局、公安局消防局、公园管理中心等部门组成联合检查组，对白云观、紫竹院公园、万隆八易滑雪场进行联合检查。通过检查，发现白云观高压配电室只有1人值守，并存在电工离岗情况，电工休息室存在连接线路不规范并使用大功率电器的情况，在园区内巡查时，发现临时搭建的摊位存在电路连接不规范，未按标准要求进行布设。针对检查发现的问题，联合检查组下发安全检查记录，要求立即进行整改，并责成由区消防部门将检查情况上报区现场指挥部，督促整改落实。经复查，存在隐患和问题的相关单位，按期完成整改。

（张聪）

【用电安全调研】 2月12日，市安全监管局局长张树森带队赴市电力公司调研，与市电力公司总经理尹昌新等人员就充分利用专业资源优势，加强用电环节安全生产工作等有关问题广泛交换意见。市安全监管局副局长陈清、市公安局消防局副局长李进等有关负责人参加调研。会上，市安全监管局通报加强用电安全生产综合监管有关工作、电气火灾事故、检查发现电气安全隐患等，深入分析导致电气安全隐患突出、事故多发的原因并提出有关建议。市公安局消防局、市电力公司有关负责人分别介绍各自工作开展情况。各单位围绕用电安全管理职责划分、电工等人员管理、电力建设施工管理、用电安全标准、用电安全宣传、电力线下隐患治理等问题进行沟通交流。

（张聪）

【商务行业安全生产部署】 2月25日，市安全监管局参加市商务委召开的全市商务安全生产工作会。市商务委委员魏忆京、公安消防局以及各区县商务委、有关单位负责人参加会议。会议传达副总理马凯在国务院安委会全体会议上的讲话精神及全市安全生产和消防工作电视电话会议精神，总结通报2013年商务系统安全生产工作，部署本年安全生产工作。市商务委围绕建立机制、强化检查、加强教育培训、推进标准化建设4个方面展开安全生产工作。西城区、通州区和昌平区商务委进行经验交流。市安全监管局、公安局消防局负责人针对安全生产和消防安全分别提出要求。

（张聪）

【建设施工与商品零售企业督查】 2月27日，工业和信息化部党组副书记、副部长苏波带领国务院安委会专项督查组赴西城区，对北京建工六建集团北京宣武医院工程项目和北京菜市口百货股份有限公司进行督查。副市长张延昆，市安全监管局局长张树森和市住房城乡建设委、经济信息化委、商务委、公安局消防局等部门主管领导参加检查。督查组结合贯彻习近平总书记、李克强总理重要指示精神和国务院安委会全体会议、全国安全生产电视电话会议部署，通过听取重点工作内容汇报、查看大检查文件贯彻落实工作记录资料和现场安全生产情况，对两家企业贯彻落实中央领导重要指示精神、开展安全生产大检查“回头看”和加强岁末年初安全生产工作等进行检查。

（张聪）

【地下管线隐患消除治理启动会】 3月3日，市安全监管局参加市市政市容委召开全市地下管线自身结构隐患消除工作启动会暨市热力集团地下管线消隐工程配合会。市发展改革委、规划委等12个市政府有关部门以及各区县市政市容委主管领导参加会议。会议通报2013年地下管线消隐改造工作情况，同时部署本年地下管线自身结构隐患消除工作。市供热办对热力行业安全生产标准化达标创建工作提出要求。会议强调：地下管线各权属单位要加强对管线消隐改造工作的组织领导，吸取“11·22”青岛输油管道爆炸事故教训，全面排查治理地下管线安全隐患，确保地下管线安全运行；加强地下管线消隐改造工程的安全管理，履行施工许可、招投标等基本建设项目要求，做好施工现场安全管理，强化机具、动火等危险性较大作业的安全管理，确保不发生安全事故；加强全国“两会”期间地下管线反恐防暴安全管理，各管线权属单位要强化巡查工作力度，确保突发事件情况下能够及时发现、有效解决。

（张聪）

【新机场安全生产调研】 3月19日，市安全监管局赴大兴区，与北京大兴国际机场建设筹备办公室共同研究国际机场建设安全监管工作。4月25日，市安全监管局到市发展改革委，调研北京新机场建设项目管理体制机制及相关工作进展。6月14日，市安全监管局副局长陈清带队赴国家安全监管总局，汇报北京新机场建设安全生产调研情况，并请示有关问题。经过讨论明确：一是国家安全监管总局召集国家民航局、首都机场建设集团等国家部委和单位进行研究座谈，听取北京新机场建设安全生产工作情况，确定加强北京新机场安全生产监管体制建设的意见；二是明确各项建设工程的建设单位，对于跨省建设项目，根据建设单位注册所在省市，确定由哪个省市安全监管局依法监管；三是关于建设项目安全设施“三同时”问题，属于国务院批复项目或是跨省项目，应由国家安全监管总局进行许可或备案。

（张聪）

【滑雪场液氨使用安全督查】 3月19日，市安全监管局会同市体育局并邀请有关专家对北京乔波冰雪世界体育发展有限公司液氨使用安全工作进行督查。检查组重点对液氨压缩机房管道阀门、加氨口、泄漏探头以及紧急事故停机装置等重点部位进行检查，查看企业设备操作流程、应急预案等安全管理制度和有关制冷系统设计图纸。在此基础上，全面了解该单位按照市区两级液氨使用专项治理要求，开展自查整改工作情况。检查组要求企业针对督查发现的问题，举一反三整改落实。经复查，乔波滑雪场按限期指令书要求，完成整改。

（张聪）

【轨道交通运营隐患排查治理】 3月20日至26日，安全监管局、市交通委、公安局消防局组成联合检查组，检查北京地铁运营有限公司、北京京港地铁有限公司开展轨道运营安全隐患排查治理专项工作落实情况。检查组分别听取北京京港地铁有限公司、北京地铁运营有限公司、北京地铁运营三分公司、北京地铁机电分公司、北京地铁供电分公司开展隐患排查治理专项工作汇报，并对运营站区、车辆维修车间、中控室、高压配电室安全管理进行抽查。在检查北京地铁运营公司下属单位时发现，个别单位安全生产规章制度未能够及时更新，存在制度不健全的现象；高压配电室值守人员未能够出示规章制度和操作规程，配电室内存在设床，堆放杂物，设置的挡鼠板高度不符合规范要求等问题。在检查车辆维修车间时发现车间内缺少安全警示标志、用电设备接线不规范和无证人员操作特种设备的现象。针对检查发现的问题，市安全监管局对北京市地铁运营有限公司下达责令限期整改指令书，要求举一反三迅速整改落实。经复查，存在隐患和问题的相关单位，按期完成整改。

（张聪）

【全国综合监管会议】 4月10日至11日，北京市安全监管局副局长陈清参加国家安全监管总局在哈尔滨市召开全国安全生产综合监管会议，国家安全监管总局副局长王德学参加会议并讲话。会议总结2013年全国安全生产综合监管工作，指出存在的难点问题，分析原因，并对2014年综合监管工作进行部署。陈清在会上汇报北京市综合监管工作的4点做法：一是优化顶层设计，完善法制机制，全力做好综合监管谋篇布局；二是固化工作机制，强化平台作用，努力构建综合监管工作格局；三是强化监管手段，突出风险领域，履行安全生产监督指导协调职责；四是深化整治效果，治理城市顽疾，有效发挥综合监管执法效能。王德学要求，2014年综合监管工作要重点抓好6个方面工作：一是强化“红线”意识，增强责任感和自信心。要敬畏生命、敬畏法律、敬畏责任，心存戒惧之心，竭尽全力为人民群众守好安全红线。二是加强综合监管体系建设，把握好综合监管工作“摆位”。要做到不缺位、不越位、不错位，超前思维、主动到位、有所作为，充分发挥综合监管部门的作用。三是转变作风，不断提升综合监管效能。四是加大综合监管力度，推动重点工作任务落实。重点抓好安全专项整治、隐患排查治理、打非治违和日常监督检查、行政执法等方面工作。五是严格事故调查，严肃责任追究。六是加强队伍建设，提升综合监管水平。要加强思想建设、作风建设、能力建设、廉政建设。特别要全面提升应急处置能力。

（张聪）

【约谈市轨道交通建设公司】 4月14日，市安全监管局参加市交通委主持召开的安全生产约谈会。针对地铁14号线18标违规穿越二道河桥事件，对中铁十九局、市轨道交通建设公司相关负责人进行约谈。市安全监管局、市政市容委、公安局交管局、住房城乡建设委相关负责人参加约谈，市公联公司、市政总院、中铁十九局、市轨道交通建设公司等单位相关负责人参加会议。地铁14号线18标是从红庙站至金台路站，临近金台路站一段下穿二道沟河，隧道正穿桥区桩基。施工单位前期制定穿越工程保护方案并通过专家评审，但施工单位未按照保护方案采取任何防护措施，擅自违规穿越施工，致使二道沟桥桥梁竖直承载能力降低，增加安全风险。会上，市安全监管局、市政市容委、公安局交管局、住房城乡建设委等部门结合各自监管职责，指出问题的严重性，并对施工单位、建设单位提出整改要求。一是对此次严重违规行为要举一反三，总结教训，补充完善地下穿越工程相关手续，对于施工穿越手续办理不到位的工程要立刻停工，完成手续后再组织施工。二是迅速整改，严格按照设计单位设计要求和施工方案，组织对桥桩托换施工。三是对违法违规问题涉及的单位和个人，要将处理意见和下一步解决措施报送市有关部门。

（张聪）

【部署轨道交通工程安全生产】 4月17日，市安全监管局、重大办、住房城乡建设委、市政市容委、公安局消防局等部门联合召开北京市轨道交通建设工程第一季度安全质量工作通报会，并对第二季度安全质量工作进行部署。会上，市安全监管局、住房城乡建设委、市政市容委、公安局消防局分别通报一季度安全监管工作情况，分析安全生产形势，指出存在的问题。会议就第二季度轨道交通安全生产工作提出具体要求：一是建设单位加强对各参建单位落实安全责任制的管理，加强各项安全措施的制定和落实的监督检查，以及监理单位各项旁站计划的落实、发现安全隐患的处置等情况；二是建设单位加强对第三方监测管理，加强监测结果对比分析，发现问题及时按照有关规定预警响应；三是各参建单位严格执行施工前条件验收制度，特别是对深基坑开挖、暗挖工程及盾构进出洞等关键节点，对违反施工验收制度的行为加大处理力度；四是各参建单位加强对暗挖工程掌子面作业的监控，及时发现和处理不按照施工方案施工的行为，及时制止违章操作、违章指挥行为；五是加强对年底通车线路附属工程的管理，特别要加强对附属工程仰挖作业施工、带水作业施工、不良地质条件下暗挖作业施工的安全控制，强化风险控制措施；六是加强总包单位与专业分包单位安全工作的交接管理，确保在交接时明确作业区域划分和安全责任划分，加强监督检查。

（张聪）

【园林绿化行业安全生产检查】 4月22日、24日、29日，市安全监管局和市园林绿化局组成联合检查组对门头沟区、石景山区、怀柔区、平谷区和密云县的公园风景区、园林绿化工程进行检查。检查发现的主要问题：一是有的单位安全生产管理制度及安全生产责任制不健全，个别施工单位未能出示项目经理及安全生产管理人员资格证书，大多数施工单位租赁的机械设备未与出租单位签订安全管理协议，隐患排查治理、教育培训、应急预案及演练等未落实；二是施工现场机械设备管理问题突出，主要是起重机械、挖掘机械操作人员未持证上岗，机械设备未能出示检测合格证明等。针对检查发现的问题，联合检查组责令施工单位立即进行整改，对不符合相关规定要求的机械设备立即停止使用，由区县园林绿化部门监督整改落实。经复查，存在隐患和问题的相关单位，按期完成整改。

（张聪）

【通用航空安全生产调研】 4 月 23 日，市安全监管局赴中国民用航空北京安全监管局就通用航空安全生产工作进行专题调研。民航北京安全监管局局长吕志农和有关处室负责人参加调研。其间，民航北京安全监管局介绍主要工作职责、“4·10”直升机坠机事故及北京地区对通用航空安全管理工作情况等。市安全监管局就通用航空基本情况、安全监管情况、通用航空资质管理等深入了解。会议明确，市安全监管局与民航北京安全监管局建立长效工作机制，加强工作沟通和联系，配合对周边超高建筑物、损坏地面通信设备等影响民航运行的安全隐患进行全方位治理。

（张聪）

【轨道交通地下穿越工程安全检查】 4 月 29 日，市安全监管局、市交通委路政局联合对地铁 14 号线下穿二道沟桥、东郊灌渠跨河桥安全监管工作进行检查。检查人员要求各参建单位：一是严格按照规定，办理穿越施工备案手续；二是严格按照桥梁托换施工方案组织施工，加大施工现场安全生产管理力度，及时消除安全隐患；三是加强信息互通，强化监测工作，严防路面塌陷事故；四是做好“五一”期间安全生产保障和应急值守等工作。

（张聪）

【燃气工程安全评估】 4 月至 11 月，市安全监管局研究 3 年来相关建设工程安全生产事故，实地检查 40 家燃气相关建设施工企业和工程项目，组织进行 44 家企业问卷调查，梳理近 3 年本市建设工程生产安全事故情况并进行统计分析，完成燃气等相关建设工程安全管理调查评估报告，提出关于加强本市燃气等相关建设工程安全管理工作的意见。

（张聪）

【地下空间整治联合督查】 5 月 5 日至 9 日，市安全监管局、民防局、工商局、卫生计生委和公安局治安总队等部门联合督查东城区、西城区、朝阳区、海淀区、丰台区、石景山区、通州区和昌平区等城区地下空间综合整治行动。本次督查采取听取所在区域政府 2011 年以来综合整治工作汇报和实地查看的方式进行。检查中，重点关注散租住人和违规违法使用的问题，随机抽查地下空间各种业态的安全使用情况。检查发现，用于散租的场所，由于产权归属多样和层层转租等原因，管理者普遍安全投入不足、管理松懈，加之租住人员复杂，安全隐患问题较多。主要表现：一是安全生产意识欠缺，基础管理薄弱，安全生产责任制不健全、管理人员责任不清，大多未与出租单位签订安全生产责任书；隐患排查、教育培训、应急演练未落实。二是用电管理问题突出，主要是私搭乱接临时用电、配电柜门没有保护、电气线路未穿管保护，重点部位缺少安全警示标志、使用大功率电气设备和一般电气设备未安装漏电保护等。检查组对发现的问题，责令有关单位制定整改方案进行整改，并要求采取安全生产措施，加强日常巡查和重大时段的应急值守，消除安全隐患。

（张聪）

【农村“两气工程”管理评估】 5月22日，市安全监管局副局长陈清主持召开会议，就本市农村地区“两气工程”安全管理调查评估意见，听取市农委、农业局、市政市容委、质监局、公安局消防局等部门的意见和建议。会上，市安全监管局通报《北京市农村地区“两气工程”安全管理调查评估意见》。市农委、农业局、市政市容委、质监局、公安局消防局等部门有关负责人结合各自工作实际，围绕“两气工程”主体责任、准入门槛、法规依据、安全风险、日常运行监管、工作措施等深入讨论交流。会议明确，市安全监管局要充分发挥综合监管职能作用，做好本市农村地区“两气工程”安全管理调查评估意见的跟踪落实。

（张聪）

【农机安全联席会议】 5月23日，市安全监管局参加市农机安全生产联合行动协调小组办公室召开农机安全生产第二次联席会议，市农委、农业局、安全监管局、工商局、质监局、公安局交管局等部门参加会议。会议总结市农机安全生产联合行动工作开展情况，市农机安全生产联合行动协调小组牵头并会同市农委、农业局、市安全监管局、工商局、质监局、公安局交管局印发《关于印发2014—2016年北京市农机安全生产联合行动实施方案的通知》，对未来3年全市农机安全生产监管工作进行总体部署。会议还就加强农机安全监管工作目标考核，完善联合行动工作机制等工作进行研讨。针对卷帘机和微型机等小型农机风险点问题，纳入重点监管对象，从产品供销、安装和使用等环节加强管控。

（张聪）

【道路养护工程平安工地建设】 5月25日，市安全监管局、交通委公路建设“平安工程”冠名的门头沟区鲁坨路道路工程、通州区宋郎路道路工程在市交通委路政局召开公路工程及道路养护工程平安工地建设工作会进行表彰。会上，市交通委路政局对2013年度全市公路工程平安工地建设工作进行总结，提出全市公路工程及道路养护工程平安工地建设工作要点，明确工作目标，部署平安工地建设任务。

（张聪）

【消防气瓶安全监管工作会】 5月26日，市安全监管局召开会议，专题研究加强消防气瓶使用安全监管意见，市质监局、公安局消防局有关领导和部门负责人参加会议。会上，市质监局通报5月18日位于朝阳区国贸大厦的中国国际金融有限公司高压消防气瓶发生爆炸事故的有关情况，以及质监部门对高压消防气瓶安全监管职责分工、监管问题；市公安局消防局介绍对高压消防气瓶制造单位、使用单位的安全审查验收、日常监管等情况。会议要求质监、消防部门要针对高压气瓶安全监管存在的问题，特别是“5·18”爆炸事故暴露出的问题，研究加强和改进对策。一是根据特种设备、消防等相关法规和标准规定，研究制定对高压消防气瓶使用单位的安全管理要求。督促使用单位加强管理，落实安全主体责任，防止类似事故重复发生。二是消防部门要对全市消防气瓶使用情况进行全面排查，摸清底数，建立消防气瓶使用单位基础信息台账，抄报质监等部门，实现资源共享共用。各部门要按照职责规定，加大安全法规和标准的宣传培训力度，加强对消防气瓶使用单位的日常监管工作。三是消防、质监、安全监管等部门要进一步完善安全监管联动机制，及时通报执法检查信息、各类事故情况等，开展对重点单位的联合检查。对高压消防气瓶的执法检查中，发现属于其他部门职责范围的问题，要及时移送相关部门，相关部门依法查处后，要将查处结果及时反馈移送部门。各部门要加强协作，密切配合，消除监管缝隙，形成监管合力，有效提升安全生产监督管理水平。

（张聪）

【建设系统安全生产月】 5月30日，市安全监管局参加以“坚守红线意识，保障城市安全”为主题的北京市建设系统安全生产月活动暨建筑业“千万农民工同上一堂课”培训活动在中国国学中心工程项目启动仪式。国家住房和城乡建设部副部长王宁、北京市政府副秘书长张玉平和市住房城乡建设委、安全监管局等部门负责人参加启动仪式。安全生产月活动期间，市住房城乡建设委组织安全生产知识竞赛、宣传咨询日、安全技术公益讲座、安全主题影片进工地等活动，开展施工现场安全隐患治理和施工扬尘污染治理两大治理工作。

（张聪）

【综合考核】 5月，市安全监管局以印发《关于进一步完善市政府有关部门安全生产综合考核工作的意见》名义，正式启动市有关部门安全生产综合考核工作。通过以下措施加大安全生产考核工作力度：一是新增7个安全生产综合考核对象，分别为市发展改革委、国土局、规划委、工商局、城管执法局、气象局、南水北调办。24个部门纳入安全生产综合考核。二是增强综合考核内容的针对性，将考核内容划分为“共性内容”和“特性内容”，共性内容占80分，特性内容占20分。另设10分加分项内容。三是结合全市安全生产重点工作任务，坚持巩固与创新并重，基础工作与重点工作并举，细化考核细则。四是在年度考核结果的基础上，对市政府有关部门设立“安全生产工作管理创新奖”“安全生产工作突出成绩奖”，奖励在安全生产领域取得创新成果、成绩突出的市政府部门。

（张聪）

【国防科工办安全生产月活动】 6月10日，市安全监管局参加市国防科工办在京煤化工园区组织军工与民爆行业安全生产月系列活动，国家国防科技工业局、市国防科工办有关人员和来自本市各军工单位和民爆生产、销售企业的安全生产负责人及企业代表等100余人参加活动。本次活动主要包括：一是部署军工和民爆安全生产交叉检查；二是对13家军工安全生产标准化达标单位颁证授牌；三是航天科技集团五院和北京京煤化工有限公司分别就安全生产标准化建设和京煤大安全管控体系建设进行经验交流；四是现场观摩北京京煤化工公司民爆事故应急演练。

（张聪）

【文保单位联合检查】 6月12日，市安全监管局参加市文物局、公安局消防局对国立蒙藏学校旧址、北海公园等全市文物保护重点单位安全工作进行联合检查。检查组要求相关单位管理人员加强用电安全管理，坚决防止电气线路问题引发事故。针对公园人员密集场所和燃气使用安全管理的特点，进强化安全生产标准化创建工作，把文物保护的相关要求落实到标准化评审细则当中，通过标准化创建推进安全生产和文物保护工作的“双落实”。

（张聪）

【电力安全宣传咨询日】 6月12日，市安全监管局参加市发展改革委、国网北京市电力公司在顺义区石门大市场举办电力安全宣传咨询日活动。市发展改革委、公安局内保局和顺义区发展改革委、区安全监管局、公安分局有关人员及本市各供电公司、工程公司、电科院、信通公司、培训中心、物资公司、客户中心和城市照明中心等23个单位的代表，近百人参加活动。安全生产月活动期间，全市电力系统开展电力行业技能大赛周、宣传培训周和应急演练周，针对夏季电力负荷高和雷暴恶劣天气频发等情况，提前做好电网迎峰度夏、防汛应急演练准备工作，提升本市电力领域处置突发事件的能力。

（张聪）

【农机安全生产宣传咨询日】 6月18日，市安全监管局参加市农机安全生产宣传咨询日活动在顺义区赵全营镇举行，本次活动的主题为“强化红线意识，保障三夏安全生产”。市农委，农业局、公安局交管局、顺义区安全监管局、公安交通支队等部门有关人员以及本市农机试验鉴定推广站、农机监理总站、农机服务中心等单位代表，近百人参加活动。活动深入三夏作业现场，在田间地头设置三夏农机作业服务站及三夏农机安全生产流动服务车，主办者和志愿者为过往农机手和农民群众发放农机安全挂图、农机购机小知识读本、农机政策性保险须知等宣传文本以及印有农机安全生产宣传口号的文化衫、反光背心、环保袋、毛巾等安全宣传和防护用品，并现场解答群众咨询，宣讲安全作业知识。

（张聪）

【运输车辆动态监管】 6月27日，市交通委运输局联合市安全监管局、公安局交通管理局召开《道路运输车辆动态监督管理办法》宣贯部署电视电话会议，全市运输管理系统及部分道路客、货运企业人员在各区县运输管理部门分会场参加会议。会议强调《道路运输车辆动态监督管理办法》施行的紧迫性和必要性，并对办法的内容逐条进行解释说明。会议要求：一是开展学习宣传，实现行业的全覆盖；二是制定《企业监控平台和运营平台备案的程序性规定》等制度，做好《办法》实施后许可备案环节的各项准备工作；三是落实企业主体责任，主动落实各项要求；四是重视办法实施过渡期间行业安全稳定，防止各类矛盾问题发生；五是要加强监督检查，促进各项任务落实到位。

（张聪）

【卫生行业安全监管】 7月7日，市安全监管局、市卫生计生委召开专题会议，研究本市卫生行业领域安全监管问题，探讨履行部门监管责任和督促企业落实安全生产主体责任工作。会上，市卫生计生委介绍安全监管工作情况，并着重对内部处室职责分工、职责定位等进行说明，介绍本市卫生行业领域存在的突出安全风险情况等。市安全监管局重点介绍危险化学品生产、经营、储存、运输和使用环节安全监管情况及部门职责分工，并对市卫生计生委加强危险化学品使用环节提出建议。会议研究疏理卫生行业领域存在的各类安全风险及应采取的管理措施，建议市卫生计生委根据本市安全生产“一岗双责”规定，以及“管行业必须管安全、管业务必须管安全”原则，建立本部门、本系统安全生产“一岗双责”机制，明确各职能部门安全职责。组织宣传贯彻安全生产法规政策和市委、市政府关于安全生产工作的重要部署，完善安全管理标准、制度，建立安全管理基础台账，开展安全生产宣传培训和安全检查，督促所属行业领域落实安全主体责任，排查治理安全隐患。特别是加强单位安全用电、危险化学品储存与使用、特种设备、消防安全等监督检查，防范各类安全事故发生。

（张聪）

【制定地方标准座谈会】 7月17日，市安全监管局召开安全生产地方标准制定工作座谈会。市安全监管局局长张树森、副局长唐明明、副巡视员高士虎，市质监局副局长姚娉参加座谈会。座谈会听取市劳保所关于安全生产地方标准制定的总体思路和架构设计，市质监局从政策把握、统筹设计及制定环节等方面提出建议。会议对安全生产地方标准制定的思路和框架给予肯定，指出地方标准制定不仅为贯彻落实安全生产具体要求提供技术支撑，而且成为企业安全生产的抓手和依据，在内容上符合当前安全监管的实际，在形式上突出方法的创新。

（赵昕）

【压减道路交通事故】 7月17日，市安全监管局副局长陈清带队赴市公安局交管局专题研究压减道路交通事故工作。市公安局交管局副局长刘恕和有关处室负责人参加会议。会上，刘恕介绍全市道路交通事故基本情况和存在的突出问题，分析原因及拟采取的措施。其间，与会人员围绕全力压减道路交通事故的措施进行充分讨论。陈清传达市领导关于压减安全生产事故的重要指示，肯定交管部门为全市道路交通安全做出的贡献，并提出压减道路交通事故的具体措施。一是建立完善事故信息共享互通机制。二是建立完善情况通报机制。三是建立完善责任追究机制。四是建立完善部门、区县联动机制。

（张聪）

【危险化学品运输安全监管会】 7月25日，市安全监管局副局长陈清主持召开会议，与市有关部门和单位专题研究加强本市危险化学品运输、特别是通行高速公路长隧道等特殊地段的安全监管工作。市公安局交管局、交通委运输局、首发集团有关负责人以及市安全监管局有关处室负责人参加会议。会上，首发集团以八达岭高速公路隧道为例，重点介绍高速公路隧道分布及视频监控、安全设施建设等情况。市交通委运输局结合本市危险化学品运输企业、车辆及从业人员等基本情况，重点介绍落实国务院安委会办公室《关于加强危险化学品道路运输和公路隧道安全工作的紧急通知》。市公安局交管局从本市危险化学品车辆道路运输通行许可、外埠危险化学品车辆进京管理以及危险化学品专业运输单位日常监管等方面，重点介绍危险化学品运输车辆路面监管工作措施。会议要求：一是研究制定危险化学品运输车辆通行高速公路安全监管工作意见，明确高速路、危险化学品车辆安全隐患排查、建立工作台账具体工作要求及长效机制建设等内容。二是市交通委及运输局要结合国务院安委会办公室《关于加强危险化学品道路运输和公路隧道安全工作的紧急通知》要求及国家交通运输部工作部署，从“三关一监督”源头监管、GPS动态监控等方面，强化本市危险化学品车辆安全监管。三是市公安交管部门要强化危险化学品车辆通行高速公路的路面管控，针对高速公路、隧道集中区域，要强化交警24小时巡查，提高高速路见警率，维护高速路交通正常秩序，对高速路拥堵等突发情况，要及时进行疏导，防止车辆集中区域出现突发情况。

（张聪）

【旅游行业安全技能大赛】 7月31日，由市旅游委、安全监管局、公安局消防局、防汛办、红十字会、江泰保险公司联合主办的2014北京市旅游行业第二届安全技能大赛，完成各项赛程，落下帷幕。针对全市旅游行业安全与应急管理工作特点，本次大赛设置男子一人二盘水带连接、男女60米灭油槽火、男女烹饪火灾灭火、男女100米消防器材识别、男女60米负重跑、男女50米物资疏散、男女50米两人担架救援、男女混合模拟消火栓实际出水打靶、男女4×100米手持灭火器接力比赛等9个项目。

（张聪）

【轨道交通建设汛期安全联合检查】 7月，市重大办会同市安全监管局等部门，开展为期4天的轨道交通建设工程汛期安全生产联合检查。检查组对16号线、燕房线、昌平线二期8个标段进行检查，重点了解轨道交通建设安全管理状况及风险工程管理情况，以及汛期各项措施落实情况等。受检的8个施工单位对防汛工作较为重视，能够按照防汛工作要求建立防汛排查台账、防汛应急机制，并落实值班、巡查及信息报送制度，能够按照已制定的方案准备通信、照明、沙袋、木方、水泵等应急物资，竖井、明挖基坑、加工基地周边都设置挡水墙，防止雨水倒灌，组织防汛应急演练。但有个别标段存在三级配电箱没有防雨防砸措施、吊装器具使用不规范、脚手架安全防护不严密等问题。针对检查发现的问题，市安全监管局要求建设单位督促相关企业立即整改。经复查，存在隐患和问题的相关单位，按期完成整改。

（张聪）

【高速公路隧道安全现场会】 8月22日，市安全监管局召开查勘京承高速公路隧道安全管理现场会，市交通委、公安局交管局、公安局消防局、交通委路政局、交通委运输局以及首发集团有关人员参加现场会。会上，首发集团重点汇报吸取外省市高速公路隧道安全事故教训，隐患排查治理、日常检查以及长大隧道应急演练等；市交通委路政局、公安局交管局分别介绍联合开展公路隧道安全隐患排查治理专项行动情况；市交通委运输局介绍危险化学品运输“三关一监督”情况。会议研究讨论关于强化危险化学品运输车辆通行高速公路隧道安全监管的实施意见。

（张聪）

【道路交通安全信息共享】 8月27日，市安全监管局召开会议，专题研究建立道路交通事故信息共享机制。市公安局交管局、交通委运输局有关负责人参加会议。会上，市公安局交管局、交通委运输局分别通报开展道路交通安全专项整治工作进展及存在的问题，重点介绍经营性车辆较大道路交通事故以及道路交通事故信息收集、统计、报送有关工作流程。参会单位就市安全监管局《关于研究压减道路交通事故工作专题会议纪要》中明确提出的“四个机制”（即事故信息共享机制、情况通报机制、部门区县联动机制、责任追究机制）等内容进行研讨，就建立和完善工作机制的形式和渠道提出意见和建议。

（张聪）

【轨道交通运营集中检查】 8月，市交通委、交通委运输局、安全监管局、公安局公交保卫总队联合对北京地铁公司及京港地铁公司所属二级单位安全工作集中检查。市安全监管局重点对北京地铁运营公司运营二分公司、运营三分公司、线路公司及建安公司4家二级单位进行检查。通过检查，发现安全隐患问题21项、提出改进工作建议16项。检查发现隐患问题主要包括：一是安全生产责任制未实现全覆盖，部分安全管理制度陈旧、更新不及时；二是安全教育培训存在年度工作计划与组织实施不符、教育培训未实现闭环管理、培训考核内容掌握不扎实等；三是制度落实不严格，存在以生产调度会代替安全生产例会的情况；四是应急预案内容中，预案应急响应划分、预案实施程序等重点要素缺失，应急演练计划落实不严格等；五是指标控制责任落实不严。针对问题，检查组通过书面确认形式向被检查单位进行反馈，并提出加强和改进安全工作的建议和要求。

（张聪）

【市政府部门安全监管职责】 9月3日，市政府印发《关于进一步完善和加强市政府工作部门安全监管（管理）职责的通知》（简称市政府27号文件），有效解决行业领域安全监管职责不清的问题，强化安全生产监管责任体系建设。一是明确承担安全生产“管理责任、监管责任、专项监管责任、综合监管责任”的部门及其含义，逐一细化4种责任的具体工作内容。二是针对机构调整变动、实际工作中存在监管空白或职责交叉及新形势、新任务等现实需要，对28个市政府工作部门54项安全监管（管理）职责进行完善和加强。市政府27号文件是对2004年市政府22号文件的承接、补充、修改和完善，市政府27号文中未提及的调整内容仍按照22号文件和部门“三定”规定执行；市政府27号文件所提及的内容与22号文件不一致的，以27号文件内容为准。市编办、市安全监管局联合印发文件，要求全市各有关部门、各区县要按照市政府27号文件的要求，以及管行业、管业务、管生产必须管理安全的“三个必须”的原则，进一步细化市、区县各有关部门的安全生产工作职责，层层落实安全生产责任。全市以贯彻落实市政府27号文件为抓手，进一步构建全市安全生产“党政同责、一岗双责、齐抓共管”的责任体系，完善安全生产监管体制机制建设。

（张聪）

【轨道交通建设工程竣工验收】 9月11日，市安全监管局参加市重大办会同市住房城乡建设委、市政市容委、公安局消防局等部门，召开轨道交通建设工程安全质量专题会议，重点研究4条通车线路竣工验收安全生产工作，部署轨道交通建设工程安全生产工作。轨道交通建管公司、快轨公司和北控公司主管领导和安全主管部门负责人40余人参加会议。会议要求，针对4条竣工验收线路的安全生产现状、特别是发生事故的标段交叉施工、抢工收尾等特点，建设单位要采取有效措施，强化安全生产管理，加强安全生产动态管控；建设单位对发生的事故和问题要进行分析、总结，切实吸取事故教训；市重大办会同市住房城乡建设委、安全监管局等部门，重点对4条通车线路开展联合执法抽查，督促轨道交通各参建单位全面落实安全生产工作要求，及时消除安全隐患，做好竣工验收各项准备工作。

（张聪）

【交通路政行业安全知识竞赛】 9月16日，市交通委路政局和市安全监管局联合举办交通路政行业“平安交通·让生活更美好”安全知识竞赛。安全知识竞赛活动是全市交通路政行业安全宣传教育系列活动之一，竞赛内容涵盖安全生产、消防安全、交通安全、公路法、公路管理条例、平安工地建设、应急预案等方面内容。全市交通路政行业36个单位的108名队员参加竞赛，通过初赛、复赛和决赛比赛，最终通达京承公司代表队获得一等奖，城建道桥建设集团、公联洁达养护公司代表队获得二等奖，通州公路分局、门头沟公路分局、首发集团公司代表队获得三等奖。市交通委路政局和市安全监管局领导为获胜代表队颁发奖状。

（张聪）

【农机执法检查行动】 9月17日，市安全监管局参与市区两级农业、公安交管部门在怀柔区开展农机安全生产联合执法检查行动。执法人员对怀柔区北房镇一正在进行玉米收割的作业机具操作人员的驾驶证、农机车辆行驶证及车辆的灯光、灭火器等重点内容进行检查，重点强调作业安全注意事项。在北京聚源来农机专业合作社，执法人员对维修车间、柴油储存区等重点部位进行检查，当场指出粉尘防爆、电气线路敷设及氧气乙炔瓶储存等安全隐患，责令该单位立即进行整改。联合检查期间，执法人员还对拖拉机联合收割机违法载人、超速超载、酒后驾驶、无证驾驶等违法行为进行路查。经复查，存在隐患和问题的相关单位，按期完成整改。

（张聪）

【“三项整治”交叉检查】 9月23日至26日，黑龙江省安全监管局副局长宋仁伟带领检查组，代表国家安全监管总局抽查本市朝阳区、昌平区、怀柔区8家企业，开展液氨使用专项治理、工贸企业有限空间作业条件确认和粉尘爆炸危险企业专项整治工作（“三项整治”）的异地交叉检查。检查组分别听取朝阳区、昌平区、怀柔区3个区和首农、二商2个市属企业集团的汇报，抽查和玺成套木作、京客隆配送、荷尔美食品、华都肉鸡等8家企业生产现场和有关资料。检查组认为北京市“三项整治”工作部署科学、组织严密、执法严格、指导有力、服务到位，成效显著。特别是液氨制冷企业液氨使用专项治理工作，坚持实事求是、科学筹划，标本兼治，部门协同、联合作战，实现全过程推进控制。关于检查组提出的“集油器液位仪不合规、配电系统漏电保护装置选型不合理、PE线连接不规范”等问题，相关区县安全监管部门现场下达整改指令并监督落实整改。

（赵昕）

【工业企业安全监管座谈会】 10月16日，市安全监管局与市经济信息化委召开座谈会，就如何强化工业企业安全监管工作进行座谈。市安全监管局局长张树森、市经济信息化委副主任樊健参加座谈会。座谈会主要围绕《北京市人民政府关于进一步完善和加强市政府工作部门安全监管（管理）职责的通知》（京政发〔2014〕27号）明确的相关职责要求，就如何形成工业企业监管合力，创新监管模式等内容进行交流。会议达成7点共识：一是每年年初共同召开全市工业企业监管工作会议；二是共同制定《关于进一步强化工业企业监管的指导意见》，明确指导思想、工作目标、主要任务、保障措施，做好工业企业监管的顶层设计；三是共同制定《关于加强工业园区安全监管工作的指导意见》，强化工业园区安全监管工作；四是在安全生产地方标准制定过程中，加强沟通，密切合作；五是组织工业企业安全生产专项整治，开展安全生产检查和隐患排查治理；六是针对工业企业液氨、粉尘等领域安全隐患现状，市经济信息化委加大隐患治理资金支持力度并制定相关产业政策；七是联合开展宣传教育活动，强化工业企业安全文化建设，提高企业员工安全意识。

（赵昕）

【企业安全生产专题研究座谈会】 11月4日，市安全监管局局长张树森主持召开座谈会，与市国资委副主任尹义省专题研究市属国有企业安全生产工作。会上，市国资委从部门职责定位、国企负责人业绩考核、安全生产培训、督导检查、隐患排查治理体系试点等方面介绍市属国有企业安全生产工作情况。其间，张树森与尹义省结合国有资产监管体制改革大背景和市属国有企业经营架构发展实际情况，重点围绕市属国有企业安全生产考核、主要负责人安全生产培训、安全管理机构设置、安全总监设立、隐患排查治理体系建设等问题进行讨论，并深入交换意见。会议强调，市属国有企业处在关系首都经济社会建设命脉的重要行业和关键领域，在首都经济社会发展中地位重要、作用关键。市属国有企业发生生产安全事故，造成的负面影响更大。市属国有企业理应义不容辞地担起排头兵的重任，在追求“绿色”经济效益的同时，把市委、市政府关于安全生产工作的要求、《中华人民共和国安全生产法》等相关法律法规变成具体制度、具体方案、具体措施，为首都的安全发展贡献更多正能量。

（张聪）

【危险化学品运输整治行动】 11月27日，市安全监管局召开专题会，统筹调度相关部门推进落实集中整治危险化学品运输违法行为专项行动工作。市交通委、公安局交管局、经济信息化委、市政市容委、工商局、城管执法局、质监局等部门有关人员参加会议。会上，市交通委运输局介绍专项行动工作方案、主要内容和关键节点，并就具体问题进行说明。与会部门重点介绍本单位开展专项行动情况。会议要求，各部门要加快专项行动的推进落实，在本系统全面动员部署和督导检查，推动专项行动的开展；坚持严查严控的高压态势，以联合执法、专项执法等形式，有效督促相关企业严格落实危险化学品运输安全工作的落实；加强专项行动的信息沟通，及时反映本部门工作进展情况和突出问题。

（张聪）

【危险化学品运输车辆安全监管】 11月27日，市安全监管局召开专题会议，对相关部门和单位落实《危险化学品运输车辆通行高速公路安全监管的实施意见》情况进行跟踪了解，并就道路交通事故信息共享和通报进行研究。市交通委、公安局交管局、质监局和首发集团有关人员参加会议。会议明确：强化《实施意见》的推进落实，特别是主责部门要发挥牵头组织作用，按照规定的时间节点确保工作落实。其间，市安委会办公室定期对工作进展情况进行综合调度；结合正在开展的危险化学品道路运输专项整治行动，突出对危险化学品运输车辆及高速公路通行安全的监督管理，坚决防止类似“3·1”晋济高速公路隧道特别重大事故的发生；公安交管部门要会同交通运输、安全监管部门，加快推进道路交通事故信息共享和情况通报联动机制，确保渠道畅通、反应迅速。

（张聪）

【消防安全网格化管理】 12月22日，市安全监管局参加市公安局消防局召开的全市消防安全网格化管理培训会暨深化群防群治力量参与冬防工作再动员部署会议。市安全监管局围绕加强消防安全网格建设、规范网格管理、发挥网格作用，建立通报联动机制等提出意见。本年，市公安局消防局通过火灾隐患情报信息员、发放“掌上119”隐患举报手机、研发网格化火灾隐患排查整治系统等举措，在提升消防安全网格化管理实际应用水平，在全国“两会”、十八届四中全会、APEC会议等一系列重大活动中取得较好成效。市公安局消防局分批次对全市消防安全网格化管理工作人员开展业务技能大轮训并交流推广典型经验。

（张聪）

【地下空间综合整治】 自2011年市委、市政府《关于开展地下空间综合整治工作的实施方案》颁布以来，在市地下空间综合整治工作协调小组办公室统一领导下，通过各区县、各部门通力合作，3年整治工作成效明显。一是3年整治任务基本完成，检查地下空间10.3万余处次，专项执法8540余次，关停人防工程1100余处，转型使用人防工程800余处，关停普通地下室340余处，规范管理普通地下室1800余处。杜绝新增地下空间散租住人。二是地下空间管理体制机制初步形成，初步建立多部门协调联动、联合执法，风险防控、科技创安的综合管理机制。形成了隐患排查、风险评估、挂账治理、绩效考评的治理模式。三是人防工程公益便民的使用方向更加明确，用于宣教场所、文化娱乐以及提供车位等遍布全市，市属人防工程用于公益便民3200余处，接近在用总面积的90%。

（张聪）

【中央在京企业调查】 本年，市安全监管局加强与有关部门联系沟通，通过各种渠道查询，初步了解在京中央企业总部数量为93家。市安全监管局在全面调查摸底的基础上，制定安全生产工作指导意见。

（赵昕）

【电力安全主体责任报告制度】 本年，华北能源监管局建立华北区域电力企业及主要负责人安全生产主体责任落实定期报告制度。报告制度分为两部分：一是企业主要负责人安全生产履职，主要依据《安全生产法》，涵盖安全生产责任制建立、规章制度制定、安全生产投入、信息报送等；二是企业安全生产主体责任落实，以国家有关安全生产法律法规为依据，涵盖安全生产贯彻落实、教育培训、隐患排查治理、风险管控、重大活动电力保障、电力建设施工项目管理等情况。制度报告周期为每半年一次，报告范围涵盖华北区域各网省级电网企业及所属地市级、县区级供电、检修企业，各发电集团公司及所属发电厂和各独立发电企业。

（张聪）

【中小学校车安全管理】 本年，市安全监管局、教委、公安局、交通委、财政局5部门联合印发《北京市校车安全管理暂行规定》，对本市中小学校车安全管理工作作出进一步规范。《规定》明确，校车安全管理要坚持的3项原则：一是安全第一的原则，《规定》明确各部门安全管理（监管）的职责和各项流程；二是依次优先的原则，按“保障学生就近入学、寄宿制学校入学、公共交通满足入学、提供校车服务”顺序，重点放在确实难以保障就近入学且公共交通不能满足需求的农村地区，陆续向有需求的其他地区和学校展开；三是因地制宜的原则，不同地区和学校采取不同的服务主体，自主权交给区县和学校，推进校车专业化和集约化。《规定》要求，校车安全管理坚持以属地为主，主要侧重于安全管理，成立联席会议制度，各部门按职责许可，对车、驾驶员及照管人员严格准入和退出管理；通过法规和技术手段如租赁合同、安全管理责任书、乘车协议及行驶记录仪、驾驶人年审、车辆半年安全技术检验进行管理；部门联合对运营企业、车辆及驾驶人员安全管理情况进行执法检查等。《规定》强调，校车拥有交通通行特殊权利，一是社会车辆要主动避让校车；二是校车可在公交专用车道及其他禁止社会车辆通行但允许公共交通车辆通行的路段行驶。

（张聪）

危险化学品安全监管

【石化学院合作调研】 1月2日，市安全监管局副局长唐明明、副巡视员谢清顺带队到北京石化学院进行调研。调研组提出，要充分利用科技手段提高企业安全条件，创新安全培训方式，做好危险化学品培训教材和信息专刊的编写工作。并建议成立注册安全工程师事务所和行业协会，更好地服务企业。

（魏志钢）

【物联网危化专项验收】 本年，市安全监管局组织专家，与监理单位、承建单位、施工单位一起，完成对首批示范工程危险化学品企业的专项验收工作。本次专项验收，涉及朝阳区、丰台区、顺义区、通州区、大兴区、房山区和北京经济技术开发区 12 家危险化学品企业。从验收情况看，物联网示范工程前端设备的配备、安装、调试工作基本结束，运行状况良好。

（魏志钢）

【液氨专项治理工作会】 1 月 7 日，市安全监管局召开液氨制冷企业专项治理工作会。会议通报国务院督查组来本市督查液氨制冷企业专项治理工作情况，听取各区县工作开展情况汇报，并就液氨治理工作验收标准进行解读，对企业自查整改和验收工作提供指导。会议对液氨重大隐患专项治理资金使用及分配进行研究。会议要求各区县安全监管局按照液氨专项治理工作总体部署，督促企业落实隐患自查及整改工作，推进液氨专项整治工作的开展。

（魏志钢）

【研究集中管理体系建设工作会】 1 月 10 日，市安全监管局副局长唐明明召开会议，研究北京市危险化学品集中管理体系建设工作。会议讨论《北京市危险化学品集中管理体系建设重点工作与部门分工方案》《北京市危险化学品集中管理体系综合调度指挥系统建设总体方案》《北京市危险化学品集中管理体系建设工作协调小组组成人员、主要职责及议事规则》《北京市危险化学品集中管理体系监管品种分步纳入管理实施方案》《北京市危险化学品集中管理体系房山区试点建设方案》《北京市危险化学品运输专营管理办法》《LPG 纳入北京市危险化学品集中管理体系管理实施办法》，并就危险化学品分步纳入交易平台管理、明确综合调度指挥系统功能定位和框架构成、房山试点建设工作、现代化危险化学品储存仓库、危险化学品运输本质安全提升、集中管理体系需要的法律支撑和标准规范配套、危险化学品事故应急处置措施等方面进行研究，制定切实可行的实施方案。

（魏志钢）

【液氨制冷企业治理检查】 1 月 23 日，市安全监管局组织专家对通州区涉氨制冷企业治理工作进行检查。检查人员依据《北京市涉氨制冷企业液氨使用专项治理验收意见表》的要求，对企业整体液氨制冷系统进行全面排查。并对区县安全监管局前期开展的治理工作进行指导。

（魏志钢）

【标准化咨询评审机构会议】 2 月 10 日，市安全监管局组织安全生产标准化咨询评审机构召开会议，推进危险化学品安全生产标准化工作有序开展。部分企业存在的主要问题：一是企业标准化工作落实不到位，对其重要性和必要性认识不足；二是主要负责人不重视，职责不清，未做到责任到人；三是没有真正运用标准化体系指导企业逐步完善安全管理工作。按照全市安全生产标准化工作总体要求，危险化学品标准化建设重点推进的工作：一是加大企业主要负责人及安全管理人员培训力度，转变意识，由“要我做”转为“我要做”；二是细化标准化中的专项内容，明确岗位标准和专业技术标准；三是加强对企业标准化工作落实的监管，形成初审、复审、监审的闭环监管体系，督促企业积极主动开展标准化工作；四是督促标准化咨询评审机构做好服务工作，为企业标准化工作提供技术保障。

（魏志钢）

【液氨专项治理调研】 2月13日，市安全监管局副局长唐明明带队赴顺义区调研液氨专项治理工作。按照全市液氨专项治理整体工作安排，顺义区完成摸底排查工作。顺义区有涉氨制冷企业23家，占全市总数的20%，工作量大，任务繁重。在自查整改阶段，企业针对16项重点整治内容，进行设计复核和施工整改。企业在隐患确认、台账涉及范围和计划整改时限上存在与专项治理整体要求不一致等问题。针对存在的问题，唐明明要求：一是明确治理工作的范围、分工和统筹，形成工作合力，做好检查督查工作；二是开展专项培训，明确整改内容和要求，为企业整改提供指导，为政府验收提供依据；三是加大整治推进力度，对按期不能完成整改的企业要提请属地政府予以关闭。

（魏志钢）

【危险化学品建设项目安全监管】 2月17日，市安全监管局组织部分重点区县安全监管局有关负责人，就如何加强危险化学品建设项目安全监管进行研讨。会议形成4点意见：一是严格按照《危险化学品建设项目安全监督管理办法》（国家总局令第45号）及市安全监管局有关文件要求，开展危险化学品建设项目安全审查。二是未经安全审查的危险化学品建设项目要按照有关规定严肃处理，对于具有立项和规划手续的责令其按照规定办理安全审查手续；对于不具有立项和规划手续的，通报有关部门依法予以处理。三是加强与发展改革、规划等部门的沟通，及时开展对有关建设项目监管。四是对于首次申请危险化学品生产经营和使用许可的单位，应提交危险化学品建设项目审查手续；未经建设项目安全审查的，一律不予受理。加大建设项目安全监管力度。

（魏志钢）

【危险化学品集中管理体系建设推进会】 2月20日，市安全监管局副局长唐明明主持召开危险化学品集中管理体系建设推进会暨瓶装液化气安全管理工作研讨会，研究部署危险化学品集中管理体系建设工作，研究将液化石油气纳入危险化学品集中管理体系有关工作。市市政市容委委员蒋志辉从遏制燃气事故、加强反恐工作两个方面对液化石油气纳入危险化学品集中管理体系给予肯定，建议市质监局、交通委、市政市容委列为集中管理体系成员单位。采取首先规范提升合法企业安全管理，稳步推进从源头到用户全过程的强化管理。唐明明要求各单位结合自身职责，梳理工作内容，提出集中管理体系建设的需求；探讨采取第三方监控、政府购买服务的形式，实现危险化学品和液化石油气的信息化、社会化管理；研究立法和制定地方标准，推动危险化学品和液化石油气集中管理体系建设的相关工作。会议还研究向市领导汇报危险化学品和液化石油气集中管理体系建设的相关工作。

（魏志钢）

【房山区化工企业安全检查】 2月20日，市安全监管局组织有关专家对位于房山区的北京恒信化工有限公司进行安全检查。按照《危险化学品生产企业安全生产许可证实施办法》规定，检查人员针对许可条件对该企业进行检查。通过检查，检查组对企业提出意见：一是重新整理危险化学品生产许可规定的19项管理制度；二是规范危险化学品及重大危险源安全告知和安全警示标志；三是产品库房增加温湿度记录登记本。

（魏志钢）

【液氨专项治理培训】 2月20日、21日，市安全监管局在北京石化学院举办两期专题培训班，重点对液氨使用专项治理验收工作进行培训。各区县安全监管局有关监管人员、涉氨制冷企业主要负责人和安全生产管理人员220余人参加培训。培训班聘请中国制冷学会杨一凡老师对涉氨制冷企业液氨使用专项治理验收标准进行解读，依据国家和本市有关规定重点对安全生产管理制度和操作规程、专职安全管理人员和特种作业人员配备、制冷系统设计施工资质、建筑布局、安全设施、应急救护等内容进行讲解。

（魏志钢）

【安全监管部署】 2月21日，市安全监管局在国家安全监管总局召开全国危险化学品和烟花爆竹安全监管工作视频会后，立即对全市危险化学品和烟花爆竹安全监管工作进行部署。一是要求央企、国企和大型企业发挥示范带头作用，做好危险化学品集中管理体系建设工作。二是加强新技术应用和新成果转化工作，燕山石化公司要率先做好仪表功能安全管理系统的应用试点工作；各油库要推动连锁联控自动化仪表应用；烟花爆竹批发仓库要完善仓库温湿度报警系统。三是危险化学品和烟花爆竹企业要重视动火、有限空间等特殊作业安全工作，有效防范事故发生。四是强化“两重点一重大”、重点地区和特殊作业等重点环节安全监管。五是燕山石化公司要应用危险与可操作性分析（HAZOP）技术加强隐患排查治理和人员素质提升工作。六是中石油公司和中石化公司要全面完成油库储存设施自动化控制改造工作；在对加油站进行改造时，对新增LNG设施装置与既有加油设施装置安全衔接进行研究，消除因改造带来的安全隐患。关于烟花爆竹安全监管工作，一是加强库存烟花爆竹的安全管理，对过期、超标烟花爆竹采取销毁或返厂处理；二是做好烟花爆竹安全监管工作总结，谋划翌年烟花爆竹安全监管工作。

（魏志钢）

【海淀区加油站安全检查】 2月25日，市安全监管局对海淀区全国“两会”代表驻地周边万泉庄加油站、北京理工加油站、北京裕翠加油站开展执法检查。检查组重点检查企业针对全国“两会”期间安全生产工作方案的制定；应急人员、物资的准备；散装油安全管理、视频监控图像及保存等情况。从检查情况看，3家单位均按照全市统一部署制定全国“两会”期间安全生产工作方案，看护力量和应急物资配备充足，严禁对社会人员销售散装油，监控设备运行正常，安全生产情况总体良好。检查组对检查中发现的自查工作、员工教育不到位等问题责令企业立即整改，要求企业强化责任意识，重视“两会”期间安全生产工作，增加自查频次，做好检查记录，发现重大隐患问题及时上报。

（魏志钢）

【朝阳区化工企业安全检查】 2月27日，市安全监管局对朝阳区全国“两会”代表驻地周边的北京普莱克斯实用气体有限公司和北京吉利石油产品服务有限公司朝阳加油站进行安全检查。检查组重点检查企业全国“两会”期间安全生产工作部署，应急值守、应急物资准备，视频监控系统完好及安全许可条件等情况。北京普莱克斯实用气体有限公司只有气体充装业务，该公司制定专门工作方案，明确人员管理、危险化学品运输、特种设备管理、隐患排查等工作。北京吉利石油产品服务有限公司朝阳加油站在全国“两会”期间，加强人员值守和应急预案培训工作。检查组针对加油站现场存放废弃纸箱和卷纸等可燃物的情况，责令其立即进行清理。

（魏志钢）

【全国“两会”期间输油管线安全保障】 2月27日，市安全监管局对燕山石化输油管线（燕山石化至长辛店油库）安全生产工作进行检查，重点对管道占压情况进行检查督导。燕山石化至长辛店油库输油管线主要承担汽油、柴油、航空煤油输送任务，全长37公里，管线沿途情况较为复杂，存在管线被占压15处。检查组重点检查位于房山区阎村镇的两处占压现象，对具体占压情况进行深入了解。检查组提出3项工作措施：一是协调属地政府、相关部门对占压现象进行治理，在未拆除前，要加强巡查，确保安全；二是全国“两会”期间，要保持高压态势，重点检查输油管线管道占压现象，严防管道泄漏爆炸事故发生；三是房山区安全监管局要协调公安、市政市容等相关部门，推进管线占压拆除治理工作。

（魏志钢）

【国务院安委会督查危险化学品安全】 2月28日，工业和信息化部安全生产司副司长金鑫带领国务院安委会督查组到大兴区，对北京市烟花鞭炮有限公司、中石化北京黄村石油库进行督查。从检查情况看，2家单位能够做到制度完善、职责明确、重点突出、落实到位，严格按照北京市有关要求开展安全生产工作。督查组对北京市危险化学品安全管理工作给予肯定。金鑫表示，北京市危险化学品安全生产工作基础扎实、力度很大，能够引导和督促企业规范管理、加大投入，安全生产工作到位。

（魏志钢）

【房山区民营化工企业安全检查】 2月28日，市安全监管局对房山区润福通商贸中心全国“两会”期间安全生产工作进行检查。润福通商贸中心是房山区一家民营危险化学品企业，从事成品油批发业务，油库储存量2万立方米。检查中发现，该企业采取有效措施，加强全国“两会”期间安全生产工作。一是企业“一把手”高度重视，结合实际情况，组织制定安全生产工作方案，明确岗位职责，加大检查力度。二是油库领导和一线员工24小时在岗值守。三是完成油库自动化改造工作，提高卸油、发油等关键环节和罐区、泵房等重点部位的监控、处置能力。四是备足应对突发事件的人员及物资，并配备阻车器、应急报警电话等，加强易燃易爆场所看护和反恐工作。

（魏志钢）

【安全监管系统视频会】 3月4日，市安全监管局召开全市安全监管系统2014年危险化学品和烟花爆竹安全监管工作视频会议，并对全国“两会”期间危险化学品和烟花爆竹安全保障工作进行再部署。一是要求各单位认清形势，提高认识，将全国“两会”安全保障和反恐工作作为重点工作，领导亲自抓，强化工作部署和执法检查，各项工作要落实到岗，责任到人。二是各油库、加油站要严格落实反恐防范标准确定的各项人防、物防、技防措施，确保城市重要基础设施安全。油库要重点加强出入库安全管理，加强登记和检查，严防无关人员进入库区；加油站要重点加强人员培训和散装油管理，严禁销售散装油，加强对同一辆车多次加油的管理。三是所有易制爆危险化学品单位暂停销售，确需销售的要登录危险化学品流向信息管理系统，实时记录相关销售信息，并将销售情况报属地公安和安全监管部门备案。四是所有烟花爆竹批发仓库暂停出库，加强隐患排查和周界巡查，确保库区安全；所有烟花爆竹长期零售点暂停销售，确需销售的要到属地公安机关履行报告登记手续后方可销售。五是所有危险化学品生产单位要对生产厂区实行封闭化管理，加强对出入口、危险化学品生产装置及车间、主要装置控制室、铁路接卸栈桥、原料和成品罐区等重点部位的监控管理和巡查防控，加强对重点作业岗位人员教育培训，严防人为破坏。六是各区县安全监管局要提高防范等级，开展对重点区域、重点领域生产经营单位执法检查，确保各项措施落实到位。七是要严格执行24小时值班和领导带班制度，保持与属地重点生产经营单位24小时通信联络，发现问题及时上报，确保反应灵敏，信息畅通。

（魏志钢）

【涉氨制冷重点单位工作会】 3月19日，市安全监管局召开涉氨制冷重点单位工作会，推进液氨使用专项治理工作开展。首农集团和二商集团有关负责人参加会议。会议听取首农集团和二商集团液氨使用专项治理工作进展情况的汇报。首农集团所属隐患挂账单位12家，除红星蔬菜食品冷冻有限责任公司存在液氨管道无法停机检测问题，辛普劳食品加工有限公司5月至8月全部设备停产改造外，其余单位整改工作进展顺利，6月底全部完成整改工作。二商集团所属隐患挂账单位6家，由于企业老旧，设备无法停机检测，整体进展缓慢，管道改造难度较大。会议要求：一是强化安全责任意识，重视本单位安全生产工作，要把“安全”问题放在首位；二是发挥集团公司的统筹作用，针对所属企业实际情况，制定切实可行的治理方案，确保隐患的全面整改；三是加大督导力度，严防企业等待观望，对于检测不合格的要督促企业提前更新改造，加快治理工作进度。

（魏志钢）

【行政许可工作抽查】 3月，市安全监管局检查组到东城、西城、朝阳、丰台、房山等区县对危险化学品行政许可工作进行抽查。检查组通过座谈交流、查阅档案、现场检查等形式，重点了解各区县危险化学品行政许可基本情况和有关许可规定落实情况、许可系统使用情况及许可工作中存在的主要问题。各区县都能够按照有关许可规定的条件、程序和时限做好各项危险化学品行政许可工作，并加强对许可单位档案管理和日常监督检查。部分区县针对行政许可系统使用及高危行业人员考核等工作中存在的问题提出意见和建议。

（魏志钢）

【液氨使用专项治理工作会】 3月31日，市安全监管局在北京石化学院召开全市涉氨制冷企业液氨使用专项治理工作会，副局长唐明明参加会议并讲话，各区县安全监管局主管副局长和有关科室负责人和全市涉氨制冷企业负责人参加会议。唐明明就专项治理工作提出要求：一是各相关企业主要负责人作为第一责任人要落实主体责任，按照规定落实各项工作要求；二是严格按照规定的时间节点完成专项治理工作，各企业要在4月3日前完成隐患申报，6月底前完成隐患整改，未按时完成整改的企业一律按照规定予以关停；三是各企业要对照验收标准逐项检查整改，凡是存在不合格项的一律不予验收通过；四是加强安全管理，制定工作方案和应急处置预案，确保施工安全；五是细化安全管理制度、操作规程和应急处置方案，做好人员培训和设备维护保养，持续开展隐患排查治理工作。

（魏志钢）

【二商集团液氨隐患专项治理】 4月15日，市安全监管局局长张树森带队与二商集团负责人就集团所属单位液氨隐患专项治理工作进行研究。二商集团总经理王瑶、副总经理于波及相关部门负责人参加会议。由于二商集团所属企业建设年代较早，普遍存在的问题：一是设计、施工资质不全，需要有资质的设计单位进行设计复核；二是原有制冷管线焊接工艺不符合新规范要求，大部分管线未进行定期检验；三是需要更换灰铸铁阀门数量大；四是部分企业加工间有采用液氨直接冷却和液氨管线穿越办公区域的重大隐患。因此，整体工程改造量大，需投入整改资金3700余万元。市安委会办公室《关于实施涉氨制冷行业重大隐患消隐工作的通知》印发后，尤其是在3月31日全市液氨专项治理推进会召开后，二商集团召开冷库安全专家会议，成立液氨专项治理领导小组，制定工作方案，推动专项治理工作。但由于前期工作滞后，除西郊食品冷冻厂和北京二商健力食品科技有限公司在6月底完成整改，其余9家单位均存在整改完成时限延后的问题。张树森要求二商集团重点做好3项工作：一是由集团公司全面统筹所属企业液氨专项治理工作，对照标准，细化隐患台账，加大资金投入，加快治理进度，力争按时限完成治理工作；二是时间服从质量，制定和落实各项整改措施，确保隐患治理全面彻底；三是制定施工保障工作方案，明确专人负责，细化关键环节和部位的操作要求，确保施工过程安全。市安全监管局争取财政支持，为企业重大隐患消隐工程服务。

（魏志钢）

【集中管理体系房山区试点】 5月5日，市安全监管局副局长唐明明主持召开危险化学品集中管理体系房山区试点建设工作研讨会，研究部署危险化学品集中管理体系房山区试点建设有关工作。会议认为，房山区作为试点区县，从危险化学品体量、经营企业和从业人员数量、基础设施条件以及安全管理理念等方面在全市具有代表性，对于加快危险化学品集中管理体系建设工作具有重要意义。房山区试点建设应先从现有危险化学品企业和设施为切入点，利用东方石化化工四厂改建危险化学品物流基地和北京燕星宇国际石化产品交易市场组建房山区危险化学品交易专业分市场等，从而盘活现有存量，同时根据产业发展规范增量。唐明明指出，房山区试点建设应加强与市、区两级政府的沟通，由房山区政府制定具体方案，通过体系建设协调小组会议明确房山区试点建设相关工作。

（魏志钢）

【液氨专项治理验收预备会】 5月14日，市安全监管局召开液氨专项治理验收工作预备会。会议通报液氨专项治理总体进展情况。全市涉氨制冷企业113家，申请液氨重大隐患消隐市级挂账企业82家。截至5月14日，有5家单位完成整改工作，进入验收阶段；90余家单位改造工作在6月底前完成，另有10余家单位存在逾期未整改问题。会议就液氨治理过程中各企业遇到的问题和存在的困难进行研讨，并对下一阶段工作提出意见。一是由市质监局将有资质的设计和安装单位名单传至企业，为企业的设计改造提供方便。二是各部门要深入企业一线，对存在问题的企业进行现场督办，加快治理进度，并为企业整改工作提供相应技术支持与服务。三是建立部门间定期沟通机制，市质监局按照双周通报制度与市安全监管局进行信息对接，准确把握企业整改进度。四是严格执行6月30日专项治理截止时间，对到期不能完成治理的企业进行停产停业整改或取缔关闭。

（魏志钢）

【企业防汛抽查】 5月26日，市安全监管局对危险化学品企业和烟花爆竹经营单位汛期安全生产工作进行抽查。检查组先后到房山区和大兴区，对市熊猫烟花有限公司、北京润福通石油化工有限公司、北京华腾化工有限公司、市烟花鞭炮有限公司4家企业进行检查。检查发现个别企业存在视频监控图像不清晰，视频保存时间不足30日等问题，检查组责令企业立即整改。

（魏志钢）

【液氨治理现场会】 5月30日，市安全监督管局在朝阳区北京荷美尔食品有限公司召开涉氨制冷企业液氨使用专项治理工作现场会，推动液氨专项治理工作的开展。副局长唐明明到会并讲话。各区县主管副局长及相关科室负责人，涉氨制冷企业主要负责人参加会议。截至5月，全市82家液氨重大隐患市级挂账企业有12家企业完成整改，进入验收阶段，另有50余家企业6月30日前完成整改工作。

（魏志钢）

【化工企业防汛检查】 7月3日，市安全监管局赴平谷区对北京农达丰农业生产资料有限公司烟花爆竹仓库、北京京津港国际物流有限公司、北京龙禹石油化工有限公司进行防汛检查。检查组重点检查企业汛期应急装备和物资的配备、防雷防静电设施检验、用电安全和消防设施、应急值守、周界报警设置、日常巡查、仓储安全管理等情况。对烟花爆竹仓库防汛温湿度监测不准确，仓库通风口堵塞，应急预案针对性不强，视频监控设备损坏等问题提出整改要求。检查组要求企业重视仓库内温湿度的控制、人员高温作业、防雷、防暴雨等工作，加强日常巡查和隐患排查，对周界报警、视频监控设备严加看护和管理，并结合反恐内容开展应急实战演练。

（魏志钢）

【乡镇安全检查人员培训】 7月7日，市安全监管局在北京石化学院举办危险化学品重点乡镇安全检查人员培训班。全市部分区县安全监管局和重点乡镇安全检查人员60余人参加培训。此次培训内容包括：危险化学品安全监管重点工作、危险化学品“一书一签”安全管理、常用危险化学品法律法规规章及标准、危险化学品分类、特性及应急处置、危险化学品重大危险源监管、危险化学品生产、经营、储存、使用企业安全检查等。

（魏志钢）

【房山、海淀液氨治理和防汛督查】 7月9日，市安全监管局赴房山区和海淀区，对涉氨制冷企业液氨使用专项治理和汛期安全工作情况进行督查。督查涉氨制冷企业4家，其中房山区3家（三江宏利牧业有限公司、燕都立民屠宰有限公司、广东集团北京蓝宝酒业有限公司），海淀区1家（北京北冰洋冷冻食品有限公司）。三江宏利牧业有限公司治理工作基本完成，只有配电室与压缩机房的距离问题需要设计单位与消防部门沟通整改。燕都立民屠宰有限公司正在施工改造过程中，由于涉及2000多米管线以及700余个阀门更换，8月中旬完成整改。广东集团北京蓝宝酒业有限公司由于设备陈旧老化，经设计单位复核后全部进行更换，新设备及管线、阀门等基本更换完毕，板换器改造工作7月底完成。北京北冰洋冷冻食品有限公司正在与属地政府沟通，确认搬迁时限，以决定企业的下一步走向（给予逾期处罚）。督查组要求企业按照汛期安全生产工作要求，加强防雷防静电检测，储备防汛物资，加强应急值班，确保安全度汛。

（魏志钢）

【液氨使用专项治理“五个一套”交流手册】 7月11日，市安全监管局将300册《液氨制冷企业液氨使用专项治理工作“五个一套”成果交流手册》发放到各区县安全监管局和有关市属企业集团公司，标志着轻工企业液氨制冷专项治理试点工作取得预期成果。“五个一套”即一套完善的安全管理制度、一套严谨的操作规程、一套有效的应急预案、一套适用的设备完好标准、一套完整的设施设备技术档案成果交流手册，既可作为企业液氨专项治理验收备查资料，也可作为日常安全管理和标准化达标验收参考资料，为有效解决企业液氨管理存在的“设备维护不到位、应急预案不实用、操作规程不严谨”等普遍性问题，提供实用的资料范本和工作借鉴。

（赵昕）

【顺义、昌平液氨治理和防汛督查】 7月17日至18日，市安全监管局赴顺义区和昌平区，对涉氨制冷企业液氨使用专项治理和汛期安全工作情况进行督查。督查涉氨制冷企业5家，其中顺义区3家（北京燕京啤酒集团公司、北京大发正大有限公司、北京市顺义前鲁养鸭场）；昌平区2家（北京市第五肉联厂、北京华都肉鸡公司）。检查发现，北京燕京啤酒集团公司、北京大发正大有限公司、北京市顺义前鲁养鸭场以及北京市第五肉联厂存在整改不完全、现场管理混乱等问题。针对发现的问题，督查组要求：一是顺义区、昌平区安全监管局要加强对企业治理工作的技术指导，积极协助企业尽快完成整改任务；二是企业要正确认识液氨改造工作的意义与目的，依据治理要求进行梳理，避免重复施工造成资源浪费；三是企业要细化工作方案，规范施工作业，建立完善企业与施工方的联动应急处置预案；四是企业配套硬件改造同时，要参考液氨制冷企业液氨使用专项治理工作“五个一套”成果交流手册，完善企业自身管理制度，提升管理能力；五是企业要做好季节性事故防范工作，针对防电、防雷、防汛及防食物中毒，完善应急预案处置措施，保障施工过程安全；六是企业要加快治理进度，整理上报隐患治理相关资料，便于资金评审与拨付；七是加强现场检查，确保改造施工安全。

（魏志钢）

【油气管线安全管理工作会】 8月13日，市安全监管局召开输油气管线权属单位安全管理工作会，部署输油气管线安全管理工作。会议听取各单位关于管线隐患分级管理、恐怖袭击防范措施、与属地建立沟通联动机制以及停用管线安全论证等工作情况的汇报，并对管线隐患治理情况进行调度。会议要求各管线权属单位做好4项工作：一是加强应急值守，保证应急值班人员的配备，确保信息畅通；二是建立隐患整改月报制度，每月3日前报送隐患整改情况表，提高日常信息质量和实效性；三是停用管线的权属单位要尽快组织专家完成安全论证工作；四是强化与属地政府的沟通机制和应急联动。

（魏志钢）

【二商集团液氨治理督查】 9月11日，市安全监管局副巡视员高士虎带队到二商集团督查液氨专项治理工作进展情况，听取二商集团液氨改造整体情况介绍，并实地检查西南郊冷库。二商集团所属涉氨企业11家，具有吨位大，系统种类多的特点。西郊冷冻厂、二商健力、通州大红门肉联厂、通州冷冻厂、月盛斋、西南郊、蓝丰五色土市场7家单位完成整改工作，通过验收。南郊冷冻厂、北水嘉伦、昌平五肉联和怀柔肉联厂完成改造工作，更换阀门6000余个、管道1.5万多米，进行2万多米管线检测，投入资金4200多万元。在硬件改造的同时，集团所属企业修订规章制度和操作规程，完善安全设施和救护器具，使集团涉氨企业的本质安全水平明显提高。

（魏志钢）

【新技术应用】 10月17日，市安全监管局参加西城区安全监管局组织的中石化西城区宣武门加油站储罐双层复合材料内衬改造项目验收会。相关专家在宣武门加油站现场对加油站内衬改造项目的施工情况进行检查，翻阅改造项目相关记录文档及资料，认为内衬改造项目施工成果与设计文件一致，各项技术指标符合企业及国外相关标准，内衬改造项目技术达到国内先进水平，工艺较为成熟，符合《汽车加油加气站设计与施工规范》国家标准规定。专家组一致通过宣武门加油站内衬改造项目验收。内衬改造技术由冀州澳科中意石油设备有限公司从欧洲引进并结合中国实际情况进行更新，能够在不移动原有油罐，不影响油罐周边设施的情况下，提升加油站整体设备安全水平，避免在加油站油罐更换过程中产生的风险，达到国家标准对加油站安全性、稳定性等方面的要求。

（魏志钢）

烟花爆竹安全监管

【烟花爆竹经营许可】 本年，全市 11 家烟花爆竹批发单位，31 栋库房，库房总面积 2.8 万平方米。全市 16 个区县许可烟花爆竹零售网点 1178 个，同比减少 11.9%。其中五环路内网点 427 个，同比减少 8.6%；五环路外网点 751 个，同比减少 13.7%；长期零售网点 60 个，同比减少 20%。3 家主要烟花爆竹批发单位备货 52.8 万箱，同比减少 25.6%；有 1000 余种烟花爆竹产品供应市场，其中燕龙 676 种（含新品种 67 种），熊猫 222 种（含新品种 130 种），逗逗 251 种（含新品种 93 种）。

（王雷）

【批发企业节前安全检查】 1 月 21 日，市安全监管局局长张树森带队，对门头沟区、房山区 4 家烟花爆竹批发企业开展节前安全检查。检查组重点检查烟花爆竹仓储、视频监控与温湿度监测系统运行以及应急物资储备等情况。张树森要求：一是批发企业要严格按照市委、市政府各项安全部署开展烟花爆竹的配送、储存、销售工作；二是抓住重点，利用视频、温湿度监测等有效手段做好烟花爆竹仓储日常巡查和看护；三是做好大气重度污染橙色、红色预警期间暂停配送的准备工作。并要求企业负责人保障职工福利待遇，加强对从业人员安全培训和教育，确保 2014 年春节期间安全稳定。

（王雷）

【零售网点安全抽查】 1 月 27 日，市安全监管局检查组先后对西城、丰台、石景山、海淀 4 个区 7 家烟花爆竹零售网点进行抽查。重点检查烟花爆竹销售人员针对大气重度污染橙色、红色预警期间暂停销售的准备工作，“三禁止、三报告、一登记”要求的落实情况，环保型烟花销售情况，以及零售网点设置、产品码放、烟花爆竹规格等情况。检查中发现个别零售网点销售大棚硬质隔离板未隔离至棚顶部、视频监控设备安装不规范、产品码放安全通道距离不足等问题，检查组当即责令零售网点负责人进行整改，并告知相关区县安全监管局到现场监督整改。

（王雷）

【零售网点夜查】 1 月 28 日，市安全监管局局长张树森带队，对丰台、海淀、昌平、朝阳 4 个区县 8 家烟花爆竹零售网点进行夜查。执法人员对零售网点的储存区、销售区以及大棚周边等可能存在安全隐患逐一排查。在检查中，发现个别零售网点使用到期未检验的灭火器，未设置消防用水，从业人员未佩戴上岗证，烟花爆竹产品超高码放。对于检查发现的问题，执法人员责令立即整改。张树森在检查中强调，在烟花爆竹销售量下滑的情况下，仍要高度重视节日期间的安全生产工作。一是做好各项制度的落实，特别是针对“大气重度污染橙色、红色预警期间暂停销售”和“三禁止、三报告、一登记”两项新措施的落实。二是加强网点及周边的巡查、看护工作，在燃放高峰期要做好网点的防护安全。三是严禁销售非法、超标的烟花爆竹，确保零售网点安全。

（王雷）

【烟花爆竹回收准备】 2月11日，市安全监管局组织市烟花鞭炮有限公司、熊猫烟花有限公司和逗逗烟花爆竹有限公司召开会议，部署元宵节期间烟花爆竹安全生产工作。会上，听取3家批发企业关于烟花爆竹回收工作准备情况汇报。全市烟花爆竹批发企业均制定《烟花爆竹回收工作方案》《烟花爆竹回收突发事件应急预案》，配备回收车辆115辆，司机及押运员340人，“采取先城区后郊区”的回收方式，在元宵节后3日内完成全市烟花爆竹回收工作。会议针对烟花爆竹回收工作，提出总体工作要求。一是要求烟花爆竹批发企业做好烟花爆竹回收的应急准备工作，做到安排合理，时间服从质量。二是要求企业做好司机、押运员的安全教育培训，培训要有针对性，做到全员培训，特别要结合元宵节期间可能降雪、降温等天气情况和节后人员二次返京高峰等情况，做好充分的准备工作。三是要求企业对所有回收车辆在元宵节前再次进行检查和维护，确保回收期间车况良好，禁止车辆“带病上路”。四是要求企业做好回收烟花爆竹的验货、封箱、回库工作，验货过程中确保人员到位，做好回库巡查和看护工作，入库后由专人进行保管。

（王雷）

【元宵节安全保障】 2月14日，市安全监管局对朝阳区、东城区、西城区8个烟花爆竹零售单位进行安全生产检查。检查组针对烟花爆竹零售网点销售储存情况、人员看护情况以及元宵节安全保障工作等方面展开检查。对网点消防用水结冰、货物码放不符合要求、人员看护不到位等问题，责令立即整改。

（王雷）

【大气重度污染燃放安全】 2月21日，由于受不利气象条件影响，市空气重污染应急指挥部办公室启动空气重度污染应急“黄色”预警。按照市烟花办统一部署，需要参照“橙色”预警级别落实应急措施。接到通知后，市安全监管局于2月20日18时30分，向各相关区县安全监管局、烟花爆竹批发单位发出紧急通知。一是要求所有批发单位立即停止配送。二是所有长期零售网点停止销售。三是市区两级安全监管部门要组织力量加强对批发、零售单位的检查，对违反规定的批发、零售单位进行严肃处理。

（王雷）

【春节“两会”期间批发单位安全检查】 春节和全国“两会”期间，市安全监管局检查组对北京市熊猫烟花有限公司、逗逗烟花爆竹有限公司、北京汇源北路工贸有限责任公司进行安全生产检查。重点检查4个方面内容：一是在空气重度污染应急“橙色”预警期间烟花爆竹封存情况；二是烟花爆竹回收后分类、分拣、码放情况；三是对于超标烟花爆竹处置情况；四是全国“两会”期间安全措施和应急值守情况。从检查情况看，3家批发单位能够按照全市统一部署有序开展工作。在空气重度污染应急“橙色”预警期间，将烟花爆竹进行封存，严禁配送和销售；批发单位于2月底完成超标烟花爆竹返厂；全国“两会”期间，各单位增加人员看护力量，主要领导在岗值班，确保烟花爆竹储存、配送等关键环节安全。

（王雷）

【汛前抽查】 5月26日，市安全监管局对烟花爆竹批发企业汛期安全生产工作进行抽查。检查组先后到房山区和大兴区，对市熊猫烟花有限公司、逗逗烟花鞭炮有限公司2家企业进行抽查。结合国务院安委会以及本市关于汛期安全生产工作的部署，重点检查4个方面内容：一是执行各项安全技术规程情况；二是加强对防雷电设施检测维护和对生产装置设施的监控情况；三是执行高温、雷雨等极端天气停止作业情况；四是排水系统和其他安全设施维护情况。从检查情况看，2家企业能够做到汛前有计划、有部署、有培训、有演练，制度完善、职责明确，严格按照有关要求开展汛前安全生产各项准备工作。

（王雷）

【防汛部署会】 5月27日，市安全监管局组织烟花爆竹批发企业召开防汛工作部署会。会议听取各单位关于汛前安全生产准备工作情况，要求各单位要做到“三个到位”“四个落实”。即防汛安全责任逐级分解细化要到位，汛期各项工作措施要到位，汛期应急预案编制和演练工作要到位；落实领导干部防汛责任，落实安全教育培训规定，落实企业周边存在滑坡、崩塌、洪水、泥石流等地质灾害危险排查分析工作，落实发现灾害征兆及时撤人的规定。

（王雷）

【防汛反恐检查督导】 7月29日，市安全监管局赴顺义区和延庆县，检查、督导烟花爆竹批发企业防汛、反恐等重点工作。检查组检查北京益利农土产杂品有限公司和北京市延庆县日用杂品公司，重点检查3个方面工作：一是汛期应急准备工作，装备物资配备情况，防雷防静电设施检验情况，用电安全和消防设施情况，应急值守情况，周界报警设置情况，日常巡查情况；二是结合反恐形势，检查企业防范工作开展情况，指导企业建立应急响应机制，并结合实际开展反恐演练；三是结合专项工作对企业落实情况进行督导，检查烟花爆竹批发企业对使用无水氯化钙除湿工作要求的落实情况和物联网系统搭建与运行情况。检查组要求各单位做好仓库内温度、湿度的控制、人员高温作业、防雷、防暴雨等工作；强化反恐意识，加强日常巡查和隐患排查，对周界报警、视频监控设备严加看护和管理，并结合反恐内容开展专项应急实战演练。对于未准备氯化钙进行除湿准备的延庆县日用杂品公司，检查组责令其立即采购符合要求的除湿剂。针对各企业仓储温度、湿度、视频监控等物联网运行情况，检查组提出加强巡查、及时校验，确保物联网设备正常有效运行的工作要求。

（王雷）

【销售储存安全管理】 9月，市安全监管局本着“固化机制措施，强化责任落实”的工作思路，组织研究翌年春节烟花爆竹销售、储存等重点工作，完善工作方案。一是与市烟花办主要部门从烟花爆竹网点发展和设置、重要时间节点、管理与服务等工作进行沟通，提出固化现有机制和措施，开展翌年春节烟花爆竹销售、储存的工作建议。二是组织朝阳、海淀、西城、通州、房山、昌平等烟花爆竹重点区县安全监管局召开研讨会，从落实《烟花爆竹经营许可实施办法》《烟花爆竹零售网点设置管理安全要求》，严把网点设置安全条件，控制烟花爆竹网点数量等方面进行研讨，完善烟花爆竹网点设置和安全管理工作机制。三是组织烟花爆竹批发企业召开工作会，从强化安全储存销售、提高服务水平，提升服务质量等方面进行专题研究。市安全监管局将有关部门、各区县、烟花爆竹批发企业的工作建议进行收集汇总，为完善翌年春节烟花爆竹销售储存安全管理工作方案夯实基础。

（王雷）

【安全管控措施专题会议】 10月23日，市安全监管局副巡视员高士虎主持召开专题会议，与市烟花办共同研究翌年春节期间烟花爆竹安全管控措施。2015年“元宵节”为3月5日，正值全国“两会”召开期间，为确保“两会”的安全稳定，拟将2015年春节期间烟花爆竹销售时间定为春节法定节假日截止日期。会议就此项措施的可行性进行研讨，鉴于反恐形势、环境治理等工作要求，结合近年市民对烟花爆竹燃放热情和销售量连续下降等因素，认为此项措施十分必要。会议议定，由市烟花办以书面形式将该项措施报市政府，经市政府批准同意后，在《北京市2015年元旦春节烟花爆竹安全管理工作意见》中明确提出要求。市安全监管局根据全市总体工作部署，调整烟花爆竹销售时间，指导各区县安全监管局、烟花爆竹批发（零售）单位统筹做好烟花爆竹许可、配送和销售工作安排。

（王雷）

【约谈供销合作总社】 11月26日，市安全监管局副巡视员高士虎约谈市供销合作总社负责人，针对市烟花鞭炮有限公司机构调整后出现的一系列问题进行研究，提出工作要求。2014年，市供销合作总社将果品、农资、烟花鞭炮公司进行合并重组。调整后烟花爆竹管理工作没有及时跟进。从市安全监管局对各区县二级批发单位检查情况看，存在工作安排不到位、物联网运行不正常等问题。高士虎针对当前主要问题提出5项工作要求：一是市烟花鞭炮有限公司针对领导调整和人员减少的实际情况，要明确主要负责人，做好员工的稳定工作，增强工作责任心，制定安全保障工作方案，合理安排人员，保证储运及看护力量，落实企业主体责任，切实保障安全；二是市烟花鞭炮有限公司作为一级批发单位要严格按照《北京市烟花爆竹专营管理办法》要求，明确燕龙唯一品牌，统筹系统内烟花爆竹产品的采购、供应工作，按照市安全监管局相关规定和标准在产品外包装张贴电子标签，加强产品安全管理，确保产品可追溯管理；三是统筹协调各区县二级批发单位，做好物联网系统管理工作，确保网络畅通，温湿度监测、视频监控、周界报警监测设备运行正常，并实施有效传输；四是明确专人负责做好进货、储存、销售等各项数据统计上报工作；五是市供销合作总社要督促、指导市烟花鞭炮有限公司对上述工作要求进行贯彻落实。市供销合作总社副主任刘祝平、市供销总社合作指导部、法务部、市烟花鞭炮有限公司相关负责人参加会议。

（王雷）

【批发企业执法检查】 11 月 17 日至 20 日，市安全监管局赴通州、房山、密云、顺义、怀柔、门头沟等区县对烟花爆竹批发企业进行集中执法检查。执法人员重点检查烟花爆竹仓库储存安全条件以及温湿度监测、视频监测、周界入侵报警等物联网设备的运行情况。在检查中发现个别企业存在烟花爆竹包装破损、储存超规格烟花、视频图像不清晰、温湿度监测数据不准确、物联网数据不能上传等问题。针对企业安全管理存在的问题，执法人员责令限期改正并监督落实。对于物联网设备及网络问题，要求企业与技术服务人员进行对接，研究解决方案，实现技术参数有效上传。

（王雷）

矿山安全监管监察

【国家煤监局“回头看”督查】 1 月 9 日，市安全监管局、北京煤监局副局长贾太保参加由国家煤矿安全监察局副局长李万疆带队督查组，到昊华能源公司木城涧煤矿、大台煤矿进行安全大检查“回头看”督查。昊华能源公司负责人陪同督查。督查组重点检查煤矿安全大检查开展情况，查阅隐患排查治理台账和安全生产分析会记录，对煤矿落实整改情况进行复查。督查组对北京市煤矿复杂地质条件下采煤技术的创新和应用、安全生产分析会制度、隐患排查治理体系等基础工作给予肯定，对存在的通风系统不合理、通风设施不健全问题提出建议。针对检查发现的安全隐患，北京煤监局下达停产整改的监察指令，并给予行政处罚。经复查，企业按监察指令整改完毕。

（孙鹏）

【煤矿春节前安全监察】 1 月 22 日，北京煤监局分别到昊华能源公司木城涧煤矿、大台煤矿进行安全监察。监察人员现场查看煤矿春节假期工作安排表、停产复工安全技术措施等，并下井抽查工作面安全管理情况，共查出安全隐患和问题 4 项。监察人员针对检查发现的安全隐患和问题下达立即整改的监察指令，并要求煤矿加强春节期间值班管理和应急救援值勤工作。经复查，企业按指令整改完毕。

（孙鹏）

【大台煤矿春节后安全监察】 2 月 13 日至 14 日，北京煤监局对昊华能源公司大台煤矿进行重点监察。针对煤矿节后复工验收和“一通三防”安全管理，查阅煤矿各工作面停、复工验收表、安全管理制度、图纸、台账等相关资料，抽查井下－210 水平西四石门 845 柔掩工作面和 645 矸石充填工作面安全生产情况。对于检查发现 5 项安全隐患和问题，监察人员下达立即整改的监察指令。对于检查发现的“－210 水平西四石门增加一道风门后未及时制定安全技术措施”的问题，监察人员要求煤矿立即制定安全技术措施并严格落实，有效保障安全生产。

（孙鹏）

【煤矿安全生产工作会】 2月18日，市安全监管局、北京煤监局召开北京市煤矿安全生产工作会议，市安全监管局局长张树森参加会议并讲话，副局长贾太保主持会议。市发展改革委、国资委、总工会有关领导，京煤集团、昊华能源公司主要负责人和煤矿副总以上领导、安监站长、部分科段长及班组长代表100余人参加会议。会议传达全国安全生产工作会议和北京市安全生产工作会议精神，总结2013年煤矿安全生产工作，部署2014年的重点工作，对“安全·和谐”示范班组及优秀班组长进行表彰。会上，昊华能源公司汇报2013年煤矿安全生产工作，并就加强煤矿安全生产工作提出措施。张树森要求2014年煤矿安全生产工作要突出抓好6项重点工作：一是创建隐患排查治理和安全预防控制“两大”体系；二是深化安全文化体系建设；三是深化“安全·和谐”班组创建工作，全面提升班组执行力；四是持续推进以通风管理、科段和岗位达标为重点的安全质量标准化建设；五是持续提升矿井机械化、自动化水平；六是加强煤矿安全管理制度建设。

（董伟）

【长沟峪煤矿安全督查】 2月21日，北京煤监局对昊华能源公司长沟峪煤矿开展安全督查。督查组参加长沟峪煤矿安全生产分析会，随机抽查4名科段管理人员对各自岗位“红线”的掌握情况，并对各级安全生产管理人员提出要求。督查组与长沟峪煤矿领导进行座谈，就《北京煤监局继续对昊华能源公司长沟峪煤矿开展安全督查的工作方案》的督查目的、督查重点内容等方面进行解读。

（孙鹏）

【大安山煤矿“2·19”事故分析会】 2月25日，北京煤监局召开大安山煤矿“2·19”事故分析会，副局长贾太保主持会议。市国资委、发展改革委、公安局内保局、总工会和京煤集团、昊华能源公司相关负责人参加会议。昊华能源公司介绍事故发生经过，北京煤监局代表事故调查组通报事故调查情况，初步分析事故发生的原因。与会人员针对事故原因和教训、加强现场管理和设备管理等方面进行讨论。会议提出5点要求：一是围绕事故原因，开展调查，吸取事故教训；二是提高煤矿综合机械化采煤水平；三是强化安全生产意识，牢固树立“隐患就是事故”的意识，四是对重点设备统一管理，并对同类型液压支架工作面进行全面排查；五是完善煤矿典型轻重伤、涉险未遂事故上报工作。

（孙鹏）

【国务院安委会督查组专项督查】 2月26日，市安全监管局参加国务院安委会专项督查组到昊华能源公司长沟峪煤矿进行督查。督查组听取长沟峪煤矿开展安全大检查、隐患排查、贯彻落实《国务院办公厅关于进一步加强煤矿安全生产工作的意见》（国办发〔2013〕99号）等安全生产工作汇报，结合99号文件贯彻落实、“双七条”在煤矿具体实施、矿长谈心对话机制建立、安全准入等重点督查内容，对井下－140米水平火药库进行现场检查，并检查煤矿开展安全生产大检查、隐患排查治理、特种设备管理、安全教育培训、应急救援、特种作业人员管理等方面的文件、记录和台账等。市安全监管局、北京煤监局、市经济信息化委和京煤集团、昊华能源公司负责人参加检查。

（庄过兵）

【全国“两会”安全保障】 2月27日至28日，北京煤监局对昊华能源公司大安山煤矿开展全国“两会”安全保障专项检查和“一通三防”重点监察。监察人员查阅煤矿《“两会”安全保障工作方案》“一通三防”安全管理制度、图纸、台账等相关资料。对检查发现的“同一采区一翼布置采煤33队和综采41队两个回采工作面”等5项问题和隐患，下达采煤33队工作面立即停产、收尾、回收支架，其他隐患和问题立即整改的监察指令。28日下午，监察人员到昊华能源公司，提出5点要求：一是加强各矿沿空留巷的规范化管理，3月底前，制定出专门的管理制度；二是规范井下电气焊使用管理，严格遵守《煤矿安全规程》等相关规定，严禁违章指挥、违章作业；三是对各矿生产部署进行全面排查，对存在违反相关规定的采掘工作面，坚决停下来，3月底前将检查情况报北京煤监局；四是尽快自查和总结各矿工亡事故整改措施的落实情况；五是针对各煤矿对《安全评价制度》执行情况，及时修订完善文件相关内容，使制度发挥应有的作用。

（孙鹏）

【大安山煤矿“2·19”事故通报会】 3月4日，北京煤监局召开大安山煤矿“2·19”事故通报会，副局长贾太保参加会议并讲话。京煤集团、昊华能源公司及大安山煤矿有关人员参加会议。会上，事故调查组通报事故调查有关情况，大安山煤矿结合事故暴露出的问题，提出安全管理整改措施。京煤集团、昊华能源公司有关负责人就强化安全管理、预防事故发生提出要求。贾太保强调：要牢固树立“安全第一”思想，提高风险辨识能力，打好安全管理攻坚战。

（孙鹏）

【煤矿检查部署与事故通报】 3月31日，北京煤监局召开专题会议，部署安全大检查工作，研究3起煤矿事故的通报和结案工作。会议决定在全市通报事故情况并开展煤矿安全联合检查。检查组由市安全监管局、北京煤监局、发展改革委、国资委组成，聘请有关专家，分别检查昊华能源公司木城涧煤矿、大台煤矿、大安山煤矿、长沟峪煤矿。

（唐涓）

【煤矿雨季“三防”及防治水】 5月4日，北京煤监局对昊华能源公司木城涧煤矿和大台煤矿雨季“三防”及防治水工作开展重点监察。监察人员查阅煤矿台账、记录和资料，并对大台煤矿抢险物资储备库进行现场检查。木城涧煤矿和大台煤矿提前制定雨季汛期预案和“三防”工作计划，成立200人的汛期抢险队，储备汛期必要的防汛物资，清理井下水沟、防洪沟，对水泵进行检修，各项工作按计划和部署有序进行。

（庄过兵）

【长沟峪煤矿隐患排查治理】 5月27日至28日，北京煤监局对昊华能源公司长沟峪煤矿开展隐患排查治理、机电运输辅助环节机械化重点监察及督查，抽查安全生产大检查整改问题落实情况。监察人员参加长沟峪煤矿安全生产分析会，传达市长王安顺在《关于2014年一季度全国安全生产控制指标实施进展和隐患排查治理情况的通报》上的批示精神，以及副市长张延昆相关批示要求。参加长沟峪煤矿掘进三段安全生产隐患排查治理会，查阅有关台账、记录和资料，并对综采段－140米水平北二北15槽二壁、掘进二段－140米水平北二北15槽三壁切巷工作面进行现场检查。监察人员针对现场检查发现的工作面淋水较大影响安全生产、综采面在线矿压监测显示超限等问题，责令煤矿对工作面涌水情况进行分析并形成防治水报告，限期完成整改。由昊华能源公司进行验收并将验收报告报北京煤监局备案。

（庄过兵）

【长沟峪煤矿岗位达标调研】 6月6日，市安全监管局副局长贾太保到昊华能源公司长沟峪煤矿调研岗位达标工作，并与煤矿主要负责人、部分科段负责岗位达标考核的有关人员进行座谈。与会人员结合岗位达标标准的执行，在可操作性和日常工作的结合及体现岗位特点方面充分发表意见，并就如何开展好岗位达标工作提出建设性意见。

（杨庆三）

【昊华能源公司专项督查】 6月12日至13日，北京煤监局对京煤集团、昊华能源公司开展专项督查。京煤集团、昊华能源公司负责人参加督查。本次专项督查主要内容是：《关于印发2014年煤矿安全监管监察重点督办任务的通知》文件规定的两项重点任务落实和进展情况；昊华能源公司2012年以来发生的经北京煤监局调查处理的煤矿生产安全事故调查报告中提出的整改措施落实情况；2014年上半年煤矿轻重伤和涉险事故查处情况。通过督查，昊华能源公司按照文件要求，建立健全采区和工作面设计、规程编制管理制度和矿井系统优化、灾害预防分析研讨制度等4项制度，较好地落实北京煤监局重点督办任务。

（孙鹏）

【煤矿提升运输安全监察】 6月16日至20日，北京煤监局组织监察人员，并邀请河北煤监局冀东监察分局、华北科技学院和开滦集团相关专家组成检查组，对昊华能源公司大台煤矿、长沟峪煤矿开展提升运输安全管理专项监察。昊华能源公司负责人及安监部、生产部相关负责人参加检查。检查组以立井和斜坡提升系统、皮带运输系统、架空人车系统、监测监控系统安全管理为重点，按照“查深查透”的工作要求，通过查阅技术资料和现场检查的方式开展检查，查出2个煤矿53项隐患和问题，分别下达监察执法文书，明确整改期限，并按规定给予行政处罚。通过检查，发现煤矿技术资料管理、设备设施管理等方面存在问题和差距，检查组提出相关工作要求和建议，昊华能源公司针对检查提出的意见和建议进行专题研究，制定整改方案。针对“硐室新增设备安全距离不够”等问题，煤矿制定专项安全措施，加强管控和防范，确保安全生产。

（孙鹏）

【煤矿安全工作会】 7月4日，北京煤监局召开煤矿安全工作会，总结2014上半年煤矿安全生产工作，分析安全生产形势，部署下半年工作。会议由副局长贾太保主持。京煤集团、昊华能源公司及各煤矿负责人参加会议。会上，昊华能源公司汇报煤矿安全生产工作，提出下半年工作思路。各煤矿矿长、安监站长结合实际发言，查找工作中的重点、难点问题，提出加强安全生产工作的措施。会议学习贯彻《北京市人民政府办公厅关于进一步加强煤矿安全生产工作的实施意见》，分析北京市煤矿面临的形势和问题，要求重点做好 7 个方面的工作。一是坚守“红线”意识，提高做好煤矿安全生产工作极端重要性的认识。二是推进年初确定的“五项”重点工作。三是强化安全警示教育培训，用事故教训推动安全生产工作。四是加强汛期“三防”，确保煤矿安全度汛。五是加强煤矿作业场所粉尘防治管理和监督检查工作。六是加强煤矿安监站建设，充分发挥注册安全工程师的作用。七是严格执法，强化安全生产主体责任的落实。

（何多云）

【煤矿安全工作紧急会】 7 月 10 日，昊华能源公司大台煤矿发生 1 起死亡 1 人事故，北京煤监局立即召开煤矿安全工作紧急会，紧急部署安全大检查工作，采取果断措施，坚决扭转煤矿安全生产严峻形势。副局长贾太保参加会议并讲话。会议分析总结安全生产形势及近两年煤矿发生的事故原因，要求京煤集团、昊华能源公司立即开展安全生产大检查，主要领导要亲自带队，确保检查人员到位、全覆盖检查到位、对检查出的问题隐患处罚到位，用大检查消除事故隐患，确保煤矿安全生产。京煤集团、昊华能源公司及各煤矿主要负责人、安监站长、部分科段长和班组长代表 100 余人参加会议。

（庄过兵）

【煤矿柔掩工作面管理“会诊式”监察】 7 月 28 日至 31 日，北京煤监局组织监察人员并聘请专家，对昊华能源公司大台煤矿柔掩工作面管理开展“会诊式”安全监察。28 日，检查组在大台煤矿召开专项监察工作部署动员会。大台煤矿汇报柔掩采、掘工作面基本情况，检查组分 5 个小组，分别对接大台煤矿 3 个柔掩采煤段、1 个壁式炮采采煤段、1 个掘进段和爆炸物品管理部门。29 日至 30 日，各组全面排查煤矿柔掩工作面存在的安全隐患，深入分析、查找煤矿安全管理中存在的问题，对各段安全管理、技术管理、教育培训等基础工作进行会诊，对 4 个采煤段的 10 个柔掩采煤工作面、2 个柔掩拆架工作面、1 个壁式炮采工作面和 1 个掘进段的 1 个掘进工作面进行现场检查。31 日，检查组召开检查情况通报会，向大台煤矿集中通报检查中发现的 103 项隐患和问题，提出相关工作要求和建议：一是认真梳理检查问题，制定整改方案，明确整改责任，确保全部问题按时整改到位；二是排查全矿柔掩采煤工作面仓（眼）长度，对超过昊华能源公司《关于印发柔掩支架阶梯采煤方法安全技术规定的通知》规定的工作面，要限期整改完毕，整改完成前要制定切实可行的管控措施；三是加强工作作风建设，努力提高各级管理人员责任心和执行力。

（孙鹏）

【大安山煤矿爆炸物品管理专项监察】 8 月 7 日至 8 日，北京煤监局对昊华能源公司大安山煤矿开展“双七条”和爆炸物品管理专项监察。监察人员重点检查煤矿通风系统和工作面顶板管理情况、监测监控系统运行情况、爆炸物品“领、用、交”管理情况等，现场检查2个回采工作面、1个井下火药库、1个主要通风机房。查出各类安全隐患和问题11条，分别下达整改指令，并提出相关工作要求和建议。

（孙鹏）

【防治水重点监察】 8月13日至14日，北京煤监局对昊华能源公司长沟峪煤矿开展防治水、“雨季三防”重点监察，确保煤矿汛期安全生产。监察人员重点检查煤矿防汛应急预案制定和演练情况、相关防汛设备检修检验情况等，现场抽查−410水平泵房和主、副水仓，从检查情况看，长沟峪煤矿较好地落实了“雨季三防”相关工作要求，制定《煤矿防汛应急预案》，开展应急预案演练，相关防汛器材准备充足。本次检查发现安全隐患和问题7项，下达立即整改监察指令。检查组要求：要重视煤矿汛期安全生产工作，吸取“7·21”洪灾事故教训，克服麻痹思想，时刻保持高度戒备；加强职工教育培训和应急演练，确保全体职工学习《防汛应急预案》，参与应急演练，熟悉避灾路线，掌握相关技能；扎实做好汛期应急值守和信息报送工作，严格落实相关工作要求；密切关注工作面涌水情况，强化采区防排水设计；严格落实防雷电措施，做好避雷设施的周期性、针对性检测工作。

（孙鹏）

【木城涧煤矿专项监察】 8月27日至28日，北京煤监局对昊华能源公司木城涧煤矿开展“双七条”专项监察、机电运输和采掘工作面辅助环节机械化重点监察，并开展煤尘防治重点监察。监察人员按照《北京煤矿安全监察局监察执法检查方案制度》和《监察执法检查方案》，重点检查煤矿通风系统、工作面顶板管理、采煤工作面物料运输、综合防尘措施的落实等情况，现场检查＋250米水平高档普采工作面和＋250米水平南翼东一石门3槽东一壁耙装回采工作面。检查发现各类安全隐患和问题17项，对掘进14队下达工作面立即停止掘进施工、限期整改的监察指令，对其他隐患和问题下达立即整改的监察指令。监察人员针对检查发现的煤矿安全、技术管理中存在的问题，提出相关工作要求和建议。

（崔永杰）

【长沟峪煤矿专项监察】 9月2日，北京煤监局对昊华能源公司长沟峪煤矿开展落实“四项制度”建设专项监察。监察人员重点查看煤矿安全生产指令跟踪督办、安全监督管理、矿井系统优化分析研讨、规程编制和会审等制度的相关文件，现场检查OA网上安全生产指令闭环预警平台使用情况。长沟峪煤矿按要求制定《长沟峪煤矿关于落实煤监局2014年重点督查工作的方案》《长沟峪煤矿安全生产指令跟踪验证督办制度》《科段岗位职责跟踪验证考评制度》《安监员落实岗位职责跟踪验证考评制度》等安全管理制度。但个别制度落实不到位，OA网上安全生产指令闭环预警平台科段级的指令内容不清晰，分工不明确，规程编制时未充分考虑现场实际情况，个别条款难以落实。监察人员要求长沟峪煤矿立即整改，经复查整改完成。

（崔永杰）

【煤矿安全工作会】 9月4日至5日，北京煤监局在昊华能源公司木城涧煤矿召开会议，研究部署煤矿安全生产工作，京煤集团、昊华能源公司及各煤矿、安监站主要负责人参加会议。会议通报木城涧"9·4"顶板伤人事故初步调查情况，木城涧、大台煤矿分别就事故教训和整改落实情况进行发言。副局长贾太保对各煤矿安全生产工作提出5点要求：一是坚守安全生产"红线"意识，做到不安全不生产；二是严格落实各项规章制度；三是重点岗位重点盯防，加强危险岗位作业管理；四是强化安全培训，增强职工安全意识；五是加强事故案例警示教育，让职工从事故案例中得到警示，纠正不安全行为。

（崔永杰）

【大安山煤矿国庆前定期监察】 9月24日至25日，北京煤监局对昊华能源公司大安山煤矿开展国庆前定期监察、煤矿图纸管理专项监察和煤矿"六打六治"落实情况专项监察。监察人员重点检查大安山煤矿国庆期间安全措施制定、应急值守及矿领导带班、隐患排查治理、煤矿图纸管理、"四项制度"落实及煤矿"六打六治"等方面的情况，对国家安全监管总局督查组提出的关于隐患排查工作存在问题进行跟踪督办。监察人员针对检查发现的问题下达立即整改的监察指令，并就煤矿安全、技术管理中存在的问题，提出要求和建议。

（崔永杰）

【顶板事故通报警示教育活动】 10月21日，北京煤监局在昊华能源公司木城涧煤矿召开顶板事故通报暨事故案例警示教育活动动员会。副局长贾太保参加会议并讲话。昊华能源公司领导，安监部、生产技术研发部负责人，各煤矿矿长、安监站长、总工程师、分管采掘和机运的矿领导等60余人参加会议。会议通报木城涧煤矿"9·4"事故调查情况，对事故发生的原因进行分析，并对相关责任人员处理情况进行通报。木城涧煤矿、大台煤矿及大安山煤矿矿长通过flash动画演示，分别介绍本矿发生的事故情况及事故后采取的整改措施。

（崔永杰）

【APEC期间安全督导】 11月2日，北京煤监局到昊华能源公司进行督导，听取昊华能源公司关于APEC会议期间煤矿安全生产工作部署情况的汇报。昊华能源公司各煤矿自11月6日夜班开始停产，11月12日中班开始复工，公司及各煤矿都制定APEC会议期间停、复工方案。副局长贾太保要求昊华能源公司督促各矿严格落实停、复工方案，确保安全停产、安全复工，做好停产放假期间的人员管理及信访维稳工作。

（崔永杰）

【大安山煤矿"六打六治"专项监察】 11月14日至15日，北京煤监局对昊华能源公司大安山煤矿复工验收、安全生产许可证颁发管理、各级安全检查指令落实情况和煤矿"六打六治"开展情况进行专项监察。监察人员重点检查大安山煤矿停、复工方案和复工验收相关资料、安全生产许可证颁发管理相关资料、煤矿"六打六治"等方面的情况，现场检查+240米水平主、副井的安全生产情况。本次检查发现安全隐患和问题5项，下达限期整改监察指令。监察人员针对检查发现的煤矿安全、技术管理中存在的问题，提出要求和建议：针对检查中发现的隐患和问题制定整改方案，明确专门部门和专门人员进行整改，经昊华能源公司验收后报北京煤监局备案。隐患和问题全部整改完毕。

（崔永杰）

【煤矿隐患排查治理行动部署会】 11月24日，北京煤监局召开煤矿隐患排查治理行动动员部署会，副局长贾太保参加会议并讲话。京煤集团、昊华能源公司和生产技术部及安监部主要负责人，各煤矿矿长、总工程师、安监站长、救护队指战员等有关人员参加会议。会议传达《国务院安委会办公室关于印发〈全国集中开展煤矿隐患排查治理行动方案〉的通知》，通报《北京市煤矿隐患排查治理行动实施方案》，强调隐患排查治理行动工作目标和原则，明确工作组织和排查重点。

（崔永杰）

【安全生产法宣贯】 11月24日，北京煤监局在昊华能源公司培训中心召开新修订的《中华人民共和国安全生产法》宣贯会，京煤集团、昊华能源公司和生产技术部及安监部主要负责人，各煤矿矿长、总工程师、安监站长，救护队指战员等有关人员参加会议。副局长贾太保介绍新修订的《中华人民共和国安全生产法》关于安全生产标准化建设、安全管理机构及人员职责、注册安全工程师的配备等内容，并围绕人、机、环、管、责任5个方面进行宣讲，重点讲解企业主要负责人、安全管理人员、特种作业人员的责任和权利。

（崔永杰）

【煤矿隐患排查治理行动】 12月4日至5日，北京市煤矿隐患排查治理行动第3排查组进驻昊华能源公司木城涧煤矿，开展集中隐患排查。北京市煤矿隐患排查治理行动组织4个集中排查组，成员由市政府有关部门干部3名、昊华能源公司管理人员2名、昊华能源公司救护队指战员6名、煤矿管理人员2名共同组成，其中第3排查组负责对木城涧煤矿排查工作。排查组到木城涧煤矿后，听取煤矿自查自改汇报，就隐患排查治理行动的目的、方式、排查范围和任务等进行动员，对煤矿自查自改报告、检查表等“五表、四报告”的填报内容、格式进行讲解和培训，要求按规定形式及时填报，根据具体情况提出修改建议。排查组结合煤矿前期自查自排情况，分成3个小组深入井下，采取对采掘工作面及主要硐室范围内所有巷道、机电设备、安全设施、存在的安全隐患逐项摸排建档的方式，开展“地毯式”检查。对平时行人较少、容易忽略的区域，排查组人员按照“横向到边、纵向到底”的要求，排查煤矿“边缘地带”存在的安全隐患。两天的时间，排查组排查出隐患22项，其中较大隐患1项，一般隐患21项。8日至11日，排查组继续对木城涧煤矿开展集中隐患排查。排查组根据木城涧煤矿前期自查自排情况，分成3个小组，上午查资料，下午下井检查。重点排查煤矿平时关注程度较低、容易忽略的区域，如主要回风巷、主要运输斜坡等行人较少的地段。排查组人员对7个采煤工作面、9个掘进工作面、主要回风巷及主要运输巷道5万余米进行排查，查出各类隐患80项，均提出整改意见和整改期限。排查组对12月4日至5日集中排查期间发现的22条隐患进行复查，木城涧煤矿已按照要求进行整改。

（崔永杰）

【煤矿隐患排查治理行动推进会】 12月15日，北京煤监局召开煤矿隐患排查治理行动推进会，传达12月10日国家煤矿安全监察局唐山会议精神，总结集中排查工作试点经验，统一思想，推进本市煤矿隐患排查治理行动有序开展。会议要求：各煤矿要重视自查自改工作，本次大排查工作要做到全面排查整治，不留死角，全面摸清井下各个工作面、峒室、各生产系统基本情况，建立台账和图纸，通过大排查全面查找分析本市煤矿安全管理薄弱环节，明确工作方向。会议明确，各排查组要严格按照《北京市煤矿隐患排查治理行动实施方案》，研究制定具体检查工作方案，排查组成员要保持固定，不得随意调换，要加强信息报送工作，每天排查情况要在第二天上午9时前反馈北京煤监局综合办公室。会上还就北京煤监局办公室制定的《北京市煤矿隐患排查治理行动检查重点》《各工艺顶板管理专项隐患排查检查表》等进行讨论。昊华能源公司和4个煤矿隐患集中排查组负责人及联络员参加会议。

（庄过兵）

【非煤矿山行政许可】 本年，市安全监管局受理非煤矿山行政许可申请44件。按许可类别分：矿山类17件、地质勘探和采掘施工类27件；按许可形式分：初次申请22件，延期申请17件，变更申请5件。

（杜金颖）

【地采矿山3项制度】 1月8日，市安全监管局在密云县召开专题会议，对密云冶金矿山公司所属3座地采矿山试行顶板、通风、防治水等3项安全管理制度进行部署。会议介绍推行顶板、通风、防治水3项安全管理制度的背景和意义，听取密云县安全监管局、密云冶金矿山公司及其所属地采矿山企业的意见。会议要求对3项制度进行修订，并制定配套措施，建立相应台账，确保制度落到实处；开展3项制度专题宣传培训，使职工熟悉3项制度，更好地落实；密云县安全监管局、密云冶金矿山公司要加强监督检查，督促3家地采矿山抓好试行工作，为全市地采矿山推行3项制度积累经验，打好基础。

（杜金颖）

【非煤矿山节后复产验收】 2月20日，市安全监管局副局长贾太保带队，检查门头沟区赵家台叶蜡石矿节后复产验收工作，对企业安全生产工作提出要求。检查组检查企业复产方案、复产安全培训记录、复产各项检查记录等档案资料。贾太保要求有关单位：一是按照《北京市矿山企业复产验收工作管理规定》做好非煤矿山复产工作，做好“两会”期间安全保障工作；二是推进安全标准化工作，重点抓好岗位达标、班组达标工作；三是推广使用光爆锚喷等技术工艺，完善职工食堂、澡堂等生活保障设施。

（杜金颖）

【油气输送管线专项排查整治】 2月27日，市安全监管局副局长贾太保会同市发展改革委、市政市容委等部门相关负责人到中石油北京天然气管道公司北京处等企业开展专项督查，听取中石油管道北京输油气分公司、中石油北京天然气管道有限公司、中石化北京石油分公司、中石化北京燕山分公司等4家企业专项排查整治工作开展情况的汇报，并到现场进行实地检查。从检查情况看，各企业能够制定整治工作方案、明确责任、进行全面排查，并在排查基础上建立管道基本情况和风险隐患基础台账。贾太保强调：各企业要按照市安委会文件要求的7个方面进行排查，完善细化基础台账和各类应急预案，对于排查出来的问题，能够及时治理的要随查随改，对于治理有困难的，要及时报告。

（杜金颖）

【全国“两会”期间云冶铁矿安全检查】 3月11日，市安全监管局到密云县云冶铁矿检查全国“两会”期间非煤矿山安全生产工作。检查组检查井底车场、斜坡道掘进施工作业面等场所，查看调度指挥中心，查阅“三项制度”“四种表格”等档案资料。

（杜金颖）

【非煤矿山行政许可证延期核查】 3月18日至20日，市安全监管局聘请矿山、尾矿库专家组成核查组对首云铁矿尾矿库、威克铁矿露天开采系统及尾矿库、建昌铁矿露天开采系统及尾矿库、放马峪铁矿露天开采系统及尾矿库、云冶铁矿麻子峪挂帮矿开采系统等安全生产许可证延期进行现场核查。核查组通过查阅相关资料和对露天采场、地采生产系统、尾矿库现场检查的方式对照现场核查表进行核查，对核查发现的问题提出整改意见和要求。密云县安全监管局相关负责人员参加核查。

（杜金颖）

【金属非金属地下矿山隐患整改】 3月26日，市安全监管局对门头沟区赵家台叶蜡石矿隐患整改工作进行督查。检查组针对前期发现安全隐患和问题的整改情况进行核实。该矿按照安全监管部门的要求，制定方案，落实措施，完成各项整改任务。

（杜金颖）

【中欧合作项目金隅调研】 4月11日，中欧合作项目有关专家6人到北京金隅集团凤山矿开展调研，重点了解非煤矿山安全监管情况。中外专家组通过座谈了解非煤矿山安全监管（管理）情况，实地参观凤山矿综合调度中心，了解矿山边坡监测监控情况，查看潜孔钻、矿石铲装运等工作流程并询问职工有关安全健康情况。

（杜金颖）

【国务院安委会办公室汛期督查】 5月22日至24日，市安全监管局接待国家安全监管总局总工程师旲鑫带领国务院安委会办公室督查组对本市矿山等有关行业领域汛期安全生产工作开展督查。督查组听取市安全监管局关于汛期安全生产工作情况汇报，分3个小组并邀请专家对矿山、尾矿库、危险化学品、建筑施工和交通运输等重点行业领域进行督查。通过督查发现，威克矿采场临时废石土堆排场与采场之间安全距离不足，雨季对采场安全构成威胁；北化集团大兴化工工业园区存在个别灭火器胶皮管有破损，园区应急演练方案缺少演练程序和具体步骤；芦花路立交桥积水、铁路沿线地方危树等周边环境给铁路防洪带来不利影响；朝阳区六里屯商业办公住宅工程雨季施工方案与汛期应急预案相结合不到位，观测点设置与施工图纸不一致，局部临边未设置安全网等。督查组要求有关部门和单位从安全管理、技术管理和应急工作方面等进行全面分析排查，对存在的问题，彻底整改到位，确保汛期生产安全。

（杜金颖）

【密云县尾矿库汛期检查】 6月10日，市安全监管局对密云县放马峪铁矿、北京建昌矿业有限责任公司2家非煤矿山企业尾矿库汛期安全生产工作进行检查。检查组重点检查运行尾矿库安全状况、度汛措施和监控检测等。检查中发现2家企业对尾矿库监控监测设备日常维护不到位，一些在线监测数据更新出现延迟与滞后现象。检查组要求2家企业立即与设备系统运行维护单位联系，排除故障，保证监测系统的正常使用。

（杜金颖）

【怀柔区尾矿库汛期检查】 6月18日，市安全监管局对怀柔区前安岭铁矿有限公司尾矿库、京冀工贸有限公司汤河口尾矿库2家非煤矿山企业尾矿库汛期安全生产工作进行检查。检查组重点检查尾矿库安全状况、度汛措施和监控监测情况等。

（杜金颖）

【非煤矿山安全生产工作会】 7月3日，市安全监管局副局长贾太保主持召开由有关区县安全监管部门、矿山企业主管部门以及矿山企业主要负责人参加的非煤矿山安全生产工作会。会议传达《国家安全监管总局关于严防十类非煤矿山生产安全事故的通知》精神，结合事故案例进行学习，并部署安全生产工作。

（杜金颖）

【平谷区尾矿库汛期检查】 8月8日，市安全监管局对平谷区尾矿库汛期安全生产工作进行检查。检查组听取平谷区安全监管局关于辖区内尾矿库分布、环境、安全状况等的基本情况以及区、乡镇两级对尾矿库监管情况的汇报，对万庄2座尾矿库排水、坝体等进行现场检查。检查组要求平谷区有关单位加大安全监管力度，加强巡查，及时处理安全隐患，确保尾矿库安全度汛。

（杜金颖）

【叶蜡石矿汛期检查】 8月12日，市安全监管局对门头沟区北京谭龙鑫磊矿业有限公司叶蜡石矿汛期安全生产工作进行检查。检查组重点检查安全管理制度落实、采掘图纸和安全度汛措施等情况，并检查井下施工现场。针对检查发现的采区巷道无规范设计、通风系统不合理、未采取湿式打眼、井下局部支护不合规等问题，检查组责令该矿限期整改。经复查，企业整改完毕，消除安全隐患。

（杜金颖）

【石灰石矿安全检查】 8月26日，市安全监管局检查怀柔区北京兴发水泥有限公司怀北石灰石矿APEC会议安全保障工作。检查组重点检查该矿APEC会议安全保障工作部署落实、安全生产许可条件保持、汛期各项安全措施落实，以及采场现场安全、爆破安全管理等情况，并针对发现的采场边坡存在掏挖现象等问题下达限期责令改正指令书。经复查，企业均整改完成。

（杜金颖）

【采掘施工企业调研】 8月28日，市安全监管局到中国华冶科工集团有限公司进行调研。调研组听取中国华冶科工集团有限公司安全生产工作情况介绍，查阅企业安全生产档案资料，了解企业异地作业施工项目安全管理、安全备案、签订救护协议等情况，针对企业存在问题提出整改要求。检查组强调：一是落实企业安全生产主体责任，针对企业项目部多而分散的情况，探索完善安全管理模式；二是加强项目部安全管理，充实项目部专职安全管理人员，加大对施工项目监督检查力度；三是落实采掘施工项目安全备案规定，在外埠作业的46个矿山采掘施工项目必须到当地县级以上安全监管部门备案，自觉接受当地安全监管部门监管；四是落实国家安全监管总局62号令，加强外包工程安全管理，严禁将施工项目非法转包和分包给其他单位；五是按照相关规定每季度向市、区安全监管部门书面报告季度安全生产情况。

（杜金颖）

【密云县非煤矿山汛期督查】 9月3日至4日，市安全监管局组织专家对密云冶金矿山公司所属建昌铁矿、放马峪铁矿、云冶铁矿开展汛期安全生产督查。督查人员检查企业安全生产规章制度制定落实情况，9月2日强降雨应对措施、中秋节期间安全保障措施和尾矿库综合治理等情况，逐一检查露天采场、在建地采系统、尾矿库现场安全状况。对存在的问题和隐患，督查人员下达执法文书，并提出整改要求。密云县安全监管局主管领导参加督查。

（杜金颖）

【非煤矿山许可延期核查】 9月10日至11日，市安全监管局先后对位于顺义区的北京市玉林石灰厂、北京哲君科技有限公司非煤矿山企业安全生产许可延期申请进行现场核查。检查人员重点检查采场现场施工安全状况、许可所需档案材料等。分别听取两家单位针对此次许可延期申请汇报。从总体情况看，两家单位基本符合许可延期申请要求，但同时也存在一些问题。主要包括：未制定采矿操作规程、安全费用提取使用不规范、安全生产档案记录不规范、矿山安全现状评价报告与实际不符、采场部分边坡存在安全隐患等。针对上述问题，检查人员分别对两家单位下达责令改正指令书。两家单位在规定时间内将存在的隐患整改完毕。

（杜金颖）

【鲁家山石灰石矿停产整顿】 9月17日，市安全监管局对门头沟区北京首钢鲁家山石灰石矿有限公司安全生产工作进行检查。从检查情况看，鲁家山石灰石矿有限公司对矿区安全生产工作重视不够，安全管理机构人员配备不足，未提供全员安全教育培训计划，参加培训考核人员与实际不符，采场存在一面坡开采，现场管理混乱，存在重大安全隐患。检查组针对存在问题要求该单位立即停止一切生产活动并对该单位下达立即停产整顿的指令书，暂扣安全生产许可证。要求企业制定整改方案，全部隐患整改完成后方可进行生产。

（杜金颖）

【盛景家园地热开采安全检查】 9月19日，市安全监管局对北京市天桥投资开发公司盛景家园地热开采项目进行安全生产检查。检查组听取项目部对地热开采和使用情况汇报，检查地热井和水源热泵机房，查看安全生产各项制度、水源热泵交接班记录表和操作运行检查记录。从检查情况看，盛景家园地热开采项目运行使用10年，未发生安全生产事故，设备管理维护良好，各项安全制度健全。针对可能出现的漏水触电、机械伤害等安全隐患，检查组提出3点要求：一是加大地热井和水源热泵机房巡检力度，保证设备正常运行；二是加强安全生产培训，预防电气危害和机械伤害，各工种要严格持证上岗；三是按照地下有限空间技术规范和相关要求，检修井下地热泵。

（杜金颖）

【尾矿库安全设施竣工验收】 9月22日至23日，市安全监管局组织专家验收组，对首钢矿业公司水厂铁矿新水村尾矿库恢复使用项目安全设施进行竣工验收。验收组按照《非煤矿山建设项目安全设施设计审查与竣工验收办法》，通过听取汇报，查阅资料，现场核查等方式，对安全设施进行现场竣工验收。经过讨论和质询，认定现场部分予以通过验收。《首钢矿业公司水厂铁矿新水村尾矿库恢复使用工程安全验收评价报告》未通过验收，要求评价单位按照专家意见修改完善后，再报验收组审查。

（杜金颖）

【地采矿山矿长谈心对话】 10月13日，市安全监管局根据《国家安全监管总局关于开展金属非金属地采矿山矿长谈心对话活动的通知》要求，组织本市地采矿山矿长在密云首云铁矿开展集中谈心对话活动。副局长贾太保以“强化红线意识，扎实做好矿山安全生产工作”为主题与地采矿山矿长进行谈心对话。

（杜金颖）

【非煤矿山安全生产现场会】 10月18日，市安全监管局局长张树森主持市政府在北京金隅集团凤山矿召开的非煤矿山安全生产现场会。副市长张延昆出席并讲话。市安全监管局副局长贾太保对全市非煤矿山安全生产工作进行部署；首钢总公司、北京金隅集团有关领导介绍本企业信息化、标准化以及建设“安全·和谐”矿山等情况。张延昆传达国家安全监管总局领导对本市非煤矿山安全生产工作的指示，并对依法办矿、加强非煤矿山各项安全生产工作提出要求。

（杜金颖）

【铁矿和石灰石矿安全检查】 10月30日，市安全监管局组织专家对怀柔区兴发水泥有限公司石灰石矿、前安岭铁矿APEC会议安全保障工作进行检查。检查组查阅APEC会议期间矿山安全保障方案、隐患排查记录，了解APEC会议期间安全生产工作安排。从检查情况看，前安岭铁矿处于停产状态，未发现违法生产现象；兴发水泥有限公司制定APEC会议期间安全保障方案、安全突发事件应急处置方案，开展隐患排查，安全巡查和应急值守工作。

（杜金颖）

【叶蜡石矿安全生产调研】 11月18日，市安全监管局副局长贾太保带队调研门头沟区叶蜡石地采矿山安全生产工作。座谈会上，与会人员就叶蜡石矿安全生产存在的主要问题、面临的形势、解决方法和措施以及如何进一步加大投入、加强安全管理、引进技术人才、创建安全生产标准化等进行研讨，提出建议。

（杜金颖）

【非煤矿山暗查暗访】 11月19日至20日，市安全监管局按照“六打六治”打非治违专项行动方案要求，采用“四不两直”方式对北京立马长流水矿业有限公司、北京水泥厂有限责任公司安全生产工作进行暗查暗访。重点检查采场生产工艺、设备设施、边坡管理等情况和企业安全生产责任制、安全生产管理机构及安全管理制度落实情况。从检查情况看，北京水泥厂有限责任公司凤山度假村地热生产存在安全管理制度不完善、中控室电线布置较乱、地热井周边缺少安全护栏和安全警示标志等问题。检查组责令企业对存在问题立即进行整改。

（杜金颖）

【首钢矿业公司督查】 12月9日至11日，市安全监管局组织专家和有关人员到河北省迁安市对首钢矿业公司进行季度督查。督查组针对首钢矿业公司杏山铁矿特种作业人员安全管理和定编、定岗、定责等情况进行检查，听取矿山负责人就特种作业人员安全管理情况的汇报，查阅相关安全管理台账，检查各项安全管理制度落实情况。

（杜金颖）

隐患排查治理

【重大隐患治理实施方案】 4月1日，经市政府同意，市安委会印发《2014年重大事故隐患治理实施方案》（京安发〔2014〕8号）。明确年度重大隐患治理的主要任务目标与工作流程：以强化企业基础管理，提升本质安全水平为目标，利用3年时间指导督促中小企业完成安全生产三级标准化达标创建工作，完成2.7万家；开展涉氨制冷企业液氨使用专项治理，关闭取缔一批、整改治理一批、优化提高一批涉氨制冷企业，消除事故隐患，完成83家涉氨制冷企业重大事故隐患治理工作。

（薛瑞丰）

【顺义隐患排查治理经验交流会】 4月3日，市安全监管局副局长陈清主持召开顺义区隐患排查治理工作经验交流电视电话会议，各区县安全监管局局长、副局长，科室负责人以及乡镇街道主管领导，安监科及相关工作科室全体人员，辖区内重点企业负责人1650余人在分会场参加会议。会议观看顺义区隐患排查治理体系建设经验介绍宣传片——《创新机制，落实责任，构建安全生产隐患排查治理体系》，介绍顺义区安全生产隐患排查治理工作情况，演示顺义区安全生产隐患排查治理信息系统，使参加会议人员对顺义区安全隐患排查治理体系建设工作有直观认识。市安全监管局局长张树森参加会议并讲话。

（薛瑞丰）

【重大隐患治理资金安排】 4月23日，市安全监管局研究确定年度隐患治理资金使用方案。经市政府同意，市财政2014年拨付6475万元专项资金，用于全市安全生产隐患治理工作。其中，3000万元用于安全生产标准化项目，2875万元用于涉氨制冷项目，600万元用于安全生产条件普查项目。会议明确有关2014年度隐患治理大额资金使用的具体安排，要求分管领导和有关处室做好资金使用工作。

（薛瑞丰）

【隐患排查治理责任体系座谈会】 5月15日，市安全监管局召开全市工业企业（集团）隐患排查治理责任体系座谈会，首钢、金隅、电子、汽车、一轻、隆达、纺织、一商、二商等集团公司安全生产负责人参加会议。会议讨论《北京市企业（集团）隐患排查治理责任体系建设工作框架草案》，与会单位结合安全生产实际，围绕建立隐患排查治理责任体系的目标、原则、制度、方法等内容进行座谈研讨。会议要求，市属国有企业要发挥落实安全生产主体责任的“排头兵”作用，将隐患排查治理机制作为企业创新安全管理手段的重要内容，企业集团要选取2家企业作为隐患排查治理责任机制的试点，运用信息化手段探索建立隐患排查治理的制度和流程。

（赵昕）

【研究隐患排查治理体系建设】 6月17日，市政府召开第45次常务会议研究安全生产有关工作。会议审议通过市安全监管局代拟起草的《关于推进安全生产事故隐患排查治理体系建设的意见》和市编办主持起草的《关于进一步加强市政府工作部门安全监管（管理）职责的补充意见》。《关于推进安全生产事故隐患排查治理体系建设的意见》经修改完善后，以市政府名义下发实施。常务副市长李士祥指出，城市运行领域安全隐患众多，不出事则已，一出事就是人命关天的大事，各地区、各部门不能有半点含糊，要下定决心，分清轻重缓急，有步骤、有计划地整改，每年治理一批，逐步消除。市长王安顺强调指出，首都安全稳定是第一位的政治责任，各级领导干部要将安全稳定工作放在心中、抓在手上，安全生产工作宁可越位，也不能不到位，更不能缺位，各地区、各部门要突出重点，抓好隐患排查治理体系建设工作，建立多元化的投入保障机制。

（薛瑞丰）

【房山区隐患治理体系建设】 7月23日，房山区政府召开第59次常务会议，落实全市安全生产隐患排查治理体系建设推进电视电话会议精神，审议通过房山区安全生产隐患排查治理体系建设工作意见和实施方案，区长祁红、副区长刘胜国对全区隐患排查治理体系建设工作进行部署。房山区作为全市隐患排查治理体系建设4个试点区县之一，区政府重视，深入研究，超前谋划，找准体系建设的切入点，理清体系建设的攻坚方向，落实14项具体工作任务，具有鲜明的地区特色。

（薛瑞丰）

【隐患排查治理责任机制导则编制】 7月29日，市安全监管局召开会议，专题研究企业隐患排查治理责任机制导则编制工作。北京启迪智信注册安全工程师事务所有限责任公司汇报《北京市企业隐患排查治理实施导则》编制策划和实施方案。《北京市企业隐患排查治理实施导则》内容主要包括总则、基本概念、责任制、隐患监控、隐患排查、隐患治理、统计分析、考核与奖惩等内容。会议重点对《北京市企业隐患排查治理实施导则》编写的总体思路和架构设想进行讨论研究。导则始终贯穿隐患的发现、排查、治理、验收的全流程，明确企业作为主体应承担的隐患排查治理责任，具有很强的指导意义和现实意义。

（赵昕）

【体系建设顶层设计】 8月8日，市政府印发《关于推进安全生产隐患排查治理体系建设的意见》，作为指导全市隐患排查治理体系建设工作的纲领性文件，明确体系建设的指导思想、工作目标，提出两个责任落实机制、5个运行机制和5个保障机制的建设任务，提出利用3年左右时间，在全国率先建立一套先进、适用的安全生产隐患排查治理体系。9月16日，市安委会印发《北京市安全生产事故隐患排查治理体系建设三年行动计划（2015—2017）》，作为全市体系建设的中期行动规划，进一步明确目标，分解任务，落实承办部门、责任人和完成时限。

（薛瑞丰）

【粉尘爆炸隐患排查治理】 8月至12月，市安委会在全市范围内开展以存在粉尘爆炸危险的企业为重点的隐患排查治理专项行动。重点对存在金属铝镁粉尘爆炸危险的铝镁制品机加工企业，以及存在煤粉、面粉、淀粉、血粉、鱼粉、纸粉、木粉、棉花、烟草、塑料、染料等爆炸危险的企业开展全面排查和整治。此次行动要求各有关企业严格按照《粉尘防爆安全规程》《粉尘爆炸危险场所用收尘器防爆导则》等标准开展自查自改，辨识粉尘燃爆风险，采取有效的防火、防水措施，及时清理生产中产生的粉尘，防止各类粉尘爆炸事故发生。要求各地区、各有关单位对辖区内存在粉尘爆炸危险的企业进行专项检查，依照相关法律法规、规程规范和技术标准要求，对在整治中发现的各类安全隐患，严格落实停产整顿、关闭取缔、上限处罚、严厉追责“四个一律”工作要求。对安全隐患严重的企业，要集中处罚一批、停产一批、取缔一批，并通过新闻媒体公开曝光。

（赵昕）

【隐患排查治理规章立项】 11月4日，市政府法制办印发《关于同意〈北京市生产安全事故隐患排查治理办法〉立项的函》（京政法制函〔2014〕493号），隐患排查治理规章正式立项。

（薛瑞丰）

【标准化达标与治理项目】 本年，全市完成安全生产标准化达标企业51845家，二级、三级与小微新增达标企业数量分别比2013年增加63%、77%和81%。完成西城、朝阳、门头沟等7个区县安全生产条件普查试点，普查生产经营单位3万余家，摸清监管底数。83家涉氨制冷重大隐患挂账单位中，41家于6月30日前完成治理验收，35家于9月30日前完成隐患治理，7家于9月30日后停产改造。

（薛瑞丰）

【隐患排查治理项目管理制度】 本年，市安全监管局制定《北京市生产安全事故隐患项目资金管理暂行办法》《北京市安全生产监督管理局生产安全事故隐患项目内部管理规定》，经局务会审议通过后，于翌年3月印发施行。两项制度明确项目管理中各有关单位工作职责，对项目各环节工作进行规范。其中，《北京市生产安全事故隐患项目资金管理暂行办法》按照项目实施流程，对全市隐患排查治理资金支持项目管理工作进行全过程的规范。《北京市安全生产监督管理局生产安全事故隐患项目内部管理规定》就隐患资金支持项目在局内部的工作流程与职责分工进行规定。

（薛瑞丰）

【隐患排查治理资金使用】 本年，市财政安排资金6475万元，补助安全生产标准化项目、安全生产条件普查项目和液氨整治项目。全年累计支出6196.4万元，占年初预算执行计划的95.7%。市财政局每年将在预算中安排约8000万元隐患排查治理资金，主要用于隐患排查治理体系建设，以及主体责任单位灭失、难以明确主体责任单位、非企业自身原因造成的重大事故隐患的整改治理工作。隐患排查治理资金使用实现3个重大转变：资金使用范围从单一重大治理隐患项目扩展到安全生产标准化建设；资金评审方式由财政投资评审中心集中统一评审调整为由市安全监管局进行部门评审；资金拨付方式由项目验收后拨付调整为根据项目进度比例拨付。

（薛瑞丰）

【全市隐患排查治理】 本年，全市实际检查各类生产经营单位58.6万家，排查一般隐患56.4万项，整改55.8万项，整改率98.9%；排查治理重大隐患6项，整改销账6项，整改率100%；挂牌督办的重大事故隐患2项。

（薛瑞丰）

应急救援

【应急移动通信指挥系统演练】 1月27日，市安全监管局和市民防局共同组织应急移动通信指挥系统联动应急演练。演练旨在检验应急移动通信指挥系统联动工作机制，规范应对和处置突发事件的调度流程。演练中，模拟突发事件场景，启动联动工作机制应急车调度流程，通过市安全监管局值班室将应急移动指挥通信车调度单传真至市民防局。市民防局调派应急移动通信指挥车辆和保障人员赶赴现场，通过815D应急车移动通信设备将现场信息视频图像传输到市安全监管局应急指挥大厅。同时，检验视频会议、战时会商等系统功能。

（封光）

【春节期间值守应急部署】 1月29日，市安全监管局召开春节期间值守应急工作部署会，传达《国家安全监管总局办公厅关于做好2014年元旦春节期间值班工作的通知》《北京市委办公厅、北京市人民政府办公厅关于进一步做好值班工作的通知》《北京市突发事件应急委员会办公室关于加强春节期间全市应急管理工作的通知》等文件精神，对春节期间值守应急和信息报送工作作出具体部署。

（封光）

【城市燃气管网运行调研】 2月8日，国家安全生产应急救援指挥中心信息管理部到北京市燃气集团调研。调研组到集团公司生产运营部，听取运营调度中心负责人关于城市燃气管网运行概况、安全生产和应急管理工作等有关情况介绍，查看《燃气突发事件应急救援预案》，并围绕预案管理、应急演练、专业应急队伍建设和应急装备物资储备等进行座谈。随后调研组到高压管网分公司运行二所南湖渠储罐站，实地查看天然气储罐区、调压站等安全设备设施。

（封光）

【值守应急调研】 2月26日，市应急办调研组到市安全监管局调研安全生产值守应急工作。市安全监管局应急工作处汇报值班制度修订、落实情况；值守应急主要做法，信息接报存在的问题及建议；安全生产值守应急信息平台运用管理情况。并重点就突发事件信息接报、市区两级联动机制建设、应急救援队伍建设、值守应急信息平台管理等存在的难点问题进行交流探讨。

（封光）

【值守应急救援队伍检查】 3月6日，市安全监管局对昊华能源公司矿山救护队全国“两会”期间值守应急工作进行检查。检查组听取矿山救护队负责人就全国“两会”期间领导带班、24小时值班备勤、救援物资和装备准备等情况汇报，重点查看应急救援队值班室、人员宿舍、装备器材库和训练场地，并与救援队人员进行座谈。

（封光）

【应急管理视频会】 3月18日，市安全监管局召开全市安全生产应急管理系统工作视频会，副局长唐明明参加会议并讲话。各区县安全监管局主管领导及相关人员参加会议。会议总结2013年安全生产应急管理工作，对重点工作进行部署。唐明明强调，安全生产应急管理工作的基础是风险管理，方向是平战结合、预防为主，是两个体系建设的重要组成部分，更贯穿于“四化三体系双基”建设的全过程，必须进一步明确目标，统一思想，切实落实企业的主体责任，提升企业的应急意识和处置能力。

（封光）

【应急救援物资检查】 3月26日至4月10日，市安全监管局对委托昌平区、大兴区、房山区、通州区和朝阳区安全监管局保管的危化品事故应急救援物资管理现状进行检查摸底。主要检查应急物资相关管理制度、日常出入库登记、使用及更新登记等管理情况，并按照物资明细逐项检查物资完好情况。通过检查发现，应急救援物资管理总体情况较好，存放库室整洁，物资摆放有序，专人负责，台账齐全。物资管理存在的问题：一是部分物资超过有效期；二是依托管理模式造成资金压力，导致个别区县安全监管局所租赁库房条件不符合要求。针对检查发现的问题，对相关区县提出整改要求。

（封光）

【地铁高架区间应急疏散演练】 3月28日，市地铁运营公司在15号线国展站组织高架线路区间疏散演练。市交通委、交通委运输局主管领导参加演练活动，市地铁运营公司各部门领导和二级单位主管领导、站区长、乘务中心主任观摩演练。本次演练模拟列车运行至国展站进站前，司机发现车厢内有乘客报警，车内有冒烟现象发生，同时发现列车失去动力，迫停区间。司机立即上报信息，副司机戴好呼吸器，携带灭火器到起火处进行先期处置，紧急疏散区间乘客，国展站采取封站，15号线沿线各站加强客运组织工作，利用广播、PIS、微博、网站等渠道向乘客发布故障信息。本次演练真实模拟乘客高架区间疏散演练，还原车厢内部起火冒烟和乘客疏散的场景。为增强演练的真实性和紧迫感，市地铁运营公司组织50名工作人员参加高架区间疏散，并运用实时视频传输技术，记录演练的全过程。

（张聪）

【企业应急预案检查】 4月9日、15日，市安全监管局对北京能源投资集团有限公司和北京对外经贸控股有限公司2家市属国有大中型企业，以及北京展辰化工有限公司和北京恒聚化工集团有限公司2家危险化学品生产企业应急预案管理工作进行专项检查。检查内容包括应急预案编制、评审、发布、宣传教育、演练、修订和备案。

（封光）

【事故应急救援】 4月17日，京新高速路延庆段进京方向大榆树镇政府前发生交通事故，一辆货车与一辆装有32吨的甲醇罐车追尾，造成货车头部与甲醇罐车尾部相粘连，甲醇罐车尾部阀门受损。接到报告后，延庆县安全监管局会同县应急办、公安、消防、环保等部门第一时间到达现场，成立由应急办牵头的现场指挥部，并将现场情况及时上报市安全监管局。经指挥部会商后，决定由罐车所在单位增派车辆、人员，携带专业设备进行倒罐处置。接到延庆县安全监管局事故报告后，市安全监管局副局长唐明明立即要求相关部门和专家赴现场指导救援工作。9时50分，市安全监管局应急工作处相关人员到达事故现场，了解情况后发现，罐车单位所派现场处置人员不专业，所用设施设备不防爆，存在次生灾害的风险。经专家建议，指挥部立即停止当前处置工作，转由专业队伍接手倒罐。12时30分，市安全监管局调度燕化东方工贸公司救援队伍到达现场，按照现场指挥部形成的倒罐方案，使用防爆泵将事故罐车中甲醇倒入救援罐车。由于采取措施得力，18时35分倒罐结束，救援罐车驶离现场。经过6个多小时紧急抢险，成功排除险情，未引起火灾爆炸，未造成人员伤亡。经现场勘查，确认无其他隐患后，18点55分将事故甲醇罐车与后车安全分离，京新高速进京方向于19点30分恢复正常通行。

（封光）

【矿山救援技术竞赛】 5月11日，市安全监管局主办的北京市第一届矿山救援技术竞赛在昊华能源公司矿山救护队拉开帷幕，国家安全监管总局矿山救援指挥中心副主任陈钊、市安全监管局副局长唐明明、市应急办副调研员李宗良、昊华能源公司副总经理陈德怀观摩竞赛活动。本次竞赛的主题是“学习、交流、创新、提高”。来自全市6支矿山救护队的56名队员参加本次竞赛，分别参加军事化队列、医疗急救、理论考试、数字模拟救灾、呼吸器席位、综合体能6个科目的比赛。其中，数字模拟救灾是本次竞赛的亮点，运用先进的虚拟仿真技术，对矿山地理环境、巷道布置等进行全方位模拟仿真，让参赛队员在3D虚拟场景中进行沉浸交互式的自主学习训练和考核。

（封光）

【轨道交通防汛应急演练】 5月28日，市重大办联合市住房城乡建设委、北京城市快轨建设管理有限公司主办，中铁一局集团有限公司承办的北京市轨道交通2014年度防汛应急演练在北京地铁16号线09标举行。市重大办、住房城乡建设委、安全监管局、轨道交通消防支队、快轨公司、轨道公司、北控磁浮等部门领导参加演练。演练过程按照既定程序分步有序进行，各参演单位准备充分、程序合理、救援得当、措施得力。各小组按照既定程序，模拟实战、密切配合、协同作战、联动响应，演练取得成功，达到预期的目的。

（张聪）

【应急管理培训】 5月28日至29日，市安全监管局在市安全生产培训基地，对16个区县和北京经济技术开发区安全监管局主管应急工作的局领导、科室负责人进行应急管理培训。此次培训采用文件解读、理论探讨、业务培训、工作研讨相结合的方式进行，邀请国家安全生产应急救援指挥中心巡视员吕海燕，清华大学公共管理学院副院长、中国应急管理研究基地主任彭宗超进行授课。

（封光）

【朝阳区液氨泄漏应急演练】 6月26日，朝阳区政府在孙河地区一危险化学品企业组织开展液氨储罐泄漏中毒事故“一对一”应急演练，副区长汪洋及朝阳区安全监管局、应急办、公安、消防、卫生、环保、气象等部门负责人参加演练，市安全监管局安排有关人员现场观摩并指导演练。演练活动开始前，市安全监管局与朝阳区安全监管局就演练现场布置、事故情景设置和事故现场处置要点等进行沟通。此次演练主要以某企业液氨储液器因超压和腐蚀突发大量液氨泄漏造成企业作业人员受伤为背景，区生产安全事故应急指挥部办公室和区应急办接报事故信息后，迅速对事故的紧急程度、发展态势和可能造成的危害程度进行研判，根据研判，立即启动《朝阳区危险化学品生产安全事故应急预案》，组织有关部门，调动应急救援队伍和社会力量，采取应急处置措施，开展抢险救援。

（封光）

【商务行业综合应急演练】 6月26日，市商务委联合西城区商务委，并会同西城区政府应急办、安全监管、公安、消防、月坛街道等部门，在七彩云南月坛店组织开展综合应急演练活动。西城区商务行业零售和餐饮60个联组单位，120余名安全生产负责人参加应急演练观摩活动。此次综合应急演练突出商务行业安全生产工作特点，设置可疑物品排查、火灾事故扑救、抢劫事件处置、应急器材实操等4个科目。七彩云南商贸有限公司分级指挥、全员参与，各应急小组完成每一个演练指令，演练活动取得预期效果。演练现场采用全新的影像直播形式，全方位地展现应急演练的每一个步骤，增强演练的效果和实战性。

（张聪）

【地方标准体系建设实施方案论证】 8月18日，市安全监管局组织专题论证《北京市安全生产应急管理地方标准体系建设工作实施方案》。国家安全生产应急救援指挥中心信息管理部，中国安全生产科学研究院、首都经贸大学、北京市劳保所等参加会议。会议采取举例和对比的方式，重点对方案明确的标准体系框架设计、标准目录、工作机构与职责、工作任务与步骤等进行讨论，并形成一致修改意见。会议认为，应急管理地方标准体系建设是推进本市安全生产工作“四化三体系双基”总任务的关键环节之一，是开创安全生产应急管理工作规范化运行的着力点，是增强企业自觉守法意识和安全生产主体责任意识的落脚点。要坚持“安全第一、预防为主、综合治理”方针，以系统性、整体性、针对性和可操作性为原则，以提升应急管理水平和应急救援能力为目标，按照“层次推进、规范引导、管理过程全覆盖”的基本步骤，加强制度创新、标准创新和机制创新，为实现科学发展、安全发展和首都经济社会可持续发展，创造良好的安全生产环境。

（封光）

【房山区应急管理检查】 9月4日，市安全监管局对房山区应急物资储备管理情况和危险化学品生产、储存单位应急预案管理工作进行检查。检查组发现北京恒信化工有限公司和北京中油房山燕宾油料销售有限公司预案编制、发布、修订工作不够规范，质量不高，应急演练、培训教育记录不规范等问题。针对这些问题，检查组责令其限期整改。经复查，企业整改完毕。

（封光）

【国庆期间值守应急部署】 9月28日，市安全监管局召开国庆期间值守应急工作部署会。一是传达《国家安全监管总局办公厅关于报送2014年国庆节假期值班安排及工作总结的通知》《北京市突发事件应急委员会办公室关于加强国庆节期间全市公共安全和应急管理工作的通知》文件要求。二是学习生产安全事故信息处置流程。三是要求值班领导做好值班工作交接，并在值班记录上签字。要求值班人员遵守值班制度，确保联络畅通、反应迅速。

（封光）

【APEC焰火安全监管总结会】 11月21日，市安全监管局召开APEC会议焰火安全监管工作总结会。会议对相关单位和人员以及专家提出表扬，并向专家代表颁发纪念证书。大兴区安全监管局、北京市烟花鞭炮有限公司、武警北京总队八支队、兵器工业安全技术研究所和机械科学研究总院有关负责人分别从属地安全监管、企业主体责任落实、安全保卫、焰火存储风险评估和特效装置安装检查5个方面对APEC会议焰火安全保障工作进行总结。

（封光）

【应急处突技能竞赛】 11月21日，市交通委员会和市安全监管局主办、市交通委运输局承办、北京交通运输职业学院协办的北京市交通行业第二届职业技能竞赛道路危险货物运输从业人员应急处理突发事件技能竞赛决赛启动仪式在京举行。本次竞赛结合行业特点，采用理论知识考试与3D情景模拟相结合的方式，通过初赛、决赛考核危险货物道路运输从业人员应急处理突发事件应知应会的知识。由市安全监管局委托的专业单位开发设计的3D情景模拟系统，成为本次竞赛的最大亮点。

（封光）

【地方标准起草与申请立项调度会】 11月24日，市安全监管局召开《生产经营单位生产安全事故应急预案评审规范》《生产经营单位安全生产风险评估规范》2个地方标准起草制定和申请立项调度会议。8月以来，通过中国安全生产科学研究院和中安华邦公司调研、收集材料、组织标准要素论证和标准制定工作，完成2个标准申请立项工作。

（封光）

【轨道交通突发事件应急演练】 12月4日，市交通委在地铁7号线线双合站举办北京市轨道交通重大运营突发事件应急演练活动，交通运输部部长杨传堂、北京市政府副市长戴均良、国务院应急办主任陈建安及交通运输部有关司局领导观摩演练。北京市安全监管局受邀观摩学习演练活动。市交通委、公安局消防局、公安局交管局、公安局公交总队、红十字会，公交集团、地铁运营公司、轨道交通建设管理公司、建工集团等单位参与演练模拟发生地铁列车脱轨事故后的应急响应及处置，包括信息报告、先期处置、人员救助、乘客疏散、秩序维护、宣传引导、伤员救治、交通疏导、抢险抢修、恢复运营等10个科目。演练采用现场实战与录制视频穿插播送的方式呈现，衔接紧凑，层次清楚，观摩效果好。演练结束后，戴均良、杨传堂分别讲话，对演练活动给予肯定，并鼓励相关部门和单位提高应急意识、强化应急能力，确保轨道交通运营安全。

（封光）

【专职救护队调研】 12月24日，市安全监管局专题调研北京玻钢院复合材料有限公司专职救护队建设。实地查看专职救护队的备勤室、装备室和应急车库，询问专职救护队员配备，了解专职救护队值班备勤和应急处置技能培训等情况。

（封光）

【轨道交通供电故障应急演练】 12月25日，市交通委运输局会同市公安局消防局、公交保卫总队、安全监管局，组织北京地铁运营公司、京港地铁公司在即将开通的6号线与14号线换乘站金台车站开展应对大客流以及供电故障应急处置演练。其间，地铁6号线金台站站长重点介绍14号线东段开通运营情况，6号线金台换乘站客流影响及采取的配合联动应对措施。按照应对措施要求，当出现大客流时，车站将按等级采取四级限流措施。在此基础上，京港地铁以14号线列车行驶中断电，列车迫停区间为背景，组织各相关单位开展区间疏散乘客演练。演练主要包括信息报告、先期处置、人员救助、乘客疏散、秩序维护、宣传引导、伤员救治、交通疏导、抢险抢修、恢复运营等10个科目。演练衔接紧凑，层次清楚，取得较好效果。

（张聪）

【矿山救护队达标复查】 12月26日，市安全监管局对昊华能源公司矿山救护队质量标准化达标复查验收。质量标准化达标验收内容主要依据《矿山救护队资质认定管理规定》《矿山救护队资质认定管理规定实施细则》，重点复查矿山救护队职能机构是否运行有效、管理层任职资格、主要负责人是否兼职、指战员是否按编制配备、队员管理、技战术水平、新队员培训等内容；复查矿山救护队主要救援装备的操作、保养管理、完好情况等内容；复查矿山救护队预防性检查、业务训练演练和技能竞赛、质量标准化达标等内容；复查矿山救护队是否存在违章指挥、违章作业、发生指战员伤亡事故等问题。作为市属矿山应急救护队中唯一取得国家二级资质的专业救援队伍，昊华能源公司矿山救护队在队伍建设与管理方面取得很好成绩，按照相关规范与标准，综合复查取得90.5分。

（封光）

执法监察

【暗访检查行动】 1月4日，市安全监管局局长张树森带领市安全监管局执法监察总队、宣传教育中心等部门，按照“四不两直”的方式，对海淀区西三旗城乡结合部地区重点企业开展暗访突击检查行动。检查组采取不预先告知的方式，按响手动报警装置，实地检测被查企业应急处置响应能力。检查发现两家单位在应急处置方面存在面对突发情况无法正常启动应急预案，应急包内空气呼吸器过期失效，疏散通道被堵占等突出问题，执法人员依法下达行政执法文书，责令其限期整改。张树森要求：一是对检查中发现的隐患，督促企业整改，不能按期整改的要严肃处理，绝不姑息违法违规行为；二是企业要对相关人员进行教育，学习安全生产法律法规，吸取事故教训，落实整改措施；三是市、区两级安全监管部门要按照全市统一部署，将安全生产暗访检查行动推向深入，为“两节”期间首都安全生产形势稳定好转提供安全保障。《北京日报》等新闻媒体对暗访突击检查行动进行现场报道。

（叶子楠）

【暗访夜查专项行动动员部署会】 1月16日，市安全监管局召开全市安全生产暗访夜查专项行动阶段工作动员部署视频会，会议对全市暗访夜查专项行动做阶段性总结，并部署下一阶段工作及春节期间重点任务。市安全监管局局长张树森、副巡视员钱山及执法监察总队全体成员参加主会场会议，各区县安全监管局主管领导、执法人员在分会场参加会议。会上，朝阳区、海淀区和大兴区汇报暗访夜查行动开展情况，执法监察总队负责人宣布当晚暗访夜查任务。市、区安全监管执法人员组成18个检查组在全市开展暗访夜查行动，重点检查城乡结合部地区商业零售、文化娱乐、宾馆饭店、餐饮企业、批发市场、加油站等生产经营单位和人员密集场所。张树森指出，要充分肯定前段时间全市安全监管执法人员的工作成效，并代表局党组向大家的辛勤工作表示感谢。

（叶子楠）

【副市长带队检查安全生产】 1月23日，副市长张延昆带队，采取“四不两直”的方式，对本市人员密集场所、燃气供应站、油库等与城市安全运行相关的重点企业进行突击检查。市安全监管局、市政市容委、公安局、城管执法局、公安局消防局有关负责人参加检查。检查组重点检查生产经营单位疏散通道、安全出口畅通、安全教育培训、应急救援队伍反应能力和消防中控室管理等情况。检查发现企业重视节日期间安全保障工作，按计划制定领导带班制度，重要岗位人员值守情况较好。张延昆强调：一是人员密集场所要吸取2013年石景山“喜隆多”商城火灾事故教训，排查经营区域安全隐患，在细节上狠抓落实；二是高危行业要针对基层一线作业特点，制定并细化安全管理规章制度，避免“大而空”，同时还要理清责任关系，强化企业主体责任的落实；三是在烟花爆竹销售高峰期间，要继续保持“四不两直”的工作作风，搞好全市安全生产和消防工作。

（叶子楠）

【烟花爆竹仓库安全夜查】 1月23日，市安全监管局局长张树森带领执法监察总队和宣传教育中心赴大兴区魏善庄，对北京市烟花鞭炮有限公司的库房开展安全生产执法夜查行动。夜查以“四不两直”的方式进行，执法人员直接进入仓库监控室，查看监控系统运行情况，深入各个库区，对货物储量、堆垛方式、货物间距、消防设施、安全操作规程等情况逐项进行检查，并利用手持流向检测仪检测库内货物的电子标签，了解产品产地、厂家、品名、入库、出库、返库等信息，掌握其流向与安全，检查结果情况良好。张树森要求，加强节前烟花爆竹销售企业安全监管工作，对烟花爆竹储存仓库、零售网点设置暗访到位、排查到位，要把工作做细，不放过任何微小的不安全因素。对检查中发现的隐患，要督促企业坚决整改，不能按期整改的要严肃处理，绝不姑息。一定要全力压减事故，消除安全隐患。

（叶子楠）

【全国“两会”安全保障部署】 2月20日，市安委会办公室召开全国“两会”安全生产保障工作部署会，市安全监管局副局长蔡淑敏参加会议并讲话。市商务委、旅游委、住房城乡建设委、交通委、市政市容委、文化局、体育局、广电局、文物局负责人，东城、西城、朝阳、海淀、丰台、顺义等区安全监管局主管领导，以及市安全监管局有关处室、执法监察总队、宣传教育中心和举报投诉中心负责人参加会议。会议要求对驻地、会场周边200米范围内的生产经营单位进行执法严管、执法控制，对规模以上单位和重点单位进行重点检查，及时消除安全隐患，依法查处安全生产违法行为。蔡淑敏强调，各安委会成员单位要对会场及驻地周边200米范围内生产经营单位和500米范围内重点单位进行再排查，充实台账，落实责任，全面检查，2月28日前完成第一轮检查，各区县安委会办公室要发挥协调议事作用，及时解决疑难问题。

（叶子楠）

【全国“两会”驻地周边商市场安全检查】 2月25日至28日，市安全监管局对东城区、西城区、朝阳区和海淀区的11家全国“两会”驻地周边商市场进行安全生产检查。检查单位主要包括农贸市场、花卉市场、旧货市场、古玩市场、服装批发市场等多种业态。检查发现：一是一些农贸市场和花卉市场企业主要负责人安全意识淡漠，安全生产责任制、安全管理制度不健全；二是有的企业安全管理基础工作薄弱，特别是在商户用电及配电室安全管理、安全警示标志设置等问题突出，旧货市场和古玩市场存在配电设备老化和未按期预试等问题；三是个别已经取得三级安全生产标准化的商市场管理依然存在管理制度和实际运行脱节的现象；四是两家农贸市场存在非法经营问题。针对问题及隐患，市安全监管局依法对9家商市场下达责令限期整改指令书，要求立即进行整改。经复查，存在隐患和问题的相关单位，按期完成整改。

（张聪）

【执法监察工作会】 2月26日，市安全监管局召开全市安全生产执法监察工作视频会，会议全面总结2013年全市安全生产执法监察工作，部署2014年全市执法监察工作。局长张树森到会并讲话，副局长蔡淑敏作《同心合力　扎实奋进　不断开创安全生产执法监察工作新局面》执法工作报告。报告从落实年度执法计划、深化联动执法机制、重大活动安全保障、加强执法基础建设4个方面全面总结回顾2013年全市执法监察工作；从深化重点行业领域检查、做好 APEC 会议等大型活动保障、提高执法信息化水平、打造一流安全监管执法队伍、突出用好“四不两直”制度等 5 个方面对 2014 年度全市执法监察重点工作任务作出部署；结合“红线”意识，对全市安全生产执法监察工作要把握安全生产形势、安全生产执法监察职能定位和作用发挥、执法监察队伍建设 3 个方面提出要求。张树森在讲话中充分肯定过去一年全市安全生产执法监察工作成绩，并结合 2014 年全市中心工作任务和安全监管形势提出要求。

（叶子楠）

【全国“两会”代表驻地执法检查】 2 月至 3 月，市安全监管局采取“四不两直”的方式，对全国“两会”代表驻地周边重点生产经营单位进行执法检查。3 月 1 日，执法监察总队执法人员到全国“两会”代表驻地广西大厦、河南大厦周边，重点检查北京圣洁明左安路加气站。执法人员对企业“两会”期间安全生产工作部署、领导带班、应急值守、应急管理情况进行检查，实地检查配电室、加气机等重点部位和重点设施。检查发现北京圣洁明左安路加气站存在带班和值班人员均配备不足、加气站区有工人违规吸烟等问题，执法人员依法下达限期整改指令书。3 月 3 日，执法人员约谈该企业负责人和上级公司主管人员，要求企业重视“两会”期间安全生产工作，严格落实领导带班制度，按照规范规定进行加气作业，加强对外来人员安全管理，并“举一反三”做好现场安全自查工作，及时发现和消除隐患。

（叶子楠）

【电影嘉年华临建设施安全检查】 4 月 11 日，市安全监管局对中华世纪坛电影嘉年华各项临建设施进行安全检查。重点检查承建单位施工人员的安全生产教育培训、特种作业人员持证上岗和现场作业情况。承建单位广州柏斯展览有限公司、上海韵创文化发展有限公司对施工人员进行安全生产教育培训，特种作业人员能够做到持证上岗。但检查发现，施工现场电气线路敷设不规范，线路未做穿管保护；施工电源使用两相线路，接头不防水；高处作业人员未系安全带、部分工人未佩戴安全帽，安全防护措施不足。对此，执法监察总队执法人员依法下达执法文书，责令企业立即整改。

（叶子楠）

【轨道交通建设工程专项检查】 4 月 22 日，市安全监管局成立 4 个执法组，对全市在建轨道交通工程开展专项检查行动。检查发现，部分施工人员未穿戴劳动防护用品，重点部位缺少安全防护措施，临时线路敷设不符合规范要求，现场缺少安全警示标志，特种作业人员酒后进行作业，特种作业人员培训和复审档案不健全。针对检查发现的问题，执法监察总队执法人员责令施工单位立即整改。

（叶子楠）

【轨道交通突击检查】 5 月 7 日，市安全监管局开展全市轨道交通建设项目现场检查行动，对地铁 14 号线在建的第 22 标段工地现场进行检查。检查组随机检查 2 号竖井地下 20 余米作业区，发现井下作业工区竖井内，上下通道及高处作业区域均存在防护措施不到位的情况，一线作业工人极易发生高处坠落事故。

该工区临时用电也存在未落实行业强制性安全标准等隐患。检查组为保障井下作业人员的人身安全，防止事故的发生，果断要求工区负责人通知施工人员立即有序升井，暂时停止现场作业。在确认一线工人安全出井后，检查组依法向该企业下达现场处理措施决定书，责令暂时停止2号竖井的施工作业，待落实整改、消除隐患、经复查合格后，方可恢复作业。向该标段主要负责人发出《询问通知》，责令其在规定时间内到市安全监管局接受行政处罚。

（叶子楠）

【京交会安全保障】 第三届中国（北京）国际服务贸易交易会于5月28日至6月1日在京举行，市安全监管局负责会场临时搭建设施施工的安全生产监督检查工作。执法监察总队先期与组委会沟通，对搭建单位提出安全生产工作的具体要求。第三届京交会会展临建设施搭建时间为5月25日零时到27日9时，会展面积约4.1万平方米，主要集中在国家会议中心一层、地下一层和北京国际会议中心。5月25日，市安全监管局执法监察总队在听取会展筹备情况和安全工作部署情况后，对会展临建设施施工现场进行检查。针对检查发现的监理单位现场管理人员配备不足，大厅内高处作业工人未系挂安全带，个别施工人员未佩戴安全帽的隐患和问题，检查人员依法下达执法文书。执法监察总队责成朝阳区安全监管局执法一队和奥林匹克公园管委会监察科，在5月26日对会展现场进行进驻式执法检查，直到临建设施搭建完毕。

（叶子楠）

【副市长带队检查京交会展区】 5月28日，副市长张延昆带领市安全监管局、公安局、住房城乡建设委、市政市容委、交通委、商务委、城管执法局对第三届京交会安全生产服务保障、展区周边安全环境和轨道建设施工、危险化学品经营和公交场站等进行“四不两直”安全检查。张延昆一行到第三届京交会主展区，听取市商务委和市公安消防局汇报后对现场安检、消防等措施落实情况进行检查。张延昆指出，要高度重视活动举办期间的安全工作，加强对场馆建筑消防设施和展会现场用电设备、设施的安全检查，确保设备设施完好有效。随后，张延昆一行到地铁15号线11标段项目部，听取承建单位中铁隧道集团有限公司负责人安全生产情况汇报后，深入竖井地下20多米作业面，检查施工现场安全保障设施，了解相关部门安全监管措施。检查发现，施工现场部分工人未戴安全帽，高处作业人员未系安全带，电气线路敷设不规范等安全隐患，相关部门责令企业对发现的问题立即整改。在中石油安立路加油站，张延昆了解加油的装卸流程、操作工序、消防应急措施及购买销售散装汽油管理情况。检查发现该加油站存在进出口未设置明显进出口标志，非加油员进行加油作业等安全隐患，安全监管部门依法下达执法文书，责令企业限期整改。张延昆还对慧忠里公交场站安全生产责任制落实、场站安全管理及地铁10号线北土城站安检反恐防爆措施落实情况进行安全检查。针对检查发现的问题，张延昆要求相关企业和行业部门举一反三，立即采取有效措施，及时消除各类安全隐患，确保安全。

（叶子楠）

【抗日战争纪念馆设施安全检查】 6月17日，市安全监管局按照《全民族抗战爆发77周年活动安全生产监督检查工作方案》对抗日战争纪念馆内热交换机房、高压配电室、抗战馆展厅等重要区域、重点设施进行检查。检查发现热交换机房照度不足，机房内存放自行车等杂物；机房值班人员生活用房未单独设置，与维修房间混用；未建立制冷工人的特种作业培训复审档案；高压配电室堆放桶装水等杂物；部分值班电工未持特种作业操作证上岗。针对检查发现的问题，执法监察总队执法人员责令该单位对存在的问题立即进行整改。

（叶子楠）

【APEC安全保障】 6月26日，市安全监管局会同朝阳区安全监管局对北京会议中心APEC会议临建设施进行执法检查。会议临建设施主要包括现场背景板、LED显示屏、临时舞台等设施，临建结构相对简单，交叉作业情况较少，场地用电负荷及线路敷设满足安全要求。但也存在现场缺少专业安全管理人员、背景板后安全通道不畅通，现场缺少灭火器材，将手动葫芦作为长期受力架使用等问题。执法人员要求施工单位立即整改，进一步排查安全隐患，并向施工单位提出加强对特种作业人员安全教育培训、严格执行危险作业管理制度和特种作业人员管理制度、安排专人指挥和盯守、现场配备专职安全管理人员等要求。市安全监管局执法监察总队加大会议期间对驻地周边生产经营单位的执法检查力度，对周边13家生产经营单位开展抽查。

（叶子楠）

【特种作业“双打”专项执法检查】 6月30日，市安全监管局副局长蔡淑敏带领执法监察总队执法人员、市安科院工作人员，赴西城区进行安全生产月活动暨特种作业“双打”专项执法检查。检查组采取“四不两直”方式对西城区国华商场、深圳大厦有限公司进行突击检查，重点检查配电室、消防中控室、制冷车间等区域安全管理情况，查阅特种作业人员安全培训、台账管理、持证上岗等情况。从检查情况看，两家单位配电室、消防中控室值班人员在位较好，值班记录规范，值班人员安全意识强，特种作业人员安全培训制度落实较好，未发现持假证人员。但也存在一些问题，如配电室堆有杂物，绝缘靴、绝缘手套未按期年检。针对存在问题，执法检查人员依法下达行政文书，要求该单位立即进行整改。

（叶子楠）

【大兴、房山区工业企业粉尘治理专项检查】 8月4日，市安全监管局成立检查组，组织有关专家和新闻媒体，分赴大兴区和房山区对涉及粉尘作业的企业开展安全生产专项检查。检查组随机抽查位于大兴区的北京威卡威汽车零部件股份有限公司、北京中航七星蜂窝复合材料有限公司、北京众信利创装饰材料有限公司和位于房山区的北京市梨园盛铝制品有限公司、北京永盛和利金属制品有限公司等5家涉及粉尘作业企业。检查组重点查看产生粉尘的生产车间，沿工艺流程检查重点工段，询问企业安全规章制度和防范措施，并对电气电路、消防器材配备、从业人员劳动防护用品配备等进行检查。检查发现安全隐患问题19项，主要包括：一是安全生产规章制度不健全，安全生产责任制未落实；二是生产作业车间电气线路未采用镀锌钢管保护；三是生产作业车间存放氢氧化钠、氟化氢氨；四是部分设备工位缺少安全防护；五是涉及高温、高处作业无警示标志；六是厂区车间灭火器材配备不足；七是接触高温、噪声、粉尘的职工未进行职业健康检查；八是配电箱不符合防爆要求；九是加工车间存在粉尘清理不彻底，作业人员不按照规定要求穿戴个人防护用品等问题。针对检查所发现的问题，检查组对存在问题的企业依法下达强制措施决定书、限期整改指令书，责令其对存在的隐患问题进行整改。8月6日，检查组对检查存在问题的企业和属地镇政府进行约谈，提出隐患整改要求。

（赵昕）

【密云、顺义工业企业粉尘治理专项检查】 8月5日，市安全监管局成立检查组，前往密云县、顺义区检查在生产过程中有粉尘产生的北京倍舒特妇幼用品有限公司、北京世珍汽车零部件有限公司、北京北郎中面粉厂和曲美家具集团有限公司。检查组重点查看产生粉尘的生产车间，沿工艺流程检查重点工段，询问企业安全规章制度和防范措施，并对电气电路、消防器材配备进行检查。从检查情况看，个别单位存在加工车间使用临时用电线路、配电箱不符合防爆要求、消防器材配备不足、加工车间存在粉尘清理不彻底、作业人员不按照规定穿戴个人防护用品等问题。针对检查发现的问题，检查组依法下达限期整改指令书，要求企业落实安全生产主体责任，从基础从源头抓起，提高本质安全，确保安全生产。

（赵昕）

【APEC临建设施安全检查】 APEC第三次高官会于8月6日至21日在京召开。按照市委市政府要求，市安全监管局制定工作方案，明确任务分工和完成时限。由东城区、西城区安全监管局对会议涉及的5处驻地会场周边生产经营单位进行排查，在7月25日前建立生产经营单位基本台账；两区安全监管局在会议召开前，完成对台账内生产经营单位的安全检查；由市安全监管局执法监察总队完成5处驻地所有临建设施安全检查；会议召开期间，属地安全监管局对周边生产经营单位进行巡查，市安全监管局抽查，确保监管措施落实到位。8月3日，市安全监管局执法监察总队安排检查人员对北京饭店、北京饭店莱佛士、北京贵宾楼饭店、万豪行政公寓的所有临建设施进行安全检查。此次会议临建设施搭建涉及北京笔克展览展示有限公司、北京钓鱼台会展有限公司、歌华文化集团和中国国际贸易促进会北京分会4家单位，涉及搭建位置22处。为保障搭建安全，此前市安全监管局执法监察总队对搭建单位提出监管要求，要求搭建单位上报搭建方案，建立临建设施基本台账。检查当日，检查人员对每一处搭建设施进行检查。针对检查发现的北京宫主会场背景板斜支撑数量少、跨度小，配重不足，使用布条作为连接件等安全隐患，执法检查人员依法下达整改指令书，责令搭建单位立即整改。经复查，所有问题和隐患整改完毕。

（叶子楠）

【通州工业企业粉尘治理专项检查】 8月12日，市安全监管局会同市公安局消防局，采取明察暗访的方式，对通州区存在粉尘爆炸危险的工业企业进行安全生产专项检查。检查组听取通州区关于爆炸性粉尘专项整治工作汇报，随机抽查北京古船食品有限公司、北京英科尔陶瓷耐磨制品有限公司、北京世纪实泰家具有限公司等3家涉及粉尘作业企业。重点检查产生粉尘的生产车间，重点工段，并对电气电路、消防器材配备、从业人员劳动防护用品配备等进行检查。检查发现北京英科尔陶瓷耐磨制品有限公司和北京世纪实泰家具有限公司不同程度地存在清洁制度执行不到位、生产加工车间未按照要求安装防爆灯、生产车间内配电箱内线路设置不规范、仓库内存放稀料和油漆等易燃物品等问题。针对检查所发现的问题，执法人员对北京英科尔陶瓷耐磨制品有限公司、北京世纪实泰家具有限公司2家单位依法下达限期整改指令书。经复查，2家单位隐患问题全部整改完毕。

（赵昕）

【海淀、昌平工业企业粉尘治理专项检查】 8月13日，市安全监管局对海淀区、昌平区存在粉尘爆炸危险的工业企业进行安全生产专项检查。检查组听取两区关于爆炸性粉尘专项整治工作汇报，随机抽查北京五星青岛啤酒有限公司、北京安泰钢研超硬材料制品有限责任公司、北京市南口面粉厂等3家涉及粉尘作业企业。重点检查3家单位产生粉尘的生产车间，检测重点工段的粉尘浓度，并对电气电路、消防器材配备、从业人员劳动防护用品配备等进行检查。检查发现北京五星青岛啤酒有限公司和北京市南口面粉厂不同程度地存在人员教育培训工作不到位、清洁制度执行不到位、生产加工车间未按照要求安装吸尘设施等问题。针对检查所发现的问题，执法人员对北京五星青岛啤酒有限公司、北京市南口面粉厂下达限期整改指令书。经复查，2家单位隐患问题全部整改完毕。

（赵昕）

【抗日战争胜利69周年活动安全保障】 9月3日，是中国人民抗日战争暨世界反法西斯战争胜利69周年纪念日。市安全监管局是本次活动组委会的成员单位，依据市委、市政府《纪念中国人民抗日战争胜利69周年活动工作方案及倒计时安排》工作分工，安监系统负责抗战馆内临时设施及周边200米范围内生产经营单位的安全监管工作。市安全监管局执法监察总队制定安全监管工作方案，并对抗战馆内重点设备设施进行安全检查；立即向丰台区安全监管局发出通知，明确对抗战馆周边200米范围内生产经营单位进行安全生产隐患排查，做好活动期间安全监管工作；迅速开展对抗战馆周边200米范围内生产经营单位的联合检查。活动前，执法监察总队两次对抗战馆内热交换机房、高压配电室、抗战馆展厅等重要区域、重点设施进行安全检查；全程参与组委会组织的3次综合演练；联合丰台区安全监管局对周边200米范围生产经营单位进行多次抽查，及时消除安全隐患，为活动顺利举办提供安全保障。

（叶子楠）

【怀柔工业企业专项检查】 9月3日，市安全监管局会同专家，对怀柔区肉类联合加工厂、朝日啤酒有限公司、东明兴业科技有限公司等5家工业企业进行安全检查。检查发现，怀柔肉类联合加工和朝日啤酒2家液氨制冷企业存在现场管理不到位、安全警示标志不全等问题；圣伦食品和诚泰热力2家企业有限空间作业管理存在安全警示标志缺失、现场作业人数不足、通风机风量不足等问题；东明兴业和朝日啤酒2家企业存在防爆电气选配不合理、除尘器清扫维护不到位、防静电跨接数量不足等问题。针对存在的问题，检查人员要求企业整改，并由怀柔区安全监管局督促企业落实整改。

（赵昕）

【国庆安全监管视频会】 9月19日，市安全监管局组织全市各区县安全监管局和市局各业务处室召开国庆活动安全监管工作视频会议。副局长蔡淑敏参加会议并讲话。会上，市安全监管局执法监察总队对国庆活动安全监管工作进行部署，应急处就进一步加强国庆期间应急值守各项工作提出要求。东城、朝阳、怀柔3个区安全监管局主要负责人结合区情和工作重点，就安全监管相关工作安排进行汇报。蔡淑敏围绕做好国庆活动安全监管工作提出要求。

（叶子楠）

【网吧安全突击夜查】 9月25日，市安全监管局启动夜查机制，组织全系统突击夜查全市网吧安全情况。市安全监管局执法监察总队派5个执法检查组，分别对东城、西城、朝阳、海淀4个区的16个网吧重点抽查。执法人员重点检查各网吧的安全设施配置运行情况。检查发现，多数经营场所经营管理人员在岗，经营秩序良好。但一些网吧存在管理制度落实不到位、职责不清楚、配电室等重点部位无人值守等问题，个别特种作业人员未持证上岗，部分网吧工作人员未及时制止网民吸烟。针对问题，执法人员下达责令限期整改指令书，对问题较严重的网吧启动约谈机制，依法进一步处理。据统计，25日晚全市出动114个执法组、410名执法人员、117台执法车辆，检查网吧388家，发现问题隐患644项，下达执法文书389份，全市平均检查覆盖率超30%。从执行情况看，各区县均对此次行动重视，由主管副局长以上领导带队，朝阳区、房山区、延庆县当晚检查覆盖率达到100%。

（叶子楠）

【专职安全员统一招聘考试】 9月27日，北京市乡镇、街道（园区）安全生产专职安全员统一招聘考试在全市22个考点、605个考场同时举行，市安全监管局局长张树森带领巡考组赴通州区考点考场检查考务工作。本次招聘考试按照《北京市人民政府办公厅关于建立乡镇、街道（园区）安全生产专职安全员队伍的意见》要求及全市安全生产专职安全员组建工作第八次协调会的工作部署，由市安全监管局统一组织协调，市人事考试中心负责命题、印刷试卷和阅卷工作，各区县安全监管局会同辖区人力社保局负责考试的具体组织落实工作。全市有15189人参加考试，缺考2768人，到场率85%。其中，西城、海淀、丰台、门头沟、通州、顺义、昌平、密云和延庆等9个区县到场率90%以上；朝阳区到场率62%。为确保考务工作顺利开展，市安全监管局局领导及部分处室领导分别带队，组成14个巡考组赴各区县考点考场检查考务工作。考试于上午11时30分结束，试卷于当日下午3点前全部运送至北京劳动保障职业学院。

（叶子楠）

【加油（气）站突击夜查行动】 9月28日，市安全监管局组织全系统统一行动，突击夜查全市加油（气）站安全生产情况。市安全监管局领导带领检查组赴各区县开展执法夜查。19时30分，市安全监管局7个检查组分赴东城、西城、朝阳、海淀、丰台、通州、顺义等区的15家加油（气）站执法夜查。检查发现问题隐患40项，下达执法文书11份。全市17个区县（开发区）安全监管局在同一时间分别开展夜查行动。当晚的夜查行动，执法人员在检查加油（气）站安全设备设施、现场环境、人员值守、安全巡查等环节的基础上，针对国庆及APEC会议期间安全监管工作重点对加油（气）站的领导带班制度、反恐应对等情况开展检查，要求部分加油（气）站现场演练紧急反应措施。全市出动179个执法检查组、823名执法人员、228台执法车辆，检查加油（气）站604家，发现问题隐患719项，下达执法文书473份。

（叶子楠）

【丰台工业企业粉尘治理专项检查】 9月29日，市安全监管局会同丰台区安全监管局执法人员组成检查组，采取“四不两直”的方式，对北京古松经贸有限公司、北京正丰饲料有限公司、北京奥祥通风设备有限公司3家涉及粉尘作业的企业进行检查。在北京古松经贸有限公司，检查组发现生产车间内设备电源接线不规范、库房内电源开关脱落悬挂且接线不规范、货物码放过高、安全出口使用推拉门等隐患问题；在北京正丰饲料有限公司，检查人员发现生产车间机器设备粉尘堆积较多，粉尘清扫不及时等问题；在北京奥祥通风设备有限公司，发现作业人员未佩戴防护用品等问题。针对检查发现的问题，检查人员对北京古松经贸有限公司、北京正丰饲料有限公司2家单位下达限期整改指令书。经复查，2家企业隐患全部整改完毕。

（赵昕）

【“向人民英雄敬献花篮活动”安全保障】 9月30日，市安全监管局对“向人民英雄敬献花篮”活动进行安全生产现场保障，对活动现场记者台搭建、配电箱设置等临时设施施工、安全用电进行检查。在前期安全检查的基础上，执法检查人员再次对记者台等关键的临建设施进行检查，对国庆敬献花篮活动的安全状况进行现场盯守，直至活动结束。

（叶子楠）

【重点企业粉尘治理】 10月28日，市安全监管局会同专家，对大兴区北京威卡威汽车零部件股份有限公司进行重点检查。威卡威公司是本市最大的涉及铝粉尘的加工企业，企业员工近4000人，是安全生产重点监管企业。江苏昆山“8·2”特别重大铝粉尘爆炸事故发生后，市、区两级安全监管部门4次深入该企业进行粉尘防爆治理工作检查，组织协调粉尘治理专家进行现场技术指导，帮助企业排查除尘器设置、粉尘清理、防爆电气安装、防静电措施等7项隐患，并提出具体整改措施。从检查情况看，企业新设安全生产管理机构，增加专职安全管理人员，结合自查问题制定整改方案，组织隐患整改。企业投入近30万元进行除尘系统和防爆电气改造，完成对各类工艺产生粉尘的爆炸参数检测，落实粉尘清洁、防静电、教育培训、应急演练等制度，取得治理的阶段性成果。此次检查中，检查人员和专家在企业用电管理、粉尘收集处理、《严防粉尘爆炸五条规定》宣传、吸尘口改进、安全生产标准化推进方面，提出改进建议。

（赵昕）

【APEC残疾人活动驻地安全保障】 10月，市安全监管局按照市政府关于APEC会议残疾人主题活动驻地安全保障工作动员会议要求，结合驻地区域分布，协调朝阳区、顺义区对驻地会场周边200米生产经营企业单位进行摸排检查，建立台账，逐一分析企业监管重点，做到台账清，监管重点任务明。市安全监管局执法监察总队联合朝阳区、顺义区对驻地周边的18家企业进行全覆盖安全生产执法检查，发放、张贴告知书68份，签订安全承诺书236份，下达执法文书16份，发现隐患51项，立案处罚一起。为APEC会议残疾人主题活动提供良好的安全生产环境。

（叶子楠）

【驻华使节招待会安全保障】 为确保“2014年驻华使节招待会”顺利举行，做好会议安全生产服务保障工作。从11月25日开始，市安全监管局执法监察总队启动重大活动服务保障方案，分两个阶段推进安全监管工作。第一阶段，由怀柔区安全监管局对会议驻地周边生产经营单位进行安全检查，督促整改安全问题。第二阶段，由市安全监管局执法监察总队一支队与临时舞台搭建单位同步进驻会议驻地，全程实施监管，确保临时设施搭建过程安全，使用质量可靠。12月3日，市、区两级安全监管部门对会议驻地周边及临时设施搭建进行联合检查，进一步推进相关生产经营单位主体责任落实。各项安全措施落实到位，达到预期效果。

（叶子楠）

【工业企业“四不两直”执法检查】 12月2日至4日，市安全监管局对北京百麦食品加工有限公司、北京阂阂同创工贸有限公司、北京御香苑畜牧有限公司、北京千喜鹤食品有限公司、永丰余家纸（北京）有限公司5家工业企业进行液氨治理“四不两直”执法检查。此次执法检查内容：一是核查部分通过验收的液氨制冷企业，了解企业整治实效；二是抽查部分粉尘企业专项整治阶段性工作进展情况，掌握企业整治实情，提高整治实效。检查中发现，通过本次专项整治工作，企业安全管理状况得到改善，基础工作得到提升。但发现个别涉氨制冷企业依然存在制冷特种作业人员未持证上岗、液氨贮罐喷淋装置安装不规范、洗眼器进水阀随意关闭、快速冻结装置出口无氨浓度报警装置、风机接线不符合防爆要求等问题。个别存在粉尘爆炸危险企业违规使用压缩空气进行吹扫、收尘器间收尘口未加装收尘布袋、除尘系统故障期间违规生产等问题。针对存在的问题和隐患，执法人员对2家企业下达限期整改指令，对存在问题严重的2家企业，移交区县安全监管部门下达局部停产整改指令，并监督落实整改。

（赵昕）

【粉尘治理“四不两直”执法检查】 12月16日至19日，市安全监管局聘请粉尘防爆专家，组成3个执法检查小组，分别对朝阳、海淀、丰台、石景山、大兴、房山、门头沟、昌平、顺义、怀柔、密云、延庆、北京经济技术开发区等13个区县涉及粉尘爆炸危险企业进行“四不两直”执法检查。重点检查区县、乡镇街道是否传达上级粉尘专项整治工作有关精神，制定整治工作方案；是否组织开展对安全监管人员和涉及企业负责人粉尘防爆知识专题培训；是否落实企业专项整治检查指导等工作，组织相关人员开展粉尘防爆专项教育培训；是否宣传《严防企业粉尘爆炸五条规定》，并按规定自查整改。此次执法检查，检查企业28家，查出问题115项，下达执法检查文书28份，对5家企业下达责令限期整改指令书，并监督落实整改。

（赵昕）

【新年倒计时临建设施安全监管】 2015年北京新年倒计时暨北京旅游推广活动12月31日晚举行，本次活动主会场搭建的临建设施主要有冰雪滑道，表演舞台和灯光架，其中冰雪滑道长110米，架体最高点距地面约15米，滑道宽14.4米。承办单位是北京北奥大路舞台艺术设计制作有限公司。活动搭建项目多、施工面积大、作业难度高，搭建周期长，作业气候恶劣。为做好安全监管工作，市安全监管局执法监察总队多次与主办单位和承办单位沟通协调，向主办单位市旅游委发出监管建议函，告知其通过引入专业结构设计、安全评价等方式加强临时工程的安全生产管理工作。执法人员于12月19日、24日到搭建现场进行安全生产检查，承办单位逐项落实执法人员意见，加强作业现场安全巡查，做好高处作业人员安全防护。为做好活动场地周边200米范围内生产经营单位的安全，市安全监管局执法监察总队向朝阳区、延庆县安全监管局下发通知，要求立即对活动场地周边200米范围内生产经营单位进行摸底排查，建立台账，开展安全生产执法检查。

（叶子楠）

职业卫生监督检查

【水泥和石材加工企业调查】 2月8日，市安全监管局按照《国家安全监管总局关于加强水泥制造和石材加工企业粉尘危害治理工作的通知》要求，开展全市水泥制造和石材加工企业调查摸底工作，摸清企业数量、类型、生产规模、从业人数和接触职业病危害人数等情况。经调查，本市朝阳、丰台、石景山、房山、通州、大兴、昌平、顺义、平谷、密云、延庆等11个区县存在水泥制造和石材加工企业308家，其中水泥制造企业18家（含顺义区1家停产企业），石材加工企业290家（含朝阳区88家计划拆迁、石景山区1家拟关闭企业）。

（刘卫坤）

【草桥燃气职业病防护设施验收】 2月14日，市安全监管局组织专家成立验收组，对北京京桥热电有限责任公司北京草桥燃气联合循环热电厂二期工程职业病防护设施进行竣工验收。验收组听取北京京桥热电有限责任公司对建设项目试运行情况的介绍，以及评价单位北京市化工职业病防治院关于《北京草桥燃气联合循环热电厂二期工程职业病危害控制效果评价报告》的汇报，并对建设项目工作场所和有关资料进行核查。验收组同意该项目职业病防护设施通过验收，并要求按专家意见进行整改后，依程序上报。

（刘卫坤）

【职业健康档案“一人一档”】 2月18日，市安全监管局发出通知，启动劳动者职业健康档案“一人一档”工作。要求用人单位为每名接触职业危害的劳动者建立职业健康监护档案，全市存在职业危害的用人单位建档率达90%以上，此项工作纳入2014年对区县政府的安全生产考核。

（陈阳）

【机动车维修企业专项检查】 2月24日至25日，市安全监管局会同西城区、海淀区、朝阳区安全监管局对西城区、海淀区和朝阳区全国“两会”驻地及会场周边机动车维修企业进行职业卫生专项检查。检查生产经营单位12家。从检查情况来看，大部分单位加强职业卫生和安全生产管理工作，进行职业病危害申报、对职业病危害因素进行检测、作业场所设置警示标志，对接触职业危害的劳动者进行职业健康体检等工作。但也发现有的单位未进行职业病危害申报、工作场所警示标志设置不全、个体劳动防护用品存放不规范等情况。针对存在的问题，检查人员要求立即进行整改，经复查，全部整改完毕。

（刘卫坤）

【有限空间地方标准】 2月27日，市质监局发布《北京市地方标准公告》（2014年标字第1号），正式批准《地下有限空间作业安全技术规范　第3部分：防护设备设施配置》（DB 11/852.3—2014），实施日期为2014年6月1日。至此，《地下有限空间作业安全技术规范　第1部分：通则》《地下有限空间作业安全技术规范　第2部分：气体检测与通风》《地下有限空间作业安全技术规范　第3部分：防护设备设施配置》系列地方标准全部完成。

（陈阳）

【职业卫生技术服务机构调研】 2月28日，市安全监管局副局长阎军带队到德康莱（北京）环境安全技术研究院有限公司进行调研，了解职业卫生技术服务工作开展情况。德康莱（北京）环境安全技术研究院有限公司成立于2005年，为职业卫生技术机构乙级资质，拥有专业技术人员40人，主要开展“职业病有害因素检测”、“建设项目职业病危害评价”、职业卫生培训咨询服务等工作。2013年，德康莱为574家企业开展职业卫生检测服务，为42家企业开展职业卫生评价服务，服务范围覆盖8个区县，营业收入600多万元。2014年，德康莱不断拓展服务项目，筹建职业健康体检中心，开展职业卫生3级培训，针对不同性质企业和劳动者，提供“一对一”的“一条龙”服务。

（刘卫坤）

【指导区县职业病防护设施竣工验收】 3月6日，市安全监管局指导顺义区安全监管局完成北京北汽大世汽车系统有限公司汽车座椅生产基地一期建设项目职业病防护设施竣工验收工作。这是顺义区安全监管局首次建设项目职业病防护设施竣工验收。为促进区县职业卫生“三同时”监管工作顺利开展，市安全监管局帮助顺义区安全监管局聘请国家安全监管总局职业安全卫生研究中心、北京市劳动保护科学研究所、北京市化工职业病防治院3位专家参加现场验收，组织朝阳区、平谷区、密云县安全监管局现场观摩、培训交流，并进行现场指导。验收组听取北京北汽大世汽车系统有限公司对建设项目试运行情况介绍，对《建设项目职业病危害控制效果评价报告》内容进行审查，对建设项目的发泡线、危险化学品库等工作场所和有关资料进行核查。该项目职业病防护设施通过验收。

（刘卫坤）

【延庆职业卫生调研】 3月7日，市安全监管局副局长阎军带队调研延庆县职业卫生工作。调研组首先到中材科技风电叶片股份有限公司调研，听取该公司职业卫生工作开展情况汇报，对各生产车间职业危害防护设备设施和职业卫生管理情况进行现场检查，并针对车间通风系统风量不足，现场管理不规范等问题提出整改意见。随后到延庆县安全监管局了解职业卫生监管机构、职业卫生“三同时”、职业危害防治工作联席会议、职业卫生基础建设活动、混凝土搅拌站行业和机动车维修行业职业危害专项检查等职业卫生工作情况。

（刘卫坤）

【工作场所防暑降温技术规范】 3月12日，市质监局发布通知，将《工作场所防暑降温技术规范》正式列入2014年北京市地方标准制定项目计划。4月11日，市安全监管局召开会议，启动《工作场所防暑降温技术规范》北京市地方标准制定工作。会议对标准制定提出具体要求：一是按照市质监局对地方标准的要求，高质量完成标准报批稿；二是确定起草小组成员并制定工作方案；三是按照计划掌握进度，加快标准制定速度；四是开展调查研究，确保标准简明、科学，针对性强，既要注重技术环节又要注重管理环节，既能够指导高温作业单位也能够为安全监管部门提供执法依据。

（陈阳）

【职业卫生技术服务机构检查】 3月18日，市安全监管局会同市安科院和相关专家对安华鼎仕检测技术服务中心和北京市工业技术开发中心2家职业卫生技术服务机构进行检查。检查采取听取汇报、查阅资料、现场检查的方式。从检查情况看，2家技术服务机构质量管理体系有效运行，专业技术人员持有《培训合格证》，仪器设备满足工作需求。但检查发现技术服务机构存在质量管理体系文件未及时更新、内审检查表未按照部门单独设计、管理评审未对发现的问题及整改情况进行评审、实验室标准液未注明配置日期、检测和评价报告中对企业提出的建议措施针对性和可操作性不强的问题。针对存在的问题，市安全监管局要求技术服务机构立即进行整改。

（刘卫坤）

【金刚化工北京有限公司现场检查】 3月20日，市安全监管局赴顺义区对金刚化工北京有限公司进行检查。重点检查职业卫生管理制度、工作场所职业危害检测报告、职业健康体检报告等资料，并对生产车间进行现场检查。经检查发现，该企业建立职业卫生管理制度和操作规程，对接触职业危害的劳动者进行职业健康体检，2013年12月委托职业卫生技术服务机构进行职业危害现状评价。但该企业未制定职业病防治计划和实施方案，职业卫生管理制度和操作规程缺乏针对性和可操作性，生产实验室、技术实验室、喷漆房未设置警示标志，生产实验室和技术实验室通风设施不完善。针对存在的问题，市安全监管局当场下达责令限期改正指令书。经复查，该企业投入50余万元对技术实验室通风系统进行改造，在高毒作业岗位上方加装密闭排风罩及通风设施，在生产车间设置警示标志，作业人员佩戴防毒口罩，整改工作完毕。

（刘卫坤）

【“三同时”监管专题会】 3月24日，市安全监管局副局长阎军主持召开建设项目职业卫生“三同时”监管工作专题会。会议通报建设项目职业卫生“三同时”工作开展情况，市和区县两级职责分工、分级分类管理、工作流程及存在的问题。研究讨论《市安全监管局关于专家库的管理和专家经费的使用规定》。与会人员就如何建立职业卫生“三同时”行政审批联动机制，充分发挥专家的作用，规范专家库管理和经费使用，推动区县职业卫生“三同时”工作开展等问题进行讨论。

（刘卫坤）

【乙级职业卫生技术服务机构专项检查】 3月至4月，市安全监管局对全市乙级技术服务机构和检测机构开展专项检查。检查采取查阅档案、文件资料，查看仪器设备、抽查评价和检测报告、记录等形式，随机抽取10家技术服务机构进行现场检查。检查内容主要包括：职业卫生技术服务机构人员配备和持证上岗情况、职业管理体系运行情况、检测和评价报告是否符合规范和要求、是否存在超资质范围执业和资质证书外借业务转包等违规行为。并针对检查结果，在全市范围内进行通报，规范职业卫生技术服务行为，提升职业卫生技术服务机构服务能力和质量。

（刘卫坤）

【职业卫生调研】 4月3日，国家安全监管总局职业健康司司长高世民带队调研本市职业卫生工作。市安全监管局副局长贾太保、阎军参加调研。调研组听取北京市职业卫生工作汇报，实地参观市安科院行政许可大厅和职业卫生实验室。高世民希望北京市有关部门继续探索、不断实践，在职业卫生地方性标准制定、监督执法、教育培训、安全许可证试点、技术服务机构监管、规划指标梳理等方面，对全国职业卫生工作起到带头、引领和示范作用。

（陈阳）

【职业卫生“三同时”立项研讨会】 4月3日，市安全监管局召开研讨会，就建设项目职业卫生“三同时”列入立项前置许可条件等有关问题进行研讨。市发展改革委、经济信息化委有关处室负责人参加研讨。会上，市安全监管局介绍本市建设项目职业卫生“三同时”职能分工和划转情况、相关国家法律法规规定，并提出工作建议。市发展改革委、经济信息化委介绍各自承担的建设项目审核备案权限及流程。与会人员围绕市政府有关行政审批政策文件规定、建设项目职业卫生“三同时”审批联动机制建立、信息共享机制的建立等内容进行研讨。

（刘卫坤）

【房山区职业卫生调研】 4月11日，市安全监管局副局长阎军带队赴房山区进行调研，房山区副区长刘胜国和区安全监管局、人力社保局、信访办主要负责人参加调研。调研组听取房山区安全监管局职业卫生工作汇报，共同就推进职业危害防治工作中存在的问题进行研讨。

（刘卫坤）

【职业卫生监督执法年活动】 4月15日，市安全监管局印发《关于开展“工作场所职业卫生监督执法年”活动的通知》，对工作场所职业卫生执法年活动进行部署。一是明确工作重点。执法年活动执法重点为木质家具、矿山、汽修、危化、建材、轻工、铸造、电镀等用人单位。同时要求各区县根据本辖区实际，确定监督执法的重点行业和重点企业。二是提出5个100%的工作目标。要求重点企业的申报率、主要负责人和管理人员培训率、职业危害检测率、职业危害告知率、健康体检率要达到100%。三是提出“五结合”“两覆盖”的工作要求。将执法年活动与基础建设活动、水泥制造和石材加工企业粉尘危害治理、木制家具企业“回头看”、劳动者职业健康监护档案“一人一档”、夏季防暑降温等工作相结合。确保危险化学品生产企业监督执法覆盖率100%，矿山企业监督执法覆盖率100%。

（刘卫坤）

【职业病危害防治评估】 4月15日，市安全监管局印发《关于开展2014年度区县职业病危害防治评估工作的通知》，标志着本市职业病危害评估工作正式开始，该项工作在全国尚属首次。评估工作确定用人单位负责人职业卫生培训率、劳动者上岗前职业卫生培训率、职业健康检查率、职业病危害因素检测率、警示标志设置率、监督检查覆盖率等6项评估指标，采取资料审查与用人单位现场抽查相结合的评估方法，对照《职业病危害防治评估标准》确定各区县得分，按照“优秀”“良好”“合格”“不合格”4个等级确定评估结果。

（陈阳）

【乙级职业卫生技术服务机构评审】 4月15日至17日，市安全监管局完成对北京云帆沧海安全防范技术有限公司技术评审工作。一是对乙级技术服务机构申请资料进行形式和合法性审查。二是组成专家组，采取查阅资料、现场查看、理论笔试、现场口试、现场实操、盲样考核、编制模拟报告等形式，对该公司组织机构、人员、工作场所及实验室、仪器设备、职业病危害因素检测能力、建设项目职业病危害评价能力和质量管理体系运行情况等7个考核要素、99项考核内容进行现场评审，考核结果为整改后通过。

（刘卫坤）

【有限空间安全生产视频会】 4月25日，市安全监管局召开全市有限空间安全生产工作视频会。发展改革委、住房城乡建设委、市政市容委、交通委、农委、水务局、广电局、通信管理局有关负责人，以及市电力公司、燃气集团、热力集团、市政路桥集团、排水集团、歌华有线公司、中国移动北京分公司主管领导在主会场参加会议；各区县、开发区相关委办局主管领导和相关企业安全管理部门负责人在分会场参加会议。会议通报本市2013年及2014年第一季度有限空间作业事故情况，对本市2014年有限空间作业安全监管工作进行部署。

（刘卫坤）

【职业卫生工作视频会】 4月25日，市安全监管局副局长阎军主持召开全市职业卫生工作视频会，对全市“工作场所职业卫生监督执法年”活动进行部署。会议对全市“工作场所职业卫生监督执法年”活动重点及目标、重点执法内容和工作要求等进行部署，要求各区县结合辖区实际，坚持“广覆盖、零容忍、严执法、重实效”和“五结合”“两覆盖”原则，有计划、有针对性地开展工作，严厉查处各类违法违规行为。

（刘卫坤）

【《职业病防治法》宣传周主题日】 4月29日，市安全监管局会同市卫生计生委、人力社保局、总工会在顺义区北一机床股份有限公司联合举办《职业病防治法》宣传周主题日活动。市疾病预防控制中心、北医三院、北京口腔医院和顺义区安全监管局、卫生计生委、人力社保局、总工会参加此次活动。宣传周定为4月25日至5月1日，宣传主题为“防治职业病，职业要健康”。其间，各相关部门向参加活动的职工代表赠送《职业病防治法》单行本、职业病防治知识手册、宣传挂图等相关材料。来自不同领域的职业卫生专家对劳动者就职业病防治基本知识、劳动者的权利和义务等问题进行讲解和答疑，并现场对劳动者进行血压、胸透、视力检查等义诊活动，发放职业病防治材料6000余份。

（陈阳）

【地方标准顶层设计论证】 5月8日，市安全监管局召开职业卫生地方标准顶层设计专家论证会，结合本市职业危害防治现状和监管需求，对18项拟制定地方标准进行论证。论证会邀请国家安全监管总局职业安全卫生研究所、市劳保所和市疾病预防控制中心6名专家，从必要性、可行性和紧迫性3方面，通过打分形式对提出的标准进行逐项论证，初步确定职业卫生地方标准的制定需求。2015—2020年，将按照每年出台2～3个地标的速度，制定出台地方标准12～18个。

（陈阳）

【怀柔区职业卫生监督检查】 5月8日，市安全监管局赴怀柔区实地检查北京兴发水泥有限公司、北京古诺凡希家具有限公司。重点检查职业卫生培训、职业卫生管理制度落实、工作场所布局、职业病危害项目申报、职业病危害因素公布、职业病防护设施设备配备、防护用品发放、职业病危害因素及危害后果告知等职业卫生管理工作。经检查，北京古诺凡希家具有限公司职业卫生管理存在问题：一是未向劳动者提供符合国家职业卫生标准的职业病防护用品；二是未按规定实行有害作业与无害作业分开、工作场所与生活场所分开；三是未正常使用职业病防护设备设施。检查组要求该公司立即进行整改，并要求怀柔区安全监管局对整改情况进行复查。

（刘卫坤）

【水泥和石材加工企业专项检查】 5月13日，市安全监管局赴密云县检查水泥制造和石材加工企业职业卫生管理工作。督查组采取“四不两直”方式，实地检查北京华云人防古建构件厂和北京首云新石建材技术开发有限公司职业卫生管理工作。经检查，2家企业建立健全职业卫生管理制度、成立职业卫生管理机构、进行职业病危害项目申报、开展职业危害因素检测、建立劳动者职业健康监护档案、组织员工进行职业健康体检、开展职业卫生宣教培训、发放符合标准的劳动防护用品、告知职业病危害因素及危害后果，作业现场管理规范、生产布局合理、配备使用职业病防护设施设备、公布告知职业病危害因素等。针对2家企业个别作业场所警示标志较少，部分劳动者未按要求佩戴防护用品等问题，检查组要求企业立即进行整改。

（刘卫坤）

【规范职业卫生技术服务】 5月16日，市安全监管局印发《关于规范职业卫生技术服务机构工作的通知》，对全市职业卫生技术服务机构提出要求。一是提升服务质量和水平。二是为监管工作提供技术支持。三是开展技术服务机构年度评估工作。推进职业卫生技术服务机构健康发展。

（刘卫坤）

【有限空间夜查行动】 5月至9月，市安全监管局开展13次有限空间夜查行动。按照"四不两直"、依法规范、执法检查与宣传教育相结合的原则，集中检查本市城区重点街道有限空间作业单位现场监护和警示标志设置、气体检测设备和机械通风设备配备、作业人员防护用品佩戴和持证上岗等夜间施工安全情况。检查143家有限空间作业单位，对存在问题和隐患的38家作业单位责令停止作业，立即整改，符合安全作业条件后，方可恢复作业。针对有限空间夜查发现的问题，市安全监管局约谈有限空间作业单位负责人，通报夜查情况，提出具体整改措施和管理要求。被约谈单位分别制定整改方案，按照有限空间作业规范进行整改，举一反三，加强管理。

（刘卫坤）

【夏季防暑降温工作部署】 6月3日，市安全监管局、卫生计生委、人力社保局、总工会联合下发《关于做好2014年夏季防暑降温工作的通知》，对2014年夏季防暑降温工作进行部署。一是要求各区县、各用人单位深刻认识做好防暑降温工作的重要性、紧迫性，做好迎接持续高温的思想准备，制定工作方案，落实防暑降温各项措施，改善作业环境，保障劳动者身体健康。二是各用人单位要贯彻作业时间要求，日最高气温达到40℃以上要停止当日室外露天作业，日最高气温达到37～40℃，暂停12时至15时高温时段露天作业。三是从2014年起，每年6月至8月，用人单位对室外露天作业人员高温津贴发放调整为每人每月不低于180元，在33℃以上室内工作场所作业的人员，高温津贴发放调整为每人每月不低于120元，并为高温天气作业的劳动者提供防暑降温饮料和必需药品，防暑降温饮料和必需药品不得充抵高温津贴。四是各区县相关部门要按照职责分工，做好各项防暑降温监管工作，加强协调、沟通与配合，开展多种形式的宣传教育和联合执法行动，督促企业落实各项防暑降温措施。

（刘卫坤）

【有限空间日夜连查】 6月10日至12日，市安全监管局组织有限空间市区联合日夜连查行动。东城、西城、朝阳、海淀、丰台、石景山区安全监管局，以及北京电视台、《北京日报》、《北京晚报》、《新京报》等新闻媒体参加检查。6月10日、11日晚23时至次日凌晨3时，执法人员分为6组，开展有限空间作业夜间执法检查。检查作业单位32家，有8家作业单位存在问题。主要问题是：未严格进行作业审批、未全程现场监护、未规范使用安全防护设施等。特别是北京建工机施分公司作业队伍现场管理混乱，未进行通风检测，未安排监护人员进行监护，无任何安全防护设备设施。针对发现问题，执法人员责令违规作业单位立即停止作业、进行整改，并接受市安全监管局约谈。6月11日15时至18时，执法人员分为4组，对光环电信集团、合力电信集团、电信工程局、电话工程公司有限空间安全管理情况进行检查，听取4家集团公司及其分公司有限空间作业安全管理工作汇报，实地检查一线作业队伍安全管理措施、设备设施配备等情况。

（刘卫坤）

【职业卫生监管干部培训】 6月18日至20日，市安全监管局在北京经济干部管理学院举办全市职业卫生监管干部培训班，来自17个区县的87名职业卫生监管干部参加培训。培训结合本市职业卫生职能调整工作实际，邀请市疾控中心职业卫生所、市化工职业病防治院的有关专家就《2013年职业病分类和目录》、《工业企业设计卫生标准》、职业卫生统计系统与职业健康监护信息管理系统使用、职业病防治法律法规及务实管理、建设项目职业卫生“三同时”及职业卫生技术服务机构监管、电离辐射及非电离辐射防护等方面进行讲解。通过培训，各区县职业卫生监管干部对自身相关业务工作有更深层次的理解，培训效果显著。

（陈阳）

【北京现代汽车预评价报告审核】 6月20日，市安全监管局召开北京现代汽车有限公司《发动机一厂/二厂技术改造项目职业病危害预评价报告书》《第一生产厂区小型SUV技术改造项目职业病危害预评价报告书》专家审查会议。建设单位北京现代汽车有限公司、评价单位北京市工业技术开发中心代表参加会议。专家评审组由国家安全监管总局职业安全卫生研究中心主任王雪涛、中国铁道科学研究院节能环保劳卫研究所所长阮志刚、中国石化集团公司职业病防治中心所长周学勤3位专家组成。专家组听取建设单位对工程概况介绍和评价单位对2个报告书汇报。经质询和讨论，同意2个报告书通过审核，并按专家意见修改后依程序上报。

（刘卫坤）

【华测北方检测技术公司评审】 6月23日至25日，市安全监管局完成北京华测北方检测技术有限公司申请资料形式和合法性审查，并组织专家组，采取查阅资料、现场查看、理论笔试、现场口试、现场实操、盲样考核、编制模拟报告等形式，对申请单位的组织机构、人员、工作场所及实验室、仪器设备、职业病危害因素检测能力、建设项目职业病危害评价能力和质量管理体系运行情况等7个考核要素、99项考核内容进行现场评审，考核结果整改后通过。

（刘卫坤）

【有限空间安全生产部署会】 6月30日，市安全监管局副局长阎军主持召开全市有限空间安全生产工作部署会。市发展改革委、住房城乡建设委、市政市容委、交通委、农委、水务局、广电局、通信管理局有关负责人，市电力公司、燃气集团、热力集团、养护集团、排水集团、移动北京分公司、北大方正宽带、电信工程局、合力电信集团等18家企业集团安全管理部门负责人参加会议。会议通报全市5月至6月有限空间执法检查情况，以及检查中发现的有限空间承发包管理不规范、在建工程有限空间作业存在安全隐患、作业现场安全要求落实不到位等问题，并重点从规范有限空间承发包管理、提升在建工程安全管理水平、开展高强度执法检查行动、加大宣传培训力度等方面对下一步工作进行部署。

（刘卫坤）

【市职防院挂牌成立】 7月14日，市编办正式批复北京市职业病防治研究院在北京市化工职业病防治院的基础上挂牌成立。市职业病防治研究院成立后，将有效弥补本市职业病防治科研机构和科研力量的不足，提升本市职业病防治工作水平。北京市职业病防治研究院的建立模式在全国尚属首创，起到表率和带头作用。

（陈阳）

【第二次有限空间日夜连查】 7月23日至25日，市安全监管局组织有限空间市区联合日夜连查行动。门头沟、房山、通州、顺义、大兴、昌平区安全监管局执法人员参加检查，北京电视台对本次行动进行报道。7月23日、24日晚23时至次日凌晨3时，执法人员分为6组，对东城、西城、朝阳、海淀、丰台、石景山区有限空间作业开展夜查，检查热力集团、隆科兴非开挖、创安亚非开挖、合力电信、光环电信等39家有限空间作业单位，有8家作业单位存在问题。主要问题是：未经检测下井作业、信息公示牌设置不规范、未规范使用安全防护设施、未严格进行作业审批、监护人未全程现场监护等。针对发现问题，执法人员要求违规作业单位立即停止作业、进行整改。7月24日15时至18时，执法人员分为4组，对金隅嘉华大厦物业、北京实兴金海物业、北京万商物业、北京铁路办事处、北方物业、金融街第一太平戴维斯物业等8家物业公司进行检查，听取8家物业公司关于有限空间承发包管理等情况汇报，实地检查有限空间安全设备设施配备情况。对3家物业公司存在安全生产协议不完善、承包单位资质审核不严、设备设施配备不符合要求等问题，执法人员要求物业公司完善安全生产协议内容，加强承包单位有限空间作业资质审核及相关设备设施配备等工作。

（刘卫坤）

【职业卫生执法检查】 8月7日至8日，市安全监管局副局长阎军带队，采取“四不两直”的方式，赴东城区、朝阳区、大兴区开展职业卫生执法检查。先后检查存在职业危害的北京亚斯缔洪建材有限公司、北京市温岭石业有限公司、中国体育报社印刷厂、北京天海工业有限公司等4家用人单位。检查发现，北京亚斯缔洪建材有限公司作业现场管理混乱、职业危害防护设施配备不全、生产布局不合理、有毒有害岗位未与无害岗位分离、无应急救援设施；北京市温岭石业有限公司工作场所与生活场所未分开，未设置独立休息室、职业病防护设施未及时维护、无日常运转检查和使用维修记录等；中国体育报社印刷厂职业健康体检项目不全、未及时组织体检异常人员进行复查、未进行职业危害劳动合同告知、防护用品发放无记录、作业现场未设置警示标志等。针对发现的问题，执法人员责令北京亚斯缔洪建材有限公司停产整顿，要求大兴区安全监管局进行复查；责令北京市温岭石业有限公司立即整改，8 月 16 日前整改完毕；责令中国体育报社印刷厂立即整改，在醒目位置设置职业病防治公告栏，在作业场所设置警示标志，在劳动合同中告知职业危害因素，并做好培训教育和防护用品发放记录。

（刘卫坤）

【生活垃圾焚烧职业病危害预评价】 8 月 13 日，市安全监管局召开《北京市朝阳生活垃圾综合处理厂焚烧中心项目职业病危害预评价报告书》专家审核会。项目建设单位北京市朝阳循环经济产业园管理中心、评价单位北京市疾病预防控制中心代表参加会议。专家组由国家安全监管总局职业安全卫生研究中心所长马骏、北京市化工职业病防治院院长李珏、北京市劳动保护科学研究所赵寿堂 3 位专家组成。会议听取建设单位对工程概况的介绍和评价单位对报告书的汇报，经质询和讨论，同意报告书通过审核，同时提出 3 条建议，要求评价单位和建设单位按专家组意见修改后，依程序上报。

（刘卫坤）

【粉尘危害专项治理督查】 8 月 14 日，市安全监管局对房山区水泥制造企业粉尘危害专项治理工作进行督查。督查组听取房山区安全监管局贯彻落实国家安全监管总局《关于加强水泥制造和石材加工企业粉尘危害治理工作的通知》精神和监督检查两类企业、培训两类企业人员、指导两类企业贯彻法律法规等情况汇报，随机抽查北京市太行前景水泥有限公司、北京强联水泥有限公司，重点对 2 家企业包装、装车工艺设备和除尘系统进行实地检查。2 家企业作业现场粉尘危害防护设施符合要求，公布粉尘危害防治规章制度和岗位操作规程，配备职业卫生管理人员，加大个体防尘用品投入，为从业人员配备取得认证的防尘口罩等。

（刘卫坤）

【有限空间安全生产督查】 8 月 15 日，市安全监管局督查北京勘察设计研究院有限空间安全生产工作，通报本市有限空间事故发生情况，分析事故发生的原因和有限空间作业管理存在的问题。北京勘察设计研究院汇报制度建立、人员培训、应急演练、安全投入、设施配备等有限空间安全生产管理情况。

（刘卫坤）

【职业卫生技术服务机构负责人培训】 8 月 19 日，市安全监管局在北京经济管理职业学院举办职业卫生技术服务机构主要负责人和技术负责人培训班，27 家机构的 72 名主要负责人和技术负责人参加培训。市安全监管局对《职业卫生技术服务机构年度评估检查评分细则》重点内容进行讲解，对年度评估检查工作进行部署，对技术服务机构管理提出要求。

中国安科院专家对国家安全监管总局印发的《职业卫生技术服务机构工作规范》进行解读，北京市疾病预防控制中心专家对职业卫生基础知识和《工作场所有害物质现场采样规范》进行讲解。

（刘卫坤）

【市职业病防治联合会成立】 8月25日，市民政局正式批复，准予北京市职业病防治联合会筹备成立。9月3日，市职业病防治联合会第一届会员大会在北京市会议中心举行，标志着北京市职业病防治联合会正式成立。来自企业、技术服务机构、科研院所等不同行业、不同领域的68家发起单位和部分职业病防治领域的专家学者参加会议。大会按照社团管理有关要求和程序，规范、高效地完成各项议程，全票通过章程、会费管理办法、选举办法等重要文件，选举产生市职业病防治联合会组织机构和执行机构，确定会长、常务副会长、副会长、秘书长等联合会负责人。

（陈阳）

【平谷职业卫生专项检查】 9月2日，市安全监管局到平谷区检查职业卫生工作。检查采取“四不两直”的方式，对北京华东乐器有限公司和北京星宇科技有限公司2家用人单位进行检查。检查发现北京华东乐器有限公司作业场所警示标志设置不全，未按照“一人一档”要求为劳动者建立职业健康监护档案，工作场所职业危害因素检测项目不全，职业卫生管理制度不健全等问题。针对检查存在问题，检查人员责令用人单位立即进行整改，并责成平谷区安全监管局对整改情况行复查。

（刘卫坤）

【总局调研大兴职业卫生工作】 9月15日，国家安全监管总局到大兴区调研职业卫生工作，市安全监管局和大兴区安全监管局主管领导参加调研。调研组采取“四不两直”方式对壳牌统一北京石油化工有限公司和博洛尼家居用品北京股份有限公司进行检查，听取2家单位职业卫生工作开展情况的汇报，并对相关生产车间进行检查。针对检查发现的问题，提出整改要求，并责成大兴区安全监管局对企业整改情况进行复查。调研组听取大兴区职业卫生示范企业创建、职业卫生基础建设年、职业病调查处理、职业卫生信息化建设、监督执法和委托执法等工作情况的汇报，并就有关问题进行研讨。

（刘卫坤）

【延庆职业卫生专项检查】 9月17日，市安全监管局到延庆县对中材科技风电叶片股份有限公司职业卫生管理工作进行检查。检查组对该单位模具车间、模板合成车间、打磨车间进行检查，查看职业卫生管理制度、工作场所职业危害检测报告、职业健康体检报告等资料。检查发现，该单位建立职业卫生管理制度和操作规程，对接触职业危害的劳动者进行职业健康体检，发放符合标准的劳动防护用品。但该单位存在职业病防护设备设施不完善、作业现场管理和生产布局不合理等问题。针对存在的问题，检查组提出3项整改要求：一是加强现场管理，做好工人接触性防护，油漆桶需加盖并集中放置；二是合理布局生产车间，将打磨、喷漆车间分离设置；三是加强设备设施管理，设置有效的除尘设备。

（刘卫坤）

【同仁堂健康药业公司现场检查】 10月23日，市安全监管局采取“四不两直”的方式，赴海淀区对北京同仁堂健康药业股份有限公司职业卫生管理工作进行现场检查。检查组重点检查职业病防治管理措施、职业危害项目申报、作业现场管理、职业危害因素检测、个人防护用品佩戴、职业危害防护设施配备、职业危害告知、职业卫生宣传教育培训、职业健康监护等工作情况。经检查，该公司按照有关法律法规要求设置职业卫生管理机构，开展职业危害因素检测与监测，组织定期职业健康体检，参加职业卫生有关培训，配备符合标准的防护用品。但检查发现该公司存在职业卫生制度和相关规程不完善的问题。针对发现问题，检查组要求该公司立即整改。

（刘卫坤）

【德康莱公司评估检查】 11月2日，市安全监管局对北京德康莱安全卫生技术发展有限公司进行评估检查。评估组依据《职业卫生技术服务机构工作规范》《北京市职业卫生技术服务机构年度评估检查办法》等相关文件，对该公司的组织机构、实验室管理、职业卫生服务业绩和质量、实验室盲样考核、遵纪守法情况进行评估。从评估检查情况看，该公司组织机构健全，技术人员配备合理，能够按照工作规范开展职业卫生技术服务；实验室设备先进，相关警示标志张贴规范合理；职业病危害因素现场调查记录内容翔实，职业病危害评价报告编写规范、结论正确；能够配合大兴区安全监管局、开发区安全监管局开展职业卫生延伸服务；参加中国疾控中心和中国职业安全健康协会职业卫生技术服务分会组织的实验室间比对工作。对于评估检查中发现的问题，评估组与该公司负责人和技术人员交换意见，并督促其立即整改。

（刘卫坤）

【中瑞环泰科技公司评估】 11月4日，市安全监管局对北京中瑞环泰科技有限公司进行年度评估检查。评估组严格对照《职业卫生技术服务机构工作规范》《北京市职业卫生技术服务机构年度评估检查办法》等相关文件，采取检查实验室、查阅书面材料、听取工作汇报的方式，对该公司的组织机构、实验室管理、职业卫生服务业绩和质量、实验室盲样考核、遵纪守法情况进行检查评估。从评估检查情况看，该公司组织机构健全，内部管理规范，技术人员配备合理，实验室设备先进，能够按照工作规范的要求开展职业卫生技术服务，能够为区县安监局和用人单位提供较为全面的职业卫生技术支持服务。但检查中也发现存在实验室安全管理不够到位、仪器设备不够完善、检测报告编制不够规范等问题。针对检查中发现的问题，评估组公司与公司相关负责人和技术人员深入交换意见，并督促其立即整改。

（刘卫坤）

【地方标准专家预审】 11月20日，市安全监管局召开专家预审会，对《工作场所防暑降温技术规范（送审稿）》进行审查。中国安科院、市劳保所等单位的7位专家及地方标准起草单位相关人员参加会议。专家组在听取标准编制情况汇报和逐项审查后，一致同意该标准通过预审。一是标准对北京市用人单位工作场所防暑降温工作具有现实指导意义，对提高用人单位高温作业管理水平具有重要作用。二是标准制定过程中对用人单位高温作业工作场所进行广泛调研，参考国内外与防暑降温工作相关技术和标准，征求各方面意见。三是标准结构较合理、内容完整，具有较强针对性、实用性及可操作性。四是标准制定过程符合规定程序，形成文本符合 GB/T 1.1 要求以及北京市地方标准管理有关规定。

（陈阳）

【职业病防护设施验收】 11 月 27 日，市安全监管局组织专家成立验收组，对北京京东方显示技术有限公司第 8.5 代薄膜晶体管液晶显示器件（TFT—LCD）120K 扩产项目职业病防护设施进行现场验收。验收组听取建设单位北京京东方显示技术有限公司对项目有关情况的介绍，以及评价单位北京市工业技术开发中心对《北京京东方显示技术有限公司第 8.5 代薄膜晶体管液晶显示器件（TFT—LCD）120K 扩产项目职业病危害控制效果评价报告书》编制情况的汇报，实地查看项目阵列工程、彩膜工程等存在职业危害因素的重点工作场所管理情况，并对规章制度、职业卫生档案、个人防护、教育培训等资料进行核查、质询。经检查，该项目建立职业病防治责任制度、职业卫生管理制度、职业卫生档案，设置职业卫生管理机构和人员满足要求、现场各种前期预防工作完善、职业卫生管理符合要求，职业病防护设施预算、管理、维护符合要求，劳动者配备个体防护用品并经培训考试合格。验收组同意该项目职业病防护设施通过验收，要求评价单位按专家意见修改报告，建设单位按专家意见及修改后的报告书对职业病防护设施及管理措施进行整改，严格落实工作场所职业卫生管理规定。

（刘卫坤）

【在岗职业病调查】 12 月 5 日，市安全监管局采取“四不两直”方式，深入中煤北京煤矿机械有限责任公司一线工作场所，对 4 名在岗劳动者罹患职业性耳鼻喉口腔疾病（职业性铬鼻病 2 名、职业性轻度噪声聋 2 名）情况进行调查。调查人员对该公司电镀车间、污水处理车间、镀铬车间、镀锌车间、空压站等存在职业危害因素的重点工作场所进行检查，查阅有关职业卫生管理文件、资料，听取职业卫生管理及职业病发病、处理情况介绍。经检查，4 名被确诊为职业性耳鼻喉口腔疾病的在岗劳动者，均接触职业危害 6 年以上，其中 1 人近 20 年。为预防、控制职业病危害，该公司按照《职业病防治法》规定，将 4 名劳动者调离原岗位，并正在为其进行工伤认定申请。该公司先后投入 1000 余万元资金，拆除动力分厂空压站活塞式空压机，减少噪声强度；在镀铬、镀锌车间安装通风净化设施，改善作业环境；采购符合国家标准的劳动防护用品；配备 3 名专职职业卫生管理员，组织职业卫生检测评价、职业健康体检，开展职业卫生培训。检查发现该公司存在的主要问题：一是未及时申报变更职业病危害项目内容；二是未按规定开展职业病危害现状评价；三是未在可能发生急性职业损伤的有毒、有害工作场所设置报警装置，配备急救用品、冲洗设备；四是未设置公告栏，警示标志不足。针对检查发现的问题，市安全监管局要求中煤北京煤矿机械有限责任公司，立即整改存在的问题，严格落实职业病防治主体责任，为劳动者创造符合职业卫生要求的工作环境。并责成房山区安全监管局对整改情况进行复查。

（刘卫坤）

【总局职业卫生技术服务机构检查】 12月9日至11日，国家安全监管总局职业健康司副司长王建冬带队对本市职业卫生技术服务机构进行专项检查。检查组依照《职业卫生技术服务机构监督管理暂行办法》《职业卫生技术服务机构工作规范》等相关文件，通过查阅档案资料、人员访谈、现场检查等方式，从资质管理规定执行情况、职业卫生技术服务专职技术人员管理情况、职业卫生技术服务客观真实性情况3方面着手，检查北京中职安康科技有限公司、北京市化工职业病防治院、中国安全生产科学研究院3家甲级机构。从检查情况看，3家机构资质证书使用管理严格，能够按照业务范围和相关要求开展技术服务工作，对专职技术人员管理严格，并能够保持技术服务的客观真实性。检查发现的主要问题：评价方案不规范、缺少部分仪器设备、实验室布局不合理、评价报告网上公开不及时等。针对存在的问题，检查组要求相关职业卫生技术服务机构立即进行整改，并将存在的问题在国家安全监管总局网站公布，由属地安全监管部门依法处理。

（刘卫坤）

【热电厂职业病危害评审】 12月19日，市安全监管局召开专家审核会，对《华能北京热电厂三期扩建工程职业病危害预评价报告书》进行评价审核。中国石化集团公司职业病防治中心、北京市劳动保护科学研究所有关专家，以及华能北京热电有限责任公司（建设单位）、中国安全生产科学研究院（评价单位）有关人员参加会议。会上，审核组听取建设单位对华能北京热电厂三期扩建工程概况介绍，以及评价单位对报告书的编制情况汇报。审核组就报告书评价依据、评价方法、类比调查、职业病危害分析预评价等内容与评价单位进行质询和讨论。审核组同意报告书通过审核，要求评价单位修改报告书，上报市安全监管局。

（刘卫坤）

【职业病防治所调研】 12月25日，市安全监管局对燕山石化职业病防治所进行调研。调研组听取燕山石化职业病防治所工作汇报，实地查看实验室和体检中心，并就职业卫生发展方向、技术服务机构质量控制、建设项目“三同时”评价、职业病诊断等问题进行研讨。燕山石化职业病防治所具有职业卫生评价与检测、职业健康体检、建设项目环境影响评价与检测、心理健康咨询、安全评价等资质的综合性机构，具有人才和技术优势，先后参加《职业病防治法》及配套规章起草修订，以及多项国家标准、行业标准的制定，完成60多项科研课题。

（刘卫坤）

【区县首次职业病防治评估】 12月，本市首次对17个区县职业病防治评估工作完成。此次评估具体实施由市安科院牵头负责，市安科院、疾控中心、劳保所和国家安全监管总局职业安全卫生研究中心、市化工职防院分别组织专家，成立5个评估小组对各区县职业危害防治工作进行评估。评估采取资料审查与现场抽查相结合的方法，按照统计学抽样原则，通过"北京市作业场所职业病危害申报管理系统"，从每个被评估区县抽取20～30家存在职业病危害的用人单位进行评估。评估内容主要包括用人单位负责人职业卫生培训率、用人单位劳动者上岗前职业卫生培训率、接触职业病危害作业劳动者职业健康检查率、工作场所职业病危害因素检测率、工作场所职业病危害告知率、工作场所职业病危害警示标志设置率以及职业病危害防治监督覆盖率等7项指标。

（陈阳）

【指导区县职业卫生"三同时"】 本年，市安全监管局采取多项举措，指导区县职业卫生"三同时"工作的开展。一是印发指导手册，对建设项目职业卫生"三同时"工作所需资料进行梳理，编制《职业卫生"三同时"监管指南》，内容包括职业卫生"三同时"审查所需法律法规、文书模板、审查程序、表格资料等，并下发给各区县安全监管局。二是组织相关区县观摩市安全监管局开展的建设项目职业卫生"三同时"审核、审查和竣工验收工作。三是深入区县采取"一对一"的形式帮助指导区县做好职业卫生"三同时"备案、审核、审查和竣工验收工作。

（刘卫坤）

【职业危害专项治理长效机制】 本年，市安全监管局初步建立职业危害专项治理长效机制。一是固化常态的专项治理行动，贯彻落实《防暑降温措施管理办法》，每年7月至8月夏季高温季节，会同市卫生计生委、人力社保局、总工会，对建筑施工单位、存在高温作业的单位进行防暑降温联合检查，督促用人单位落实各项防暑降温管理措施。二是建立调研、治理、巩固和提高的专项治理模式，每年选取一个行业开展专项治理行动，改善工作场所条件，提升管理水平；每年选取一个行业开展"回头看"行动，巩固专项治理成效，扩大治理成果。三是做好专项治理工作"三结合"，把职业危害专项治理行动与提升企业职业卫生基础相结合，与贯彻落实职业卫生法规标准相结合，与提升监管干部执法能力和业务素质相结合。

（刘卫坤）

【职业卫生监控指标体系】 本年，市安全监管局依据职能调整和重点工作，建立健全职业卫生监控指标体系。将监控指标体系扩展为建设项目"三同时"审查、职业病危害项目申报、职业病危害检测、职业病危害合同告知、警示标志设置、接触职业病危害劳动者职业健康体检情况6个常规指标和职业卫生基础建设情况、职业健康档案建立情况两个重点工作指标。

（陈阳）

【职业病危害申报数据和检测】 本年，全市申报存在职业病危害单位数量5669家，进行职业病危害检测单位数量5214家，检测率92%；进行职业危害合同告知单位数量5627家，职业危害合同告知率99%；设置警示标志单位数量5634家，警示标志设置率99%；单位负责人培训合格单位数量5381家，负责人培训率95%；劳动者上岗培训单位数量5496家，劳动者岗前培训率96%；进行职业健康检查单位数量5260家，体检率93%。全市存在职业危害场所15240处，其中粉尘职业危害场所4802处，化学物质职业危害场所5670处，物理因素职业危害场所5088处，其他职业危害场所240处。接触职业病危害因素劳动者165176人，其中接触粉尘55991人，接触化学物质59110人，接触物理因素51614人，接触其他职业危害因素5903人。

（陈阳）

宣传培训

【特种作业考点建设标准研讨】 1月9日，市安全监管局召开特种作业考点建设标准研讨会，研究本市特种作业考点建设标准工作。海淀区、石景山区、门头沟区、房山区等8个区县安全监管局有关负责人，以及部分特种作业考试承担机构负责人参加会议。参会人员就《北京市特种作业人员安全技术考试考点建设标准》（讨论稿）和电工、焊工、制冷实操考点设备条件，进行深入研讨并提出意见和建议。

（王罡）

【“买烟花摇一摇”手机软件】 1月24日，马年“买烟花摇一摇”软件安卓系统手机版正式上线。该软件可以查询烟花爆竹销售点的单位名称、经营地址、所属区县街道、网点编码，以及16个禁放地点、燃放时间规定、安全环保提示、烟花爆竹投诉举报电话等信息。可查询所在位置3公里内所有正规烟花爆竹销售点信息，并提供到全市所有1178个销售点的距离测算和路线导航等服务。

（焦文霞）

【危险化学品和烟花爆竹安全访谈】 2月12日，市安全监管局与首都之窗网站录制播出“热线直播间”安全生产直播访谈节目。市安全监管局相关人员对危险化学品和烟花爆竹安全管理工作进行介绍，并就涉氨制冷企业液氨使用专项治理和涉及危险化学品使用单位安全管理等工作，与主持人深入交流，介绍市民工作和生活中较易接触的危险化学品种类和特性，对各类化学品的日常安全注意事项进行交流。

（焦文霞）

【特种作业培训考核调研】 2月13日，市安全监管局副局长贾太保带队赴中国石化北京燕山分公司调研特种作业培训考核工作。市安全监管局有关处室和房山区安全监管局有关负责人参加调研。调研组听取北京燕山分公司关于安全生产培训考核工作的汇报，就“三项岗位”人员安全培训考核、特种作业人员日常管理、特种作业危险化学品作业项目考核筹备及安全生产培训演练基地建设等情况进行研讨，实地参观燕山石化教培中心安全生产培训演练基地。

（王罡）

【外来务工人员安全宣传教育】 2月18日，市安全监管局印发《关于组织开展外来务工人员安全生产宣传教育活动的通知》，组织北京铁路局、北京公交集团、北京地铁运营公司、京港地铁公司、祥龙公司在重点交通枢纽开展宣传活动。活动专门设计制作“各类安全事故案例”等视频教育片、安全知识手册、环保袋、遮阳帽、安全生产扑克等宣传品。活动至3月20日结束，发放公益宣传品5万份，安全生产公益视频播放15.72万次，直接受教育人数超过146.5万人次。

（焦文霞）

【安全生产宣传工作会议】 2月25日，市安全监管局局长张树森参加北京市安全生产宣传工作会。会议全面总结2013年安全生产宣传工作并部署2014年工作。市委宣传部副部长崔耀中、市总工会副主席高小强参加会议。会议印发《2014年北京市安全生产宣传工作指导意见》，明确2014年安全生产宣传工作指导思想、工作目标、重点任务及工作要求。会上还为2013年北京市安全文化建设示范企业、2013年“北京建工杯”首都百万一线职工安全生产知识竞赛优秀组织奖、2013年北京市安全生产题材优秀宣传作品获奖者代表进行表彰颁牌。各区县（开发区）委宣传部、安全监管局有关领导，部分市安委会成员单位及相关行业部门安全生产工作负责人，中央及市属企业集团总公司、大型连锁企业安全生产工作负责人，以及部分新闻媒体记者共160余人参加会议。

（焦文霞）

【安全生产培训考核工作会议】 2月27日，市安全监管局召开2014年全市安全生产培训考核工作视频会，宣传贯彻《关于进一步加强企业特种作业安全管理工作的指导意见》《北京市特种作业人员安全技术考核管理办法》，部署全市安全生产培训考核工作。会议对《指导意见》《管理办法》进行解读，部署2014年全市安全生产大培训工作。大兴区安全监管局、昊华能源公司木城涧煤矿、首钢技师学院结合工作实际，汇报安全生产培训考核工作开展情况。

（王罡）

【液氨制冷作业安全培训教材审定】 3月4日，市安全监管局召开液氨制冷作业安全培训教材审定会，北京制冷学会、将台路职业技能培训学校参加审定会。会上，市安科院汇报液氨制冷特种作业培训教材修编工作情况和教材修编重点内容和主要特点，与会专家围绕教材的具体内容提出增加液氨储存等法规、补充设备安装事故案例、适当增加新型制冷剂等建议。会议原则通过教材的审定。

（王罡）

【特种作业实操考点建设方案研讨会】 3月12日，市安全监管局召开特种作业实操考点示范工程的建设方案（标准）研讨会。首钢技师学院、北京金隅科技学校、密云县职业技术学校、将台路职业技能培训学校、北京商贸学校、北京燕山石化教育培训中心有关负责人参加会议。与会单位结合自身实际，分别汇报实操考点示范工程建设思路及方案（标准）起草思路，就示范工程建设标准及时间节点进行讨论，并提出意见和建议。

（王罡）

【安全社区例会】 3月13日，市安全监管局召开2014年安全社区建设工作例会，明确安全社区建设工作指导思想、工作目标、工作思路、工作任务，并进行分工。按照“统筹规划、试点先行、重点突破、有序推进”的思路，以朝阳区、顺义区两个全国安全示范城市安全社区建设工作为重点，通过增加已建成市级安全社区区县创建数，加大已启动市级安全社区创建工作力度，督促未开展创建试点工作区县的创建试点工作等方法，完成全年安全社区创建工作的目标。

（焦文霞）

【“12350”热线访谈】 3月14日，市安全监管局与首都之窗网站录制播出“热线直播间”安全生产直播访谈节目。市安全监管局举报投诉中心负责人围绕“12350”热线运行整体情况、工作特点、市民评价等进行介绍，举例讲述受理市民举报投诉案件过程中的感人故事。同时，对市民举报案件转办流程、办理和回复制度等工作进行说明。结合市民举报咨询的特点，对市民如何利用“12350”举报热线，发现和消除身边的安全生产隐患进行指导。节目列举大量市民举报和咨询的实际案例，帮助网友了解安全生产工作，引导市民参与安全隐患的查找和举报工作。

（焦文霞）

【安全文化建设示范企业培训】 3月21日，市安全监管局举办的北京市安全文化建设示范企业培训班暨现场会在顺义区中北华宇建筑工程公司培训基地举办，各区县安全监管局，有关市属企业集团（总公司）和企业相关负责人100余人参加培训。会议介绍近3年本市开展安全文化建设示范企业工作的整体现状，存在的问题和下一步工作安排。全国安全文化专家、北京市安全文化示范企业创建工作专家组组长宋守信教授以《安全文化与安全风险管理》进行授课。随后，组织学员分两批实地参观学习中北华宇和顺鑫农业安全文化建设工作。

（焦文霞）

【安全生产题材优秀宣传品获奖】 3月26日，全国安全生产月活动组织委员会机构负责人会议在北京召开，会议通报2013年全国安全生产题材优秀宣传作品征集评选结果，北京市报送的7件作品分别获得一、二、三等奖，占获奖总数的11.7%。2013年，市安全监管局按照全国安全生产月活动组委会要求，自上而下开展安全生产题材优秀宣传作品评选活动，组织全市各区县和行业主管部门积极报送优秀作品参加评选，收到安全生产宣传作品百余件。全国安全生产月活动组委会组织专家初评、复评、终评，西城区安全监管局拍摄的《让明天更加美好高处悬吊作业操作规范》电视片获一等奖，昌平区安全监管局拍摄的《火灾案例》警示片和市安全监管局宣教中心拍摄的《以生命的名义》警示片分获二等奖，市交通委选送的《京港地铁乘客及员工教育》宣传片获得三等奖。《北京市交通运输行业安全生产大检查》宣传海报、《安全生产月报》，以及《2013年北京市旅游行业安全与保险知识竞赛》宣传海报获得优秀奖。

（焦文霞）

【液氨制冷特种作业培训考核协调会】 3月26日，市安全监管局召开协调会，研究本市涉氨制冷企业特种作业人员培训考核工作。会上，市安科院汇报液氨制冷特种作业人员安全培训考核情况及下一步工作安排。与会人员围绕培训教材、实操考点、考务组织等具体问题进行研讨。会议要求，一是做好液氨制冷特种作业人员安全培训考核工作，5月底正式启用新版教材题库开展培训考试，对于考试合格人员，发放《特种作业操作证》；二是加强涉氨企业已取得特种作业操作资格人员的培训考核工作，对于涉氨企业取证人员，由市安全监管局集中组织专项培训，按照新版教材培训内容和考核要求培训考试，对于考试合格人员，换发《特种作业操作证》。

（王罡）

【职业技能鉴定所审核】 3月27日，市人力社保局组织专家对市安全监管局所属的市安科院职业技能鉴定所进行现场审核。市安科院汇报职业技能鉴定所前期准备工作，市人力社保局有关领导和专家组对鉴定所规章制度、机构设置等进行评审，对设备设施进行现场审核。经专家组研究讨论，一致认为市安科院职业技能鉴定所基本符合要求，原则通过审核。

（王罡）

【特种作业“三化”实操考试点建设研讨会】 4月9日，市安全监管局召开特种作业“三化”实操考试点示范工程建设研讨会，就《关于开展特种作业“三化”实操考试点示范工程建设的指导意见》征求各有关单位意见。国家安全监管总局人事司、培训中心有关负责人参加会议。会上，市安科院介绍《指导意见》的主要内容，与会人员结合工作实际，从制度建设、设备标准、信息化、过程控制、应急处置、安全文化等6个方面，对《指导意见》提出意见和建议。

（王罡）

【职业病预防访谈】 4月22日，市安全监管局与首都之窗网站录制播出“热线直播间”安全生产直播访谈节目。市安全监管局职业卫生监督处负责人围绕职业病的概念、本市职业病易发的行业领域、职业病预防主要政策措施等，进行介绍。对企业应当履行的职业病防控责任、实施的防控职业病措施，以及对职业病患者权益保障等工作进行说明。并重点对企业劳动防护用品选用配发和佩戴监督等责任进行介绍，举例说明各类合格劳动防护用品规格要求。节目中就网友提问进行回答，帮助市民了解职业危害因素，预防职业病发生。节目同时对一季度全市安全生产形势进行通报。

（焦文霞）

【城乡结合部地区专项宣传】 5月7日，市安全监管局印发《关于在城乡结合部地区开展安全生产集中专项宣传的通知》，6月至8月底开展城乡结合部地区专项宣传。活动组织安全生产宣讲，借助多种手段，增强安全生产“红线”意识、法律法规、安全知识等宣传。

（焦文霞）

【“十佳安全生产监管卫士”评选】 5月12日，市安委会办公室启动“十佳安全生产监管卫士”评选活动。此活动是全市安全生产月活动之一，旨在通过层层推荐及公开评选，评出政治坚定、业务过硬、作风优良、甘于奉献、清正廉洁的十佳安全生产监管卫士，树立安全生产监管先进典型。活动面向各区县、市有关部门在编安全生产监管干部，分为推荐、评选、表彰3个阶段。活动收到来自全市31个单位报送的88份先进事迹材料，经过资格审查、提名候选人、宣传公示、网上投票等环节，于11月底结束，最终评选出10名北京市“十佳安全生产监管卫士”。

（焦文霞）

【安全生产月部署】 5月16日，全国安全生产月活动动员视频会议后，北京市立即召开2014年安全生产月活动动员部署电视电话会议。副市长张延昆参加会议并讲话，市安全监管局局长张树森部署活动内容。2014年安全生产月活动主题是“坚守红线意识，保障城市安全”。分为警示教育周，隐患排查治理周、安全文化周、应急演练周。活动内容包括全市性活动、区县性活动、行业性活动与生产经营单位活动。全市性活动13项，包括安全生产“大宣讲”、宣传咨询日、安全生产影视片巡回展映、“安全伴我在校园，我把安全带回家”主题征文、安全文化论坛等传统活动，以及“安全是永恒的旋律”主题情景剧大赛、家庭安全知识竞赛等创新性活动。市和区县安委会有关成员单位、部分企业代表参加会议。

（焦文霞）

【“安全是永恒的旋律”情景剧大赛】 5月20日，“安全是永恒的旋律”主题情景剧大赛正式启动。大赛由市安全监管局与市文化局主办、北京市曲剧团承办，以企业为参赛单位，企业职工为参赛对象，分为市属企业和区县两个竞赛组。活动持续到10月，分为初赛、复赛、决赛和组织巡演4个阶段。大赛收到情景剧作品90件，其中22家市属企业报送作品65件，13个区县安全监管局报送作品25件。7月18日，主题情景剧大赛结束复评，评选出32支代表队伍进入决赛，其中企业组17支、区县组15支。9月11日至12日，情景剧大赛结束决赛，评出企业组一等奖2名、二等奖6名、三等奖9名，区县组一等奖2名、二等奖5名、三等奖8名，最佳导演奖、最佳编剧奖各3名，最佳演员奖6名，最佳表演集体奖1名，优秀组织奖4名。9月24日，情景剧大赛汇报演出成功举办，市安全监管局局长张树森、副局长蔡淑敏，市文化局副局长王鹏，顺义区区长卢映川等领导出席观看演出，并为获奖单位及个人颁奖。来自22家参赛企业、17个区县（开发区）300余人观看演出。

（焦文霞）

【总局赴首钢调研培训考核工作】 5月23日，市安全监管局局长张树森、副局长贾太保参加国家安全监管总局副局长徐绍川带队到首钢技师学院调研安全生产培训考核工作。调研组参观首钢技师学院网管中心安全生产远程教学平台和特种作业实操考试基地，与部分区县安全监管局负责人及培训机构负责人进行座谈。座谈会上，首钢技师学院汇报安全生产培训考核工作情况及特种作业“三化”实操考试点建设推进情况，大兴区安全监管局汇报安全生产大培训工作开展情况。

（王罡）

【安全监管暂行规定培训】 5月27日，市安全监管局在市经济管理职业学院举办工贸企业有限空间暨食品生产企业安全监管暂行规定专项培训，各区县、北京经济技术开发区安全监管局和金隅、首钢、首农、京粮等13个市属企业集团有关负责人参加培训。中国安科院和市劳保所专家对暂行规定进行解读，并就安全监管工作中的问题进行互动交流。培训结束后，将《工贸企业有限空间作业安全指导》教学光盘陆续发放到全市各区县和乡镇街道安全监管机构。

（赵昕）

【特种作业管理工作联席会议】 5月30日，市安全监管局召开2014年特种作业管理工作联席会议，研究部署特种作业及特种设备作业人员安全管理工作。市住房城乡建设委、质监局、公安局消防局、华北能源监管局有关负责人参加会议。会上，市安科院介绍《北京市特种作业、特种设备作业人员“双打”专项执法行动方案》（征求意见稿），与会人员对方案进行研讨，就开展“双打”行动提出意见和建议。

（王罡）

【安全社区培训班】 5月30日，市安全监管局举办安全社区创建工作培训班。邀请中国职业安全健康协会安全社区办公室主任欧阳梅，围绕安全社区的发展与启示、推进安全社区建设的意义与目的、主要内容、长效机制等，讲授安全社区创建工作。大兴区安全监管局、东直门街道办事处、庞各庄镇传授经验。培训还就有关安全社区创建工作进行交流。各区县、北京经济技术开发区安全监管局分管安全社区建设工作的负责人，各区县申请创建市级安全社区的乡镇街道相关分管领导约110人参加培训。

（焦文霞）

【安全社区建设三年计划】 5月，市安全监管局启动安全社区建设三年计划制定工作。协调北京城市系统工程研究中心，就北京市安全社区建设三年计划制定的有关事项进行第二次研讨，明确安全社区建设三年计划的指导思想、工作目标、重点任务和完成制定的具体时间，并对安全社区建设三年计划内容提出要求，围绕首都功能核心区、城市功能拓展区、城市发展新区、生态涵养发展区等首都功能分区定位和16个区县实际，制定具有可操作性和实用性的三年工作计划，打牢社区安全生产工作的基础。

（焦文霞）

【应急救援制度建设访谈】 6月3日，市安全监管局与首都之窗网站录制播出“热线直播间”安全生产直播访谈节目。市安全监管局应急处负责人围绕全市安全生产应急救援制度建设、重点行业领域应急预案编制、应急响应机制、应急物资储备等方面内容，回答主持人提问。并重点就全市第一届矿山救援技术竞赛、全市应急救援队伍建设等情况进行介绍。节目同时对全市安全生产形势进行通报。

（焦文霞）

【安全生产月宣传咨询日】 6月16日，2014年北京市安全生产月宣传咨询日活动在朝阳公园南门广场举行。本次活动由市安全监管局和朝阳区政府主办，活动主题为“坚守红线意识，保障城市安全”。国家安全监管总局副局长徐绍川，北京市市长王安顺、副市长张延昆、市政府副秘书长刘志出席活动，市安全监管局局长张树森、副局长蔡淑敏参加活动。市安全监管局参加部分区县和企业的宣传咨询日活动。活动中，与会领导和群众一同参加现场各项咨询活动。与往年相比，本次咨询日活动首次设置现场咨询和座谈会两个部分，并将线下咨询与线上咨询结合起来。除朝阳公园的主会场咨询活动外，全市各区县、各行业、各企业、各乡镇街道也在当天组织开展宣传咨询日活动，首都之窗网站专门设置安全生产宣传咨询日特别节目，接受市民在线咨询。“北京安监”官方微博设置“幸福家庭源于安全”的话题与网友进行线上交流互动。“12350”举报投诉电话实行24小时人工接听市民来电咨询。多种宣传咨询方式的应用，有效扩大咨询日活动的社会影响力和关注度。

（焦文霞）

【宣传咨询日座谈会】 6月16日，在北京市安全生产月宣传咨询日现场活动结束后召开的座谈会上，与会领导与基层安全监管干部、企业负责人进行座谈，副市长张延昆主持会议。会上，市安全监管局局长张树森汇报贯彻落实习近平总书记系列讲话精神的情况，朝阳、顺义、通州等区县领导也分别就安全生产工作改革创新、隐患排查治理等工作进行汇报。市长王安顺在讲话中，对国家安全监管总局多年来对北京市安全生产工作的支持表示感谢，并对本市安全生产工作提出4点要求。一是牢固树立安全发展理念，绝不能为发展经济而降低安全生产标准。二是加强安全生产源头治理，全面深入排查安全隐患。三是着力构建齐抓共管的工作格局。四是坚决落实"全覆盖、零容忍、严执法、重实效"的工作要求，以高度的政治责任感完成好安全生产各项工作任务。

（焦文霞）

【宣传咨询日访谈】 6月16日，市安全监管局与首都之窗网站录制播出"热线直播间"安全生产直播访谈节目。直播访谈以北京市第13个安全生产月宣传咨询日活动为背景，围绕安全生产举报投诉和安全生产执法工作，与网友进行交流。节目呼吁更多市民自觉承担责任，参与安全生产相关工作。

（焦文霞）

【"青安岗"创建活动】 6月27日，2014年度北京市青年安全生产示范岗（简称"青安岗"）创建活动工作会在首发集团京沈分公司白鹿收费所隆重举行。会议由市安全监管局副局长蔡淑敏主持，团市委副书记杨立宪对"青安岗"工作进行介绍，市安全监管局局长张树森、团市委书记常宇参加会议并讲话。全市各区县安全监管部门和区县团委负责人，中央在京和市属大型企业有关负责人，以及一线职工代表，约200人参加会议。"青安岗"活动是团市委和市安全监管局共同主办的一项安全生产品牌宣传活动，自活动发起后，数千个企业基层青年集体参与其中，数百个青年岗位、班组被授予"青安岗"称号，发挥团组织凝聚青年、调动青年、激发活力的作用。"青安岗"活动6月至7月开展交流培训；8月至10月开展市级安全生产管理大师赛；11月开展安全隐患排查整改月活动。此后延续至翌年5月，集中开展"青安岗"评审和命名表彰。

（焦文霞）

【安全主题影视片巡展】 6月30日，北京市安全主题影视片巡展启动仪式在西城区新兴建设集团建筑工地举行，200多名一线施工人员参加活动，观看《建筑施工事故案例警示教育片》和优秀故事片《盲探》。影视片巡展活动有4个特点。一是突出深入基层，深入农村、社区、工地等基层一线进行巡演，使活动更有实效。二是丰富活动内容，巡展由百场电影进工地、城乡结合部地区影视片展映，以及数字电影放映3部分组成，增强活动影响力。三是突出安全知识宣传，选取《建筑施工事故案例警示教育片》《以生命的名义》两部警示教育片，借助真实事故案例提升企业员工安全意识。四是创新形式，增强活动趣味性和互动性，企业工人从10部优秀故事片中自主选择影片进行观看，有效提升一线员工兴趣，丰富业余文化生活。截至7月22日，安全主题影视片巡展活动在东城区、西城区、丰台区等15个区县放映1653场次，观众达21331人次。

（焦文霞）

【安全心语短信征集】 6月，“幸福源于安全”安全心语手机短信征集活动正式启动。活动面向社会公众和企业生产一线员工，围绕“幸福源于安全”主题，以一句话、一条标语、一副对联、诗、词、一个小故事等形式，发送手机短信至“12350”。17个区县（开发区）、34家市属企业组织相关单位参加征集活动，社会公众、企业一线员工踊跃编发短信，参与人数达3万多人，接收到安全心语短信39334条。通过初评、终评，于9月9日最终评选出一等奖短信5条，二等奖短信19条，三等奖短信47条。

（焦文霞）

【家庭安全知识竞赛】 6月至8月，市安全监管局联合市妇联共同组织开展家庭安全知识竞赛活动。活动以“人人学安全，家家享平安”为主题，以企业职工家庭为对象，覆盖全市所有生产经营单位职工。竞赛采用“单位组织”“公众参与”两种形式。“单位组织”方式以由父亲、母亲、子女组成的家庭队为单元，按照基层选拔、区县预赛、市级复赛、竞赛总决赛4个阶段，产生冠、亚、季军家庭。总决赛邀请北京电视台进行录播，并在现场设置互动参与环节。“公众参与”方式，主要借助《北京青年报》、市安全监管局及市妇联政务网站，面向公众开展有奖答卷活动。本次竞赛还设有选做题，市民和职工可以通过市安全监管局网站举报栏目对身边的安全生产隐患进行举报，并且可以关注“北京安监”微博，进行在线留言。8月7日，16个家庭代表区县参加市级复赛，最终西城、朝阳、海淀、丰台、大兴、顺义等6支区代表队成功晋级市级总决赛。8月24日下午，总决赛在北京电视台拉开序幕。经过激烈角逐，最终产生冠军、亚军和季军家庭，其中西城区代表队摘得桂冠。决赛现场还从8363个参与“公众答卷”活动的家庭中抽取35名幸运家庭。国家安全监管总局人事司（宣教办）监察专员杨占科，北京市安全监管局局长张树森、副局长蔡淑敏，北京市妇联副主席常红岩，北京青年报社常务副社长李小兵出席活动，并为获奖家庭颁奖。总决赛实况于9月中旬在北京电视台科教频道播出。

（焦文霞）

【安全社区调研】 7月2日至11日，市安全监管局组织相关安全社区专家组成调研组，深入东城区、朝阳区、丰台区、大兴区、房山区、密云县开展安全社区建设实地调研工作。调研组结合全市安全社区建设实际，了解各区县安全生产、公安、消防、教育、民政、社会办及区内相关企业安全生产工作开展情况，并同有关单位就安全社区建设工作进行交流，实地走访东华门、潘家园、拱辰、西潞、果园（密云）街道和东大街社区、国家新媒体产业基地，对安全社区创建工作进行面对面指导。

（焦文霞）

【新闻发布培训会】 7月3日，市安全监管局会同市政府新闻办，在市政府新闻发布厅，组织召开安全生产专题新闻发布培训会，各区县安全监管局局长及有关负责人，相关行业部门负责人参加会议。会上，市政府新闻办主任、新闻发言人王惠做专题报告，就如何主动发布、作好舆论引导等方面进行辅导。

（焦文霞）

【“双打”行动访谈】 7月24日，市安全监管局与首都之窗网站录制播出“热线直播间”安全生产直播访谈节目，围绕全市电气使用安全暨严厉打击特种作业、特种设备作业人员“持假证上岗、无证上岗”专项执法行动（简称电气安全暨“双打”执法行动），面向公众就电气使用安全及特种作业持证上岗等内容进行解读。

（焦文霞）

【工业企业粉尘防爆安全培训】 8月15日，市安全监管局举办全市工业企业粉尘防爆安全培训班，全国安全生产标准化技术委员会粉尘防爆分技术委员会委员、全国防爆电气标准化技术委员会委员、东北大学工业爆炸及防护研究所副教授钟圣俊讲解粉尘爆炸机理、粉尘爆炸事故案例分析、粉尘爆炸风险评价、粉尘爆炸预防与防护等知识，并解答现场提问。各区县安全监管局主管副局长和相关工作人员、重点乡镇街道安全监管科室负责人，市属企业集团安全生产管理部门负责人，铝镁制品机加工企业和重点企业安全管理部门负责人参加培训班。

（赵昕）

【“安监电纸书”】 8月25日，市安全监管局整合近几年来留存的宣传品资源，设计制作成免费“安监电纸书”，在局政务网站首屏显著位置发布。初期收录包括《首都市民安全知识手册》《企业员工安全知识手册》《我来告诉您——如何应对雾霾与PM2.5》《安全用电常识手册》《尘肺病防治知识——教你如何预防尘肺病》《职业病防治问答》《生产经营单位主要负责人安全生产学习系列手册》在内的7个系列36本图书。

（焦文霞）

【粉尘危害专项整治访谈】 8月28日，市安全监管局与首都之窗网站录制播出“热线直播间”安全生产直播访谈节目。针对粉尘危险企业的专项整治工作，邀请东北大学工业爆炸及防护研究所钟圣俊副教授做客直播访谈节目，就相关内容进行分析解读。节目中，主持人从粉尘类型、粉尘爆炸成因、爆炸发生条件等几个方面与嘉宾进行交流，并通过视频模拟演示的方式对国内外典型粉尘爆炸事故进行介绍，直观反映粉尘危险企业爆炸事故的巨大危害。介绍北京市有关粉尘危险企业监督检查工作部署及区县工作开展情况。对政府监管部门、企业和广大网友提出预防性建议。

（焦文霞）

【安全生产月活动总结表彰大会】 8月28日，市安全监管局召开总结表彰安全生产月活动大会。国家安全监管总局人事司（宣教办）监察专员杨占科，市安全监管局局长张树森、副局长蔡淑敏，团市委副书记杨立宪等参加会议。大会组织对“十佳安全卫士”候选人进行现场投票。会议总结2014年安全生产月活动取得的成绩，指明存在的主要问题，并对下阶段安全生产宣传工作提出要求。会议对全市312家单位进行表彰。

（焦文霞）

【"一岗双责"专题采访】 8月，市安全监管局组织新闻单位开展安全生产走基层"一岗双责"媒体采访报道活动。邀请媒体赴通州区、房山区、市交通委进行采访报道，以座谈和实地走访的形式深入挖掘新闻素材，树立先进典型，全面展现首都安全监管工作。相关报道在各媒体陆续刊发。

（焦文霞）

【安全社区建设座谈会】 9月15日，市安全监管局召开安全社区建设工作座谈会。市社会办、教委、市政市容委、民政局、卫生计生委、公安局流管办、公安局交管局、公安局消防局、燃气集团等单位有关人员参加座谈。座谈会向与会单位介绍2010年以来全市安全社区建设基本情况，重点对北京市安全社区建设三年行动计划制定、安全社区建设标准和基本条件等规范性文件修订等与相关部门交换意见。各单位介绍开展安全生产工作的做法和近两年开展的特色项目。座谈会还对安全社区建设的组织机构、创建主体、安全社区管理办法、基本条件等进行探讨。

（焦文霞）

【安全文化促进会】 10月23日，北京市安全文化促进会成立大会暨第一届会员代表大会在北京会议中心召开，市安全监管局副局长蔡淑敏参加会议并讲话。会议审议通过《北京市安全文化促进会章程》、选举产生第一届理事会、监事会，选举会长、副会长、监事长和秘书长。北京市安全文化促进会由北京市安全生产宣传教育中心与中国建筑一局（集团）有限公司共同发起，成立即有单位会员103家，个人会员54人。来自企业、教育机构、社会组织等不同行业、不同领域的单位会员及个人会员113人参加会议。

（焦文霞）

【专职安全员培训教材编写】 市安全监管局组织有关专家，编写完成北京市乡镇、街道（园区）安全生产专职安全员业务培训教材，于11月初正式出版发行。专职安全员培训教材内容包括4个部分、16章，总计40万余字。教材有3个特点：一是突出安全生产相关法律法规及标准规范；二是突出企业现场检查实用知识及技术要求；三是突出行业典型事故案例分析及防范措施。注重提高教材内容的针对性、实用性和全面性。

（王罡）

【安全生产提示短信】 11月4日，市安全监管局通过"12350"安全生产举报投诉短信发送平台，向全市821家存在粉尘爆炸危险和68家涉氨制冷液氨使用的工业企业发送安全提示短信，对强化粉尘、液氨专项治理工作进行重点提示，为APEC会议召开营造安全稳定的环境。粉尘治理短信提示内容为："全市涉及爆炸性粉尘企业在APEC会议期间，要严格贯彻落实《严防企业粉尘爆炸五条规定》（国家安全监管总局68号令）的要求，细致排查消除安全隐患，提高员工安全意识，落实各项安全措施，预防安全生产事故发生，为APEC会议召开营造安全稳定的环境。"液氨专项治理短信提示内容为："全市各液氨使用单位在APEC会议期间，要认真落实安全生产主体责任，制定落实APEC会议管控措施，细致排查消除安全隐患，提高员工安全意识，预防安全生产事故发生，为

APEC会议召开营造安全稳定的环境。”

（赵昕）

【安全文化论坛】 11月27日，市安全监管局、中国石油大学（北京）及北京市科学技术研究院共同主办“坚守安全红线，保障城市安全”为主题的第八届北京安全文化论坛。本届论坛以“1＋9”模式（即1个主论坛及9个分论坛的组合形式），在全市范围内多个区县、行业部门及企业分别开展，分行业分领域共同研讨交流安全生产的前沿问题。主论坛在北京会议中心举行，国家安全监管总局宣教中心副主任周科祥，市安全监管局副局长蔡淑敏、阎军，中国石油大学副校长庞雄奇等参加。主论坛由北京市科学技术研究院院长丁辉主持。来自国内外安全生产领域的知名专家学者分享他们的研究成果。中国安全生产科学研究院原院长刘铁民从安全文化的角度，阐述新修订的《中华人民共和国安全生产法》实施后对安全监管和责任的认识。中国政法大学教授李程伟具体解释现代城市的技术灾害问题及其治理与法律规制。中国矿业大学教授傅贵结合案例，作题为“事故预防的行为控制方法”的演讲。来自诺基亚通信有限公司及施乐辉外科植入物有限公司的安全负责人也进行实践经验交流。全市各区县、各行业部门负责人、企业负责人、各高等院校、研究机构等近200人参加主论坛。9个分论坛在市质监局、北京地铁运营公司、燃气集团及东城区、丰台区、石景山区、通州区、房山区安全监管局和市安全生产青年人才促进会举办，从特种设备安全、轨道交通、燃气、人员密集场所、标准化建设、“四化三体系双基”的落实及安全生产青年人才的现状等角度出发，研讨安全生产领域的前沿问题。分论坛参与近1500人。

（焦文霞）

【责任体系建设访谈】 11月28日，市安全监管局与首都之窗网站录制播出“热线直播间”安全生产直播访谈节目，就“安全生产责任体系建设”相关内容进行解读。对《安全生产“一岗双责”暂行规定》《关于进一步完善和加强市政府工作部门安全生产职责分工的修订意见》文件起草背景、必要性及重点内容做具体阐述，就如何理解“管行业必须管安全、管业务必须管安全、管生产经营必须管安全”向广大网友进行介绍。

（焦文霞）

【首届青年“大师赛”】 12月5日，市安全监管局、团市委联合举办的北京市首届青年安全管理大师赛（简称“大师赛”）推进会暨培训会在首钢工学院召开。部分参赛选手、单位团委书记约200余人参加会议。会议由首钢团委副书记吴岩主持，会上团市委企业工作部副部长杜新峰对“大师赛”赛事情况进行介绍，北京市科学技术研究院、首钢团委负责人分别就“青安岗”和“大师赛”的评审程序进行介绍，随后参加“大师赛”的青年代表作典型发言。“大师赛”活动通过广泛发动，收到报名作品300余份。全部作品通过大赛官方网站进行展示，通过网络投票、专家评审等环节，最终确定进入决赛选手，入围选手接受评审专家一对一专业辅导。活动将持续到翌年5月，将评选各类型金奖3名、银奖6名、铜奖9名、优胜奖若干名。金奖、银奖、铜奖获得者授予“北京市青年安全生产管理大师”“北京市青年岗位能手”荣誉称号，获奖选手所在青年集体优先评选“北京市青年安全生产示范岗”荣誉称号。

（焦文霞）

【烟花爆竹从业人员安全资格考试】 12月6日，市安全监管局举行2014年烟花爆竹经营单位从业人员安全资格考试。全市设置10个考试点，20个考场，报考710人，实考663人，合格618人，考试通过率为93.2%。本次考试特点：一是由于社会对空气质量的空前重视和民众对燃放烟花爆竹热情的降低，以及各区县对烟花爆竹销售点总量的控制，考生报名人数较去年减少37人；二是根据“就近安排、方便考生”原则设置考点，在网上公布复习范围，提供在线模拟考试系统，提高考生应考能力；三是市、区安全监管局协调联动，全力维护考场秩序，确保考试顺利进行；四是明确考务组织实施要求和考场纪律，指定专人负责考试服务器保障，软件公司在线进行技术支持，确保考试工作万无一失。《中国安全生产报》《北京晚报》2家新闻媒体对考试现场报道。

（王罡）

【“北京汽车杯”十佳安全宣传员评选】 12月11日，市安全监管局、首都精神文明办、市总工会联合主办，市安全文化促进会、北汽集团、北京人民广播电台共同承办，首发集团、北京电视台等单位协办的“北京汽车杯”北京市十佳安全宣传员评选活动正式启动。活动的举办，目的在于在全市1000余万企业一线职工中，寻找、发掘、宣传安全生产典型代表，倡导安全生产理念，营造关爱生命、关注安全的浓厚氛围。活动延续至翌年6月，采取自下而上逐级推荐的方式开展，设定启动征集、入围、初评、投票展示、复评、终评表彰等6个步骤。活动最终评选出10名“十佳安全宣传员”和10名“优秀安全宣传员”，优秀获奖者还将推荐参与“2015北京榜样”大型主题活动。

（焦文霞）

【市级安全社区现场评定】 12月15日至30日，市安全监管局组织专家组对符合市级安全社区基本条件的丰台区和义街道、太平桥街道、丰台街道，顺义区马坡镇、牛栏山镇，大兴区国家新媒体产业基地，昌平区阳坊镇，密云县果园街道8家申请单位开展安全社区现场评定工作。现场评定工作按照首次会议、现场考察、末次会议的规定程序进行。专家组本着客观公正、严谨求实、廉洁自律的原则，以《北京市市级安全社区基本条件》为依据，采取抽样方式确定现场考察内容，通过听取介绍、交流问询、查阅档案、随机访谈、现场查看，验证安全社区创建工作和安全促进项目，对验证结果给予准确评定，并接受申请单位监督。

（焦文霞）

【专职安全员岗前考试】 12月20日，市安全监管局举行2014年北京市乡镇、街道（园区）安全生产专职安全员岗前考试。16个区县报考3879人，就近安排27个考点，79个考场。本次考试3879人报考，实考3809人，缺考70人，3800人通过考试，通过率为99.76%，其中90分以上的考生3096人，占总通过人数的81.5%。

（焦文霞）

【媒体宣传报道】 本年，市安全监管局在各新闻媒体刊发报道1001篇，其中电视媒体120篇、报刊媒体451篇、广播媒体88篇、网络媒体342篇。邀请媒体开展采访120次，同比增长17.6%。面向各新闻媒体开展新闻发布工作19次，其中组织书面新闻发布工作13次。

（焦文霞）

【报刊宣传报道】 本年，市安全监管局加强《北京日报》《北京晚报》《中国安全生产报》“三报”阵地建设，强化安全生产日常新闻素材和宣传选题的筛选积累，做好“三报”宣传专版专栏的内容维护工作。围绕“盘点2013”、“对话安监一把手”、安全生产“走基层”、易发事故预防、执法检查、局机关作风建设、“六打六治”打非治违专项行动、全市招聘专职基层安全员和APEC会议安全保障等工作，在《北京日报》策划宣传专版5期，在《北京晚报》刊发专栏22期，在《中国安全生产报》策划专版16期。

（焦文霞）

【电视宣传报道】 本年，市安全监管局以新闻发布会、专题采访、重点会议、执法跟踪报道等形式，加强与北京电视台合作，强化安全生产电视宣传力度，全年发布电视新闻120篇。针对1月7日至11日本市连续发生4起安全生产事故，协调北京电视台科教频道《法治进行时》《大家说法》节目，策划播出事故警示专题报道；在北京电视台《北京新闻》对执法检查、安全生产月活动等重点工作进行宣传报道；在《北京您早》《直播北京》《都市晚高峰》《特别关注》等新闻栏目，滚动发布安全提示信息。

（焦文霞）

【安全生产“大宣讲”活动】 本年，市安全监管局以“坚守红线意识，坚持安全发展”为主题，主要借助区（县）委理论中心组扩大学习的平台，面向辖区处级以上干部，开展宣传贯彻习近平总书记关于安全生产重要讲话精神专题活动，每个区县组织开展一场。同时组织宣讲团，面向市属重点企业开展安全生产法律法规、安全管理等内容宣讲活动，面向城乡结合部地区开展用电、用气、消防和突发事件应急自救等知识宣讲活动。4月28日，首场报告会在昌平举行。国家安全监管总局新闻发言人黄毅做专题报告。昌平区各部门、乡镇街道、区属企业相关领导、主要负责人和安全管理人员400余人参加。7月30日，活动走进大兴区，邀请国家消防安全协会专家郑智斌，面向大兴区小微企业负责人百余人，宣讲消防安全知识，引导市民通过“12350”安全生产举报投诉热线参与安全生产工作。9月2日，在新浪微博“政府零距离”板块，开展“平安城市幸福家园关注12350”在线微访谈直播活动，与网友开展交流互动70余次，众多网友对访谈内容进行评论转发。“大宣讲”活动10月底结束，在全市范围宣讲百余场，直接受众上万人。

（焦文霞）

【主题海报征集大赛】 本年，市安全监管局组织开展安全生产主题海报征集大赛活动。活动旨在借助公众的智慧集思广益，诠释安全，描绘安全，通过向全社会公开征集海报的形式，有效宣传安全生产工作，传播安全生产知识，提高市民安全意识。活动中，向社会征集海报615份，每份文件附设计人员信息、创意阐述及作品原文件。10月29日，组织安全生产专题海报评审会，5名评审专家采用不记名投票方式，经过多次合议，最终评出一等奖1名、二等奖2名、三等奖3名、纪念奖10名。

（焦文霞）

【舆情监测】 本年，市安全监管局制作安全生产每日舆情235期，编发舆情短信息105条，围绕“地铁13号线附近商铺发生火灾”等舆情热点编写9期舆情专报，制发安全生产每月舆情分析12期，推进舆情监测和分析工作，开展舆论引导工作。

（焦文霞）

【网络宣传】 本年，市安全监管局协调千龙网、腾讯等网站发布新闻342篇。加强政务网站和微博建设，在政务网站开通“安全生产月”等9个专题，增设“安监电纸书”“领导讲话”“事故快报”“举报投诉办理”4个栏目，细化“公文公告”栏目。全年，市安全监管局政务网站发布信息14293条，页面浏览量达3472801次，同比有较大提升。“北京安监”政务微博及局新闻发言人微博发布消息千余条，粉丝量突破75万人。

（焦文霞）

【安全文化示范企业评定】 本年，经过各区县和市属集团企业推荐，本市有68家企业提交安全文化建设示范企业评定申请。10月24日，市安全监管局组织专家开展安全文化示范企业评定初审工作。专家组对申报的68家企业材料进行审查，依据《北京市安全文化建设示范企业评定标准》对企业进行打分，有36家企业通过初审，获得现场评定资格。12月19日，市安全监管局召开2014年北京市安全文化建设示范企业综合评审会，组织专家评审组对36家企业进行综合考察及现场打分。最终，评选出安全文化建设示范企业30家。

（焦文霞）

【宣传品开发】 本年，市安全监管局制作发放6大类21项安全生产宣传品，共24.16万件，数量是2013年制作数（15万）的1.6倍。其中包括宣传光盘1.6万张，宣传海报10.36万件，宣传手册7.6万件，宣传横幅、提示板、桌牌等安全生产宣传品合计4.6万件。全年拍摄视频资料4246分钟，是2013年全年拍摄数量（1600分钟）的3倍多。制作视频影片44部，制作视频数量是2013年的7倍多。

（焦文霞）

【安全生产月宣传品】 本年，市安全监管局结合重点工作，设计、制作安全生产月主题海报、城乡结合部安全用电用火用气海报、提示板、宣传横幅、安全用电常识手册，以及大宣讲视频光盘等5大类9种宣传品共11万份。针对城乡结合部“五小企业”“六小场所”安全生产基础薄弱的特点，重点设计开发安全用电、安全用气和消防安全知识宣传挂图，将安全知识进行延展设计，制作成提示板和提示牌，便于企业和市民张贴和悬挂。为保障安全生产月宣传效果，下发《关于做好安全生产月宣传品发放、张贴的通知》，要求各区县将安全生产宣传品发放、张贴到位，并对各区县悬挂、张贴宣传品情况进行抽查。

（焦文霞）

【安全用电宣传品】 本年，市安全监管局结合城乡结合部地区外来人口多、中小企业多、安全用电意识差的特点，设计制作安全用电主题海报、安全用电口诀和安全用电常识手册 3 类宣传品共 2.34 万份，在全市安全生产重点监管部位张贴。

（焦文霞）

【安全主题征文】 本年，市安全监管局联合市教委、北京青年报社，开展第四届“安全伴我在校园，我把安全带回家”主题征文活动。收到作品 12756 篇，其中绘画作品 522 篇，文字作品 12234 篇，参与学校 221 所，其中小学 103 所，中学 118 所，最终评选出获奖文章 180 篇，绘画作品 35 幅。6 月 8 日，选取 4 篇优秀作品至北京城市广播进行节目录制；6 月 10 日至 13 日，作品在北京城市广播《动听早高峰》节目播出。7 月中旬举行第四届主题征文活动的颁奖仪式，并启动第五届主题征文与绘画活动。第五届活动的作品征集首次以市教委向全市中小学下发通知为主，以媒体面向社会发布征文启事为辅，鼓励更多中小学校参与。从第五届活动开始，除征集文字作品外，正式将绘画作品纳入作品征集范围，并根据不同年级组专门设定不同的绘画题目，使各年级具有不同特长的学生都能参与到活动中来。首次将获奖范围扩大至教师与学校，新添学校组织奖与优秀教师指导奖，鼓励全校师生一同参加活动，提高活动的参与度。8 月 19 日，第五届活动专题网页正式上线，宣传活动内容，扩大影响力与参与面。

（焦文霞）

法制建设

【行政审批管理办法修订】 3 月 6 日，市安全监管局依据《北京市机构编制委员会办公室关于调整市安全监管局内设机构设置的通知》（京编办函〔2013〕7 号）的职责划分，结合行政审批工作实际，印发《北京市安全生产监督管理局行政审批工作管理办法》《北京市安全生产监督管理局行政审批事项办理规定》。文件借鉴行政许可服务大厅运行以来确立的工作机制和工作成果，调整行政许可事项决定权限，明确局相关处室在行政许可过程中的职责。建立行政审批处与业务处室在行政审批工作中的职责分工和内部工作机制。

（张德武）

【系统法制工作会】 4 月 10 日，市安全监管局召开全市安全监管系统法制工作会议，局长张树森参加会议并讲话。会议印发《2014 年安全生产法制工作要点》，通报 2013 年北京市安全生产监管系统案卷评查结果，对全系统法制工作作出全面部署。2014 年北京市安全生产监管系统法制工作要点分为 14 个方面，对全系统法制工作的核心和今后一个时期着力推动的重点工作提出明确要求，包括加强立法和地方标准制定工作、严格规范执法行为、加强人员队伍建设等内容。既有工作原则，也有具体任务和目标。

（马小伟）

【行政许可审批检查】 5 月，市安全监管局对 16 个区（县）和北京经济技术开发区安全监管局行政许可工作进行检查。在听取各区（县）行政许可工作汇报的基础上，检查人员对行政许可案卷及网上审批情况进行检查。检查内容涉及非煤矿山、危险化学品、烟花爆竹（零售）、职业卫生等许可项目。针对检查中发现的问题，向区（县）安全监管局进行反馈，并提出相关工作建议。区（县）安全监管局按照检查意见进行整改。

（张德武）

【新《安全生产法》专题讲座】 9月10日，市安全监管局邀请国家安全监管总局副局长杨元元，就新修订的《中华人民共和国安全生产法》做专题辅导讲座。市安委会成员单位分管领导及安全监管机构负责人、市安全监管局机关全体干部、区县安全监管局领导班子成员、市属和区属国有（控股）企业主管领导及安全管理机构负责人500多人参加学习。

（马小伟）

【标准化技术委员会】 12月5日，北京市安全生产标准化技术委员会第一次全体委员大会在北京会议中心成功召开，审议通过市安全生产标委会章程、工作计划、秘书处工作细则和安全生产地方标准体系。会议由市安全生产标委会副主任委员、市安全监管局副局长唐明明主持。市安全生产标委会主任委员、中国安科院院长吴宗之，市质监局和市标准化研究院有关领导参加会议。

（马小伟）

【法制培训班】 12月12日，市安全监管局在北京市经济干部管理学院举办法制工作培训班。各区县安全监管局主管领导、法制科负责人、法制工作业务骨干及专兼职法制员，共100余人参加培训。国务院法制办、市政府法制办、中国政法大学有关领导和专家分别讲授行政诉讼实务和《行政诉讼法》修改内容，结合实际案例建议全系统法制工作人员在日常执法工作中带头守法，依法正确、及时、按程序行使职权。还对行政复议形势及实务、行政执法监督工作进行讲解。此次培训班旨在培养和提高全市安全监管监察系统工作人员运用法治思维和法治方式履职能力，推进安全生产法治化进程。

（马小伟）

【安全生产法治化】 本年，市安全监管局全面、深入、高效、有序推进本市安全生产法治化工作，扎实调研，多次召开论证会，对安全生产法治化的理论基础、内涵、主体工作内容等进行深入论证，在此基础上，编制《北京市安全生产法治化三年行动计划》。坚持以问题为导向，立足安全生产法治实践，以三年行动计划为载体，分立法、执法、守法、普法4个方面，共制定了6项制度创新、8项管理要求、21项具体任务。贯彻落实“四化三体系双基”安全生产工作总目标，提升首都安全生产工作水平。

（马小伟）

【年度立法与修订】 本年，市安全监管局推动立法工作，申报的《北京市安全生产隐患排查治理办法》《北京市危险化学品安全管理办法》和《北京市商业零售经营单位安全生产规定》《北京市餐饮经营单位安全生产规定》（简易修订）3个立法项目列入市政府规章立法计划。《北京市安全生产隐患排查治理办法》获准立项，进入草案起草程序；《北京市危险化学品安全管理办法》完成全部问题梳理、论证，基本完成立项论证报告起草工作；《北京市商业零售经营单位安全生产规定》《北京市餐饮经营单位安全生产规定》简易修订工作，经与市政府法制办、市商务委多次沟通，完成《规章实施八年情况评估报告》，提出后续推进此项工作的意见。

（马小伟）

【安全生产法宣贯】 本年，市安全监管局制定《北京市安全生产监管监察系统学习宣传和贯彻落实新修改〈安全生产法〉工作方案》《北京市学习宣传和贯彻落实新修改〈安全生产法〉》2个工作方案，安全监管系统和各有关政府部门、企业单位按照宣贯工作方案要求，采用访谈、座谈、辅导讲座、培训、发放宣传材料等多种形式在各个层面进行《中华人民共和国安全生产法》学习培训，宣贯工作落到实处。

（马小伟）

【年度执法工作计划编制】 本年，市安全监管局根据《安全生产监管监察职责和行政执法责任追究的暂行规定》，在总结2013年执法计划编制实施工作的基础上，对执法工作日、年度工作量等基础数据进行反复测算，科学编制2014年度执法工作计划。执法工作计划经市政府批准，报国家安全监管总局备案，并组织实施。

（马小伟）

【行政处罚权力清单】 本年，市安全监管局为全面掌握安全生产行政处罚权力底数，明晰职责范围，规范安全生产行政权力行使和运行，根据市委全面深化改革领导小组及转变政府职能改革专项小组《关于梳理行政处罚权力事项编制行政处罚权利清单有关事宜的通知》文件要求，开展行政处罚权力清单的梳理和编制工作。梳理出明确规定市安全监管局及区县安全监管局行政处罚权力的法律法规58部，其中包括法律3部、行政法规10部、部门规章40部、地方性法规2部、地方性政府规章3部，梳理出市安全监管局及区县安全监管局行政处罚权699项，并形成行政处罚依据和主体汇总表、行政处罚职权汇总表、市安全监管局行政处罚流程图等具体工作成果，为全市形成行政处罚权力清单目录管理提供基础。

（马小伟）

【行政复议和处罚案卷评查】 本年，市安全监管局按照市政府法制办有关文件要求，参加市属机关行政复议和行政处罚案卷评查工作。通过开展此项工作，旨在查找行政执法人员在行政处罚证据运用、法律法规适用等方面的问题，推动基层安全生产行政处罚工作稳步提高。

（马小伟）

【建设项目安全设施“三同时”】 本年，落实国家安全监管总局《建设项目安全设施“三同时”监督管理暂行办法》，市安全监管局制定《关于进一步加强建设项目安全设施“三同时”监督管理工作的通知》和《建设项目安全设施“三同时”有关管理工作实施办法》两个文件，明确本市建设项目安全设施“三同时”监管工作的方式方法以及市和区县安全监管部门、局机关各有关处室在此项工作中的职责。文件于3月底印发并在《北京日报》全文刊登。4月2日，召开新闻发布会，北京电台、《北京日报》、《中国安全生产报》等10家媒体参与宣传报道。

（马小伟）

【行政复议应诉】 本年，市安全监管局办理行政复议案件2件，行政应诉案件2件，全部做到依法依规办理。在复议案件和应诉案件办理过程中，办案人员认真研究案情，确保当事人合法权益不受侵害。强化与市政府法制办和司法机关的沟通，化解矛盾和争议，提高案件办理工作质量。

（马小伟）

【安全评价机构执法检查全覆盖审查】 本年，市安全监管局完成一家乙级安全评价机构现场审查，为76名安全评价人员办理从业单位变更工作，完成对北京神龙安科技术发展中心等3家安全评价甲级机构资质变更事项的审核。对全市37家安全生产评价机构进行执法检查，对检查中发现的问题下达责令整改书3份，经复查全部整改完毕。完成年度执法计划，实现对安全评价机构执法检查全覆盖。

（马小伟）

【执法人员资格动态管理】 本年，市安全监管局对全市各区县安全监管局执法证件持有情况进行全面调查，加强对离岗人员证件注销工作，全年新办或延期区县安全监管执法证99个，注销12个。为加强对全市安全生产执法人员资格情况动态管理，开发北京市安全生产执法人员资格管理系统。

（马小伟）

【行政审批办理】 本年，市安全监管局完成危险化学品行政审批31件，其中危险化学品生产企业安全生产许可20件、危险化学品建设项目安全审查11件。完成非煤矿山行政审批44件。完成职业卫生行政审批15件，其中职业卫生技术服务机构（乙级）资质审批8件，职业卫生“三同时”审查7件。

（张德武）

【行政服务办理】 本年，市安全监管局办理各种行政服务事项2442件。其中建设项目安全设施“三同时”备案3件，职业卫生“三同时”备案6件，政府信息公开85件。办理注册安全工程师申请2102件，安全评价人员申请246件。

（张德武）

【行政审批制度改革】 本年，市安全监管局按照市委、市政府统一部署开展安全生产行政审批制度改革，对涉及市安全监管局实施的行政审批事项按照法定依据、法定期限、法定条件等逐项进行主体、事项、流程确认。经梳理，市安全监管局法定权限行政许可事项21项审批事项。其中行政许可18项，分别是危险化学品类审批6项、非煤矿山类审批3项、职业卫生类审批3项、中介机构类审批3项、人员资格类审批3项。许可权限由国家安全监管总局决定的初审上报事项3项，分别是注册安全工程师执业资格初审、职业卫生技术服务机构（非煤矿）甲级资质初审、安全生产检测检验机构和安全评价机构甲级资质初审。

（张德武）

科技与信息化

【隐患自查自报动态报送】 1月1日，市安全监管局完成隐患排查系统升级改造和新增功能上线部署，投入使用。原隐患排查系统报送周期由季度报送调整为随时报送，各生产经营单位发现安全生产隐患后可立即报送。

（陈超）

【公务员考核管理系统】 1月7日，市安全监管局在经过8个多月的不断完善后，公务员考核管理系统所有功能模块均上线运行，实现公务员的年度绩效目标、月度工作计划和记实、季度小结和年度考核等工作的全流程网上管理。提高考核效率，增强考核透明度。

（梁伟光）

【信息化运维项目验收】 1月10日，市安全监管局召开2013年度信息化基础设施运维及图像接入线路租用项目验收会。会议认为，该项目满足市安全监管局的信息化运维需求，能够完成运维工作目标及合同要求，项目文档完整齐全，同意通过验收。

（欧阳燕南）

【注安师事务所执业调研】 1月15日，市安全监管局与市工商局研究会商注册安全工程师事务所注册登记工作。市安全监管局科技处介绍国家注册安全工程师执业资格制度及注册安全工程师事务所的发展情况。市工商局企业登记处表示，按照国家工商登记制度改革的总体要求，“宽进严管”，简化注册登记程序，激发安全生产中介市场活力，促进安全生产中介服务机构的良性发展。双方还就工作机制建立，注册安全工程师事务所注册登记条件设置，注册安全工程师事务所信息披露机制建立，注册安全工程师事务所执业行为监管等问题进行探讨。

（李建中、刘自杰）

【信息化升级安全测评】 1月17日，市安全监管局召开2013年度安全生产信息化升级改造项目安全验收测评项目验收会。会议认为，项目承担单位按照合同约定内容，依据《信息系统安全等级保护基本要求》（GB/T 22239—2008），对2013年度安全生产信息化升级改造项目进行系统的安全验收测评，完成合同约定的任务，项目实施规范，文档资料齐全，同意通过验收。

（范丽斌）

【工业物联网示范工程验收】 1月20日，市安全监管局成立工作组，会同安全生产专家、物联网建设、施工单位、监理单位以及有关区县安全监管局，对工业企业物联网示范工程进行抽检验收。验收工作涉及顺义、大兴、北京经济技术开发区、怀柔和昌平5个区县，7家工业企业。工作组系统功能组和技术设备组分别对行业软件建设情况，文档、设备、施工与集成建设情况开展验收工作。从验收情况看，物联网示范工程有关设备的配备、安装和调试基本结束。工程建设基本能够满足业务需求，工程建设情况与初设方案基本一致，系统界面良好，与相关系统基本保持兼容性。

（赵昕）

【烟花爆竹综合管理物联网应用项目初验】 1月24日，市安全监管局会同市应急管理物联网应用建设领导小组办公室组织召开春节期间烟花爆竹综合管理物联网应用示范工程初验专家评审会。专家组听取项目建设与试用情况介绍，现场观看系统演示，审阅项目文档。经质询和讨论，一致同意通过初步验收。该项目实现多个创新：一是创新多部门协作管理方式；二是创新复杂数据共享应用模式；三是全面提升政府服务公众的能力；四是带动物联网相关产业发展。

（李东侠）

【信息化专题部署会】 2月8日，市安全监管局局长张树森主持召开安全生产信息化专题部署会。会上，市安全生产信息中心逐一汇报安全监管信息平台主要业务系统使用、物联网项目建设和资金使用情况，以及存在的问题和2014年重点工作任务。相关部门对所负责系统使用情况进行补充发言。张树森强调：一是将信息化业务需求“研究准、研究实、研究透”；二是打好基础，逐个梳理、完善现有系统功能；三是抓好执法检查、隐患排查和标准化达标等系统使用；四是强化信息化绩效考核工作；五是重视信息化标准制定、人员培训等。

（梁伟光）

【春节期间信息技术保障】 春节期间，市安全监管局信息中心完成信息化运维保障工作。一是做好技术保障准备工作，召开工作部署会，制定值守工作安排。二是加强春节期间技术值守工作，值班人员值班期间每天对系统进行巡检。三是强化春节期间重点时段技术保障工作。

（欧阳燕南）

【系统安全保护定级评审】 2月18日，市安全监管局组织专家对“行政许可管理系统、网站内容管理系统、危险化学品管理系统、协同办公管理系统”初步定级进行评审。专家组经过讨论后认为，市安全监管局依据国家等级保护相关标准和要求，结合信息系统承载业务的重要程度、系统受到破坏时所侵害客体以及系统受到破坏后对侵害客体的侵害程度对4个业务系统进行定级，定级方法规范、定级流程合理、定级结果准确，建议补充完善资料后申报实施。

（欧阳燕南）

【经济普查调研】 2月28日，市安全监管局副巡视员高士虎带队赴市统计局调研第三次经济普查工作。调研过程中，高士虎介绍市安全监管局安全生产条件普查工作的相关情况，市统计局对普查工作中遇到的问题进行解答，并提出意见和建议。

（梁伟光）

【安全生产条件普查座谈会】 3月3日，市安全监管局召开座谈会，研究讨论全市生产经营单位安全生产条件普查工作方案、管理办法和标准，部署普查试点工作。会议围绕普查工作方案、指标项设置、试点区县普查安排、培训计划和软件系统设计等问题进行讨论，各试点区县安全监管局结合工作实际，提出意见和建议。

（梁伟光）

【技术中介服务调研】 3月3日，市安全监管局到中安华邦（北京）安全生产技术研究院开展调研，就安全生产中介服务存在问题、中介机构的发展以及政府对中介机构政策支持等方面进行研讨。在调研中，双方还重点就如何利用现代流媒技术、信息技术、互联网技术等先进科技手段增强安全培训内容的专业化、渠道的便捷性、形式的新颖性进行交流。

（李建中、刘自杰）

【注册（助理）安全工程师考试】 3月13日，市安全监管局召开全市注册（助理）安全工程师报名考试工作动员视频会。局长张树森参加会议并讲话，市安委会各成员单位、各区县有关部门、乡镇街道及相关企业负责人参加会议。会议总结本市注册（助理）安全工程师的现状，明确在安全生产领域推行注册安全工程师执业资格制度的重要性，对做好本市注册（助理）安全工程师的报名、考试、管理等相关工作进行动员部署。

（李建中、刘自杰）

【信息化升级改造终验】 3月14日，市安全监管局组织信息化专家组召开2013年度安全生产信息化升级改造项目终验会。专家组及相关参会部门经研究认为，该项目完成合同建设内容，达到项目建设目标，能够满足市安全监管局相关工作需要，一致同意通过终验。

（陈骧君）

【高级职称专业界定研讨会】 3月24日、27日，9月11日，市安全监管局3次召开研讨会，就科学、合理确定本市工程技术系列（安全工程）高级专业技术资格评审专业和范围界定进行论证。来自北京地大安环科技发展有限公司、北京经济管理职业学院、北京移远通电子技术有限公司、北京赛福德注册安全工程师事务所有限公司、北京阳光企安安全技术服务有限公司、北京达飞英才安全工程师事务所、北京启迪智信注册安全工程师事务所、恒安达注册安全师事务所、市劳动保护科学技术研究所、一轻控股公司、京煤集团、自来水集团、二商集团、首都经济贸易大学等单位安全管理部门负责人和技术职称管理负责人，对安全工程高级专业技术资格评审专业界定以及从事安全工程技术工作人员的专业分类进行讨论并提出建设性意见。

（李建中、刘自杰）

【安全生产科技工作座谈】 3月31日，市安全监管局赴市科委，就安全生产科技工作进行座谈。市安全监管局介绍近几年全市安全科技工作情况以及市科委项目支持情况，提出安全生产方面急需通过科研攻关解决的问题。双方围绕如何加强本市安全生产科技工作，如何加强对安全生产科研的支持，如何形成全市安全生产宏观监管体系等方面进行讨论。双方达成共识：一是通过重大项目、绿色通道或培育方式开展一些满足安全生产领域需求的科研攻关项目；二是将一些重大成果在安全生产领域率先推广应用；三是储备一些关键技术项目；四是加强安全生产科普工作。

（李建中、刘自杰）

【注安师事务所服务签约】 3月31日，市安全监管局副巡视员谢清顺出席启迪注安师事务所与北京日化集团“日化启迪携手行，共建安全防火墙”签约仪式并讲话。此次签约是推进安全生产社会化工作的有效探索，目的是使社会中介机构成为企业安全管理的专业顾问，帮助企业解决安全生产实际问题。启迪注安师事务所针对北京日化集团安全生产实际开展多层次、个性化技术服务，帮助企业形成系统、规范的安全生产长效机制，实现更高层次的安全工作目标；协助企业制定安全生产中长期战略规划，策划安全培训和安全文化创建活动，参与企业安全生产标准化、安全评估和隐患排查治理工作。

（李建中、刘自杰）

【安全高端技能型人才培养】 3月，市安全监管局就设立安全生产管理学院、开设安全生产管理专业的问题，先后到市教委、北京工业职业技术学院、北京交通运输管理职业学院及重点企业进行调研，并召开专家会征求意见。向区县安全监管局发出书面征求意见的通知，就开设安全生产管理专业、安全生产管理专业性质、课程内容及就业前景作深入调研，同时了解学生对安全生产管理专业的认识、对未来就业的憧憬等。调研发现，本市现有安全专业人才的数量不能满足安全生产工作的需要，安全人才市场需求量还非常大。如何培养适应企业需要、以行动导向为主、突出实践能力的人才，正是下一步与高职院校合作，明确人才培养发展方向的研究课题。市安全监管局对设立安全生产管理学院开设安全生产管理专业培养目标、主修课程、实践环节、办学条件等进行梳理，通过命名挂牌方式，依托现有高职院校，发挥专业、教学设施、教师等优势，启动安全生产管理专业设置工作，培养建筑、市政工程、道路工程、城市地下工程、消防安全、安全中介服务、安全教育培训等企事业单位生产、建设、管理、服务一线需要的安全技术管理与应用的高端技能型人才。

（李建中、刘自杰）

【市安全生产科学技术促进会成立】 3月，由市安科院等7家单位发起，筹备成立北京市安全生产科学技术促进会。根据市民政局《行政许可决定书》（京民社许准筹〔2014〕331号）要求，5月9日，市安科院组织召开市安全生产科学技术促进会第一届会员大会，市安全监管局有关领导和各会员单位代表100人参加会议。促进会筹备组组长贾秋霞做促进会筹备工作报告，市安全监管局副局长贾太保讲话。市安全生产科学技术促进会第一届会员大会按照有关规定，完成预定的各项议题。大会审议并通过《北京市安全生产科学技术促进会章程》，选举产生第一届理事会、监事会，选举会长、副会长、监事长和秘书长。

（王罡）

【信息化运维招标文件评审】 4月1日，北京市京发招标有限公司组织信息化专家对市安全监管局信息化基础设施运维及数据通信项目招标文件进行评审。市安全监管局有关处室和直属事业单位、招标代理机构和信息化专家参加会议。专家组认为，该项目招标文件符合国家和北京市政府的相关规定，技术和商务需求明确，无倾向性、无不合理条款，满足招标要求，同意通过评审。

（欧阳燕南）

【安全生产条件普查标准论证】 4月11日，市安全监管局组织召开北京市第一次生产经营单位安全生产条件普查标准专家论证会，市劳保所、安全生产信息中心和安全生产统计领域专家参加会议。专家组认为，该普查标准结构设计合理，内容清晰明确，适用于不同类型生产经营单位开展安全生产条件普查工作，具有针对性和可操作性，同意通过论证。

（陈超）

【信息化项目开评标】 4月23日，北京京发招标有限公司和北京国际招标有限公司，分别组织召开市安全监管局2014年信息化基础设施运维及数据通信项目和2014年度安全生产信息化升级改造项目开评标会。经过专家组评分，北京华宇信息技术有限公司成为信息化基础设施运维及数据通信项目预中标单位，紫光软件系统有限公司为安全生产信息化升级改造项目预中标单位。

（欧阳燕南）

【培训考核项目初验】 4月28日，市安全监管局召开安全生产培训考核综合管理系统建设项目初验会。专家组及相关参会单位经研究认为，该项目完成合同的建设内容，达到项目建设目标，同意项目通过初验。

（李晓红）

【物联网示范工程建设调度会】 5月7日，市安全监管局副局长陈清主持召开安全生产物联网示范工程建设调度会，听取项目工作完成情况汇报，研究项目推进过程中的问题，对物联网建设各项工作任务进行调度安排。安全生产信息中心通报安全生产物联网示范工程各项收尾工作的完成情况，以及影响当前工作推进的问题，并提出加快推进的工作意见。会议要求：一是要加大资源投入，保质保量完成工作任务；二是查找影响项目的症结，明确责任人，限期整改解决；三是加强沟通联动，形成合力推动各项工作；四是严格把关，确保各项工作的质量。会后，安全生产信息中心立即组织专题工作会，对会议要求进行落实。

（王永志）

【高楼应急逃生装备示范现场会】 5月13日，由市安全监管局主办的全市高层楼宇应急逃生装备示范应用现场交流会在北京京仪集团召开。市安全监管局副局长贾太保、副巡视员谢清顺、京仪集团副总经理刘世华参加会议，来自市科委、公安局消防局、教委、住房城乡建设委和各区县安全监管局、试点企业、大专院校、市属医院、高层商务楼宇及新闻媒体的200多位代表参加现场会。根据北京市高层楼宇密集的现实情况，市安全监管局组织凯晟世贸中心、北方中惠国际中心、金隅环球贸易中心等12家高层楼宇管理单位率先开展应急逃生装备示范应用试点，引导企业通过装备应用提升管理水平，强化应急保障能力。中央电视台一套新闻联播、二套节目及其他部分媒体对示范活动及先进实用装备推广典型工作进行报道。

（孙建军、李让）

【安全生产培训考核信息化研究】 5月21日，市安全监管局副局长贾太保主持召开专题会议，听取培训考核系统建设情况，重点研究安全生产远程教育信息化工作。会上，市安科院汇报北京市安全生产培训考核综合管理信息系统建设概况，重点介绍项目进展情况和远程教育功能。与会人员就计算机远程教育实现方式、培训范围和系统安全等进行研讨，对远程教育系统建设提出建设性意见。

（王罡）

【物联网项目招标文件评审】 5月30日，中天信远国际招投标咨询（北京）有限公司组织召开市安全监管局安全监管系统物联网应用示范工程物联数据接入专线租用项目招标文件评审会。市安全监管局有关处室和直属事业单位及信息化专家参加会议。与会专家一致认为，该项目招标文件符合国家和北京市政府的相关规定，技术和商务需求明确，无倾向性，无不合理条款，充分满足招标要求，同意通过评审。

（欧阳燕南）

【物联网项目调度会】 6月9日，市安全监管局副局长唐明明主持召开专题会，听取安全监管和烟花爆竹物联网项目进展情况汇报，研究部署重点工作。会上，安全生产信息中心通报安全监管及烟花爆竹物联网项目进展、资金使用情况、存在的问题和下一步重点工作，并逐项说明项目第二批变更内容。参会相关单位针对项目建设内容变更、培训计划等工作进行研讨，并提出意见和建议。会议对项目变更、物联网系统的故障以及项目培训等提出工作要求。

（李东侠）

【区县安全生产条件普查调研】 6月10日，市安全监管局副巡视员高士虎带领调研组赴朝阳区大屯街道、门头沟区大峪街道实地调研安全生产条件普查试点工作开展情况。调研组听取大屯街道和大峪街道开展安全生产条件普查的经验和做法，并指出两个街道在普查中起步好、动作快、措施多、找点准，充分体现社会化、标准化的管理模式。调研组要求，相关部门要与大屯街道等试点单位加强沟通与服务，听取基层工作建议，做好经验总结、技术支持等工作。

（梁伟光）

【信息化总体规划座谈会】 6月18日，市安全监管局副局长陈清主持召开区县专题座谈会，研究讨论《北京市安全生产信息化总体规划（2014—2016）》和《关于进一步加强全市安全生产信息化建设工作的指导意见》。东城、西城、朝阳、海淀等9个区县安全监管局负责人参加会议。会上，安全生产信息中心对2个文件的主要内容进行解读。各区县介绍信息化建设、业务系统推广应用等情况，并就规划和指导意见中的具体条款提出意见和建议。参会单位围绕市区两级职责划分、执法检查和行政许可系统建设、隐患排查体系建设等具体问题进行研讨，交换意见。

（梁伟光）

【安全生产条件普查试点工作会】 7月4日，市安全监管局在朝阳区大屯街道召开全市生产经营单位安全生产条件普查试点工作会。7个试点区县安全监管局和10个试点乡镇街道参加会议。会议通报普查工作开展情况以及在前两轮调研中发现的问题，对下一步试点工作进行部署。门头沟区、朝阳区和大屯街道办事处分别介绍开展普查试点工作的具体措施和经验，其他试点区县安全监管局和相关乡镇街道重点就普查工作中遇到的问题进行发言。会议要求：一是坚持“应统尽统”的原则，全覆盖摸排企业，并利用大数据技术分析数据，摸清企业安全生产情况；二是保证数据的完整性，特别是提高涉危生产、经营和使用单位的填报质量；三是建立普查数据的动态更新、持续更新机制。

（梁伟光）

【安全生产条件普查动员部署会】 7月24日，市安全监管局召开全市第一次生产经营单位安全生产条件普查工作动员部署会。会议通报前期普查准备情况及试点成果，对全市普查工作进行安排。门头沟区、大兴区、北京经济技术开发区安全监管局和大屯街道办事处介绍普查试点经验。市安全监管局局长张树森在充分肯定各试点单位取得的普查成效和先进经验的基础上，明确提出下一步全市安全生产条件普查工作思路。

（梁伟光）

【科技专项教材编写立项论证】 7月24日，受市科委委托，市安全监管局召开会议，对市安全监管局和顺义区安全生产服务中心共同承担的北京市科技专项《安全生产科普培训与教材编写》进行立项论证。由首都经济贸易大学教授钮英建、北京市劳动保护科学研究所研究员汪彤、中国社会科学院数量经济与技术经济研究所研究员李群、中国科学技术交流中心副研究员董全超、北京市科学技术情报研究所副研究员袁汝兵等5位安全管理和科普专家组成专家组，对专项立项进行论证。经过讨论，专家组一致认为专项承担单位具备完成该任务的能力，经费预算合理，项目计划进度可行。专家组同意该项目立项。

（李建中、刘自杰）

【安全产业发展研讨】 8月7日，市安全监管局副巡视员谢清顺主持召开专题会议，研究如何推进本市安全产业发展问题。会议指出，发展安全产业是促进本市安全发展的重要支撑，也是国家安全监管总局在本市进行安全生产体制、机制改革试点的一项重要内容。本市正处于工业化、城镇化快速发展时期，正处于安全生产事故、职业病等易发、多发的特殊时期，需要安全产业持续、健康发展，尽快形成完善的产业体系。首要任务是尽快组织调研安全产业的界定，研究制定相关方案进行全市安全产业摸底，做好相应的普查工作。根据普查结果联合市发展改革委、经济信息化委等相关部门制定扶持政策措施，建立机制，有效促进本市安全产业发展、壮大。

（李建中、刘自杰）

【科技成果奖推荐】 8月，市安全监管局组织开展第六届安全生产科学技术成果奖申报推荐工作。遵循公开公平公正、与防控事故紧密相关的原则，围绕有效防范和坚决遏制重特大事故、在提升企业安全生产水平方面具有显著效果的目标，结合北京市重点行业领域，以煤矿、非煤矿山、危险化学品、烟花爆竹、职业病危害、应急救援和冶金等行业领域重特大事故防治为重点，严格筛选在技术、工艺、装备、产品和材料等方面具有创新性、先进性、适用性，或在发现或阐明自然现象特征和规律中具有重要科学价值的科技成果，最终选出《矿山救护队数字化仿真模拟训练与评价系统》等18个项目向国家安全监管总局推荐申报安全生产科技成果奖。

（李建中、刘自杰）

【绿色通道项目】 8月，市安全监管局按照科技计划绿色通道项目要求对征集到的科技课题进行严格筛选，将“北京市餐饮业油烟净化技术及设备开发科技计划绿色通道项目与示范工程”“危险化学品仓储安全状态实时监控与预警系统关键技术研究与示范应用”“石化产品储运容器内部抑爆材料（抑爆砖块）关键技术研究与示范”“多喷口车辆发动机舱自动灭火设备”“基于大数据的企业安全生产态势挖掘分析方法和应用研究”等5个安全生产监管监察工作中紧急性的科技支撑需求项目，作为2014年市级科技计划绿色通道项目向市科委申报，争取资金和技术支持。

（李建中、刘自杰）

【安全生产科技项目管理】 8月，市安全监管局修订《北京市安全生产科技项目（课题）管理办法》《北京市安全生产科技成果奖评审奖励办法》《北京市安全生产科技档案管理办法》等管理办法，制定《北京市安全生产科技管理相关责任主体信用管理办法（试行）》。

（李建中、刘自杰）

【物联网项目建设收尾调度会】 9月19

日，市安全监管局副局长唐明明主持召开专题会，听取安全监管系统物联网项目进展情况汇报，研究部署下一步重点工作。会上，安全生产信息中心通报安全监管系统物联网项目进展、存在的问题和下一步重点工作，并重点就项目初步验收准备工作等内容进行说明。

（梁伟光）

【注安师“四位一体”工作专题会议】 9月29日，市安全监管局副局长贾太保主持召开专题会议，落实国家安全监管总局《注安师“四位一体”工作任务分工一览表》函的有关工作任务。会议分析本市注安师基本状况和注安师事务所开展工作情况，研究如何落实注安师“以用为本、科学准入、持续教育、事业化发展”的四位一体发展模式的工作思路。会议决定，研究制定相关工作方案，成立注安师工作委员会，充分发挥注安师在安全生产工作中的作用。会议还对方案制定等具体工作进行研究。

（李建中、刘自杰）

【科技计划立项专家论证】 10月14日，市科委召开会议，组织专家对市安全监管局推荐、北京首都旅游集团有限责任公司承担的绿色通道项目《撞击流式餐饮油烟净化设备开发与示范应用》课题实施方案进行立项论证。经过听取课题组关于课题立项背景、目的、意义和课题所属领域国内外研究现状及其发展趋势等情况的介绍，对课题主要内容和需要解决的问题进行质询，专家组认为本课题针对餐饮业油烟污染的控制技术与设备开展研发与示范应用，对于降低餐饮业油烟污染物排放，减少对环境影响、健康危害以及消除烟道火灾隐患具有十分重要的意义；课题研究目标明确、研究内容具体、技术路线可行，考核指标合理，承担单位具有良好的相关研究基础与技术积累，课题组人员构成合理，组织实施与管理措施可行。专家组同意该课题实施方案通过立项论证。

（李建中、刘自杰）

【信息化系统应用工作推进会】 10月21日，市安全监管局副巡视员高士虎主持召开信息化系统应用工作推进会。会上，市安全生产信息中心介绍市安全监管局标准化管理系统、危险化学品管理、综合指标管理、隐患管理、事故调查管理、应急综合管理、执法检查管理7个系统运行情况。相关部门分析系统应用中存在的问题。会议对如何推进系统应用工作进行研讨，并提出具体措施。

（张震国）

【安全生产社会化三年行动计划分解方案】 10月，市安全监管局根据《北京市安全生产社会化三年行动计划》，细化重点任务分解方案，明确工作步骤、落实措施和分解责任，制定《北京市安全生产社会化三年行动计划重点任务分解方案》，发至各区县政府部门、安全监管机构和国有企业。

（孙建军、李让）

【信息化升级改造项目初验】 11月5日，市安全监管局召开2014年度安全生产信息化升级改造项目初步验收会。相关部门及信息化专家组参加验收会议。经讨论研究，该项目基本完成合同约定的相关工作任务，能够满足市安全监管局相关工作需要，专家组及相关参会部门同意该项目通过初验。

（张乳燕）

【数据接入专线租用项目终验】 11月5日，市安全监管局组织信息化专家召开2014年度安全监管系统物联网应用示范工程物联数据接入专线租用项目终验会。与会专家一致认为，该项目在2014年度开展情况满足项目建设规定的各项要求，线路稳定并达到项目终验标准。

（欧阳燕南）

【质量检测和安全验收测评开评标】 11月18日，北京奇泰桥工程技术咨询有限公司召开市安全监管局安全监管系统物联网应用示范工程配套软件质量检测和安全验收测评2个项目的开评标会。评审专家按照评分细则对投标公司进行评估审核。经过专家评分，最终确定北京软件产品质量检测检验中心和北京信息安全测评中心分别成为2个招标项目预中标单位。中标结果在中国政府采购网和北京市政府采购网上进行公示。

（欧阳燕南）

【运维及数据通信项目终验】 11月19日，市安全监管局召开2014年度信息化基础设施运维及数据通信项目终验会。会上，与会专家一致认为，该项目严格按照合同要求执行，完成春节、全国“两会”、国庆、APEC会议等重要时期技术保障工作，保证市安全监管局信息化业务系统的稳定运行，项目资料完整规范，符合项目验收标准，同意通过终验。

（欧阳燕南）

【市安全生产应急指挥中心搬迁建设项目通过验收】 11月19日，市安全监管局召开北京市安全生产应急指挥中心搬迁建设项目竣工验收会。市发展改革委、经济信息化委、财政局、应急办等部门参加会议。专家组及相关参会部门经讨论研究认为，该项目建设内容符合初设批复及合同各项要求和目标，项目承建单位、项目监理单位履行合同规定的各项条款，项目所实现的各项功能和性能满足用户需求，工程质量良好，原则同意项目通过竣工验收评审。

（田雍雍）

【职业卫生专业技术人员培训】 11月24日至12月5日，市安全监管局在首钢工学院开展职业卫生技术服务机构技术人员专业培训。全市25家技术服务机构参加培训，其中参加职业卫生检测培训人数155名，参加职业卫生评价培训人数110名。本次培训按照国家安全监管总局培训大纲规定的培训内容、学时进行，培训内容主要是职业卫生技术服务法律法规、工作场所有害物质检测、实验室分析技术以及检测报告编制等内容。

（王罡）

【认证功能改造及开通短信平台终验】 11月28日，市安全监管局召开“安全监管信息平台企业统一认证功能改造项目”“开通12350短信平台项目”终验会。相关部门及信息化专家组参加验收会议。经讨论研究，2个项目完成合同约定的相关工作任务，能够满足市安全监管局相关工作需要，同意2个项目通过验收。

（陈骧君）

【注册安全工程师使用试点座谈会】 12月23日，市安全监管局副局长贾太保主持召开注册安全工程师使用试点工作座谈会。金隅集团、汽车集团、建工集团、首钢总公司等集团公司安全部门负责人，顺义区、房山区、昌平区、北京经济技术开发区安全监管局主管领导及科室负责人，启迪等5家注册安全工程师事务所负责人参加座谈会。贾太保强调，安全生产社会化的重要内容是引入社会机构参与社会管理，政府要培育、支持注册安全工程师事务所的发展。参与试点工作的企业，要充分发挥现有注册安全工程师作用，制定注册安全工程师发展规划，提高注册安全工程师在企业安全生产管理人员中所占比例。通过开展试点工作使本市注册安全工程师管理再上一个新台阶。

（李建中、刘自杰）

【烟花爆竹物联网项目获奖】 12月，市安全监管局牵头建设的“春节期间烟花爆竹安全监管物联网应用示范工程”在第三届智慧北京大赛荣获“优秀示范应用奖”。应用示范工程于2012年春节前建成并投入使用，实现对全市12家烟花爆竹批发单位仓库、1000余个烟花爆竹零售网点的全面监控，并利用扫描门、手持机和RFID电子标签等新技术，实现烟花爆竹储存、运输和销售等环节的全流程监管，有力保障北京市春节期间烟花爆竹销售安全工作。

（梁伟光）

标准化建设

【安全生产标准化专题会】 1月7日，市安全监管局局长张树森主持召开专题会，研究部署安全生产标准化工作。会上，有关部门汇报安全生产标准化建设情况以及下一步工作思路。会议指出，安全生产标准化工作是推动企业主体责任落实的有效途径，是提高企业安全生产管理水平的重要措施，是加强政府安全监管的重要手段。要以健全完善隐患排查治理体系和安全预防控制体系为主线，推进安全生产标准化建设进程；要建立核查把关制度，严格管理评审单位，确保达标企业质量；要加强信息化建设，创建安全生产标准化示范园区、示范乡镇。

（赵昕）

【标准化部署会】 1月16日，市安全监管局召开全市安全生产标准化工作部署会。会议总结通报2013年全市标准化工作，对《北京市安全生产委员会关于进一步深化企业安全生产标准化建设工作的若干意见》《关于全面推进企业安全生产标准化建设若干政策》进行解读，部署2014年度标准化重点工作。丰台区、开发区、延庆县、顺义区、门头沟区、房山区代表围绕贯彻落实文件要求，建立隐患排查治理机制，分别汇报工作思路和具体措施。

（赵昕）

【坎普尔环保技术有限公司达标核查】 1月17日，市安全监管局组织有关专家对北京坎普尔环保技术有限公司进行标准化达标核查。通过核查企业达标后隐患整改情况，促进企业安全生产规范化建设，监控和考评评审机构评审效果，把握评审质量。通过查阅资料、现场查看、询问人员等方式，重点抽查企业岗位责任书、安全操作规程、培训教育档案、特种设备作业人员资质等情况，以及现场重生产设备设施、特种设备、箱式变压器、配电室、职业病现场警示告知、员工安全防护等状况。对于检查发现的安全管理制度不完善、设备接地缺乏漏电保护、安全警示标志不醒目、职业病危害因素公告栏不规范等问题，责令企业立即整改，并将有关情况通报市安全生产协会和有关评审机构。

（赵昕）

【蓝星（北京）化工机械有限公司等两家企业达标核查】 2月14日，市安全监管局组织有关专家对蓝星（北京）化工机械有限公司和北京京城长野工程机械有限公司进行标准化达标核查。核查组听取两家企业开展标准化工作的情况汇报，通过查阅资料、现场检查、调查询问等，重点核查规章制度和操作规程的建立、安全用电、设备设施、重大危险源监控及危险化学品管理使用等情况。对于检查发现的安全生产规章制度不完善、操作规程与工作实际结合不紧密、危险化学品存放不规范、有害作业与无害作业区域未分开、配电箱接线不规范、警示标志不醒目等问题，责令企业立即整改，并将有关情况通报市安全生产协会和有关评审机构。

（赵昕）

【天威瑞恒高压套管有限公司达标核查】 3月6日，市安全监管局组织专家对通过标准化评审的北京天威瑞恒高压套管有限公司（二级拟达标企业）进行核查。核查组采取查阅资料、现场查看的方式重点对企业规章制度、记录档案、用电安全、设备设施、危险化学品及不符合项的整改等内容进行核查。对于企业存在的组装车间储物高空平台安全措施不严格、包绕车间操作台防护设施不规范、高压试验区控制室未做辐射检测、初总装车间配电柜开关标识不清、部分设备无接地保护、部分电气线路无套管保护措施等问题，责令企业立即整改，并做出退回二级申报资料，重新进行评审的核查意见。由区安全监管部门跟踪整改情况，督促检查落实。

（赵昕）

【标准化建设工作会】 3月13日，市安全监管局召开安全生产标准化建设工作会，市标准化工作小组、市安科院及各区县安全监管局负责标准化工作的人员参加会议。会议就推进标准化建设工作，听取区县标准化工作情况汇报，并针对标准化建设激励方式、核查内容、培训要求、经费落实等问题进行交流。市安全监管局对于各区县在标准化工作推进中遇到的问题进行解答，并讨论2014年标准化工作的具体措施和达标数量，统一思想，明确目标要求。

（赵昕）

【太行前景水泥有限公司达标核查】 3月20日，市安全监管局组织专家对北京太行前景水泥有限公司进行标准化达标核查。核查组听取企业开展安全生产标准化工作的汇报，通过查阅资料、现场查看等方式，对照评审标准，重点对二级达标评审中的扣分项及隐患整改情况进行核查。通过检查发现，企业存在的职工安全意识不强、规章制度不完善、生产车间用电不规范、消防器材配备不足、警示标志缺乏、噪声防护不符合要求等问题。核查组责令企业立即整改存在的问题，由区县安全监管部门验收后重新申请。

（赵昕）

【安全监管系统标准化培训】 3月26日，市安全监管局组织2014年北京市安全生产监管监察系统干部标准化工作培训班。此次培训对象包括：各区县安全监管局主管标准化工作的副局长、工作人员和市安全监管局机关相关人员。培训内容涵盖基本标准解读、管理信息系统运用、标准化政策解读及具体落实措施解析、三级达标评审工作模式等内容。市安全监管局副巡视员高士虎出席培训班，对标准化建设工作提出要求。

（赵昕）

【昌平区二、三级标准化企业达标核查】 4月25日，市安全监管局对昌平区标准化企业的达标评审情况进行核查，核查北京铁科首钢轨道技术股份有限公司（二级标准化企业）和稳思佳力佳（北京）石油化工设备有限公司（三级标准化企业）。此次核查主要针对企业重要风险点在评审过程中的得分项和扣分项进行核实，通过查看得分项是否合格、扣分项是否整改、是否存在漏项等重点评审内容，从而检验达标评审的规范性和企业本质安全水平的提升质量。核查发现，两家企业通过达标创建，安全生产基础进一步强化，安全生产条件得到改善，实现企业安全生产管理的制度化、规范化、标准化。对于企业存在的问题，核查组提出整改建议并责令企业立即整改。

（赵昕）

【航天益来电子科技公司达标核查】 5月8日，市安全监督管局组织专家对北京航天益来电子科技有限公司进行标准化达标核查，并围绕“如何以标准化工作为载体建立企业隐患排查治理动态责任机制”与企业负责人、相关评审机构进行座谈。核查采取查阅资料和现场检查的方式，重点对企业隐患排查治理制度、应急救援预案及演练记录、装配生产车间、原料库房等内容进行抽查。对于核查中企业存在的隐患排查治理台账不规范、隐患排查治理制度不翔实、生产车间消防通道不达标等问题，责令企业立即整改。

（赵昕）

【金商梦时装有限公司等2家企业达标核查】 5月30日，市安全监管局组织专家对北京金商梦时装有限公司（二级）和北京可隆汽车部件有限公司（三级）进行标准化达标核查。通过查阅资料、现场查看，重点核查隐患排查治理制度、教育培训制度、应急救援预案等内容。对于企业存在的安全生产制度不健全、用电管理不规范、特种作业管理不符合要求、应急救援预案针对性不强等问题责令企业立即整改，经所在区县安全监管部门验收合格后，进入下一阶段达标申请程序。

（赵昕）

【标准化建设激励政策】 6月23日，市安全监管局、经济信息化委、人力社保局、财政局、国资委、工商局、质监局、银监局等8个部门出台《关于进一步推进企业安全生产标准化建设若干激励政策》，通过政策激励和市场调节促进企业标准化建设工作。为确保激励政策的科学性和有效性，市安全监管局在制定过程中注重与标准化现有文件衔接，先后6次召开区县和有关部门参加的研讨会，3次发函征求意见。激励政策将企业安全生产标准化达标情况与企业信用管理、工伤保险费率、银行信贷、评先创优、技术改造资金及项目审批、安全生产许可、执法检查相挂钩，同时加大标准化资金保障力度，形成齐抓共管促达标、多措并举抓安全的合力，对本市安全生产标准化工作起到推动作用。

（赵昕）

【标准化建设现场会】 7月11日，市安全监管局在北京北整长欣整流器有限公司召开全市安全生产标准化建设工作现场会，局长张树森参加会议并讲话。市安委会有关成员单位主管标准化工作的领导和部门负责人、各区县安全监管局主要领导及评审机构代表、乡镇街道代表参加现场会。会议通报全市安全生产标准化建设工作情况，总结标准化建设的主要特点及存在的问题，部署下一步工作；北京北整长欣整流器有限公司介绍企业标准化建设的成功经验；丰台区、房山区安全监管局围绕标准化建设作典型发言。张树森指出，标准化工作不仅是“四化三体系双基”总任务的重要内容，更是规范企业安全管理、落实企业安全生产主体责任的重要途径，标准化建设工作要在定好位、把好关、出实招上下功夫。会后，与会人员参观北京北整长欣整流器有限公司生产车间和顺鑫农业标准化建设书画展。

（赵昕）

【开发区企业达标核查】 7月25日，市安全监管局组织专家对开发区北京利富高塑料制品有限公司等两家拟达标企业进行标准化达标核查。核查组抽查企业安全生产责任制建立、隐患排查记录、特种作业人员管理等资料情况，重点对企业消防安全、用电安全、设备设施方面的不符合项后续整改情况进行检查。对于企业存在的车间管道标志和空压机房防爆灯不符合要求、燃料库无安全出口标志等问题，要求企业立即整改，经开发区安全监管局验收后将整改情况报市安全监管局。

（赵昕）

【首农集团标准化调研】 8月1日，市安全监管局赴首农集团调研安全生产标准化工作开展情况。首农集团制发《关于加快推进安全生产标准化达标验收工作的指导意见》，明确2014年年底，所属企业全部完成达标验收。截至8月，集团公司系统内217家法人企业单位，完成二级达标验收3家、三级达标验收98家、微小企业岗位达标68家，占总数的77.8%。其余48家，年底全部实现达标。

（赵昕）

【等级评定技术规范】 8月13日，市安全监管局局长张树森主持召开安全生产等级评定技术规范推进方案研讨会，会议对安全生产等级评定技术规范推进方案进行说明，介绍推进方案的具体内容，并就方案进行座谈研讨。张树森指出，安全生产等级评定技术规范的编制能够实现隐患排查标准、执法标准、标准化评审标准的“三标合一”，对于加强安全生产法治化、促进政府监管精细化、提升企业安全生产管理水平具有重要的推动作用。

（赵昕）

【海淀区标准化达标企业核查】 9月1日至11日，市安全监管局与海淀区安全监管局随机抽取北京研华兴业电子科技有限公司等36家三级标准化达标企业进行核查。主要包括机械制造、公共设施管理、住宿餐饮、租赁和商业服务、批发和零售等5个行业，分布于西北旺、四季青、紫竹院、甘家口、中关村等20个乡镇街道。评审机构涉及首都经济贸易大学、北京中安质环技术评价中心有限公司、北京市工业技术开发中心、北京安科研培技术有限公司和北京全方略咨询有限责任公司等。本次核查，市安科院派出3个核查组，累计出动人员108人次，填写实地核查记录36份。现场核查发现企业存在安全标准化不符合项177项，其中涉及基础制度建设74项、现场管理103项。通过核查发现：8家企业安全生产责任书签订不规范，19家企业安全教育及培训制度落实不到位，主要表现在员工三级安全教育卡缺失、三级安全教育试卷未阅卷、无分数记录等；32家企业存在用电安全隐患，主要表现为漏电保护器、保护接地线配备不齐全，配电室安全用具配备数量不足、储存不规范，配电箱接线不规范、箱前堆放杂物等；22家企业存在消防安全隐患，主要表现为灭火器没有按照“三定”要求，做到定点摆放、定人管理和定期巡查，灭火器过期未检，疏散通道堆放杂物等；19家企业存在消防器材、应急疏散及重点设备安全提示标志缺失等问题，个别企业现场存在危险设备设施没有防护罩，危险化学品储存不符合标准等情况。检查组建议有关部门严把评审关，加大标准化达标企业的抽查力度，督促企业落实评审整改意见。

（王罡）

【昆仑润滑油厂等2家企业达标核查】 9月18日，市安全监管局组织专家对完成评审的北京昆仑润滑油厂和北京海纳川江森汽车部件有限公司进行标准化达标核查。核查组听取企业标准化达标创建的工作汇报，查看安全生产责任制、应急预案管理、隐患排查治理记录等文本资料，重点对评审扣分原因说明及问题整改表内容进行复核。现场对企业生产车间、成品库房、配电室及较大危险因素场所的安全管理情况进行核查。对于北京昆仑润滑油厂化验室危险化学品管理不规范、库房平台直梯防护措施不完善、危险源辨识措施不具体等问题，以及北京海纳川江森汽车部件有限公司生产车间压力管道未做定期检测、组装车间配电箱无线路示意图、安全生产责任制内容不完善等问题，核查组责令企业限期整改，并由区县安全监管局监督落实整改。

（赵昕）

【标准化专项补助资金使用核查】 9月24日至26日，市安全监管局召开全市2014年度安全生产标准化专项补助资金核查验收工作会议，各区县安全监管局主管标准化工作的副局长、科长参加会议。会议听取各区县标准化工作和专项资金使用情况汇报，重点对标准化专项资金使用的范围、项目及用途进行审核。会议采取集中组织、逐个核查验收的方式进行，分成3个工作组。其中：工作组对培训、评审、抽查资料档案进行检查；财务组对资金使用的账目、票据等进行核实；系统组对标准化系统数据和实际达标数量进行对接。从核查情况来看，各区县标准化工作总体进展顺利，成效明显，专项补助资金使用管理严格规范，能够做到专款专用。存在的主要问题：区县达标进度差异较大，行业推进不平衡，个别单位资金使用不符合财务要求等。

（赵昕）

【标准化专题会议】 10月22日，市安全监管局局长张树森主持召开会议，专题研究安全生产标准化工作。会议听取安全生产标准化工作总体推进情况的汇报。截至10月，全市完成安全生产标准化达标企业41032家，其中一级标准化企业42家、二级标准化企业498家、三级标准化企业10458家、小微岗位达标企业30034家，本年新增二级标准化达标企业88家、三级标准化达标企业8504家、小微岗位达标企业19469家。其中三级、小微达标企业分别完成年度达标任务的96%、102%。张树森指出，安全生产标准化是本市安全监管工作历经10年实践逐步形成的推动企业主体责任落实的有力抓手和载体，要顺势而为、科学而为、规范而为，力争使2015年全市安全生产标准化水平有较大提高。

（赵昕）

【和路雪（北京）公司达标核查】 11月14日，市安全监管局组织专家对和路雪（北京）有限公司进行安全生产标准化达标核查。核查组听取企业标准化开展情况的介绍，并按照二级标准化企业评审标准抽查企业安全生产责任制、应急预案及培训记录等基础管理有关情况，对用电安全、消防安全及重大危险源监控情况进行核查。对于企业存在的配电室值班记录不完整、液氨日常检查记录不健全、工业管道缺少流向标识、砂轮机缺少挡屑板等问题，责令企业立即整改，并暂缓通过二级标准化企业审核，10日内将整改情况上报安全监管部门。并责成评审组织单位将相关情况通报评审机构。

（赵昕）

【华德液压工业集团有限公司等3家企业达标核查】 11月20日，市安全监管局组织专家对北京华德液压工业集团有限公司液压泵分公司（二级）、北京华德液压工业集团有限公司液压成套设备分公司（二级）、北京现代京城工程机械有限公司（三级）3家企业进行标准化达标核查。核查组重点对3家企业达标后持续自查自评、排查隐患、整改提高情况进行核查。经核查，企业通过达标创建，建立起完善的安全生产组织领导体系，形成完备的安全生产制度，加大资金保障投入力度，形成人人关心安全、人人支持安全的良好氛围。但存在问题主要是：企业达标后未建立自查自评机制、隐患排查治理责任机制和评审机构回访制度。

（赵昕）

机关人事

【执法监察总队机构设置和人员编制】 1月14日，市编办《关于同意为北京市安全生产执法监察总队增加副处级领导职数的函》（京编办行〔2014〕7号）同意为执法监察总队增加副处级领导职数1名。调整后执法监察总队处级领导职数从1正2副增至1正3副。3月27日，市安全监管局办公室《关于印发北京市安全生产执法监察总队内设机构设置、职责和人员编制方案的通知》（京安监办发〔2014〕31号）就执法监察总队内设机构设置及相应职责、编制进行调整。设立4个正科级内设机构，包括办公室、执法监察一支队、执法监察二支队、执法监察三支队。明确各内设机构职责，确定科级领导职数为4正7副，具体为办公室人员编制5名，科级领导职数1正1副；一支队人员编制10名，科级领导职数1正2副；二支队人员编制10名，科级领导职数1正2副；三支队人员编制10名，科级领导职数1正2副。9月28日，市安全监管局办公室《关于增设北京市安全生产执法监察总队内设机构的通知》（京安监办发〔2014〕112号）就执法监察总队内设机构设置及编制进行调整。增设市安全生产专职安全员协调指导办公室，为执法总队正科级内设机构，科级领导职数1正1副。核定行政执法编制4名，所需编制从执法总队内部调剂解决，办公室、执法监察一支队、执法监察二支队、执法监察三支队目前编制中各减1个行政执法编制。其中，办公室行政执法编制从5名减至4名，执法监察一支队、执法监察二支队、执法监察三支队行政执法编制分别从10名减至9名，科级领导职数不变。调整后，执法监察总队内设机构由4个增至5个，科级领导职数从4正7副增至5正8副。

（孙雷、李子扬）

【市安科院内设机构设置及职责调整】 1月28日，市编办《关于同意为北京市工伤及职业危害预防中心更名的函》（京编办事〔2014〕16号），同意将北京市工伤及职业危害预防中心（北京市安全生产考试中心、北京市危险化学品登记注册办公室、北京市重大事故预防预警中心）更名为北京市安全生产科学技术研究院（北京市安全生产考试中心、北京市危险化学品登记注册办公室、北京市重大事故预防预警中心）。4月10日，市安全监管局办公室《关于印发北京市安全生产科学技术研究院内设机构设置及职责调整方案的通知》（京安监办发〔2014〕48号）就安科院内设机构设置及相应职责、编制进行调整。内设办公室（财务部）、考务部、宣教部、协调部、证件部、检测部、技术部、研发部等8个科室，明确各内设机构职责，确定办公室（财务部）人员编制8名，设主任1名，副主任2名；考务部人员编制5名，设部长1名，副部长1名；宣教部人员编制8名，设部长1名，副部长2名；协调部人员编制4名，设部长1名，副部长1名；证件部人员编制8名，设部长1名，副部长2名；检测部人员编制8名，设部长1名，副部长2名；技术部人员编制6名，设部长1名，副部长1名；研发部人员编制4名，设部长1名，副部长1名。

（孙雷、李子扬）

【部分内设机构调整】 3月11日，市编办《关于同意调整市安全监管局部分内设机构的函》（京编办行〔2014〕25号）就市安全监管局部分内设机构进行调整。一是同意单独明确工会机构设置，核定行政编制1名，其中工会专职副主席职数1名（正处级），所需编制从局机关党委调剂，机关党委不再加挂工会牌子。二是同意为办公室（财务处）加挂督查室牌子，并增加副处级领导职数1名。调整后局机关设14个内设机构和机关党委、工会，处级领导职数从15正16副增至16正（含机关党委专职副书记1名、工会专职副主席1名）17副。11月20日，市安全监管局办公室《关于印发北京市安全生产监督管理局机关各处室和直属事业单位机构设置、主要职责及运行编制的规定》（京安监办发〔2014〕135号）就市安全监管局内设机构设置及相应职责、编制进行调整，明确相关机构职责，确定办公室（督查室）运行编制配备12名，其中主任1名，副主任1名；财务处单独运行，运行编制配备11名，其中副主任2名；法制处运行编制配备8名，其中处长1名，副处长1名；研究室运行编制配备6名，其中主任1名，副主任1名；科技处运行编制配备6名，其中处长1名，副处长1名；安全生产协调处运行编制配备7名，其中处长1名，副处长1名；应急工作处（值班室）运行编制配备6名，其中处长1名，副处长1名；事故调查处运行编制配备7名，其中处长1名，副处长1名；安全监督管理一处运行编制配备6名，其中处长1名，副处长1名；安全监督管理二处运行编制配备8名，其中处长1名，副处长2名；安全监督管理三处运行编制配备9名（含聘任制公务员1名），其中处长1名，副处长1名；职业卫生综合处运行编制配备5名，其中处长1名，副处长1名；职业卫生监督处运行编制配备5名，其中处长1名，副处长1名；矿山安全监督管理处运行编制配备6名，其中处长1名（煤监局处长兼任），副处长1名；行政审批处运行编制配备5名，其中处长1名，副处长1名；人事教育处运行编制配备7名，其中处长1名，副处长1名；机关党委、工会运行编制配备5名，机关党委专职副书记1名，工会专职副主席1名；执法监察总队运行编制配备38名，其中总队长1名，副总队长3名；安科院运行编制配备50名，其中院长1名，书记1名，副院长3名；宣传教育中心运行编制配备13名，其中主任1名，副主任2名；信息中心运行编制配备16名，其中主任1名，副主任2名；举报投诉中心运行编制配备12名，其中主任1名，副主任2名。

（孙雷、李子扬）

【局级干部任免】 1月24日，市政府《关于阎军、常纪文同志职务任免的通知》（京政任〔2014〕21号）决定，阎军任市安全监管局副局长，免去常纪文的市安全监管局副局长职务。3月17日，国家安全监管总局《关于阎军同志任职的通知》（安监总任〔2014〕20号）决定，阎军同志任北京煤监局副局长。9月10日，市委组织部决定，陈清同志挂职任新疆维吾尔自治区乌鲁木齐市市委副书记。9月23日，市政府《关于汪卫国同志免职的通知》（京政任〔2014〕178号）决定，免去汪卫国的市安全监管局副局长职务。12月12日，中共国家安全监管总局党组《关于汪卫国同志免职的通知》（安监总党任〔2014〕60号），免去汪卫国同志的中共北京煤矿安全监察局党组成员职务。国家安全监管总局《关于汪卫国同志免职的通知》（安监总任〔2014〕74号），免去汪卫国同志的北京煤监局副局长职务。12月17日，中共北京市委《关于蔡淑敏同志职务变动的通知》（京委〔2014〕531号），免去蔡淑敏同志的中共北京市安全生产监督管理局党组副书记职务；中共北京市委《关于李东洲同志职务变动的通知》（京委〔2014〕562号），李东洲同志任中共北京市安全生产监督管理局党组成员。12月

19日，市政府《关于李东洲、蔡淑敏同志职务任免的通知》（京政任〔2014〕256号），李东洲同志任市安全监管局副局长（试用期一年）；免去蔡淑敏同志的市安全监管局副局长职务。

（孙雷、李子扬）

【处级干部任免】 1月13日第2次局党组会研究决定，免去薛国强同志应急工作处（值班室）处长职务。1月21日第3次局党组会研究决定，贾兴华同志任执法监察总队总队长，免去其办公室（督查室）主任职务。王中堂同志任行政审批处处长，免去其应急工作处（值班室）调研员职务。冯印辉同志任行政审批处副处长，免去其应急工作处（值班室）副处长职务。赵跃平同志任行政审批处副调研员，免去其应急工作处（值班室）副调研员职务。免去钱山同志的人事教育处处长职务，建议免去执法监察总队党支部书记职务。免去王保树同志的执法监察总队总队长职务。2月14日第4次局党组会研究决定，免去杨春雪同志的法制处调研员职务，并办理退休手续。贾秋霞同志任安科院院长职务，免去其工伤及职业危害预防中心主任职务。安宏伟同志任安科院副院长职务，免去其工伤及职业危害预防中心副主任职务。牛捷同志任安科院副院长职务，免去其工伤及职业危害预防中心副主任职务。张鹏同志任安科院副院长职务，免去其工伤及职业危害预防中心副主任职务。杨拯民同志任安科院调研员职务，免去其工伤及职业危害预防中心调研员职务。赵争春同志任安科院副调研员职务，免去其工伤及职业危害预防中心副调研员职务。仲俊生同志任安科院副调研员职务，免去其工伤及职业危害预防中心副调研员职务。5月6日第11次局党组会研究决定，免去徐宏珠同志的科技处调研员职务，并办理退休手续。免去何川同志的科技处副处长职务。6月30日市委组织部《关于孙雷、钱山同志职务变动的通知》（京组干〔2014〕21号），孙雷同志任市安全监管局人事教育处处长，钱山同志不再担任人事教育处处长职务。6月3日第13次局党组会研究决定，丁大鹏同志任职业卫生综合处处长，免去其职业安全健康监督管理处处长职务。李玉祥同志任职业卫生监督处处长，免去其科技处处长职务。王树琦同志任科技处处长，免去其安全监督管理一处处长职务。孟庆武同志任安全监督管理一处处长，免去其宣传教育中心主任职务。田志斌同志任办公室（财务处、督查室）副主任（主持财务处工作），免去其执法监察总队副总队长职务。安宏伟同志任安全生产信息中心副主任，免去其安科院副院长职务。仲俊生同志任法制处副调研员，免去其安科院副调研员职务。牛捷同志任安科院副调研员，免去其安科院副院长职务。6月30日第17次局党组会研究决定，刘丽同志任应急处（值班室）处长（试用期一年），免去其安全监督管理三处副处长职务。高云飞同志任宣传教育中心主任（试用期一年），免去其事故调查处副处长职务。仲俊生同志任法制处副处长（试用期一年），免去其法制处副调研员职务。孙建军同志任科技处副处长（试用期一年），免去其人事教育处副调研员职务。赵同立同志任安全生产协调处副处长（试用期一年），王欣同志任职业卫生综合处副处长（试用期一年），栗晋春同志任人事教育处副处长（试用期一年），张涛同志任执法监察总队副总队长（试用期一年），张晋伟同志任安科院副院长（试用期一年），薛映宾同志任安科院副院长（试用期一年），刘丽纯同志任宣传教育中心副主任（试用期一年），陆金周同志任信息中心副主任（试用期一年），魏志刚同志任举报投诉中心副主任（试用期一年）。7月2日第18次局党组会研究决定，赵玉辉同志任安全监督管理二处副处长，免去其矿山处副处长职务。李建中同志任科技处副调研员，免去其宣传教育中心副主任职务。多化龙同志任职业卫生综合处副调研员，免去其安全生产协调处副调研员职务。吴振宇同志任办公室（财务处、督查室）副调研员，免去其机关党委副调研员职务。张玉奇任执法监察总队副调研员，免去其办公室（财务处、督查室）副调研员职务。耿双同志任人事教育处副调研员，免去其机关党委副调研员职务。薛红海同志任机关党委副调研员，免去其执法监察总队副调研员职务。段辉建同志任办公室（财务处、督查室）主任（试用期一年），免去其办公室（财务处、督查室）副主任职务。孙雷同志任人事教育处处长（试用期一年），免去其人事教育处副处长职务。任忠同志任办公室（财务处、督查室）副主任（试用期一年）。吴强同志任举报投诉中心副主任（试用期一年），免去其举报投诉中心副调研员职务。7月11日第19次局党组会研究决定，李刚同志结束试用期，任法制处处长。靳玉光同志结束试用期，任安全生产协调处处长。张震国同志结束试用期，任信息中心主任。田志斌同志结束试用期，任办公室（财务处、督查室）副主任。时会佳同志结束试用期，任安全监督管理一处副处长。叶露同志任办公室（财务处、督查室）副调研员职务。宋怀忠同志任举报投诉中心副调研员职务。7月24日第20次局党组会研究决定，闵军同志任应急处（值班室）调研员，李保江同志任安全生产协调处副调研员，杜雷同志任执法监察总队副调研员。8月7日局党组研究决定，张晋伟同志任安全生产技术服务中心主任（兼）。8月15日第21次局党组会研究决定，靳玉光同志任宣传教育中心副主任（挂职），康勇同志任信息中心副主任（挂职），2位同志挂职时间均为2年。12月9日第27次局党组会研究决定，季学伟同志任安科院党总支书记（试用期一年），车广杰同志任宣传教育中心副主任（试用期一年）。12月10日局党组研究决定，免去高建民同志的执法监察总队调研员职务，并办理退休手续。

（孙雷、李子扬）

【科级以下干部任免】 1月13日第2次局党组会研究决定，赵小川同志任事故调查处主任科员，王骥同志任执法监察总队主任科员。1月23日第3次局党组会研究决定，李鹏飞同志任办公室（财务处）副主任科员。2月14日第4次局党组会研究决定，郝树亮同志任安全生产协调处处长助理职务（挂职），薛瑞丰同志任安全生产协调处处长助理职务（挂职）。4月23日第10次局党组会研究决定，罗旋同志任办公室（财务处、督查室）主任科员，封光同志任应急处（值班室）主任科员，张聪同志任安全监督管理二处主任科员，刘卫坤同志任职业卫生监督处主任科员，张国宁同志任执法监察总队副主任科员，崔晓同志任执法监察总队副主任科员。5 月 23 日局党组研究决定，田雍雍同志任信息中心主任科员，李晓红同志任信息中心主任科员，陈超同志任信息中心主任科员，张沛同志任信息中心主任科员，欧阳燕南同志任信息中心副主任科员，周宁同志任举报投诉中心主任科员，李阳春同志任举报投诉中心主任科员，雷恒同志任举报投诉中心主任科员，江华光同志任举报投诉中心主任科员，焦宁同志任举报投诉中心副主任科员。6 月 20 日第 7 次局党组会研究决定，张晋伟同志任安科院办公室（财务部）主任，免去其办公室（财务科）科长职务。苏湘生同志任考务部部长，免去其考务科科长职务。薛映宾同志任协调部部长，免去其协调科科长职务。徐杰立同志任证件部部长，免去其证件科科长职务。刘冰冰同志任检测部部长，免去其实验分析科科长职务。时德轶同志任技术部部长，免去其技术支撑科科长职务，吴爱枝同志任研发部部长，免去其危险化学品登记科科长职务。赵禹同志任办公室（财务部）副主任，免去其办公室（财务科）副科长职务。王罡同志任办公室（财务部）副主任，免去其宣传科副科长职务。陆芳同志任考务部副部长，免去其考务科副科长职务。白林同志任宣教部副部长，免去宣传科副科长职务。刘伟宏同志任协调部副部长，免去其协调科副科长职务。钱浩明同志任证件部副部长，免去其证件科副科长职务。申永文同志任证件部副部长，免去其证件科副科长职务。张艳娜同志任检测部副部长，免去其技术支撑科副科长职务。王梅同志任办公室（财务部）主任科员，王金普同志任考务部主任科员，卞松征同志任证件部主任科员，郭宇飞同志任宣教部主任科员，李莉莉同志任宣教部主任科员，周景丽同志任证件部主任科员，王世平同志任技术部主任科员，李颖同志任技术部主任科员，黄斌同志任技术部主任科员，杨茹同志任技术部主任科员，郝靖同志任研发部主任科员。陈靖同志任证件部副主任科员，贾娜莉同志任协调部副主任科员，张鑫同志任研发部副主任科员。邱丹妮同志任办公室（财务部）科员，孙旭同志任办公室（财务部）科员，李菲同志任考务部科员，张玉娟同志任宣教部科员，焦文霞同志任宣教部科员，李惠同志任检测部科员，嵇征同志任检测部科员，侯烺祎同志任检测部科员。7 月 2 日第 18 次局党组会研究决定，闵绍辉同志任办公室（财务处、督查室）主任助理（挂职），戴贺霞同志任法制处处长助理（挂职），封光同志任应急处（值班室）处长助理（挂职），王晓杰同志任事故调查处处长助理（挂职），邵柏同志任事故调查处处长助理（挂职），张聪同志任安全监督管理二处处长助理（挂职），陈震西同志任安全监督管理三处处长助理（挂职），孙晶晶同志任职业卫生综合处处长助理（挂职），徐杰立同志任安科院院长助理（挂职），张鑫同志任安科院院长助理（挂职）。王晓杰同志任事故调查处主任科员，张玉红同志任事故调查处主任科员，王平同志任安全生产协调处主任科员，王成刚同志任安全监督管理一处主任科员，刘清祥同志任应急处（值班室）主任科员，陈震西同志任安全监督管理三处主任科员，孙立双同志任人事教育处副主任科员。7月8日局党组研究决定，同意陈继伟同志辞去公职，免去其安全监督管理三处主任科员职务。7月24日第20次局党组会研究决定，王洪志同志任办公室（财务处、督查室）副主任科员，王海峰同志任宣传教育中心主任科员，刘洁同志任宣传教育中心主任科员，李东昊同志任宣传教育中心副主任科员，陈浩同志任信息中心主任科员，林长军同志任信息中心主任科员，李让同志任信息中心副主任科员，石逸超同志任信息中心科员，徐双同志任举报投诉中心副主任科员，姜二峰同志任举报投诉中心副主任科员，王海滨同志任举报投诉中心副主任科员，李广同志任举报投诉中心科员。7月28日局党组研究决定，刘友强同志任宣传教育中心主任科员，吴爽同志任宣传教育中心主任科员，杜蓓蓓同志任宣传教育中心副主任科员。8月15日第21次局党组会研究决定，陶申傲同志任执法监察总队办公室主任（试用期一年），徐阳同志任执法监察总队一支队支队长（试用期一年），张帮锋同志任执法监察总队二支队支队长（试用期一年），侯占杰同志任执法监察总队专职安全员指导协调办公室主任（试用期一年），王罡同志任安科院宣教部部长（试用期一年）免去其安科院办公室（财务部）副主任职务，杨茹同志任安科院技术部副部长（试用期一年），张鑫同志任安科院研发部副部长（试用期一年），郭梦娜同志任宣传教育中心主任科员，张青云同志任信息中心科员，阚悦同志任举报投诉中心副主任科员。9月19日局党组研究决定，金绪平同志任执法监察总队主任科员，赵建立同志任执法监察总队主任科员，丁计魁同志任执法监察总队副主任科员，王龙同志任执法监察总队副主任科员，王立朝同志任执法监察总队副主任科员，王俊杰同志任执法监察总队副主任科员，夏文广同志任执法监察总队副主任科员，钱莹同志任执法监察总队副主任科员，石炜同志任执法监察总队科员，邱晓艳同志任执法监察总队科员，施博同志任执法监察总队科员。9月23日局党组研究决定，张皞同志任执法监察总队主任科员。10月10日，局党组研究决定，苏相生同志结束试用期，任安科院考务部部长。徐杰立同志结束试用期，任安科院证件部部长。刘冰冰同志结束试用期，任安科院检测部部长。时德轶同志结束试用期，任安科院技术部部长。12月18日局党组研究决定，张鑫同志任安科院研发部主任科员，李菲同志任安科院办公室副主任，孙旭同志任安科院办公室副主任科员，嵇征同志任安科院检测部副主任科员。

（孙雷、李子扬）

【军转干部安置】 7月至9月，市安全监管局根据市委、市政府关于年军队转业干部安置工作要求和计划，对323名报名军队转业干部进行资格审核，其中308人符合审核条件，通过笔试、面谈、考察、体检，确定录用闵军、李保江、杜雷3名团职转业干部到应急处（值班室）、安全生产协调处、事故调查处工作，确定录用王洪志任办公室（督查室）副主任科员，王海峰任宣传教育中心主任科员借调财务处工作，刘洁任宣传教育中心主任科员借调办公室（督查室）工作，郭梦娜任宣传教育中心主任科员借调财务处工作，李东昊任宣传教育中心副主任科员借调研究室工作，陈浩任信息中心主任科员借调人事教育处工作，林长军信息中心主任科员借调职卫综合处处工作，李让任信息中心副主任科员借调科技处工作，石逸超任信息中心科员借调职业卫生监督处工作，张青云任信息中心科员借调财务处工作，徐双任举报投诉中心副主任科员借调机关党委工作，姜二峰任举报投诉中心副主任科员借调行政审批处工作，阚悦任举报投诉中心副主任科员借调人事教育处工作，李广任举报投诉中心科员借调矿山处工作，王海滨任举报投诉中心副主任科员借调驻局纪检监察处工作。

（孙雷、李子扬）

【干部遴选】 本年，市安全监管局通过全市公务员公开遴选录用11名干部。夏文广、丁计魁、赵建立、金绪平、王立朝、王龙、王俊杰、钱莹、石炜、邱晓艳、施博等11人到执法监察总队工作，其中钱莹借调法制处工作，施博借调财务处工作。

（孙雷、李子扬）

【干部轮岗】 本年，市安全监管局处级干部轮岗13名（李玉祥、王树琦、孟庆武、田志斌、安宏伟、仲俊生、赵玉辉、李建中、多化龙、吴振宇、张玉奇、耿双、薛红海），科级干部轮岗7名（王晓杰、张玉红、王平、王成刚、刘清祥、陈震西、孙立双）。

（孙雷、李子扬）

【竞争上岗】 6月至8月，市安全监管局竞争上岗处级领导干部14人（刘丽、高云飞、仲俊生、孙建军、赵同立、王欣、靳大力、栗晋春、张涛、张晋伟、薛映宾、刘丽纯、陆金周、魏志刚）。竞争上岗科级领导干部7人（陶申傲、徐阳、张帮锋、侯占杰、王罡、杨茹、张鑫）。

（孙雷、李子扬）

【民主推荐】 7月，市安全监管局民主推荐处级干部6人（段辉建、孙雷、任忠、吴强、叶露、宋怀忠）。

（孙雷、李子扬）

【干部调动】 本年，市安全监管局机关调出3人（何川、陈继伟、马永华），安科院调出1人（邱丹妮），信息中心调出1人（王永志）。

（孙雷、李子扬）

◀ 11 月 26 日，市经济信息化委主任张伯旭（前左四）带队检查联想集团安全生产工作

▶ 9 月 15 日，市经济信息化委副主任樊健（前右三）在首钢京唐公司检查安全生产工作

◀ 6 月 18 日，市经济信息化委副主任李洪（左二）带队在华德液压器厂检查安全生产工作

▼ 12 月 24 日，市经济信息化委组织新《安全生产法》培训

▼ 7 月 8 日，市经济信息化委举办永定河跨河管线防汛应急演练

▲ 9 月 25 日，市环保局举办 2014 年突发环境事件暨反恐应急综合演练

▶ 6 月 25 日，市环保局领导指挥京哈高速张家湾段化工原料罐车泄漏事故抢险现场

▼ 5 月 12 日，市环保局举办防灾减灾宣传周活动

▼ 市环保局执法检查人员现场处置危险物品

9月25日，市规划委副主任曹跃进（前右二）在北京市规划展览馆检查安全生产工作

面积虽不大，但有花有树有座椅，就在家门口

城区拆违抢出66个微型公园

本报记者 王海燕

最小绿地仅10平方米

建公园后违建不反弹

少铺草坪多种树

7月31日，《北京日报》报道城区拆违抢出66个微型公园

市规划委普法动画宣传片《北京牛叉违建拆呐》获奖

4月29日，本市对国企违建进行“围剿”

▲ 6月20日，市住房城乡建设委副主任王承军（后左五）参加CBD管委会工程建设安全工作座谈会

▼ 6月25日，市住房城乡建设委举办北京市建筑施工安全生产知识竞赛

9月18日，市市政市容委召开安全生产形势分析会

APEC 会议期间，市市政市容委领导带队检查安全生产工作

市市政市容系统安全应急工作培训

▶ 2 月 23 日，市市政市容委领导带队到北郊供热厂检查安全生产工作

◀ 2月27日，全国“两会”期间，市市政市容委赴基层检查安全生产工作

◀ 9 月 19 日，市交通委召开交通行业国庆和 APEC 会议安全保障工作会

▲ 4 月 3 日，市交通委检查青年湖公园水域游船安全工作

▲ 3 月 5 日，市交通委检查海淀世纪锦鸿汽修企业安全生产工作

▲ 12 月 4 日，市交通委举办本市轨道交通重大运营突发事件应急演练

▲ 6 月 27 日，市交通委检查通州区防汛物资储备点、积水点安全工作

▶ 6月，市商务委主任卢彦（左二）带队检查商场安全生产工作

◀ 8月22日，市商务委副主任宋建明（右二）带队检查商场消防安全工作

▶ 9月25日，市商务委举办新《安全生产法》培训班

◀ 6月24日，全市商务行业安全生产培训会

▲ 10 月 30 日，市旅游委召开 APEC 安保维稳工作部署会

▼ 9 月 22 日，北京市旅游景区大型游乐设施应急演练

▶ 7 月 31 日，北京市旅游行业安全技能大赛

1 月 29 日，市工商局房山分局执法人员检查烟花爆竹销售网点

4 月 24 日，市工商局东城分局执法人员对市级挂账无证无照经营突出问题地区进行整治

6 月 16 日，市工商局通州分局联合安全监管等部门开展安全生产月宣传咨询日活动

7 月 16 日，市工商局朝阳分局执法人员联合消防、安全监管、城管、公安、食品药品监管等部门对存在较大安全隐患的朝阳区小关北里 43 号院进行整治

◀ 8 月 21 日，市工商局西城分局联合消防、食品药品监管、公安、城管、卫生等部门开展执法检查，取缔无证无照经营的餐饮店

▶ 11 月 26 日，市工商局石景山分局联合食药局、街道综合执法指挥中心对古城西路无证无照的餐饮经营单位进行整治

◀ 9 月 22 日，市工商局顺义分局执法人员联合公安、食品药品监管等部门对南半壁店村进行专项整治

▶ 11 月 2 日，市工商局平谷分局开展煤炭无照经营整治行动

▶ 6月4日，市质监局召开特种设备安全工作部署会

◀ 5月14日，市质监局联合蟹岛会展嘉年华举办大型游乐设施应急演练

▶ 3月26日，市质监局举办电梯安全宣传教育公开课

市体育局召开市体育运动项目经营单位安全生产二级标准化宣贯培训会

市体育局副局长陈杰（中）在奥体中心游泳馆检查安全工作

市体育局、公安局、卫生计生委、安全监管局联合检查区县游泳场馆安全工作

▶ 市民防局组织区县民防局防汛应急抢险演练

◀ 市民防局领导带队检查防汛安全工作

▶ 通州区民防局人防工程安全管理监控平台

▲ 3月14日，市农业局联合安全监管、质监、工商等部门开展农资打假行动

▲ 9月17日，市农业局执法人员现场运用农机移动执法终端APP查询驾驶员及机械信息

▲ 6月18日，农机安全生产宣传咨询日活动

▲ 4月24日，放心农资下乡宣传周活动

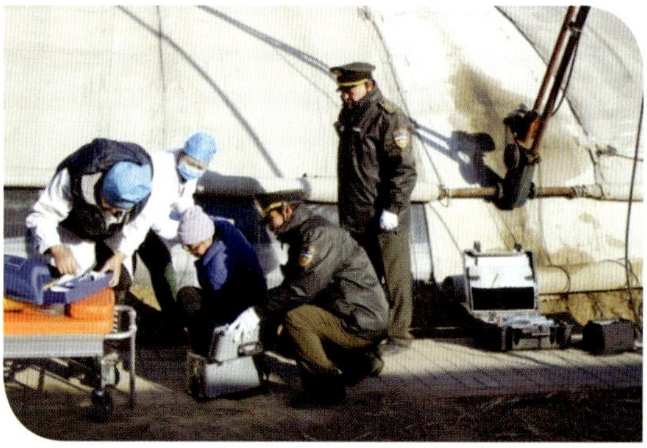

▲ 12月12日，温室大棚卷帘机事故演练现场

▲ 5月6日，市城管执法局到朝阳区检查违法建设拆除现场

▲ 8月27日至28日，市城管执法局 APEC 会议燃气安全专项执法检查

▲ 2月24日，市城管执法局到东城区大经厂胡同督查违法建设拆除情况

▲ 市城管执法局检查东城区国学胡同违法建设情况

▲ 9月14日，市公安局消防局局长吴志强（右二）带队检查城乡结合部地区消防安全工作

▲ 7月21日，消防部门对企业员工进行消防安全培训

▲ 11月9日，消防人员检查社会餐饮单位消防安全工作

▲ 7月2日，检查APEC会议会场周边消防安全工作

▲ 12月17日，市公安局消防局开展人员密集场所消防安全培训演练

▲ 10 月 1 日，市公安局交管局局长孙钫（中）在天安门广场检查国庆交通安全保障工作

▲ 市交管局“春运”期间到永定门长途客运站开展交通安全检查

▲ 8 月 29 日，市交管局开展整治燃油两轮摩托车、三轮车净化行动

▲ 市交管局民警在西长安街闹市口夜查酒后驾驶

▲ 9 月 1 日，市交管局开展“交通安全小课堂”活动，为北京市第三聋人学校的学生讲解交通安全知识

2月25日，北京铁路局开展安全大检查活动

北京铁路局安全生产月宣传咨询日活动

北京铁路局检查天然气设备安全工作

重点行业领域安全生产工作

北京市经济和信息化委员会

2014年，市经济信息化委依法履行职责，加强对军工、民爆、医药、航天以及机械制造、软件信息服务等行业的安全生产的管理指导，重点围绕军工科研、农药安全生产监督管理，开展安全生产标准化活动，落实安全生产综合考核，防范和杜绝各类事故的发生，确保安全生产形势总体稳定。本年，市经济信息化委被市安委会评为2014年度全市安全生产先进单位，获得北京市安全生产月活动优秀组织奖。

【军工安全生产检查】 6月17日至19日，市经济信息化委组织对航天科技、航天科工、兵器工业、兵器装备、中航工业、电子科技等6大军工集团12家京区军工单位进行安全生产交叉检查。航天科工159厂、航天科技200厂和中航工业625所注重安全生产标准化运行管理，加大安全投入，持续对标准改进提升；电子科技集团15所加强组织领导，健全完善安全生产制度体系，安全生产组织机构健全，安全管理人员配备齐全，有序推进安全生产标准化建设，安全管理工作成效显著。

【贯彻安全生产法】 12月24日，市经济信息化委组织各产业处有关负责人和16个区县经济信息化委相关负责人40余人，参加新修订的《中华人民共和国安全生产法》培训班。

【责任落实】 本年，市经济信息化委根据《北京市安全生产委员会关于贯彻落实〈北京市安全生产“党政同责”“一岗双责”暂行规定〉的通知》精神，制定安全生产行业管理指导工作意见。一是确立委党委书记、委主任为安全生产第一责任人，对全委系统安全生产全面负责；分管安全生产行业管理工作的委领导，承担全委安全生产工作统筹协调的领导责任；分管业务工作的委领导对各自分管范围内安全生产行业管理负直接领导责任；相关产业处室对业务范围内安全生产行业管理工作负直接责任。结合“一岗双责”制定印发全委安全生产工作方案、安全生产工作机制，建立健全安全生产责任体系。二是确保重大节日、全国“两会”、APEC会议期间安全稳定，扎实推进安全生产监督管理工作。三是深入企业排查安全隐患，检查企业和建筑工地31次；结合食品饮料、印刷包装、服装纺织等行业特点，组织开展安全大检查活动；加强中药企业仓库消防安全检查，同时加强对化学药品、危险品的管控；根据国家工信部的要求，对北京地区危险化学品企业进行摸底，结合农药日常生产管理，组织开展安全生产培训指导工作，培训近1800家中小企业、4000名管理人员。

【民爆企业安全大检查】 本年，市经济信息化委根据国家工信部和市委、市政府关于加强民爆行业领域安全生产工作指示精神，制发《关于开展北京地区民爆行业安全生产专项整治行动的通知》，编制《2014年北京市民爆行业安全生产专项整治工作检查表》，按照“全覆盖、零容忍、严执法、重实效”要求，严查企业安全生产情况。市经济信息化委经济运行处组织相关处室，采取“四不两直”的方式，对军工民爆企业进行安全生产检查。重点检查运输安全管理情况和危险化学品运输全程监管、反恐防爆、应急响应处置等工作流程，检查危险化学品储存安全管理和人、物、技“三防”措施落实情况，并查看、查阅重点场所全视频监控录像和相关资料，检查组要求军工民爆企业落实安全生产主体责任，细化完善工作部署，排查治理安全隐患，确保企业持续、稳定发展。

【消防安全检查】 本年，市经济信息化委贯彻落实“预防为主、防消结合”的方针，按照“谁主管、谁负责”的原则，确定企业第一管理者为第一责任人，负责对企业消防安全负总责。深入企业检查消防安全：一是企业是否加强消防安全培训，提升员工消防安全意识；二是企业是否加强消防器材的维护保养，确保消防器材完好，能够使用正常；三是企业是否完善应急机制，强化消防基础；四是企业是否全员参与消除火灾隐患，营造安全的工作环境。对在检查中发现的火灾隐患，以“定人、定措施、定时间限期整改”加以落实，确保消防安全。

【农药安全检查】 本年，市经济信息化委开展对农药生产监督管理工作。一是在春节前组织和区县经济信息化委等有关部门，对全市27家农药生产企业进行安全生产现场指导；“五一”“十一”两节前对6家重点企业进行安全生产现场检查，结合农药生产批准审核工作对13家农药生产企业安全保障条件进行现场审核。二是组织开展农药生产管理培训班，对农药生产企业核准和农药生产管理中涉及安全生产方面的内容进行重点培训。三是组织专家座谈会，研究农药生产企业安全工作，确保农药生产安全。

【应急管理】 本年，市经济信息化委落实《北京市人民政府关于进一步加强本市应急能力的意见》，加强应急体系和应急能力建设，在全国“两会”、十八届四中全会、APEC会议、纪念抗战爆发77周年和中国抗战暨世界反法西斯战争胜利69周年等重要时期，在“五一”、“十一”、元旦、春节等重大节假日中，加强领导、科学筹划、周密部署、注重细节、健全完善工作方案和工作预案。处置各种应急通信和信息安全保障110余次，出动人员9000余人次、应急保障车辆230余车次、动用保障设备500余台套；为市、区县14家单位办理卫星频率申请135单次，分配应急卫星频率2256兆小时；为市安全监管局、国土局提供视频专网保障1242小时。

市经济信息化委赵彬供稿

北京市环境保护局

2014年，北京市环境保护局加强环境风险源监管，规范突发环境事件应急处置，强化应急演练，狠抓环境应急管理队伍建设，管理体系不断调整完善，规范化建设水平进一步提高，应急管理的规范化水平不断提升。

【应急技术比武】 3月27日至7月11

日，市环保局开展环境应急技术比武活动。比武科目设置为基础、监测、辐射3大类6个比赛项目，分培训、预赛和决赛。经过多轮角逐，房山区环保局、朝阳区环保局和昌平区环保局分别取得团体前3名，40名参赛者获得单科目单人和小组赛前5名。本次比武活动对全市参赛人员的环境应急技术水平进行全面检验和考核，在全市掀起练技术、比技能的热潮。

【隐患排查整治】 4月至10月，市环保局在全市范围内开展环境风险隐患排查与整治专项活动。专项活动分企业自查、区县检查、市级督查和梳理总结4个阶段。重点对涉氨、涉氯、尾矿库、石油化工、危险化学品生产和再生资源回收等行业领域进行环境风险排查与整治。对涉氨制冷、医药制造、屠宰加工、尾矿库、储油库等重点企业及密云水库、潮白河流域古北口入境断面和清河流域等重点环境敏感区域开展环境风险防控实地检查，进一步了解掌握对环境风险源管理工作方法，探索不同行业风险管理模式，为环境应急管理人员开展现场综合检查、提高执法检查能力、规范检查行为提供保障。

【主题宣传活动】 5月12日，市环保局在海淀区紫竹院公园开展以"保护环境·为美丽北京加油!"为主题的宣传活动。活动现场开设突发环境事件防范知识、环境信访、环保法规、信访受理、辐射科普等宣传工作台，组织律师现场进行法律咨询。通过主题宣讲、悬挂宣传标语、科普知识展板展示、发放宣传资料、现场解惑答疑等形式，大力普及环保知识、法律法规和突发环境事件防范知识与技能、重污染天气应对基本常识、环境信访举报投诉方法等内容，得到参与市民的认可，达到预期效果。其间，全市环保系统出动工作人员620人次，悬挂宣传条幅80条、展出宣传图板60块、发放各类宣传资料3万余份、接待咨询群众3.6万余人次，引起社会各界对环境应急管理工作的重视，产生良好的社会效应。

【渣油罐车泄漏应急处置】 5月31日，市环保局接市应急办通报，房山区南六环梨园桥东104公里处外环方向一辆装有20吨沥青的罐车发生交通事故。接报后，市环保局立即启动应急预案，令房山区环保局赶赴现场先期处置，并立即组织应急人员赶赴现场。经查，现场为一辆装有20吨渣油（为炼油的残渣）的重型危险化学品运输槽罐车发生事故，造成渣油泄漏。渣油大部分漏至路面上，少量的油流至高速路中间隔离带排雨槽内，六环路两侧排雨沟内未发现泄漏的渣油。现场采用沙土对泄漏至路面的渣油进行覆盖、清理。事件未对周边环境造成影响。

【化工原料罐车泄漏应急处置】 6月25日，市环保局接市政府值班室通报，通州区京哈高速路进京方向张家湾段进入六环匝道处，一辆危险化学品运输罐车发生交通事故，造成部分危险化学品泄漏。接报后，市环保局立即启动应急预案，令通州区环保局先期处置，并迅速组织应急人员赶赴现场。经查，现场为一辆装有约37吨甲基叔丁基醚危险化学品运输罐车，因交通事故侧翻入高速路边沟内。事故造成罐体多处破损，罐体内甲基叔丁基醚持续泄漏，并随消防水积存在六环路边沟内，事故下风方向空气中有明显刺激性异味。现场采取3项防控措施：一是在六环路边沟内构筑围堰，将污染物控制在沟内；二是实时监测事故下风向大气中目标污染物的含量，明确安全边界；三是协调有资质单位开展事故清污处置，并进行无害化处理。26日凌晨3时许，事故车辆被吊装运走，污染源消除。连夜，通州区应急办组织力量进行后续处置，抽取转移污水约14吨，污泥约120立方米，事故未对周边环境造成进一步影响。

【通惠河水面浮油污染事件查处】 7月18日，市环境保护局12369举报投诉中心通报，群众反映通州区天时名苑小区北侧八里桥市场至八里桥地铁河面漂浮大量油污，并伴有刺鼻性气味。接报后，市环保局立即启动应急预案，令朝阳区环保局、通州区环保局立即赶赴现场展开调查并对通惠河朝阳双桥至八里桥段面水域取水样进行监测。市环保局到达现场查看污染情况后，立即向市应急办报告，请市应急办协调水务部门对污染河道水面进行联合处置。经查，造成河道水面污染的是北京怀柔北机务段双桥运用车间，该车间更换管道施工过程中，未采取任何防护措施，致使管道残余柴油渗漏到厂区污水沟内，由于强降雨，致使污水沟内污油直接排至通惠河，造成河道内约8公里水面受染，污染水域约16万平方米。市环保局会同市水务部门、朝阳区环保局、通州区环保局现场决定：一是由市水务局负责在污染河道设置两道拦油坝，并进行吸附处理，关闭通惠河与北运河交汇处的菩提闸，防止油污流至河北省境内；二是朝阳区环保局负责监督对北京怀柔机务段双桥运用车间污染物进行清理并进行无害化处理，同时立案调查；三是朝阳区、通州区环保局对清理完后的水面进行水质监测。朝阳区环保局对该事件进行后续的调查处置，对该事件造成的污染后果进行20万元的行政处罚，对该单位危废存放不规范的违法行为实施10万元的行政处罚，监督该单位支出应急处置费用50万元。

【突发环境事件暨反恐应急综合演练】 9月25日，市环保局在怀柔区雁栖镇莲花池村举行2014年突发环境事件暨反恐应急综合演练，局长陈添带队现场指导，国家核安全局、环保部应急中心和北京市政府应急办、反恐办、怀柔区政府主要领导应邀到现场观摩。演练模拟装有放射性材料的车辆与危险化学品车辆撞击，造成危险化学品和辐射泄漏，经组织有效应急处置，成功排除险情。演练重点突出市区两级环保部门的应急联动及各专业应急处置力量、专业应急处置队伍和社会应急处置力量的协同配合，达到练指挥、练组织、练协同的目的。

【突发水污染应急联动机制】 10月11日，市环保局召开京津冀水污染突发事件联防联控机制第一次联席会议。会上，三省（市）环保部门主管领导共同签署京津冀水污染突发事件联防联控机制合作协议，协议对京津冀区域内水污染突发环境事件组织协调、联合预防、信息共享、联合监测、应急联动进行详细规定。会议对2015年联防联控工作方案进行讨论，确定2015年联防联控工作重点。

【不明化学试剂清理】 10月21日，市环保局接到东城区环保局报告，在东城区红桥路口东大地街1号，鑫企旺写字楼院内一地下储存室里发现有大量不明化学试剂，请市环保局派专业处置队伍协助处理。接报后，市环保局立即调金隅红树林环保技术有限责任公司（危险化学品专业处置队伍）前往协助处理。晚21时许，东城区环保局报告，金隅红树林公司在清理化学品试剂过程中，发现有放射性物质，市环保局立即调辐射专业力量赶赴现场进行调查处置。经辐射应急人员现场监测，辐射剂量率约为50μSv/h，核素为Th-232（天然放射性核素）。现场要求业主单位加强监控，待专业队伍收储。22日上午，市环保局组织北京金隅红树林公司和北京树诚科技发展有限公司两支专业应急处置队伍到达事发现场，对地下储存库内表面及化学试剂进行监测、甄别、排查和分类收处。收储剧毒品1175毫升、砒霜60克、危险化学品试剂以及其他不明化学试剂526瓶和1千克袋装物、硝酸钍放射性物质2750毫升、5公斤（千克）放射性污染物。现场清理完毕后，组织对周边环境进行监测，各项指标均达标，现场环境已安全恢复常态。市环保局现场要求东城区对北京玻璃研究院历史储存场所进行全面清查；责令北京鑫企旺物业管理中心从即日起至APEC会议结束前停止施工，待问题调查清后，再行施工。

【APEC期间安全保障】 APEC会议期间，市环保局多措并举，全力做好环境安全保障工作。一是全面启动APEC会场周边区域环境安全应急联动机制，明确联动机制环境应急处置出动序列。二是强化会议期间值守要求，各单位应急值守人员按照“单岗双人”的原则安排应急值守，全体应急备勤人员24小时在岗值班，应急装备物资器材保持良好状态，确保第一时间妥善处置各类突发环境事件。三是妥善处置国家会议中心、雁栖国际会都查扣的一批危险废物。由应急中心带领金隅红树林公司危险化学品专业处置队伍分别将国家会议中心、水立方16个安检口及雁栖湖岛内国际会都查收的危险废物进行收处。

【非法倾倒不明液体事件查处】 12月28日，市环保局接房山区环保局报告，城关街道派出所反映房山区城关街道宏塔小区南墙外有两辆货车正在向土地中倾倒不明液体。接报后，市环保局迅速启动应急预案，立即赶赴现场展开调查。经查：有两辆货车（车牌号为苏JN763挂和苏JJ6058）将车上装载的“ZS-FS1000混凝土减缩防裂防水密实剂”倾倒在土地中，两车装载液体约700桶，已倾倒约400余桶，每桶质量约20公斤（千克），倾倒总量约8吨，还有300桶、6吨左右遗留现场。倾倒面积约100平方米。经调查，两辆货车由一对夫妇（均为废品收购人员）带到事故发生地进行倾倒。该产品由北京永泰亿成科技发展有限公司生产，注册地为海淀区彰化路138号，生产地位于密云县经济开发区（目前已停产）。该产品用于京沪高铁建设，京沪高铁全线通车后，剩余产品均已过期，由永泰亿成公司进行处理，自上海运至北京。现场检测，该物质pH值在11左右，属碱性物质。市环保局令海淀区环保局对该公司进行调查，重点查明该物质如何流入废品收购站。同时，令密云县环保局对该公司的生产基地进行调查。经市环保局监测中心取样检测，该物质为含有NaOH成分的碱性混合物，属一般工业废弃物。现场调北京生态岛科技有限责任公司的专业处置队伍进行收集并做无害化处理。处置费用由北京永泰亿成科技发展有限公司承担。事件未对环境造成影响。

【危险化学品专项检查】 本年，市环保局对全市危险化学品生产企业进行环境风险隐患排查与整治专项检查，重点对环保措施落实情况及风险防控情况进行检查。在检查过程中，发现房山区东流水工业园区存在问题较多，对该园区进行集中专项检查。本次检查对有问题企业下达《责令改正违法行为决定书》及立案处罚，出动人员达570人次。对危险化学品生产企业涉及的化学物质情况、生产状况、风险管理、污染排放等进行重点检查。

市环保局杨然然供稿

北京市规划委员会

2014年，市规划委按照市安委会安全生产各项工作部署，认真履行职责，加强制度建设，加大突出问题和薄弱环节整治力度，加大监督检查和行政执法力度，确保安全生产法律法规、标准规范得到严格执行，把安全生产各项措施和要求落到实处，不断提升安全监管水平。

【落实“一岗双责”】 本年，市规划委落实国家建设部和市委、市政府有关安全管理工作的要求，加强规划安全和行业安全生产管理工作，成立市规划委安全生产委员会，完善组织领导机构，制定《北京市规划委员会安全生产“一岗双责”监督管理暂行规定》，建立安全生产工作会议制度，每季度组织召开季度安全形势分析会，传达全市安全生产与应急管理工作会议精神，通报市规划委安全生产工作情况，研判安全生产工作形势和重点任务，提高安全生产工作的针对性和实效性。

【规划编制与研究】 本年，市规划委结合其他省市发生的重大事故特点，主动开展危险品设施调研和综合防灾减灾规划研究，完成《北京市危化品现状布局调研及评估》《制定现代化城市综合防灾减灾体系总体思路》专题研究。针对“7·21”暴雨造成城市内涝积水，交通瘫痪等情况，编制《北京市中心城防洪防涝系统规划》。为吸取青岛市中石化东黄输油管道泄漏爆炸重特大事故教训，对现状重要油气管线和设施，提出近远期消除安全隐患措施建议，形成《北京市现状油气管线设施情况汇报》。依据国家现行石油天然气等行业标准和规范，在相关规划编制中，提出重要油气管线设施的防护空间控制要求，从城乡规划阶段加强对城市安全的关注，力争事前消除隐患。在地铁交通线网规划编制和审批中，安排消防应急抢险设施，落实安全生产工作。

【安全生产月】 本年，市规划委制定《北京市规划委员会2014年“安全生产月”活动方案》，确定“坚守红线意识，保障城市安全”活动主题，提出活动要求。北京市城建档案馆和规划展览馆分别开展国际档案馆日应急演练和4A级以上景区安全互查活动。通过加强宣教培训，开展形式多样的活动和组织应急演练，建立完善应急救援体系，加强预案管理，提高事故救援和应急处置能力。

【宣传教育】 本年，市规划委组织安排“火灾、地震与防洪应急疏散演练”培训，增强对突发灾难事件的应急自救能力。600人次房屋建筑施工图审查人员参加设计强制性标准及质量安全工作要点的培训；2500人次工程勘察司钻员、描述员、试验员参加工程勘察行业质量安全生产相关知识培训。在“打非治违”的专项行动中，有针对性地对部分区县、乡镇开展法规业务培训，对全市325家基层乡镇街道的近千名主管领导和一线拆违工作人员进行系统平台操作培训。发挥媒体新闻宣传和舆论监督的作用，会同北京电视台及多家报刊媒体对全市专项行动推进相关情况进行报道。其中，《人民日报》《北京青年报》《新京报》《北京晨报》等多家媒体报道本市采用街景监测技术监控新生违建、利用银行征信系统追偿违建强拆费用等工作进展；《北京日报》《北京晨报》《北京晚报》等报刊对各区县的拆违工作进行宣传报道。9月22日，《北京日报》专版报道本市拆违专项行动的整体情况和最新进展。制作的以违建治理为主题的法制动画宣传片，由市法宣办推荐参加全国法制动漫暨微电影大赛，并制作14期宣传展板。

【城乡结合部专项整治】 本年，市规划委会同市水务局、安全监管局，组织海淀区安全监管局、规划分局和怀柔区安全监管局、规划分局等单位，对海淀区、怀柔区城乡结合部地区专项整治综合工作的督查工作方案进行研究部署，分别对海淀区城乡结合部地区四季青镇碧森里小区地下群租房、巨山村大地“三合一”库房及怀柔区城乡结合部下元市场、北京天毅裕隆农副产品市场有限公司等进行现场督查。听取两区政府关于开展城乡结合部地区专项整治综合工作的汇报，按照整治综合督查要求重点对整改进度、整治实际效果、前期检查隐患问题整改情况进行督查。

【打非治违】 本年，市规划委围绕搞好首都环境建设，落实市政府“管新增、拆既有、建机制，妥善处理历史遗留问题”的目标，从细化治违流程、加强监督考核、升级技术平台等多方面推进专项行动。按照全市专项行动现场会要求，启动新生违建挂账督办工作，建立完善市、区、乡镇三级管理体系，搭建覆盖16个区县、332个街道乡镇，对违法建设的名称、位置、建筑面积、占地面积、建设状态、建设单位名称及性质，处理结果、处理时间、拆除照片等信息进行收集，制作全国首例省级违法建设信息管理平台，在三级联动管理机制的基础上，各部门协同配合，不断完善执法衔接流程，联合出台保障政策，形成治违合力。一是对传统的卫星查违技术进行升级，提高图斑分辨精度、增加实地核查环节。二是创新引入街景拍摄技术监测街道两侧新生违建，对小型隐蔽式违建开展重点监督，与卫星查违系统形成互补，提供直观有力证据，缩短执法流程，加大对新生违建的威慑力度。

建立新生违建挂账督办机制，加大督查问责力度。依托信息平台，对逾期未处理的新生违法建设进行挂账督办，并以周报形式进行通报。联合市监察局建立新生违建查处数据通报机制，首次将全年违法建设治理工作纳入市政府年度绩效考核体系，定期向市监察局移送规划卫片新生违建发现情况、督办案件反馈情况及协调进展情况。市监察局依据通报情况有针对性地约谈和问责区县和街乡干部，并采取实地检查和重点项目抽查的方式，对各区县新生违建处理工作进行全程跟踪监督。

配合做好APEC会议环境保障工作，

重点对三类违建进行整治，围绕会议会场周边、嘉宾驻地、途经沿线、进京第一印象区域等关键会址，实施一批环境整治工程。全年共拆除违法建设1.3万处，面积1531万平方米，基本实现违法建设“零增长”的目标。

【标准化建设】 本年，市规划委将安全生产纳入标准的立项、开题、编制、征求意见、专家审查、召开评审会等各环节，确保标准质量的可靠性。建立标准的反馈机制、执行过程中的评估机制和监督检查机制，确保标准的安全。按照国务院安委会相关要求，对油气输送管线类国家标准、行业标准、北京市现行地方标准进行梳理和分类，并对梳理出的标准中涉及规划、选址和设计及总平面布置和安全、防火、防震等重要内容条款进行摘录，为油气输送管线安全专项整治工作提供技术支撑。

【设计资质动态核查】 本年，市规划委对北京市勘察、设计、城市规划、测绘单位进行资质动态核查，采取相关改革举措，方便企业申报、提高审批效率。一是将年度监督检查申报方式调整为电子申报，取消纸质申报材料。二是将审查方式调整为网上审批，通过注册人员数据信息的有效共享，利用信息系统自动判定注册人员数量是否满足标准的要求，提高审查的准确性。三是将图纸报审专用章有效期调整为2年。采取全面普查和专项抽查相结合的方式，对不同资质等级和类别的企业实施监管，提高监管针对性的同时减轻企业的负担。

【施工图审查管理】 本年，市规划委完成房屋建筑施工图设计文件审查约1600项，规模6000万平方米，发现并纠正违反工程建设强制性条文800条，违反一般规范条文3.7万余条。完成勘察施工图设计文件审查约1135项，发现并纠正违反强制性标准34条，一般性规范1857条。完成市政基础设施工程施工图审查804项，发现并纠正违反强制性标准153条，一般性规范1869条；轨道交通设计文件施工图审查涉及16条线，约2700册设计文件，查出并纠正违反强制性条文约130条，一般性规范900余条。分两批次对28个房屋建筑项目进行检查（其中保障性住房14项，公共建筑14项），总建筑面积近200万平方米；抽审52个项目的工程勘察（其中保障房工程项目21项，公建工程项目17项，市政基础设施工程项目8项，轨道交通工程项目6项）。组织专家随机抽取轨道交通6条在建线路10个工点进行检查。

市规化委吕延秋供稿

北京市住房和城乡建设委员会

2014年，北京市住房和城乡建设委员会严格履行建筑施工行业安全生产监管职责，组织建设系统扎实开展各项安全生产工作，努力压减安全生产事故。狠抓施工扬尘治理，圆满完成2014年清洁空气行动计划任务目标及APEC会议服务保障任务，促进本市空气质量持续好转。

【安全生产管理制度】 本年，市住房城乡建设委印发《关于规范北京市房屋建筑深基坑支护工程设计、监测工作的通知》，要求全市深基坑支护方案须由有资质的设计单位进行设计，并对深基坑监测工作提出要求；印发《关于在本市房屋建筑工程施工现场禁止新安装使用大模板悬挂脚手架的通知》，全面淘汰大模板外挂脚手架；印发《关于在建设工程施工现场开展安全防护标准化工作的通知》，自5月1日起全市新开工的建筑工地严格使用标准化、定型化防护设施；印发《北京市建筑施工混凝土布料机安全使用管理暂行办法》，修订《北京市建筑施工高处作业吊篮安全监督管理规定》，加强吊篮及混凝土布料机在施工现场安全使用管理；印发《关于妥善应对地面塌陷确保轨道交通和暗挖工程施工安全的通知》，要求轨道交通和暗挖工程建设、施工单位对邻近地下管线施工部位加强监测，加强对重点部位安全隐患排查。

【安全生产月】 6月，市住房城乡建设委围绕“坚守红线意识，保障城市安全”主题，印发安全生产月活动方案，举行建筑业“千万农民工同上一堂课”安全培训活动暨北京市建设系统安全生产月启动仪式，并组织开展系列活动。组织建筑业安全生产知识竞赛，选出个人一等奖4名、二等奖6名、三等奖8名和优秀奖12名；集体一等奖1名、二等奖2名、三等奖3名和优秀奖4名。本次竞赛在建筑行业内营造学习安全生产知识的良好氛围，对提高职工安全生产意识起到促进作用，将安全生产月活动推向高潮。

【消防安全管理】 本年，市住房城乡建设委配合市防火委完成国务院安委会对本市建筑施工行业的消防安全考核迎检工作，检查组对市住房城乡建设委消防安全管理工作给予积极评价。春节期间，各施工单位结合火灾隐患攻坚整治“铁拳”行动及春节期间烟花爆竹安全管理工作，加强宣传，开展可燃物清理，圆满完成春节、元宵节及全国“两会”期间可燃物清理工作，确保春节期间未发生因燃放烟花爆竹而引起的火灾事故。

【建设工程施工现场安全度汛】 本年，市住房城乡建设委印发《2014年北京市建设工程安全迎汛工作要点》，明确全市352项10米以上深基坑、16项涉河湖工程及25项与既有地铁线路连通或相邻地铁工程作为防汛工作的重点。聘请专家组建5个检查组重点对城六区的60项深基坑及轨道交通工程进行防汛检查，全面排查安全隐患，加强迎汛日常管理等措施，确保建设系统安全度汛。市、区住房城乡建设委组织开展防汛应急演练20余次，促进建设系统防汛抢险救援能力的提升。发布防汛预警时3支抢险大队24小时备勤。本年汛期，全市建设工程施工现场未发生防汛突发事故，建设系统圆满完成防汛工作目标。

【安全监督执法检查】 本年，市、区（县）住房城乡建设委检查工地39939项次，对施工安全管理不到位，存在安全隐患的工地责令限期整改8264项，责令停工整改820项，依法处罚1891起，罚款962.21万元。全年暂扣事故单位安全生产许可证34起，停止投标资格49起，暂停个人执业资格3人次。在全市建设系统开展的施工现场持假证和无证上岗专项检查中，检查工程285项，检查“三类人员”持证上岗情况1005人，发现证件与单位不符71人，无证上岗2人；检查特种作业人员持证上岗情况4146人，发现无证上岗21人，假证1人。

【建筑起重机械管理】 本年，市住房城乡建设委检查起重机械350台，合格293台，合格率83.7%。对租赁不合格机械的产权单位以及使用不合格机械的施工单位立案处罚34起。对在办理登记备案时提供虚假资料的47家租赁单位进行全市通报批评，建议施工单位慎重选用该公司的设备。要求各区（县）住房城乡建设委加强对起重机械资料的审查及起重机械实体的检测，对提供虚假资料或不合格产品的起重机租赁企业进行立案查处。

市住房城乡建设委陈娜娜供稿

北京市市政市容管理委员会

2014年，北京市市政市容管理委员会在市委、市政府和市安委会的统一领导下，坚持以科学发展观为统领，落实各项安全生产工作任务，保障市政市容系统安全生产状态平稳，完成各项工作任务。

【制度体系建设】 本年，市市政市容委启动《北京市瓶装液化石油气供应和使用管理办法》政府规章立法工作，按规定程序报市政府法制办审查；开展《餐饮服务单位使用瓶装液化石油气安全条件》《燃气供应单位安全评价》地方标准制定工作，已在市质监局报批中。

【一岗双责】 本年，市市政市容委制定《安全生产一岗双责暂行规定》（京政容函〔2014〕0716号），健全安全生产"一岗双责"制度，明确规定全委各级领导干部要严格按照"党政同责""谁主管、谁负责""管行业必须管安全""管业务必须管安全""管生产经营必须管安全"的原则，履行安全生产监督管理职责，层层分解落实安全生产工作任务。

【安全生产标准化】 本年，市市政市容委联合市安全监管局印发《关于北京市燃气供应企业开展安全生产标准化达标创建工作的意见》（京政容发〔2014〕29号），在本市全面开展燃气行业安全生产标准化达标创建工作。聘请北京市燃气协会为二级标准化企业评审组织单位；将燃气供应企业三级达标创建与2014年燃气企业综合评价工作有机结合，委托市劳保所同步开展评审工作，减轻基层工作压力，提高评审质量和效率。印发《北京市供热行业安全生产标准化工作指南》《关于督促辖区内供热单位开展安全生产标准化企业评定工作的通知》（京政容函〔2014〕488号），推进供热行业二级达标创建工作。全市70余家供热单位开展二级安全生产标准化达标创建活动。

【燃气综合评价】 本年，市市政市容委燃气供应企业综合评价内容主要包括：企业资质、安全生产目标、组织机构和职责、安全生产投入、法律法规与安全管理制度、教育培训、生产设备设施、用户服务作业安全、隐患排查治理、重大危险源监控、职业健康、应急救援、事故报告和事故调查处理、绩效评定和持续改进等，评价采用现场检查和用户调查等方式进行。全年，对208家燃气经营企业进行综合评价。

【"六打六治"专项行动】 本年，市市政市容委落实市安委会《关于集中开展"六打六治"打非治违专项行动的通知》要求，印发《关于集中开展打击破坏损害油气管道非法违法行为的工作方案》《打击违法违规供应经营液化石油气行为专项行动工作方案》《关于加强液化石油气充装企业配送管理有关工作的通知》，组织各油气企业、各燃气供应企业、各区县、市相关委办局开展打非治违工作。对全市各液化气充装企业进行气质全面检查，坚决打击非法供气行为。

【燃气供热隐患治理】 本年，市市政市容委组织市燃气集团对全市燃气管线占压隐患逐一建立台账和应急预案，将隐患台账分解到相关区县市政市容委开展消隐工作，落实属地监管责任。废除华北油田永清—北京天然气输气复线，从根本上消除安全隐患。启动海淀区世纪城小区燃气管线隐患治理一期工程。对全市各液化气充装企业进行气质全面检查，检查样品297个，对气质检查不合格企业，由区县市政市容委、区县城管执法部门依法处理；组织供热单位开展供热设施检修及隐患排查整改工作，进行设备检修改造10244处、1.9万余项，完成247个小区老旧供热管网改造。

【景观照明设施消隐改造】 本年，市市政市容委对天安门地区主要建筑（包括天安门城楼、人民大会堂、人民英雄纪念碑和天安门管委会办公楼）的景观照明设施和新华门两侧松树彩灯、前三门灯光隧道等6处景观照明设施进行消隐提升改造。更换广场四基高杆灯，消除灯杆底座结构安全隐患。

【APEC会议安全保障】 本年，市市政市容委印发《关于做好2014年亚太经合组织会议安全保障工作的通知》《APEC会议雁栖岛外围安保线内市政设施运行保障工作方案》和APCE会议怀柔雁西湖核心区、奥林匹克公园区以及天安门地区“三区”的扫雪铲冰专项保障方案。组织对全市市政市容设施开展全面安全大检查，对雁栖岛外和雁栖岛内市政设施开展集中安全检查。组织各保障队伍制定应急预案、开展应急演练、落实进出安保线等各项应急准备工作。11月11日凌晨，市政设施运行保障团队277名应急抢修人员、74部专业抢险车辆准时集结到位，完成APEC领导人峰会的保障任务。

【诚信制度】 本年，市市政市容委印发《归集和公布企业信用信息暂行办法》，对检查发现或事故暴露的安全生产问题严重的企业信息进行归集和公布。

【安全生产事故调查】 本年，市市政市容委配合市安全监管局调查处理“1·9”昌平区郝庄家园燃气管线着火、“3·28”通州区梨园镇农贸市场餐馆液化气爆燃、“7·2”房山区康康乐饭店液化气爆燃和“9·16”丰台区洋桥北里、“9·16”海淀区文慧园西路、“11·19”通州新华大街等施工破坏燃气管线事故；参加11月25日市安全监管局召开的施工破坏燃气管线事故通报会，介绍行业安全监管情况。落实事故调查处理意见，督促区县市政市容部门加强行业安全监管，督促行业企业加强施工管理和设施巡查看护，落实安全生产主体责任，保障地下管线安全。

【宣传培训】 本年，市市政市容委开展“一岗双责”送培训到基层活动，对市政市容系统1200名基层安全应急管理人员进行业务培训，获得2014年北京市安全生产月活动优秀组织奖；举办安全应急管理培训班、应急志愿者培训班、新修订的《中华人民共和国安全生产法》培训班，对280名安全应急管理干部、80余名志愿者进行培训；举办燃气供应企业安全生产达标创建、区县燃气行政许可办理流程培训班，410人参加培训；督促、指导相关企业开展有限空间培训取证，全系统有限空间特种作业复审、新考核取证267人。组织制作《农村地区液化石油气安全使用宣传片》宣传光盘4000张，利用送气下乡开展燃气安全宣传工作；印制《燃气使用安全知识》宣传招贴画6万张，在社区公共场所、餐饮经营单位张贴；在128条线路、1万辆公交车移动电视上播放燃气安全宣传片；开展“做文明有礼北京人，燃气安全从我做起”燃气安全主题宣传活动。

【应急管理】 本年，市市政市容委按照市应急委工作部署，开展燃气多门站停气事件巨灾情景构建专题研究工作；落实年度应急演练计划，组织市热力集团、市燃气集团和相关专业企业开展防汛、有限空间作业、管线事故等综合或专项应急演练；11月1日起启动全市冬季供热值班和抢修抢险备勤机制，33支供热应急抢修队伍进入24小时备勤状态；修订2014年度扫雪铲冰应急预案，建立驻京部队支援扫雪铲冰应急保障机制，准备扫雪铲冰专业作业车辆、机械设备4564台套，组建北京环卫集团、市公联洁达公司2支扫雪铲冰应急队伍；组织城市公共设施事故应急指挥部各单位妥善应对燃气、供热、自来水等70余起突发事件；发送“应急抢险工程占、掘路施工配合单”247份，有效消除相关地下管线即发性事故隐患。

市市政市容委张浩供稿

北京市交通委员会

2014年，市交通委深化综合交通、智慧交通、绿色交通和平安交通建设工作，按照“讲实际、出实招、见实效”要求，进一步创新工作方式，基层基础工作建设稳步推进，安全组织制度建设、重大活动保障和专项治理等方面都取得长足发展，扎实推进“平安交通”“打非治违”道路客运安全和轨道交通运营安全保障等系列专项行动，安全生产工作取得较好成绩。

【铲冰除雪工作】 2月7日，针对本市中雪天气，市交通委启动雪天交通保障机制，组织道路养护单位加强道路巡查、铲冰除雪；督促公交、轨道运营企业落实雪天运输保障计划，加强重点地区运力保障；启动八达岭地区雪天交通保障前沿指挥部，确保本市西北通道畅通。交通行业出动铲冰除雪力量1.2万余人次，各项抢险车辆2300余车次，施撒融雪剂、融雪液1.7万余吨，撒布防滑料2500余立方米。最大限度减少降雪天气对广大市民的生产生活的影响，确保一般公路、高速公路及桥梁的正常通行，确保公共交通的正常运转，确保人民生活必需品正常运输。实现“公路不断行，运营不中断”雪天交通保障工作的目标。

【全国“两会”安全保障】 2月25日，市交通委召开本市交通行业全国“两会”期间安全应急维稳工作部署会，贯彻落实全市维稳工作领导小组扩大会的部署要求，部署全国“两会”期间本市交通安全应急维稳保障工作。全国“两会”期间，对代表驻地、会场周边、会议和抵离京行车路线等涉及的51条市管道路、142座桥梁通道开展全面排查整治；巡查道路15万公里、桥梁通道4200座次，发现整改各类问题980处；组建安全保障队伍，在代表驻地周边部署应急抢险队伍10支，建立安全应急备勤站点10个，安排抢险备勤人员260人、抢险机械和车辆193台套、应急物资700余吨。制定《武警警力协助开展全国“两会”期间本市公共交通安检工作方案》，协调武警北京总队调派506名警力，协助、配合做好本市轨道交通和省际客运安检工作。

【APEC安全保障】 APEC会议期间，市交通委做好交通基础设施建设保障工作，在稳步推进计划内工程建设项目的同时，重点推进黄楼路、怀长路联络线、国道111二期等会议周边道路建设，按期在APEC会议召开前完成改建保养工作。对顺义、怀柔APEC会议期间车辆途经的机场北线、机场高速、京承高速、APEC道路应急保障第一大队备勤情况等道路保障工作进行再检查、再落实。围绕“三区”“八线”“四周边”，筹集各类运输车辆2700辆，调集保障人员3639人，设置摆渡班线50条；参与领导人车队、领导人配偶活动和残疾人主题活动等6次专项演练及外交部、各现场指挥部等组织的近20次不同规模、不同要素的演练；顺利完成APEC会议焰火全程押运任务。APEC会议期间，累计提供会议车辆5794车次、服务23730人次；为各经济体、伙伴国领导人和高官提供一对一专车服务保障1936车次；为各经济体、伙伴国领导人配偶活动提供用车保障64车次；为残疾人主题活动提供用车保障73车次、服务330人次；累计安排保点出租汽车2700余辆次，完成2200余运次，运送代表、媒体4200余人次；累计提供租赁汽车162辆。

【轨道交通应急演练】 12月4日，市交通委在7号线双合站组织开展城市轨道交通重大运营突发事件应急演练。演练由北京地铁运营公司承办，市公安局消防局、市公安局交管局、市公安局公交保卫总队、市红十字会、市轨道建设公司、市轨道交通指挥中心、市公交集团协办。交通运输部、国务院应急办和市政府领导观摩演练。演练主要依据《国家处置城市轨道交通运营突发事件应急预案》（Ⅱ级响应），主要目的是检验各级城市轨道交通运营突发事件应急预案实用性、可操作性、可靠性，检验、提升各有关部门和单位实战水平和协同应对能力，确保在实际应对运营突发事件时，能够及时、有序、高效、妥善的进行处置，减少人员伤亡和财产损失。演练模拟北京市轨道交通某次列车运营时在隧道内发生脱轨，相关部门立即启动轨道交通运营突发事件应急预案，开展人员救助、乘客疏散及列车起复，直至恢复正常运营的过程，演练内容包括信息报告、先期处置、人员救助、乘客疏散、秩序维护、宣传引导、伤员救治、交通疏导、抢险抢修、恢复运营等内容。

【制度体系建设】 本年，市交通委印发《安全生产监督管理“一岗双责”暂行规定》，陆续出台行业领域“一岗双责”暂行规定、《北京市高速（收费）公路一般自然灾害下应急保障资源建设指导意见》、《北京市道路养护工程平安工地标准》、《北京市道路养护工程平安工地考核评价管理办法》等文件。结合交通运输行业实际，完成《城市轨道交通运营设备维修管理规范》《城市轨道交通安全评价规范》地标的制定工作，制定实施《城市轨道交通运营安全应急百分制考核办法》《北京市道路货物运输监管考核办法》《旅游客运行业监管办法（试行）》《北京市省际客运车辆卫星定位监控系统应用管理规定》《外埠进京省际客运车辆卫星定位监视管理规定》等一系列行业管理规范。

【行业安全度汛】 本年，市交通委制定

《北京市交通行业防汛应急预案》和《道路交通防汛专项分指挥部工作方案》，建立市交通委防汛指挥部，全面落实防汛工作责任制，层层明确领导责任，层层签订责任书。汛期到来之前，本市交通行业各单位完成15个防汛分指挥部的组建工作，组建由7600余人组成的62支防汛抢险救援保障队伍，落实防汛应急保障抢险物资。更新中心城区19座下凹式立交桥3方联系机制；完成城市道路路面维修、道路翻浆沉陷治理、人行步道维修、市管道路边沟清理；逐一排查影响交通安全的地质灾害点；完成公路积水点治理项目；加强高速公路防汛隐患治理等工作。2014年北京市出现10余次降雨天气，44条公交线路采取甩站、绕行措施，运输管理部门加强监管，公共交通保障企业及时启动应急预案，落实雨天运输保障计划，轨道运营企业向乘客免费发放13.5万余件雨衣，有效保障市民正常出行。汛期实现“不泡车、不死人、少停运”的防汛工作目标。

【标准化创建】 本年，市交通委分3批完成全市433家交通运输企业安全生产标准化二级、三级达标任务，包含所有郊区客运企业、旅游客运企业、道路货物运输场站以及规模以上（20辆车以上）道路普通货物运输企业89家、出租车企业111家、机动车维修企业177家。规范考评工作模式，制定《北京市交通运输企业安全生产标准化建设工作实施细则（试行）》。规范考评工作程序，制定《北京市交通运输企业安全生产标准化考评工作程序（试行）》。强化安全生产标准化考评力量管理，新增认定4家申请单位为二级、三级考评机构，为6家考评机构补充认定考评资格，新增认定城市客运、道路运输、交通运输工程建设等3个专业共170名考评员。

【交通安全月】 本年，市交通委全面部署北京市交通行业“交通安全月”工作，在安全生产月期间开展安全培训、宣传片发放、应急演练、知识竞赛等活动。咨询活动日当天，市交通委有关领导分别参加行业领域的活动，在昌平区亢山广场、东直门公交枢纽、红星美凯龙广场、玉渊潭公园、四惠公交枢纽、地铁西单站、庄胜崇光百货商场、公交北官厅场站、石景山热电厂、北京站、六里桥省际客运站等咨询点接受过往群众咨询。安全生产月期间，向宣传点过往群众发放铁路监护道口安全手册、“交通运输行业安全提示”宣传手册、“关注交通运输行业、共建平安运输环境”主题宣传手袋等各种安全宣传品。与此同时，组织应急演练，有效提高企业从业人员的应急处置能力；组织企业安全管理“三类人员”860余人次开展安全培训教育、组织行业800余人次参加北京市注册助理安全工程师考核工作；举办全市交通路政行业第三届“平安交通让生活更美好”知识竞赛。

【安全督查】 本年，市交通委以“督查的督查”职能为核心，促进行业安全监管责任和交通企业安全主体责任的落实。市交通委安全督查事务中心出动督查人员6543人次，对城区及远郊区县的公交场站、轨道交通、出租汽车、机动车维修、水域游船、道路施工、普货运输、两客一危、四站两场和防汛工作进行督查，督查隐患问题3502项，现场整改878项，累计下达《安全督查记录单》

4340份，向市交通委“两局一队”和市属国有交通企业移送《安全督查情况移送单》13期，移送隐患问题1024项。

【道路运输车辆动态监管】 本年，市交通委、市公安局、市安全监管局联合印发《〈道路运输车辆动态监督管理办法〉宣传贯彻工作方案》。市区两级分别组织监管人员、运输企业、平台服务商的宣贯培训，组织20余家新闻媒体对宣贯工作进行报道，组织培训71场次、培训人员3.59万余人次。印发《关于做好卫星定位系统监控平台备案工作的通知》，制定卫星定位系统监控平台备案程序性规定，进行《“两客一危”安全监管技术要求地方标准——卫星定位系统动态监控技术要求》课题研究。本市省际客运企业使用的监控平台全部通过交通运输部的符合性审查，本市省际客车安装的车载卫星定位终端设备，全部达到部颁标准要求，全部接入联网联控系统平台。

【打非治违】 本年，市交通委印发《关于印发本市交通行业安全生产“六打六治”专项行动实施方案的通知》，打击公路工程无资质施工行为，整治层层转包、违法分包问题；打击公路隧道盲目施工行为，整治“违章指挥、违规操作、违反劳动纪律”问题；打击轨道控制保护区占用、穿越行为，整治异物侵界、违章施工作业、乱停车辆问题；打击危险化学品非法运输行为，整治无证经营、充装、运输，非法改装、认证，违法挂靠、外包，违规装载等问题；打击道路客运非法营运行为，整治无证经营、超范围经营、挂靠经营及超速、超员、疲劳驾驶和长途客车夜间违规行驶等问题；打击交通行业非法经营行为，整治出租、旅游、省际客运、危险化学品运输等领域扰乱正常市场秩序的问题。专项行动期间，各级运输管理部门出动5000余人次加强监管检查。其中市交通委运输局督促整改完毕16件，移送5件，吊销2件；查处出租汽车违章4286起、省际客运违章237起；查处出租“黑车”2420辆、省际“黑车”131辆、危险化学品“黑车”83辆，有效遏制各类违法违章行为的发生，有力促进交通运输行业安全生产形势持续稳定好转。

市交通委刘阳供稿

北京市商务委员会

2014年，全市商务部门和各经营单位落实行业安全生产监管责任和企业安全生产主体责任，各项工作落实到位，完成重要节日、重大活动商务行业安全保障任务。出动执法检查人员23009人次，检查经营单位7014家次，发现并督促整改隐患、问题2464项，实施行政处罚14起，罚款11.9万元。行业安全生产形势总体平稳，未发生有影响的生产安全事故，荣获2014年度“北京市安全生产工作先进单位”“北京市安全生产工作突出成绩奖”“北京市安全生产工作管理创新奖”，在全市安全生产月活动中获得“北京市安全生产月活动优秀组织奖”。

【重点时期安全保障】 元旦、春节、“五一”、国庆等节日期间，市、区商务部门领导带队检查安全生产工作，全市商务部门以繁华商业街区、城乡结合部、高层建筑、地下空间和大型综合商业设施内的经营单位为重点，督促经营单位落实安全生产主体责任，做好安全生产、应急演练和事故防范工作，营造节日期间“安全、稳定、祥和”的商务运行环境。全国“两会”、京交会、APEC会议期间，对代表、委员驻地周边500米范围内商业零售和餐饮经营单位进行调查摸底、建立台账。对会议场所、代表委员驻地周边规模以上商业零售和餐饮经营单位安全生产工作进行反复检查，实行动态管理，启动全国“两会”期间商务行业生产安全事故“零报告”机制，确保全国“两会”期间行业安全生产平稳有序。3月2日至15日期间，市商务委领导轮流带队，会同属地政府和商务部门对西单、王府井、崇文门等13个商圈（地区）的商业零售和餐饮经营单位开展安全督查，出动152个执法检查小组，对615家商业零售、餐饮、加油站和美容美发等经营单位进行安全生产及应急专项检查。执法大队成立应急小分队，24小时待命，随时应对突发事件。5月26日至6月5日，针对不同的经营单位开展安全生产检查，出动检查人员330余人次，检查商业零售、餐饮、加油站等经营单位160余家。相关处室组成联合检查组，每天出动4个小组，对82个繁华商圈、特色商业街内的商业零售和餐饮经营单位不间断地安全检查，发现并督促整改安全生产隐患问题60项。

【安全生产大课堂】 6月24日，市商务委举办商务行业安全生产大课堂，区县商务部门主管安全生产相关负责人，市商联会、市餐饮行业协会有关负责人以及全市70余家大中型商业零售、餐饮连锁企业集团安全生产负责人参加。授课专家围绕安全生产的意义、安全生产形势及产生的问题，结合本市发生的事故案例，就企业在安全生产事故中责任认定，落实企业安全生产责任应该注意的问题进行深入解析。

【安全生产月】 6月，市商务委组织开展安全生产月活动。制发《商务行业2014年安全生产月活动方案》，以“坚守红线意识，保障商务安全发展”为主题，开展警示教育、隐患排查治理、安全文化、应急演练等4个不同特点的主题周系列活动。通过系列活动，提高行业安全生产防范能力，促进经营单位安全生产主体责任落实，在全行业营造浓厚的安全生产工作氛围。

【责任体系】 本年，市商务委把行业安全生产工作列入重要议事日程，主任办公会每季度定期听取安全生产工作专题汇报，明确安全工作对机关业务工作考核实行“一票否决”。按照市政府安全生产工作“一岗双责”要求，结合市商务委“一岗三责”责任制，将安全生产责任落实到每个领导和处室；制定《区县商务部门安全生产监管工作综合评价实施细则》，对区县商务部门安全生产监管工作进行量化评价；市商务委机关各处室、各单位分别在各自业务和职责范围内加强安全工作的调研指导、监督检查等工作，注重协同配合，形成行业安全生产工作齐抓共管、联动推进的良好格局。

【会议制度】 本年，市商务委对全市区县商务部门划分为4个片区，每季度分别深入4个片区召开各区县商务部门重点工作推进会，分析季度工作形势，听取区县重点工作进展和工作安排，部署工作重点。每半年召开一次全市商务行业安全生产工作会，市安全监管局、公安局消防局、商务执法监察大队、商联会、餐饮协会有关领导以及各区县商务部门主管领导参加会议，总结全市商务行业安全生产工作，部署工作重点，指导各区县商务部门安全生产监管工作。

【机制建设】 本年，市商务委对全聚德、北京华联、京客隆等连锁企业集团进行调研督导，听取企业集团安全管理工作情况汇报，座谈交流安全生产管理工作中的经验措施，会同企业集团一起对所属门店安全生产工作的落实情况进行实地检验，并帮助企业整改安全隐患问题。结合《北京市商业零售和餐饮经营单位安全生产规定施行七周年情况分析》调研课题，修改安全生产规定，对《燃气安全使用条件》立法调研和北京市隐患排查治理监管工作意见等规范性文件进行梳理，提出加强行业安全管理的意见和设想。组织全市商务部门学习市政府《关于推进安全生产隐患排查治理体系建设的意见》等文件，总结和研究探索商务行业隐患排查治理办法。根据安全生产工作督导情况，对部分区县商务委和部分连锁企业集团有关负责人进行约谈，堵塞安全生产监管漏洞，消除安全管理盲区、盲点。

【协调联动】 本年，市商务委制发《安全生产工作指导意见》《2014 年商务行业重点执法检查计划》《2014 年亚太经合组织会议商务行业安全生产保障工作方案》等部署性文件，对各项安全生产管理工作进行分解。各区县商务委根据全市商务行业安全生产保障任务和属地政府统一要求，制定工作计划，对组织机构、职责任务和专项工作进行明确、分解。每季度召开专题会议、视频会议、现场会，总结行业安全生产工作情况，研判安全生产形势，交流各单位在宣传教育、隐患排查、执法检查、联组建设、标准化达标创建等方面的经验，对重点工作和专项任务进行部署。对各区县商务委安全生产管理工作进行督查，实施区县商务部门安全生产工作半年综合考核评分，及时将考核结果反馈各区县商务委，促进行业安全生产监管责任落实。

【专项治理】 本年，全市商务部门开展安全生产大检查“回头看”活动。指导经营单位开展自查自纠，结合 2013 年安全生产大检查中发现的隐患和问题有针对性开展全过程、全覆盖的安全检查，巩固安全生产大检查成果。开展冬春季火灾防控工作，预防煤气中毒。充分发挥行业协会、企业安全生产联组的管理作用，广泛进行宣传，提高经营单位安全意识，对列为烟花爆竹禁放点的 239 家大型商场、超市及全市规模以上使用燃气和炭火经营的餐饮经营单位建立台账，并进行及时检查督导。市商务委联合市、区两级安全监管、消防、旅游、环保等部门，对西单商圈、重点旅游景点经营单位进行 3 个批次安全生产专项联合执法检查，及时消除隐患问题。

【法律法规宣传教育】 本年，市商务委组织开展“两个安全生产规定”、安全生产月、新修订安全生产法宣传培训活动。针对行业安全用电管理，对全市区县商务部门安全生产监管人员、45 个大型连锁企业集团 110 余名安全生产负责人和管理人员进行培训；邀请新修订的《中华人民共和国安全生产法》主要起草人，分两个批次对 16 个区县商务部门行业安全生产监管队伍和大型连锁企业集团安全生产负责人进行授课，有效提升法律法规的执行能力。全市商务部门制作发放各类宣传材料4万余份，开展教育培训、宣传咨询、应急演练等活动1000余次，参与并接受教育的企业员工及群众3.8万余人次，扩大安全生产宣传教育覆盖面和社会影响力，强化全行业安全生产意识。

【主题活动】 本年，市商务委以“落实主体责任，保障商务安全”为主题，集中开展一次宣传日、一次集中培训和一次专项检查的“三个一”活动。集中组织《商业零售经营单位生活必需品抢购事件预防》应急处置教学片等为内容的行业安全生产培训班；全市商务部门通过标语、横幅、发放安全生产法律法规和安全生产事故图片，讲解安全生产知识、意外情况处置等形式，以鲜活的事例提醒广大消费者在购物及消费中增加安全自我保护意识；4月23日至30日，采取“四不两直”方式，对城六区的部分重点商业零售、餐饮经营单位的安全生产、规范促销情况进行集中检查、抽查。

【互查互访活动】 本年，市商务委制定《2014年区（县）商务部门安全生产互查互访活动方案》，组织各区县商务部门，分组开展相互学习交流。各牵头区县商务部门在形式和内容上不断创新，把互查互访单位选在安全监管相对薄弱的相邻两区城乡结合部地区，通过安全生产互查互访活动，加强区县商务部门间安全生产工作的交流，促进行业安全监管水平提高。

【连锁企业培训】 本年，市商务委针对安全督查发现部分商业零售和餐饮连锁企业门店安全生产隐患突出问题，采取“走出去”服务企业的方式，分别深入到九头鸟酒家、沃尔玛超市、幸福超市、麻辣诱惑餐饮和物美超市等商业和餐饮连锁企业一线，对连锁企业安全生产负责人、108个门店店长以及安全生产管理人员200多人进行培训。

【标准化建设】 本年，市商务委围绕建立健全安全生产责任制，全面推动企业安全生产标准化达标创建工作。10家市级二级安全生产标准化在评企业已完成现场抽查复核，区县三级安全生产标准化达标企业720家。

市商务委宋军、陈玉全供稿

北京市旅游发展委员会

2014年，北京市旅游发展委员会坚持以“夯实安全基础、弘扬安全文化、提高安全技能、维护行业稳定、创建一流保障”为目标，落实“党政同责、一岗双责”制度，突出隐患排查治理、综合治理、教育培训、应急演练、突发事件处置等重点工作，完成全国“两会”、APEC会议、旅游节、旅博会、旅商会等大型活动安全保障任务，行业安全监管能力得到全面加强，旅游安全风险控制水平不断提高，有效防范并遏制重特大旅游突发事件。本年，市旅游委先后荣获市安委会安全生产月优秀组织奖和最佳实践活动奖，安全生产监督管理“改革创新奖”“管理创新奖”，北京市安全生产工作“突出成绩奖”和“先进单位”。

【应急总结暨旅游秩序整治部署】 1月9日，市旅游委召开全市旅游行业安全应急总结暨旅游环境秩序整治部署会。市旅游委主要领导、分管领导，市发展改革委、民委、公安局、交通委、卫生计生委、工商局、安全监管局、食品药品监管局、城管执法局、文化执法总队等相关委办局领导，16个区县政府主管领导及旅游委主任，星级饭店、等级旅游景区和旅行社的总经理共1200余人参加会议。会议对全市旅游行业2013年安全应急工作进行总结，对2014年安全工作重点进行部署，就全市开展旅游市场秩序专项治理整顿工作进行动员。会上还印发《2014年北京市旅游行业安全工作要点》《北京市旅游业安全标准化工作实施方案》《北京市旅游发展委员会关于贯彻落实〈北京市安全生产“一岗双责”暂行规定〉的通知》《北京市旅游发展委员会　北京市公安局关于进一步加强全市旅馆业安全管理工作的通知》《北京市旅游市场专项治理整顿工作方案》等文件。

【全国“两会”安全保障暨旅游市场秩序整治部署】 2月28日，市旅游委召开全国“两会”安全保障暨旅游市场秩序整治工作视频部署会，市旅游委相关处室和16个区县旅游委主管领导、安全、行管、执法科长参加会议。会议部署全国“两会”期间安全生产服务保障工作重点，要求各单位加强组织领导，强化工作重点，细化保障措施。严格落实“一岗双责”和领导带班制度，用“一流的精神状态、一流的工作热情、一流的服务保障”等工作标准，实现全市旅游行业全国“两会”服务保障工作的安全、顺畅、圆满。

【防灾减灾咨询日】 5月12日，市旅游委、海淀区政府在圆明园景区共同开展2014年北京市旅游行业防灾减灾宣传咨询日活动。市旅游委副主任于德斌、委员赵广朝和市应急办、海淀区应急办、海淀区旅游委领导出席活动；中国环境国际旅行社和北京众信国际旅行社等部分旅游企业参与宣传咨询活动。活动现场发放《旅游突发事件应急手册》《突发事件预警信息知识手册》《旅游法常识》以及正确参加“一日游”等宣传资料，为旅游者提供出行咨询和保险知识咨询服务，现场大屏幕循环播放《行前准备》《徒步旅行安全》《旅行中紧急求生常识》等旅游出行提示片。宣传咨询活动吸引众多旅游者和市民参与，很多旅游爱好者对旅游过程中防灾减灾常识表示出高度的关注。

【旅游安全宣传咨询日】 6月16日，国家旅游局、北京市旅游委、东城区政府在天坛公园联合举办旅游安全宣传咨询日活动。国家旅游局副局长吴文学，市旅游委主任宋宇、副主任于德斌，市公园管理中心副主任杨月，东城区副区长王中华等领导到现场为广大游客、市民发放宣传资料，并解答游客和市民提出的问题。此次活动现场发放《旅游法》《旅游突发事件应急手册》《家庭安全度汛常识》《北京一日游提示手册》《市民防汛安全应急手册》《交通安全知识》等安全宣传资料。利用大型电子显示屏连续滚动播放旅游安全宣传片等影像资料。活动当日现场发放各类旅游安全宣传资料30余种约1.2万余册（份），解答旅游咨询问题200余个。

【法制建设】 本年，市旅游委编制《北京市旅游业安全标准化规范》旅行社部分，星级饭店、等级旅游景区、旅行社、京郊旅游、社会旅馆安全生产教育培训教材，建立《北京市旅游行业安全生产约谈制度》《北京市旅游行业安全生产考核管理办法》，启动编制《北京市社会旅馆安全管理规范》《北京市京郊旅游安全管理规范》。旅游行业安全制度进一步完善，依法治旅得到进一步落实。

【标准化建设】 本年，市旅游行业开展安全生产标准化创建工作。年初市旅游委印发《北京市旅游行业安全标准化工作实施方案》，成立标准化创建领导小组，申请标准化创建资金，编制北京市旅游行业安全标准化达标创建工具书。全市旅游行业安全生产标准化三级达标335家，饭店、景区、旅行社安全生产标准化二级达标正在推进试点工作。

【专项整治行动】 本年，市旅游委结合在京国内外重大活动规格高、标准高、要求严的实际，先后印发《关于做好2014年全市旅游行业有限空间安全生产工作的通知》《关于印发〈北京市旅游行业2014年防汛宣传工作方案〉的通知》《关于印发北京市旅游防汛分指部2014年防汛工作方案的通知》《关于安全生产月期间深入开展燃气使用隐患排查治理和应急演练的通知》《关于深入开展全市旅游行业安全生产大检查的通知》《关于开展打非治违专项行动的通知》《关于印发〈北京市旅游行业安全生产隐患排查治理体系建设方案〉的通知》，开展多个安全专项整治行动。专项整治行动中，市旅游行业出动执法人员2000多人次，消除安全隐患427项。

【重大活动安全保障】 本年，市旅游委成立APEC会议期间旅游环境秩序综合整治和应急处置组，召集34家代表驻地及所属区县旅游委负责人进行部署，主动与相关部门对接，突出人员政审、定岗定责、食品卫生、应急演练、信息报送和应急处置等6方面重点工作。对34家代表驻地分别派驻联络员，及时协调和解决会议期间遇到的问题。对驻地周边环境秩序进行不间断巡查治理，坚持零报告和战时会商制度，高标准完成APEC会议安全服务保障任务。市旅游委还完成京交会、旅博会、旅商会、国际旅游节、新年倒计时等重大活动的安全保障任务。

【应急演练】 本年，市旅游委完善旅游突发事件应急预案和报送制度，建立旅游突发事件处置专用资金，强化涉及相关部门及委内处室协助联动处置。在APEC会议安全保障中，组织桌面推演3次，实战演练35次，综合演练3次，参演人员多达1400余人。为确保重点地区宾馆饭店及旅游景区反恐防暴安全，市区两级组织反恐演练15次，参与人数达700多人。全市旅游行业还进行消防、高层救援、水上救援等演练800多次，全面提升行业应急救援能力。

【春节假日旅游市场检查】 1月22日至29日，市旅游委领导分别率委机关相关处室对各区县假日旅游工作落实情况，各旅游企业假日接待工作准备情况，以及“一日游”旅游市场治理情况进行检查。检查采取“四不两直”的方式，对朝阳公园、南锣鼓巷、野生动物园、潭柘寺、戒台寺、海洋馆、龙庆峡、十三陵、八大处等重点旅游景区进行检查抽查，询问了解冬季防火、食品安全、烟花爆竹燃放、预防煤气中毒等工作落实情况及突发事件应急预案、应对超大客流量相关措施及安全工作台账，实地查看大型游乐设施、配电室、消防中控室、监控中心等部位，并就应知应会、救援预案等安全常识对有关人员进行提问。对于检查中发现的少数单位存在安全生产责任目标管理制度落实不到位、消防设施陈旧、值班秩序不合理、统计数字不规范等问题，检查组当场进行批评指正，责令限期改正，并责成相关区县假日办对整改单位及整改落实情况进行督促检查。

【“五一”“端午”假日旅游安全保障】 4月15日，市旅游委召开各区县旅游委和部分旅游企业专题会议，通报旅游安全情况和旅游市场秩序治理整顿情况，部署假日旅游工作。4月25日，市假日办组织有关部门，对密云古北水镇景区进行安全检查，对检查中发现的问题提出整改意见。4月29日，市旅游委旅游市场秩序专项整治工作办公室对昌平区居庸关、十三陵景区进行旅游市场秩序专项整治工作节前检查，并将检查结果进行通报。4月30日，市旅游委对海淀区圆明园景区进行节前检查，对“五一”期间旅游服务接待工作提出要求。5月26日至30日，市旅游委领导分别带队，采取现场考核、表格打分等方式，对通州、大兴、顺义、密云和城六区等区县端午节假日旅游工作进行检查，重点检查各区县假日准备、景区防汛、治安防范和火灾防控、环境治理、旅游市场秩序整治等重点工作情况。

【国庆旅游市场安全检查】 9月26日，副市长程红带队对“国庆”假日饭店服务接待和安全保障工作进行检查，市公安局、安全监管局、公安局消防局、工商局、城管局、商务委和旅游委等相关单位负责人参加检查。检查组对励骏酒店大堂、中控室、疏散通道等重点部位进行检查，并对接待服务安全工作提出要求。一是各相关单位要加强节前安全检查，对重点区域、要害部位和关键环节开展安全检查，及时消除各类事故隐患；二是确保用火、用电、用气、食品等方面的安全；三是加强安全巡视，防范盗窃和治安案件的发生；四是加强节日值班，严格落实领导带班制度，及时妥善处置安全问题和旅游突发事件。

市旅游委陈学友供稿

北京市工商行政管理局

2014年，市工商局开展安全生产各项工作，根据部门监管职责，制定各项安全生产工作制度，落实安全生产“一岗双责”，推动安全隐患排查治理体系建设，打击违法经营行为，配合相关部门开展各领域安全生产专项行动，促进安全生产工作的落实，营造安全有序的市场环境。

【烟花爆竹安全管理】 1月至2月中旬，市工商局按照《北京市2014年元旦春节烟花爆竹安全管理工作意见》要求，开展2014年烟花爆竹安全管理工作。下发《北京市工商行政管理局关于2014年度烟花爆竹安全管理工作意见》，建立许可登记联动工作机制，开展烟花爆竹质量抽查检验，坚持“一单、两巡、三到位”日常监管方式，对全市1174个烟花爆竹销售网点进行严密监控，确保2014年烟花爆竹安全管理工作有序进行。

【房地产中介机构专项整治】 1月至10月，市工商局联合市住房城乡建设委、市综治办等部门开展房地产中介机构违法行为专项整治行动。下发专项整治工作文件，对全市房地产经纪机构入户检查51421户次，摸清登记注册的12995户房地产经纪机构基本情况，通过开展执法行动清理互联网发布的房地产经纪违法广告信息13608条，立案查处案件350起，罚款317万余元，吊销严重违法房地产经纪机构88家，受理消费者对房地产经纪机构投诉2223件，办结2191件，办结率98.56%。同时，配合属地政府和相关部门严厉打击违法群租房行为。会同首都综治办、市住房城乡建设委、市公安局召开全市大型房地产经纪机构动员大会，要求全市房屋中介机构对违法群租房行为开展自查自纠，与会100家企业倡议全市开展诚信守法经营活动，自行停止店外经营活动，自动拆除群租房隔断近2万间。

【APEC会议市场秩序保障】 1月至11月中旬，根据《北京市工商行政管理局APEC会议市场秩序保障工作方案》的部署，开展APEC会议市场秩序保障工作。市工商局联合属地政府和相关部门对与首都城市特性和功能定位、产业优化升级和业态调整不相适应的17类无证无照经营业态开展集中整治，清理涉及17类业态的无证无照经营9653户，并对APEC会议场所、代表行车沿线和繁华商业区、旅游景区、交通枢纽等重点地区的无证无照经营开展重点清理整治，查处取缔相关区域无证无照经营759户。

【安全专项治理】 3月27日，结合工商部门监管职责制发《北京市工商行政管理局关于2014年度安全生产工作安排》，要求全市工商系统各部门立足工商监管职责，针对重点行业和重点区域开展集中整治，严厉打击无证无照经营等违反工商行政法律法规的行为，配合相关职能部门联合执法行动，及时消除安全隐患，强化督导检查，全力营造良好的安全生产环境。

【城乡结合部安全检查】 3月至10月，按照市安委会关于城乡结合部安全生产专项整治工作部署开展城乡结合部安全生产大检查。市工商局制定《2014年度关于开展城乡结合部安全生产工作安排》，并将城乡结合部安全生产工作纳入《首都社会管理综合治理责任书》。加强对城乡结合部无照经营的排查摸底工作，建立完善城乡结合部无证无照经营监管台账2000余户，并配合属地政府和相关部门对重点行业和场所进行检查，形成打击非法违法生产经营活动的工作合力。

【市级挂账地区整治】 4月至12月，按照首都综治办关于市级挂账无证无照经营突出问题地区整治和城乡结合部重点地区排查整治的相关工作要求，市工商局制定《2014年市级挂账无证无照经营突出问题地区整治标准》《关于在我市城乡结合部重点地区开展专项整治的工作方案》，配合相关区县政府对17个市级挂账无证无照经营突出问题地区的370户无证无照经营坐商实施挂销账管理，消除市级挂账无证无照经营334户，全市完成市级挂账无证无照经营的销账率为90%，超额完成确定的市级挂账无证无照经营平均销账率25%的任务目标。

【打击假冒伪劣专项整治】 4月至12月，市工商局开展保护知识产权打击假冒伪劣专项整治行动。实施《北京市工商行政管理局保护知识产权打击假冒伪劣专项整治行动方案》，围绕重点整治商品及问题、重点整治场所和重点整治区域，集中开展专项整治行动。其间，全市出动执法人员37859人次，执法车辆14793车次，检查有形市场4555个次，场内经营者111192户次，商场超市12632个次，网店5631个次，商品质量检测3165组。查办案件3072件，罚款3310.47万元，其中市场主办单位案件75件，罚款89.73万元；涉网案件97件，罚款126.54万元；商标案件472件，罚款580.1万元；产品质量案件333件，罚款534.2万元；违法广告案件688件，罚款1144.8万元；其他案件1407件，罚款835.1万元。联合相关部门查处取缔无照数2037个，查处窃听窃照经营户91个，捣毁查处窝点及仓库78个，移转公安部门案件22件。

【火灾隐患专项整治】 6月至12月，市工商局开展火灾隐患排查专项整治。实施《北京市工商行政管理局集中开展火灾隐患排查整治工作方案》，在开展单位内部火灾隐患排查整治的同时，配合相关部门对国庆活动和APEC会议活动等重点区域和场所开展排查整治，深入打击非法违法生产经营行为，进一步加强对商品交易市场、重点商品和重点行业的专项执法检查，规范市场主体经营行为，有效遏制重特大火灾事故的发生。

【落实“一岗双责”】 7月22日，市工商局下发《北京市工商行政管理局关于落实安全生产“一岗双责”全面做好安全生产工作的意见》，要求全市工商系统提高思想认识，强化安全生产的责任感和紧迫感。建立健全安全生产“党政同责、一岗双责、齐抓共管”责任体系，立足工商部门监管职责，按照“谁主管、谁负责”“管行业必须管安全”“管业务必须管安全”“管生产经营必须管安全”的原则切实履行安全生产监管职责，密切协作配合，做好各项安全生产工作。

【隐患排查治理体系建设】 9月17日，按照《北京市人民政府关于推进安全生产隐患排查治理体系建设的意见》，市工商局明确隐患排查治理体系建设工作目标，强化组织领导，按照工商部门监管职责建立完善排查发现机制、整改机制、监控防范机制和验收审查机制，落实各项工作责任。同时，开展安全隐患排查整治，加大执法检查力度，开展部门联合执法，全年消除历年累计挂账的无证无照经营2万户，消除涉及相关许可审批部门无证无照经营9035户，取缔违法建设内的无证无照经营2216户。

【查处居民楼内非法违法经营行为】 9月，按照副市长程红对9月2日《北京晚报》刊登的“开在居民楼里的建材商店”一文的批示要求，市工商局对报道中反映的朝阳区部分地区居民楼开办建材商店进行核查，会同安全监管、综治、城管、建设、房管和消防等相关部门对非法违法经营危险化学品的建材商店进行查处。通过联合执法行动严厉打击居民楼内的非法违法经营活动。

市工商局赵建供稿

北京市质量技术监督局

2014年，北京市质量技术监督局坚持科学发展、安全发展理念，围绕安全与节能主题，构建政府、企业、社会“三位一体”的特种设备安全工作格局，强化监督执法，创新监管方式，坚守安全“红线”，深入开展APEC会议等重大活动保障、轨道交通建设重大工程保障，深化薄弱环节专项整治和服务首都大气污染治理行动。全市特种设备数量总计30.94万台套，另有气瓶208万只、压力管道4182千米。其中，电梯数量177166万台。全市特种设备安全监察机构开展现场监督检查5750家次，系统内检验机构开展设备检验检测84849台套。全市未发生特种设备事故或影响较大的特种设备事件，安全形势总体平稳向好。

【APEC系列会议服务保障】 本年，市质监局针对APEC峰会期间5次系列活动，涉及的13个场馆、25家预选酒店的1680台特种设备，一是制定APEC会议特种设备服务保障工作方案，明确“核心区”“外围区”“社会面”保障工作目标、任务、措施；二是开辟“绿色通道”，主动靠前服务，及时办理特种设备使用登记和检验检测；三是开展特种设备风险控制技术分析与研究，提出有针对性的风险防范技术措施；四是督促企业进行隐患排查，开展全覆盖式执法监督检查，消除安全隐患；五是加强会议期间应急值守，严格岗位责任制度，确保特种设备安全、稳定、无故障运行。

【春节、国庆假日安全保障】 本年，市质监局根据市政府关于做好假日相关工作要求，结合春节、假日重大活动、人员流动、安全生产等特点，组织节前和节日期间安全检查、保障工作。督促使用单位开展自查，落实安全生产主体责任，组织对液化石油气充装站、文化娱乐场所、滑雪场、电影院、交通枢纽、公园、游乐园等人员密集场所、高危行业、重大危险源等重点地区、重要部位监督检查。部署全市监察、检验、生产、使用单位做好应急值守和突发事件信息上报工作。

【居民电梯安全】 本年，市质监局会同市住房城乡建设委专题研究，出台政策、制定标准、完善制度，推进全市住宅电梯安全工作。协助市住房城乡建设委印发《关于简化程序方便应急情况下使用住宅专项维修资金有关问题的通知》，进一步完善住宅专项维修资金使用制度，明确电梯安全工作适用资金应急支取，不需双2/3业主表决，拓展电梯维修使用住宅专项维修资金通道。全市商品住宅专项维修资金累计使用5.46亿元，同比增长88%；电梯维修使用商品住宅专项维修资金1.44亿元，占资金使用总额的27%。全市商品住宅专项维修资金应急支取8679万元，占资金使用量的16%(其中电梯维修使用2745万元，占应急支取的32%)。

【高风险电梯安全预警评估】 本年，市质监局对全市高风险电梯开展风险识别，对全市公共交通、超高层建筑、老旧居民住宅、商（市）场、医院、学校等重点场所使用的6278台电梯完成风险评估和风险预警。风险评估总体状况向社会公示并接受社会监督，评估结果通报责任单位进行安全风险提示和督促整改，系统性问题通报行业主管部门监督整改，重大安全隐患通报所在地政府挂账整改。进一步提高特种设备安全监管工作的科学性和有效性，防止发生行业性、区域性、系统性安全风险。

【轨道交通电梯物联网试点】 本年，市质监局把地铁电梯物联网建设列入科技部科技惠民项目、市政府加强轨道交通运营安全工作的要求以及市交通安全委员会重点工作内容。开展技术、管理、运营模式论证，分析功能需求，研讨技术实现方式、运营模式，制定适合地铁物联网建设的工作方案；开展调查摸底，数据筛选、核查。建立组织协调机制，明确工作职责。摸清基本情况，完成工作方案编制。按照方案整合政府监管数据和企业运营数据，在轨道交通领域大力推广应用物联网技术，实现突发事件报警、风险评估、综合管理3项核心功能，提升高风险领域的电梯安全管理工作水平。通州、顺义、海淀、石景山等区质监局争取政府支持，开展重点区域电梯物联网试点建设。

【液化气瓶专项治理】 本年，市质监局签订《气瓶充装单位安全责任告知书》，结合《中华人民共和国特种设备安全法》实施，集中开展专项执法行动，打击违法充装行为。检查气瓶充装单位166家次，覆盖率100%。对5家充装单位违法行为进行立案处罚；参与危险化学品集中交易体系建设，梳理气瓶安全监管需求，将瓶装危险化学品气体流转环节安全监管进行有效串接，形成危险化学品气瓶多部门齐抓共管工作格局；在本市2000辆天然气出租汽车车用气瓶使用RFID电子标签管理的基础上，继续推动本市天然气公交车车用气瓶信息化建设工作，市公交集团3600辆LNG公交车车用气瓶完成CFID（元素标志）标记和相关配套系统建设工作，市公交集团CNG、LNG天然气公交车车用气瓶逐步纳入信息化管理范围。该项目由市国资委列入本市科技创新项目，并完成专家论证。

【压力管道安全监察】 本年，市质监局依照《中华人民共和国特种设备安全法》，强化对压力管道安全监察。重点开展液氨专项整治，督促113家涉氨制冷企业完成隐患整改。朝阳区、通州区、密云县、延庆县质监局完成辖区内涉氨制冷企业压力管道专项整治。丰台区特种设备检测所与中国特种设备检测研究院积极探索，破解压力管道检验难题，选取7家企业实施不拆保温、不停机试点检验。明确长输管道责任主体，督促公用和长输管道管理权属单位制定检验检测工作计划，督促完成256千米地下输油管线、100千米地下燃气管线检验工作。

【“双打”行动和安全生产月活动】 本年，市质监局开展特种设备作业人员“双打”专项执法行动，对578家特种设备生产、使用单位和2228名特种设备作业人员实施执法检查。安全生产月活动期间，全市特种设备安全监察机构统一协调、统一部署，开展监督检查709次，检查特种设备5658台件，督促消除安全隐患203项。开展各类特种设备突发事件应急演练69次，有效检验并提升特种设备生产、使用单位应对突发事件应急处置能力。结合安全形势和季节特点专题部署，督促生产、使用单位做好反恐维稳和汛期特种设备安全工作。

【车用天然气项目监管】 本年，市质监局出台《液化天然气汽车箱式橇装加注装置安全技术要求》，为首都清洁空气行动计划提供技术支持，填补国内标准空白。完成48个公交车用液化天然气橇装加气站内特种设备监督检验工作，保障3600余辆清洁能源公交车顺利投入使用。

【高污染燃料锅炉管控】 本年，市质监局召开全市特种设备安全与节能工作会，开展新增高污染燃料锅炉管控，对于开工告知中发现安装燃煤、重油和渣油等高污染燃料锅炉情况，及时通报辖区环保部门，形成严控新增燃煤等高污染燃料锅炉的有效工作机制。与市环保局共同做好燃煤设施清洁能源改造工作，动工改造燃煤供暖锅炉6595蒸吨，预计减少燃煤使用165万吨，减少二氧化硫排放4204吨，减少烟尘排放3483吨。

【法规标准体系建设】 本年，市质监局制发《液化天然气汽车箱式撬装加注装置安全技术要求》强制性地方标准，修订《重型自动扶梯、自动人行道技术要求》地方标准，组织制定《电梯能效检测、评定及节能改造技术规范》推荐性地方标准。依据《中华人民共和国特种设备安全法》，配合市编办补充完善市政府相关部门安全监管（管理）职责，制定《关于贯彻〈北京市人民政府关于进一步完善和加强市政府工作部门安全监管（管理）职责的通知〉落实特种设备安全专项监管职责的意见》，突出相关部门特种设备安全管理职责。

【宣传教育与信息发布制度】 本年，市质监局召开年度特种设备安全监察工作新闻发布会，建立特种设备安全状况和安全工作社会沟通机制，获得社会广泛关注。新闻发布会网站信息阅读量总数5万余次。制作11集《电梯安全乘坐动画》，并与市教委联合开展电梯安全进校园活动，向全市3000余所中小学、幼儿园发放。开展安全生产月宣传周，专题集中培训47次，培训3000余人，发放宣传资料4万份。燕山质监分局与中国特种设备检测研究院合作，举办特种设备安全管理论坛；顺义区、大兴区、房山区质监局进社区、街道、企业，开展《中华人民共和国特种设备安全法》宣讲，普及特种设备安全知识。

【责任保险制度】 本年，市质监局以特种设备安全责任险制度为重要切入点，探索特种设备安全监察职能转变，激发中介组织、保险等服务企业参与特种设备安全管理的活力，把“行政监管为主”转变为“行政引导、商业性监督与社会组织提供安全服务相结合”的模式。充分发挥责任保险在事前风险预防、事中风险控制、事后理赔服务等方面的功能作用。用经济杠杆和责任保险产品化解特种设备安全突出矛盾，向社会提供更为精细化、准确化的安全管理与服务。经协调市安全监管局，明确在安责保险联席会中增加质监部门为成员单位，将特种设备安全纳入全市安全生产责任保险试点范围。明确电梯安全责任纳入轨道交通领域安全生产责任险推广范围，写入《安全生产责任险管理办法》和相关工作方案。拟将危险化学品、轨道交通、燃气供应、餐饮液化石油气使用作为重点行业领域，研究建立相关特种设备安全责任险种。力争在制定出台的《北京市非居民瓶装液化石油气供应及使用安全管理办法》中设立气瓶安全强制责任保险。组织以市场安全需求为导向，开展基于风险、事故、保险理论的特种设备安全责任保险课题研究。

【安全技术标准】 本年，市质监局在液化天然气汽车箱式橇装加注装置安全监管中，努力实践标准化手段引领全局工作。标准内容不仅规定清洁能源技术应用的技术要求、准入门槛，而且明确与相关部门职责衔接，促进建立健全多部门综合监管机制。推动市市政市容委出台《餐饮业使用瓶装液化石油气安全管理技术要求》，为相关部门开展监管工作提供依据。

市质监局周沛供稿

北京市体育局

2014年，北京市体育局建立“党政同责、一岗双责、齐抓共管”的责任体系，以科学发展、安全发展为总要求，加强体育运动项目经营单位和局系统单位安全生产管理基础、安全保障能力建设，落实体育经营单位、局系统单位安全生产主体责任，强化安全生产“红线”意识，强化属地安全监管责任。体育行政部门加大各项法规制度和政策措施落实力度，进一步履行安全生产监管职责，依法治理、提升水平，有效防范和坚决遏制重特大事故，促进全市安全生产形势持续稳定好转。

【高危险性项目管理】 3月，市体育局协调国家体育总局相关部门，落实本市高危险性体育项目许可工作方案，召开全市高危险性体育项目管理工作培训会议，邀请国家体育总局体科所专家介绍灯光检测仪、摩擦系数检测仪的使用方法，对本市高危险性体育项目行政许可工作进行部署。针对区县体育局的实际情况，市体育局组成调研组分别到区县调研，召开经营单位座谈会，要求区县体育局按照国家体育总局颁布的《经营高危险性体育项目行政许可管理办法》，对经营高危险性体育项目的经营单位开展行政许可工作。

【节假日安全】 全国“两会”“五一”等重要节日和重要活动时期，市体育局制发《关于做好“清明”“五一”小长假期间安全生产工作的通知》《关于做好“国庆”假日期间安全生产工作的通知》等文件，按照市委、市政府和市安委会的部署，加强重大节日和重要活动时期体育经营单位安全生产工作。

【安全生产月】 5月22日，市体育局成立由分管安全的局领导任组长，相关处室负责人和16个区县体育局主管安全局领导为成员的市体育局安全生产月活动领导小组，下设办公室，负责协调指导区县体育局安全生产月活动。制发《2014年体育运动项目经营单位安全生产月活动方案》，要求各区县体育局和全市体育经营单位，强化安全生产主体责任，加强突发事件应急管理，预防和减少安全生产事故的发生。安全生产月活动期间，参加活动体育经营单位1460家，张贴宣传海报2万余张，发放各类宣传材料10万余份，参加宣传咨询日活动人员21余万人次；对体育经营单位执法检查370次，下发整改通知书70余份，消除各类安全隐患200余项；组织体育经营单位应急演练600余次，教育培训400余场次，参加人员达2万余人次。

【夏季游泳专项治理】 5月，市体育局联合市公安局、卫生计生委、安全监管局制发《关于对全市游泳场馆进行联合执法检查的通知》，市体育局组织四部门联合督查小组，对各区县有关部门落实通知要求和部分游泳场馆安全工作进行督查。联合督查组分别对东城、西城、朝阳、丰台、房山等区的游泳减溺安全工作进行检查，听取区县体育局开展游泳场馆联合执法检查情况汇报，并抽查部分游泳场馆，市联合督查小组要求各区县相关部门严格落实属地管理责任，加大对游泳场馆安全检查力度，要求各区县体育局和相关部门对存在问题游泳场馆进行跟踪复查、督促整改，确保游泳场馆安全运营。

【规范标准】 6月，市体育局结合滑雪场所、游泳场所新的国家标准的颁布，制定和修订的滑雪场所安全运营地方标准和游泳场所安全运营地方标准，通过安全运营地方标准的建立，加强对高危险性体育项目体育经营单位的安全监管，明确企业安全生产主体责任，提高执法人员依法行政意识和经营单位依法经营能力，体育行政部门有效行使政府监管的职能得到进一步强化。

【安全生产大检查】 7月至12月，市体育局在全市集中开展体育经营单位大检查活动。要求各单位在安全生产大检查中按照"全覆盖、零容忍、严执法、重实效"的要求，排查治理安全生产隐患，堵塞安全监管漏洞，强化安全生产措施；制定检查方案、进行动员部署、排查问题及隐患，制定整改方案、落实整改措施、总结检查成效、建立长效机制。其间，市体育局组成检查组，主管局领导带队，对东城、西城、朝阳、丰台、海淀等区的体育经营单位进行不打招呼、不提前通知的暗访检查，对查出的问题进行全市通报。通过安全生产大检查活动的开展，落实体育经营单位安全生产主体责任。

【APEC期间安全生产】 APEC会议期间，市体育局制发《北京市体育局2014年亚太经合组织会议期间体育运动项目经营单位安全监管工作方案》，召开区县体育局安全生产工作会，要求区县体育局开展全覆盖式的执法检查活动。市体育局组成督查组，由局领导带队对怀柔、东城、朝阳、海淀等区县体育局和体育经营单位进行督查和执法检查，督促、检查、指导体育经营单位安全生产工作的落实，排查治理隐患，确保体育经营单位在APEC会议期间的安全生产工作。

【标准化建设宣传培训】 10月31日，市体育局召开全市体育经营单位安全生产标准化二级标准宣贯培训会。会议邀请安全生产标准化专家从安全生产标准化内容提要、建设流程、评审、评定标准4个方面，进行讲解和说明。区县体育局和体育经营单位250余人参加会议。

【滑雪安全管理】 11月21日，市体育局召开新雪季滑雪场所安全运营工作会。全市滑雪场所负责人和所属区县体育局负责人40余人参加会议。会议传达市委、市政府关于做好安全生产工作相关文件精神，分析滑雪场所在安全运营上存在的问题，对做好新雪季滑雪场所安全运营进行动员和部署。一是滑雪场所要吸取各类安全事故教训。二是强化安全生产责任，确保各项工作贯彻落实。三是开展隐患排查，做好开业前准备工作。四是加强安全生产培训工作。五是强化执法检查，严格督促落实整改。

【责任落实】 本年，市体育局党组高度重视体育经营单位安全生产工作，明确局党组书记、局长李颖川为市体育局安全生产工作的第一责任人，各分管领导具体负责各自业务范围内的安全生产工作。按照市委、市政府要求，建立市体育局"一岗双责"制度，层层分解安全生产工作任务，定期召开局长办公会，听取安全生产工作汇报，分析全市体育行业安全生产形势，研究和协调解决安全生产工作的有关问题。市体育局制发《关于做好体育运动项目经营单位2014年安全生产工作重点任务的通知》，召开全市体育经营单位安全生产工作会，针对全市体育经营单位存在的问题，对安全生产工作进行全面部署。强化对安全监管责任的落实，要求区县体育经营单位签订安全生产责任书，落实企业主体责任。

【游泳场所安全管理】 本年，市体育局编写《北京市游泳场所安全管理手册》和“北京市游泳场所安全管理教学片”视频光盘，并将上述2000份材料下发到各区县体育局和所有游泳场所，要求各区县体育局加大管理力度，严格落实游泳场馆有关要求，做好游泳场馆安全管理工作，减少溺水事故。

【大型体育活动安全保障】 本年，市体育局系统对大型体育赛事和群众体育活动进行分类管控，确定赛事安全责任人，制定翔实可行的安保方案和应急预案。对观众人数较多的敏感赛事，采取有效措施，确保不出现任何安全问题。加强协调，无缝对接，完成环京赛、世界田径挑战赛、世界男子冰壶锦标赛、CBA联赛、中超以及全民健身节、全国全民健身日的安保工作任务。

【安全风险管理】 本年，市体育局系统推进安全风险管理，对先农坛体校、什刹海体校、木樨园体校进行风险评估，对体育赛事全部进行安全风险评估，强化风险控制措施，有针对性进行防范管控，提高安全管理效益。

【烟花爆竹安全】 本年，市体育局系统对烟花爆竹安全管理工作进行专题部署，签订责任书，加强燃放秩序维护工作，特别是农历除夕、农历初五和正月十五等重要时段，局领导和单位领导24小时带班值守，全天候看护防控，全力抓好烟花爆竹安全管控工作。

市体育局刘辉供稿

北京市民防局

2014年，北京市民防局在市委、市政府的领导和国家人防办的指导下，始终把人防工程安全管理工作放在突出位置，狠抓工作落实，确保人防工程安全，实现“零事故”工作目标。全市民防系统强化日常管理，根据不同时期的不同特点，抓好以防火、防汛、维稳为重点的日常安全管理工作，开展安全生产年、安全生产月和人防工程隐患排查治理等工作，注重制度落实，确保措施到位。以落实专项行动为抓手，打牢管理基础，着力开展安全隐患大排查、全国“两会”安全保障、安全生产重点执法检查、APEC会议安全保障等专项行动。

【隐患排查】 本年，市民防局组织对全市人防工程开展全面普查。全市民防系统组织集中隐患排查4次，参与隐患排查人员3.1万人次，排查人防工程26312处次，整治隐患2160项。市民防局分8个督导组组织专项督导检查8次，牵头组织相关委办局联合督导检查2次。

【综合整治】 本年，市民防局完善市、区县、乡镇街道地下空间三级管理体制，会同市公安局、市住房城乡建设委、卫生计生委、工商局、安全监管局开展全市人防工程综合整治执法行动，共同对人防工程的安全隐患进行治理，消除安全隐患。进一步完善建设、公安、消防、安全监管、工商、商务、卫生、民防等部门协调联动、联合执法，风险防控、科技创安的综合管理机制。针对地下空间综合整治工作的形势和特点，坚持与维护稳定、与阶段性重点工作、与公益化利用、与联合执法及法律诉讼相结合，平稳推进，在地下空间综合整治工作中，结合实际，多措并举，主动作为，成效显著，完成人防工程挂账整治448处。

【安全管理】 本年，市民防局制定《北京市民防局安全生产“一岗双责”暂行规定》，明确安全生产责任。坚持开展安全专项执法检查、安全保障督导检查等专项检查行动，落实人防工程消防工作要求，完善防汛工作责任制，扎实开展夏季防汛、冬春季火灾防控专项行动，确保人防工程安全。落实重点时间、敏感时期安全管理工作，普查人防工程13789余处，消除安全隐患650余项，确定49处重点防汛部位。

【应急“七有四到位”】 本年，市民防局落实以防汛、防火为重点的风险管理措施，储备6000万元防汛物资器材，结合区县实际组织开展市区两级防汛应急演练，加强38支应急抢险队伍的训练管理。坚持做到“七有四到位”要求，即有预案、有制度、有队伍、有装备、有演练、有巡查、有值守，思想认识到位、宣传教育到位、物资准备到位、应急值守到位。

【制度规范】 本年，市民防局依据《北京市人民防空工程使用规划指导性意见》，指导各区县制定人防工程使用规划，严格限定人防工程使用方向，从源头上控制管理风险。与市住房城乡建设委、安全监管局共同制发《北京市人民防空工程和普通地下室安全管理规范》，明确使用管理标准和要求，提高工程使用管理门槛，加强人防工程规范管理与使用。制定《北京市民防局安全生产一岗双责暂行规定》，明确安全生产责任分工。制定《北京市民防局学习宣传和贯彻落实新修订〈安全生产法〉工作方案》，按照规定要求完成机构设置、人员配备、管理制度建设等方面工作。

【理论研究】 本年，市民防局开展人防工程管理前瞻性政策理论研究，探索人防管理新思路。完成《人防工程公益化利用长效机制》《首都地下空间战略安全研究》《北京市地下空间综合整治评估》《北京市人防工程三个效益评价研究》等重点课题，为人防工程管理工作提供理论支撑。

【宣传培训】 本年，市民防局加强安全管理人员培训，组织全市民防系统工程管理科长、管理干部培训班，强化一线管理人员实际工作能力，提高人防工程管理水平。委托北京民防协会组织人防工程管理单位、使用单位（个人）负责人及从业人员开展安全教育培训，提高人防工程使用管理人员安全意识和管理水平。加强社会宣传教育，宣传人防专业知识、公共安全知识和地下空间综合整治工作，提高广大市民的安全意识。

【标准化建设】 本年，市民防局贯彻落实市政府关于在全市推进安全生产标准化工作有关指示精神，推进全市人防工程安全生产标准化工作。结合民防工作实际，落实《北京市人防工程安全管理标准化建设实施方案》，推进人防工程安全管理标准化建设，提高人防工程安全管理水平。

【科技创安】 本年，市民防局和各区县共投入资金2200多万元用于科技创安工作，提升人防工程管理科学化、制度化、精细化管理水平。市民防局在通州区开展科技创安试点工作。科技创安试点分为前端设备、传输网络、软件与系统集成3大部分，形成市、区县、乡镇街道及物业（小区）“4级平台”，应用系统形成“3大类、9个功能模块”。通过科技创安形成技防、物防、人防互为补充的安全防控新格局。市安委会授予安全生产创新奖。

市民防局田志华供稿

北京市农业局

2014年，全市累计报告国家等级公路以外一般农机事故15起，受伤3人，直接经济损失44.8万元。与2013年同期相比事故起数下降37.50%，受伤人数同比持平，直接经济损失下降74.76%。未突破市安委会下达的年度安全生产控制指标，农机安全生产形势持续稳定。北京市农业局机械监理总站组织的“2014年农机安全生产宣传咨询日”活动，荣获市安委会“2014年北京市安全生产月活动优秀组织奖”；农机监理免费管理项目和农机政策性保险项目，分别荣获市安全监管局“2014年度北京市安全生产监督管理改革创新奖”。

【农机“三率”】 本年，全市拖拉机上牌率、检验率和持证率分别为100%、90.7%和100%，超额完成农业部87.4%、86.4%和91.0%的指标要求。拖拉机“三率”提升难点为检验率，市农业局通过“转思路、调措施、抓督促、树典型”，提升区县和乡镇监理员工作积极性，检验率同比增长10.6个百分点。

【法规建设】 本年，市政府法制办将修订《北京市农业机械安全监督管理办法》列入市政府2014年立法调研项目。市农业局结合首都现代农业调转节政策，通过问卷调查、考察调研、专家座谈等方式，开展调研工作，起草完成《关于全面修订〈北京市农业机械安全监督管理办法〉的报告》《北京市农业机械安全监督管理办法（草案）》，上报市政府法制办。

【执法规范】 本年，市农业局制定《北京市农业行政执法技术操作规程》《北京市农业行政执法程序规范》，编制《北京市农机监理执法工作规范》，对执法人员执法程序和操作规程进行规范。制定《北京市农机监理行政处罚自由裁量权执行标准》，明确农机监理行政处罚职权7大项28种情形。编制1套8种常用《北京市农业机械安全生产操作规程》，为农机事故认定和农机政策性保险提供依据。市、区县两级制作行政处罚案卷65份，市农业局机械监理总站2份案卷被评为市级执法单位优秀卷。

【行政审批】 本年，市农业局对登记审核岗和牌证管理岗人员机具停驶业务办理进行规范，确保各项行政审批业务流程合法、依规、高效。为方便农机所有者业务办理，在征求区县行政审批受理人员和农机所有者意见后，遵照法律法规，以浅显易懂的文字编写网上办事程序。将承担的3项行政审批事项削减为“拖拉机、联合收割机登记及驾驶证核发”1项，着力打造“便民服务窗口、形象展示窗口、安全宣传窗口、民意征集窗口”，使区县农机监理行政审批服务大厅更好地为农机手服务。全年，市区两级累计受理行政审批19036件，未发生超时限、不按规定办理等违法、违规现象，未发生因许可不公产生的投诉事件。

【执法检查】 本年，市农业局组织全市农机安全生产执法活动1322次，出动执法人员5779人次，检查各类农机生产维修门店1640个次。其中，开展联合检查392次，纠正违章336起，整改事故隐患213项。在全市范围内集中开展农机安全生产“打非治违”专项行动，加强重要农时、重点环节安全监管和事故防控，严厉打击无牌行驶、无证驾驶、未检验作业、违规发放牌证和瞒报谎报事故等违法行为。

【联合行动】 本年，市农业局深入开展联合执法检查活动，将6部门联合行动工作目标长远化，方案3年一制定，联合工商、质监、安全监管、环保以及公安交管等部门，开展农机隐患排查和秸秆禁烧工作，强化对农机生产、销售、维修和使用各环节的全程监管。APEC峰会期间，制发工作方案开展农机安全生产大检查百日行动，重点针对伪造、变造农机牌证、“黑车非驾”、违法载人、超速、超载和酒驾等违法行为和农机合作社、农机大户、农田果园以及机务队“三库一间”（机库、配件库、油料库、维修间）的防火防爆、安全防护装置不全、安全设施失灵和违反安全操作规程等情况进行安全生产联合执法检查。全年各级农机监理机构开展联合行动392次，纠正违章336起，及时消除农机安全隐患，营造安全生产良好氛围。

【农机培训】 本年，市农业局全面开展培训工作，按照农业部及市农业局制定的年度培训计划，探索培训方法、培训形式、培训对象以及培训内容的创新，以课堂教学和实地演练相结合方式开展卷帘机事故处理培训，通过师资人员送教进村、科技入户和现场演示等形式推进以点及面式安全生产教育，将培训对象扩展至机手的配偶和子女，宣传本市农业结构调整相关政策文件。全市各级农机监理机构组织培训145期，累计培训人员4682人次，进一步提高农机驾驶操作人员的安全意识，丰富农机监理人员的业务知识，提升全市农机监理队伍主动服务的能力和水平。

【宣传咨询】 本年，市农业局结合重点农时开展安全宣传教育活动，创新宣传方式。对青饲收割机、小麦收割机、卷帘机和微耕机4类机具的使用注意事项、常见错误操作及危害进行案例分析，拍摄成警示宣传教育片。“三夏”及“三秋”期间，分别在《北京农业》《京郊日报》策划专刊及专版，开展农机安全生产知识的宣传咨询。全市各级农机监理部门开展各类宣传咨询活动103次，接待群众咨询8300余人次，累计印发各类宣传资料219596份。全市农机监理机构累计发表新闻稿件480篇（次），报送工作信息318篇。安全宣传信息见诸报纸、杂志、网络，安全宣传活动下到田间、果园、场院、集市、企业和村镇。

市农业局王科程供稿

北京市城市管理综合行政执法局

2014年，北京市城市管理综合行政执法局严格贯彻落实市委市政府、市安委会安全生产各专项工作及分工，以APEC会议安全保障为抓手，严查燃气使用、违法建设领域各类安全生产隐患问题。以“市级督导、区县落实”的工作模式，督导区县城管部门履行城管执法职责，通过查处街面摊贩使用液化石油气安全隐患、整治住人集装箱安全隐患，有力维护城市运行领域安全生产秩序。全市各级城管执法机关参与拆除违法建设1.2万处、1358.2万平方米。检查燃气使用单位63141家，发现用气场所存在安全隐患4240项，立案处罚368起，罚款65.39万元。

【城乡结合部专项执法】 1月至9月，市城管执法局根据市政府《关于印发集中开展城乡结合部地区专项整治工作实施方案的通知》和市安委会工作要求，组织对城乡结合部地区的“五小企业”“六小场所”、商品批发零售市场、仓储场所及群租房屋等城市管理领域，开展违法建设等6项违法行为的执法工作。各级城管执法机关会同属地政府等相关部门拆除包括城乡结合部地区违法建设1.1万宗，面积1121.7万平方米；清理非法小广告点位3.23万个，查处非法小广告15.8万起，罚款104.8万元；查处整治焚烧树叶、秸秆、废旧物品和垃圾行为1473起，罚款4800元；整治乱堆垃圾及违规堆物堆料628处，罚款69.26万，清理露天垃圾750余吨；规范和查处无照经营行为1.81万起，处罚617.13万元。

【住人集装箱专项执法】 6月至9月，市城管执法局按照副市长张延昆批示精神，组织全市城管系统开展住人集装箱专项执法行动。经摸底排查，全市设置集装箱265个，分布海淀、门头沟等10个区县，其中用于库房的101个、居住的99个、经营的48个、闲置的17个。此次执法行动，各级城管执法机关依法清理218个、暂缓清理的47个（其中42个属于南水北调工程临时存放物资库房，5个属于乡镇政府设置的服务便民设施和绿化工程库房）。

【轨道交通桥下隐患整治行动】 7月至12月，市城管执法局组织东城、西城等11个区县城管执法局，会同市交通委、安全监管局、国资委、公安局等部门及相关区县政府，对地铁5号、8号、13号、14号、15号线、八通线、机场线、房山线、亦庄线、大兴线、昌平线等11条运营线路的桥下空间，以及沿线车站出入口、通风亭、变电站等建筑物、构筑物周边开展轨道交通桥下空间安全隐患专项整治行动工作。

【餐饮业燃气隐患排查整治】 8月至9月，市城管执法局会同区县、地区城管执法机关，对餐饮业燃气安全和餐厨垃圾处置集中开展联合执法检查。各级城管执法机关出动执法车辆87台次，执法人员145人次，检查餐饮企业30家，发现燃气和餐厨等各类问题65处。城管执法人员会同专业部门对存在问题企业记录在案并给出改正期限，指导存在问题的餐饮企业落实整改，消除公共安全和卫生隐患。改正期满后城管执法机关及时进行复查，对检查的全部餐饮企业进行法律法规宣传教育，发放《致燃气用户的一封信》《致餐饮服务企业的一封信》，督促餐饮企业落实安全管理责任。

【APEC期间燃气安全检查】 8月至11

月，市城管执法局制定《北京市城管系统2014年APEC会议燃气安全专项保障工作方案》，对全市餐饮企业、宾馆饭店、会议场所、医院等公共服务用户以及燃气供应企业开展燃气安全执法检查。全面加强APEC会议驻地及活动场所周边200米范围内生产经营单位的燃气安全执法检查。各级城管执法机关在检查中注重强化工作部署、检查重点、市区联动、宣传指导，切实履行燃气安全执法检查职责，排查燃气安全隐患，不留安全死角，对于发现问题严格依据《城镇燃气管理条例》《北京市燃气管理条例》的规定予以处理，有效防止事故的发生。

【街面摊贩使用液化气专项整治】 9月29日至11月15日，市城管执法局组织城管系统在全市开展街面摊贩使用液化石油气安全隐患专项整治行动。各级城管执法机关对辖区内街面摊贩使用液化石油气进行排查，完善基础台账，同步开展抽查、暗查、复查工作。强化与公安、工商、安全监管等部门联动，分类推进整治工作。各级城管执法机关按照定人、定域、定时和人员到位、责任到位的“三定两到位”原则，依法履责、主动作为，第一时间消除安全隐患。专项整治期间，全市城管系统排查街面摊贩1.11万起，规范、取缔5710起，消除安全隐患5428项，无照经营类群众热线举报同比下降16.8%。

【打击违法用地违法建设专项督查】 本年，市城管执法局按照市严厉打击违法用地违法建设指挥部年度工作计划，根据组织分工，组织督查组对海淀、石景山、门头沟、房山4区违法建设专项执法工作进行日常督查、指导和巡查暗查工作，并分别于2月、5月下旬对该4区开展两轮次国土、规划卫片违法建设整改落实情况进行专项督查。通过督查，掌握该4区违法建设工作进展，提出工作要求，了解存在的困难和建议。截至11月30日，海淀区拆除违法建设1579处、152万平方米，石景山区拆除违法建设288处、19万平方米，门头沟区拆除违法建设7处、0.3万平方米，房山区拆除违法建设248处、49万平方米。

市城管执法局唐鹤供稿

北京市公安局消防局

2014年，北京市公安局消防局着眼“平安北京”建设，坚持“大事牵动、基础推动”工作思路，将国庆活动，十八届四中全会和APEC会议消防安保工作作为政治任务和中心工作，全面牵动社会整体防控火灾能力的提升，圆满完成重大消防安保任务，为北京社会经济发展和人民安居乐业创造良好的消防安全环境。

【政府主导】 本年，市公安局消防局把握国务院消防工作考核有利契机，推动党政加大消防工作统领力度。市政府领导多次听取消防工作汇报，研究部署全市消防工作并作出重要批示指示70余次，市政府领导带队采取“四不两直”方式检查消防安全60余次。推动各区县政府、各部门逐级逐层签订消防工作责任书，形成消防工作齐抓共管合力。

【部门监管】 本年，市公安局消防局协调市住房城乡建设委、规划委等部门联合印发《建设工程消防质量终身负责制实施办法》，严格行政许可审批。联合相关部门制定实施医疗机构、电影放映场所等消防安全标准化管理等规定，将消防安全专项行动纳入“六型社区”创建、“打非治违”行动等工作内容综合推进。联合执法1.3万余次，解决涉及消防安全的综合性问题7.38万件。

【单位主责】 本年，市公安局消防局出台《北京市火灾高危单位消防安全管理规定》，向社会发布《火灾高危单位界定标准》和《火灾高危单位火灾风险评估导则（试行）》，出台《北京市房屋租赁消防安全管理规定》；制定《消防安全重点单位实施标准化管理指导手册》，规范13项制度、6项操作规程；指导单位落实制度规范化、标准管理统一化、设施器材标志化、重点部位警示化、培训演练经常化、检查巡查常态化的“六位一体”管理模式，督促社会单位落实主体责任。

【消防保卫】 本年，市公安局消防局成立APEC会议消防安保指挥部，组建雁栖湖国际会都、国家会议中心和游泳中心两个消防安保运行团队，部署警力128人、消防车13部，伴随施工同步进场、贴身守卫。出台《APEC会场施工现场消防安全管理规定》，与建设方、总包方、施工方签订承诺书，严把安全关。设立安检口、出入口、楼宇内部3道防线，严禁火种进入。强化情报搜集研判，对30余处会场、住地逐一踏勘，开展火险评估，电气满负荷消防检测、油烟道清洗，开展“六熟悉”800余次，逐一完善“1-3-5-10”灭火预案，每个驻地实行防灭火干部双入驻，24小时值守。针对会议区、舞台区等重点区域，24小时巡查；在幕布、纱幔、灯具、配电柜等关键点位，24小时看护。部署警力2.93万余人次、车辆2180余车次，设立14个现场总指挥部和14个前沿指挥部，重点部位贴身看护，第一时间发现并成功处置瞭望塔外檐冒烟、国家会议中心媒体区电池爆裂等突发事件，确保消防安全。

【火患整治】 本年，市公安局消防局持续开展“强基础、严整治、重实效”火灾防控和重大火灾隐患集中整治专项行动，内含城乡结合部、消防安全“打非治违”等各类专项整治20余个；重要节日、重大活动安保期间的重点时段，集中开展错时夜查；协调市属20余个职能部门、13个公安警种联勤联动开展检查督查1800余次，依法约谈社会单位责任人870余人，极大震慑违法行为。参与全市违法建设、城乡结合部专项打击整治行动和老旧小区综合整治工作，督促整改火灾隐患10.56万项，罚款1655万元，关停1.2万家，清理违法住宿20万人，拘留210人，拆除违法建筑1160万平方米。6月15日至9月28日，在全市分3个阶段组织开展火灾隐患集中排查行动，采取异地调警、防灭一体作战模式，发动各区县职能部门、社会群防群治力量，以“大兵团”作战方式，逐个地区、逐个单位、逐个建筑开展火灾隐患排查。全市各级消防机构共出动警力19.03万余人次，检查社会单位9.12万余家次，督促整改火灾隐患或违法行为9.7万余项，临时查封1181处，责令“三停”901家，行政拘留1632人，罚款4297.39万元。

【网格防控】 本年，市公安局消防局推动街道、乡镇、社区、村、楼院大、中、小网格实行实体化办公，落实群防群治力量，前移预防关口。APEC会议期间，综治委、社工委、防火委、文明委4大平台共同发力，90万群防群治力量上街巡逻，合力构筑"坚守底线"的防火墙。联合市财政局修订火灾隐患举报投诉奖励办法，将奖励额度由年度36万元增至100万元，对个人年终奖励由5000元增至1万元。

【创新管理】 本年，市公安局消防局派驻48名警力驻守市公安局直属派出所和分局直属中心警务站，制定"加强多种形式队伍建设、科技创安、强化基础消防设施建设"等12条消防安全管理措施。以"北四村"为试点推广安装独立火灾报警装置和简易喷淋系统，配备灭火水桶、水缸。发动警力15502人次，检查场所19025家次，督促整改火灾隐患、违法行为23571项，有效净化城乡结合部消防安全环境。

【深化改革】 本年，市公安局消防局将市级消防行政许可和重点单位管辖权全部下放属地管辖，出台行政许可集体审批制度，缩短审批时限。集中清理消防建审、验收行政许可前置条件，受理窗口不受理第三方代办申报许可项目。实行防火灭火干部联合验收，技术复核人员现场核查验收工作机制。依托社会消防技术服务机构和执业人员备案管理系统，开展消防技术服务机构和执业人员备案工作，抽检使用领域消防产品281批次，建立消防产品质量公示制度，消防行业监管更加公开透明。

【科技支撑】 本年，市公安局消防局研发启用建设工程消防设计施工和企业诚信系统、消防执法监督评价管理系统，"掌上119"火灾隐患快拍手机应用；启动2000家消防安全重点单位物联网消防设施远程监控系统二期建设；研发第5代119接处警系统、GIS地理信息系统和GPS定位系统，110、119、122和120四台实现协调联动、信息互通、优势互补。

【舆论引导】 本年，市公安局消防局依托新浪网等建立消防宣传和舆情处置联动机制，在重要安保节点组织召开消防安全新闻发布会；在北京电视台、北京交通广播电台、《北京娱乐信报》等媒体开设专题节目和专栏报道，常态化每周播出节目5～10期；在《法制日报》《人民公安报消防周刊》、北京电视台等媒体开设曝光专栏29个，对155家重大隐患单位进行曝光；设立2.56万个消防宣传牌（栏）和电子显示屏，播放消防公益广告和防火安全提示1.2亿条（次）；在新闻媒体刊播消防宣传专题稿件5600篇；在"三微一信"平台发布信息3000余条，网友转发20万次，粉丝突破600万，成功应对和处置30余起涉警负面舆情。

【教育培训】 本年，市公安、教育、人力资源与社会保障部门联合印发《社会消防安全教育培训大纲（试行）》，将消防安全知识课件纳入全市干部在线学习内容，实施学分制进行培训；与市广电局联合拍摄制作时长60秒的《影院自救逃生公益广告》，在全市228家影剧院影片放映前播放，全年受教育人数4000万人次。完成2014年度国民消防安全常识知晓率调查，在全市开展"开学第一课""APEC会议安保""打通生命通道"和重大火灾隐患集中曝光、“九九消防平安行动”、消防宣传周等各类消防宣传演练活动 8000 余场次、培训 1500 余场，发放、张贴消防宣传材料 200 万份，播放消防公益广告 5000 万条次，营造浓厚的消防安全氛围。

市公安局消防局樊玉磊供稿

北京市公安局公安交通管理局

2014 年，市公安局交管局贯彻党的十八届三中全会、四中全会和习近平总书记系列重要讲话、批示指示精神，围绕“事故少、秩序好、道路畅通、群众满意”奋斗目标，坚持问题导向、民意导向，坚持大事牵动、基础推动，圆满完成 APEC 会议等重大交通安全保障任务，交通反恐维稳能力全面提升，路面交通治理取得新突破，体制机制改革迈出新步伐。全年，发生道路交通死亡事故 860 起、死亡 923 人（事故死亡人数比国务院下达控制指标减少 27 人），万车死亡率控制在 1.65。

【交通管理警务改革】 本年，市公安局交管局组建新机构：组建中心区交通支队、应急处突机动队和“9·29”专业交通队，全面强化政治中心区等重点要害部位巡逻防控。调整新职能：在职能部门间搭建联勤指挥、情报宣传等合成作战平台，简化工作流程、减少相互掣肘。剥离高速公路支队郊区管理职能，成立专业管理队伍。调整科信处职能，在局属支、大队成立专职机构，完善科技设备属地管理模式，形成科学高效、协调规范的两级科信体系。转变安监民警职能定位，推行“一区（镇）一警”警务改革，解决交通管理源头弱化、基础薄弱问题，实现由单一宣传管理向借助政府综合治理的逐步转变。建立新机制：对内建立领导周末调研、带头执勤、骑巡督导和夜间上路巡查等制度，推行全员上路、全警执法、全责考核“三全”机制。建立市民沟通会、专家咨询会、民警建言会等战略决策支撑机制。对外，实施紧急状态下交管消防一体化运行，与巡警、警航、公交等警种完善常态化联勤联动机制，推动优势互补、资源共享。

【重大活动交通安全保障】 本年，市公安局交管局围绕全国“两会”、国庆、十八届四中全会、APEC 会议等系列重大交通保卫任务，以最高标准、最严措施、最佳状态，实现全年 1.8 万次警卫勤务“零差错、零失误”。一是坚持科学编排、无缝对接，经过反复踏勘、精心编排勤务交通组织，规划 23 条、133 公里行车路线，并按照“奥运标准”组建警车带路队，24 小时随团工作，一勤一踏勘掌握路线情况，一路一测算精确运行里程，一车一定位准确行进位置。完成 APEC 会议勤务 1360 次，指挥机动车 2 万余辆，警车带路 7.1 万公里。市委书记郭金龙表扬“交通秩序良好、路面运行顺畅”。二是坚持问题导向、底线思维，充分运用逆向思维、换位思维查找问题不足，从局、业务处、支大队 3 个层面逐级开展递进式摸排。创新推出警卫路线双向加勤、逆向调控，路口 50 米纵深卡控、警车斜向封堵，以及过滤禁限车种、净空桥下空间、吸毒和精神病驾驶人管控、信号机箱和防撞桶封闭等硬性措施。三是坚持统筹兼顾、落实保障，研究制定会议期间单双号限行、公车停驶、全市调休放假等措施。

【交通管理反恐维稳】 本年，市公安局交管局全方位构建立体交通防控网络。从进京检查站由外向内建立“四道防线”，围绕“进京、在京、出京”3个环节，层层过滤、严格卡控，第一时间消除各类风险隐患。以防范涉车暴恐为重点，全面强化二手、危险品和易燃易爆等重点车种源头监管，延伸“新”牌、无牌等敏感车种路面管控措施，实现嫌疑车辆“进不来、待不住、跑不掉”。在政治中心区等重点区域和人流、车流密集地区完善防撞护栏、隔离桩等物防设施，建设14处交管移动警务站，整合应急处突机动队、移动警务站和执勤警力，推出“前置备勤、武装巡逻、全天警务”等勤务机制。全市交警处置上访590起，涉恐和刑事、治安事件等302起，查获网上在逃等199人、盗抢车29辆、违禁品31起。特别是反恐维稳敏感期实战中，落实“严管交通”部署，制定等级防控方案，在二环沿线及进入中心区路口设置128处卡控岗位，搭建中心区“两个铁桶”防控网络，做到“禁限车种零进入、交通违法零容忍”，形成高标准管控模式。坚持“维稳问题交通化”，开展波次“震慑行动”，采取“车盯、灯控、严管、干扰”等措施，掌控敏感车辆。深化以先进技术手段、全警信息采集为支撑的情报体系建设，加密重点区域、道路113系统及高清视频监控，推行交管业务全环节核录，核录信息1056.4万条，其中红色预警信息988条。运用“大数据”理念强化数据分析比对，严密监控重点敏感人员车辆运行轨迹。

【交通环境治理】 本年，市公安局交管局坚持“远近结合、标本兼治”，改善交通环境。充分发挥第一推手作用，向市政府提出电动燃油三轮车治理、改善燕郊地区出行条件等10余项意见建议，依托全市交通秩序大整治平台，牵头组织质监、工商、市政、建设等部门综合治理货车、渣土车、三轮车、乱停车等“四类交通乱象”，市政府每月调度讲评，强力推动工作落实。以落实清洁空气行动计划为契机，联合市交通委、环保局发布《通告》，对部分机动车采取交通管理措施。循序渐进开展秩序整治，瞄准路面突出问题，本着“常态、长效”治理思路，创新推出“一二三四”系列代号整治行动，严厉打击货车、三轮车和占用应急车道、公交车道、不系安全带等违法行为，创新“宣传先行、造足声势，兵团作战、异地用警”等执法模式。全年，处罚各类交通违法行为1303.2万起，扣车8.4万辆；增设调整交通标志4836面、护栏125公里；治理道路隐患和事故黑点710处，优化渠化路口路段300余处；在京开高速、西南三环等增划公交专用道30.3公里，开通紫竹院路、亦庄荣华路潮汐车道，进一步缓解高峰期局部路网交通压力。围绕“最堵九月”等关键节点，加强交通预测预报和出行信息服务，发布信息224万条、刊播稿件6万余篇，实现对交通流的有效诱导。将事故处理列入“一把手”工程，全面加强规范化、专业化、科学化建设，制定领导现场指挥、执勤民警快清快处等事故规范，强化全警责任落实，有效提高事故办案水平。

【交通安全宣传】 本年，市公安局交管

局加强交通安全宣传工作，开展全市性“我为北京交通献良策”建议征集活动，征集交通工作意见建议3875件。成立“市级交通安全宣讲团”，深入全市街道、社会、单位、学校，统一教材、统一培训，专题开展针对性地宣讲活动72场次；发动各区县327个宣传小分队，开展宣讲3967场，累计受教育人数81万人。在全市中小学坚持开展“小手拉大手”主题教育活动，举办“我给家人写封信”“交通安全作品评选”等活动，有137万名学生参与。另外，借助各大网站和“北京交通”“北京交警”微博微信，持续开展交通安全宣传，全年更新发布相关信息2.2余万篇（条）。

市公安局交管局于友群供稿

北京铁路局

北京铁路局所辖线路里程16416.165公里，分布北京市、天津市、河北省及山东、河南、山西三省的部分地区，有正线161条，其中繁忙干线6条（京哈、京沪、京广、京九、津山、石太）、干线6条（丰沙、京通、京承、京原、石德、京包），铁路营业里程4732.8公里，下辖站段129个，其中主要运输站段75个，有职工189208人；全局配属机车1793台、客车2699辆、桥梁6593座、隧道702座；设有车站475个，其中特等站7个，一等站30个，二等站46个，三等站107个；全年，北京铁路局完成旅客发送量2.63亿人，完成货物发送量2.98亿吨。

2014年，北京铁路局落实企业安全生产主体责任，坚持“安全第一、预防为主、综合治理”方针，以安全管理规范化、现场作业标准化、检查整治常态化为抓手，深入推进安全风险管理，大力强化安全基础建设，组织开展18项安全专项整治，围绕春暑运、小长假、黄金周等关键时期和防洪防汛、专运军运、运输组织改革以及反恐防暴、安检查危、护路联防、治安综治等重点工作，确保铁路运输安全基本稳定。全年未发生铁路交通较大及以上事故，一般事故同比下降71.4%。

【“安全1号”文件】 2014年年初，北京铁路局制定《关于加强2014年安全工作的决定》（简称“安全1号”）文件，对全年安全生产工作进行规划部署，确定全年重点完善18项安全生产制度和抓好18项安全生产专项整治工作。本年，北京铁路局成立由主管副局长、副总工程师为组长，人事、安监部门参加的推进落实“安全1号”督导组，结合季节性重点工作，对局机关专业处室和站段贯彻“安全1号”督导检查，检查业务处23个次、站段36个，编发《安全情况简报》11期，推广安全生产管理先进经验12个，通报各类问题136个，使铁路局安全生产工作措施得到有效落实。

【安全监察制度】 本年，按照北京铁路局“安全1号”部署，对全局安全监察系统《岗位安全管理职责》《干部安全履责说明书》逐个、逐人、逐项进行补充和完善，其中各专业监察组、各办事处安全监察室（安全监察队）、特种设备检测所《岗位安全管理职责》12个、《干部安全履责说明书》195份，并以《安全监察室关于印发各组及附属机构〈安全管理职责〉的通知》公布实施。

【安全风险分析预警】 本年，北京铁路局安全监察室结合日常全路、局内发生的各类事故及气候、人员、规章、设备、现场作业环境变化，对潜在的安全风险进行分析研判，发出行车、施工、人身、防洪、防火防爆及主要行车设备安全风险预警提示，指导全局各系统、站段有效规避安全风险，避免生产安全事故的发生。全年发布《安全风险日分析预警报告》365期、《安全基础管理周分析报告》52期，通报安全风险隐患问题1038个，发布安全风险预警提示1596条。

【设备安全投入】 本年，北京铁路局安排资金24.53亿元，对动车组、客车、机车、供电、工务、电务、通信等主要行车设备进行大修。投入16.1亿元，对客运车站查危仪设备、货物列车列尾装置、峰尾停车器、机车探伤检测设备、菱形分段绝缘器、车辆探伤设备、调度指挥TDCS设备等进行更新改造，对道口进行平改立改造。建成集作业现场监控、信息实时传输、风险动态识别研判、应急处置指挥于一体的安全监控指挥体系，实现对安全生产过程的动态监控。调度所研发完善CTC系统功能，减少自动指挥系统人工干预，提高系统的可靠性和设备安全保障能力。

【技术规范和标准】 本年，北京铁路局清理各类专业技术规章、标准、细则和办法等663个，废止102个，从源头上规范技术管理工作。根据中国铁路总公司新“技规”，制定铁路局普速“行规”、高铁“行细”，重新编制修订“站细”472本。围绕高铁、新线开通以及施工安全，制定实施《高速铁路冰雪天气动车组列车限速规定》《高铁列车碰撞异物处置规定》《邯长铁路邯郸西场至长治北（不含）行车办法》《邯黄铁路调度集中行车组织办法》《营业线施工安全管理实施细则》等技术规章。

【安全教育培训】 本年，北京铁路局研发职工教学培训网络系统和教学软件，为站段配置教学仪器，为部分供电、工务和大型养路机械段配置实作模拟演练装置，为北京、天津机务段配备动车组模拟操纵装置，招聘1156名兼职教师。针对上道作业防护、非乘务单位担当高铁乘务工作、开行货物快运班列、新职人员的实际，编制教育培训计划，加强新“技规”、新“行规”和新“行细”的培训，举办各类培训班186期，培训13.3万人次，对3457名考试不合格人员进行补考，促进职工队伍素质的提高。

【安全生产专项检查】 本年，北京铁路局采用专题调研、专项检查、会诊解剖、暗查暗访等方式，开展安全专项检查46项次，动客车安全、清理整治铁路沿线可燃物督导、春运安全等，现场检查2.63万人次，盯控作业908次，添乘5958列，盯控施工2430次，检查作业岗点8.38万个。

【安全生产专项整治】 本年，北京铁路局将动车组检修质量、调度集中统一和行车单一指挥、施工、防撞轧人身伤害、防洪、行车监控基础数据管理、机车客车防火、客车径路设备和高铁隧道路基专、调车、信号联锁、货物装载加固和危险货物运输安全、供电设备质量、机车车辆大部件设备、列车防护报警设备、自轮运转设备、道口、运输安全环境、安全检查等18项安全风险隐患列入专项整治内容，明确牵头部门、工作职责、整治时限、推进措施和资金投入。成立专项督导检查组，对各系统、站段整治推进情况进行督导。各系统、各站段把安全风险专项整治与规范安全管理有机结合，做到边整治、边规范，从根本上、源头上整改解决一批影响安全的突出隐患问题。

【安全生产专题调研】 本年，北京铁路局安全监察部门针对高铁、动（客）车、作业人身安全及春运、暑运、施工、防洪等季节性安全工作开展专题调查研究，提出改进和加强安全生产工作的意见建议，撰写安全专题调研报告285篇，提出加强安全管理的措施建议1639条。

【安全风险管理达标考核】 本年，北京铁路局制发《全面推行安全风险管理的实施意见（试行）》《关于加强运输站段党政正职安全风险管理考核工作的通知》规定，按照过程考核与结果考核相结合的原则，设立达标、基本达标、不达标3个层次，每月对运输站段党政正职履职进行评价排序，每季度对运输站段安全生产进行综合评估考核。达标给予全额奖励，基本达标给予部分奖励，不达标不予奖励。党政正职被评为基本达标44人次、不达标8人次；运输站段季度考核被评为基本达标的19个次、不达标6个次。对“不达标”或年内两次被评为“基本达标”的10个单位，实施安全预警，并由专业处室进行重点帮促。

【局外作业安全督查】 本年，北京铁路局成立驻外安全监察队，以沈阳、郑州、南京为辐射点，对本局在局外运行的动车组、机车、客车设备质量和相关作业人员劳动纪律、作业纪律及驻外公寓、外段、外点管理进行监督检查。出动2227人次，检查局外岗点1871次，其中驻外公寓及高铁机车乘务员间休岗点383次，机务折返段103次，车站1385个次；添乘列车或机车2160列，其中高铁动车组列车1079列；检查机车329台次，确保行车设备的运行安全和人员作业的标准规范。

【应急救援管理】 本年，按照北京铁路局根据《铁路交通事故应急救援及调查处理补充规定》要求，4次对各救援队进行集中专项检查，对管理优秀的单位进行表扬，对存在问题单位进行通报。10月10日至11月15日，北京路局举办车务站段安全应急救援演练，衡水、天津车务段，唐山南站被评为演练组织优秀单位。

【反恐防爆安检】 本年，北京铁路局成立反恐怖工作领导小组，制定工作方案，在北京站、北京西站、北京南站、天津站、天津西站、石家庄站、秦皇岛站等主要车站广场实行武警巡逻。北京铁路公安局增派警力，加大对车站广场、进站口、候车区、售票厅等重点部位和关键场所的武装巡逻力度，抓获扰乱站车治安秩序的各类不法人员53670名，其中刑事拘留10人、治安拘留294人，治安罚款2313人。北京铁路局通过内部挖潜，抽调800多人充实到铁路反恐防暴一线，对所有车站进站口、售票厅进行逐人逐件的安检查危。在各站段组成巡逻队，在6大客站实施民兵常态化巡逻。对车站现有视频监控探头进行全面清查维修，在高铁及客车途经沿线和车站咽喉处，加密安装视频监控探头，在本局担当的222列动车组、客车的每节车厢两端安装视频监控仪5437个。严格落实实名制售票和验证验票进站、实名制进站接送旅客、进入站区所有人员安检查危、行包托运安检查危“四项规定”，确保站车和旅客出行安全。

【安全生产月】 6月，北京铁路局制发《关于开展2014年安全生产月活动的通知》，部署安全生产月活动。6月16日全国安全宣传咨询日，北京铁路局在北京站、北京南站和连接京沪、京九线农服所铁路道口等169个站段、车间设点，开展安全宣传咨询，宣传习近平总书记等关于安全生产工作的一系列重要指示、《铁路安全管理条例》和铁路安全风险管理知识，发放安全生产宣传材料50万件份，19万人参加咨询日活动。安全生产月期间，编发《特种设备基础知识与安全操作实务》5万册；组织“安全风险管理大家谈”和“学习安全法规、坚守安全红线、安全与我同行”主题安全文化作品创作活动，举办安全专题研讨、报告会316场，评选和推广安全生产动画片6部、微电影11部、漫画5幅，征集安全文化作品11051篇；在《北京铁道报》《手机报》开辟专栏，刊发安全生产专稿41篇，有2篇在《人民铁道报》进行转发；6月25日，北京铁路局安监、客运和房建部门组织16个高铁站段和3个建筑段主管人员，在北京南站举行电梯故障辨识排查与电梯伤害非正常安全模拟示范应急演练；6月26日，在北京铁路局党校举行学习贯彻习近平总书记关于安全生产重要指示精神专题大宣讲活动，通过视频电话连线局机关各处室和各站段，营造“强化安全红线意识，促进安全持续发展”氛围；针对暑期道路交通事故易发多发特点，制定5个方面16项机动车安全专项治理方案，对道路交通安全隐患排查治理，发现和整改各类道路交通安全隐患618项。

【新线安全评估】 12月9日至31日，北京铁路局受中国铁路总公司委托，根据原铁道部《新建铁路项目安全评估暂行办法》成立安全评估组，分别对邯济铁路扩能改造工程、邯长铁路扩能改造工程、北京地下直径线工程、京沪高铁天津西站北联络线工程进行安全评估。安全评估组采取现场检查、听取汇报、查阅资料等方式，以安全管理、规章制度、设备质量、技术标准、行车组织、路外安全、治安消防、安全环境、人员准备、职工培训、应急预案等为重点，对相关部门和单位运营准备工作情况及沿线设备设施、安全环境等进行评估检查。通过检查，评估4条线路运营准备工作基本到位，具备开通运营安全条件，同意开通运营，并向中国铁路总公司呈报安全评估报告。对评估检查发现的问题，安全评估组分别与相关单位交换意见，责成开通运营前必须整改到位或采取可靠的安全措施，确保开通运营安全。

北京铁路局马德亮供稿

华北能源监管局

2014年，华北能源监管局按照国家能源局关于电力安全监管工作的总体部署和北京市委、市政府各项要求，从创新监管方式、强化工作实效出发，完成各项重大政治保电任务。同时，完善监管制度建设和深化监管内涵，着力提升监管队伍工作水平，突出抓好电网运行方式、风险管控及发电运行监管，确保北京市电力安全生产形势的总体稳定。

【政治保电】 本年，华北能源监管局在全国“两会”、APEC会议等重大活动期间，按照“早谋划、早部署、早准备、早落实和多协调、多帮助”的工作原则，成立重大活动保电监管工作领导小组，分析首都电力保障监管需求，结合每项重大活动制定的专项监管工作方案，以确保重大活动场所及重要用户安全可靠供电为核心，开展首都电力安全保障监管工作。全国“两会”前，会同北京市政府有关部门，开展对保电的重点用户和重点变电站专项检查；“两会”期间，严格落实应急值班工作，按照国家能源局要求，完成全国“两会”保电监管任务。APEC会议保电期间，落实“电网整体的面安全”和“重点区域、战线的点安全”相结合的保电监管方式，将保电要求全面宣贯到京津唐电网和主要发电企业，确保保电监管对象的全覆盖；对怀柔雁栖湖重点供电区域和北京市各发电企业，开展多次安全督查；选取“西电东送”点对网岱海电厂和张家口电厂等区域主力发电企业，以及负责确保北京市和京津唐地区重要输电通道安全稳定运行的冀北电力有限公司等输电通道维护单位，开展APEC会议期间保电专项监管，实现发、输、供各环节以点带面的无缝监管格局，确保华北电网运行整体平稳，各项重大活动电力供应正常。

【强化企业主体责任】 本年，华北能源监管局切实履行监管职责，督促电力企业落实安全生产主体责任，建立华北区域电力企业及主要负责人安全生产主体责任落实情况定期报告制度。报告制度以“一把手”责任落实为关键，突出强化红线意识、责任意识和守法意识。报告制度按照“横向到边、纵向到底”的全覆盖要求，涵盖华北区域各网省级电网企业及所属地市级、县区级供电、检修企业，各发电集团及所属发电厂和独立发电企业。报告内容根据发电、电网企业的特点分别设置，其中发电企业16项、70条，电网企业18项、69条，报告周期为每半年报告一次。华北能源监管局结合《中华人民共和国安全生产法》宣讲，开展主体责任督导和调研，全年督导北京能源投资（集团）有限公司、大唐国际股份有限公司、北京国华电力有限责任公司、国电电力股份有限公司等9家企业，有力地加强企业对主体责任的认识和理解，提高企业对安全责任的执行和落实。全年，229家输供电企业、120家火电企业及50家风电企业报送主体责任报告，执行情况良好。

【电网安全风险管控监管】 本年，华北能源监管局印发《关于开展华北区域电网安全风险管控专项监管工作的通知》，要求各企业从管控体系、管理风险、电网结构风险、设备设施风险等方面进行全面排查，确保电网风险管控全覆盖。北京地区和承担向北京送电任务的各电力企业重视电网安全风险管控工作，组织有关部门全面开展风险自查。北京市电力公司不断完善电网安全风险管控体系，发布《生产作业安全风险管理规定》，依托安全风险管控系统（IOSS系统），在公司内部构建风险分析体系和监督落实体系，并制定电网风险分指数计算方法和模型，有效指导电网安全风险管控工作的开展；华北电网有限公司针对电网运行方式安排和设备检修计划，建立多部门会商制度，根据风险情况发布预警通知，开展风险分析，突出分析电网实时运行风险；冀北电力有限公司开展电网2～3年滚动校核，分析地区负荷开放能力，分别提出5项500千伏、7项220千伏、21项110千伏新建和改造工程建议，提高电网结构风险管控能力。在本次电网安全风险管控专项监管工作中，排查出电网安全一级风险4处，二级风险25处。

【网络与信息安全监管】 2月至5月，华北能源监管局开展电力企业网络与信息安全专项监管。确定信息安全管理、信息系统设备安全防护、信息系统网络安全防护、应急管理4个方面16项重点监管内容，重点选取13家电力企业进行现场督查。针对专项检查，组织制定《华北区域网络与信息安全现场检查标准》，根据北京地区电网企业、发电企业各自的特点分别制定细化的检查指标，其中组织管理类检查指标涵盖“组织体系、规章制度、人员安全管理、信息系统运行安全管理、应急管理”等8项33个方面内容，技术类检查指标主要包括“二次安防总体技术要求、应用系统安全、主机及操作系统安全、网络及通信安全、物理环境安全、应急预案、数据备份与恢复测试”等18项57个方面的检查项。督查行动中发现管理类问题83项、技术类问题155项，针对所发现的问题，现场下发整改通知书，并要求受检单位认真整改，各相关企业已按要求于6月底前整改完毕。

【安全生产法普法】 9月，华北能源监管局组织区域内6家电网公司及主要发电企业召开新修订的安全生产法宣贯会议，强调和部署新法宣传和学习工作。各电力企业部署落实，制定学习方案，从上级公司到基层企业、从企业一把手到基层生产工作人员全面开展学习宣传活动。各企业通过组织专家讲座、发放学习资料、设置宣传展板、组织学习讨论和培训考核等形式，为新法的正式施行做好普法宣传工作。国电华北电力有限公司将新法的学习活动与安全生产大检查、“打非治违”专项行动紧密结合，华北公司本部和基层发电企业领导人员带头学习，管理人员深入班组学习，利用班前会、班后会和安全日活动统一组织学习。冀北电力有限公司以召开安委会和组织参加新法宣贯电视电话会议的形式，开展集中学习活动，组织车间班组人员开展安全生产大讨论，研究和反思生产工作中的薄弱环节，时刻保持安全意识，及时发现和处理安全隐患，确保设备安全运行。

【制度建设】 本年，华北能源监管局制定和完善监管规定和标准，包括电力企业主体责任落实报告制度、处置电力突发事件应急预案、事故信息报告和处置工作规定、电网安全风险管控监管实施细则、信息安全监督检查规范、电力工程质量监督工作指导意见、发电机组并网安评实施细则及有关配套评价标准、电力安全生产标准化达标评级监管办法、小型发电企业安全生产标准化达标监督管理办法及配套标准，进一步从制度上规范监管工作，明确监管任务，堵塞监管漏洞，提高监管效力。

华北能源监管局傅迪生供稿

▲ 8 月 26 日，东城区召开安全生产标准化协调会

▲ 9 月 28 日，东城区安全监管局执法人员检查工业企业安全生产工作

▲ 6 月 26 日，东城区安全监管局开展“下基层、进社区、送安全”主题安全生产知识宣传咨询活动

▶ 6 月 16 日，东城区安全生产月宣传咨询日活动现场

◀ 9月29日，西城区区委书记王宁（右三）和区长王少峰（右二）带队对国庆节前安全生产工作进行检查

▶ 5月30日，西城区召开安全生产工作大会

◀ 3月5日，西城区安全监管局执法人员在全国“两会”期间检查危险化学品企业

▲ 7月12日，西城区家庭安全知识竞赛活动现场

▲ 6月16日，西城区安全生产月宣传咨询日活动现场

◀ 8月13日，朝阳区安委会召开APEC安全保障工作部署会

▶ 6月21日，朝阳区安全监管局组织培训机构进行电工特种作业实操教学

◀ 6月26日，朝阳区危险化学品事故“一对一”应急救援演练

▶ 2月18日，朝阳区城乡结合部地区专项整治现场检查

8月5日，海淀区安委员召开安全生产工作会议

海淀区安全监管局领导带队到畅春园食街与餐饮企业负责人座谈安全生产工作

海淀区安全监管局执法人员检查企业职业卫生防护用品使用情况

海淀区安全监管局对企业进行安全生产培训

1月23日，丰台区安全监管局局长董铁铮带队夜查商市场安全生产工作

7月21日，丰台区人防办开展防汛应急救援演练

7月11日，全市安全生产标准化建设工作现场会在丰台区北整长欣整流器有限公司召开，图为会议代表参观该公司钣金车间和成套车间

◀ 2月19日，丰台区花乡政府开展预防煤气中毒宣传

▶ 7月5日，丰台区太平桥街道办事处举办家庭安全知识竞赛

◀ 6月16日，丰台区安全生产月宣传咨询日活动现场

◀ 石景山区政府常务会学习《安全生产法》

▶ 石景山区安全监管局执法人员夜查有限空间作业安全工作

◀ 石景山区安全生产月宣传咨询日活动现场

▶ 群众参与安全生产宣传活动

9 月 26 日，门头沟区区委书记韩子荣（左二）带队检查商市场安全生产工作

4 月 16 日，门头沟区领导检查施工工地安全生产工作

2 月 28 日，门头沟区领导带队对城乡结合部专项整治进行综合督查

6 月 26 日，门头沟区安全监管局在军庄加油站开展危险化学品应急演练

▲ 4月16日，房山区副区长刘胜国（中间）带领区安全监管、消防等有关部门负责人，在绿海集贸市场召开城乡结合部地区专项整治现场会

▲ 9月22日，房山区召开国庆和APEC会议期间安全生产工作部署会

▲ 房山区乡镇（街道）专职安全员培训

▲ 6月17日，房山区安全监管局组织全区各乡镇（街道）和重点企业负责人到顺义区参观学习企业安全文化创建工作

▲ 1月17日，房山区安全监管局组织烟花爆竹销售网点负责人参加烟花爆竹安全演练

6 月 16 日，通州区副区长肖志刚（左二）参加安全生产月宣传咨询日活动

2 月 27 日，通州区安全监管局检查北苑万达广场建筑工地

6 月 9 日，通州区安全监管局执法人员对北京华信源木业有限公司厂房进行安全检查

6 月 19 日，通州区举办第二届安全生产执法技能“大比武”活动

2 月 14 日，通州区安全生产执法人员对烟花爆竹网点进行安全检查

▶ 3月21日，市安全监管局在顺义区举办安全文化建设培训活动

◀ 6月30日，顺义区有限空间作业应急救援演练

◀ 顺义区安全生产执法人员检查有限空间作业安全生产工作

▲ 1月23日，大兴区区委书记李长友（左四）带队开展春节前安全检查

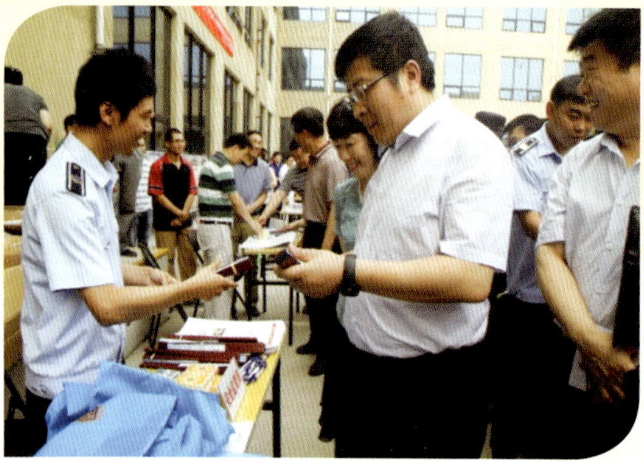

▲ 6月，大兴区区长谈绪祥（中）参加安全生产月宣传咨询日活动

▲ 大兴区安全监管局局长张福长带队深入基层对网格化动态安全监管工作进行现场指导

▲ 4月28日，大兴区安全监管局深入企业开展《职业病防治法》宣传活动

▲ 4月28日，大兴区基层安全生产检查员培训

▲ 3 月 30 日，昌平区召开安全生产总结大会

◀ 4 月 29 日，昌平区副区长苏贵光（前中）带队检查奥特莱斯工地

▲ 4 月 23 日，昌平区安全监管局检查液氨使用单位安全生产工作

▲ 昌平区安全生产知识宣传活动现场

9月25日，平谷区区长姜帆（前左二）带队检查国庆节前安全生产工作

5月13日，平谷区安全监管局在平谷区再就业园区培训中心检查电器设备安全工作

3月14日，平谷区领导带队检查建筑工地安全生产工作

▶ 2月20日，怀柔区安委会召开安全生产工作会

◀ 8月22日，怀柔区安全生产“六打六治”工作部署会

▼ 6月16日，怀柔区安全生产月宣传咨询日活动现场

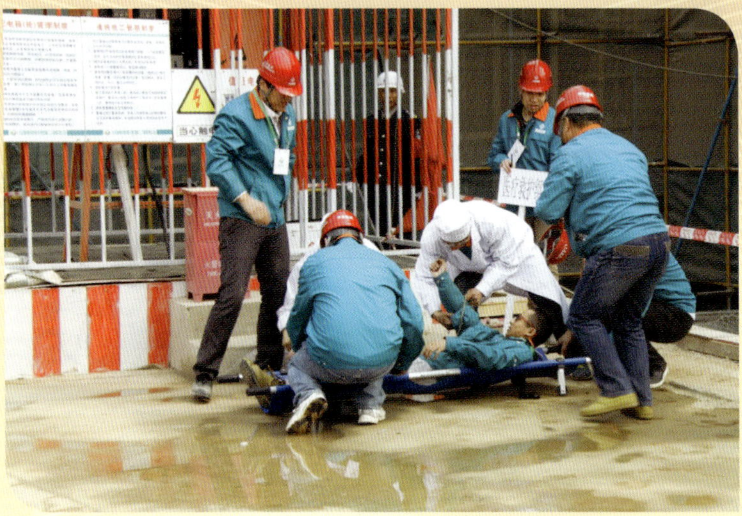

3月26日，怀柔区雁栖生态示范区安保中心工地安全生产事故应急演练

7月2日，怀柔区安全生产宣传活动

7月15日，怀柔区家庭安全知识竞赛活动现场

▶ 1月28日，密云县副县长郭鹏（左三）带队检查安全生产工作

◀ 4月29日，密云县首云矿业应急救援演练

▲ 7月10日，北京市家庭安全知识竞赛密云赛区选拔赛颁奖活动现场

7 月 18 日，延庆县召开安全生产暨消防安全工作会

9 月 1 日，延庆县安委会办公室召开“六打六治”专项行动动员部署会

4 月 14 日，中石化北京延庆康庄油库完成“两重点一重大”施工改造并通过专家验收

▶ 8月20日，农机事故应急救援演练

◀ 12月5日，开展危险化学品运输专项整治

▶ 延庆县安全生产月宣传咨询日活动进景区

◀ 6月18日，开发区副主任王合生（前左一）带队检查人员密集场所安全工作

▶ 9月26日，开发区安全监管局在北京奔驰公司开展安全生产检查

◀ 5月31日，开展液氨使用专项整治

▶ 8月22日，开发区安全监管局开展安全生产检查

区县安全监管

东　城　区

概　　述

2014年，东城区安全生产工作紧密围绕全区中心工作，始终坚持以“科学发展、安全发展”为总要求，推进安全生产法治化、标准化、信息化、社会化建设进程，夯实安全生产基层、基础工作。发挥区安委会综合协调作用，在全区范围内开展重点行业领域安全生产专项整治；按照执法检查计划，有针对性地开展专项执法检查；完成各项政治活动、节假日以及大型活动安全生产保障任务；完成街道安全生产专职安全员队伍组建。全区安全生产形势继续保持稳定。

一、基础建设和基础性工作。一是加强安全生产调研，在年初确定簋街燃气使用安全状况、全区批发市场安全状况、物业小区安全管理、地下空间安全情况4个重点调研课题，使安全监管工作“有的放矢”。二是不断健全、完善安全生产责任体系，制定《北京市东城区安全生产“党政同责、一岗双责”暂行规定》，区政府第62次常务会议审议通过。三是推进街道专职安全员组建，完成《建立街道安全生产专职安全员队伍工作实施方案》等一系列配套方案的制定，召开4场现场报名和资格审查会，152人符合报名条件，最终有70人通过考核取得安全员证。

二、安全生产标准化创建。一是推进安全生产标准化达标创建，制定《东城区2014年安全生产标准化达标创建实施方案》，在商务、文化、旅游、体育、房管、运管、工业企业等重点行业领域全面推进达标创建工作，并将达标创建工作列为区政府折子工程，设立区安全生产标准化专项资金120万元，完成三级标准化企业443家，小微企业岗位达标1978家。二是组织开展小微企业安全管理示范项目，针对本区“六小”单位多，人员流动大，且用火、用气、用电不规范的实际，组织启动和平里中街小微企业安全生产整治暨标准化达标示范项目。三是制定菜市场安全管理规范，区安全监管局会同区消防支队、房管局、商务委、工商局等部门制定《东城区菜市场安全规范》，针对房屋结构安全、用电安全、消防安全等内容加强安全监管。

三、安全生产专项整治。一是重点专项整治行动稳步推进，部署“六打六治”打非治违专项行动，集中打击、整治一批表现突出的非法违法、违规违章行为，压减安全生产事故，全区全年累计出动安全执法检查人员135863人次，监督检查生产经营单位83459家次，查处事故隐患42472项，打击非法违法行为4412起，给予警告907次，责令停产停业182家，关闭非法违法企业24家，行政拘留15人，罚款479.77万元。二是对重点地区、突出问题开展专项整治，区安委会办公室发挥统筹协调作用，针对安全生产突出问题先后组织开展簋街餐饮经营单位专项整治行动、天坛南里私接燃气非法生产经营专项整治、电梯安全专项整治、燃气使用场所专项整治等多项专项整治行动，取得较好成效。

四、安全生产执法监察。制定《东城区安全生产监督管理局2014年安全生产重点检查计划》，完成重要节假日、重大政治活动以及区内大型活动的安全保障，先后组织开展加油站、有限空间作业、电气安全暨“双打”执法行动、校舍加固改造工程、爆炸性粉尘工业企业、农贸菜市场等专项安全执法检查。区安全监管局累计检查生产经营单位2410家次，消除各类隐患1431项，下达责令整改指令书562份，立案处罚54起，罚款241.54万元，处理各类安全生产投诉举报64件，办结率100%。

五、安全生产宣传培训。举办安全生产月宣传教育系列活动和第八届北京安全文化论坛东城分论坛，全面启动《中华人民共和国安全生产法》宣贯。尝试采用“菜单式”授课这一创新形式，推动安全生产“大讲堂”活动，举办22期讲座，培训3600余人。加强特种作业培训考核管理工作，实现“无纸化”实操考试，全年组织特种作业培训班281次，考核4万余人次。

东城区被评为“2014年度安全生产工作先进区县”。东城区安全监管局被市安委会办公室授予2014年安全生产月活动最佳实践活动奖和优秀组织奖。

综合监管

【控制考核指标】 本年，市安委会下达东城区安全生产控制指标21人。其中：道路交通事故12人（含生产经营性道路交通事故5人），生产安全事故7人，生产经营性火灾事故1人，铁路交通事故1人。全年，东城区发生各类安全生产事故死亡16人，占年度控制指标的76.19%。其中：道路交通事故死亡12人，与控制指标持平；生产安全事故死亡2人，占控制指标的28.6%。未发生铁路交通死亡事故。

（孙溪之）

【春节安全工作部署会】 1月21日，东城区安委会召开春节期间安全工作会议。副区长朴学东、王中华和区安委会70家成员单位的主要负责人参加会议。会上，区烟花办部署春节期间烟花爆竹管控工作方案，并对全区烟花爆竹监管工作进行细化分解，区领导与各行业管理部门、属地街道签订《东城区2014年度烟花爆竹安全管理工作责任状》；区安全监管局部署春节期间安全生产大检查“回头看”暨区政府领导带队检查工作，加强人员密集场所、建筑施工、危险化学品、特种设备设施、地下空间、城市运行等行业和领域安全隐患排查工作，保障节日期间安全稳定。

（孙溪之）

【安委会第一次全体会议】 3月3日，东城区安委会召开第一次全体会议，总结

2013年安全生产工作，部署2014年安全生产重点任务。区长张家明与各成员单位签订《2014年度安全生产工作责任书》并要求：一要高度重视，各单位要负起安全监管责任，把安全生产工作贯彻到日常工作中去，牢固树立“北京稳，全国稳”和“东城无小事”的意识，增强做好安全生产工作的使命感和责任感；二要加强工作落实，充分发挥安委会作用，对本区域的安全问题敢于担当，敢于牵头，敢于协调，主动研究问题，完善议事制度，发挥各自职责，相互配合，形成工作合力；三要全力保障全国“两会”期间本区安全生产不出问题，各单位要根据各自职责加强安全监管，做好重点部位、特色街区、文保单位等方面安全隐患排查，严格落实执法检查计划，有效遏制安全事故。

（孙溪之）

【专项整治综合督查会议】 5月6日，东城区安委会办公室召开非法违法生产经营活动专项整治综合督查工作会议，区消防支队、城管委、卫生局、工商分局、食品药品监管局、城管执法局相关负责人参加会议。会议对专项整治综合督查进行部署，成立7个督查组，分片负责，定期开展督查。

（孙溪之）

【非法违法专项整治推进会】 7月25日，东城区安委会召开非法违法生产经营活动专项整治推进会，副区长秦海翔和区安委会34家相关单位负责人参加会议。区安全监管局代表区专项整治指挥部对全区前阶段专项整治工作进行总结，指出存在的问题，部署下一步工作；天坛街道办事处介绍专项整治工作经验；区卫生局代表督查组介绍专项整治督查工作经验。会议要求：一是提高责任意识，将维护首都功能核心区的安全稳定作为第一责任和首要任务；二是提高综合治理手段的运用能力，对于尚未整治完毕的非法违法生产经营活动，各相关单位要敢于担当，发挥自身优势，加强综合整治力度，确保工作顺利推进；三是加快整治进度，提前完成整治任务，对于难点问题，要及时报告区指挥部办公室进行督办；四是加强综合督查，切实发挥督查督办作用，确保专项整治工作的落实。

（孙溪之）

【安委会第二次全体会议】 7月29日，东城区安委会召开第二次全体会议，会议听取区安全监管局关于东城区上半年安全生产工作的汇报，东城消防支队通报消防安全情况，区城管委通报燃气安全专项整治情况，会议审议通过《东城区安全生产委员会议事规则（草案）》。区长张家明参加会议并讲话。会议强调：一是牢固树立忧患意识，切实抓紧抓好安全生产各项工作；二是责任落实，按照“管行业必须管安全、管业务必须管安全、管生产经营必须管安全”的要求，全面落实安全生产“党政同责、一岗双责”，坚持行业主管、属地监管，全面落实安全监管责任；三是属地部门要按照年度重点执法检查计划的要求，结合APEC会议安全保障，加大安全执法检查力度，消除各类安全隐患，确保各项工作落到实处。

（孙溪之）

【安委会第三次全体会议】 10月21日，东城区安委会通过IP视频系统召开第三次全体会议，会议听取区安全监管局三季度安全生产工作汇报，部署十八届四中全会和APEC会议安全生产保障工作。副区长秦海翔参加会议并讲话。会议要求：一是保持安全生产工作“高压”态势，落实责任，完善措施，全力做好安全生产工作，确保一方平安；二是全力以赴抓好第四季度重点工作，以“六打六治”打非治违专项行动为抓手，强力执法，确保十八届四中全会和APEC会议期间安全稳定；三是坚守安全生产“红线”意识，落实安全生产“党政同责、一岗双责”，总结、巩固打非治违成果。

（孙溪之）

【综合考核】 本年，东城区安委会办公室根据《东城区2014年安全生产综合考核实施方案》，采取以部门自评，区安委会、防火安全委员会、交通安全委员会、公共安全指挥中心分别进行专项考核，综合考核领导小组办公室进行综合评议的方式，客观、公正地考核评价区政府有关部门落实安全监管职责及2014年全区安全生产重点工作情况。考评结果分优秀、良好、合格、不合格4个档次。

（孙溪之）

【区领导带队检查】 本年，东城区政府领导亲临一线安全检查，全年开展各类带队检查30余次。在春节烟花爆竹销售燃放期间，区四套班子领导坚持昼夜带队检查烟花爆竹销售和燃放安全。重要节日和重大活动期间区领导分别带队督查安全生产工作，确保安全生产。

（刘旭）

【组建专职安全员队伍】 本年，东城区安全监管局先后完成《东城区建立街道安全生产专职安全员队伍工作实施方案》《东城区街道安全生产专职安全员公开招聘方案》《配备安全生产检查装备标准和管理办法》《东城区街道安全生产专职安全员管理办法》等配套方案的制定。先后组织4场现场报名和资格审查会，152人符合条件报名，136人参加笔试，96人成绩合格进入面试，最终70人进入岗前培训并通过考核，取得东城区街道安全生产专职安全员证件。

（孟庆喜）

危险化学品安全监管

【加油站职工救护培训】 4月18日，东城区安全监管局集中选派加油站20名职工参加区红十字会组织的应急救护培训，取得北京市红十字会急救员证，以提高从业人员应对突发事件的基本素质和应急处置能力。

（冯岩）

【加油站标准化建设】 5月7日至5月9日，东城区安全监管局组织各加油站安全生产标准化自评员，参加全市加油站标准化自评员取证培训，为辖区加油站安全生产标准化年度自评、复查工作储备技术力量，为企业标准化工作夯实基础。13家加油站于10月底前完成自评工作，抽取4家加油站完成评审工作。

（冯岩）

【危险化学品维稳】 9月11日、10月13日，东城区安全监管局分别组织街道、加油站召开APEC会议期间危险化学品安保工作部署会，加强易制毒、易制爆等重点单位、重点品种流向监管和现场检查，做好加油站反恐维稳工作。9月28日，分两个检查组对辖区加油站进行“双百式”（100%全覆盖检查，100%问题隐患整改）夜查，保障国庆65周年和APEC会议期间安全稳定。

（冯岩）

【危险化学品执法检查】 本年，东城区安全监管局检查危险化学品经营单位105家次，下达责令改正指令书56份，消除事故隐患和问题70项，行政处罚1起。

（冯岩）

【行政许可】 本年，东城区安全监管局完成危险化学品经营许可证换证及变更审批37家，易制毒化学品经营备案2家，注销危险化学品单位6家，易制毒单位4家。全区危险化学品经营单位数量控制在70家。

（冯岩）

烟花爆竹安全监管

【销售网点】 本年，东城区烟花爆竹零售网点继续实施总量控制，在上年基础上适度缩减。区安全监管局召开由相关街道办事处、区监察局等单位参加的烟花爆竹经营许可工作部署会，宣传《东城区安全监管局2014年春节烟花爆竹经营许可工作实施方案》，分街道对全区烟花爆竹销售单位数量进行规划，就网点总量控制、行政许可工作、安全监管各项措施等进行重点部署。

（冯岩）

【经营许可】 本年，东城区安全监管局严格按照申请、受理、公示、审核、复核、审定、告知7个程序，实施行政许可工作。于1月3日向20家零售网点发放烟花爆竹零售经营许可证，督促各销售点缴纳风险抵押金及烟花爆竹企业安全生产责任保险，并与其签订《烟花爆竹经营单位安全生产承诺书》。

（冯岩）

【物联网视频监控系统建设】 本年，东城区安全监管局协调区信息办及视频监控供应商，于1月17日按时完成烟花爆竹零售网点视频监控系统建设工作，并制定视频监控运行应急预案，保证烟花爆竹销售高峰系统运行正常。

（冯岩）

【安全资格培训考核】 本年，东城区安全监管局先后完成烟花爆竹零售单位主要负责人报名公告、资格审核及安全培训，报考人员全部通过考试，成绩合格。组织3家批发企业于1月9日前完成对所有零售网点从业人员考核，向150余名合格人员发放上岗胸卡。

（冯岩）

【零售网点执法检查】 本年，东城区安全监管局制定烟花爆竹执法检查方案，制作《东城区安全监管局检查工作手册》分发到每个烟花爆竹零售网点，作为检查凭证，记录网点在春节期间安全管理情况，作为翌年烟花爆竹零售网点审批的重要依据。充分发挥视频监控系统作用，对辖区烟花爆竹销售网点的安全情况进行每日不少于2次的巡查，在夜间分3次通过电话查岗和视频监控配合的方式，对烟花爆竹零售网点夜间值守进行核查。节日销售期间，区安全监管局领导24小时带班值守，轮流检查，每日保障两个执法小组分区域对烟花爆竹零售网点进行检查，及时消除安全隐患。

（冯岩）

【烟花爆竹回收】 本年，东城区安全监管局组织3家烟花爆竹批发单位、视频设备安装公司部署烟花爆竹回收、视频设备拆除及大棚清理工作，确保回收拆除工作安全、快速、高效完成。元宵节当晚，20个烟花爆竹零售网点剩余烟花爆竹全部回收完毕，视频监控设备及大棚拆除清理工作按进度完成。东城区烟花爆竹销售3513箱、215.14万元，未发生因烟花爆竹经营引发的安全生产事故。

（冯岩）

隐患排查治理

【簋街餐饮商户专项整治】 4月11日至18日，东城区安全监管局、消防支队对簋街餐饮商户进行全面摸底检查，重点对消防设施、用电安全、排烟管道清洗、生产经营场所住人等情况进行“拉网式”排查整治，查处各类隐患224项，责令停产停业整顿3家，确保簋街地区安全生产形势平稳有序。

（孙溪之）

【天坛南里燃气隐患治理】 6月19日，东城区安委会办公室针对天坛南里地区部分商户私接燃气用于生产经营，存在重大安全隐患的情况，组织区城管委、综治办、公安分局、安全监管局、食品药品监管局、工商分局、城管执法局、消防支队和天坛街道办事处等单位，对涉及私接燃气非法生产经营的7家商户进行专项整治，拆除用于非法生产经营的燃气飞线，消除安全隐患。7月底，7家商户的燃气飞线已拆除完毕。

（孙溪之）

【打非治违】 本年，东城区安委会组织区有关部门按照国务院安委会及市安委会要求，开展安全生产打非治违专项行动。通过专项系统按时汇总上报相关数据，全年安全生产打非治违专项行动累计出动执法检查人员135863人次，监督检查生产经营单位83459家次，打击非法违法行为4412起，其中给予警告907次，责令停产停业182家，关闭非法违法企业24家，行政拘留15人，罚款479.77万元。

（孙溪之）

【重点时期消防隐患排查】 本年，东城区安全监管局以保障党的十八届四中全会、新中国成立65周年庆典活动和APEC会议为工作主线，在全区范围内开展以消防安全隐患排查为重点的安全执法检查行动。对建筑施工、交通运输、危险化学品、特种设备、人员密集场所、地下空间经营、市政管线及附属设施等重点行业领域，集中开展专项治理和隐患排查，对代表驻地周边和代表可能涉足的王府井、雍和宫、国子监、五道营、南锣鼓巷、百工坊、红桥市场、元隆市场等旅游购物场所进行以消防、燃气及电梯安全为重点的检查，全力遏制安全事故的发生。

（孙溪之）

【城乡结合部专项整治】 东城区城乡结合部专项整治自2013年12月启动，本年8月底结束。其间，全区累计出动执法人员50043人次，监督检查单位25181家次，发现问题隐患4224项，责令整改、停业整顿197家次，关闭取缔87家，行政处罚539次，罚款191.1万元，处理人员2人，清退人员48人，249项挂账隐患全部整治完毕。

（孙溪之）

应急救援

【消防应急救援联动机制】 5月30日，东城区安全监管局与区公安消防支队建立东城区突发危险化学品事件应急救援联动机制。联动机制明确危险化学品突发事件现场指挥处置工作，确立联席会议、事故信息通报、培训演练、现场处置、信息资源共享、应急物资共建和危险化学品运输车辆事故协同机制。

（李勇策）

【宾馆饭店应急演练】 6月19日，东城区安全监管局联合区旅游委在芳豪饭店组织开展星级宾馆饭店消防应急疏散演练，31家星级宾馆饭店安全工作负责人现场观摩并参与演练。

（李勇策）

【危险化学品应急演练】 6月20日，东城区安全监管局在中国石化北京天利油品有限责任公司进行集防汛、反恐、火灾爆燃于一体的应急演练。演练模拟在正常营业中，突发强降雨站区积水，在处理积水过程中发现可疑人员和加油车辆着火，加油站员工立即进行应急处置。

（李勇策）

【人员密集场所应急演练】 6月24日，东城区安全监管局联合区商务委在国瑞购物中心组织应急疏散演练，购物中心400余员工参加此次演练。此次应急演练针对楼层店铺发生火情、报警、启动应急预案、通信联络、切断电源、初期扑救、伤员救治、店内人员疏散等方面进行演练。副区长秦海翔出席演练活动并讲话，要求企业提高应急处置能力，完善应急预案，做到预案责任明确、分工合理、实施有效、操作可行，使之适应实际需要。

（李勇策）

【交通应急救援联动机制】 9月4日，东城区安全监管局与区公安交通支队建立东城区安全生产执法及生产安全事故应急交通联动机制。联动机制主要包括有限空间作业信息共享、安全生产日常执法交通保障、安全检查协调配合、生产安全事故应急救援交通保障和信息数据分析机制，明确联络人员和联络方式。

（李勇策）

【应急预案备案】 本年，东城区安全监管局编制《应急预案备案指南》，将备案事项一次性告知备案单位，精简流程，提高办事效率；编印5000册《生产安全事故应急预案管理文件汇编》发放给区各重点行业部门及各街道办事处，便于指导企业做好生产安全事故应急预案备案工作；通过区安委会办公室转发《北京市安全监管局办公室关于近期安全生产应急预案检查情况相关文件的通知》，要求各行业、属地部门督促生产经营单位按要求做好应急预案备案工作。年内完成危险化学品企业应急预案备案22件。

（李勇策）

执法监察

【暗访夜查】 1月1日至2月14日，东城区安全监管局每周四晚，由局领导带队开展暗访夜查行动，检查9次，出动执法人员393人次，出动执法车辆21车次，检查各类生产经营单位及烟花爆竹销售网点98家次，查处各类安全隐患60余项，下达责令改正指令书13份。经复查，隐患全部整改完毕。通过严格执法，元旦、春节期间，本区未发生安全生产事故和因燃放烟花爆竹引起的火灾，安全生产形势稳定。

（王慧）

【庙会及觐香活动安全检查】 1月15日至26日，东城区安全监管局针对地坛、龙潭庙会以及雍和宫觐香活动的临时搭建物安全问题，从搭建开始到最后拆除，每天出动1个执法组对活动现场进行安全检查，确保春节庙会和雍和宫觐香活动安全有序。

（王慧）

【全国“两会”安全保障】 2月18日至3月15日，东城区安全监管局组织开展全国“两会”安全生产保障执法检查，对涉会场所周边200米范围内生产经营单位进行地毯式隐患排查，对涉会场所周边500米范围内生产经营单位进行执法控制，同时对辖区内规模以上的名胜古迹、大型商市场、特色街区等人员密集场所和加油站、工业企业开展执法检查。出动执法人员598人次，检查生产经营单位273家次，消除问题及隐患95项，下达限期整改指令书36份，立案处罚8起，罚款5万元。经复查，隐患全部整改完毕。

（王慧）

【地下空间专项检查】 3月19日至28日，东城区安全监管局开展地下空间安全生产专项执法行动，对21家地下空间生产经营单位的消防安全、用电安全、特种作业人员持证上岗、安全生产相关制度建立及企业主体责任落实情况进行全面检查。发现各类隐患和问题30项，下达现场检查文书21份、责令限期整改指令书16份，立案处罚1起，罚款1万元。经复查，隐患全部整改完毕。

（王慧）

【建筑工地专项检查】 4月2日至17日，东城区安全监管局开展建筑施工工地专项执法监察行动，以新开工建筑工地为重点，对17家建筑工地进行抽查，出动执法人员49人次，查处各类隐患和问题29项，下达责令限期整改指令书11份，立案查处3起，罚款3.5万元。经复查，隐患全部整改完毕。

（王慧）

【人员密集场所专项检查】 4月28日至5月3日，东城区安全监管局对5所区属公园的游乐设施和7家宾馆饭店进行检查，重点检查安全管理、安全疏散、安全用电以及消防安全情况，出动执法检查人员33人次，查处各类安全生产隐患11项，下达责令限期整改指令书4份，立案处罚2起，罚款1万元。经复查，隐患全部整改完毕。

（王慧）

【综合楼宇电器使用安全专项检查】 5月26日至6月4日，东城区安全监管局开展综合楼宇电气使用安全专项检查，抽查辖区内20家综合楼宇，重点对配电室安全设置、电气线路敷设、用电安全管理等方面进行检查，查处各类安全生产隐患29项，下达责令限期整改指令书12份，立案处罚2起，罚款2万元。经复查，隐患全部整改完毕。

（王慧）

【电气安全执法行动】 6月5日至25日，东城区安全监管局对20处施工工地及20处商业综合楼宇进行用电安全、特种作业人员管理执法抽查，出动执法人员115人次、出动车辆13车次，抽查特种作业人员72人（其中北京证61人、外埠证11人）。检查生产经营单位35家次，发现各类隐患和问题40项，责令限期整改指令书17份，立案处罚3起，罚款2.5万元。经复查，隐患全部整改完毕。

（王慧）

【建筑工地汛期检查】 6月16日至20日，东城区安全监管局开展汛期建筑工地安全生产执法检查，对20个在施深基坑重点建设项目（含地铁项目）施工现场的电气使用安全、安全管理及特种作业人员管理等情况进行执法检查，并对行业主管部门的监管进行督查，查处各类隐患和问题22项，下达现场检查文书20份、责令限期整改指令书7份，立案处罚4起，罚款5万元。经复查，隐患全部整改完毕。同时将有关情况通报相关行业主管部门，督促生产经营单位开展隐患排查，消除安全隐患，确保生产安全。

（王慧）

【APEC会议安全保障方案】 7月24日，东城区安委会办公室制发APEC会议安全生产保障总体方案，成立领导小组，部署APEC会议安全生产执法保障工作。7月24日至8月21日，区安全监管局组织开展APEC第三次高官会安全生产执法保障工作，对会场和驻地周边200米范围内生产经营单位和代表可能涉足的主要景点、旅游购物、文保单位等场所及周边进行全覆盖式检查，出动执法人员1080人次，检查生产经营单位362家次，查处各类安全隐患250项，下达限期整改指令书80份，立案处罚2起，罚款2万元。经复查，隐患全部整改完毕。

（王慧）

【校舍改造工程专项检查】 7月25日至8月21日，东城区安全监管局对15处校舍改造施工工地进行安全专项检查。出动执法人员39人次，查处各类安全隐患26项，下达责令限期整改指令书10份，立案处罚3起，罚款2.5万元。并召开情况通报会，将检查情况通报有关行业主管部门，督促生产经营单位开展隐患排查，消除安全隐患，确保施工安全。经复查，隐患全部整改完毕。

（王慧）

【农贸菜市场专项检查】 7月下旬至8月中旬，东城区安全监管局联合区工商分局、食品药品监管局、消防支队、房管局、商务委等5家单位，组成农贸菜市场检查组，对全区农贸菜市场安全管理现状开展彻底摸排检查。其间，出动执法人员288人次，出动执法车辆35车次，检查24家市场，发现各类安全隐患112项，下达责令限期整改指令书55份。经复查，隐患全部整改完毕。

（王慧）

【国庆安全保障】 国庆节前，东城区安委会办公室制发《东城区建国65周年庆祝活动安全保障工作方案》，成立工作领导小组，全面部署、协调、落实安全生产监督检查工作。确定两项重点任务：一是开展国庆游园场所及周边安全执法检查，对活动场所内临时搭建物进行安全检查，对场所周边200米范围内生产经营单位进行全覆盖执法检查；二是在全区范围内开展以消防安全为主要内容的安全生产大检查行动，重点检查加油站和地下空间、餐饮行业等人员密集场所。9月18日至10月7日，区安全监管局出动执法人员674人次，检查生产经营单位297家次，查处各类隐患65项，下达责令改正指令书37份，立案处罚2起，罚款1元万。经复查，隐患全部整改完毕。

（王慧）

【APEC安全保障】 10月8日至11月12日，东城区安全监管局组织开展APEC会议安全生产保障工作，对全区范围内危险化学品企业、工业企业及驻地周边200米范围内生产经营单位进行全面检查，特别是对代表驻地周边200米范围内生产经营单位进行4轮次摸排检查。出动执法人员2142人次，检查生产经营单位1074家次，查处各类隐患219项，下达责令改正指令书104份，暂时停产停业整顿3家，立案处罚5起，罚款3万元。经复查，隐患全部整改完毕。

（王慧）

【味多美连锁店执法检查】 10月9日至20日，东城区安全监管局对辖区内20家味多美食品有限责任公司连锁店开展安全生产专项执法检查行动。重点检查各门店的安全生产管理、安全生产教育、安全用电、消防安全等情况。查处各类安全隐患34项，下达责令整改指令书11份。经复查，隐患全部整改完毕。

（王慧）

【举报投诉核查】 本年，东城区安全监管局坚持“有举必查、查实必究、纠其必严”的工作方针，及时查处市安全监管局、区政府转办和群众电话举报的安全隐患。全年，累计查处安全生产投诉举报64件，办结率100%。

（孟庆喜）

职业卫生监督检查

【机动车维修行业安全工作会】 4月2日，东城区安全监管局联合市运输管理局东城处召开机动车维修企业安全生产工作部署会，33家在东城区注册的机动车维修企业负责人及2家职业卫生培训学校代表参加会议。会议要求各企业抓好3项重点工作：一是密切配合区安全监管局完善机动车维修企业基础台账信息，做好职业卫生培训、申报、检测，建立健全职业病防治各项规章制度、操作规程及规范职业卫生档案等工作；二是贯彻落实北京市地方标准《在用汽车喷烤漆房安全使用综合评价规则》，切实提高用人单位在用汽车喷烤漆房安全管理水平；三是做好安全生产标准化达标创建工作，通过对照标准建立完善隐患排查治理责任机制，起到落实企业主体责任、强化安全生产基础建设的作用。

（李学峰）

【法律法规宣传】 4月28日，东城区安全监管局到北京大磨坊面粉有限公司，开展《职业病防治法》宣传活动。现场发放科普读物《教你如何预防尘肺病》宣传材料80余份，并对用人单位依法履行职业病防治主体责任进行讲解，现场宣传咨询40余人次。

（李学峰）

【有限空间安全工作会】 5月19日，东城区安全监管局召开有限空间安全生产工作会。会议通报一季度全市有限空间事故情况及东城区有限空间安全管理工作计划。区发展改革委等行业部门及所属企业，45家单位参加会议。会议要求：一是加强领导，增强安全生产意识；二是建章建制，努力实现有限空间作业管理的精细化、规范化、程序化、标准化；三是加大安全生产资金投入，确保生产安全，加强事故隐患排查治理工作；四是加强应急演练，防患于未然。

（李学峰）

【有限空间安全培训】 5月19日，东城区安全监管局开展有限空间安全生产培训。培训邀请中国疾病预防控制中心职业卫生与中毒控制所主任医师马沛滨作“规范有限空间作业、避免有限空间亡人事故”专题讲座。全区有限空间行业主管部门及所属企业、作业承包单位安全生产负责人、一线班组作业负责人、有限空间作业监护人员60余人参加培训。

（李学峰）

【职业健康安全培训】 5月，东城区安全监管局组织全区30家机动车维修企业主要负责人及从事职业健康管理工作人员，进行职业健康业务知识培训。培训主要采取聘请专家授课、组织考试等形式，培训课程内容有《职业病防治法》《工作场所职业卫生监督管理规定》等职业卫生法律法规、规章、操作规程及所在岗位职业危害及其防护设施、个人劳动防护用品使用和维护、应急救援知识、劳动者所享有的权利等。

（李学峰）

【职业卫生执法年专项行动】 5月至11月，东城区安全监管局开展工作场所职业卫生监督执法年专项行动，成立工作领导小组，负责专项行动的统筹规划、综合指导。制发《关于开展工作场所职业卫生监督执法年专项行动工作方案》，对专项行动各个阶段工作进行部署，明确工作步骤、方法和要求等。按照“全覆盖、零容忍、严执法、重实效”的要求，采取现场核查、建立台账、教育培训、上门指导等形式，确保专项行动的深入开展。通过开展专项行动，有效解决重点行业和企业职业危害存在的突出问题，改善作业场所环境，提高用人单位职业危害防治意识和职业卫生管理水平。

（李学峰）

【职业卫生执法检查】 本年，东城区安全监管局累计检查职业卫生用人单位96家次，查处各类隐患23项，下达行政执法文书69份，其中责令改正指令书23份，隐患全部整改完毕。

（李学峰）

宣传培训

【培训部署】 3月，东城区安全监管局制定《关于进一步加强安全生产培训工作的实施意见》，根据区安全监管局、各行业主管部门、街道属地管理机构、生产经营单位、安全生产培训机构5个方面安全生产教育培训职责，部署安全生产教育培训工作，要求各单位切实加强领导，把安全生产培训工作列入重要议事日程，制定工作计划，明确专人负责，从源头提高安全培训质量，预防和减少伤亡事故，把安全生产培训工作落到实处。

（姬燕婷）

【安全生产大讲堂】 3月至12月，东城区安全监管局在全区各行业和街道属地组织开展“安全生产大讲堂”活动，采取由各行业和街道提出培训需求和方向，安排老师授课的形式，成功举办22期培训，累计培训人数逾3600人。

（姬燕婷）

【宣传咨询日】 6月16日，东城区在工人体育馆北门举办安全生产月宣传咨询日主会场活动，市安全监管局副巡视员谢清顺、区人大副主席于静、副区长秦海翔、区政协副主席王红等参加活动。通过设置宣传咨询区、互动体验区及产品展示区3个功能区的宣传形式，宣传安全生产法律法规，普及安全生产知识。各街道（地区）设立分会场，在东直门交通枢纽设立宣传咨询站，在社区设立宣传分站等，滚动播放教育片6部，吸引近万名群众和过往行人参加活动，收到良好宣传效果。

（姬燕婷）

【安全生产进社区】 6月，东城区安全监管局在和平里街道办事处东片社区（包含5个社区），组织开展“下基层、进社区、送安全”主题安全生产知识进社区活动。通过搭设展台，布置安全生产宣传展板，发放安全生产教育资料，现场安全生产问答等形式，广泛宣传用电安全、燃气安全、消防安全、应急防汛等安全知识，吸引逾200名群众热情参与，受到一致好评，实现以活动促工作的目的。

（姬燕婷）

【家庭安全知识竞赛】 7月12日，东城区安全监管局联合区妇联在东四街道办事处组织开展家庭安全知识竞赛区级晋级选拔赛，经过15轮抢答题的比拼，交道口街道代表队以160分的好成绩取得第一名，荣获竞赛一等奖，北新桥、和平里代表队获得竞赛二等奖，景山、崇外、龙潭代表队获得竞赛三等奖，其他参赛队伍获得竞赛参与奖。

（姬燕婷）

【安全生产月系列活动】 本年，东城区安全生产月系列宣教活动坚持“三贴近”“三面向”原则，普及安全知识、弘扬安全文化，开展一系列主题突出、内容丰富、形式多样、特色鲜明的安全生产宣传教育活动。其间，各部门和企业召开动员部署会议262次，发放宣传材料16万余份，设置专栏、板报等宣传园地近1022个，全区参与及受教育人数达50万余人。区安全监管局、城管委和东直门街道、崇外街道、王府井建管办荣获优秀组织奖，东城区安全生产宣传咨询日活动、家庭安全知识竞赛活动和区国资委组织的“安全是永恒的旋律”主题情景剧比赛获最佳实践活动奖，区新闻中心荣获优秀新闻报道奖。

（姬燕婷）

【餐饮（零售）宣传手册】 本年，东城区安全监管局编印《东城区餐饮（零售）行业安全标准及法律法规宣传手册》3万册，由相关行业主管部门和属地街道（地区）负责发放并督促落实。组织开展宣传手册落实情况“回头看”活动，要求区商务委、体育局、旅游委和属地街道办事处（地区管理机构）按照监管职责，通过全面执法检查，督促企业做好安全生产培训工作，切实提高经营单位安全生产意识，全面落实安全标准，促进企业建立长效安全生产管理机制。

（姬燕婷）

【建筑行业教育培训】 本年，东城区安全监管局重点加强建筑行业安全生产教育培训工作。一是联合区住房城乡建设委共同考察中国建筑安全培训体验基地，组织干部到体验基地开展安全培训体验活动；二是针对建筑工地春季复工存在大量新农民工安全教育基础薄弱的情况，联合区住房城乡建设委在区重点监管工地开展安全教育培训活动。

（姬燕婷）

【特种作业培训考核】 本年，东城区安全监管局加强特种作业培训考核管理工作，推进标准化、信息化、现代化实操考点示范工程建设。建成新考核系统的网络环境，实现“无纸化”实操考试，60名特种作业实操考评员全部经过统一培训并考试合格，具备实操考评资格。全年组织特种作业培训班281个，理论考试考核26878人次，合格人数23306人次，合格率86.71％；实操考核27769人次，合格人数23411人次，合格率84.31％。

（王慧）

【安全生产宣教新阵地】 本年，东城区安全监管局充分利用《新东城报》、数字东城等宣传媒介，广泛宣传安全生产教育培训的重要性，推广全区安全生产培训工作中的亮点和正在开展的宣教活动。注重发挥网络平台宣传，开通局政务微博账号，向群众普及安全生产知识，宣传安全生产法律法规，发布安全生产工作动态等信息，开展全方位、多层次安全生产宣传教育。

（姬燕婷）

法制建设

【案卷评查】 本年，东城区安全监管局制定《执法案卷审查制度》，针对历年执法案卷评审情况，结合市政府法制办、市安全监管局、区法制办对行政执法案卷制作的规范要求，进行统一梳理，为全局所有案卷制作统一格式、明确标准。落实执法案卷评查工作，通过自查和抽查形式，提高执法案卷质量。区法制办对区安全监管局送审的执法案卷，评查结果均为优秀。

（姬燕婷）

【依法行政】 本年，东城区安全监管局稳步推进依法行政工作。一是健全法律队伍，提高执法考核的整体水平，确保安全生产行政执法的合法性，聘请律师作为法律顾问；二是加强执法资格管理与考核工作，对全局执法人员执法证件、街道安全生产检查员证进行备案和统计，对不合格的执法证、检查员证及时进行变更、注销。先后组织4人进行执法资格考试与培训，组织街道40名安全生产干部进行学习培训。

（姬燕婷）

标准化建设

【达标创建推进会】 1月23日，东城区安委会办公室组织召开行业监管部门安全生产标准化达标创建推进会。区商务委、旅游委、文化委、体育局、房管局主管领导和科室负责人参加会议。会议对2013年安全生产标准化达标创建工作进行总结，传达市安全生产标准化达标创建工作相关文件精神和政策，并对本年安全生产标准化达标创建工作进行部署。

（王湘辉）

【评审工作会】 4月10日，东城区安委会办公室组织召开评审单位工作会，北京神龙安科技术发展中心等5家三级安全生产标准化评审单位负责人、项目管理人员参加会议。会议通报全区安全生产标准化建设情况，对存在的问题进行讨论，部署三级安全生产标准化达标企业抽查、宣传教育等工作。会议要求评审单位严格评审质量，以隐患排查治理为核心，严格评审程序、标准，将安全生产标准化工作落到实处，切实提高企业安全生产基础和持续提高能力。

（王湘辉）

【业务培训】 4月14日，东城区安委会办公室组织召开安全生产标准化培训会，对行业监管部门、属地街道（地区管理机构）监管人员和评审单位工作人员进行标准化业务培训，聘请专家讲解安全生产标准化基本概念、法律依据，开展达标创建的目的、意义和实施方法、工作流程，重点解读商务、旅游、文化、体育行业三级标准。

（王湘辉）

【小微示范企业达标评审】 7月1日至30日，东城区安委会办公室与属地街道（地区管理机构）、评审单位组成评审组，按照《东城区小微企业安全生产标准化岗位达标评定标准》内容，突出小微企业特点，对燃气安全、消防安全、用电安全、人员教育等方面进行检查、评审，为属地街道（地区管理机构）各树立2家小微岗位达标示范企业，评审40家小微企业。

（王湘辉）

【标准化调度会】 8月26日，东城区安委会召开安全生产标准化调度会，副区长秦海翔和区商务委、旅游委、文化委、安全监管局、体育局、房管局、东城运管处、各街道办事处（地区管理机构）主管领导和科室负责人参加会议。会议通报全区安全生产标准化达标创建工作，总结达标创建主要做法，分析存在问题，部署下一步工作。区商务委、房管局、东直门街道办事处作典型发言。会议要求各单位加强安全生产标准化工作组织领导，研究本行业、本地区监管特点，有针对性地开展工作，群策群力，破解工作难题，形成上下联动，整体推进的合力，共同完成全区安全生产标准化达标创建任务。

（王湘辉）

【三级达标企业核查】 9月28日，市安全生产科学技术研究院选派2个核查组对东城区文化、旅游、体育3个行业6家三级达标企业进行核查，区安全监管局、文化委、旅游委、体育局相关人员参加。核查组对照《安全生产标准化实地核查标准》内容逐项检查，重点检查评审报告扣分项整改落实情况、安全生产标准化运行情况。通过查阅安全生产标准化档案，随机抽查工作人员，实地检查中控室、配电室、后厨操作间等重点部位和场所，全面核查企业达标创建质量和存在的问题。

（王湘辉）

【商务行业标准化座谈】 10月10日，东城区安全监管局与区商务委召开安全生产座谈会，重点调研商务行业企业安全生产标准化达标创建开展情况和存在的主要困难、问题。区商务委通过加强宣传培训、分片管理、联组建设、总部沟通、服务企业、评审管理等多种形式，推进企业达标创建工作，保证年度达标任务完成，但还存在企业重视程度不高、部分企业因效益问题拖延达标、相关部门联动配合有待加强等问题。通过座谈，区安全监管局、商务委决定进一步加强协调配合力度，共同破解企业达标创建工作中存在的问题，推进企业达标创建工作深入开展。

（王湘辉）

【标准化达标任务】 本年，市安委会办公室下达给东城区1200家安全生产标准化达标任务，其中三级达标企业400家、小微企业岗位达标800家。东城区安委会办公室在商贸、文化、旅游、体育、房管、运管等7个重点行业（领域）和属地街道（地区管理机构）全面推进企业安全生产标准化达标创建工作，完成三级达标企业403家，小微企业岗位达标1800家，三级、小微企业达标分别完成年度达标任务的100.7%和225%，超额完成市安委会下达的达标任务。

（王湘辉）

西城区

概述

2014年，西城区安全生产工作围绕全市“四化三体系双基”总任务，结合区委、区政府拆违、灭脏、治污、清障、治乱、撤市六大重点工作，以“压事故、控风险、夯基础、建机制、强队伍”为主线，不断夯实安全生产基础，有序推进安全生产各项工作落实，辖区安全生产形势保持持续稳定的良好势头。

一、落实“党政同责、一岗双责”，强化政府监管责任。调整安委会成员单位，新增区组织部、区编办、区科委等8家单位，签订安全生产责任书，进一步明确监管责任。安委会定期进行安全生产形势预测、联席会议、安全考核、联合执法周等工作。开展安全生产条件普查工作，将椿树、新街口街道作为普查试点，通过培训、入户普查、登录等建立企业安全生产条件数据库4073家，为在全区范围内开展安全生产条件普查奠定基础。加强街道专职安全员队伍建设，全区15家街道招录专职安全员219人。

二、加强法治化建设，推进依法行政工作。制定餐饮业和市场安全生产执法检查标准，规范行政处罚、听证、集体讨论等程序。发放执法回访告知函，开展区街两级行政处罚案卷评查，及时查找纠正问题，规范依法行政行为。做好行政权力公开透明运行，梳理行政职权 281 项，区政府本级行政职权 9 项，规范自由裁量权 80 项。开展生产安全事故“模拟追责”，组织 48 家成员单位业务培训，下发生产安全事故模拟行政问责手册，明确行政问责程序和方式。加强综合监管工作，开展“六打六治”打非治违专项行动，严厉打击市场周边“三合一、多合一”场所违法生产经营行为，联合关闭安全隐患严重的市场，取缔普通地下室及违法群租房等。加大重点行业领域监管力度，开展人员密集场所、建筑施工、有限空间、高处悬吊、危险化学品、职业卫生、特种作业“双打”等行业领域联合执法及专项整治行动，对“五小企业”“六小场所”进行暗访夜查。区安全监管局检查生产经营单位 3103 家次，排查整改安全隐患 3028 项，下达执法文书 3123 份，行政处罚 140 次，罚款 123.7 万元（包括事故罚款）。

三、推进标准化建设，强化企业主体责任落实。协调区文化委、商务委、房管局、旅游委、教委和卫生局等单位，全面推进标准化达标创建工作。组织培训、召开调度会、现场指导等形式，全面推出小微企业、物业、民办学校（幼儿园）和综合楼宇安全生产标准化评定标准。截至 12 月底，完成安全生产标准化达标企业 1698 家，其中一级达标企业 2 家、二级达标企业 8 家、三级达标企业 515 家、小微企业岗位达标 1173 家。

四、开展信息化建设，为安全生产提供有力支撑。以信息化为手段，建成具有隐患自查自报、执法检查、综合考核等功能的信息化平台，推动区、街两级执法人员使用移动执法终端进行执法检查。全区 2287 家生产经营单位依托网络平台上报一般安全隐患 204 项，全部整改完毕。对全区 17 家加油站开展安全技术防范系统建设应用情况普查，建立烟花爆竹零售网点视频监控系统。

五、加大社会化宣传力度，提高安全生产意识。开展“坚守红线意识，夯实安全基础”为主题的安全生产月活动，围绕警示教育周、安全文化周、应急演练周和安全生产隐患排查治理周开展宣传活动。开展加油站、餐饮行业应急演练，提高应急处置能力。以商品交易市场、餐饮、物业行业领域为重点，发挥区安全生产协会技术支撑作用，开展 4 期安全生产大培训，培训 2417 人。发挥公益广告宣传作用，制作西城区安全生产卡通形象（安安、全全），完成加油站安全、安全生产大培训和安全生产月等 6 部动漫宣传片，在区公共大屏滚动播放。《12350 安全生产投诉举报》《特种作业人员应持特种作业操作证上岗》两部广告宣传片被国家安全监管总局评选为优秀电视作品视频类三等奖；安全生产情景剧会演获全市大赛第三名，家庭安全生产知识竞赛获全市竞赛第一名。强化特种作业人员培训考核管理，完成特种作业人员培训考核 10326 人。

（何爱民）

综合监管

【控制考核指标】 本年，市安委会下达西城区安全生产控制指标 23 人。其中：

生产安全事故8人，道路交通事故14人（包括生产经营性道路交通事故5人），火灾事故1人。全年，西城区发生各类安全生产事故死亡23人，与控制指标持平。其中：道路交通事故死亡14人，与控制指标持平；生产安全事故死亡5人，占控制指标的62.5%。未发生铁路交通死亡事故。

（潘海燕）

【安全生产部署】 1月22日，西城区安委会召开2014年一季度安全形势分析会暨2013年安全生产工作总结会，对全区安全生产形势进行分析研判，部署2014年安全生产工作任务。副区长姜立光参加会议并提出具体工作要求：一是各单位要增强做好安全生产工作的责任感和使命感，贯彻落实全国电视电话会议精神，强化安全生产“红线”意识，强化“一岗双责”，强化属地监管；二是重点围绕“压事故、控风险、夯基础、建机制、强队伍”5个方面工作，突出抓好春节、全国“两会”安全保障工作，推动重点行业领域专项整治，扎实做好隐患排查治理；三是狠抓落实，加强安委会督导作用，充分发挥舆论监督作用，加大宣传教育力度，确保安全生产各项政策措施落到实处，推动安全生产形势根本好转。

（李晓妮）

【安全生产大会】 5月30日，西城区安委会召开2013年安全生产工作总结大会，区委书记王宁参加会议并讲话，要求全区各部门、各街道增强做好安全生产工作的政治意识、忧患意识和细节意识，着力提升安全生产工作水平。会上，区政府、区安委会与68家区安委会成员单位签订安全生产责任书。

（李晓妮）

【监督管理手册启用】 7月9日，西城区安委会召开推行《西城区安全生产监督管理手册》启动仪式会，分别向区商务委、消防支队、质监局、市政市容委等部门和各街道办事处，以及参加培训的120余家商（市）场经营单位负责人发放《西城区安全生产监督管理手册》，西城区相关部门将依据手册内容对经营单位开展综合执法检查。手册的启用，一是明确监管部门“查什么”；二是明确企业应该“做什么”；手册作为企业最基础、最简便的识别不安全因素的方法，明确告知企业在开展自查时应重点检查的内容，便于企业发现安全隐患和问题。同时，通过执法部门填写安全生产现场检查表，真实记录被检企业存在的隐患问题，反映被检企业的安全生产状况，帮助企业有针对性地进行隐患整改。

（佘丙华）

【“六打六治”打非治违专项行动】 8月12日至12月，西城区安委会围绕建筑施工、交通运输、消防、餐饮燃气使用等领域集中开展“六打六治”专项行动，采取多种形式广泛宣传专项行动开展情况，建立生产经营单位台账、信息报送和统计报表制度。截至12月初，全区有关部门检查企事业单位和场所9720家次，参加执法检查人员3842人次，对重点地区和单位实施暗查暗访69次，暂扣或吊销有关许可证3件、责令停产整顿6件、实施关闭取缔24件。

（王瑞）

【区委常委会研究安全生产工作】 9月12日，西城区区委书记王宁主持召开区委常委会，研究部署安全生产工作。王宁强调指出，安全生产涉及千家万户，与百姓生活息息相关，要牢固树立安全发展理念，强化安全生产意识，从严、从实、从细抓好安全生产工作。要落实“一岗双责”，完善党委、政府齐抓共管的安全生产责任体系。

（李晓妮）

【高处悬吊作业地方标准审查会】 12月23日，市质监局在新北纬酒店组织召开《高处悬吊作业企业安全生产管理规范》地方标准审查会。与会专家听取《规范》编制情况汇报，并对《规范》送审稿进行审查。审查组认为《规范》符合立项初衷，制定过程符合规定程序，形成文本符合GB/T 1.1的要求及北京市地方标准管理有关规定；与现行法律法规、国家标准、行业标准、地方标准相协调；结构完整，内容充实，可操作性强，适应高处悬吊作业行业发展需求。专家组一致同意通过审查，建议编制组根据专家意见尽快修改报批。

（乔雷）

【安全生产条件普查试点】 本年，西城区安全监管局开展安全生产条件普查工作。确定椿树街道和新街口街道率先进行安全生产条件普查试点，邀请专家参与普查，解读普查标准，实地摸底调查，研究制定普查工作流程图、注意事项、所需材料目录清单等，为普查员入户登记提供服务保障。建立工作例会制度，及时协调解决普查中发现的问题。截至12月底，普查生产经营单位1887家，其中法人单位1018家，个体商户820家，其他商户39家。

（张铮）

危险化学品安全监管

【加油站安全监管】 3月2日，西城区安全监管局落实市安全监管局和区委、区政府紧急会议精神，加强全国“两会”期间安全生产工作，对辖区17家加油站进行“拉网式”安全检查。执法人员重点对加油站“两会”期间人员值守、从业人员安全生产教育培训、设备设施安全运营、安全管理制度及应急预案等进行检查。要求各加油站严格执行24小时值班制度，确保信息畅通；完善应急预案，加强与属地街道、公安部门沟通联系，做好“会议”期间应急管理和值守巡查工作。

（张文）

【专项执法检查】 7月9日，西城区安全监管局联合西城公安分局对辖区3家易制毒、易制爆危险化学品企业进行专项执法检查。此次检查涵盖销售易制毒、易制爆化学品和重点监管危险化学品的种类、数量、购买单位名称、购买备案证明、购买人实名登记等。

（张文）

【APEC期间安全监管】 10月，西城区安全监管局围绕APEC会议安全保障，集中开展对辖区危险化学品经营单位“六打六治”打非治违专项行动。由局领导带队，采取专项检查、联合检查、夜查等形式，在APEC会议和十八届四中全会期间出动执法人员56人次，出动执法车辆20车次，检查危险化学品经营单位59家，下达责令改正指令书5份，排查整改安全隐患5项。

（张效芳）

【危险化学品行政许可】 本年，西城区安全监管局制定《危险化学品经营许可证办理规范》，明确许可范围、办理依据、办理条件、审批流程、审批时限及申报材料等具体要求，从受理到颁证，严格按“受理、审核、复核、审定、发证”的流程逐步、逐级审批，相关纸质材料归档装订成册，专柜保存，现场审核照片、申请材料等电子文档输入存储介质保存。西城区危险化学品经营单位98家，其中加油站17家、危险化学品经营单位81家。全年，受理危险化学品经营许可54家，办理危险化学品经营许可证53家。

（张效芳）

烟花爆竹安全监管

【烟花爆竹零售网点】 年初，西城区安全监管局联合区烟花办、监察局、治安支队、工商分局、消防支队、交通支队、城管大队等部门组成联合检查组，多次对各街道规划预设的烟花爆竹零售网点地址进行实地勘察。从15个街道初选的38个零售网点中勘察筛选出32个，确定为西城区2014年烟花爆竹经营零售网点。

（张文）

【行政许可】 1月3日，西城区安全监管局经过对申请2014年烟花爆竹经营零售网点严格审查，为32家符合条件的单位办理行政许可手续，并进行网上公示，批准32家销售网点（其中简易房21家，固定房11家）。

（张效芳）

【执法检查】 1月20日至2月14日，在烟花爆竹配送、销售期间，西城区安全监管局采取日常检查、夜间抽查、重点时段检查，对全区32家烟花爆竹零售点进行100%全覆盖执法专项检查。每日出动3个执法检查组和1个机动检查组进行检查，除夕、初五、十五每晚出动10个执法检查组分片进行检查。出动执法人员930人次、车辆318车次，日常检查1551家次，夜查366家次。下达责令整改指令书56份，监督整改安全隐患56项。各街道开展每日巡查，各职能部门开展联合执法检查，督促烟花爆竹零售网点做好自身安全工作。

（张效芳）

【回收入库】 2月14日，西城区安全监管局出动10个执法检查组分片进行全覆盖执法检查，督促烟花爆竹批发企业做好零售网点烟花爆竹回收工作。当晚23时30分，3家烟花爆竹批发单位根据零售网点数及烟花爆竹库存剩余情况分别派出专用运输车进行回收。次日2时45分，零售网点剩余烟花爆竹全部回收完毕。

（张效芳）

隐患排查治理

【城市网格化运行调研】 5月8日，西城区安全监管局与区城管指挥中心就安全生产信息化建设及城市网格化运行工作进行座谈。会上，区城管指挥中心负责人就网格化运行取得的成效、存在的问题与区安全监管局进行沟通。区安全监管局负责人提出3个方面意见：一是明确安全监管定位，把监督、综合、平台有机统一起来，充分发挥综合监管作用；二是在网格建设上逐渐实现责任全覆盖，在平台运用上达到执法检查、应急处置、工作部署、信息反馈等方面的网格化平台流转，用网格化管理推动安全生产标准化、精细化、信息化；三是加强网格化后期工作的建设，逐步实现与城管指挥中心系统对接，加强城市监督员业务培训，探索工作方法和手段，形成长效机制，切实把安全生产工作抓细、抓牢、抓出实效。

（王之波）

【隐患自查自报】 本年，西城区安全监管局将隐患自查自报工作和安全生产标准化工作相结合，明确生产经营单位安全生产主体责任，加强与属地街道和行业部门沟通，借助街道联席会议制度，实施动员部署督导，组织企业负责人开展安全生产隐患自查自报培训工作，加大对企业服务指导力度。截至12月底，完成2360家企业自查自报工作，上报隐患225项。

（宋志娟）

【举报投诉】 本年，西城区安全监管局借助区信息平台，受理安全生产举报投诉案件，及时发现并妥善处理，做到不积压、不耽误。截至年底，举报投诉接报266件，办结266件。经核查，属实223件，10个工作日内全部办结。举报投诉按行业分类：人员密集场所135件，占总数的51%；有限空间39件，占总数的15%；高处悬吊34件，占总数的13%；建筑工地17件，占总数的6%；特种作业9件，占总数的3%；烟花爆竹7件，占总数的3%；危险化学品企业6件，占总数的2%；其他方面8件，占总数的3%。全年举报投诉立案25起，罚款11.6万元。

（何爱民）

应急救援

【应急救援综合演练】 6月24日，西城区安全监管局在北京北汽出租汽车集团有限责任公司宣武门加油站举行2014年危险化学品应急救援综合演练。此次演练本着“立足实际，整合资源，发挥部门联动优势”的指导思想，模拟场景为西城区某加油站内，一私家车在加油时突然车体自燃，加油站立即启动应急预案，从火情报警、人员疏散、初期自救、交通管制、现场警戒、消防救援、医疗救护等方面开展演练。演练现场气氛紧张有序，处置突发情况果断细致，经过35分钟紧急救援，火情得以成功处置，达到锻炼队伍、完善机制、检验预案、积累经验的预期目标。

（张文）

【燃气事故应急处置演练】 6月26日，西城区安全监管局会同有关部门在西直门外大街141号东方银尊酒楼开展燃气爆燃事故应急处置演练。区政府有关职能部门和部分餐饮企业负责人观摩演练，北京电视台对演练活动进行报道。模拟场景为西城区某酒楼内发生燃气爆燃事故，酒楼负责人立即启动应急预案，实施火情报警、人员疏散、初期自救、现场警戒、消防救援、医疗救护。经过40分钟的紧急救援，火情得以成功处置，达到预期目标。

（乔雷）

执法监察

【“科队合一”专项执法检查】 3月17日至21日，西城区安全监管局执法监察科室联合街道执法分队对新街口地区部分生产经营单位进行专项执法检查。此次联合执法行动促进落实街道安全生产属地监管责任，有效实施“科队合一”监管工作模式，实现安全监管重心下移；提高属地安全监管工作能力，解决街道执法分队在日常执法检查中遇到的难点、重点问题，街道执法人员现场执法检查能力有所提升；实现区安全监管机构与属地安全监管机构统筹，属地安全监管与行政执法工作联动，提高全区安全生产工作水平；落实党的群众路线方针，切实服务各生产经营建设单位，合力帮助辖区单位解决安全生产难题，确保辖区安全生产形势持续稳定好转。

（徐卫军）

【全国“两会”安全保障】 3月，西城区安全监管局根据市、区政府关于重大会议安全监管工作的指示精神和部署，以全国“两会”会场、代表驻地及行车沿线200米范围内为安全监管核心区域，建立生产经营单位基础台账，进行全面检查；对500米范围内实施全面监控，以建筑工地、燃气使用单位、地下空间、文化娱乐场所、商市场等人员密集场所为监管工作重点领域，通过集中执法力量，加强监管力度，有效预防安全生产事故发生，全力保障全国“两会”期间安全生产形势稳定。其间，出动执法监察人员34人次，检查生产经营单位88家次，下达责令整改文书29份，排查整改问题和隐患72项，行政处罚4起，罚款1.9万元。

（王琳）

【春季复工专项检查】 4月10日，西城区安全监管局联合区住房城乡建设委、展览路街道执法分队对展览路地区建筑施工节后复工工地进行检查。检查组重点对施工单位施工设备操作是否规范、安全管理机构设置是否完善、专兼职安全管理人员配备是否到位以及现场施工临时用电使用等问题进行检查，检查中未发现明显安全生产隐患。检查组要求施工单位继续加强管理，落实巡查责任，确保施工安全。

（康宁）

【特种作业“双打”专项行动】 4月30日，西城区安全监管局开展电气安全特种作业“双打”专项行动，针对辖区工业企业、建筑施工、人员密集场所、商业综合楼宇物业管理等重点行业领域，以突击抽查和“回头看”检查方式，集中力量严厉打击使用假证和无证上岗等违法违规行为。区安全监管局执法队和街道执法分队开展联合执法检查，充分发挥综合监管与属地监管的联动作用。区安全监管局和各街道主管领导深入安全生产执法一线，带队检查10余次，做到整治、宣传两手抓，在依法治理的基础上，结合安全生产月宣传活动，对生产经营单位进行安全生产宣传教育。截至6月30日，出动执法检查人员228人次，检查生产经营单位118家次，下达责令限期整改指令书61份，检查特种作业及特种设备作业人员417人，发现持假证、无证上岗的18人，消除各类安全隐患130余项，行政处罚6起，罚款2

万余元。

（徐卫军）

【地下室出租房专项整治】 5月16日，西城区安全监管局会同区房管局、公安分局治安支队、消防支队、工商分局、卫生局等部门对牛街法源寺西里5号、枣林前街37号、南线阁甲39号地下室出租房开展联合执法行动，重点对地下室房屋安全、安全管理制度落实、员工安全生产培训、安全出口和疏散通道、临时用电使用等情况进行检查。针对发现的问题，区安全监管局对地下室经营单位进行复查、沟通督促，确保整改到位，消除安全隐患，并将现场检查处理意见和查处落实情况向区房管局反馈，提出相关建议和意见。

（张璐）

【城乡结合部专项整治】 本年，西城区集中开展为期8个月的城乡结合部安全生产专项行动整治工作。按照区长王少峰提出“查、告、罚、关、停、改、帮”的要求，区安委会办公室建立安全生产执法检查制度，并在西城值班快报上通报全区大检查情况。专门为区城乡结合部专项整治工作建立信息报送和统计报表制度，强化工作信息报送。专项整治指挥部组成5个督查组，对全区15个街道专项整治情况进行实地督查。截至8月底，全区有关部门监督检查单位11098家，出动执法人员11102人次，排查整改问题隐患993项，停产停业19家，关闭取缔282家，罚款4.5万元，清退人员1001人。上报市安全监管局整治工作台账243项，销账243项，完成目标100％。

（张铮）

【街道专职安全员队伍建设】 本年，西城区安全监管局联合财政、编办等部门及各街道做好街道专职安全员队伍建设工作。制定专职安全员组建方案，多次召开工作协调会，在网络媒体发布招聘公告。经组织报名初审，529人通过审核。笔试当天，设立18个考场497人参加考试，确定477人进入面试。面试方案经与区人事考试中心反复沟通，按照公平、公正、公开的原则，以2∶1的比例确定录用专职安全员238人。经过体检、政审、培训等工作，最终录用专职安全员219人。

（王瑞）

职业卫生监督检查

【职业卫生基础建设】 6月9日，西城区安全监管局组织辖区印刷、食品加工、半导体等企业开展职业卫生基础建设活动。此次活动重点交流、探索职业卫生基础建设活动中遇到的问题。印发《北京市存在职业危害因素企业职业卫生基础建设活动指导手册》，听取各单位活动进度及存在的问题，解答存在的问题。并由市建设项目职业危害评价技术服务机构人员逐项逐条从责任体系、规章制度、管理机构、前期预防、工作场所、防护设施等10个方面进行梳理。

（靳交瑞）

【职业卫生检测】 8月，西城区安全监管局委托职业卫生技术服务机构对辖区部分涉及烧烤、涮肉的餐饮单位进行职业卫生检测。经检测存在炭黑粉尘、高温、噪声、一氧化碳等职业病危害因素，多家单位存在高温超标。被检测的65个工作点中，有57个符合高温作业环境，占被检测作业点的87.69%；有28个工作点超过高温作业职业接触限值，占被检测作业点的43.08%。通过此次专项行动，使用人单位负责人、管理人员和劳动者了解职业病危害因素的危害性，增强预防职业病的意识。

（刘伟）

【职业病危害防治评估】 12月16日，西城区安全监管局联合市安科院对辖区医院、印刷、机动车维修、加油站等行业20家用人单位职业病危害防治情况进行评估。评估采取“资料审查，现场抽查”的方式。评估内容：一是用人单位主要负责人参加职业卫生培训及持证情况；二是接触职业病危害因素人员及岗位情况；三是岗前职业卫生培训记录、培训资料、签到表等证明材料；四是用人单位职业病危害项目申报表；五是职业健康检查汇总报告及不少于10名职工的职业健康检查表；六是用人单位工作场所职业病危害因素检测报告；七是用人单位同劳动者签订劳动合同及职业危害因素告知；八是用人单位工作场所职业病危害警示标识设置情况。

（刘伟）

宣传培训

【安全生产大培训】 4月21日，西城区安全监管局启动安全生产大培训工作。举办4期23个班次的培训，培训生产经营单位负责人、安全生产管理人员2500人。重点培训物业企业、商市场、餐饮业及标准化创建单位，邀请首都经贸大学专业讲师和市劳动保护科学研究所培训教师从安全生产法律、安全管理、有限空间、职业卫生管理、高处悬吊作业安全管理等方面进行授课。

（余丙华）

【宣传咨询日】 6月16日，西城区安全监管局在庄胜崇光百货商场广场，开展以“坚守红线意识　夯实安全基础”为主题的安全生产月宣传咨询日活动。市安全监管局、区政府相关领导和区安全监管局、公安分局、交通支队、商务委、文化委、卫生局等23家单位参加咨询活动，与市民交流答疑，辖区15个街道同时设立宣传咨询日分会场。咨询日当天，有421人次参加活动，接待咨询6102人，摆放展板135块，发放宣传材料168150份。其间，各单位组织安全生产应急演练、安全文化进公园、安全生产情景剧大赛等形式多样的安全教育活动。

（余丙华）

【家庭安全知识竞赛】 7月12日，西城区安全监管局在全区范围内开展以“人人学安全，家家享平安”为主题的家庭安全知识竞赛选拔赛和预赛活动。区安全监管局制定家庭知识竞赛活动方案，按照赛题题库精心准备，每个街道办事处选拔一支队伍参加比赛，西城区妇联和区安全监管局主管领导为比赛的评委，对比赛进行监督和评判。家庭安全知识竞赛现场使用专业抢答器、计分器，使竞赛更加专业化、精细化。德胜街道代表队取得西城区比赛第一名，代表西城区参加北京市家庭安全知识竞赛复赛。

（何姝瑾）

【专题讲座】 7月14日，西城区安全监管局联合区理论中心组举办安全生产“一岗双责”专题讲座。区长王少峰主持会议并讲话，副区长姜立光和区安委会各成员单位负责人参加会议。市安全监管局副局长陈清受邀讲解《北京市安全生产“一岗双责”暂行规定》。王少峰在讲话中指出，“一岗双责”专题讲座对做好安全生产工作具有指导意义，全体干部要学习领会，进一步增强安全意识，牢固树立正确的政绩观，强化责任落实。要签订安全生产责任书，严格履职，全面落实“一岗双责”暂行规定，推动安全监管责任有效落实，促进本区安全形势稳定好转。

（何姝瑾）

【学习安全生产法】 11月19日，西城区安委会举办新修订的《中华人民共和国安全生产法》专题培训，邀请国家安全监管总局政策法规司参与修订安全生产法的专家，从明确安全生产方针和机制，落实“三个必须”、明确安全监管部门以及街道办事处安全生产职责、建立事故隐患排查治理制度、加大对违法行为和事故责任追究力度等20个方面进行解读。区安委会各成员单位及部分企业代表260人参加培训。

（佘丙华）

【特种作业培训考试】 本年，西城区安全监管局严格特种作业人员安全技术考试。为规范考场秩序，严肃考场纪律，一是考点设立候考室，安排专人疏导人员；二是考点指派专人负责技术问题；三是领导对考点进行巡查。全年进行10期特种作业培训，特种作业人员理论考试10711人次，实操考试10326人次。考场秩序良好，监考人员严格履职。

（何姝瑾）

科技与信息化

【信息化建设】 1月22日，西城区安全监管局与亚斯顿公司研究推进2014年安全生产信息化工作。结合西城区安全监管局顶层设计规划，为安全监管、领导决策提供服务。采取4项措施：一是加强学习，提高执法人员能力素质；二是注重落实，做好信息化运行管理工作；三是健全规章，督促企业开展隐患自查自报；四是逐步完善，充分发挥信息化效能，提升全区安全监管水平。

（何爱民）

【系统项目建设】 本年，西城区安全监管局开展执法单机版系统和安全生产考核建设。经过区信息办专家组评审，及时与亚斯顿公司进行联系，组织开展调研，确定信息开发人员，根据工作需求，及时进行调整。定期召开管理评审会，对系统项目进行调度，确保系统项目建设完成，系统运行良好。

（何爱民）

标准化建设

【小微企业达标启动会】 4月23日，西城区安全监管局举办小微企业安全生产标准化岗位达标启动会，全区各街道办事处和区旅游委、文化委、体育局、民防局等19个单位，75人参加培训。会上，区安全监管局通报全市和西城区安全生产标准化创建工作情况，对各街道办事处、行业主管部门如何指导督促小微企业开展安全生产标准化岗位达标工作提出要求。市劳动保护科学研究所博士张继信、曾国会分别就企业安全生产标准化评审流程及小微企业岗位达标考评标准等内容进行培训。

（潘俊国）

【标准化调度会】 5月15日，西城区安委会召开2014年度全区安全生产标准化工作调度会。区消防支队、食品药品监管局、国资委、市政市容委、教委、卫生局等15个部门参加会议。会上，各部门分别汇报标准化创建工作的开展情况。区安全监管局传达2013年度安全生产标准化达标企业核查情况和市安全监管局《关于做好安全生产标准化补助资金分配工作的通知》精神。会议要求各部门加强协作，推进安全生产标准化创建工作；尽快启动辖区连锁酒店、营业性卫生医疗机构、市政基础设施、相关企事业单位、民办学校及幼儿园等生产经营单位的安全生产标准化创建工作；加快工作进度，督促企业在9月底前完成网上填报工作；做好安全生产标准化创建工作规划，疏理本行业企业台账，确立每年达标企业数量及企业名单。

（宋志娟）

【达标创建】 本年，西城区安全监管局修订完成《北京市西城区小微企业岗位达标评定标准》《北京市西城区产权单位自管物业安全生产标准化评定标准》《北京市西城区民办学校及幼儿园安全生产标准化评定标准》《北京市西城区综合楼宇物业服务企业安全生产标准化评定标准》，加强与安全生产标准化专家组沟通联系，做好标准化评选工作的服务保障工作。截至12月底，全区安全生产标准化三级达标企业515家、小微达标企业1173家。核查上年度安全生产标准化达标企业33家次。

（宋志娟）

朝 阳 区

概 述

2014年，朝阳区落实安全生产工作的各项方针政策、法律法规，扎实推进全国安全发展示范城市和北京市安全生产标准化示范区创建工作，以城乡结合部地区及危险化学品、消防、交通、建筑、食品药品等重点行业领域安全专项整治为重点，重基层、打基础，严执法、强监管，安全生产各项工作任务扎实推进，取得明显成效。

一、完善机制，严格落实各级领导干部安全生产责任。贯彻落实习近平总书记关于加强安全生产工作的一系列重要批示及讲话精神，强化“红线”意识，坚守底线思维，按照“党政同责、一岗双责、齐抓共管”“管行业必须管安全，管业务必须管安全，管生产经营必须管安全”要求，明确职责，细化任务。区委、区政府主要领导与街乡主要领导签订《安全生产工作责任书》，严格落实

《朝阳区安全生产“一岗双责”实施办法》，各级领导干部安全意识不断增强，初步形成一级抓一级、层层抓落实的工作格局。

二、狠抓落实，深入开展安全生产专项整治。开展以城乡结合部地区为重点的安全生产专项整治和“六打六治”为主要内容的打非治违专项行动，全面分析事故发生原因，有的放矢开展工作，确保专项整治效果，消除安全生产隐患。全区监督检查各类单位28万家，排查整改安全隐患10.6万项，停产停业1700家，关闭取缔2778家，处理人员915人，清退人员86819人，整改完成7438项挂账安全生产隐患。

三、统筹协调，全力推进两个创建工作。一是围绕全国安全发展示范城市创建工作的9大任务体系，扎实推进创建工作。突出教育为先理念，以安全生产月活动为契机，开展安全文化进社区、进企业、进校园、进家庭、进农村活动。全区开展宣教活动43792场次，受教育人数达131万人，培训各类人员14.4万人次。通过朝阳有线电视台《问政2014》栏目，向广大市民宣传创建工作，提高知晓率，普及自救互救知识，提升避险逃生能力。二是全面推进安全生产标准化企业达标创建和岗位达标工作。区财政专门安排900余万元资金，鼓励引导企业开展达标工作。全年完成达标企业9506家，其中三级企业达标4389家，小微企业岗位达标5117家，进一步强化企业主体责任。

四、加强执法，严厉惩处违法违规行为。强化安全生产行政执法，履行政府监管职责，加大对非法违法生产经营行为和事故的查处力度。全区各相关部门、街乡立案处罚2600余起，罚款2122.5万元，追究违法违规、行政刑事责任915人；加大对食品药品从业单位执法检查力度，全年立案2185件，结案2040件，罚款1500余万元，形成强有力的震慑力，确保安全生产和食品、药品安全。

五、强化保障，切实加强基层基础建设。一是加大财政资金投入，区财政在基层安全生产、消防、食品药品监管队伍建设，购买专业技术服务和标准化创建等工作中予以资金保障，确保各项工作有序开展。二是加强基层队伍建设，面向社会公开招聘554名街乡（园区）安全生产专职安全员，充实到街乡从事日常安全生产检查工作，为安全生产监督检查提供人力保障。三是开展安全生产条件普查试点工作，完成大屯街道和平房乡的普查试点工作，建立并录入9807家生产经营单位工作台账，为推进全区安全生产条件普查工作奠定坚实基础。四是完善应急预案体系，加强应急机制建设，高效处置各类突发事件，区应急办接报各类突发事件2013起，妥善处置“7·18”小红门桥城环城国际汽配城火灾、“8·29”左家庄爆燃事故，有效控制事态扩大，确保安全稳定。

综合监管

【控制考核指标】 本年，朝阳区发生安全生产事故死亡183人，占市安委会下达年度安全生产控制考核指标的98.39%。其中：道路交通事故死亡155

人，占控制指标的98.73%；生产安全事故死亡20人，占控制指标的83.33%。各类事故均控制在指标范围内，未发生较大以上生产安全事故，安全生产形势总体平稳。

（潘蔚然）

【区领导节前安全检查】 1月30日，朝阳区区委书记程连元带队，对大屯街道飘亮阳光广场二层亚奥之星服装城及广场外烟花爆竹零售网点进行安全生产检查。大屯街道办事处负责人向检查组汇报飘亮阳光广场安全生产情况，检查组对服装城4个安全通道、配电室、消防中控室等进行检查，要求物业管理人员现场进行消防应急演示，对部分消防通道顶棚存在私拉电线、火警预警设施存在故障等现象提出整改意见。程连元对该服装城整体安全生产工作表示肯定，要求相关部门加大工作力度，消除安全隐患；要求物业公司负责人对消防设施存在的问题立即整改，一定要给顾客创造安全的购物环境，确保安全生产工作万无一失。

（潘蔚然）

【环境建设与城市管理工作大会】 2月12日，朝阳区政府召开2014年度环境建设与城市管理工作大会。区领导、各部门、街乡和社区（村）党政主要领导，以及区属企业主要负责人1100余人参加会议。副区长汪洋总结2013年安全生产工作，部署2014年重点任务。2013年，全区安全生产坚持以预防为主、加强监管、落实责任为重点，全面开展安全生产大检查活动，加大重点行业领域专项整治力度，推动各项工作有序开展。2014年，安全生产工作以遏制重特大安全事故，压减一般安全事故为总目标，以夯实基层基础为重点，以“强执法、治隐患”为着力点，推进全国安全发展示范城区和北京市安全生产标准化示范区创建工作，确保各类事故死亡人数控制在考核目标内，为实现全区安全生产形势根本好转打下坚实基础。区委书记程连元、区长吴桂英与各街乡签订《朝阳区加强安全生产禁止和查处违法建设工作责任书》。程连元提出两方面要求：一要清醒认识当前环境建设和城市管理面临的形势；二要坚决打赢环境建设和城市管理攻坚战。

（潘蔚然）

【全国“两会”安全保障部署】 2月25日，朝阳区安委会召开视频会议，部署全国“两会”期间安全生产保障工作，通报城乡结合部地区安全生产专项整治工作情况，副区长汪洋参加会议并讲话。区安委会各成员单位主要领导、主管领导、主管科室负责人，以及街乡主要领导、安全生产主管领导和主管部门负责人参加会议。

（潘蔚然）

【城乡结合部专项整治综合督查】 4月9日，由市国土局、国资委、安全监管局组成的市安委会督查组对朝阳区城乡结合部地区安全生产专项整治工作开展综合督查。区安全监督局、国资委、农委、国土分局等部门领导参加督查。督查组听取十八里店地区专项整治工作开展情况的汇报，查阅专项整治部署方案、台账、总结等相关资料。对辖区内居然之家十里河店、北京市高仕力国际灯具港及周庄村委会进行现场检查。

（潘蔚然）

【依法行政工作会】 4月17日，朝阳区安委会召开安全监管系统依法行政工作会，全区安全监管系统220余人参加会议。区法制办、社会办、农委分管领导参加会议。会议总结2013年度依法行政工作，对安全生产先进集体和个人进行表彰，部署2014年工作任务。

（姚遥）

【安全生产工作调研】 5月9日，市安全监管局局长张树森、副巡视员高士虎到朝阳区安全监督局调研安全生产工作。调研组听取朝阳区安全生产标准化建设、信息化建设、街乡安全监管队伍建设、生产经营单位安全生产条件普查等工作情况的汇报。张树森对朝阳区安全生产工作给予肯定，并对下一步安全生产工作提出建议：一是探索建立“党政同责、一岗双责、齐抓共管”的安全生产责任体系；二是建立安全生产监督管理体系，探索建立安监所、安监科和社区（村）协管员机构和队伍；三是设立安全生产专项基金，加大对安全隐患治理体系、重大危险源监管、安全生产宣传教育的投入力度；四是加快推进安全生产标准化创建工作，推动企业主体责任的落实；五是大力发展安全生产中介组织作用，利用市场和社会力量推动安全生产工作；六是通过信息化手段，建立安全生产隐患排查治理体系，实现安全生产管理手段的现代化；七是加大安全生产考核权重；八是发挥社会监督在安全生产工作中的作用。

（潘蔚然）

【安全生产条件普查部署会】 7月24日，北京市第一次安全生产条件普查工作动员部署会在朝阳区大屯街道召开，市安全监管局局长张树森、副局长陈清、副巡视员高士虎和各区县安全监管局局长、分管副局长和主管科室负责人，以及全市部分乡镇街道分管领导和相关负责人200余人参加会议。

（马海澎）

【安全生产社会化管理调研】 7月29日，市安全监管局局长张树森带队到朝阳区安全监督局调研安全生产社会化管理工作。张树森指出：朝阳区高低端产业、中小企业并存，要深入探索小微企业安全管理、安全生产示范创建活动、安全生产管理检查、安全生产宣传教育、安全生产服务保障的社会化管理工作模式。

（潘蔚然）

【职业卫生执法检查】 8月8日，市安全监管局副局长阎军带队，对朝阳区天海工业有限公司进行职业卫生专项执法检查。阎军对天海公司作为国家级安全生产标准化达标单位，在安全生产和职业卫生管理所做的工作和取得的成绩给予肯定。针对企业搬迁工作，阎军要求加强安全生产和职业卫生工作，吸取“8·2”昆山爆燃事故教训，采取各项安全控制措施，落实“三同时”工作要求。对新址安全生产和职业卫生防护设施设计和运行要提前谋划，在设计阶段要考虑全面，为下一步安全生产保障工作打牢基础。

（潘蔚然）

【APEC安全保障部署会】 8月13日，朝阳区安委会召开扩大会暨APEC会议安全保障工作部署会。副区长汪洋就推进下半年安全生产工作及APEC会议期间安全保障工作提出4项要求：一是增强安全生产工作责任感和紧迫感；二是贯彻落实中央、北京市有关会议精神；三是认真谋划，提高安全生产工作的能力和水平；四是强化安全生产组织领导和责任落实。

（潘蔚然）

【安全生产和消防安全工作会】 10月24日，朝阳区安委会办公室召开APEC会议期间安全生产和消防安全保障工作会，对APEC会议期间安全生产和消防安全相关工作进行再动员、再部署。副区长汪洋对APEC会议期间安全工作提出3项要求：一是认清形势，从思想上进入实战状态，全力以赴做好各方面的保障工作；二是落实各方责任，加大执法检查和隐患查处工作力度；三是加强重点区域和领域安全监管，保证城市运营安全，强化消防安全。

（潘蔚然）

【市安委会“六打六治”综合督查】 11月24日，市住房城乡建设委副主任王钢带领市安委会综合督查组对朝阳区“六打六治”打非治违专项行动的开展情况进行督查。区副区长汪洋和区安全监管局、住房城乡建设委、社会办、消防支队、双井街道办事处相关领导参加督查。督查组对朝阳区“六打六治”打非治违专项行动工作取得的成绩给予肯定，对下一步工作提出3点要求：一是进一步落实企业主体责任和各职能部门监管职责，落实安全管理制度；二是继续加强隐患排查治理工作，建立台账，督促企业落实整改内容；三是及时开展专项整治“回头看”，确保隐患整治工作落到实处。

（潘蔚然）

危险化学品安全监管

【管线占压隐患协调会】 5月8日，朝阳区安委会办公室召开管线占压隐患协调会，区有关部门、属地街乡、管线产权单位参加会议。会议传达市安委会办公室有关文件精神，研究落实全区《石油天然气危险化学品管线占压等安全隐患清理工作方案》。

（夏旭昀）

【危险化学品安全培训】 6月5日至6日，朝阳区安全监管局分两批举办危险化学品安全培训会，全区危险化学品企业主要负责人和安全管理人员420余人参加培训。区安全监管局主要领导参加会议并做动员。与会人员观看《危险化学品典型事故案例警示片》，朝阳区安全监管、公安、禁毒、消防、环保、工商等部门分别对重点工作进行部署，重点对危险化学品许可、法规及常见问题进行讲解，并邀请专家做反恐防范知识专题讲座。

（夏旭昀）

【危化企业安全管理人员培训】 9月，朝阳区安全监管局在北京预备役防化团训练基地对危险化学品企业110名安全管理人员进行为期一周的封闭式集中培训，重点对重大危险源辨识标准、危险化学品事故处置、防化知识、常用防化器材使用等专业知识和重点科目进行讲解、训练。

（夏旭昀）

【重点危险化学品管控】 10月14日，朝阳区安全监管局会同公安分局治安支队、内保大队、消防支队、区禁毒办、工商局等单位召开重点危险化学品单位安全工作部署会。全区加油站及剧毒、易制毒、易制爆危险化学品生产经营企业负责人 260 人参加会议。会议传达北京市关于十八届四中全会及 APEC 会议期间本市危险化学品安全生产管理措施的精神，对加油站及剧毒、易制毒、易制爆危险化学品生产经营企业的重点工作进行部署。

（夏旭昀）

【有形市场及商城专项整治部署会】 10 月 31 日，朝阳区安委会办公室召开有形市场及商城危险化学品专项整治部署会议。区安全监管局、公安分局治安支队、禁毒办、工商分局等部门主管领导参加会议，全区商城、市场等经营单位负责人 300 余人参加会议。会上，下发《关于严禁在各类有形市场和商场内销售危险化学品的通告》宣传材料 1500 余份。结合 APEC 会议期间安全保障工作，对危险化学品危害特性、国家法规对危险化学品经营储存要求、违法经营储存危险化学品法律后果进行宣传培训，通报有形市场及商城内非法经营储存危险化学品违法行为查处情况，并对下一步非法储存经营危险化学品专项整治工作进行部署。

（夏旭昀）

【查处非法行为】 本年，朝阳区安全监督局会同区有关部门和街乡严厉打击危险化学品生产经营非法活动，消除重大安全隐患。3 月 10 日，区安全监督局与黑庄户乡政府密切配合，查处黑庄户乡郎各庄村一处废弃厂房内非法储存剧毒化学品丙烯腈案件。8 月 8 日，区安全监管局联合公安分局、工商局、质监局等执法部门及孙河乡政府查处一家非法生产充装危险化学品黑窝点，依法清理收缴氧气和乙炔等气瓶 121 个、自制乙炔发生器及充装设备 1 套、电石等生产原料约 200 千克，并将有关责任人移送公安机关处理。9 月 4 日，区安全监管局、治安支队、禁毒办和属地街道办事处、公安派出所联合执法，查处取缔 3 家非法储存买卖危险物品的五金建材商店。

（夏旭昀）

烟花爆竹安全监管

【零售网点安全条件审查】 年初，朝阳区安全监督局协调公安分局、工商分局、消防支队、交通支队完成对设置烟花爆竹零售网点的安全条件联合审查。召开街乡烟花爆竹安全监管部署会，部署 2014 年春节期间烟花爆竹零售网点行政许可和安全监管工作，下达网点布建规划控制目标及报名的工作要求。

（夏旭昀）

【零售网点设置】 春节期间，朝阳区安全监管局审批许可烟花爆竹零售网点 141 个，其中二环路至三环路 18 个，三环路至四环路 35 个，四环路至五环路 48 个，五环路以外 40 个。网点数量同比下降 8.5%。通过减少网点数量，减少风险源，进一步降低烟花爆竹经营销售活动对群众生活的影响。在机场净空区及楼宇密集的 CBD 核心区范围内、呼家楼、建外 3 个街道不设置网点。对群众举报较多、安全条件较差的网点，在网点规划阶段提前调整或取消。对网点数量较多、分布集中的区域，适当压缩减少。

（夏旭昀）

【许可审批时间】 本年，朝阳区安全监管局烟花爆竹零售许可从受理到发证完成审批工作时间为 9 个工作日（包括公示时间 7 天），较法定的 20 个工作日减少 55%。通过缩短审批流程、压缩审批时限，减轻企业负担，鼓励烟花爆竹零售网点加强安全管理和安全防范。

（夏旭昀）

【从业人员安全培训】 本年，朝阳区安全监管局组织烟花爆竹零售网点申请单位主要负责人 61 人参加培训考核，组织烟花爆竹零售网点主要负责人 141 人、从业人员 1057 人参加培训考核。培训内容包括烟花爆竹法律法规、经营要求和操作安全要求、突发事件应急处置措施等，确保主要负责人和从业人员具备经营烟花爆竹所需安全知识、安全技能和应急处置能力，并保证烟花爆竹销售期间从业人员全部持证上岗。

（夏旭昀）

【零售网点安全检查】 本年，朝阳区安全监管局自烟花爆竹零售网点审批到 2 月 17 日所有烟花爆竹临建销售棚拆除完毕，累计出动执法人员 489 人次，对全区 141 家烟花爆竹零售网点检查 890 家次，下达执法文书 562 份，排查整改安全隐患 538 项。制定销售期间执法检查工作方案，按照工作日、非工作日、重点时段 3 种模式细化检查安排，在安排专人负责在线监控平台值守的基础上，坚持“四定”监管模式，即定岗位、定街乡、定标准、定人员，对全区 141 家零售网点开展不间断安全检查。在农历三十、十五等烟花爆竹销售重点时段，由局领导带队，分成 22 个检查组在燃放高峰期对烟花爆竹零售网点落实安全管理措施情况反复进行检查，确保不发生火灾、爆炸等各类安全生产事故。

（夏旭昀）

【销售期间实施实时安全管理】 本年，朝阳区安全监管局印制 10 万份《烟花爆竹购买及燃放安全提示》，将购买燃放烟花爆竹注意事项全部列明，由各烟花爆竹零售网点在销售过程中向市民发放，引导市民安全燃放、依法燃放。通过在线监控系统对烟花爆竹零售网点实施实时监管，监督网点按照操作规程开展销售活动、落实“三禁止、三报告、一登记”要求，及时发现和纠正网点不安全行为。利用在线监控系统协助公安部门对 3 起刑事案件进行侦查，取得良好的社会效果。通过移动办公平台，及时将各种安全提示和工作要求发送到烟花爆竹网点负责人手机上，累计发送短信 19 条，指导网点开展安全管理工作。

（夏旭昀）

隐患排查治理

【安全隐患专项整治】 6 月 3 月至 12 日，朝阳区安全监督局联合区农委、公安分局、消防支队、文化委、教委、商务委员会、工商局、食品药品监管局组成专项整治工作组，分别进驻十八里店、黑庄户、豆各庄、常营、王四营、小红门 6 个乡，对农村出租大院、“三合一”“多合一”场所、彩钢板建筑、危险化学品场所、人员密集场所（商市场、歌厅，网吧）、打工子弟学校（幼儿园）、出租公寓房进行安全隐患拉网式排查。出动检查人员1931人次，检查单位878家，停业整顿184家，排查治理隐患1352项。

（潘蔚然）

【大洋路商圈安全隐患整治】 10月21日至31日，朝阳区安全监管局集中时间、集中人力对大洋路商圈开展为期10天的安全隐患排查治理专项行动。检查商市场32家、“六小”门店258家、出租大院等29家，下达整改通知书316份，排查整改安全隐患504项，拆除违法建设800平方米，调控外来人口7239人，罚款0.3万元。

（王世会）

【城乡结合部专项整治】 依据市委、市政府相关文件精神，朝阳区政府制定《集中开展城乡结合部地区安全生产专项整治工作实施方案》，决定从2013年12月至2014年9月，开展城乡结合部专项整治行动，并以此为契机，保持“打非治违”高压态势，加大执法频率和处罚力度，严打非法违法生产经营建设、狠治违规违章行为，确保安全生产形势持续稳定好转。截至8月31日，监督检查各类单位26万家，排查整改各类安全隐患10.6万项，停产停业1700家，关闭取缔2778家，罚款1716.64万元，处理人员915人，清退人员86819人。7438项挂账隐患整改完毕。

（潘蔚然）

【举报投诉受理】 本年，朝阳区安全监管局及时处理、核查安全生产举报投诉案件。受理安全生产投诉举报242件，其中“12350”举报196件，群众来电举报46件，均在规定期限内办结并回复。

（刘宁）

应急救援

【应急管理专项检查】 5月至12月，朝阳区安全监督局对生产经营单位应急预案的编制、评审论证、发布、培训教育、演练和备案情况进行专项检查。检查采取企业自查、街乡安全生产监管部门专项检查和区安全监督局督查相结合的方式，分3个阶段开展。通过此次检查，督促属地企业完善应急预案的编制、修订、评审工作，增强企业对应急预案管理的法律意识。累计备案1900多家规模以上企业。

（于松）

【“一对一”应急救援演练】 6月26日，朝阳区生产安全事故应急指挥部在荷美尔公司组织危险化学品液氨储罐泄漏中毒事故“一对一”应急救援演练。本次演练通过对信息报送、企业自救行动、属地先期处置、现场专业应对处置和现场后期处理等5个科目演练，全面检验危险化学品事故应急预案、属地政府应急预案和企业事故应急预案的科学性、实用性和衔接性，锻炼队伍，磨合机制，积累应急救援实战经验。副区长汪洋和区政府办（应急办）、安全监督局、公安分局、消防支队、卫生计生委、环保局、气象局、交通支队等部门和相关属地政府有关负责人，以及全区有关危险化学品经营使用单位主要负责人170余人现场观摩演练。

（于松）

【突发事件处置与执法检查】 本年，朝阳区安全监督局接警处置危险化学品及相关安全生产应急救援事件12起，调查处理4起，做到响应及时，组织有力，措施科学。及时与涉事单位研究事件发生的诱发因素，准确掌握第一手资料，分析了解企业安全管理现状，为加强企业监管，改进措施，落实事故防范措施，落实企业主体责任提供决策依据。

（于松）

执法监察

【“双打”专项执法行动】 6月17日至7月1日，朝阳区安全监管局在全区开展电气使用安全暨严厉打击特种作业、特种设备作业人员“持假证上岗、无证上岗”专项执法行动。行动期间出动执法人员2955人次，检查企业1725家，检查特种作业及特种设备作业人员2524人，下达执法文书1943份，排查整改隐患958项，查处持假证、无证人员38人，对存在违法行为的19家生产经营单位进行处罚，罚款13万元。6月23日、24日、25日，区安全监管局联合消防支队、质监局、住房城乡建设委在全区范围内开展专项执法检查，检查北京工大建国酒店、高安屯电厂施工工程、泛海物业管理有限公司、百安居来广营店等各类生产经营单位20家。

（刘宁）

【“六打六治”打非治违专项行动】 9月至12月，朝阳区安委会在全区范围内组织开展以非煤矿山和工业、危险化学品、油气管道、交通运输、建筑施工、消防为重点的“六打六治”打非治违专项行动。全区组织执法检查组673个，出动执法检查人员5026人次、参加执法检查专家105人次、检查企事业单位和场所6163家次、组织开展跨地区和部门联合执法115次，罚款816万元。采取“四不两直”方式对重点地区和单位实施暗查暗访75次。

（潘蔚然）

【游园活动安全保障】 9月22日至24日，朝阳区安全监管局联合区食品药品监管局、质监局、消防支队、商务委，对朝阳公园建园65周年群众游园活动周边200米生产经营单位开展联合执法检查。出动执法人员10人、执法车辆5台，检查单位12家，排查整改安全隐患76项。

（刘宁）

【互联网营业场所执法检查】 9月25日，朝阳区安全监管局联合区文化委和相关街乡，分成3个检查组，对望京街道、东湖街道、八里店街道和高碑店乡的15家上网服务营业场所进行执法检查。出动检查人员194名、执法车辆46车次，检查互联网上网服务营业场所207家，发现安全隐患428项，消除安全隐患390项，下达执法文书292份，对存在较大隐患且违反相关法律法规的15家单位进行立案处罚。

（刘宁）

【APEC场所周边联合检查】 10月22日至24日、27日至29日，朝阳区安全监管局会同食品药品监管局、质监局、消防支队、商务委，对APEC会议场所周边200米生产经营单位开展联合执法检查。出动执法人员33人次、执法车辆11台次，重点检查加油站、餐饮企业、电影院、大型商场等27家生产经营单位。

（刘宁）

职业卫生监督检查

【有限空间作业安全部署会】 4月25日，朝阳区安委会办公室召开2014年度有限空间安全生产工作部署会。区市政市容委、房屋管理局、水务局等12家安委会成员单位和排水集团朝阳管网分公司等6家企业参加会议。会议提出“六个到位”工作要求，即组织统筹到位、宣传培训到位、隐患排查到位、监督检查到位、责任落实到位、各类应急措施到位。

（蒋昌启）

【职业卫生监督执法检查】 5月至10月，朝阳区安全监管局对全区木质家具制造、危险化学品、汽修、石材加工、电镀、电子6大行业210家单位开展工作场所职业卫生监督检查工作。累计出动检查人员1230人次，检查单位615家次，下达各类执法文书591份，对7家整改不力的单位进行行政处罚，罚款5.5万元。

（蒋昌启）

【有限空间作业安全执法检查】 本年，朝阳区安全监管局开展有限空间作业执法检查50余次，其中会同区市政管委及发展改革委开展有限空间作业联合检查4次，科室独立日夜巡查46次，检查有限空间作业单位及作业现场120家次，约谈有限空间作业单位7家，对5家作业现场存在事故隐患的单位负责人进行行政处罚。

（蒋昌启）

【职业病申报和审查备案】 本年，朝阳区安全监管局对全区职业病申报数据库进行整理，通过查阅工商注册信息，结合日常检查和街乡摸底信息，对注销或搬迁到其他区县的生产经营单位申报进行注销，审核新申报单位116家。现申报数据库中用人单位605家，完成2个单位建设项目职业卫生“三同时”审查备案工作。

（蒋昌启）

【职业卫生基础建设】 本年，朝阳区安全监管局编制《朝阳区用人单位职业卫生基础建设活动指导手册》，向全区职业病危害项目申报单位免费下发，指导用人单位开展职业卫生基础建设，全区职业卫生基础建设达标单位450家，达标率75%。督促用人单位建立职业健康监护档案，全区552家企业为接触职业病危害的从业人员建立职业健康监护“一人一档”，建档率92%。

（蒋昌启）

宣传培训

【安全生产月】 6月，朝阳区安委会围绕“强化红线意识，促进安全发展”主题，以贯彻落实习近平总书记重要讲话精神、实施安全发展战略为主线，以推进全国安全发展示范城市创建和城乡结合部地区专项整治为重点，深入开展安全生产宣传教育活动。全区参加活动单位21549家，召开动员部署会议1741次，开展各类宣教活动43792场次，受教育人数达131万人；悬挂横幅标语6161条，张贴海报、挂图、宣传画84645幅，设立专栏、板报等宣传园地12620个，各类电子显示屏播放安全生产宣传内容24570

次，播放安全宣传片420次，累计时长471小时，区电视台播放宣传片及滚动字幕提示245次，市区两级媒体刊发新闻报道272次；发放宣传材料75种，约31万份，发放购物袋、折扇、弹簧秤、围裙等实物28种，约3万件；开展各类安全教育培训4362场，13万人次；制定完善应急救援方案1465件，应急预案725件，开展各类演练1500余次，16万人次参加演练；开展专项整治及联合检查11771次，出动执法检查人员19095人次，检查生产经营单位19724家，排查整改隐患28303项，罚款44.6万元。

（潘蔚然）

【宣传咨询日】 6月16日，北京市安全生产月宣传咨询日活动在朝阳公园南门广场隆重举行。国家安全监管总局有关领导，北京市市长王安顺、副市长张延昆，朝阳区区委书记程连元、区长吴桂英等领导出席活动。本次活动由市安全监管局和朝阳区政府主办，活动主题为“坚守红线意识，保障城市安全”。宣传咨询日整体活动分现场咨询和座谈会两个部分。现场咨询活动设置4个区域，116块宣传展板，向社会公众宣传用电、用气等安全科普知识；15个咨询台，接受公众关于政策法规、安全知识的咨询；设置家庭燃气安全使用、火灾现场模拟逃生等应急体验项目。活动中组织有关政府部门人员和专家，围绕百姓日常生活紧密相关的安全知识、职业健康知识、应急自救知识等进行现场讲解，并展示中小学生创作的安全作文及绘画作品。利用首都之窗网站、北京安监官方微博及拨打安全生产举报投诉电话“12350”进行安全生产咨询。活动当天，朝阳区企业职工、社区群众代表、新闻媒体，以及北京市安全生产形象大使春妮、王业，400余人参与。除主会场外，朝阳区43个街乡都分别设置咨询台，开展安全生产宣传咨询活动，1.2万人参加咨询。

（潘蔚然）

【安全生产知识竞赛决赛】 6月19日，朝阳区安全监管局在电梯职业技能培训学校举行安全生产知识竞赛决赛，市安全监管局、市总工会、区总工会有关领导出席决赛。呼家楼代表队获一等奖，管庄、将台代表队获二等奖，安贞、大屯、麦子店代表队获三等奖。通过开展安全生产竞赛活动，广泛宣传安全生产知识，提高全民安全生产素质，强化安全生产“红线”意识，有效促进安全发展。

（陈宣英）

【执法检查培训班】 7月29日，朝阳区安全监管局举办安全监管系统执法检查培训班，160名执法人员参加培训。培训采用对照检查标准和实地检查2方面开展，由授课老师到企业作业一线，现场拍摄安全隐患，并用实物图片逐条点评作业人员违章操作行为和设备安全隐患，剖析企业生产经营活动中的普遍隐患和典型问题。

（姚遥）

【区委中心组安全生产专题学习】 10月9日，朝阳区区委召开区委中心组安全生产专题学习（扩大）电视电话会暨安全生产大宣讲活动。区主要领导参加会议，全区各部门、各有关单位通过视频会议系统参加学习。国家安全监管总局政策法规司副司长邬燕云以“树立红线意识，促进安全发展”为主题进行专题宣讲。邬燕云就安全生产内涵、本质进行深刻讲解，结合新修订的《中华人民共和国安全生产法》内容和地区实际，分析安全生产形势、态势以及《中华人民共和国安全生产法》修订的现实意义和深远影响。

（潘蔚然）

【安全生产法培训】 11月25至26日，朝阳区安委会办公室举办新修订的《中华人民共和国安全生产法》培训班。区安委会各成员单位安全生产主管领导、各街乡主管领导以及区安全监管系统全体执法人员350人参加培训。培训班邀请市安全监管局有关领导，紧密结合安全生产工作实际，有针对性地对新修订的《中华人民共和国安全生产法》进行讲解。

（姚遥）

【全区安全生产培训】 本年，朝阳区安委会办公室确定“属地为主、行业为辅、试点先行、全面铺开”的工作思路，印发《关于开展朝阳区安全生产全员大培训工作的通知》，明确安全生产大培训工作目标、对象、流程及工作要求，要求各职能部门、各街乡对本系统、本地区生产经营单位开展安全生产培训。通过“集中培训、集中考试、持证上岗”的培训模式，全年培训17.3万人次，同比增长6.8%。

（陈宣英）

【特种作业培训考核】 本年，朝阳区安全监督局加强对特种作业培训机构的管理，从建立健全日常管理制度、加强硬件设备设施管理等方面入手，严格特种作业理论、实际操作考核，提升特种作业培训机构管理水平。全区有9家特种作业培训机构，培训工种包括电工作业、焊工作业、建筑脚手架拆装、高处悬挂建筑物表面清洗、制冷与空调作业、地下有限空间作业等。全年培训、考核特种作业人员16388人次，合格发证12852人次。

（陈宣英）

标准化建设

【标准化方案制发】 本年，朝阳区安全监管局制发《朝阳区企业安全生产标准化创建工作示范区实施方案》，明确标准化创建工作原则、目标、措施和要求的同时，制定企业安全生产标准化创建工作《培训方案》《宣传方案》《检查方案》《隐患整改督办制度》《工作例会和会商制度》《检查和督查制度》《统计报表、信息报送制度》《评审工作讲评制度》等制度，推动标准化达标创建工作的有序展开。

（陈京）

【标准化创建手册编制与培训】 本年，朝阳区安全监管局组织专家编写《朝阳区安全生产标准化创建工作指导手册》《朝阳区企业安全生产标准化评审标准解读》《朝阳区企业安全生产工作建设工作指南》《朝阳区微型企业（含个体工商户）安全生产标准化岗位达标管理手册》等培训教材，印发4万册到企业，指导企业标准化创建工作。重点抓好3个层面人员培训：一是抓企业自评人员培训，培养一批懂标准、会管理、抓创建的工作骨干，确保自评工作开展，全年组织103次培训、14620人次参加。二是抓评审人员培训，对360余名评审人员进行专题培训，案例解析。通过培训、考核合格取得朝阳区安全生产标准化评审资格，佩戴“评审人员工作证”才能到企业开展评审工作。三是抓监管人员培训，组织街乡和相关部门安全监管人员参加标准化工作培训会，多次召开座谈会或现场会，通过以会代训的形式，对安全监管人员进行安全生产标准化培训。

（陈京）

【三级达标企业抽查】 本年，朝阳区安全监管局加强安全生产标准化评审标准、评审方法的运用，加快不符合项整改，促进企业安全生产标准化年度自评工作，保证安全生产标准化持续有效运行。按照三级达标企业不少于10%、岗位达标企业不少于5%的比例开展抽查。组织5个抽查小组，累计出动检查人员1529人次，抽查三级达标企业343家，抽查岗位单位达标企业250家，填写抽查记录593份。

（陈京）

海淀区

概述

2014年，海淀区安全生产工作紧紧围绕中关村国家自主创新示范区核心区建设和争创全国文明城区的总体要求，以压减事故总量为目标，以落实企业主体责任为重点，夯实双基建设，深化专项治理，推进责任落实，强化执法检查，严抓关键时期保障工作，大力提升安全生产总体保障能力，确保全区安全生产形势的总体平稳。

一、强化安全生产综合监管职责。先后两次在区政府常务会专题汇报安全生产工作，组织召开安委会全会、季度例会、协调会20余次；以区安委会、区安委会办公室名义印发安全生产有关文件59份；增补区委组织部、区编办、区政府法制办等11个部门为海淀区安委会成员单位；推进“党政同责、一岗双责”责任体系建设，印发《海淀区安全生产“一岗双责”暂行规定的通知》，细化区政府各部门、各街镇主要领导、主管领导、其他领导的安全生产职责，厘清安全生产监管责任，实现安全生产责任的全覆盖，海淀区安全生产“党政同责”规定及各部门安全监管职责梳理工作均在稳步推进；以组织安全生产调度会、联席会、会商会、约谈、联合检查和督促抽查等多种形式，协调有关部门和属地街镇，研究、查处液化石油气长输管线和明光村地区重大安全隐患。

二、夯实安全生产“双基”建设。推进街镇安全生产专职安全员队伍组建，经区政府常务会审议通过，海淀区每年投入近5000万元用于专职安全员队伍建设，计划分两批招聘558名专职安全员。第一批291名专职安全员已完成招录工作，2015年1月1日正式上岗，增强全区基层安全生产执法力量；推进全区生产经营单位安全生产标准化建设，完成达标企业4673家，其中二级标准化企业35家，三级标准化企业3413家（含危险化学品企业90家），小微岗位达标企业4260家，强化企业安全生产主体责任落实；继续开展用人单位职业卫生基础建设活动，前期动员部署、广泛开展培训，中期检查指导督促、选取行业示范企业带动，后期按照先好后差、先大后小、成熟一家验收一家的基本原则，区镇两级联动，全区70%涉及职业病危害因素企业通过验收达标，取得证书，完成全年目标任务。

三、强化重点行业领域专项整治。以“六打六治”打非治违专项行动为统领，在建筑施工、危险化学品、人员密集场所、交通运输、油气管道、燃气使用、“三合一、多合一”场所消防安全等重点行业领域，以及城乡结合部地区“五小企业、六小场所”、商品批发零售市场、仓储场所及群租房屋等重点部位，深入开展安全生产专项整治，出动检查组662次，组织跨地区联合执法98次，暗查暗访69次，打非治违专项行动取得阶段性成果；会同消防、交通、工商、城管、市政等部门，组织全区各街镇开展烟花爆竹和危险化学品专项检查、清剿祸患第二战役、交通秩序大整治、无证无照经营综合整治、燃气使用安全专项整治、开复工工程专项检查，以及人员密集场所、特种设备、地下空间等10余次专项执法检查，排查整治一批安全生产隐患；组织完成安全环境综合整治暨城乡结合部地区安全生产专项整治工作，建立重点整治单位动态台账1239家，关停违法违规生产经营单位1833家，行政处理319人，清退5646人，整治工作取得较好成效。全区行业领域监管部门出动执法人员11.72万人次，检查生产经营单位9.6万家次，消除安全隐患5万余项，实施行政处罚1111.77万元，对各类安全生产违法违规行为实施强有力的打击。

四、加大安全生产执法监察力度。组织开展以危险化学品、有限空间作业、职业危害、建筑工地、商业零售企业、餐饮企业、文化娱乐场所等9大重点行业领域专项执法检查35次，协调开展人员密集场所、轨道交通、人防工程、燃气使用等行业领域联合执法检查92次，完成“两节”、全国“两会”、国庆、APEC会议、十八届四中全会等安全保障任务56次，累计查处群众举报生产安全隐患107件，办结率达100%。全年，区安全监管部门执法检查生产经营单位2600家次，街镇委托执法检查生产经营单位4150家次，安全生产志愿者检查生产经营单位14215家次，发现并查处各类安全隐患2546项，下达执法文书664份，行政罚款130.15万元，安全隐患整改率达100%；调查处理生产安全事故18起，事故行政罚款228万元。

五、广泛开展安全生产宣传教育。开展全国安全生产月活动，组织“警示教育周”“隐患排查治理周”“安全文化周”“应急演练周”“宣传咨询日”专题系列活动，张贴、发放各类宣传材料（宣传品）25万份，受众33万余人。依托市区3家培训机构，投入60万元，建立海淀区安全生产教育培训基地，10月15日正式开班，为企业搭建安全生产知识和专业技能培训服务平台。

综合监管

【控制考核指标】 本年，海淀区发生道路交通、生产安全、火灾事故死亡105人，同比上升16.67%，占市安委会下达年度控制指标的100.96%。其中：道路交通事故死亡77人，同比上升20.31%，占控制指标的96.25%；生产安全事故死亡20人，同比上升17.65%，与控制指标持平。发生1起重大生产安全事故。

（李婧）

【责任体系建设】 本年，海淀区安委会推进"党政同责、一岗双责"责任体系建设，以区政府名义印发《海淀区安全生产"一岗双责"暂行规定的通知》，细化区政府各部门、各街镇主要领导、主管领导、其他领导安全生产职责，厘清安全生产监管责任，实现安全生产责任的全覆盖，海淀区安全生产"党政同责"规定及各部门安全监管职责梳理工作稳步推进。

（李婧）

【安全生产电视电话紧急会】 1月12日，海淀区安委会召开全区安全生产紧急会，传达北京市安全生产电视电话紧急会议精神，针对全市生产安全事故高发、频发的局面，落实市领导指示精神，对春节及全国"两会"安全生产工作作出部署：一是要深刻认识安全生产工作面临的严峻形势，继续保持对安全生产工作的高度重视；二是对火灾隐患突出的场所、建筑工地及人员密集场所加大检查力度，确保隐患消除在事故之前；三是加强应急值守工作，严格执行领导带班和24小时值班制度，对于突发事件要做到第一时间发现、第一时间处置、第一时间上报；四是加强宣传引导，提高各类人员安全防范意识。

（韩璐）

【区政府安全生产工作部署】 1月21日，海淀区召开第87次区政府常务会议，全面研究部署2014年安全生产、公共安全工作，区长孙文锴、副区长刘长利等领导参加会议。区安全监管局局长王勇禄、消防支队支队长柳国忠、区城市服务管理指挥中心主任张泽根分别就2014年全区安全生产及公共安全重点工作进行汇报。区住房城乡建设委、市政市容委、公安分局、规划分局等相关委办局和各街镇主要领导参加会议。孙文锴对2014年全区安全生产及公共安全工作指出：一是加大隐患排查和专项治理力度。各部门、各单位面对依然严峻的工作形势，务必要保持高度的警觉，提升履职效能，针对城乡结合部、商市场等重点行业领域开展持续性的执法检查，确保各类隐患及时整改到位。二是做好春节期间全区安全生产工作。各有关部门、各街镇要加强春节期间烟花爆竹销售、燃放的安全监管，各街镇、各部门的主要领导要深入一线，带队检查，确保春节期间全区社会形势安全、有序。三是做好应急值守及应急处置工作。各部门、各街镇要严格落实领导干部带班及24小时应急值守工作，加强对值守人员的教育培训，不断提升对突发事件的应急处置能力，确保政令畅通、调度有序。

（韩璐）

【全国"两会"安全保障】 全国"两会"期间，海淀区安全监管局印发《关于

"两会"驻地周边安全生产保障工作方案》，制定重点保障时期应急预案，成立安全生产保障工作领导小组；建立健全驻地周边200米范围内生产经营单位台账，查处驻地周边企业安全生产隐患举报，加强对驻地周边危险化学品企业安全生产检查监控和突发事件应急处置；联合相关部门，对驻地周边人员密集场所、建筑施工、危险化学品、工业企业、职业健康等重点行业和领域的重点部位、薄弱环节进行"横向到边、纵向到底"的"拉网式"大检查，区安全监管局出动检查人员200余人次，抽查生产经营单位364家，查处隐患53处，全部及时整改完毕；严格执行24小时领导到岗带班制度，制定值班稳控工作预案，密切关注重点领域、高危行业安全动向，及时汇总报告信息，确保发生安全生产领域突发事件，立即启动应急救援预案，第一时间报送信息并赶到事发现场，统一指挥、准确定性、稳妥处理。

（韩璐）

【安全生产例会】 4月17日，海淀区安委会组织召开安全生产季度例会。一季度，海淀区安委会增补11个部门为成员单位，主要涉及职能调整的新增部门和以前未纳入安委会系统的司法部门，增补后全区安委会成员单位达74个。会议采取电视电话形式进行，安委会成员负责人在主会场参加会议，各街镇负责人及安全、城管、综治等有关部门负责人，属地派出所主管领导、驻街镇消防民警在街镇视频分会场参加会议，副区长刘长利参加会议并讲话。区安委会办公室主任、区安全监管局局长王勇禄通报海淀区第一季度安全生产情况，布置2014年重点执法检查，部署二季度安全生产重点。消防支队支队长孔凡全通报全区火灾及消防隐患情况，并对下一阶段消防安全重点进行布置。刘长利要求各部门、各街镇要准确研判安全生产形势，切实提高对安全生产、消防安全工作重要性的认识，做好第二季度"五一"和"端午"两个小长假安全保障工作，做好消防隐患排查治理、建筑施工、人员密集场所、有限空间作业等重点安全监管工作，确保全区安全生产形势稳定。

（韩璐）

【大检查部署】 6月7日，海淀区政府召开全区各部门、各街镇"一把手"和重点企业主要负责人参加的海淀区安全生产电视电话会议，贯彻国务院、北京市及各级领导关于加强安全生产工作的指示精神，对安全生产大检查大整治工作进行再动员、再部署。常务副区长穆鹏和副区长刘长利参加会议并讲话。区安全监管局局长王勇禄对海淀区安全生产大检查工作进行部署。

（韩璐）

【大检查综合督查】 7月23日，海淀区召开全区安全生产大检查大治理综合督查部署会，区安委会、防火委成员单位主管领导参会，副区长刘长利参加会议并讲话。会议要求各部门、各街镇要重视督查工作，做好迎接国务院和市安委会对海淀区综合督查准备工作，按时更新上报大检查大整治企业检查台账、重大安全隐患治理台账、大检查大治理月报表，以及本辖区、本行业领域和本单位大检查大治理工作总结。区安委会定期开展综合督查，全面推动大检查大治理工作取得实效。

（韩璐）

【液氨制冷企业专项整治】 7月，海淀区安委会办公室协调相关单位和部门对辖区4家液氨制冷企业开展专项治理。开展专项整治前的审查备案、培训考核、安全交底、责任区分；整治工作中做到组织领导到位、制度保障到位、监督管理到位、事故预防措施到位；整治工作结束后实施涉氨单位内部和施工监理组的竣工验收、区安委会办公室组织专家验收“两级验收”，确保专项整治过程每一个方案、每一个环节、每一个步骤都按计划落实。辖区3家涉氨企业投入1740余万元完成隐患整改，区安全监管局对未完成隐患整改的1家企业进行行政处罚，责令限期整改并通过专家验收。

（李婧）

【APEC安全保障】 8月5日，海淀区安委会召开电视电话会，副区长刘长利主持会议，海淀区安委会成员单位领导参加会议。区安全监管局局长王勇禄、区公安消防支队支队长孔凡全分别部署APEC会议安全保障、安全生产隐患排查治理体系建设等安全生产重点工作。

（李婧）

【安委会扩大会】 8月16日，海淀区安委会召开扩大会，通报生产安全事故情况，部署事故防范工作；通报海淀区安全生产大检查大治理集中督查和第一次分组督查情况，部署安全生产大检查大治理工作；动员部署海淀区全行业企业安全生产标准化创建工作和社会单位消防安全标准化管理工作。区安委会成员单位负责人及责任科室科长、区属单位负责人、标准化评审单位负责人参加会议。副区长刘长利参加会议并讲话，对发生伤亡事故的街镇逐一点名警示，并就重点工作进行再动员再部署。

（韩璐）

【区政府安全生产工作研究】 8月18日，海淀区区长孙文锴主持召开第112次区政府常务会议，讨论区安全监管局关于海淀区2014年上半年全区安全生产情况、下阶段安全生产重点工作的汇报，及《海淀区安全生产“一岗双责”暂行规定》的请示，区编办关于报审《建立海淀区街道、镇安全生产专职安全员队伍方案》的请示。会议要求各单位、各部门、各街镇充分认识当前安全生产面临的形势和问题，落实责任，加大隐患排查和问题整改，保持安全生产的高压态势，为全国文明城区创建和APEC会议召开营造良好的安全环境。会议原则同意区安全监管局提出的《海淀区安全生产“一岗双责”暂行规定》，决定以区政府名义印发实施，区政府各位领导、各行业监管（管理）部门有关负责人、各街镇有关负责人按照安全生产“一岗双责”的规定，切实落实安全生产各项工作职责。会议原则同意区编办提出的《建立海淀区街道、镇安全生产专职安全员队伍方案》，决定以区政府办公室名义印发实施，相关费用由区财政局会同区安全监管局、人力社保局进一步审核核定后，由区财政予以支持。区安全监管局会同区人力社保局、区编办等部门，落实街道镇安全生产专职安全员队伍的组建工作，加强培训、严格管理，切实发挥街道、镇安全生产专职安全员队伍的作用。

（李婧）

【“六打六治”打非治违专项行动】 9月至12月，海淀区安委会组织建筑施工、危险化学品、人员密集场所、交通运输、油气管道、燃气使用、“三合一、多合一”场所消防安全等重点行业领域，以及城乡结合部地区“五小企业、六小场所”、商品批发零售市场、仓储场所及群租房屋等重点部位，深入开展安全生产专项整治。全区出动检查组662次，组织跨地区联合执法98次，采取“四不两直”的方式暗查暗访69次，打非治违专项行动取得阶段性成果。

（韩璐）

【国务院安委会综合督查】 9月26日，国家安全监管总局办公厅副主任王士杰带领国务院安委会办公室督查组对海淀区安全生产工作进行综合督查，市安全监管局副局长唐明明等相关人员参加督查。区委常委、统战部部长彭玉敬等相关人员参加督查。国务院安委会督查组通过听取汇报、实地检查、查阅资料的形式，先后对玉渊潭公园、甘家口街道的安全生产工作进行督查检查。督查组着重对玉渊潭公园国庆65周年游园活动安全保障、甘家口街道建立健全“党政同责、一岗双责”安全生产责任体系、开展“六打六治”打非治违专项行动进行了解。督查组对海淀区委、区政府及甘家口街道在安全生产工作中采取的各项措施给予肯定。

（韩璐）

【专项督导检查】 10月13日至14日，海淀区安全监管局局领导带队，到八里庄、紫竹院、曙光和西北旺等街镇就落实十八届四中全会、APEC会议和全国文明城区创建安全生产保障工作进行专项督导检查。要求各单位加强重点地区、重点行业、重点企业安全隐患排查整治力度，全力压减一般事故，有效防范较大事故和社会影响大的事故，全力以赴做好重要会议和重要活动安全保障。

（韩璐）

【APEC会议安全保障再部署】 10月30日，海淀区政府召开APEC会议安保维稳工作例会，会议分别由政法、综治、应急等相关部门负责人对APEC会议期间安保工作进行部署。区安委会办公室主任、区安全监管局局长田一川通报海淀区前三季度安全生产形势，并就APEC会议期间及第四季度安全生产重点工作进行部署。区安委会成员单位主管领导、各街镇负责安全生产、维稳工作的主管领导及各派出所所长参会，副区长刘长利参加会议并讲话。会议要求各部门、各街镇准确研判安全形势，扎实做好APEC会议期间安全生产、消防安全及维稳信访各项工作。一是把握重点、落实责任。二是强化属地和专项管理部门责任，加大隐患排查治理。三是加强处突防控和应急处置能力。四是各行业开展安全生产大检查，加强公共安全防控力度。五是加强检查督导工作。

（韩璐）

【安全生产电视电话会】 12月11日，海淀区政府召开安全生产电视电话会，副区长刘长利参加会议并讲话。全区34个委办局主管领导、各街镇安全生产主管领导和安办、综治、城管有关科室负责人在分会场参加会议。会议对城乡结合部地区安全生产专项整治和地下管网专项治理工作进行部署，要求有关部门和街镇做好专项整治的各项前期准备工作。

（韩璐）

危险化学品安全监管

【液氨使用单位安全检查】 6月4日至5日，海淀区安全监管局联合区消防支队、质监局集中对辖区涉氨制冷企业开展联合执法检查。检查企业4家，发现安全隐患6项，下达责令限期整改指令书2份，隐患整改率100%。

（陈刚）

【“一书一签”专项整治】 6月13日，海淀区安全监管局召开危险化学品“一书一签”专项整治回头看检查工作会议。辖区内危险化学品生产企业、气体分装企业、带仓储的其他危险化学品经营等企业的主要负责人参加会议。会议对“一书一签”专项整治回头看工作进行部署，要求企业开展自查，按时上报检查中发现的隐患并及时整改。

（陈晓文）

【涉氨制冷企业隐患整改验收】 7月8日至9日，海淀区安全监管局联合区消防支队、质监局对辖区涉氨制冷企业开展消隐工程验收工作。验收工作对照企业隐患挂账整改的实际，由3名以上专家现场论证和评估，结合相关部门的意见和建议，做出综合评定。辖区4家涉氨隐患单位全部通过消隐验收。

（陈刚）

【经营单位专项检查】 8月6日，海淀区安全监管局联合区质监局开展为期两周的危险化学品经营单位专项检查。检查组抽查5家气体分装、仓储危险化学品企业，重点检查“一书一签”编写、危险化学品登记、执行危险化学品包装标准、“一书一签”管理制度、作业场所警示标志等。发现安全隐患12项，下达限期整改指令书5份，隐患整改率100%。

（陈晓文）

【加油站夜查】 9月28日，海淀区安全监管局组成两个执法检查组，对辖区加油站进行夜查。重点检查加油站节日期间的安全管理工作落实、员工安全教育、应急值守、现场管理等情况，检查加油站10家，发现隐患14项，下达责令整改指令书7份，隐患整改率100%。

（陈刚）

【气体剧毒化学品联合检查】 10月13日，海淀区安全监管局联合区市政市容委、城管执法局、质监局、公安分局、交通支队、工商分局等部门深入全区气体经营企业和剧毒化学品经营企业开展为期一周的专项检查，检查企业14家，发现隐患9项，下达责令限期整改指令书8份，经复查此次发现的隐患全部整改完毕。

（陈刚）

【防火安全工作会】 12月19日，海淀区安全监管局在上地办公中心召开全区危险化学品生产经营单位防火安全工作会议，全区加油站、气体经营单位、液氨使用单位主要负责人参加会议。会议要求，各单位要召开一次防火安全专题会议，对员工进行安全教育，提高员工安全意识。强化安全检查和隐患排查，发现隐患及时整改。组织一次应急演练，改进和完善应急预案，提高员工自救互救能力和应急处置能力。加强应急值守，确保联络畅通，值班人员24小时在位，遇有特殊情况及时报告和处理。

（陈刚）

烟花爆竹安全监管

【销售安全部署会】 1月6日，海淀区安全监管局召开全区街镇安办主任会议，部署烟花爆竹销售安全管理工作。烟花爆竹零售网点销售时段为1月25日至2月14日，区安全监管局组织执法人员对零售网点进行全覆盖检查。会议要求各街镇合理安排执法检查力量，对本辖区的零售网点检查确保无盲区、无死角。按照《北京市空气重度污染应急预案》和市烟花办《北京市2014年春节烟花爆竹安全管理工作意见》的要求，在政府发布空气重污染橙色、红色预警情况下，督促烟花爆竹零售网点暂停销售。

（陈刚）

【经营许可证与销售】 本年，海淀区发放烟花爆竹经营许可证148家，其中五环内93家、五环外55家，同比减少18家，下降10.8%。海淀区烟花爆竹零售网点在销售期间，销售37351箱，同比减少9387箱，下降20.2%。

（陈刚）

【零售网点安全管理】 本年，海淀区完成烟花爆竹零售点语音视频监控设备的运行维护工作，充分发挥网点音频、视频监控系统作用，加强对零售网点安全管理。实行烟花爆竹零售经营安全生产责任保险制度，所有销售网点均办理安责险，并签订安全责任书。重点时段，区主要领导与烟花办、安全监管等部门在区政府应急指挥大厅，利用烟花爆竹视频监控平台及全区社会面1900余个视频监控探头，实现对各零售网点的视频实时监控和双向语音沟通。区安全监管局组织4个烟花爆竹检查组，对27个街镇实行分片包干负责，不间断检查；23名安全生产专职检查员对零售网点不间断检查，销售前、销售中、撤棚回收等阶段拉网式全覆盖检查。出动检查人员136人次，车辆68车次，检查零售网点450个次，发现安全问题及隐患92项，隐患整改率达100%。

（李婧）

【回收及撤点】 2月15日，海淀区开始零售网点烟花爆竹回收撤点工作。2月20日12时截止，已完成烟花爆竹退货入库、音视频监控设备和销售大棚拆除工作，实现“不爆炸、不燃烧、保安全、零事故”的目标。

（陈刚）

隐患排查治理

【明光村地区隐患治理】 6月至11月，海淀区安全监管局会同相关街镇、委办局开展为期半年的明光村地区安全隐患集中整治工作。通过调查摸底，建立165家企业、单位的基本情况台账，制定《海淀区明光村地区安全隐患治理工作方案》，治理重点为企业安全生产隐患、生产经营用房安全、店外堆货加工、区域安全环境、流动商贩、拆除改造工程监管等6项内容。在各单位共同努力下，关停骄子幼儿园和东方娃娃幼儿园，对苗苗幼儿园进行办园资质申请的前期审核，并提出审核期间的相应安全要求；围绕安全用电、防火、消防设备设施、安全出口通道是否畅通、燃气安全使用、“三合一”、“多合一”、占道经营等情况，出动检查人员185人次，排查隐患92项，一批安全隐患得到及时整改；将明光村市场关停与安全环境综合整治、打非治违等相结合，8月25日开始全面关停市场，商户全部清退、市场全部封闭，拆除所有非砖混结构的临时建筑，消除安全隐患；暂扣收缴超期未检液化气瓶50千克9个、15千克7个、5千克1个，确保周边居民用气安全；支持引导金五星百货批发市场升级改造，加强改造过程安全管理，防止安全事故；联合辖区街道和公安、交通、工商、卫生等执法部门，集中力量整治明光寺果品批发市场周边环境问题，形成长效机制，出动执法人员128人次，执法车辆33车次，暂扣无照三轮车12辆；加大食品安全监管力度，对该地区食品生产经营单位日常巡查108户次，处罚无证经营商户9户次，罚款2.37万元，食品生产经营秩序明显好转，隐患整治工作取得明显成效。

（李婧）

【安全环境及城乡结合部综合整治】 本年，海淀区安全监管局按照“整体部署、分区划片、立体整治、分步实施”的工作思路，组织完成安全环境综合整治暨城乡结合部地区安全生产专项整治工作，实现“地上、地下”联合治理，“安全、环境”共同推进。整治期间，建立重点整治单位动态台账1239家，关停违法违规生产经营单位1833家，行政处理319人，清退5646人，整治工作取得较好成效。

（李婧）

【隐患举报查处】 本年，海淀区安全监管局及时查处市安全生产举报投诉中心、区非紧急救助中心转办和群众电话举报的安全隐患，切实做到接到一起调查一起，查实一起处理一起，件件反馈调查结果，全年累计查处群众举报生产安全隐患111件，其中：市安全生产举报投诉中心转办87件，区非紧急救助中心转办9件，直接接收群众投诉举报15件。按监管行业分：人员密集场所68件，建筑15件，烟花爆竹6件，危险化学品1件，工业企业2件，其他19件。截至12月底，已办结163件，立案调查10起，办理结果均已答复署名举报人，办结率达100%。

（李婧）

应急救援

【重大事故应急救援】 12月29日8时20分，在清华大学附属中学体育馆等3项工程施工现场发生重大事故。该工程劳务分包单位安阳诚成建筑劳务有限公司的14名作业人员在绑扎复合底板钢筋时，上层钢筋突然发生坍塌，将作业人员砸压在底层，事故造成10名作业人员死亡，4人受伤。事故发生后，市委、市政府高度重视，市委书记郭金龙、市长王安顺指示全力救治伤员。北京市市长王安顺，国家建设部副部长王宁，国家安全监管总局副局长王德学，北京市副市长陈刚、张延昆，市政府秘书长李伟赶赴现场指挥处置。海淀区迅速启动

《北京市海淀区建设工程施工突发事故应急预案》，区委书记隋振江，区长孙文锴，区委常委、公安海淀分局局长尹燕京，区委常委、常务副区长穆鹏，区委常委、宣传部长陈名杰，区委常委、副区长傅首清，副区长龚宗元、王际祥等立即赶赴现场，组织相关部门开展抢险救援和善后工作。

（陈溥）

【应急信息报送】 本年，海淀区安全监管局在节假日和重点时期，严格执行24小时局领导在岗带班制度、值班人员双岗在岗值班制度和工作人员24小时通信畅通备勤制度，及时掌握全区安全生产工作动态；“两节”、全国“两会”等特殊时期，每日增加一组检查人员，充实应急值守力量；严格落实事故信息快速报告制度和综合信息每日报告制度，确保联络畅通，及时传达市、区应急工作部署和要求，保证市、区各项工作的层层落实和重点时期全区安全生产形势的稳定。

（李婧）

执法监察

【暗访夜查专项行动】 1月1日至2月14日，海淀区安全监管局组织开展安全生产暗访夜查专项行动，检查重点是辖区内城乡结合部地区“五小企业”“六小场所”以及烟花爆竹仓库和零售网点。出动执法检查人员40人次，执法车辆18车次，检查生产经营单位32家，其中餐饮12家，文化娱乐场所1家，网吧1家，宾馆3家，工业3家，烟花爆竹12家，下达执法文书19份。发现隐患42项，经复查，所有隐患全部整改完毕，隐患整改率100%。

（刘志宏）

【全国“两会”安全保障】 2月8日至3月14日，海淀区安全监管局建立全国“两会”驻地周边500米范围内生产经营单位台账，督促行业主管部门加强安全监管，指导属地街镇做好安全生产管理，组织协调联合执法检查，24小时查处驻地周边企业安全生产隐患举报，加强对驻地周边危险化学品企业的安全生产检查和突发事件应急处置。出动检查人员200余人次，执法车辆90余车次，抽检生产经营单位364家，查处安全生产隐患53项，下达执法文书86份，隐患整改率100%。

（刘志宏）

【建筑施工执法检查】 4月1日至5月31日，海淀区安全监管局对辖区在建施工工地开展专项执法检查，随机抽查55家在建施工工地。依据安全生产法的相关规定，重点检查现场安全生产规章制度建立情况、从业人员教育培训、特种作业人员持证上岗和管理、劳动防护用品配备及管理等情况。发现建筑施工领域存在安全生产规章制度不健全、从业人员教育培训档案不健全、劳动防护用品管理不完善、特种作业人员未正确佩戴劳动防护用品上岗作业等问题，下达执法文书55份。对检查中发现的隐患，经复查，整改率100%。区安全监管局对专项执法检查工作中发现的问题，采取3项措施对行业主管部门进行提示指导。一是在区安全监管局政务网站上刊登专项执法检查工作信息。二是在《海淀区安全生产简报》刊发相关工作信息。三是在区安委会季度例会上通报专项执法检查情况。

（李婧）

【中央经济工作会议安全保障】 12月9日至12日，海淀区安全监管局组织开展中央经济工作会议安全生产保障工作。本着早部署、快行动、抓落实的原则，抽调执法人员，组成专项检查组，与街镇联动，加强会议驻地周边生产经营单位的安全生产检查工作。其间，检查生产经营单位25家，查处安全隐患16项，下达责令限期整改指令书5份，隐患整改率100%，圆满完成中央经济工作会议的安全生产保障工作。

（刘志宏）

【文化娱乐场所联合检查】 12月15日，海淀区政府办主任王际祥带领安全生产检查组采取“四不两直”的方式对海淀区3家文化娱乐场所开展联合执法检查，区安全监管局、消防支队、文化委及相关街道主要负责人参加检查。检查组主要检查安全管理制度、应急救援、消防设施、重点部位安全运行、安全设施硬件、管理人员配备、员工安全素质、作业人员持证上岗等情况，并与企业安全管理人员进行交流。检查结果显示，3家单位均能按规定落实安全管理制度，安全生产状况良好。

（任海源）

职业卫生监督检查

【职业卫生工作部署】 3月26日，海淀区安全监管局印发《海淀区安全生产监督管理局关于做好2014年全区职业卫生工作的通知》，明确职业卫生重点工作是开展用人单位职业卫生基础建设活动；贯彻落实职业卫生档案管理规范，开展一人一档工作；开展重点行业职业病危害专项治理“回头看”活动；开展水泥制品和石材加工企业粉尘危害专项治理行动；开展防暑降温专项执法检查；开展职业卫生宣传培训等工作。

（徐春兰）

【有限空间安全生产协调会】 4月25日，海淀区安全监管局召开有限空间安全生产工作协调会议，研究重点行业领域有限空间安全生产工作。区发展改革委、住房城乡建设委、市政市容委、农委、水务局、房管局、园林绿化局、商务委、文化委、卫生局、国资委、体育局、旅游委、民防局、环卫中心等单位相关负责人参加会议。

（徐春兰）

【职业卫生培训】 5月，海淀区安全监管局面向四季青、北下关、马连洼、上地、苏家坨、西北旺等6个街镇的企业开展职业卫生教育培训，168家企业的职业卫生主要负责人和职业健康管理员参加培训。培训以企业职业卫生工作的基本要素、企业如何做好职业卫生工作和职业卫生案例等内容为基础，结合全年职业卫生工作任务，重点讲解用人单位基础建设达标、监督执法年5项100%工作目标，职业健康监护档案“一人一档”的建立等工作，明确工作完成时限，要求企业严格按时完成各项工作目标，统筹落实、确保工作取得实效。

（马铭）

宣传培训

【安全生产月】 6月，海淀区安委会办公室组织开展第13个全国安全生产月宣传教育活动，组织“警示教育周”“隐患排查治理周”“安全文化周”“应急演练周”“宣传咨询日”专题系列活动，以“安全文化示范企业经验推广”为主题，召开全区企业安全文化建设工作交流论坛。检查生产经营单位5500余家次，出动检查执法人员11819人次，发现安全隐患4559项；开展系列应急演练483次，安全生产教育培训6800余人，张贴、发放各类宣传材料（宣传品）25万份，在市、区各级新闻媒体、网络发布安全生产月新闻、安全生产常识600余条，全区4500多家单位、33万余人参加安全生产月各项活动。

（任海源）

【组建教育培训基地】 10月15日，海淀区安全监管局依托海淀区职业学校、北京京育华成教育咨询有限公司、北京铁路局铁路职工培训基地组建的海淀区安全生产教育培训基地，正式启动培训工作，第一批培训16个街镇试点，由街镇组织推荐本地区重点企业负责人及安全管理员参加，本年完成1500人次培训任务。

（任海源）

【粉尘爆炸教育培训】 12月10日，海淀区安全监管局在北京实创西山科技培训中心举办严防企业粉尘爆炸教育培训大讲堂，有关街镇安办工作人员、有关企业主要负责人、现场作业人员90人参加培训。通过事故案例演示、讲解粉尘的安全常识、粉尘爆炸的危害性以及防护措施，提高企业涉及粉尘作业人员的安全意识，规范作业人员行为，有效遏制企业粉尘爆炸事故的发生。

（任海源）

【多渠道开展宣教活动】 本年，海淀区安全监管局多渠道开展安全生产宣传教育工作。利用户外电子广告屏制作安全生产月宣传广告“您的平安是对家人最好的爱”“强化红线意识、促进安全发展”，在西四环权金城休闲家园户外广告屏和海淀京粮广场户外广告屏滚动播出。制作《安全生产教育培训》《有限空间安全作业》两部视频宣传短片，联合区文化委，搭载流动电影展播活动，深入社区播放两部宣传短片4800场；由29个街镇牵头，在辖区内重点社区、学校、企事业单位等有播放条件的公众场所进行循环播放；海淀区各行业主管部门也在本行业生产经营单位中组织巡展播放。联合超市发连锁股份有限公司，在超市塑料购物袋上印制安全生产提示标语，向市场投放印有安全生产提示标语塑料购物袋100万个。向全区29个街镇、13个办公区、9个道口发放167条宣传横幅并要求各重点单位悬挂，形成全社会关注安全的良好氛围。定制290套宣传挂图，在29个街镇的重点社区宣传栏进行张贴，定制1万个印有安全生产提示语的无纺布环保购物袋，免费向市民发放，使安全生产知识家喻户晓、深入人心。

（李婧）

法制建设

【行政许可检查】 5月22日，市安全监管局检查组到海淀区检查安全生产行政许可工作。检查组听取海淀区安全生产行政许可工作情况汇报，随机抽取查阅危险化学品行政许可案卷，登录北京市安全生产监管信息平台检查网上审批运行情况。

（陈晓文）

【案卷评查】 7月，海淀区安全监管局参加海淀区法制办行政执法案卷评查，报送行政处罚案卷18卷，行政许可案卷12卷，均被评为优秀卷。10月，参加市安全监管局组织的行政处罚案卷评查，报送案卷52卷，抽取2卷，被评为优秀卷。

（吴相玺）

【法律法规培训】 8月14日至15日，海淀区安全监管局组织全区安全生产志愿者进行安全生产法律法规培训。培训内容包括安全生产相关法律、法规知识，安全生产巡查、人员密集场所和建筑施工工地安全生产管理知识。通过培训，志愿者明确各自的职责，增强安全生产法制意识，提高安全生产管理水平，为全面提升安全生产监管水平打下良好的基础。

（任海源）

标准化建设

【微型企业岗位达标总结会】 1月6日，海淀区安全监管局召开微型企业岗位达标总结座谈会，各街镇安办主任参加会议。紫竹院街道、海淀街道、上地街道、东升镇、上庄镇安办主任总结本地区微型企业岗位达标情况，介绍经验，提出遇到的问题。通过总结座谈，各街镇安办交流经验，找出不足，为本年微型企业岗位达标工作奠定基础。

（郑臣）

【标准化达标企业抽查】 10月13日至24日，海淀区安全监管局安全生产标准化办公室聘请6名安全标准化专职评审员，分别对全区184家三级标准化达标企业和2672家岗位达标微型企业进行抽查。被抽查的152家微型企业中，符合标准的135家，需整改后再核查13家，否决4家，达标抽查合格率88.82%。被抽查的30家三级达标企业中，符合标准的21家，需整改后再核查9家，抽查合格率70%。

（郑臣）

【评审单位达标评审推进会】 11月6日，海淀区安全监管局召开安全生产标准化评审单位达标评审工作推进会。参加会议的11家三级企业安全生产标准化评审单位分别介绍达标评审工作进展及遇到的问题。区安全监管局结合市、区对三级达标企业的两次抽查情况，对评审单位的评审质量进行通报。

（郑臣）

【标准化建设信息化管理】 本年，海淀区安全监管局明确专人使用安全生产标准化达标创建管理信息系统，做好信息系统的操作和管理等各项工作，补录三级达标企业40家，小微企业岗位达标1444家，完成2013年年底前已达标企业的信息补录工作，实现达标创建企业在安全生产标准化自评、申请、评审、审核、公告及授牌等过程中督促申请企业、评审单位全过程正确使用系统，建立信息化动态管理机制。

（郑臣）

【扩大标准化创建范围】 本年，海淀区安全监管局加强政策引导，严格监督执法，落实激励措施，激发企业创建标准化的内在动力，扩大标准化创建范围和数量，不断提高标准化建设水平和质量，全面落实强基固本的目标，重点推进工业、危险化学品经营、商业等行业（领域）企业标准化建设工作。分批次完成对行业、属地、区级评审人员的多层次培训，各属地、行业管理部门组织对本地区、本行业岗位达标、三级标准化创建企业负责人和安全管理人员进行培训，突出重点、分步实施、稳步推进，全年完成三级标准化达标企业 196 家、小微企业岗位达标 3166 家。

（郑臣）

丰 台 区

概 述

2014 年，丰台区安全生产工作贯彻科学发展观和习近平总书记系列重要讲话精神，牢固树立安全生产“红线”意识，围绕“四化双基三体系”工作重心，落实各级安全生产责任制，强化安全隐患排查治理，倡导安全文化建设，夯实安全基础。全区未发生较大以上安全生产事故，保持安全生产形势持续平稳。丰台区被市安委会评为“2014 年度安全生产工作先进区县”。

一、落实责任，充分发挥安委会综合协调作用

年初，召开全区安全生产大会，总结部署工作，与各街乡镇、安委会成员单位签订责任书。制发《安全生产工作意见》《重点执法检查计划》《宣传教育工作意见》等指导性文件，统筹全年安全生产工作。建立健全责任体系，制定《通报办法》《约谈办法》《安全生产违法行为警示办法》《“四不两直”暗查暗访制度》《向区委组织部定期报送安全生产情况的通知》《隐患排查治理体系建设实施意见》。区委、区政府每季度听取安全生产工作情况汇报，召开专题会议研究解决安全生产工作中的重点、难点问题。

二、多措并举，推进安全生产预防控制体系建设

安全生产标准化建设任务超额完成。以工业、危险化学品和人员密集场所涉及的行业领域为主，开展三级标准化创建，制定全区工作方案和各行业领域专项方案，全年达标验收 518 家，超额完成市安全监管局下达的 500 家创建任务。制定小微企业工作方案，完善评审程序、资料及标准，全年完成 1954 家，超额完成 1000 家指标任务。聘请中介机构对达标的 150 家三级企业进行核查。组织培训 18 期，培训 2500 余人，印发工作手册 5000 余份，投入经费近 300 万元。本年，市安全监管局在丰台区召开全市安全生产标准化现场推进会，推广丰台区工业企业创建经验。

开展安全生产月系列宣传教育活动。相继开展宣传咨询日、“安监十佳卫士”评选、职业病和家庭安全知识竞赛、情景剧大赛、“安全心语”短信征集、警示教育周、应急演练周等宣传教育活动，近3000人参加。

组建安全员专职队伍。按照全市统一要求，全面启动专职安全员招聘工作，成立专职安全员管理办公室，制定工作方案，明确招聘条件、阶段任务，发布公告。经笔试、面试、体检，完成首批325人的招聘工作。

及时处理、严格查处举报投诉。采取分级分类办理，根据存在隐患严重程度和部门监管权限，分别由街乡镇、安全监管局或相关部门予以核查解决，保证举报投诉件查处的及时性和实效性。办理各类举报投诉107件，其中“12350”市安全生产举报投诉中心直接交办95件，内部受理12件，全部办结回复。

三、严格执法，深入开展隐患排查治理体系建设

本年，区政府制发《丰台区隐患排查治理体系建设实施方案》。区安全监管局执法检查生产经营单位1764家次，下达执法文书923份，立案108起，罚款67.9万元。区安委会办公室组织相关部门完成21项专项执法行动和32项大型活动安全生产保障任务。制定城乡结合部专项整治方案和督查工作部署，开展每月一次的区领导带队包片督查。检查生产经营单位2.8万家次，出动执法检查人员3.9万人次，行政处罚281次、129.6万元，发现、整改隐患10656项，停产停业1106家，关闭取缔865家，处理人员74名，清退5554人。拆除违法建设735处95.4万平方米，其中拆除新生260处6万平方米，拆除既有475处89.4万平方米。

四、“六打六治”打非治违专项行动取得实效

成立以区长冀岩为组长的领导小组，明确各专项组牵头部门及各成员单位职责。结合国庆、十八届四中全会、APEC会议安全保障等专项工作，制定具体实施方案，全面开展整治。一是建立粉尘爆炸危险企业台账92家，组织培训、一对一约谈及抽查，对2家企业给予行政处罚。二是对客运、货运单位开展专项治理，查处各类交通违法行为2.86万多起，扣留各类违法车辆8554辆，拘留95人，对3家危险化学品运输单位进行处罚。三是建立12家地下管线权属单位500余处占压台账，并进行分类梳理，协调解决10余处管线占压问题。四是检查建设工程项目510项，排查治理各类安全隐患1016项，下达责令停工通知书7份、责令改正通知书52份、实施简易处罚11起、立案处罚6起，罚款19.1万元。五是推进火灾隐患排查整治工作，检查单位1083家次，发现隐患657项，消除隐患543项，下达处罚决定书180份，罚款190余万元，责令“三停”单位16家，拘留35人。建立并实施“黑名单”、典型案例通报和约谈警示、“一案双查”、挂账督办等长效管理机制。张贴发放宣传材料2万余份、悬挂条幅1000余条，营造社会氛围。

综合监管

【控制考核指标】 本年，丰台区发生安全生产事故死亡78人，占市安委会下达年度控制指标的89.66%。其中：道路交通事故死亡64人，与控制指标持平；生产安全事故死亡7人，占控制指标的46.67%。未发生较大以上安全生产事故。

（李颖）

【区领导督查春运安全】 1月26日，丰台区区长冀岩带队对丽泽桥长途汽车客运站春运状况进行实地督查，副区长高峰参加督查。区领导检查客运站应急预案、消防灭火设备配置和监控设备运行等情况。冀岩要求各部门树立“春运第一、安全为重”的理念，保障人民群众平安过年。

（李颖）

【区领导节前检查居民取暖安全】 1月28日，丰台区区委书记李超钢带队检查西罗园街道安全生产工作。在角门东里二社区，检查组现场查看住户取暖煤炉、一氧化碳报警器等安装使用情况。李超钢叮嘱居民要注意取暖安全，并要求相关单位要帮助居民正确安装烟囱、使用炉具，确保安全过冬。

（李颖）

【南站枢纽电梯联合检查】 2月10日，市质监局、安全监管局组成联合检查组，对北京南站南出口交通枢纽正在运行的客运电梯进行突击检查。重点查看电梯运行安全管理制度是否有效执行，在用电梯是否注册登记以及定期检验，电梯检验合格证、安全注意事项和警示标志是否张贴，电梯安全管理人员和维保作业人员是否持证上岗，是否定期维保，维保记录内容是否齐全等内容。检查组要求电梯使用单位学习《中华人民共和国特种设备安全法》，并提前一个月申请定期检验，加大设备检修维护力度，严防安全事故发生。

（肖勇）

【区委常委会听取安全生产汇报】 2月19日，丰台区区委书记李超钢主持召开区委常委会，听取区安全监管局关于安全生产工作的汇报。会议指出：2013年全区安全生产工作成效显著，荣获“安全生产工作先进区县”称号，但绝不能盲目乐观。对于2014年安全生产工作，李超钢要求：要将安全生产与产业转型升级有机结合起来，以产业转型升级保安全生产，以安全监管促产业转型升级；督促企业切实履行安全生产主体责任，减轻安全生产监管部门工作压力，强化监管、严格执法；要以重点工程、项目的安全压减大事故，突出抓好世界种子大会、丽泽金融商务区、科技园区、保障房建设等安全监管，同时要做到“抓大不放小”，强化对小微企业、商市场安全监管力度，严防小事故发生。

（李颖）

【全国“两会”期间安全督查】 2月26日，丰台区副区长高峰带领区安全监管局、公安消防支队等部门组成的联合检查组，督查太平桥街道和卢沟桥街道全国“两会”代表驻地安全生产保障工作。在蓝调小区和物美超市大成路店等重点单位，检查组听取全国“两会”保障工作的汇报，重点检查“三合一”隐患整治、消防安保措施、24小时应急值班等情况。高峰强调：要加大日常巡查力度，特别要加强应急值守能力和职工安全培训教育工作，进一步落实安全生产主体责任，确保全国“两会”期间安全稳定。

（牛玉杰）

【城乡结合部专项整治检查】 3月25日至31日，丰台区安委会开展第四次城乡结合部专项整治督查行动。由区领导带队组成9个督查组，分别对各街乡镇专项行动部署落实情况、整治开展效果、宣传教育情况进行督导检查。督查采取“四不两直”工作方式，对重点地区、重点单位随机检查。

（李颖）

【城乡结合部专项整治督查】 4月1日，市安全监管局副局长蔡淑敏带领市安委会督查组，对丰台区城乡结合部专项整治工作进行综合督查，副区长高峰及区安全监管局、公安消防支队等相关人员参加督查。督查组检查东铁匠营街道、马家堡街道现场整治情况，查阅专项整治台账等相关材料。督查组对丰台区专项整治工作给予肯定。蔡淑敏要求丰台区巩固整治成果，做好“防反弹”工作，及时更新复杂敏感地域隐患点台账，保证实地现场与台账同步。

（张显扬）

【区政府常务会议部署安全生产工作】 4月10日，丰台区召开第33次区政府常务会议。区安全监管局汇报全区第一季度安全生产事故情况及第二季度重点工作任务。区长冀岩指出，全区第一季度安全生产态势总体平稳可控，但第二季度安全生产形势仍面临严峻挑战。全区各部门、各街乡镇要抓好责任落实，各单位“一把手”要亲自布置、亲自抓，对于发生安全生产事故造成严重后果的单位及个人要采取一票否决制，绝不姑息；要结合习近平总书记对首都工作提出的5点要求，相关部门要联动配合，对违法建设、非法安全生产经营行为坚决叫停；要抓好重点时段、重点领域的安全生产工作；要结合季节性特点，加强危险化学品运输、建筑施工、交通运输、人员密集场所等风险点的隐患排查，做好事故的预防工作。

（李颖）

【安全生产工作会】 4月29日，丰台区政府召开2014年安全生产工作会，区安委会和防火委重点成员单位及各街乡镇主管领导参加会议。会议通报2013年及2014年第一季度安全生产工作和消防安全工作情况，对全年及第二季度安全生产重点工作进行部署。副区长高峰参加会议并讲话。

（李颖）

【丰台区电影节安全保障】 4月，市新闻出版广电局对丰台区保利马家堡影城、保利北京万源店进行影展筹备及安全生产联合检查。检查组听取影院负责人安全生产工作汇报，查阅有关档案，检查员工日常培训情况及对初期火灾应急处置能力，并对影展演示厅、放映厅消防设备、疏散通道等硬件设施逐一进行查看。检查组要求影城严格遵守安全生产法律法规，制定完善《影展安全保障方案》《影展应急预案》，定期开展消防及疏散演练，按时检查用电线路及机器设备，加强影展期间安全巡检工作，保障第四届北京国际电影节展映顺利召开。

（陈伟）

【区领导商市场安全检查】 9月27日，丰台区区长冀岩带队检查卢沟桥乡集美家居杜家坎店的安全生产工作，副区长高峰参加检查。区领导对商场安全保障设施进行检查，并重点查看中控室视频监控设备运行情况，对安全应急预案、消防灭火设备配置运行等情况进行询问，要求政府部门和企业树立“安全第一”的理念，全力确保国庆期间安全平稳。

（韩庆泽）

【区领导国庆游园安全检查】 9月30日，丰台区区委书记李超钢带队检查园博园国庆游园活动安全服务保障工作，区长冀岩参加检查。检查组查看位于园博园3号门广场的“喜迎国庆”演出主舞台搭建情况，就加装安全保障设施的相关情况向工作人员进行询问。李超钢要求相关部门加强国庆游园活动期间的安全管理，确保群众欢度国庆长假。

（薛波）

【APEC安全保障工作会】 10月15日，丰台区副区长高峰主持召开APEC会议安全保障工作会，区安委会成员单位及各街乡镇主管领导参加会议。高峰要求：一是切实加强对APEC会议期间安全保障工作重要性的认识，牢固树立“红线”意识，不折不扣完成安全保障工作；二是狠抓安全生产责任制的落实，扎实开展“六打六治”打非治违专项行动，在检查中要做到“关门、清人、除隐患”三步走，坚决杜绝各类安全事故的发生；三是强化预防体系建设，构建安全防范屏障，加强应急值守工作，及时掌握安全动态舆情。

（李颖）

【区领导督查挂账隐患整改】 10月23日，丰台区副区长高峰带领区公安消防支队、安全监管局等部门对新村、和义街道两处挂账单位隐患整改情况进行督查。督查组在新村街道刘庄子91号院，现场查看宿舍存在楼道安全出口被封堵、楼内缺乏消防应急设施、院内随意私搭乱建等安全问题。高峰要求相关部门配齐消防应急设备、疏通被封堵的安全出口，联系宿舍产权单位加快电气线路改造，尽快消除隐患。针对和义街道久敬佳园小区存在的室内消火栓无法正常使用、火灾自动报警系统设备线路损坏等安全隐患，高峰要求街道办和物业公司充分利用小区资源加快整改，各职能部门要给予必要支持和帮助，全力消除安全隐患。

（李颖）

【市安委会“六打六治”督查】 11月25日，由市规划委副主任曹跃带队的市安委会综合督查组对丰台区“六打六治”打非治违专项行动进行督查。督查组重点检查长辛店镇张家坟村一处整治后的无证照经营出租大院以及正丰饲料厂粉尘安全隐患情况，听取区安全监管局关于“六打六治”打非治违专项行动整体情况汇报，查阅区政府及长辛店镇专项整治工作档案资料。

（李颖）

危险化学品安全监管

【全国“两会”安全检查】 全国“两会”期间，丰台区安全监管局检查两会驻地、沿线周边重点危险化学品经营单位15家次，检查记录10份，下达整改指令书2份。通过信息平台，向全区危险化学品经营单位发出通知，要求各单位加强领导带班，做好应急值守工作。要求14家易制毒经营单位在全国“两会”期间停止经营，要求84家加油站停止加装散装汽油。

（陈勇）

【经营单位安全执法检查】 本年，丰台区安全监管局检查危险化学品经营单位120余家次，下达整改指令书58份，查处举报8家次，发现并督促企业整改隐患114项。

（陈勇）

【行政许可】 本年，丰台区安全监管局受理全区生产经营单位申请危险化学品经营许可证56家次，其中：延期33家，首次申请9家，变更14家。不予受理1家，易制毒备案6家，注销易制毒备案6家。注销经营许可证10家。加油站装修改造备案10家次。

（李建鹏）

烟花爆竹安全监管

【烟花爆竹安全培训】 1月16日至17日，丰台区安全监管局聘请专家为全区146个烟花爆竹销售网点的750名负责人及从业人员进行岗前安全培训。培训内容包括烟花爆竹安全管理规定、经营单位安全管理职责、公安部门“三禁止、三报告、一登记”制度、遇橙色雾霾天气停售等法律法规。培训注重从业人员的动手能力，专门安排消防实际操作和应急救援演练，手把手指导、一对一帮教。

（张振淮）

【元宵节燃放安全夜查】 2月14日，丰台区安全监管局集中力量开展元宵夜烟花爆竹安全大检查，由局领导带队分8个检查组对146个烟花爆竹零售网点进行全覆盖彻查。重点对各零售网点安全管理、消防器材及安全标识配备、烟花爆竹流向登记等情况进行检查指导，督促各网点务必于15日零点准时停售，并做好退货清理工作。区安全监管局值班室安排领导带班值守，24小时保持800兆电台及网上监控平台开通，全方位掌控烟花爆竹零售网点安全状况。

（陈勇）

【烟花爆竹销售网点安全管理】 本年，丰台区安全监管局和各街乡镇出动检查人员1568人次，车辆534车次，对烟花爆竹零售网点开展安全检查2628家次，开具现场检查记录1236份，下达执法文书16份，消除安全隐患36项。销售烟花爆竹20016箱，同比下降约31%。烟花爆竹经营期间未发生安全事故。

（陈勇）

隐患排查治理

【城乡结合部建设工程隐患排查】 1月，丰台区住房城乡建设委对城乡结合部地区建设施工现场开展检查，重点检查安全生产责任、消防保卫、领导带班制度落实以及易燃物清理等内容。对12项建设工程进行8次检查，出动执法人员32人次，排查治理隐患29项，开具监督执法记录12份，责令1家限期整改，责令2家停工整顿，处理责任人员3名。

（李颖）

【建设施工现场专项整治】 3月3日至18日，丰台区住房城乡建设委成立9个检查组，对全区在建设施工工地开展安全隐患专项整治工作，重点检查安全施工、绿色施工和质量控制等情况。检查工地159个，发现并督促整改各类安全隐患208项，现场下达责令改正通知书5份，责令停工通知书2份，简易处罚通知书3份，立案处罚3项，罚款3.3万元。

（李颖）

【工业企业隐患排查】 8月5日，丰台区安全监管局派出专项检查组，对全区工业企业进行安全生产隐患排查治理，重点是存在粉尘危害因素的企业。在花乡杨树庄村一家具建材生产加工企业，执法人员发现存在工人未戴防尘口罩、电气线路私搭乱接等隐患，检查组当场责令该企业停业整改；在王佐镇发现两家装饰建材企业存在粉尘车间未独立设置、除尘设备老旧损坏等安全隐患，执法人员立即责令两家单位限期整改。经复查，隐患全部整改完毕。

（刘凤英）

【“卢沟晓月”文化节隐患排查】 9月上旬，丰台区安全监管局制定保障“卢沟晓月”文化节安全生产执法检查计划，明确工作重点和各级安全管理职责。聘请安全专家，与执法人员一起对“卢沟晓月”活动现场的舞台搭建设施情况开展安全检查，排查隐患，对现场检查出的问题立即下达责令整改指令书，把安全事故苗头消灭在萌芽状态。

（肖勇）

【APEC期间企业隐患排查】 APEC会议期间，丰台区国资委全系统于10月22日晚集中开展错时检查行动，重点检查会议场所周边、行车路线沿线单位（场所）等重点区域，以及商市场、宾馆饭店、交通枢纽、餐饮场所、公共娱乐等人员密集场所，排查治理安全隐患。9月23日至10月22日，全系统检查企业688家次，发现和整改安全隐患10项。

（李颖）

应急救援

【“一对一”应急管理培训】 4月23日至24日，丰台区安全监管局组织西南郊食品冷冻厂、丰西油库等10家企业开展重大危险源“一对一”应急管理人员培训会。相关属地安全管理机构、企业负责人及预案管理人员近50人参加。会议讲解重大危险源企业生产安全隐患排查治理和应急预案管理等，播放重大危险源企业事故案例宣传片并进行交流讨论；通报全国及本市液氨企业安全生产形势。会议要求各企业及相关属地管理机构要高度重视，针对“一对一”专项预案安排专人管理，加强应急演练。并要求各企业按照市、区有关部署，于6月30日前完成液氨专项治理任务。

（王金泉）

【特种设备应急演练】 6月25日至26日，丰台区质监局在北京市液化石油气公司云岗储备厂和工商联科技大厦，先后组织两场特种设备应急演练。在云岗储备厂，应急演练科目是液化石油气球罐下阀门损坏后发生液化石油气渗漏的应对措施。在工商联科技大厦，应急演练科目是突然停电，造成人员被困于电梯轿厢的处置措施。两场演练均圆满完成，增强特种设备使用单位和维保单位应急预警、应急响应、应急指挥和应急援助能力，验证应急预案的科学性、有效性和可操作性。

（王金泉）

【消防应急演练】 6月27日，丰台区国资委组织监管企业在世界公园进行消防安全应急演练活动，邀请区公安消防支队、安全监管局现场指导和讲评。演练模拟火灾发生时，企业人员立即报警、组织员工紧急疏散、迅速撤离现场、快速到达安全地带、伤员简单救治等应急处置程序。指导企业人员掌握灭火器材的使用、初期火灾扑救等消防知识。

（王金泉）

【商务楼宇消防应急演练】 6月27日，丰台区马家堡街道与右安门消防中队在搜宝商务中心开展应急演练，着重演练在商务楼宇火场逃生和应急救援，提高群众突发事件应对能力。按照演练计划，商务中心突发火情，工作人员按照应急预案，立即进行灭火和群众疏散，各楼层安保负责人员、各租户负责人第一时间形成疏散引导队伍，带领群众迅速撤离现场。火灾发生3分钟内，工作人员通过119报告火情，并由消防中控室人员和物业安保人员组成第二灭火力量，赶赴火场进行救援。随后，消防中队抵达现场，与第二灭火力量紧密配合，迅速有效扑灭火灾。

（王金泉）

【社区消防应急演练】 7月18日，丰台区安委会办公室联合新村街道在怡海社区开展消防演练。区公安消防支队官兵、社区安全员和消防协管员、物业工作人员及社区居民等400余人参加演练。演练目的是提高社区居民对消防安全的重视，增强消防实战本领，提高处置消防突发事件的能力。演练分初期火灾自救、高层疏散救援、医疗救护、消防灭火、后期清场5个阶段。

（王金泉）

【科技园区应急疏散演练】 11月18日，丰台区科技园区开展模拟自然灾害应急疏散演练。演练目的是增强员工正确应对突发事件能力，提高应急指挥、协调和处置能力。演练内容为各楼层员工听到警笛声响后，按照各区域疏散通道划分要求，分楼内消防通道和楼外消防梯两路有序安全疏散撤离。从撤离信号发出到所有员工撤离到安全集结点用时1分31秒，所有员工悉数到达指定位置，演练活动达到预期效果。

（王金泉）

执法监察

【突击夜查】 1月9日，丰台区安全监管局组成检查组，对卢沟桥乡西国贸汽配基地、川湘府饭店等人员密集场所进行突击夜查。重点检查安全出口和疏散通道是否畅通、消防器材配置和使用是否符合规定等情况，当场发现7处安全隐患，检查组立即下达检查记录单，要求企业负责人立即制定整改方案并落实，经复查整改完毕。16日晚，检查组对第14届世界种子大会酒店项目施工现场进行突击检查。针对工地现场存在货物摆放混乱、楼梯消防通道堵塞等安全隐患，检查人员责令施工单位立即整改。

（薛波）

【监管企业节前安全检查】 1月13日至24日，丰台区国资委领导带队，对全区13家监管企业及1家破产企业留守现场进行春节前夕安全生产大检查。检查组查看企业安全生产基础资料，重点检查生产经营现场安全警告标志设置、配电室和安保监控室运行等情况。区国资委要求企业抓好节日安全管理，确保本系统企业春节期间安全稳定。

（李颖）

【文化娱乐场所安全检查】 1月16日，丰台区安委会办公室组织区文化委、安全监管局、公安局、公安消防支队等部门成立联合检查组，对辖区文化娱乐场所进行安全生产大检查。重点对经营场所是否建立健全安全生产各项规章制度、是否设置双语应急广播系统和视频安全提示语、疏散通道是否畅通等进行检查。检查组要求各单位严格按照人员密集场所安全生产标准化的各项要求规范经营行为，提高守法经营和安全生产责任意识，确保节日期间不发生安全生产责任事故。

（李颖）

【企业经营网点安全检查】 1月16日，丰台区安委会办公室组织区国资委、公安消防支队、安全监管局等部门成立联合检查组，对北京博兰特食品工贸集团、芳城实业总公司、裕丰投资公司、丽泽控股、兴源粮油等5家企业所辖经营网点进行检查，重点检查安全生产、治安保卫、防火、违章建筑、经营业态、地下空间及网点周边环境整治等情况。检查网点9处，发现并整改隐患6项。

（李颖）

【商业、餐饮业安全夜查】 1月23日，丰台区商务委成立检查组，对上品折扣草桥店、便宜坊等商业和餐饮单位开展安全生产夜间突击检查。检查发现部分单位存在安全出口标识设置不合理、经营区域堆放可燃物等安全隐患。检查人员要求经营单位对隐患立即整改，确保节日期间商贸领域“零事故”。经复查，隐患均于春节前整改完毕。

（李颖）

【交通枢纽及敏感地区全方位检查】 春节前，丰台区交通支队协调属地及各相关执法单位，在各交通枢纽及敏感地区开展全方位执法检查，打击非法运营黑省际客车、黑旅游客车、黑运输车辆。1月15日晚，区交通委、交通支队、公交保卫总队等部门，对群众反映的园博园地区非法运输危险化学品车辆进行联合执法检查，查扣非法运营危险化学品车辆3辆及液化气钢瓶40余件（核定标准近500千克）。

（李颖）

【企业经营网点随机检查】 3月5日至6日，丰台区国资委检查组对企业经营网点安全生产工作进行随机检查。检查组重点对经营网点安全生产、治安保卫、安全防火、违章建筑、经营业态、地下空间及网点周边环境整治等情况进行检查，检查网点45处，发现并整改隐患5项（其中杂物堵塞安全通道1处，灭火器失效2处，电气线路敷设不符合规定2处）。

（李颖）

【全国“两会”安全生产保障】 3月，丰台区安全监管局采取4项措施加强安全生产保障工作。一是制发《丰台区2014年全国两会安全生产保障工作方案》，对全国“两会”安全生产保障工作进行部署，提出具体要求。二是对核心保障区域安全生产实施严格管控，每日出动执法人员36人次，出动车辆12车次，分4个执法组，对“两会”代表驻地200米范围内132家生产经营单位进行地毯式摸排，开展对500米范围内重点生产经营单位进行执法检查。三是强化对重点行业和领域的安全监管，要求各行业部门和街乡镇加强对属地范围内危险化学品、烟花爆竹、工业企业、人员密集场所、交通运输、燃气使用、地下空间等重点行业和领域进行执法检查。四是加强安全生产应急管理，制定“两会”安全生产应急措施，严格落实应急值守等工作制度。

（陈伟）

【全国“两会”特种设备安全保障】 3月，丰台区质监局与中国人民解放军总参谋部管理保障部锅炉检测所、北京市特种设备检测中心、丰台区特种设备检测所等单位组成联合检查组，对全国“两会”代表驻地19台特种设备运行情况进行安全检查。检查人员现场向驻地单位通报《2014年全国“两会”特种设备服务保障工作方案》，下发《特种设备使用单位安全责任告知书》，与驻地单位和电梯维保单位签订《特种设备服务保障工作确认书》，对驻地单位“三落实、两有证、一检验、一预案”情况进行检查。

（李颖）

【特种设备安全检查】 3月，丰台区质监局检查组对特种设备经销、液化石油气、工业气体气瓶充装等14家企业开展特种设备使用安全执法检查。检查人员现场下达《特种设备使用单位安全责任告知书》《气瓶充装单位安全责任告知书》，检查特种设备“三落实、两有证、一检验、一预案”执行情况。检查组要求各单位落实企业安全生产主体责任，严格执行有关法律法规，做好安全检查记录，按照安全技术规范要求进行管理。

（李颖）

【有限空间安全专项检查】 4月17日，丰台区环卫中心检查组对黄土岗和西道口粪便排放站开展有限空间安全生产专项检查。针对个别职工安全防护用品佩戴不规范、防毒气面罩过滤盒灰尘大等问题，检查人员现场进行纠正指导。检查组要求相关单位高度重视有限空间安全生产管理，严格执行各项安全管理规定，做好安全防护，并对有限空间防护用品及时检查、及时更换，确保安全生产。

（郭卫平）

【世界种子大会特种设备安全检查】 4月22日，丰台区质监局检查组对世界种子大会场馆施工现场进行检查，对锅炉安装验收中发现的17项问题及整改情况进行核实确认。区质监局现场召开由使用单位、安装单位、种子大会筹备办公室相关负责人参加的专项协调会议，解答相关法律和技术问题；明确法律责任和整改责任主体，要求制定整改计划，明确完成时限，责任到人；对通过验收的特种设备，要建立健全安全管理制度，确保特种设备安全运行。

（薛波）

【加油站突击检查】 5月22日，丰台区安全监管局组成由局领导带队的4个检查组，对22家加油站进行突击检查。重点检查各加油站是否严格执行市公安局等部门联合下发的《关于限制购买销售散装汽油的通告》要求，《通告》是否张贴于加油站内醒目位置，加油站值班负责人是否在岗在位，站内安全设施设备维护情况是否良好，加、卸油作业是否严格遵守操作规程等。检查组对加油站工作台账逐一审阅，对加油站作业情况及环境情况进行检查，未发现突出问题。检查组要求各加油站提高安全意识，杜绝无齐全手续的散装汽油售卖，加强站内安保力量，严防不法分子利用汽油等危险化学品制造事端，防止恐怖袭击发生。相关要求也通过短信平台通知到全区84家加油站、3家油库、13家工业气体经营单位、10家危险化学品重大危险源单位主要负责人。

（陈勇）

【世界种子大会安全保障】 5月，丰台区安全监管局成立检查组，对位于青龙湖国际文化会都的世界种子大会建设施工主体工程及其配套设施进行安全检查，重点检查施工工地电气焊特种作业、机械设备操作运行、高处作业、用火、用电以及安全生产规章制度、应急预案等安全措施情况。检查组对大会驻地周边200米内生产经营单位开展全覆盖检查，对重点单位、重点部位逐一进行检查，发现安全隐患责令被检单位立即或限期消除，并督促落实整改；对驻地周边500米范围内生产经营单位进行执法控制，对重点单位和规模以上单位进行严格检查，确保安全隐患得到及时消除，严防生产安全事故发生。

（张永旺）

【抗战胜利日纪念活动安全保障】 8月，丰台区安全监管局采取4项措施，围绕抗日战争胜利69周年纪念日安全保障，排查治理安全生产隐患，确保安全稳定。一是成立安全生产执法检查活动领导小组，制定安全生产执法检查计划。二是对抗战纪念馆周边200米范围内30家生产经营单位进行执法检查，对存在的安全隐患登记建档，及时督促生产经营单位整改。三是对生产经营单位负责人讲清纪念活动的历史意义和安全保障工作的重要性，鼓励企业自查自纠安全隐患，将事故苗头消灭在萌芽状态。四是将6家企业列为重点监管单位，安排专人安全监管，发现隐患立即上报并及时消除。

（温燚）

【园博园游园会安全保障】 9月19日，丰台区安全监管局召开园博园游园会安全部署会，明确工作重点。24日，局领导带队执法检查，重点对园博园周边200米范围内生产经营单位和园内舞台搭建设施情况进行全覆盖检查，对发现的安全隐患进行登记建档，督促生产经营单位及时整改完毕。

（肖勇）

【有限空间事故预防】 本年，丰台区安全监管局“三措施”预防有限空间安全生产事故。一是利用《丰台报》《丰台有线》等媒体，宣传有限空间安全生产知识；借助街乡镇安全检查员培训班、企业标准化培训班等平台开展有限空间安全生产专题教育；深入企业、社区，张贴宣传画、发放宣传册、播放教育片，提高职工群众对有限空间作业危害的风险防范意识。二是要求有关部门和单位组织本行业有限空间作业单位的摸底排查，建立台账；各街乡镇与区有关部门密切沟通，梳理摸清辖区有限空间作业单位基本情况，实时更新属地基础台账。三是要求各行业部门和属地加大执法检查力度，重点检查制度建立落实、安全设备设施等情况，加大不定期巡查和夜查力度，加强对现场监护人员持证上岗情况、作业现场设置信息化公示牌制度情况和作业现场安全管理情况的检查。

（郭卫平）

职业卫生监督检查

【职业病防治法宣传周】 4月25日至5月1日，丰台区各街乡镇开展职业病防治法宣传周活动，利用宣传栏、黑板报、横幅、电子屏等形式宣传职业病防治知识。宣传周期间，全区发放职业病防治宣传材料1.62万份，深入企业宣传350次，举办培训班69期，出动宣传人员819人次。

（郭卫平）

【职业卫生基础建设培训会】 7月24日至25日，丰台区安全监管局在北京外研社国际会议中心召开全区职业卫生基础建设培训会。用人单位主要负责人或职业卫生管理人员、各街乡镇安全负责人等近300人参加培训。培训会邀请北京市化工职业病防治院院长乔昕等专家对相关法律法规进行解读，主要包括用人单位在职业病防治方面需承担的法律义务、相关违法罚则以及企业职业卫生基础建设工作等内容。

（郭卫平）

宣传培训

【街乡镇检查员培训班】 5月27日至29日，丰台区安全监管局举办2014年街乡镇安全生产检查员培训班，全区21个街乡镇及科技园区主管安全生产的科室负责人、安全检查人员100余人参加培训。培训以安全生产相关法律法规、电气安全、人员密集场所安全等理论知识作为授课内容，并针对实际工作中检查力度不够、执法行为不规范以及不敢检查、不愿检查和不会检查的问题，运用研讨、互动、案例分析等多种方式，对安全生产检查方法和相关法律责任进行讲解。

（刘凤英）

【安全生产月】 6月，丰台区全面启动安全生产月活动。区安委会办公室制发工作方案，对全区安全生产月活动进行部署，各行业主管部门、各属地和科技园区结合各自实际制定活动方案、召开动员部署会。全区通过悬挂横幅、张贴海报，发放安全提示板、安全知识手册和电子显示屏滚动播出等形式，重点在“五小企业”“六小场所”密集区、“出租大院”等进行宣传。制发《2014年丰台区安全生产事故典型案例》宣传片，统一购买并要求各单位组织观看国务院安委会办公室推出的《生命的红线》《盲洞迷途》，安全教育微电影《生命刻度》，安全生产情景剧《平安是福》等警示教育片。陆续启动“十佳”安全生产监管卫士推选、职业病防治知识竞赛、安全是永恒的旋律情景剧大赛、安全生产影视片集中展映等安全生产月系列主题活动。以全区“幸福生活讲师团”为平台，组织执法人员深入社区宣讲安全生产法律法规知识和自救互救知识。

（李颖）

【宣传咨询日】 6月16日，丰台区安委会在红星美凯龙家居建材广场举行以

"坚守红线意识，强化隐患治理，保障区域安全"为主题的安全生产月宣传咨询日活动。30余个区安委会成员单位根据各自承担的安全监管职责，分别设立咨询台组织宣传教育活动，利用展板、发放宣传品等方式向现场或过往人员宣传相关法律法规规章、安全生产知识、应急处置常识；活动现场还设立"12350"举报投诉受理咨询台；公安消防支队安排消防特种车辆到场并现场进行消防器械展示、演示。区长冀岩、副区长高峰，中央和市属驻区重点单位代表，各行业部门职工代表，卢沟桥乡和卢沟桥街道各社区、村安全生产宣传教育志愿者1200余人参加现场活动。区其他各街乡镇、区属重点单位也在各自属地开展宣传咨询日活动。

（李颖）

【有限空间作业安全培训】 6月23日，丰台区环卫中心召开有限空间安全生产知识培训会。基层单位主管领导和粪便清掏司机代表80余人参加培训。培训过程中观看安全作业宣传片，并由专家通过分析事故案例讲解有限空间作业安全管理常识及相关法律法规、标准规范等。

（郭卫平）

【乡镇干部安全培训】 11月25日、26日，丰台区安全监管局举办2014年乡镇干部安全生产工作培训会。邀请首都经贸大学专家重点讲授新修订的《中华人民共和国安全生产法》释义、工贸企业有限空间作业安全防护知识和粉尘防爆安全管理常识。全区246名乡镇及企业管理人员参加培训。

（任满生）

【专职安全员培训】 12月1日，丰台区安全监管局在区委党校礼堂召开动员大会，启动为期两周的安全生产专职安全员培训工作。培训内容包括安全生产法律法规、安全生产专业知识、安全生产执法检查、安全生产应急管理和专职检查员礼仪规范等。在动员会上，向专职安全员介绍北京市安全生产形势，阐述专职安全员工作对于安全生产工作的重要意义。要求专职安全员珍惜工作岗位，潜心学习，力争把培训内容弄懂弄透。要求有关部门建立培训考核制度，加强对培训工作的管理，力促培训工作取得实效。

（任满生）

【依法行政培训】 本年，丰台区安全监管局制定《2014年依法行政教育培训计划》，举办4期执法人员依法行政培训班，参加培训180余人次。培训目的是提高安全生产执法人员业务水平，增强依法行政能力。培训邀请首都经贸大学专家、教授，针对依法行政、执法检查程序和应注意的事项进行解读。

（刘凤英）

标准化建设

【小微企业标准化培训】 4月3日，丰台区安全监管局组织长辛店街道、长辛店镇和宛平街道200余家小微企业开展全区第一期安全生产标准化培训，邀请专家讲解标准化创建工作的相关政策文件和创建流程，并陆续举办14场培训会。

（窦爱国）

【工业企业标准化总结部署会】 4月11

日，丰台区召开2013年至2014年工业企业安全生产标准化工作总结部署会。市安全监管局和区文化委、经济信息化委、各街乡镇、科技园区、部分驻区中央、市属、乡镇企业及科技园区重点企业主要负责人240余人参加会议。会议播放安全生产专题片，总结全区2013年标准化工作并对2014年标准化工作进行部署，宣读《2013年区工业企业安全生产标准化活动优秀单位和合格单位名单》。市安全监管局对丰台区标准化工作给予肯定，要求各相关单位提高认识、把握新政策、不断创新手段，分步实施标准化工作，建立隐患排查治理机制和属地监管长效机制，提高安全生产管理水平。

（刘凤英）

【文娱场所标准化培训会】 4月23日，丰台区文化委召开2014年度全区娱乐场所标准化达标暨安全教育培训会。辖区歌舞娱乐、电子游艺、电影放映场等200余家单位负责人参加培训。会议邀请标准化测评专家，重点从防火防爆、电气安全等方面进行讲解，并在现场演示安全生产信息平台使用方法与数据上报步骤。

（窦爱国）

【工业企业标准化培训】 4月28日至30日，丰台区安全监管局召开工业企业安全生产标准化培训大会。邀请长期从事标准化工作的安全评审专家，针对安全生产标准化框架意义、防火防爆、电气安全、机械设备和作业环境安全、安全生产标准化信息系统进行讲解。区安全监管局通报2013年全区安全生产工作情况，要求属地部门和企业切实加强安全生产标准化建设活动的组织领导，加强培训、完善激励约束机制，有计划、有步骤地推进标准化工作。

（刘凤英）

【工业企业标准化复审会】 5月14日，丰台区安全监管局召开2014年丰台区工业企业标准化复审工作会，11个街乡镇及30家达标企业安全负责人60余人参加会议。会议解读2014年标准化复审工作方案，明确时间节点和注意事项，对网上登录、选择标准、对标打分、申报等环节进行讲解，并对参会人员进行实际操作培训。

（刘凤英）

【体育经营单位标准化动员会】 6月25日，丰台区体育局组织全区50家体育经营单位，召开安全生产标准化工作动员会。会议对全区体育行业安全生产标准化创建工作进行部署。要求各企业加强领导，开展达标创建工作，把体育行业安全生产工作落到实处。会后，区体育局邀请标准化专家，从标准化评级体系、标准化流程、企业三级达标等方面为企业管理人员进行业务培训。

（窦爱国）

【标准化建设工作现场会】 7月11日，市安全监管局在丰台区召开北京市安全生产标准化建设工作现场会。市安全监管局局长张树森、丰台区副区长高峰，市安委会有关成员单位主管领导、各区县安全监管局局长和部分安全生产标准化评审机构以及丰台区部分企业负责人200余人参加会议。会议通报2014年上半年全市安全生产标准化工作开展情况，丰台区在典型发言中汇报标准化建设工作。与会人员实地参观丰台区北整长欣整流器有限公司钣金车间和成套车间。张树森要求，各区县安全生产标准化工作要在全市安全生产“四化三体系双基”的总任务中定好位，在落实《北京市安全生产委员会关于进一步深化企业安全生产标准化建设工作的若干意见》上见功底，以落实《关于全面推进企业安全生产标准化建设若干激励政策》为契机，在隐患排查治理责任机制建立上求创新，全面推进全市各行业安全生产标准化建设，为加快实现北京市安全生产形势根本好转做出新的贡献。

（刘凤英）

【小微企业标准化创建】 本年，丰台区小微企业标准化创建达标企业 1954 家，超额完成市安全监管局下达 954 家的任务。11 月 20 日，区安委会标准化办公室召开 2014 年度小微企业安全生产标准化工作会，21 个街乡镇和园区管委安全生产管理部门 30 余人参加。会议通报 2014 年度全区创建工作情况以及抽查情况，并听取方庄地区、卢沟桥街道标准化创建工作经验汇报。会上，区安委会标准化办公室要求各单位高度重视创建工作，打牢工作基础；要狠抓培训指导，为企业提供好服务；要宣传与执法并举，保证各项工作任务完成。

（窦爱国）

石景山区

概　　述

2014 年，石景山区安全生产工作遵循“安全第一、预防为主、综合治理”的方针，围绕“四化三体系双基”总目标，坚持安全生产“四个立足”，强化“红线”意识、加强安全生产监管监察体系建设，落实石景山区安全生产“党政同责、一岗双责及部门职责”等各项责任制、深化安全生产大检查、“六打六治”打非治违、隐患排查治理、宣传教育培训等专项行动；推进安全生产队伍建设、开展安全生产标准化建设、加强安全生产应急保障体系建设，安全生产事故得到有效控制，安全生产形势平稳有序。全年各项安全生产工作任务圆满完成，连续 5 年被市安委会评为北京市安全生产工作先进单位，在全国安全生产月活动中获得优秀组织奖和最佳实践活动奖。

综合监管

【控制考核指标】 本年，市安委会下达石景山区安全生产控制指标 21 人。其中：道路交通 12 人，火灾 1 人，生产安全 7 人，铁路交通 1 人。全年，石景山区发生各类安全生产事故死亡 18 人，占年度控制指标的 85.71%。其中：道路交通事故死亡 12 人，与控制指标持平；生产安全事故死亡 2 人，占控制指标的 28.57%。

（王树伟）

【安全生产暨消防安全部署会】 1月10日，石景山区政府召开石景山区安全生产暨消防安全工作部署会。会议贯彻市政府关于实施“一岗双责”工作要求，落实区委书记牛青山关于做好安全生产“四个立足”指示精神，部署2014年安全生产暨消防安全工作。区住房城乡建设委、教委、苹果园街道办事处、首钢总公司等单位代表行业部门、街道办事处及驻区大企业表态发言，副区长刘亚泉部署2014年石景山区安全生产及消防安全重点工作。区委副书记吴克瑞在讲话中要求：各单位要紧紧围绕安全生产这条主线，坚决落实“管行业必须管安全、管业务必须管安全、管生产经营必须管安全”责任体系，形成“党政同责、一岗双责、齐抓共管”的工作格局，落实安全生产主体责任，确保2014年安全生产形势平稳发展。

（王树伟）

【安全生产大会】 2月27日，石景山区安委会召开2014年安全生产大会，总结2013年全区安全生产情况，表彰安全生产先进单位和优秀个人，对2014年工作进行部署。副区长刘亚泉参加会议并讲话，与区安委会成员单位代表现场签订安全生产责任书。

（王树伟）

【APEC安全保障】 APEC会议前，石景山区安委会办公室召开会议对安全生产工作进行部署，研究确定相关安全防范和应急保障措施。会议期间，严格落实领导带班、24小时值班和“零报告”等制度，各应急分队24小时在岗备勤。各相关单位和部门突出对建筑工地、商场超市、人员密集场所、综合楼宇、危险化学品企业等单位和场所进行检查，及时排查整治隐患，确保安全稳定。

（王树伟）

【一岗双责】 本年，石景山区政府强化安全生产“党政同责、一岗双责”等机制建设，年初下发《关于印发安全生产“一岗双责”暂行规定的通知》，落实石景山区领导干部安全职责，有效促进各行业主管部门以及街道办事处落实综合监管、行业监管、属地监管职责，推动安全监管责任落实。

（王树伟）

【城乡结合部专项整治】 本年，石景山区安全监管局制发《石景山区集中开展城乡结合部地区安全生产专项整治工作实施方案》，在全区范围内集中组织开展城乡结合部地区安全生产专项整治工作。整治范围主要包括：本区与丰台区、海淀区和门头沟区相邻区域；街道与街道临界区域；首钢功能区周边区域；中关村石景山园区和古城企业孵化基地及周边区域；“城中村”“厂中村”和流动人口聚居等环境复杂区域。整治重点是非法生产、非法经营和非法储存的生产经营单位。主要包括：各类商品批发零售市场、工业大院、“五小企业”（小化工、小木器、小服装、小加工、小作坊）、“六小场所”（小歌厅、小餐饮、小网吧、小洗浴、小旅馆、小市场）、仓储场所、再生资源回收站点及“三合一”“多合一”生产经营场所。整治的内容主要包括：存在无工商执照或相关证照不全的；在违法建筑内从事生产、储存、经营活动的；停产、停业整顿验收仍不合格或整改未验收，擅自恢复生产经营的；存在重大安全隐患，且无法整改的；不具备安全生产基本条件的非法、违法行为的生产经营单位和存在“三合一”“多合一”等安全隐患生产经营场所，必须责令其停业整顿，疏散相关人员，停止水、电、气、热等供应服务并且一律依法关闭取缔。在为期10个月的专项整治中，石景山区采取领导带队重点查、行业部门牵头联合查、区安办督导查等形式，对各类商品批发零售市场、“五小企业”、“六小场所”、再生资源回收站点及“三合一”“多合一”生产经营场所进行重点排查。区安委会办公室组成3个督查组，分别由区安全监管局领导带队，集中时间对12家集体经济组织工作落实情况进行督导检查，并对部分所属生产经营单位进行全面检查。全区上账隐患270家，已销账270家，整改率100%；检查单位11615家次，整治非法违法、治理纠正违规违章安全生产行为11567起，行政处理4人，清退从业人员1860人，罚款147.2万元。

（王树伟）

【打非治违】 本年，石景山区安全监管局开展严厉打击非法违法生产经营建设专项行动，各街道、行业主管部门组织检查组8651个，检查人员21843人次，检查生产经营单位9279家次，打击非法违法、治理纠正违规违章行为9074起，停业整顿185家，罚款8.6万元，关闭非法违法企业185家，没收非法所得41起，行政拘留5人，拆除违法建设270处，拆除面积176930平方米。

（王树伟）

【地下管线安全治理】 本年，根据石景山区领导“针对台湾高雄燃气爆炸情况在石景山区开展地下管线安全治理”的批示，区市政市容委制定《开展燃气管线安全隐患专项排查整治工作实施方案》，及时召开工作部署会，副区长富大鹏参加会议并明确工作要求。副区长刘亚泉带领区安全监管局、市政市容委等单位对首钢总公司等驻区大企业的燃气管线、地下管网等部位进行检查，落实整改措施。

（王树伟）

【信息化建设】 本年，石景山区安全监管局协调区经济信息化委，将安全生产信息化建设纳入“智慧石景山”整体规划，区政府投入50万元用于安全生产信息化建设。经过多重考察，并通过招投标确立专业公司负责本区安全生产综合监管动态管理系统建设。根据相关行业部门需求，开展系统建设论证调研和系统程序设计及企业信息数据采集等工作，系统投入试运行。

（颜惠军）

危险化学品安全监管

【涉危企业安全监管】 本年，石景山区安全监管局组织协调19家危险化学品企业投入资金100余万元，出动安保人员300余人，加强危险化学品企业安全防范工作。组织危险化学品企业负责人及安全管理人员80余人，举办法律法规和应急处置知识培训，采取企业自查、专项检查、安全监管局督查等形式，促进危险化学品企业安全防范工作的落实。各企业制定应急措施，加油站均加装阻隔防爆装置，新加装51个高清摄像头，建立视频监控系统和报警系统，完善机动车阻挡防护设施以及一键关停系统等。

全区1家中石油输气站、2家电厂、16家社会在营加油站人防、物防、技防措施全部按标准落实到位。区安全监管局对全区16家在营社会加油站、7家非经营性加油站以及1家涉氨单位开展“地毯式”安全隐患排查治理，确保安全生产。

（颜惠军）

烟花爆竹安全监管

【烟花爆竹零售网点安全监管】 本年，石景山区安全监管局严把烟花爆竹零售网点行政许可关，加大资金投入，在所有网点安装音频、视频监控系统，督促商户交纳保证金和购买安责险，加大安全保障力度。区安全监管局采取“部门联合、区街联动、人技联防、加大宣传”的方式抓好各个环节的安全监管。区公安、工商、消防以及各街道突出重点时段监管，确保安全稳定。春节期间，全区安全监管系统出动执法检查人员1528人次，车辆180车次，检查生产经营单位730家次，发现各类问题隐患50项，下达责令整改执法文书30份。经复查，存在问题单位均按期整改。

（颜惠军）

隐患排查治理

【隐患排查治理专项行动】 1月18日，石景山区安委会办公室制发《关于做好2014年生产安全隐患排查治理工作的通知》，组织全区重点行业、街道、驻区大企业重点排查道路运输、危险化学品、建筑施工等企业以及商市场、学校等人员密集场所安全隐患。督促生产经营单位按照相关安全生产法律、法规和标准开展隐患自查、整改和上报工作。区安全监管局在隐患排查治理过程中组织协调安全生产检查。特别是在春节、全国“两会”、国庆、APEC会议等重点时期，区领导分别带领相关行业部门，在多领域集中开展安全生产大检查，督促指导相关单位做好安全生产工作，排查整改安全隐患。

（王树伟）

【重点行业隐患排查治理】 本年，石景山区安全监管局加强春运、全国“两会”交通保卫、清明节交通秩序维护、建筑施工安全及人员密集场所安全等重点领域安全生产专项监管工作。一是组织道路交通专项安全治理，加大交通秩序整治力度，强化安全行车动态监控，严肃查处超员、超速、超载（限）、疲劳驾驶等行为，确保全区实现“安全、畅通、有序”的道路交通环境。二是组织建筑施工专项治理，突出施工现场临时用电、消防安全和各类洞口、临边、深基坑、高处作业防护措施等各个环节的安全检查，对存在问题明确整改措施，责任到人。三是组织人员密集场所隐患排查治理，以火灾安全隐患治理为重点，整治“三合一”“多合一”生产经营单位火灾隐患，开展高层建筑、地下空间、人员密集场所专项整治。对非法经营和不具备消防安全条件，威胁公共消防安全的单位、场所和其他易燃易爆场所进行整治。区质监、工商、旅游、教育、文化、市政、电力等部门结合自身特点，深化隐患排查治理，杜绝安全事故的发生。

（王树伟）

应急救援

【应急管理和演练】 本年，石景山区安全监管局重点督促指导危险化学品企业修订完善反恐应急预案，对辖区应急物资储备库进行核查，确认具体位置和装备情况，及时补充更新应急物资，加强应急物资日常保管和应急使用。针对可能发生的恐怖袭击、火灾、爆燃、泄漏等情况进行应急演练，提高应对突发情况的快速反应能力和应急处置水平。全区相关单位组织开展以消防灭火、火灾逃生、危险化学品泄漏、防踩踏、防恐、紧急救护等各种应急演练600次，科学应对突发问题的能力得到锻炼和提升。

（颜惠军）

执法监察

【专职安全员队伍】 5月至12月，石景山区安全监管局开展专职安全员招聘工作。结合城市综合管理体系建设试点实际，采取招聘社区工作者的模式，参照北京市招聘专职安全员的条件，明确由区社会办牵头，区安全监管局配合，制定并发布街道安全社工招聘方案公告。8月至11月面向社会公开招聘148名安全生产社区工作者。招聘过程中，注重严把“计划方案关、资格审查关、笔试面试关、体检政审关、培训考核关”，招聘工作未接到群众投诉举报，未发生考试泄题、他人顶替以及不符合条件参加笔试、面试等问题。注重加强安全生产社区工作者队伍的教育培训管理，12月1日至15日区安全监管局组织148名新招聘的街道安全生产社区工作者及街道安全科工作人员进行安全生产专业知识培训，按照计划石景山区安全生产社区工作者于翌年1月1日正式上岗，石景山区安全生产基层基础工作得到明显加强，安全监管体系得到健全和完善。

（颜惠军）

【重大活动安全保障】 本年，石景山区安全监管局加强APEC会议、国庆、十八届四中全会等党和国家重要会议和重大活动期间安全生产保障工作，贯彻国务院安委会以“六打六治”为重点的打非治违专项行动有关要求，按照市安委会的要求，结合城乡结合部地区安全生产专项整治和火灾隐患集中排查清剿专项行动，区安委会办公室制定《2014年下半年重大活动安全生产监管保障暨安全生产大检查工作实施方案》，8月至12月，对全区所有行业领域、所有生产经营单位进行全面安全生产大检查。通过大检查活动，全面排查整治安全生产隐患，严厉打击非法、违法和违规、违章行为，推进重点行业领域安全整治，督导企业全面落实安全生产主体责任，健全并落实各项安全管理规章制度，夯实安全生产基础，有效防范和遏制重特大安全事故发生。

（王树伟）

【安全生产检查】 本年，石景山区安委会采取领导带队重点查、行业部门牵头联合查、区安委会办公室督导查等形式，对各类商品批发零售市场、“五小企业”、“六小场所”、再生资源回收站点及“三合一”“多合一”生产经营场所进行重点排查。组成3个督查组，分别由区安全监管局领导带队，集中时间对12家集体经济组织工作落实情况进行督导检查，并对部分所属生产经营单位进行全面检查。全区上账隐患270家，已销账270家，整改率100%，检查单位11615家次，整治非法违法、治理纠正违规违章安全生产行为11567起，行政处理4人，清退从业人员1860人，处罚金额147.2万元。

（王树伟）

【执法检查】 本年，石景山区安全监管局坚持宣传教育到位、责任落实到位、依法监察到位、案件办结到位，采取日常检查、专项检查、抽查检查、联合检查形式，加大日常执法检查力度，力求执法检查工作全面、彻底、不留死角。全年检查各类生产经营单位1612家，查处并整改各类隐患1589处。行政处罚58家，罚款53.3万元。

（颜惠军）

【"六打六治"打非治违专项行动】 本年，石景山区安全监管局成立专项行动工作领导小组，明确22个重点行业部门任务职责，按照动员部署、集中整治、集中督查、分析总结4个阶段全面推进，集中打击工业企业、危险化学品企业、油气管道、交通运输、建筑施工、消防安全等行业领域的非法违法、违规违章行为。石景山区各街道和相关行业主管部门组织检查组2286个、检查人员6758人次，受检单位2415家次，整治非法违法安全生产行为71起，备案21件，责令停产、停业、停止建设54家，拆除非法违法建筑92处，拆除违法建设面积53585.48平方米，处罚金额49余万元。11月26日，市安委会"六打六治"打非治违专项行动综合督查组对本区工作开展情况进行督查，并给予充分肯定。

（王树伟）

【粉尘爆炸危险企业专项检查】 本年，石景山区安委会要求相关部门和单位吸取昆山"8·2"特别重大爆炸事故教训，对全区存在粉尘爆炸危险的企业进行全面摸排，摸清13家存在粉尘爆炸危险企业底数，建立台账，督促企业开展自查。区安委会办公室根据专项检查方案，对13家企业的规章制度、教育培训、通风除尘、禁火措施、电气电路、检查维护和应急预案等内容进行全面检查，督促企业配齐作业现场通风、除尘、防火、防爆、个人劳动防护等安全设备设施，严防事故发生。

（王树伟）

【投诉举报】 本年，石景山区安全监管局受理市安全监管局12350举报投诉中心转，举报投诉事项34件。其中，住宿和餐饮业14件，批发和零售业12件，文化、体育和娱乐业4件，建筑业和电力、燃气及水的生产和供应业、制造业、房地产业各1件。全部按时办结，办结率100%。

（颜惠军）

职业卫生监督检查

【职业卫生监督执法】 5月至10月，石景山区安全监管局开展工作场所职业卫生监督执法活动。区安全监管局制发《石景山区关于开展工作场所职业卫生监督执法年活动的通知》，成立职业卫生监督执法工作领导小组，重点以木质家具、汽修、加油站等用人单位为重点，通过开展工作场所职业卫生监督执法年活动，从职业卫生管理、工程防护、个体防护、健康监护等方面提升企业职业卫生管理水平，使重点行业和企业职业危害突出问题得到有效解决，作业场所环境明显改善，用人单位职业危害防治意识显著增强，劳动者健康权益得到切实保障。重点企业职业卫生管理达到 5 个 100%，即职业病危害申报率 100%，主要负责人和职业卫生管理人员培训率 100%，作业场所职业危害因素检测覆盖率 100%，劳动者职业危害告知率 100%，劳动者职业健康体检率 100%。

（李美娟）

【职业病危害防治评估】 12 月，市安全监管局评估专家组采取资料审查和现场抽查相结合方式，对石景山区职业病危害防治工作状况进行量化评估。石景山区存在并已申报职业病危害用人单位 100 家。按行业划分：工业 24 家，汽修 43 家，加油站 14 家，印刷企业 5 家，其他 14 家。按企业规模划分：大型企业 8 家，中型企业 19 家，小微企业 73 家。职业危害作业场所 168 个，接触职业危害人员 6358 人。主要职业危害因素有粉尘、物理因素、化学因素 3 大类。用人单位分布在石景山区古城、八宝山、八角、广宁、苹果园 5 个街道，总从业人数 6899 人。

（李美娟）

【职业卫生检查】 本年，石景山区安全监管局对存在职业危害的 100 家单位进行全覆盖检查，下达文书 40 份，消除隐患 65 项，行政处罚 6 家，罚款 1.5 万元。通过检查，100 家单位建立职业卫生责任制、职业卫生管理制度和职业卫生档案；100 家主要负责人和职业危害管理人员参加职业卫生培训，向区安全监管局申报职业病危害；3 家建设项目开展职业卫生“三同时”申报审核；95 家工作场所设置职业病防护设施，在职业病危害严重岗位设置警示标志；90 家对工作场所职业病危害因素进行检测；90 家为劳动者提供合格防护用品；95 家单位签订劳动合同并进行职业危害因素告知；95 家按规定组织劳动者进行职业健康检查。

（李美娟）

宣传培训

【法律法规宣传】 本年，石景山区安全监管局贯彻安全生产预防为主的方针，挖掘区内资源，将玉泉路国际雕塑公园、老山郊野公园、古城公园及八角雕塑公园等 4 个公园 70 多个橱窗作为安全生产长期宣传阵地，全年制作两期宣传内容。分别宣传新修订的《中华人民共和国安全生产法》、有关法律法规、安全事故防范措施、危险化学品反恐措施等相关安全知识，在全区营造浓厚安全生产工作氛围。

（王树伟）

【安全生产月】 6 月，石景山区安委会办公室组织开展安全生产月活动，结合石景山区实际制定《2014 年石景山区安全生产月活动方案》《2014 年安全生产月咨询日活动方案》。5 月 28 日召开动员部署会，提出“强化红线意识，落实主体责任”的活动主题。根据活动方案的总体安排，将安全生产“大宣讲”、家庭安全知识竞赛、安全社区创建、“青年安全示范岗”创建、安全生产事故警示教育、安全生产应急演练、安全生产社会化宣传等活动贯穿全年进行。集中开展安全生产领域打击非法违法经营专项行动和特种作业“双打”行动、安全生产标准化建设、安全生产大检查，形成合力，加大安全监管力度。安全生产月活动期间，区安委会办公室组织区处两级中心组360余人参加安全生产“大宣讲”活动。区安委会62家成员单位召开近百次各种动员部署会议，参加活动8万余人，参与活动单位1000余家，张贴各种宣传画近2万张，悬挂横幅、标语等3000余幅，利用沿街LED大型广告宣传42处，发放各种宣传材料10万余份，设置专栏、板报等宣传园地1000余个，设置专题（栏）50余块，发行内部刊物16种，参加宣传咨询日活动近5万人；安全生产执法检查560余家，查出并整改各类安全生产隐患和问题2000项，开展安全生产应急演练58次；开展各类安全生产教育培训48次，培训受众人员3万余人。石景山区安全生产月活动在市安委会评比中，区安全监管局和广宁街道办事处获得优秀组织奖，区安全监管局和京能热电厂获得最佳实践活动奖，区广电中心获得优秀新闻报道奖。

（王树伟）

【宣传咨询日】 6月16日，石景山区安全生产宣传咨询日采取区政府主办、广宁街道办事处协办和京能热电厂承办的形式，主会场设在京能热电厂厂区，区安全监管局、旅游委、商务委、文化委、民防局、消防支队、交通支队等26个部门和京能热电厂、首钢总公司、中铁建设、北重等9家驻区大企业及广宁街道办事处5000人参加主会场活动。对安全生产相关政策法规进行宣传咨询，举办文艺表演，开展消防器械演示并组织初期火灾现场扑救、液化气罐着火和油锅着火扑救演练等。同时，八宝山、老山、八角、古城、苹果园、金顶街、广宁、五里坨和鲁谷社区分别开展“宣传咨询日一条街”活动。

（王树伟）

【特种作业培训】 本年，石景山区安全监管局组织高低压电工、电气焊等特种作业培训班11期，培训11456人，取证率85%。

（王树伟）

标准化建设

【标准化创建】 本年，按照市安委会办公室对石景山区下达的三级企业400家、小微企业1000家的安全生产标准化建设达标任务，区安委会办公室召开协调会，制定措施，加强对评审人员和企业内审人员的业务培训。各相关行业部门、街道均成立标准化创建办公室，建立工作台账，有序开展安全生产标准化创建工作。全区1136家企业达标，其中一级达标企业1家、二级达标企业44家、三级达标企业75家、小微企业达标1016家。

（颜惠军）

门头沟区

概　述

2014年，门头沟区坚持科学发展、安全发展理念，坚守“红线”意识、底线思维，推进“四化三体系双基”建设和安全生产隐患排查治理体系建设，全面推进安全生产条件普查，深入开展“六打六治”打非治违专项行动和重点行业领域专项整治，推动企业主体责任落实，全区安全生产形势继续保持平稳。

一、制定《门头沟区安全生产党政同责、一岗双责暂行规定》，依据新修订的《中华人民共和国安全生产法》，结合安全监管实际工作，健全完善政府工作部门安全监管职责以及安全生产例会、安全形势通报、约谈、通报、述职等制度，建设门头沟区安全生产行政执法监管子体系，开展联合执法检查，有效规范执法行为，加大执法检查力度，增强服务群众的意识。

二、制发《门头沟区安全生产隐患排查治理体系建设工作实施方案》，依托城乡结合部安全生产专项整治和“六打六治”打非治违专项行动，全面开展安全隐患排查治理。全年检查各类生产经营单位5652家次，消除各类安全隐患2262项。9项市级挂账道路交通安全隐患和1项区级挂账消防安全隐患全部完成整改。

三、推进安全生产标准化建设工作，举办专题讲座12期，参训人员1000余人次，印发各类手册和宣传材料5000余份。完成现场评审、复评83家，加大小微企业抽查力度。全区二级达标企业14家，三级达标企业123家，小微达标企业601家。作为全市第一次安全生产条件普查试点区，在全市范围率先完成企业安全生产条件普查工作。经普查，门头沟区现有实地经营企业5629家，其中法人企业1993家，个体工商户3636家（含商市场内经营单位814家）。

四、本年，门头沟区安全监管局监督检查各类生产经营单位2046家次，监督查处并落实整改各类安全生产隐患3349项，下达整改指令书827份，行政处罚80次，罚款200.29万元。全区13个属地镇街检查各类生产经营单位3637家次，消除各类安全隐患662项，各项指标均超额完成。

五、在肯定成绩的同时，必须清醒地认识到，当前安全生产事故仍时有发生，非法违法生产经营建设行为依然存在，安全管理和监督机制仍有待完善，安全生产形势仍然严峻。随着门头沟区经济社会的快速发展，轨道交通、拆迁改造工程、人员密集场所、城市基础设施运行、地下空间经营场所和高层建筑防火等城市运行领域的安全生产监管任务日益繁重，安全生产监管工作面临新的挑战。一是强化企业安全生产主体责任落实的任务依然艰巨，面对新形势，一些企业对自身承担的安全生产主体责任认识不清，安全生产保障能力存在不足。二是随着生产安全事故由传统行业领域向城市建设和运行领域转移，城市建设和运行管理中的安全生产问题日益突出。三是行业部门和属地镇街的安全生产履职履责能力有待提高，需要进一步提高安全生产监管水平。

综合监管

【控制考核指标】 本年，市安委会下达门头沟区安全生产控制指标22人。其中：道路交通事故死亡人数控制在14人以内，生产安全事故死亡人数控制在5人以内，火灾事故死亡人数控制在1人以内，铁路交通事故死亡人数控制在2人以内。全年，门头沟区发生各类安全生产事故死亡18人，占年度控制指标的81.82%。其中：道路交通事故死亡14人，与控制指标持平；生产安全事故死亡2人，占控制指标的40%。未发生火灾死亡事故。

（谷征）

【国务院安委会督查组专项督查】 1月9日，国家煤矿安全监察局副局长李万疆带领国务院安委会督查组对门头沟区安全生产大检查“回头看”等安全生产工作进行专项督查。市安全监管局副局长贾太保、副巡视员钱山，门头沟区副区长张满仓等相关单位领导参加督查。督查组分两路对人员密集场所、烟花爆竹批发单位、燃气经营单位、工业企业等行业领域安全生产大检查工作进行检查。对检查发现的问题提出整改意见，由区安全监管局会同相关部门督促整改。

（谷征）

【安全生产部署会】 1月12日，全市安全生产电视电话会后，门头沟区立即召开安全生产、消防安全、森林防火安全工作部署会。会上，区安全监管局通报安全生产工作情况，部署对安全生产重点工作。区应急办、公安消防支队对应急工作、消防安全工作进行部署。副区长张满仓参加会议并讲话。

（谷征）

【区领导春节期间安全检查】 1月27日至29日，门头沟区区委、区政府领导带领相关部门，分8路对危险化学品、烟花爆竹、人员密集场所以及水电气热等行业领域进行节前安全生产大检查。区领导要求各部门、各单位加大监督检查力度，及时发现和消除各类安全隐患，保障节日安全稳定。

（谷征）

【安全生产大会】 2月21日，门头沟区安委会组织全区各委、办、局及驻区企业主要领导召开会议，重点部署2014年安全生产工作。区委书记韩子荣主持会议，常务副区长陈国才和副区长张永、陈卫东、石军、李欣、张满仓就打击违法建设、园林绿化、水环境治理、环境整治、城市管理、大气污染治理、交通环境治理和安全生产工作任务进行部署。韩子荣要求各部门、各单位严格落实安全生产“党政同责、一岗双责”要求，加大执法力度，形成联动执法工作机制。加强宣传引导，树立典型、推广经验，促进辖区安全生产形势持续稳定好转。

（谷征）

【二季度安委会工作会】 4月11日，门头沟区安委会召开第二季度安全生产工作会。会上，区安委会办公室通报第一季度安全生产工作情况，对第二季度重点工作进行部署。副区长张满仓要求各部门、各镇街全力推进城乡结合部地区安全生产专项整治工作，深化安全生产标准化工作，加快行政执法体系和隐患排查治理体系建设。

（谷征）

【安全生产月部署】 5月26日，门头沟区安委会召开2014年安全生产月活动部署会，印发《2014年门头沟区安全生产月活动方案》，对安全生产月活动进行全面部署。会议要求全区设立15个咨询站集中进行宣传，各部门、各镇街要细化工作方案，明确宣传主题。将安全生产月活动列入年度综合考核，确保安全生产月活动取得实效。

（谷征）

【电气安全“双打”行动】 6月24日，门头沟区安委会办公室组织电气安全暨“双打”联合执法行动，重点针对施工工地、人员密集场所用电安全及特种作业、特种设备作业安全管理情况，采取“四不两直”方式进行实地检查。区安全监管局、住房城乡建设委、市政市容委、文化委、旅游委、商务委、质监局、公安消防支队和供电公司参与检查，出动执法人员30人、执法车辆10车次。各部门按照各自职责，对8家生产经营单位进行检查，针对部分配电箱无线路图、配电箱周边有杂物遮挡、职工宿舍临电私搭乱接、未建立特种作业人员档案等16项安全隐患，下达责令限期整改指令书7份。经复查，隐患全部整改完毕。

（谷征）

【三季度安委会工作会】 7月18日，门头沟区安委会召开第三季度安全生产工作会暨安全生产形势发布会。区安委会办公室通报2014年上半年安全生产工作情况，对下一阶段安全生产标准化、安全生产条件普查工作进行部署。按照市安委会的要求，向区属新闻媒体通报2014年上半年安全生产形势。副区长张满仓要求各部门、各镇街统一思想、提高认识、狠抓落实，全力做好各项安全生产工作。

（谷征）

【城乡结合部专项整治督查】 8月5日，门头沟区安委会办公室组织对部分地区及城乡结合部隐患排查治理专项整治情况进行督查。执法人员重点对各单位现场安全管理、反恐措施、应急救援进行检查。其间，检查生产经营单位9家，发现安全隐患7项，下达责令限期整改指令书3份。经复查，隐患全部整改完毕。

（谷征）

【“六打六治”专项部署】 9月2日，门头沟区安委会召开“六打六治”打非治违专项行动部署会，就集中开展打非治违专项行动暨安全生产大检查工作进行部署。副区长张满仓参加并讲话。要求各单位吸取安全生产事故教训，组织开展“六打六治”打非治违专项行动。对检查发现的隐患和问题，要严格执法，切实整改。

（谷征）

【国庆期间安全部署】 9月17日，门头沟区政府召开常务会，部署国庆期间安全生产保障工作。副区长陈卫东、张满仓分别就城乡建设安全与节日期间安全生产工作进行部署。会议要求各单位强化责任意识，落实“党政同责、一岗双责”工作要求；以“六打六治”打非治违专项行动为契机，采取“四不两直”方式深入开展安全生产大检查，针对节假日特点，对建筑工地、人员密集场所、道路交通运输、非煤矿山等重点行业领域及其重点部位进行检查，全力消除各类安全隐患；切实加强节日期间应急值守工作，领导干部24小时带班，做到反应灵敏、响应迅速、组织得力、救治有效。

（谷征）

【四季度安委会工作会】 10月22日，门头沟区安委会召开第四季度安全生产工作会暨APEC会议期间安全生产保障工作会。会上，区安委会办公室通报一至三季度全区安全生产总体情况，对第四季度安全生产工作及APEC会议期间安全生产保障工作进行部署。区公安消防支队对APEC会议期间消防安全工作进行部署；区住房城乡建设委、龙泉镇分别对“六打六治”打非治违专项行动进展情况和安全生产条件普查进展情况进行汇报。副区长张满仓要求各部门、各镇街深入开展“六打六治”打非治违专项行动和安全生产大检查，全力消除各类安全隐患，为APEC会议的召开营造安全、稳定、和谐、有序的社会环境。

（谷征）

【APEC会议安全保障】 11月3日，门头沟区安委会办公室召开APEC会议期间安全生产保障工作会，部署会议期间安全生产工作，对会议期间社会治安、交通、消防、食品药品安全工作进行部署。副区长张满仓听取相关部门和镇街APEC会议期间安全生产保障工作的汇报，并提出要求。

（谷征）

【隐患排查治理体系建设研讨会】 11月19日，门头沟区副区长张满仓主持召开安全生产隐患排查治理体系建设工作实施方案研讨会，区安委会各成员单位负责人参加会议。会上，张满仓听取各单位对实施方案的建议，要求各部门、各镇街落实实施方案各项工作要求，推进本区安全生产隐患排查治理体系建设。

（谷征）

【“党政同责、一岗双责”研讨会】 11月21日，门头沟区副区长张满仓组织相关部门，听取对《门头沟区安全生产党政同责、一岗双责暂行规定》的意见与建议。区安全监管局、商务委、交通局、质监局等40家单位参加。张满仓要求各单位提高对“党政同责、一岗双责”认识，将该项制度贯穿于安全生产条件普查、企业安全生产标准化创建等系列工作中，并指出要加强沟通，及时反馈意见，区安委会办公室修订后报区委常委会、区政府常务会审议通过后印发。

（谷征）

【“六打六治”专项行动督查】 12月1日，市安全监管局副局长贾太保带领市安委会综合督查组对门头沟区“六打六治”打非治违专项行动开展情况进行督查。督查组对北京大源非织造有限公司、北京东方大源非织造布有限公司两家单位的粉尘专项整治情况及现场安全管理、相关制度落实情况、应急救援管理工作等进行安全检查。督查组听取门头沟区及永定镇“六打六治”打非治违专项行动开展情况的汇报，查看有关资料、台账。贾太保要求各单位探索建立“六打六治”打非治违专项行动、城乡结合部地区安全生产专项整治工作长效机制，进一步完善隐患排查治理体系建设。副区长张满仓和区有关部门负责人参加督查。

（谷征）

【消防安全专项治理工作会】 12月23日，门头沟区安委会召开会议，部署劳动密集型企业及人员密集场所消防安全专项治理工作。会议决定成立由区安委会主任、代区长为组长，区安委会及区防火安全委员会各成员单位领导为成员的领导小组。按照“党政同责、一岗双责”“管行业必须管安全、管业务必须管安全、管生产经营必须管安全”的原则，落实各级政府领导责任、行业部门监管责任、企业安全生产主体责任，确保工作扎实推进。

（谷征）

【城乡结合部专项整治】 本年，城乡结合部专项整治行动期间，门头沟区各部门、各单位出动执法人员19227人次，监督检查各类生产经营单位7107家次，发现和消除各类安全隐患3955项，行政处罚53次，罚款34万元，清退各类人员464人。

（谷征）

危险化学品安全监管

【加油站夜查】 5月22日，门头沟区安全监管局执法人员分两路对辖区内13家加油站安全管理及值守情况进行全面检查，副区长张满仓参加夜查。检查组采取“四不两直”方式，对全区13家加油站的安全值守、现场安全管理情况进行检查，发现安全隐患巡查台账未公示、灭火器被遮挡、加油机附近有杂物等安全隐患15项，执法人员责令相关单位限期整改。经复查，隐患全部整改完毕。

（谷征）

【危险化学品经营单位联合检查】 10月28日，门头沟区安全监管局联合区公安分局治安支队、消防支队、内保大队、禁毒中队、工商分局、质监局和龙泉镇对重点地区危险化学品经营单位进行安全检查。联合检查组重点对各单位现场安全管理、安全管理制度落实、散装油管理、应急值守等情况进行检查。检查未发现安全隐患。联合检查组要求各单位严格落实安全生产主体责任，加大隐患排查力度，保障APEC会议期间安全稳定。

（谷征）

烟花爆竹安全监管

【销售网点执法检查】 1月16日至25日，门头沟区安全监管局开展烟花爆竹零售网点安全专项整治。检查烟花爆竹零售网点20家，下达责令整改书8份，消除各类安全隐患14项。主要针对烟花爆竹经营许可证、网点购销台账记录情况、消防设施是否齐全有效、销售人员持证上岗等进行全面检查。督促网点负责人加强安全管理，保证从正规渠道购买烟花爆竹，确保春节期间安全稳定。

（白璐）

【春节销售安全检查】 1月20日，市安全监管局局长张树森、副局长唐明明带队，对门头沟区春节期间烟花爆竹销售安全工作进行检查。张树森听取区安全监管局2014年春节期间烟花爆竹销售网点布设及销售期间现场安全管理的汇报，对烟花爆竹仓库进行实地检查。张树森强调：要加强烟花爆竹销售现场安全管理，加大执法检查力度和频次，充分利用音视频监控措施，切实保障销售网点安全。

（谷征）

【燃放安全部署】 1月22日，门头沟区政府召开2014年春节期间烟花爆竹燃放秩序维护工作部署会。区安全监管局、公安分局、工商分局等46个单位主管领导参加会议。会上，区安全监管局通报门头沟区烟花爆竹零售网点布建及烟花爆竹备货情况，部署下一步工作；公安消防支队安排春节前可燃物清理工作，并就春节期间防火、灭火工作进行部署；区烟花办部署2014年春节期间烟花爆竹燃放秩序维护工作。副区长张满仓要求各单位充分发挥基层组织作用，大力宣传烟花爆竹安全管理规定和安全燃放相关事项，落实管理责任，依据职责分工，开展安全检查，彻底排查安全隐患。

（谷征）

【零售网点全覆盖检查】 1月31日至2月6日，门头沟区安全监管局组成14个检查组，每天两次检查烟花爆竹销售及燃放情况。在“除夕”“初一”“初五”等重点时段，会同区公安分局、工商分局等相关部门对烟花爆竹储存仓库、烟花爆竹零售网点进行全覆盖检查。检查烟花爆竹零售网点92家次，查出安全隐患8项，下达限期整改指令书2份，隐患均及时整改消除。

（谷征）

【销售（储存）安全管理】 本年，门头沟区安全监管局制定《门头沟区2014年春节烟花爆竹销售（储存）安全管理工作方案》，成立烟花爆竹安全管理工作领导小组，强化烟花爆竹经营销售安全管理。全区审批设立31家烟花爆竹销售点，且布局合理，基本满足群众需求。对烟花爆竹经营单位主要负责人和从业人员进行安全教育培训考核，签订安全责任书和安全生产承诺书。投资10万元，在具备安装条件的15个零售网点安装视频监控系统和语音通话系统，实现问题的及时通报、及时处理、及时消除。其间，出动检查人员386人次，出动检查车辆186车次，检查烟花爆竹零售单位和批发仓库172家次，下达限期整改指令书15份，整改消除各类安全隐患42项。

（谷征）

矿山安全监管监察

【非煤矿山企业例会】 4月3日，门头沟区安全监管局组织非煤矿山企业主要负责人召开安全例会。会上，通报全国非煤矿山事故案例，就下一步非煤矿山安全管理工作进行部署，要求非煤矿山企业吸取事故教训，落实市安全监管局有关文件、会议精神，做好矿山技术升级改造和换证延续申请相关事宜。加强隐患排查治理体系建设，建立专家查隐患促整改工作机制，做好隐患排查治理自查自报工作。加强班组建设，细化班组长责任制标准，开展班组岗位达标。与相关技术支撑单位联系，实现视频监控系统与区安全监管局系统的对接。

（刘爱雪）

【汛期安全检查】 6月12日，门头沟区安全监管局对北京潭龙鑫磊叶蜡石矿有限公司、北京首钢鲁家滩石灰石矿有限公司进行汛期安全专项检查。要求企业领导高度重视汛期安全生产工作，切实消除各项隐患，严格落实防汛应急预案各项要求，严格落实《矿长保护矿工生命安全6条规定》《班长保护矿工生命安全4条规定》。

（刘爱雪）

【安全警示教育月】 7月5日，门头沟区安全监管局组织北京潭龙鑫磊矿业有限公司110名职工，开展安全警示教育月活动。一是制定《2014年北京潭龙鑫磊矿业有限公司安全生产月活动方案》，明确要坚守“红线”意识，按照“四个到位”，切实落实主体责任。二是学习《国家安全监管总局关于严防十类非煤矿山生产安全事故的通知》《非煤矿山八类生产安全事故典型案例》，观看《四川桃子沟煤矿“5·11”事故教育片》以及本矿2013年《“4·1”事故教育片》。

（刘爱雪）

【APEC安全保障】 10月29日，门头沟区安全监管局召开非煤矿山企业安全生产专题工作会。会议传达市、区关于APEC会议期间安全保障会议精神，要求企业领导充分认识APEC会议期间安全保障工作重要性，确保企业安全稳定。会上，印发《关于“APEC”会议期间门头沟区非煤矿山企业停产的通知》，要求非煤矿山企业在11月1日至15日暂时停止爆破、掘进等危险性较大的施工作业，停止容易产生粉尘的破碎、铲装、运输作业。

（刘爱雪）

【非煤矿山企业安全检查】 11月18日，市安全监管局副局长贾太保带队，对门头沟区非煤矿山企业安全生产状况进行检查督导。贾太保听取门头沟区非煤矿山企业安全生产工作汇报，对叶蜡石加工生产线进行检查。对门头沟区非煤矿山企业安全生产工作给予肯定，同时指出企业在人员配备、规章制度等方面的不足，要求企业在现有基础上开展非煤矿山企业安全生产标准化二级达标工作，通过二级达标创建提升企业安全管理水平。

（刘爱雪）

隐患排查治理

【粉尘爆炸排查治理工作会】 8月22日，门头沟区安全监管局组织相关企业负责人及属地政府安全管理人员30余人，召开企业粉尘爆炸隐患排查治理专项工作会。会上，通报“8·2”特别重大爆炸事故情况，分析事故原因；观看国家安全监管总局关于工贸行业粉尘防爆专题视频讲座，学习贯彻《门头沟区关于开展以存在粉尘爆炸危险企业为重点的隐患排查治理专项行动的通知》。区安全监管局要求各镇街、有关部门吸取昆山市“8·2”特别重大爆炸事故教训，落实安全生产主体责任，将标准化达标创建等工作与专项行动有机结合，提升企业内部隐患识别、整改能力，有效防范事故发生。

（谷征）

【隐患排查治理体系研讨】 10月11日，门头沟区安全监管局召开专题会，对《门头沟区安全生产隐患排查治理体系建设工作实施方案（征求意见稿）》进行研讨。参会人员结合安全生产工作实际，对实施方案提出具体修改建议，对今后3年至5年内门头沟区隐患排查治理体系建设重点任务进行梳理，明确工作目标、责任单位、完成时限及保障措施。

（谷征）

【隐患整改】 本年，门头沟区安全监管局检查施工工地417个次，下达责令改正指令书195份，查出企业存在隐患887项。对所有隐患进行复查，全部整改完毕。加大行政处罚力度，对查出隐患逾期未改和不符合行业安全标准的中建城市建设发展有限公司、北京矿建建筑安装有限公司、北京市第二建筑工程有限公司等20家生产经营单位及负责人的违法行为依法给予行政处罚，立案20起，罚款22万元。

（陈观刚）

应急救援

【加油站应急演练】 3月11日，门头沟区安全监管局组织加油站从业人员在金福龙加油站开展应对突发事件演练。演练设置油罐车卸油过程中漏油，以及人为破坏加油站等两个情境。针对这两种情境，实施相应的拉闸断电、灭火、报警等应急处置措施。演练结束后，区安全监管局负责人对演练过程进行点评，指导完善应急预案。要求加油站从业人员居安思危，切实提高安全防范意识，加强反恐应急能力建设，常练常新，将应急方案与实际工作相结合，不断提高应急预案可操作性，及时有效地处置突发事件。区安全监管局、中石化北京分公司京西区域负责人及全区13家加油站负责人40余人参加本次演练。

（谷征）

【液化气站消防演练】 5月28日，门头沟区液化气站开展处置突发事件消防安全演练。此次演练分为危险货物运输车辆突发事故应急处置和液化气储罐发生泄漏、着火紧急处理两部分。演练中各抢险小组分工明确，演练整体衔接有序，及时处置应急突发事件。通过演练，增强作业人员安全意识和应对突发事件能力，达到预期效果。区安全监管局、市政市容委、质监局、交通局、公安消防支队等部门以及危险化学品重点生产经营单位参加演练。

（白璐）

【危险化学品应急演练】 6月26日，门头沟区安全监管局组织危险化学品泄漏突发事件应急演练。演练模拟军庄加油站输油管线发生破裂导致汽油泄漏，加油站员工立即启动应急预案进行初期处置，疏散人群、设立警戒线、关闭站内总电源、铺设防火毯、报警。区安全监管理局调动安全生产应急救援队，赶往现场实施专业救援。本次演练突出实战性，重点检验安全生产应急救援队伍专业处置能力，达到预期效果。市安全监管局应急处现场指导演练。区安全监管局发出《关于加强门头沟区安全生产应急救援队伍建设的通知》，将昊华能源公司矿山救护队、北京华油联合燃气开发有限公司门头沟分公司应急救援队、区应急救援大队3支队伍纳入到区安全生产应急救援体系中，标志着全区安全生产专业应急救援能力得到提升。

（谷征）

执法监察

【建筑行业举报案件核查】 本年，门头沟区安全监管局按照有报必查、有报速查的要求，做好举报案件处理工作。对于2月28日物美大卖场9层、10层钢结构存在安全隐患的举报、5月22日永定镇定向安置房外架防护滞后的举报、6月27日区体育馆装修工程存在安全隐患的举报等12起举报投诉案件，调查处理12起，办结率100%，举报人满意率100%。

（陈观刚）

【“两节”期间安全夜查】 1月至2月，门头沟区对城乡结合部“六小”场所和宾馆、饭店、超市等重点人员密集场所及烟花爆竹销售网点，采取“四不两直”方式开展7次安全生产夜查。其间，检查经营单位38家，下达整改指令18份，发现并消除安全隐患63项。局部封停1家，拆除违建房屋1处，对2家生产经营单位负责人给予警告并处罚款0.4万元。副区长张满仓参加夜查并提出工作要求，区电视台《直击安全现场》栏目进行报道。

（谷征）

【“四不两直”暗访夜查】 1月23日，门头沟区安全监管局联合公安消防支队、区商务委、龙泉镇，采取“四不两直”方式，对龙泉镇地区烟花爆竹销售网点及北京喜福临门婚庆服务中心、北京迎盈建材中心、北京广顺源火锅店、北京京华谷仓餐厅、北京九元餐饮有限公司荷花居餐厅、北京中鼎信餐厅开展暗访夜查。此次检查出动执法人员11人次、执法车辆5车次，下达整改指令书4份，查出安全隐患16项。经复查，隐患全部整改完毕。

（刘艳峰）

【春节期间安全保障】 1月31日至2月6日，门头沟区安全监管局组成14个检查组，每天对加油站、液化气站、商场、超市、KTV等人员密集场所进行不间断巡查，检查各类生产经营单位154家次，发现并消除安全隐患24项。

（谷征）

【建筑工地开复工安全检查】 3月4日至21日，门头沟区安全监管局联合区住房城乡建设委等部门，对建筑工地开复工进行联合检查，对施工安全防护设施、起重设备、电气线路、机械设备等重点部位进行全面检查。重点对工人生活区用电、临时用电进行检查，并对建筑工人岗前安全培训制度落实情况进行检查。下达指令书15份，并督促整改落实。

（陈观刚）

【液化气销售安全执法检查】 3月，门头沟区安全监管局联合区燃气办对辖区内3家液化气站及9家液化气销售站进行安全检查，对各站点制度落实、员工培训、气瓶储存、应急值守等方面进行检查，下达责令限期整改指令书4份，消除各类安全隐患9项。

（白璐）

【清明节安全检查】 4月5日至7日，门头沟区安全监管局分3个检查组，对危险化学品企业、人员密集场所、工业企业等重点行业领域开展安全检查。其间，出动检查人员26人次，出动检查车辆6车次，检查危险化学品企业6家、商场超市8家、工业企业5家，下达责令改正指令书3份，查出各类安全隐患5项，全部整改完毕。

（谷征）

【旅游经营单位安全联合检查】 4月15日至25日，门头沟区安全监管局会同区旅游委对斋堂镇、妙峰山镇、永定镇景区景点、宾馆、农家乐等14家单位进行安全生产检查。下达限期整改指令书11份，查出安全隐患48项。经复查，隐患全部整改完毕。

（刘艳峰）

【“五一”节期间安全检查】 5月1日至5月3日，门头沟区安全监管局分3个检查组，对危险化学品企业、人员密集场所、施工工地等重点行业领域开展安全检查。其间，出动执法人员24人次，出动检查车辆6车次，检查危险化学品企业5家、商场超市7家、建筑工地8家，下达责令改正指令书3份，查出各类安全隐患11项。经复查，隐患全部整改完毕。

（谷征）

【市政工程施工安全执法检查】 5月，门头沟区安全监管局对辖区内市政工程施工项目安全进行专项检查，检查单位11家，下达责令限期整改指令书11份，发现各类安全隐患32项。主要包括配电箱接线不规范、施工现场未设置警示标志、特种作业人员未携带特种作业证书等问题。经复查，隐患全部整改完毕。

（白璐）

【“端午”节安全检查】 5月31日至6月2日，门头沟区安全监管局分3个检查组，对危险化学品企业、人员密集场所、施工工地等重点行业领域开展安全检查。其间，出动执法人员18人次，出动检查车辆6车次，检查危险化学品企业9家，商场超市6家，建筑工地5家。查出安全隐患12项，下达责令限期整改指令书4份。经复查，隐患全部整改完毕。

（谷征）

【深基坑施工支护安全专项检查】 6月15日至7月30日，门头沟区安全监管局采用联合检查和重点巡查相结合的方式，检查全区在施工地深基坑施工工地。重点检查基坑支护安全、现场应急抢险设备物资准备、基坑周边安全防护、各项安全措施落实等情况。在检查中要求施工企业严格落实各项规章制度，做好汛期前各项准备工作，加强日常监测，确保安全生产。其间，检查深基坑施工工地25次，下达指令书14份。经复查，隐患全部整改完毕。

（陈观刚）

【“双打”专项执法行动】 6月18日，门头沟区安全监管局组成4个检查组，重点对建筑、物业单位进行特种设备安全作业和特种作业人员持证上岗“双打”专项检查。重点检查各单位配电室人员配备、特种作业人员持证上岗以及电气线路规范敷设等情况。检查单位15家，下达限期整改指令书8份，消除各类安全隐患25项。

（白璐）

【餐饮单位安全生产执法检查】 8月1日，门头沟区安全生产执法体系建设办公室组织区商务委、公安消防支队对北京玉祖英餐饮有限公司惠泽餐厅、北京乡村大院炖菜馆开展直击现场综合执法行动。重点检查两家餐饮单位安全生产责任制建立、消防安全、用电安全等情况。下达整改指令书2份，消除安全隐患10项。

（刘艳峰）

【粉尘防爆综合执法检查】 8月21日，门头沟区安全生产执法体系建设办公室组织区食品药品监管局、公安消防支队、龙泉镇、城子办事处对北京本乡良食面业有限公司、北京古都国华琉璃制品有限公司开展综合执法行动。重点检查作业场所粉尘防爆设备设施运行、安全防范现场管理、食品安全、消防安全、用电安全等情况。查出各类隐患9项并监督整改消除。

（刘艳峰）

【“中秋”节安全检查】 9月6日至8日，“中秋”节期间门头沟区安全监管局分3个检查组，对危险化学品企业、人员密集场所、施工工地等重点行业领域开展专项检查。检查危险化学品企业9家、商场超市6家、建筑工地5家，下达责令改正指令书4份，查出各类安全隐患12项。经复查，隐患全部整改完毕。

（谷征）

【网吧专项夜查】 9月25日，门头沟区安全监管局按照市安全监管局统一部署，会同区文化局对全区营业网吧开展夜查。检查网吧7家（全区注册网吧18家，因拆迁等原因开业7家），下达整改指令书5份，发现隐患13项。经复查，隐患全部整改完毕。

（刘艳峰）

【“国庆”期间安全检查】 10月1日至7日，“国庆”期间门头沟区安全监管局分7个检查组，对危险化学品企业、人员密集场所、施工工地等重点行业领域开展安全检查。其间，出动执法人员54人次，出动检查车辆21车次，检查危险化学品12家、商场（超市）11家、建筑工地15家，其他单位10家。下达责令限期整改指令书6份，发现并消除各类安全隐患15项。

（谷征）

【校园安全综合执法检查】 10月15日，门头沟区安全生产执法体系建设办公室组织区教委、公安消防支队对黑山小学、三家店铁路中学校园安全开展综合执法行动。此次检查下达整改指令书2份，查出安全隐患8项。经复查，隐患全部整改完毕。

（刘艳峰）

【供暖安全专项检查】 10月22日，门头沟区安全监管局联合区市政市容委、质监局、公安消防支队等部门对区属供暖企业进行供暖前安全专项检查。经检查，北京国信恒望热力有限公司、北京华源热力门头沟分公司及黑山供热站3家单位均开展供暖前准备工作，设备调试、原料保障和24小时应急抢修等工作到位，各级操作人员安全教育培训落实。现场存在的主要问题是：动火作业监护不到位，脱硝水泵房未采取通风措施，现场管理不规范等。检查组下达执法文书，责令企业整改，要求一线作业人员熟练掌握安全操作规程，加强动火、登高和吊装等危险作业安全管理，对酸、碱等危险化学品加强现场安全管理和防护措施。经复查，隐患全部整改完毕。

（白璐）

【养老机构安全联合检查】 10月23日至29日，门头沟区安全监管局会同区民政局、公安消防支队对全区10家养老机构进行安全检查，重点检查各养老机构用电安全、用气安全、消防安全以及现场安全管理情况。下达整改指令书7份，查出安全隐患24项。经复查，隐患全部整改完毕。

（刘艳峰）

【高层楼宇安全执法检查】 11月2日，门头沟区安全生产执法体系建设办公室组织区食品药品监管局、人力社保局、住房城乡建设委、商务委等部门对熙旺大厦进行综合执法检查。检查人员分3个检查组，重点检查大厦及内部商户用电安全、用气安全、消防安全、食品安全、现场安全管理及劳动安全保障情况。发现隐患32项，下达各类整改指令书9份。经复查，隐患全部整改完毕。

（刘艳峰）

【圣诞节安全联合执法检查】 12月24日，门头沟区安全生产执法体系建设办公室组织区文化局、民政局、公安消防支队、永定镇、大峪办事处对北京市基督教门头沟堂、幸福蓝海影院、熙旺国际影城、友乐汇聚娱乐有限公司开展安全综合执法行动。下达整改指令书3份，查出并消除安全隐患8项。

（刘艳峰）

职业卫生监督检查

【职业卫生安全监管协调会】 4月15日，门头沟区安全监管局召开职业卫生监管工作协调会，区卫生计生委、人力社保局、总工会等部门主管领导参加会议。会议总结2013年职业卫生监管情况，重点就门头沟区2014年职业卫生监管工作进行部署。

（赵轩）

【职业病防治法宣传部署】 4月18日，门头沟区安全监管局组织区卫生计生委、人力社保局、总工会、各镇街、石龙开发区管委会、京煤集团等有关部门召开《职业病防治法》宣传活动筹备会，对2014年在全区范围内集中开展《职业病防治法》系列宣传活动进行部署。

（赵轩）

【职业病防治法宣传】 4月24日，门头沟区安全监管局会同区卫生监督所、疾病预防控制中心在北京天马轴承有限公司开展“贯彻落实《职业病防治法》，维护劳动者健康权益”为主题的职业安全宣传活动。此次宣传，发放职业病防治法百问、职业病防治问答、预防食物中毒宣传册、职业病防治法宣传画等宣传材料400多份，摆放宣传展板6块，解答职工咨询20余人次，北京天马轴承有限公司200余名职工参加活动。5月8日，在木城涧煤矿、大台煤矿开展职业病防治法宣传活动，发放尘肺病防治知识、职业病防治知识100问、工伤保险知识问答、井下有毒有害气体灾害事故案例汇编、职业病防治法宣传画等宣传材料5600多份，摆放宣传展板15块，解答职工咨询40余人次，木城涧煤矿、大台煤矿1000余名矿工参加活动。通过宣传活动，使用人单位和劳动者进一步了解职业卫生法律法规，提高劳动者的自我保护意识，营造浓厚的《职业病防治法》宣传氛围。

（赵轩）

【高温天气防暑降温】 本年，门头沟区安委会印发《门头沟区关于切实做好高温天气防暑降温工作的通知》，要求各相关部门切实发挥行业主管和属地职能，贯彻国家安全监管总局《防暑降温措施管理办法》。7月至9月，区安委会组织各有关部门重点对全区大型建筑工地、露天作业场所、高温作业车间进行安全生产大检查，检查建筑工地、高温作业企业105家次，发放防暑降温宣传材料1800份，下达责令整改指令书32份，消除安全隐患85项，严防高温中暑引起的各类安全事故发生。

（赵轩）

【职业病防治】 本年，门头沟区安全监管局监督检查涉及职业病危害企业240家，下达指令书105份，消除安全隐患418项，立案3起，罚款0.8万元。组织区人力社保局、卫生计生委、疾控中心等部门召开职业安全卫生专题会12次，制发文件15份，报送安全监察信息48条。受理涉及职业病鉴定、职业健康体检、职业危害因素劳动合同告知、作业场所环境治理、个人防护用品发放等多种类型职业安全投诉举报89起，接待上访群众和现场调查取证156人次，督促协调有关部门和责任单位依法为劳动者解决实际困难，依法纠正用人单位违法违规行为，化解职工和企业的矛盾，并及时把调查处理情况回复给投诉举报人，案件回复率100%。深入开展粉尘与高毒物品职业危害、高温天气防暑降温专项治理，并6次对各部门、各企业专项治理落实情况进行督查，全年本区未发生职业中毒和职业病群体上访事件。

（赵轩）

【职业卫生宣传】 本年，门头沟区安全监管局以区有线电视台“直击安全现场”栏目为主，联合《京西时报》、北京广播电台等新闻媒体，围绕职业卫生重点行业领域监督检查进行7次宣传报道，对全区职业卫生工作起到推动作用。

（赵轩）

【职业卫生培训】 本年，门头沟区安全监管局组织企业负责人和安全管理人员参加北京市职业卫生培训班，全区220名企业负责人和安全管理人员通过考试并取得资质证书。

（赵轩）

【职业卫生监督执法年】 本年，门头沟区安全监管局开展“工作场所职业卫生监督执法年”活动，印发《门头沟区开展“工作场所职业卫生监督执法年”活动方案》，召开专题工作会议，对全区开展“工作场所职业卫生监督执法年”活动进行动员部署。4月至11月，区安全监管局会同有关部门，重点对高毒物品行业、机动车维修行业、高温行业进行专项检查，检查企业120家，下达执法文书65份，消除安全隐患317项，有效预防职业病和各类安全事故的发生。

（赵轩）

宣传培训

【学习顺义安全生产工作经验】 3月27日，门头沟区副区长张满仓带领区应急办、安全监管局、食品药品监管局等部门及全区13个镇街安全生产工作主管领导40人，赴顺义区就行政执法监管体系建设、安全隐患排查、安全生产标准化建设等工作进行学习调研。在听取顺义区安全监管局以安全生产综合监管动态管理系统为核心的监管平台系统和隐患自查自报系统的介绍后，与顺义区副区长盛德利和顺义区安全监管局等部门负责人进行交流。

（谷征）

【隐患排查治理体系建设专题课】 4月9日，门头沟区邀请顺义区安全监管局有关负责人，为全区行业监管部门和属地镇街安全管理人员就安全生产隐患排查治理体系建设进行专题培训。顺义区安全监管局分别就隐患排查治理体系的构成、分级分类管理的内涵、与安全生产标准化创建工作的衔接、安全标准化创建过程中镇街和行业部门的职责分工和考核、隐患自查自报系统的使用、如何量化综合考核指标等内容进行介绍。区政府办副主任、区应急办主任姜春山参加培训并要求各相关部门、镇街学习顺义区管理经验，加快门头沟区行政执法监督管理工作体系建设，明确安全监管职责，整合行政执法力量，加大隐患排查整改力度。

（谷征）

【有限空间安全培训】 4月16日，门头沟区安全监管局举办有限空间安全生产培训班，全区各镇街，行业部门安全监管人员以及有限空间单位负责人及作业人员120人参加培训。邀请市劳保所主任刘艳对《地下有限空间作业安全技术规范》等3个地方标准进行解读。培训过程中，区安全监管局通报2013年有限空间执法检查情况并传达市安委会2014年有限空间安全生产工作要求。针对全区有限空间作业存在的主要问题，对照《北京市有限空间作业安全生产规范》，从有限空间作业危害、特点、防范措施等方面进行讲解，提出工作要求。

（白璐）

【安全生产月主题宣传】 6月16日，门头沟区安委会办公室组织区安全监管局、应急办、市政市容委、教委、商务委、旅游委、公安分局（交通支队、消防支队）、工商分局、卫生计生委等17个职能部门，在永定河公园设立安全宣传主咨询站，围绕“坚守红线意识，保障城市安全”的安全生产月活动主题，开展生产安全、食品安全、公共安全、公共卫生安全等多方面的安全宣传活动。各镇街分别组织分站进行宣传。此次活动全区设立安全宣传咨询站21个，设置安全宣传展板344块，发放宣传材料11万余份，悬挂横幅436幅，张贴标语、宣传画7200余张，设宣传栏、板报2000余块，受教育人数达10万余人。通过广泛宣传，营造全社会浓厚的安全氛围。

（谷征）

【专职安全员培训】 12月8日至12日，门头沟区安全监管局组织专职安全员开展为期一周的脱产业务培训。根据市安全监管局培训教材，结合区情实际，编制培训课程及培训讲义，从法律法规讲解、行业安全检查实务、亦庄体验馆现场体验、公文信息写作、执法礼仪等多方面入手，邀请相关专家、一线执法骨干进行讲解。注重全面、可操作性强的同时，注重课程形式的多样性，确保专职安全员能够及时掌握安全生产相关知识和执法检查技能。

（谷征）

【安全生产法宣贯】 12 月，门头沟区安全监管局先后会同石龙管委、区国资委，组织 100 余家生产经营单位负责人及安全管理人员，开展新修订的《中华人民共和国安全生产法》宣传培训，结合安全生产形势及事故案例讲解修改的背景、意义和亮点。

（谷征）

法制建设

【执法监管体系部署会】 3 月 5 日，门头沟区安全监管局组织全区各镇街、石龙管委主管领导及安全科长，召开门头沟区安全生产行政执法监管体系工作部署会。会上，通报全区各类生产经营单位基本情况，对下一步工作进行部署。一是各单位要创新机制，细化辖区生产经营单位基本台账，动态掌握生产经营单位的变化。二是加大行政执法监管体系工作宣传力度，总结推广好的做法和经验。三是制定执法检查工作计划，采取综合执法、专项执法、重点抽查、日常巡查等有效手段，强化事故隐患排查治理。四是加强信息报送，实现信息资源共享。五是将安全生产行政执法监管体系建设工作列入各镇街、石龙管委的年度考核重要内容，推进行政执法监督管理常态化、制度化、科学化。

（刘爱雪）

科技与信息化

【安全监管微信服务平台开通】 4 月 11 日，“北京门头沟安全生产监管”微信服务平台正式开通，有近千人关注，发送 240 余条信息。重点宣传安全生产知识、安全生产工作进展等内容，突出安全生产宣传的及时性，扩展宣传范围，形成良好的安全氛围。

（谷征）

【新版网站正式上线】 5 月 8 日，新版门头沟区安全监管局网站正式上线。新版网站除提供丰富的政务信息、安全生产知识、政策法规解读外，加强与辖区企业、居民的交流互动。通过建立政务微信、办事指南、结果公示、局长信箱、网上举报、在线咨询、便民问答、在线调查等一系列栏目，能够及时将企业、群众关心的问题予以解答，缩短职能部门与服务人群的距离，畅通民意诉求渠道，更好地服务辖区企业、居民。

（谷征）

标准化建设

【小微企业标准化部署会】 3 月 5 日，门头沟区安全监管局组织各属地单位召开小微企业安全生产标准化工作部署会。会上，军庄镇、东辛房办事处和石龙管委分别介绍创建小微岗位达标过程中的工作方法和经验；区安全监管局对各属地单位工作表示肯定，并指出小餐饮等安全隐患较多的单位标准化建设推进力度不足、安全检查及评审水平有待提高等问题。会议对 2014 年标准化工作进行部署，按照门城地区、浅山区、深山区进行任务分解，要求强化过程指导，注重评审质量，提高创建覆盖面。

（刘爱雪）

【标准化培训周】 4月9日至17日，门头沟区安全监管局组织标准化“培训周”活动，多层次、多角度地开展宣传教育培训，400余人次参加培训。邀请顺义区安全监管局有关负责人为全区行业监管部门和属地镇街安全生产管理人员就安全生产隐患排查治理体系建设进行专题培训。召开全区2014年安全生产标准化培训班，聘请专家对31个部门、镇街安全生产管理人员及120余家企业安全负责人开展安全生产标准化达标创建培训，明确意义、解读标准、指导企业安全生产标准化达标创建工作。针对评审中发现企业在职业卫生、有限空间等方面知识匮乏、得分较低、隐患排查不到位的问题，组织开展职业卫生、有限空间两期标准化专项培训班，加强安全生产基层基础工作。通过邀请行业专家指导、兄弟单位经验交流及内部学习等多种方式，强化行业主管部门、生产经营单位安全管理，提升安全监管人员及企业人员安全生产相关技能。

（刘爱雪）

【企业标准化表彰大会】 4月11日，门头沟区政府召开企业安全生产标准化创建工作会。副区长张满仓参加会议并讲话。会上，门头沟区安全监管局就2013年企业安全生产标准化创建及2014年重点工作进行通报。对北京大源非织造有限公司、欧玛嘉宝安瑞吉电气设备有限公司等6家市级达标单位及部分三级达标单位代表进行授牌表彰；并对6家市级达标单位给予每家2万元的奖励。达标单位代表介绍安全生产标准化创建经验。

（刘爱雪）

【商贸餐饮企业标准化创建】 5月12日至16日，门头沟区安全监管局会同区商务委每日出动2个检查组，对本年创建安全生产标准化商贸、餐饮等26家企业进行指导检查。检查各单位配电室、消防中控室、厨房操作间、库房货物码放、生产车间现场安全管理等情况。针对检查中发现的112项安全问题和隐患，下达指令书19份。检查组要求各单位加强组织领导，制定实施方案，明确机构和人员，加大必要的投入，稳步推进安全生产标准化创建工作。

（刘爱雪）

【三级标准化验收评审】 9月9日，门头沟区安全监管局启动对商贸、餐饮、旅游、文化、体育、综合楼宇物业等人员密集场所和食品、药品生产企业创建三级安全生产标准化现场评审验收工作，制定标准化现场评审验收工作计划。一是确定6名专家每日分成2组，会同行业部门对所监管企业标准化创建工作进行现场评审。二是分别制定各行业安全生产标准化评定标准，确定分值。三是听取汇报、查阅资料、现场检查，对照标准逐条逐项进行评审。四是针对检查中存在的问题，提出整改要求，确保企业安全生产标准化创建在规定期限内，保质、保量顺利达标。

（刘爱雪）

【标准化达标创建验收】 9月16日，门头沟区安全监管局会同标准化评审专业机构对北京京西晨光饭店安全生产标准化二级达标创建工作进行验收评审。晨光饭店按照标准化相关要求制定完善企业安全管理制度，开展隐患排查整改，达到标准化二级达标水平。

（刘爱雪）

【小微达标企业抽查】 10月27日至29日，门头沟区安全监管局会同有关专家对永定镇、龙泉镇、城子街道办事处、大峪街道办事处辖区小微达标企业进行现场抽查。抽查小微达标企业33家，查阅镇街小微达标企业台账和评审记录，实地检查经营场所安全状况。针对检查发现的问题提出整改要求。要求小微企业通过开展标准化建设，建立安全生产标准化长效机制，全面提升企业隐患排查整改水平，确保企业持续安全稳定。

（刘爱雪）

房山区

概述

2014年，房山区安全生产工作紧密结合全市安全生产“四化三体系双基”总任务，主动而为、科学而为、顺势而为，实现安全监管与经济、民生大局的有机融合，实现区域安全生产形势持续稳定好转。先后荣获全国安全生产监管监察先进单位、北京市安全生产月组织奖等多项荣誉，为助推“一区一城”新房山建设，维护首都和谐稳定做出贡献。

一、坚持规划驱动。按照“尊重规律，科学发展”的原则，聘请中国安科院对房山区安全生产工作现状和重点领域开展专项调研与评估，研究编制安全生产规划。坚持标准化体系建设跟进补充，推进安全生产标准化创建工作。采取“抓宣传、重自查、建试点、强督导”4项措施引导，“政府政策、财政资金、行业部门、执法手段、专家技术”5项举措支撑，提高和强化企业参与标准化建设的法制意识和主体责任，提升企业加大投入、主动整改的积极性。全年完成500家三级企业和1500家小微企业的达标任务。

二、启动信息化建设工程和消隐工程。邀请市安全监管局就危险化学品政策试点区建设工作到房山区调研指导，明确房山区的努力方向，确保隐患排查治理体系示范区建设有序推进。与属地政府和公安、消防等有关部门通力合作，规范经营秩序，拆除违法隐患，保障危险化学品企业安全生产。

三、立足房山转型发展大局。围绕全市城乡结合部安全生产专项整治工作，发挥安委会组织协调作用，创造性地调动部门特殊优势，主动而为、顺势而为、创新而为，在以城乡结合部绿海集贸市场为标志的专项整治工作中，获得区委、市安全监管局主要领导的肯定。全区城乡结合部安全生产环境得到显著改善。

四、完善安全生产责任体系。制定“党政同责、一岗双责”暂行规定，明确各级党委、政府安全生产工作职责。细化出定期会议、检查调研、监督处罚等9项制度，对“党政同责、一岗双责”进行量化，使党政同责具备可操作性。申建资金体系，安全生产投入成倍增加。全年，区政府累计拨付、列支安全生产专项经费7700万元；各乡镇街道、各单位加大对安全生产工作人力、物力、财力的投入。强化队伍建设，针对基层单位缺乏安全监管人员问题，在区政府支持下，招录290名安全员，经过培训合格后，分配至全区各乡镇街道，加强安全生产日常监管工作，提高安全监管覆盖率。

五、强化宣传教育。围绕提高全民安全意识，在安全生产宣传工作中，邀请区委宣传部指导，全面开展道路交通、建筑施工、人员密集场所等各个领域的宣传教育活动。制作原创动漫片《悦读房山：生命不能承受之险》，在凤凰、优酷、搜狐等10余家网站点击率195万次；原创情景剧《熬夜看球》《先斩后奏》分获全市大赛一、二等奖；“安全在我心中”书画、摄影和诗词楹联大赛在全社会掀起关注安全、参与安全的热潮，取得良好效果。

在取得成绩的同时，存在的问题和差距不容忽视。个别企业安全生产意识薄弱、科学管理能力不强、生产设备设施老化等问题仍然存在，安全监管（管理）队伍建设与不断发展形势仍有差距。

综合监管

【控制考核指标】 本年，房山区发生各类安全生产事故死亡105人，占市安委会下达年度安全生产控制指标的93.75%。其中：道路交通事故死亡98人，占控制指标的98.99%；生产安全事故死亡3人，占控制指标的33.33%。

（任国鹏）

【城乡结合部专项整治调研】 1月2日、14日、15日，房山区副区长刘胜国带领安全监管、消防、应急等部门负责人分别到城关街道、拱辰街道和长阳镇调研，听取安全生产工作汇报，重点了解城乡结合部安全生产专项整治工作开展情况。刘胜国要求各单位加强领导，守土有责，以城乡结合部安全生产专项整治为契机，以“三合一”“多合一”“六小场所”等作为检查重点，消除隐患，确保安全。

（任国鹏、安东）

【安全生产工作部署】 1月12日，全市安全生产、消防、森林防火电视电话会议结束后，房山区政府立即召开会议部署安全生产工作。会议要求：一是各部门要把安全生产工作当作头等大事来抓，绝不可掉以轻心；二是各乡镇街道要做到守土有责，全面排查治理安全隐患；三是严格落实“管行业必须管安全、管业务必须管安全、管生产经营必须管安全”“党政同责、一岗双责”，在各行业、各地区开展拉网式安全检查，做到检查隐患要到位，隐患处置要到位，对责任人处理要到位，将隐患消灭在事故发生前。按照全市统一部署，房山区建立安全生产专项整治指挥领导体系，由区长祁红任总指挥，各部门、各乡镇街道明确职责、密切配合、协同作战，开展安全生产、消防和森林防火大检查，加强城市运行安全监管，推进城乡结合部地区专项治理。

（安东）

【春节安全生产大检查】 1月22日至2

月28日，房山区安委会在全区范围内组织开展安全生产大检查工作。大检查主要针对春节期间烟花爆竹、危险化学品、商市场、文娱场所、液化气使用、人员密集场所、交通枢纽等7个重点行业领域开展执法检查，严防各类事故发生。区安委会要求各乡镇街道、各成员单位重视此次大检查，主要领导亲自带队开展检查，结合自身职责，细化工作方案，加强联合联动，及时排查整改隐患，确保大检查不留死角、取得实效。

（安东）

【区人大领导春节前安全检查】 1月26日，房山区区人大常委会主任史全富带队检查安全生产工作，区人大常委会副主任段维鹏参加检查。史全富等领导先后到中国石油化工股份有限公司北京房山房通加油站、北京市熊猫烟花有限公司房山区第83零售点、华冠欢乐城等地检查节前安全生产工作，要求相关负责人绷紧安全生产这根弦，及时排查消除安全隐患。

（安东）

【年度安全生产工作会】 2月25日，房山区政府召开2014年度安全生产工作会，总结2013年安全生产工作，安排部署2014年工作。区长祁红、副区长刘胜国参加会议。会议要求全区各乡镇街道、各部门按照区政府统一领导和工作部署，以坚决遏制重特大事故发生、全力压减一般安全事故为总目标，强化企业安全生产主体责任、强化政府安全监管主体责任。推进安全生产事故隐患排查治理体系建设和标准化创建，加强安全监管干部队伍建设，突出重点行业领域安全监管，做好安全生产应急保障工作，开展安全生产宣传教育，有效防范和坚决遏制重特大事故发生。

（安东）

【全国“两会”安全保障】 全国“两会”期间，房山区安全监管局加强安全生产保障工作。一是召开专题会议部署“两会”期间安全生产保障工作，印发《在全国“两会”期间开展安全生产大检查工作的通知》，开展重点行业领域大检查活动。二是采取“四不两直”方式，对非法生产经营建设和经停产整顿仍未达到要求的单位，一律关闭取缔；对非法违法生产经营建设的有关单位和责任人，一律按规定上限予以经济处罚；对存在违法生产经营建设行为的单位，一律责令停产整顿，并严格落实监管措施；对触犯法律的有关单位和人员，一律依法严格追究法律责任。三是加强重点行业领域安全检查，并在重点时段开展“零点”夜查行动，重点查看夜间值班、应急值守、消防安全等工作落实情况。自3月1日至全国“两会”闭幕，局领导每日带队对重点行业领域开展安全检查，督促企业落实主体责任，消除各类事故隐患。

（傅星铭）

【城乡结合部专项整治督查】 3月7日，市安委会督查组对房山区城乡结合部安全生产专项整治工作进行综合督查。督查组听取专项整治汇报，到长阳镇、拱辰街道进行现场检查。据统计，全区出动执法人员9812人次，监督检查各类单位6923家次，发现各类安全隐患3427项。其中因非法违法或“三合一”“多合一”等安全隐患问题停产停业92家，关闭取缔54家，罚款157.3万元，处理人员19人，清退不法商户或个人租户501人。督查组对房山区专项整治工作取得的成果给予肯定，要求按照疏堵结合、分类治理的原则，对危害群众生命财产安全的，坚决予以取缔，规范城乡结合部地区安全生产秩序，建立长效机制，定期排查复查，防止非法违法行为反弹，巩固整治工作成果。

（刘爽）

【城乡结合部专项整治督查部署】 3月13日，房山区安委会办公室组织区商务委、住房城乡建设委、城管执法局、消防支队等部门召开专项整治综合督查工作会。会议通报市安委会督查组到长阳镇、拱辰街道的督查情况，印发房山区安委会办公室《关于开展城乡结合部地区安全生产专项整治综合督查工作的通知》。决定成立8个督查组，自3月起开展城乡结合部专项整治督查工作，巩固整治工作取得的阶段性成果，做好城乡结合部地区安全生产专项整治工作。

（刘爽）

【区领导听取安全生产评估汇报】 3月27日，房山区副区长刘胜国到区安全监管局调研，听取全区安全生产现状评估与规划、城乡结合部地区安全生产专项整治等工作汇报。刘胜国指出，全区城市化进程不断加快，城乡结合部地区安全隐患逐渐显现，加之房山区是危险化学品大区，所以安全生产现状评估与规划工作显得尤为重要，区安全监管局要以城乡结合部专项整治为契机，加大排查治理力度，加快评估与规划工作进程，争取早日取得成效，为全区经济发展和百姓切身利益保驾护航。

（安东）

【市领导调研地下管道安全生产】 6月5日，副市长张延昆带队到房山区调研地下管道安全生产工作，市安全监管局局长张树森、市市政市容委委员蒋志辉，房山区副区长刘胜国和区安全监管局、市政市容委、中石化北京燕山分公司、中石油北京天然气管道有限公司、市燃气集团负责人参加调研。调研组先后查看中石化北京燕山分公司汽柴煤输油管道南上岗村段、中石油北京天然气管道有限公司陕京一线黄辛庄村段、城市天然气管线小十三里村段，针对地下管道占压问题进行实地调研。听取管道权属单位关于隐患排查情况、安全管理措施的汇报。张延昆指出：地下管道占压隐患的排查和清理工作不能轻视，要从政府、企业、百姓3个层面探索和研究有效的工作措施，切实做到消隐不加负，将隐患彻底根治。要求区政府在消除管道占压隐患过程中将行政、法律、经济3种手段有机结合，广开思路，采取多种渠道将隐患消除工作做实、做细、做出成效。

（安东）

【区政协领导安全检查】 6月9日，房山区区政协主席唐淑荣带领部分政协委员深入重点企业，就安全生产月活动和安全生产工作进行检查。常务副主席高维魁，副主席李惠英、周文海、任振秋、赵润东、肖武参加检查。区政协领导和委员先后到中石油北京销售有限公司石楼油库和北京电力设备总厂，实地了解企业自动化建设和安全生产标准化工作，听取相关工作汇报。座谈中，区安全监管局汇报全区安全生产队伍建设、宣传教育、“党政同责、一岗双责”、中期调研与评估等重点工作，对安全生产月系列活动作介绍。在肯定成绩的同时，区政协领导和委员就安全生产工作提出意见和建议。

（安东）

【听取城乡结合部专项整治汇报】 7月2日，房山区副区长刘胜国带领区安全监管局、消防支队等部门负责人，到阎村镇就城乡结合部安全生产专项整治工作进行调研。听取阎村镇城乡结合部安全生产专项整治工作汇报，并到绿海市场查看工作进展情况。

（安东）

【重大活动、重要会议安全生产部署】 9月22日，房山区政府召开2014年“六打六治”、国庆和APEC会议期间安全生产工作动员部署会，副区长刘胜国参加会议。会议对全区油气管道和液化石油气领域、建筑施工行业、交通运输行业以及消防领域专项整治行动进行部署。要求全区各部门、各乡镇街道认清形势，统一思想，充分认识此次专项行动的重要性、紧迫性，按照“打出威风，治出成效”的总体要求，落实区委区政府的决策部署，明确任务、落实责任，密切配合、广泛宣传、加强监督，坚决打好这场专项行动攻坚战。

（刘爽）

【“六打六治”现场办公会】 11月28日，房山区副区长刘胜国带领区安全监管局、消防支队、市政市容委、住房城乡建设委、交通委等部门负责人，对全区“六打六治”打非治违专项行动开展情况进行检查。刘胜国在城关街道办事处主持召开现场办公会，由区安全监管局通报全区“六打六治”打非治违专项行动开展情况。刘胜国指出：要贯彻“六打六治”基本要求，加强联合执法，加大执法检查力度，对非法违法企业必须“零容忍”，坚决严厉打击。针对年终岁末各类安全生产事故易发、高发情况，保持清醒头脑，克服麻痹侥幸心理，将“六打六治”与安全生产其他工作相结合，确保高标准完成安全生产各项目标任务。

（刘爽）

【城乡结合部专项整治成果】 本年，房山区安委会各成员单位、各乡镇街道通力合作，完成城乡结合部地区安全生产专项整治各项工作任务。专项整治期间，出动执法人员77782人次，监督检查各类单位27804家次，发现各类安全隐患12511项，其中因非法违法或“三合一”“多合一”等安全隐患问题停产停业生产经营单位228家，关闭取缔1311家，罚款1280.71万元，处理人员29人，清退不法商户或个人租户2548人。通过统计汇总，全区建立专项整治台账774项、重点整治区域23项，全部整治完毕，销账率100%。其中，阎村镇绿海集贸市场是城乡结合部典型问题，在整治中由区政府挂账督办，阎村镇党委、政府作为整治主体，区安全监管局牵头，公安、消防、城管、综治、供电等10个部门通力协作，疏堵结合，成为专项整治行动的成功范例，得到区委、区政府和市安全监管局充分肯定，分别在区委《决策参考》、市安全监管局《安全生产工作参阅》专题刊登《新认识，新举措，新方法，新形象——关于城乡结合部安全生产专项整治工作中绿海集贸市场成功整顿的实践与启示》。

（刘爽）

【安全生产综合考核】 本年，房山区安全监管局落实安全生产“党政同责、一岗双责”和“管行业必须管安全、管生产必须管安全、管业务必须管安全”要求，充分发挥安全生产综合考核的导向和激励作用，强化行业部门安全监管责任的有效落实。将安全生产“四化三体系双基”融入考核细则，量化相应的考核内容、标准，确保考核更具实用性，具有可操作性。针对乡镇政府、街道办事处和行业主管部门安全监管侧重点不同，分别制定各乡镇街道、各委办局安全生产责任制考核方案。按照考核方案，制定具体实施方案，通过自查、民主测评、综合评价完成全区安全生产责任制考核工作。

（王凉爽）

危险化学品安全监管

【危险化学品管控】 5月22日，房山区安全监管局分4组自良乡城中心沿良坨路、京宝路、京周路沿线，对加油站进行突击检查。督促重点单位加强值守，要求全区137家成品油库、重大危险源及危险化学品单位，重视和加强应急值守工作，确保领导带班，加强隐患排查治理，确保安全稳定。组织危险化学品生产、经营、储存企业主要负责人100余人，召开安全生产维稳工作会。开展“回头看”专项执法检查，重点检查企业落实主体责任、安全措施以及人员教育等情况，督促所属乡镇街道，落实属地责任，加强隐患整改督办工作。

（安东）

【油气管道安全监管】 7月，房山区安全监管局开展输油气管道保护工作。一是召开紧急会议，传达全市关于加强管道保护工作要求，督促管线单位全面排查隐患。二是要求各管线单位制定并完善突发事件应急处置预案，充实应急储备物资，加大管线巡查维护力度，严防事故发生。三是加强沟通联系，建立隐患排查每日上报制度，发现重大安全隐患，及时上报，确保输油气管线安全运行。

（李杰）

【涉危运输企业专项检查】 8月11日，房山区安全监管局全程参与区交通委组织的联合检查，检查涉及危险化学品运输的重点企业13家。按照既定安排，督促辖区95家涉及存储危化品经营单位开展全面自查，吸取沪昆高速“7·19”特别重大事故教训，彻查安全隐患和管理漏洞。区安全监管局根据企业上报的隐患自查情况，开展全面督查检查，严厉查处违法违规行为，确保全区危险化学品行业安全稳定。

（李杰）

【危险化学品行政许可】 本年，房山区危险化学品生产企业21家，经营单位573家，其中加油站147家，油库14家，其他储存单位18家，贸易单位394家。行政服务大厅受理许可申请462家，其中烟花爆竹经营零售许可170家，审查合格164家；危险化学品经营许可209家，审查合格201家，8家不符合要求退回申请；召开建设项目审查会议42次，参加评审专家160人次，审查55家次，审查合格34家；非药品类易制毒备案申请28家，全部完成备案工作，完成行政许可档案370份。

（马振）

烟花爆竹安全监管

【烟花爆竹安全管理工作会】 1月10日，房山区安全监管局召开2014年春节烟花爆竹安全管理工作会，区公安局、消防支队、工商局、城管执法局、交通委、市政市容委和各乡镇街道主管领导，烟花爆竹批发单位，以及零售网点负责人200余人参加会议。会议对全区春节烟花爆竹销售储存安全管理工作进行全面部署，明确各单位工作职责，并对销售许可、监控系统、物联网管理平台、安全监管、配送和回收时间、安全生产责任保险、风险抵押金等进行具体安排。会议要求各销售储存单位根据节日特点，加强管理、落实责任，增强安全意识、反恐意识和环保意识。各职能部门要高度重视烟花爆竹安全监管工作，明确责任分工，狠抓工作落实，防范一切可以防范的事故。

（安东）

【烟花爆竹销售储存】 春节期间，烟花爆竹销售储存工作全面展开，房山区安全监管局在满足市场需求的前提下，统筹考虑，合理布设，严控网点数量，固化机制措施，强化责任落实，加大执法力度，采取6项措施推进本年春节烟花爆竹安全监管工作，全力保障销售、储存安全。一是按照“统筹规划，合理布局”的工作思路，以2013年网点设置为基础，按照全市标准，严控网点数量，既满足群众购买需求，又符合整体规划和安全要求。二是实行网点视频、音频监控管理，在烟花爆竹销售过程中，通过视频系统监控零售网点内外环境，如发现问题，则通过音频系统通知零售网点整改，切实提高隐患整改的时效性。三是不在人流量较大的良乡、城关城区内设立临时销售网点，群众购买需求由两城区内的长期销售网点保障，以保证安全。四是固化安全责任保险，实行“风险抵押金”制度，以提高经营单位防范事故和抵御风险的能力，从而减少和杜绝违规经营，打击销售非法烟花爆竹行为。五是统一标准，建立大棚搭建审查机制，严格按照标准对大棚的框架、结构、外观、电气线路铺设等进行审查，对不符合要求的，一律不予许可。六是严格执行大宗商品销售实名管理制度，凡个人一次性购买5箱以上的，必须询问其使用目的、使用时间、使用地点，做好身份登记，并报告属地公安部门备案。

（安东）

【烟花爆竹回收】 2月14日至2月17日，房山区安全监管局按照工作方案，采取多项措施，确保烟花爆竹回收工作安全有序。一是加强回收货物司机、押运、装卸人员的安全教育，做到持证上岗，并做好车辆、司机、押运员的备案工作。二是严格产品入库检查，入库前逐箱开箱检查，做好码放、清点工作，防止非法、超标和伪劣产品入库，确保回收产品储存安全。三是加强库区安全管理，将库区监控图像、温湿度、电子标签上传、周界报警等各项数据与北京市信息平台实时对接，确保监管、管理工作及时有效。四是烟花爆竹回收工作结束后，储存单位还要坚持主要领导带班值守制度，遇突发事件妥善处置并及时上报，确保安全稳定。

（安东）

隐患排查治理

【体系建设】 7月23日，房山区区政府第59次常务会议专题研究部署安全生产事故隐患排查治理体系建设工作。区安全监管局主要负责人就此项工作方案及工作意见，向政府常务会进行汇报。明确全区隐患排查体系建设工作思路、工作原则和14项工作任务。副区长刘胜国指出，作为北京市的试点区县，应举全区之力，高标准完成此项工作。区长祁红对隐患排查体系建设前期工作给予肯定，要求把隐患排查治理体系建设作为安全生产“一把手”工程，高标准研发隐患排查治理信息系统，加强资金及人员保障。区政府常务会审议通过安全生产事故隐患排查治理体系建设工作意见和实施方案，标志着体系建设正式拉开序幕。

（郝维）

【体系建设调研】 8月18日，市安全监管局副巡视员高士虎到房山区安全监管局调研隐患排查治理体系建设工作，听取汇报，实地查看中煤北京煤矿机械有限责任公司安全生产工作，就体系建设工作进行座谈。高士虎对房山区隐患排查治理体系建设工作予以肯定，要求制定行之有效的标准，狠抓企业教育培训机制，有效控制企业危险源，建立隐患排查治理网格化平台。

（郝维）

【区领导调研体系建设】 9月15日，房山区副区长刘胜国到区安全监管局调研，听取隐患排查治理体系建设工作、“六打六治”打非治违专项行动、生产经营单位安全生产条件普查等工作情况汇报。刘胜国要求：区安全监管局要迅速安排、周密部署，扎实开展“六打六治”打非治违专项行动和安全生产条件普查工作；隐患排查治理体系建设在全国各地陆续开展，要吸收、借鉴各方好的经验做法，集百家之长，全力建设出一套符合房山区实际、实用、好用、领先的隐患排查治理体系。

（郝维）

【体系建设战略合作协议签约】 9月22日，房山区安全监管局与中国安科院等单位签订隐患排查治理体系建设战略合作协议，副区长刘胜国出席签约仪式。此次签约，将充分发挥科技引领作用，加速推进安全生产隐患排查治理体系建设工作。

（郝维）

【建立举报投诉查处机制】 本年，房山区安全监管局加强安全生产举报投诉工作，建立举报投诉受理查处机制，按照“有举必查、查实必究、究其必严”原则，履行工作职责。全年受理举报投诉64件，其中市安全监管局“12350”举报投诉中心分办18件，受理46件（其中电话举报38件，市安全监管局转国家安全监管总局信件4件，来人举报3件，群众信件举报1件），按市举报投诉中心规定的办理程序，办结62件，办结率96.88%。

（陈秀清）

应急救援

【烟花爆竹零售网点应急演练】 1月17日，房山区安全监管局举办2014年烟花爆竹零售网点应急演练活动，区烟花办、公安局、工商局、消防支队等部门参加演练，各零售网点负责人到场观摩。此次演练，从零售网点日常经营活动入手，通过模拟市民购买烟花爆竹时易出现的危险行为和安全问题，现场演示处置措施，包括制止购买人员在网点吸烟、引导购买车辆行驶至安全区域并熄火、实名登记大宗商品销售、禁止售卖违法违规烟花爆竹、宣传展示合法烟花爆竹防伪标识、制止购买人员在网点安全区内燃放等一系列常见的危险和违规行为，形象、直观、深刻地教育观摩人员。演练还就零售网点电气安全、音视频设置及摆放、灭火器的正确使用方法等进行讲解和演示。通过演练，有效提高网点负责人的安全和反恐意识，明确各网点对停车熄火、禁止吸烟、大宗购买、周边燃放等问题的正确处理方式，规范烟花爆竹销售、储存安全行为。

（安东）

【危险化学品行业应急演练部署】 6月10日，房山区安全监管局会同区应急办召开危险化学品行业应急演练部署会。会议听取专家组关于危险化学品行业应急演练基本情况的介绍，并就演练实操地点、演练进程等细节工作提出具体要求。会议指出，危险化学品行业应急演练是检验企业应急能力、完善预案和提高处置水平的重要手段，各有关单位要结合自身实际，制定针对性强的应急演练预案，按照预案设定开展演练，做到组织周密、过程严谨、贴近实战、取得实效，提高全区危险化学品应急处置能力。

（安东）

执法监察

【商业企业联合执法检查】 1月7日，房山区安全监管局联合区工商局、商务委、消防支队、城关街道办事处等部门对华冠商业经营股份有限公司兴房店进行联合执法检查。区安全监管局要求：一是加强从业人员安全教育培训，完善应急预案；二是经营楼层外租要有安全协议，明确安全责任；三是中控室要强化值班人员责任意识，将经营楼层纳入中控监控之中；四是加强外租人员管理，严禁卖场住人；五是强化日常安全检查，隐患排查台账要登记齐全。

（刘景山）

【暗访夜查行动】 1月13日，房山区安全监管局以城乡结合部安全生产专项整治工作为抓手，全面启动暗访夜查行动。此次行动重点加强对城乡结合部地区各类生产经营单位和“五小企业”“六小场所”，以及烟花爆竹批发企业和零售网点等重点部位进行检查，对非法违法行为及存在安全隐患的单位进行查处。暗访夜查生产经营单位19家，发现各类安全隐患39项，下达整改指令书9份，立案2起，罚款1万元。对于检查中发现的安全隐患，区安全监管局通报属地政府、协调消防、质监等部门查处，确保隐患及时消除。

（安东）

【全国“两会”期间执法检查】 3月3日至4日，房山区安全监管局执法监察大队与周口店镇政府联合对周口店镇辖区内生产经营单位开展全国“两会”期间安全生产执法检查。检查生产经营单位4

家，发现安全隐患7项，下达限期整改指令书3份。经复查，隐患全部整改完毕。

（马志建）

【全国“两会”期间高等院校安全大检查】 3月6日，房山区安全监管局联合区市政市容委、教委、商务委等部门组成联合检查小组，对中国社会科学院研究生院、北京理工大学、北京工商大学、首都师范大学等重点院校进行全国“两会”期间安全大检查。重点对消防设备设施、配电室、中控室、宿舍、食堂、超市、安全通道等情况进行安全检查。发现存在主要问题：一是部分消防设施设备检查维护不到位，消防通道缺少安全标志，安全出口门上锁，安全出口指示灯不亮，悬挂物遮挡安全出口标识，安全出口安装卷帘门，疏散通道堆放物品，宿舍楼安装护栏，宿舍内线路混乱，超市货物码放遮挡应急照明灯；二是有的配电室应急箱手电不亮、堆放杂物、特种作业人员（电工）证件未上墙、进出人员登记本不规范。检查人员要求各单位对检查出的问题立即整改，制定整改方案，突出重点，明确责任，加大检查力度，落实安全责任制，确保安全稳定。

（卢建军）

【加油站安全突击夜查】 5月22日，房山区安全监管局由局领导带队，对中石油及民营企业所属加油站安全进行突击夜查。统筹执法力量，自良乡城中心沿良坨路、京宝路、京周路沿线分东南西北4路开展检查；制发安全短信发至全区137家成品油库、重大危险源及危险化学品单位，要求重视防恐工作，加强应急值守，加强隐患排查治理，确保安全稳定。此次突击夜查，全局出动检查人员24名，执法车辆8台，检查加油站31家，下达指令31份，查出隐患16项。针对存在问题和隐患，各加油站立即整改；对于违反安全生产法律法规的，立案调查处理。

（安东）

【“六打六治”执法检查】 本年，房山区安委会有关成员单位和各乡镇街道在开展“六打六治”打非治违专项行动中，组织执法检查727次，检查企事业单位和场所3209家次，组织跨地区、跨部门联合执法195次；采取“四不两直”方式，对重点地区和单位实施暗查暗访89次，建立“六打六治”打非治违专项行动重大违法行为备案14项，罚款9.4万元。其中，打击矿山企业无证开采、超越批准矿区范围采矿行为6起；打击破坏损害油气管道、整治管道周边乱建乱挖乱钻行为2起；打击危险化学品非法运输行为，整治无证经营、充装、运输，非法改装、认证，违法挂靠、外包，违规装载等问题110起；打击客车非法营运行为，整治无证经营、超范围经营、挂靠经营及超速、超员、疲劳驾驶和长途客车夜间违规行驶等问题3起；打击“三合一”“多合一”场所违法生产经营行为，整治违规住人、消防设施缺失损坏、安全出口疏散通道堵塞封闭等问题1136起。

（张建）

职业卫生监督检查

【职业卫生统计数据填报工作会】 1月

22日，房山区安全监管局召开职业卫生统计数据填报工作会，全区25个乡镇街道负责人及相关工作人员参加会议。会议传达市安全监管局关于职业卫生统计数据填报工作的通知，要求各单位增强做好职业卫生工作的责任感和使命感，查漏补缺、扎实工作，圆满完成职业卫生基础建设目标任务。

（杨雪峰）

【建设项目《预评价报告》审查会】 3月4日，房山区安全监管局在北京燕山分公司召开建设项目《预评价报告》审查会。会议对北京燕山分公司两个建设项目职业危害预评价报告进行审查，一致认为两个建设项目职业危害预评价报告内容和方案符合实际，予以通过。此次建设项目《预评价报告》审查会，是区安全监管局职能划转后首次召开的审查会，对于下一步从源头预防、控制和消除职业病危害，改善劳动者就业环境，有着深远的意义，从而有效保障从业人员健康权益。

（敖俊华）

【职业健康体检定点活动】 7月3日至4日，房山区安全监管局协调本市专业医疗机构，首次设立职业健康体检点，向韩村河、琉璃河、周口店、城关街道等9个乡镇街道的54家企业提供职业健康体检服务，体检人员387人。通过提供体检“上门服务”，提高企业职业健康体检率，推动职业卫生基础建设工作。

（杨雪峰）

【有限空间作业安全管理】 本年，房山区安委会办公室采取措施，加强有限空间安全生产管理工作。一是组织市政市容委、水务局、住房城乡建设委等12个部门，以及联通、移动、供电等6家企业召开会议，部署地下有限空间安全生产工作，制定专项检查方案，狠抓落实。二是针对夏季地下有限空间施工作业频繁的特点，对行业部门和企业有限空间安全管理各项工作进行专项督查。截至6月底，检查涉及有限空间作业企业13家，排查治理隐患10项，行政立案5起，罚款4.5万元。三是区市政市容委、安全监管局共同组织有限空间安全作业操作规程演练，有关部门和企业负责人50余人观摩演练。四是强化宣传，以安全生产月活动为契机，宣传贯彻有限空间作业“三个标准”，提高企业安全管理水平和作业标准。上半年，培训有限空间作业单位10家372人次。

（敖俊华）

【职业病危害检测与健康体检服务】 本年，房山区安全监管局协调本市多家检测和体检机构，面向全区企业提供上门检测和健康体检服务，从根本上解决企业分散、检测不便的问题。作业场所职业病危害因素检测工作分4个区域在全区同时推进，职业健康体检工作分3批开展。完成全区647家用人单位现场检测，以及1300余名职工职业健康体检。

（杨雪峰）

【职业卫生统计数据填报】 本年，房山区安全监管局开展职业卫生监管统计数据填报工作。全区635家存在职业危害企业完成填报工作，填报率100%。同时筛查全区职业病危害企业台账，经实地核实后，删除台账内12家关闭或搬迁的企业，使全区职业病危害企业台账准确有效。

（杨雪峰）

宣传培训

【政务信息培训会】 4月8日，房山区安全监管局召开安全生产政务信息培训会，邀请专家讲授政务信息写作技巧，全区乡镇街道和安委会有关成员单位信息员参加培训会。会议旨在落实4月1日全市安全监管监察系统办公室主任电视电话会议精神，提高安全生产政务信息整体水平。

（安东）

【安全生产责任意识培训活动】 4月24日，房山区安全监管局组织全区25个乡镇街道36名主管领导参加市安委会组织的培训活动。此次培训重点是增强乡镇街道领导安全生产责任意识，了解并掌握安全生产应急救援流程、消防安全知识。

（郑德雨）

【宣传咨询日】 6月16日，房山区安全监管局举行安全生产月宣传咨询日活动，区人大常委会主任史全富、宣传部长赵佳琛、副区长翟东、政协副主席李惠英和相关单位领导参加活动。房山区安全生产月活动主题为“强化红线意识，护航安全房山”，宣传咨询日主会场分别设在燕山影剧院、拱辰街道昊天广场和长阳奥特莱斯广场，全区25个乡镇街道、29个安委会成员单位及143家企业结合自身实际开展内容丰富、特色鲜明的宣传活动，通过悬挂标语、图板展览、发放材料和设立咨询台等形式，吸引大批群众观看和咨询。活动设咨询点180个，悬挂条幅3260幅，设立展板3820块，发放各种宣传资料4.3万份，参加人数310万人。形成政府搭台，安监唱戏，部门配合，群众参与的良好社会氛围。

（安东）

【安全生产动漫短片】 本年，房山区安全监管局与区委宣传部联合制作flash动漫短片《生命不能承受之险》，在凤凰网、优酷视频、搜狐等10余家主要网站进行宣传，点击率1955767次，网络评论1101次，微博活动10779次，取得显著效果。并参加国家安全监管局第五届安全生产影视作品创作及展映活动。

（郑德雨）

法制建设

【行政执法疑难案例协调会】 1月2日，房山区安全监管局召开协调会，邀请区法制办、法院相关领导，针对位于房山区的北京燕安泰科技有限公司查处企业非法储存危险化学品的违法行为，所涉及的查封扣押行政强制程序履行、查封扣押物品后续处理及对违法行为依法给予行政处罚等问题进行研究探讨。决定对该企业处以没收违法储存危险物品并罚款10万元的行政处罚。这是区安全监管局自《中华人民共和国行政强制法》实施以来的第一起行政强制措施处理案件，为在危险化学品行业查处违法行为起到示范作用。

（王凉爽）

【行政执法专项整治】 8月，房山区安全监管局根据区法制办《关于印发整治执法监管部门以罚代管滥用自由裁量权随意罚款问题工作方案的通知》要求，对行政执法权利、行政处罚材料基准情况进行自查，其中包含法律赋予本局的行政处罚事项7项，以及作出的行政处罚1275件。通过自查，区安全监管局作出的行政处罚案件严格按照法律程序，严格执行《安全生产行政处罚自由裁量适用规则（试行）》（总局第31号令），不存在以罚代管、滥用自由裁量权问题。

（王凉爽）

【法律宣传咨询日】 12月4日，房山区安全监管局在昊天广场开展以“深入贯彻新《中华人民共和国安全生产法》，提高全民安全生产意识”为主题的法律宣传咨询日活动。结合新修订的《中华人民共和国安全生产法》的颁布实施，加大对安全生产法律法规的宣传力度，制作安全生产宣传横幅，印制多种安全生产宣传资料。宣传咨询活动中，向群众发放《中华人民共和国安全生产法》、《北京市安全生产条例》、《房山区企业安全生产标准化知识问答》、居民社区安全宣传册等宣传材料5600余份，并通过现场讲解等方式进行法制宣传。通过此次宣传咨询活动，提高群众安全意识，增强安全生产法制观念，提升社会各界对安全生产工作重视程度，营造人人“关爱生命，安全发展”的良好社会氛围。

（王凉爽）

标准化建设

【标准化创建目标】 2014年年初，房山区安全监管局制定本年安全生产标准化创建实施方案，确定企业安全标准化创建目标500家。区安全监管局组织各乡镇街道广泛动员，成立主管领导牵头的安全生产标准化创建工作办公室，负责开展安全标准化创建工作。将创建企业名单发放给各乡镇街道，要求深入一线，逐个核实企业生产经营现状，加强沟通，委派专人带领评审专家进入企业，开展标准化创建现场咨询与评审工作。

（尹旭）

【安全生产标准化调研】 5月8日，市安全监管局局长张树森、副局长唐明明、副巡视员高士虎到房山区企业进行实地调研，听取房山区安全监管局工作汇报。市安全监管局领导对房山区安全生产标准化创建工作给予肯定。并要求：继续坚持安全生产工作主动而为、科学而为、顺势而为的思路，将安全生产标准化创建工作做实，提高全区安全生产管理水平。

（尹旭）

【标准化创建座谈会】 7月21日，房山区安全监管局召开安全生产标准化创建座谈会，有关乡镇街道负责人及标准化专家组成员参加会议。会议总结全区标准化创建工作取得的成效，听取与会人员就创建工作的意见和建议，分析创建工作中出现的新问题并提出对策，明确下阶段创建工作的方向和重点。标准化创建工作自开展以来，组织培训25期、1697人，现场观摩指导34场，专家组一对一指导企业365家，查处问题2925项，发放各类宣传材料万余份。

（尹旭）

【小微企业标准化培训】 本年，房山区安全监管局启动小微企业安全生产标准化岗位达标工作，通过全面部署、精心组织、扎实推进，对全区小微企业岗位达标进行摸底调查、动员部署、教育培训和咨询整改。组织对乡镇街道安全管理人员培训和小微企业专（兼）职安全管理人员培训，考核、选拔出80名小微企业岗位达标考评员，颁发资格证书，对辖区内小微企业开展岗位达标咨询检查，督促企业按照整改意见和自查问题进行整改。其中，对25个乡镇街道小微企业专（兼）职安全管理人员培训2534人次，发放小微企业岗位达标宣传培训材料5800份。

（尹旭）

【三级标准化评审验收】 本年，房山区安全监管局制定《房山区企业三级安全生产标准化评审验收工作方案》，成立8个评审验收工作组，开展企业标准化评审验收工作。全区三级标准化达标企业518家，完成目标任务104%；小微岗位达标企业1902家，完成目标任务127%。发现问题和隐患18172项，经整改消除隐患14160项，整改率77.9%。518家三级达标企业包括：危险化学品达标企业175家，交通行业达标企业36家，工贸行业达标企业307家。

（尹旭）

通　州　区

概　　述

2014年，通州区安全生产工作坚持科学发展、安全发展理念，坚持“安全第一、预防为主、综合治理”方针，紧紧围绕建设北京城市副中心发展战略，按照抓基础、重实效、敢创新的原则，扎实开展一系列卓有成效的工作，全区安全生产继续保持平稳有序发展态势。

一、监管体制机制综合改革稳步推进

6月，经市政府同意，市安全监管局将通州区确定为北京市安全生产监管体制机制综合改革试点区。通州区印发《关于开展安全生产监管体制机制综合改革工作实施意见》，作为指导通州区体制机制改革工作纲领性文件，明确改革的目标、核心和任务。

推进监管责任体系建设。制定《安全生产“一岗双责”实施办法》《安全生产约谈办法》等配套措施，起草《通州区安全生产党政同责暂行办法》《关于进一步完善和加强区政府工作部门安全监管管理职责的通知》。

推进监管监察体系建设。进一步调整完善区安全生产执法监察大队职能，设立执法分队。启动区域执法分队建设试点，扩充提升乡镇街道专职安全员队伍，完成165名新专职安全员招聘和原210名专职安全员的过渡，翌年1月全部到岗。

推进社会共治体系建设。充分利用社会组织力量和市场力量，谋划创建通州区安全生产协会。以安全生产月为载体，先后组织开展第九届“安全文化节”、安全生产公益广告大赛等系列活动。

通州区荣获“北京市安全生产月活动优秀组织奖”和“北京市安全生产月活动最佳实践活动奖”等荣誉称号。通州区首创乡镇街道基层专职安全员队伍模式、通州区安全生产执法技能大比武活动以及安全生产标准化“金安企业”创建活动荣获北京市安全生产监督管理改革创新奖。

二、隐患排查治理体系建设进一步提升

区政府印发《关于推进通州区安全生产隐患排查治理体系建设的实施意见》，制定具体实施方案。成立以区安委会主任、区长为组长的安全生产隐患排查治理体系建设工作领导小组，区政府38个相关部门、15个乡镇街道参与其中。按照市安全监管局和通州区人民政府《关于印发通州区梨园镇安全生产隐患排查治理体系建设试点方案的通知》，推进梨园镇安全生产隐患排查治理体系试点工作。

加快建成隐患排查治理信息化支撑平台。区安全监管局与区社会办、梨园镇以及软件研发公司、科研机构等单位联合，筹备建设安全生产“区、街镇、社区（村）三级一体化协同工作系统”，委托开发手机APP查报软件，强化信息化应用，实现安全隐患排查治理工作的全过程记录和管理。

加快推进企业隐患排查标准、政府监督检查标准和标准化创建标准的融合互通。委托专业研究机构，对梨园镇提炼的十大行业的“菜单式”检查指导书进行规范，提升隐患排查、执法检查科学化水平。

三、扎实推进安全生产专项整治

整合资源。坚持“安办统筹、部门引领、属地负责和联合联动”的工作原则，制定《2014年通州区安全生产重点执法检查计划》，整合协调30余个政府工作部门和乡镇街道执法检查资源和力量，在重点行业领域统筹实施综合执法行动、专项执法行动和执法监察行动。各部门和各乡镇街道研究制定本部门、本地区执法检查工作计划并组织实施。

精准打击。全区各级安全生产执法力量协调配合，通过不间断组织专项执法、综合执法、突击夜查、连续巡查等行动，针对有限空间、危险化学品、建筑施工、燃气安全、烟花爆竹、职业卫生、粉尘企业、输油气管线、道路交通、电气安全等重点行业领域专项整治行动以及城乡结合部地区、“六打六治”打非治违等综合执法整治行动20余次，以强有力的执法检查工作有效促进生产经营单位主体责任落实。在城乡结合部地区安全生产专项整治中，区公安、消防、安全监管、建设、民防、工商等部门监督检查单位26752家，发现问题隐患21863项，停产停业305家，罚款308.9万元，上账的290项典型隐患得到全面整治，有效遏制各类事故的发生。从8月开展的“六打六治”打非治违专项行动，区市政市容、建设、交通、消防、安全监管等部门开展跨地区、跨部门联合执法69次，检查企事业单位和场所2297家次，对重点地区和单位实施暗查暗访75次，罚款204万元。

重点保障。在做好重点行业领域安

全监管工作的同时，采取“前期介入、全程盯守”的方式，完成春节、全国“两会”和国庆等重点时期、关键节点及世界台球锦标赛、“中国艺术品产业博览会”“七夕节”文艺演出、运河广场科普文化展等重大活动安全生产保障。特别是在APEC会议期间，制定危险化学品等高危行业特殊管控措施，强化社会面、重点场所周边安全监管，持续开展执法检查，确保全区安全生产形势的稳定。

综合监管

【控制考核指标】 本年，市安委会下达通州区安全生产控制指标113人。其中：道路交通98人、生产安全9人、火灾2人、铁路交通4人。全年，通州区发生各类安全生产事故死亡98人，占年度控制指标的86.73%。其中，道路交通事故死亡86人，占控制指标的87.76%；生产安全事故死亡8人，占控制指标的88.89%。

（杨镜坡）

【安全生产大会】 1月16日，通州区政府召开安全生产工作大会。会议传达1月12日全市紧急电视电话会议精神，分析安全生产形势，部署安全生产工作。区安全监管局通报全区安全生产情况，部署安全生产工作；公安分局部署烟花爆竹及预防煤气中毒工作；消防支队部署消防安全工作。副区长肖志刚参加会议并讲话。

（杨镜坡）

【安全生产和消防工作大会】 2月20日，通州区政府召开安全生产和消防工作大会。会议传达全国安全生产电视电话会议和全市安全生产和消防工作电视电话会议精神，总结2013年工作情况，重点对2014年工作进行部署。区政府向11个乡镇、4个街道办事处和区政府各有关工作部门行政一把手下达2014年安全工作任务书，并对2013年安全生产先进单位、“金安企业”、先进个人以及优秀专职安全员进行表彰。会上，区安全监管局局长做安全生产工作报告；消防支队支队长做消防工作报告。副区长肖志刚参加会议，对全区安全生产工作提出要求。

（杨镜坡）

【安全生产紧急会】 3月29日，通州区区委、区政府召开全区安全生产工作紧急会议。会议通报全区安全生产事故情况，剖析安全生产形势及薄弱环节，动员各部门、各单位以及各生产经营单位立即行动，采取切实有效的措施，坚决遏制事故多发频发势头。区安全监管局通报全区3起燃气事故情况，并部署安全生产工作；区市政市容委、质监局、工商分局、商务委、城管执法局分别就燃气安全整治工作发言。副区长肖志刚主持会议，区委书记王云峰、区长岳鹏参加会议并就全区安全生产工作做重要讲话。

（杨镜坡）

【城乡结合部专项整治综合督查】 3月至9月，通州区安委会办公室调动全区近30个部门，成立16个督查组，采取“线面结合”的方式，每月至少一次，以“四不两直”“暗查暗访”工作模式为主，对各乡镇街道、有关工作部门、企事业单位城乡结合部专项整治以及隐患排查治理等工作进行全过程、全方位督导检查，及时整改消除事故隐患。

（杨镜坡）

【安全生产汇报会】 5月22日、29日，通州区政府采取集中分组的形式召开2014年通州区安全生产工作汇报会。会议听取各乡镇街道关于全区3月29日紧急会议精神的贯彻落实以及安全生产大检查情况，并就全区安全生产工作进行针对性部署。副区长肖志刚参加会议并讲话。

（杨镜坡）

【国庆和APEC安全保障部署】 9月25日，通州区政府召开国庆和APEC会议安全保障工作会。会议传达上级有关会议及领导指示精神，全面部署全区安全生产工作。区安全监管局、住房城乡建设委、市政市容委、交通支队等部门分别部署安全保障工作。副区长肖志刚参加会议并提出工作要求。

（杨镜坡）

【"六打六治"突击督查】 11月28日，市安委会督查组采取随机抽查、突击检查、密查暗访等方式对通州区"六打六治"打非治违专项行动工作进行督查。督查组听取通州区开展打非治违专项行动工作汇报，对全区"六打六治"打非治违专项行动工作方案、工作台账等相关材料进行现场查阅，重点对各相关行业部门及部分属地政府落实打非治违专项行动工作情况进行实地督导检查。通过检查，督查组对通州区"六打六治"打非治违专项行动工作给予肯定。要求各单位对照当前专项行动存在的问题，进一步完善方案，把各项要求落实到每个企业、各个岗位，确保专项行动有效推动。

（杨镜坡）

【年度安全生产督查考核】 11月，通州区政府成立7个安全生产督查考核小组，严格对照考核细则，对全区11个乡镇、4个街道办事处以及31个政府部门2014年度安全生产工作进行督查考核，促进各单位安全生产工作进一步加强。考核结果作为2014年度各乡镇街道安全生产评优和通州区社会治安综合治理工作考核的重要依据。

（杨镜坡）

【消防安全专项治理视频会】 12月18日，通州区政府召开全区劳动密集型企业消防安全专项治理工作视频会。会议传达全国视频会议以及市安委会专项治理工作视频会议精神，部署全区劳动密集型企业消防安全专项治理工作，并就岁末年初安全生产工作进行再动员、再部署。区政府办常务副主任、区应急办主任刘海涛主持会议。区安全监管局通报劳动密集型企业消防安全专项治理工作方案；区公安消防支队通报全国及全市典型火灾案例，对专项治理工作进行部署。副区长肖志刚参加会议并讲话。

（杨镜坡）

危险化学品安全监管

【全国"两会"期间安全检查】 2月至3月，通州区安全监管局对全区危险化学品企业消除各类安全隐患情况，落实危险化学品人防、技防和物防措施情况进行执法检查，确保全国"两会"期间安全稳定。检查危险化学品企业98家，下达执法文书57份，处理安全隐患127项，行政处罚1家。

（辛晋峰）

【油库技术改造】 3月至6月，通州区安全监管局对全区3家油库（北京中油晟德石油销售有限公司、北京中油潞安石油销售有限公司油库、北京中石化东方油库）安全监控自动化系统改造工程竣工情况进行检查指导。3家油库投入技术整改资金1300万元，于2014年6月通过市安全监管局专家组评审验收，成为全市首批通过评审验收的油库。

（辛晋峰）

【危险化学品专项治理】 4月1日至30日，通州区安全监管局对全区危险化学品企业重要装置和设施安全防护情况、开展应急救援演练情况、落实各项安全管理措施情况进行专项治理。检查危险化学品重点企业85家，下达各类执法文书47份，整改各类安全隐患187项，行政处罚7家，罚款23.2万元。

（辛晋峰）

【涉氨企业专项整治】 5月至6月，通州区安全监管局对全区10家涉氨制冷企业开展液氨自查整改情况进行执法检查，检查发现各类安全隐患52项，下达执法文书11份，行政处罚1家，罚款1万元，责令3家不符合技术规范要求的企业停止使用液氨制冷装置，其余7家投入3617.5万元整改资金，全部完成液氨使用和储存装置技术升级改造。

（辛晋峰）

【东方化工厂周边整治】 5月至6月，通州区安全监管局对东方化工厂内部及周边范围的化工企业进行专项治理，治理工作按照先期摸底调查，后期按照行业类别和规模大小逐一治理的方式进行。通过摸排统计各类生产经营单位151家，其中涉及危险化学品企业47家，整改各类隐患43项，下达执法文书25份，处罚5家，罚款4万元，清理取缔非法生产经营企业4家。

（辛晋峰）

【汛期专项检查】 6月至9月，通州区安全监管局对全区危险化学品企业落实汛期安全防护措施情况开展专项检查，确保全区危险化学品企业汛期的安全稳定。检查危险化学品企业92家，发现安全隐患98项，下达责令整改通知书45份，行政处罚6家。

（辛晋峰）

【油气输送管线隐患治理】 6月至11月，通州区安全监管局配合区市政、公安部门和部分乡镇政府对涉及全区139处地下管线占压隐患开展清理工作。截至11月底，全区139处地下油气输送管线隐患得到彻底清除，拆除占压隐患5100平方米。

（辛晋峰）

【“一书一签”专项治理】 7月至9月，通州区安全监管局对全区危险化学品生产、经营企业购进和销售危险化学品是否符合“一书一签”法规和标准开展专项检查。检查企业75家，发现不符合“一书一签”要求的企业19家，对15家存在问题的企业责令立即进行整改，对其余4家存在问题严重的企业依法给予行政处罚。

（辛晋峰）

【打非治违】 8月至12月，通州区安全监管局对全区无证无照从事危险化学品经营行为的企业开展集中专项治理，打击各类无证非法生产经营和储存危险化学品行为，引导违法企业转向规范化经营。检查危险化学品企业 178 家，发现各类安全隐患 210 项，下达责令整改通知书 100 份，立案查处 4 家存在违法违规行为的企业，罚款 7.2 万元。

（辛晋峰）

【危险化学品执法检查】 本年，通州区安全监管局检查危险化学品企业和烟花爆竹零售网点 1702 家次，其中检查危险化学品企业 802 家次，发现各类安全隐患 900 项，下达执法文书 432 份，行政处罚 38 家，罚款 66.2 万元。

（辛晋峰）

烟花爆竹安全监管

【动员部署】 本年，通州区安全监管局制发《2014 年烟花爆竹销售（储存）工作方案》，成立烟花爆竹安全监管工作领导小组。召开乡镇街道和区相关部门以及各零售网点负责人会议，召开烟花爆竹批发、搭棚、视频技术等工作会议，对烟花爆竹监管和销售工作进行部署。

（辛晋峰）

【行政许可及布点】 本年，通州区安全监管局对全区烟花爆竹零售网点进行登记报名，逐一进行审核并统一开展培训考核，严把准入关。区安全监管局联合区公安、交通、消防、市政等部门完成对全区 64 个零售网点联合审查布设、行政许可和增项手续办理等工作。对城区 30 家重点网点加装视频、音频监控装置，并抽调专人实时监控。

（辛晋峰）

【一站式办理】 本年，通州区安全监管局针对全区烟花爆竹行政许可审批工作实际需要，采用烟花爆竹零售行政许可“一站式办理”的便民措施。通过一个行政许可窗口集中办理烟花爆竹行政许可涉及各部门审批手续，简化烟花爆竹许可审批程序。

（辛晋峰）

【从业人员安全培训】 本年，通州区安全监管局组织各乡镇街道执法人员和烟花爆竹零售网点负责人、从业人员进行安全生产法律法规和安全管理培训，统一组织考核。培训 1500 余人。

（辛晋峰）

【销售网点安全检查】 2 月，通州区安全监管局成立 6 个烟花爆竹执法小组，按照《烟花爆竹零售网点安全考核标准》，对全区 64 个烟花爆竹零售网点进行执法检查和考核评分。特别是“除夕、初五、十五”等重点销售、燃放时段，对烟花爆竹零售网点和储存库进行不间断检查和夜间突击排查。检查烟花爆竹零售网点 423 家次，出动执法人员 460 人次，出动执法车辆 115 车次，排查整改网点安全隐患 143 项。检查烟花爆竹储存库 10 次。

（辛晋峰）

【回收清理】 2 月，通州区安全监管局督促各烟花爆竹零售网点将未销售的剩余产品打包封存，由烟花爆竹批发单位统一储存，将烟花爆竹许可证照和零售网点标识牌上交区安全监管局。督促各烟花爆竹零售网点于 2 月 15 日至 17 日完成室外零售棚、视频监控设备拆除和回收工作，清理现场恢复原有环境秩序。销售结束后，各零售网点对工商营业执照经营范围中涉及烟花爆竹经营行政许可项目予以销项处理。

（辛晋峰）

隐患排查治理

【建筑施工隐患排查】 3月至12月，区安全监管局会同区住房城乡建设委以及属地政府，对通州区“核心区”工程施工现场开展隐患排查工作。重点检查脚手架、起重机等设备使用、特种作业人员作业、劳动防护等安全状况。配合相关部门对39处在施工程进行检查，下达执法文书39份，整改隐患234项。

（张伟）

【粉尘防爆专项整治】 8月至11月，通州区安全监管局对全区存在粉尘爆炸危险的企业开展专项整治。检查企业55家，下达责令整改指令书55份，整改各类安全隐患193项，对10家存在安全生产违法违规行为的企业处以罚款11.5万元。9月16日、17日，区安全监管局分两期举办粉尘爆炸危险场所安全生产管理工作培训班，对全区涉及粉尘爆炸的工业企业主要负责人和安全管理人员进行专项培训。参加培训370余人。

（张伟）

【动态隐患排查治理】 本年，通州区各部门、各单位按照动态分类排查，动态整改销账的工作原则，全年不间断地实施安全隐患排查治理工作。截至年底，检查各类生产经营单位24349家次，排查各类安全隐患26430项，整改25206项，隐患整改率95.4%。全区工矿商贸领域检查生产经营单位3570家次，排查隐患4404项，整改4221项，隐患整改率95.8%。交通等重点行业领域检查各类企业11204家次，排查各类隐患11850项，整改11243项，隐患整改率94.5%。

（杨镜坡）

应急救援

【应急救援实战演练】 6月，通州区安全监管局在中国石化催化剂北京奥达分公司组织开展以危险化学品泄漏引起火灾事故为背景的应急救援实战演练。演练以中国石化催化剂北京奥达分公司原料罐区乙烷泄漏并引起火灾事故为假想，完全模拟实际、贴近实战展开。通过演练，推动应急预案管理向可行性和可操作性深化，加强政府部门、企业之间的应急协调能力建设和机制建设，有效检验并锻炼提高各部门、各单位突发应急、快速启动、联合协作、实施救援等突发生产安全事故应对能力。

（杨镜坡）

【应急预案编制指导培训】 10月，通州区安全监管局组织专业安评机构，指导全区10家重大危险源单位“一对一”应急预案编制工作。有关专家对各单位预案进行评审论证，经过修改正式发布，并报上级部门登记备案。邀请市安全监管局有关领导对重大危险源企业“一对一”应急预案演练工作进行全面培训。

（杨镜坡）

【预案编制及备案工作】 本年，通州区安全监管局督促各有关生产经营单位开展预案编制及备案工作，扩大备案的覆盖率。全区159家危险化学品生产经营单位，按照编制导则完善预案，并通过专家评审进行备案登记。通过专家评审的规模以上工贸行业生产经营单位2079家，其中1230家完成备案登记。全区危险化学品和规模以上工贸企业安全生产事故应急预案备案基本做到全覆盖。

（杨镜坡）

执法监察

【春节期间安全生产大检查】 1月至2月，通州区安全监管局联合相关行业部门对重点行业领域开展安全生产大检查。检查各类企业180余家次，排查整改安全隐患510余项，行政处罚6家企业，罚款4万余元。

（张伟）

【全国“两会”安全保障】 2月至3月，通州区安全监管局开展全国“两会”期间安全生产大检查工作。检查企业150家次，发现安全隐患373项，下达责令整改执法文书82份，行政处罚5家企业，罚款4.5万元。经复查，安全隐患全部整改完毕。

（张伟）

【执法检查计划】 3月，通州区安全监管局制发《关于印发2014年安全生产执法检查考评目标的通知》，确定2014年度5项执法指标。全年依法监督检查生产经营单位2672家、3721次；依法查处事故隐患5176项，完成事故隐患整改4924项；下达各类行政执法文书8308份，其中下达责令限期整改指令书1403份；依法进行行政处罚244次，经济处罚149次，罚款432万元，责令停产停业整顿生产经营单位95个，行政许可单位检查覆盖率100%，执法检查复查率100%。

（李璇）

【特种作业“双打”行动】 6月，通州区安全监管局会同区质监局、住房城乡建设委开展特种作业及特种设备作业人员“双打”行动。出动检查人员1287人次，检查企业1131家，整改隐患1613项，下达执法文书1067份，检查特种作业及特种设备作业人员2271人，发现无证人员及持假证人员8人，行政处罚8起，罚款4万元。

（张伟）

【国庆及APEC期间安全检查】 10月至11月，区安全监管局开展国庆和APEC会议安全保障工作。检查生产经营单位165家次，整改安全隐患509项，下达责令整改执法文书111份，行政处罚12家企业，罚款12.5万元。

（张伟）

【联合执法行动】 本年，通州区安全监管局开展安全生产联合执法行动。6月至7月，夏季炎热潮湿，联合相关行业部门检查企业30家，下达执法文书22份，整改各类安全隐患127项。9月，配合区交通局、旅游委等部门，对国庆期间轨道交通和宾馆饭店进行隐患排查，检查企业7家，整改隐患22项；联合区住房城乡建设委、商务委等部门，由主管领导带队，对人员密集场所和施工工地进行检查，检查工地1处，人密场所2家，整改安全隐患9项。

（张伟）

职业卫生监督检查

【职业卫生管理员安全培训】 4月至7月，通州区安全监管局以乡镇为单位，先后组织11个乡镇13期1800多人参加的用人单位主要负责人和职业卫生管理员安全培训，重点宣讲《职业病防治法》、国家《2009—2015年职业病防治规划》、《职业卫生基础建设活动》有关内容。通过考核，发放培训合格证书，培训工作中首次引进职业卫生技术服务技术人员参与授课。根据国家安全监管总局《职业卫生档案管理规范》，区安全监管局印制《职业卫生管理档案》3000册，下发企业并结合职业卫生基础建设活动对企业职业卫生档案建立情况进行培训。从职业卫生管理制度、“三同时”管理、健康监护、危害因素监测等6方面进行规范，从而推进企业职业卫生自主管理的标准化。

（杨钦然）

【有限空间安全培训】 4月15日，通州区安全监管局举办有限空间作业安全管理培训班，通报全市有限空间作业安全事故情况和安全形势，对事故案例进行分析，对安全作业知识进行讲解，并提出要求。相关行业部门和各乡镇街道及部分企业负责人218人参加培训。

（杨钦然）

【职业卫生隐患排查】 本年，通州区安全监管局以石材加工、家具和化工等行业用人单位为重点开展职业卫生监督检查468家次，下达执法文书236份（不含有限空间作业场所检查数据），排查各类职业危害隐患352项，整改346项。全区44家石材加工企业全部完成作业场所职业危害因素监测和劳动者职业健康监护，检测结果超标的作业场所17个，督促涉及粉尘超标的4家单位6个作业场所进行防护设施改造，投入改造资金6.5万元，改造复测后全部符合国家卫生标准。区安全监管局针对涉及爆炸粉尘企业开展2期预防粉尘爆炸危害培训工作。

（杨钦然）

【职业危害申报】 本年，通州区新申报职业危害企业312家，注销141家，变更申报75家，825家用人单位已完成新申报系统的数据更新和补录工作，实现乡镇街道用人单位申报率95.8%。

（杨钦然）

宣传培训

【基层安全生产宣讲员评选】 1月至6月，通州区安全监管局在全区范围开展“优秀基层安全生产宣讲员”评选活动，活动分宣讲、评选、汇讲表彰3个阶段进行，从教学态度、教学内容、教学方法以及教学能力4个方面，对全区34名基层安全生产宣讲员宣讲成果进行评选。此次活动评选出金牌宣讲员1名、银牌宣讲员2名、铜牌宣讲员3名、优秀宣讲员6名，并充分发挥安全生产宣讲员示范作用，开展安全生产宣讲活动300余次，传播安全生产知识，预防和减少安全生产事故发生。

（高海波）

【宣传咨询日】 6月16日，通州区安委会组织开展全区安全生产月宣传咨询日。区安委会各成员单位深入乡镇街道进行宣传。宣传咨询日主会场设在玉桥街道，副区长肖志刚参加宣传咨询活动。向参加活动居民群众发放安全生产月宣传张贴画、《北京市安全生产条例》、安全培训教材以及印有安全标语的围裙、手提袋、宣传海报等宣传资料。其他乡镇街道也在中心大街、工业园区主街道或人群较为集中的农贸市场等重要地段设立宣传分会场和“12350”举报投诉受理咨询台。全区宣传咨询日活动悬挂横幅6720条，摆放展板2380块，发放各类宣传资料20万份，受教育人数40万人。

（崔路棋）

【执法技能大比武】 6月19日，通州区区安全监管局举办第二届基层专职安全员执法检查技能大比武活动，来自11个乡镇、4个街道办事处的45名基层专职安全员参加比赛。大比武活动分为理论考试和实操比武两个阶段。理论考试内容涉及安全生产相关法律、政策和业务知识，重点考查安全员依法行政能力和业务知识水平。实操比武则由专家在指定车间设置包括机械、电气、设备、安全防护、职业卫生、危险化学品、特种设备等12大类和60余小项的安全隐患，要求参赛队员在规定时间内现场查找并当场做出处理，检验基层专职安全员现场执法检查能力。大比武要求参赛队员必须是新面孔，采取轮换式参赛规则，以达到全员练兵、整体提高的目的。市安全监管局和区政府领导参加大比武活动，各区县安全监管局主管领导及安全生产执法队队长观摩比赛。

（崔路棋）

【安全员培训】 11月19日至12月12日，通州区安全监管局分3期对安全生产检查员、专职安全员进行岗位培训。培训内容涉及安全生产法律法规和标准，基层安全生产监管所需的安全生产基本知识、全市安全生产特点及形势，乡镇街道（园区）安全生产监督管理和执法检查要点及现场检查要点，典型事故案例评析，廉政警示教育和文明执法等。全区安全生产检查员、基层专职安全员，以及2014年新招聘安全生产专职安全员400余人参加培训。培训为专职安全员通过由市安全监管局组织的取证考试做好前期准备。

（崔路棋）

【城乡结合部专项整治宣传】 本年，通州区安全监管局组织城乡结合部专项整治宣传活动147次，利用81块电子显示屏开展公益宣传8117次，悬挂安全生产横幅1757条，发放张贴宣传资料42.8万份，播放安全生产警示影片209场，观看安全生产警示片群众52840人，全区75874人参加城乡结合部专项整治宣传活动。

（崔路棋）

【安全生产法律法规宣讲活动】 本年，通州区安全监管局开展安全生产法律法规和安全防护知识宣讲活动。针对城乡结合部地区小微企业安全生产管理现状，播放《坚守红线意识，保障城市安全》大宣讲光盘，专题宣讲习近平总书记关于安全生产重要指示精神，宣传首都科学发展、安全发展重大意义。全区安全生产宣讲员深入企业（车间、班组）、工地、社区宣讲300余次。

（崔路棋）

【宣传报道安全生产工作】 本年，通州区安全监管局围绕全区安全生产工作重点，及时宣传报道安全生产工作。全年在市级以上媒体刊登安全信息364条，通州区委、区政府刊登信息137条，通州电视台播出新闻23条，电视安全专题播出27期，《通州时讯》刊登报纸新闻21条，制作安全专题44期，安全广播

52期。编辑安全专刊《安全监管动态》45期。在局政务网站刊登基层信息193条。在《中国安全生产报》“对话区县安监一把手”栏目，区安全监管局局长就抓好队伍建设、完善监管网络进行阐述。在“安监人时间都去哪了”栏目，对长期战斗在安全监管一线的老安监李宝明进行跟踪报道，树立通州安全监管队伍的良好形象。

（崔路祺）

标准化建设

【制定标准化建设方案】 2月，通州区安全监管局制定2014年度安全生产标准化建设工作实施方案，其中包括指导思想、工作目标、组织机构、评审标准、督查考核、资金保障、培训宣传、信息报送、实施步骤以及工作要求等10大项工作内容。

（张伟）

【工贸行业标准化部署培训】 3月，通州区安全监管局召开工贸行业安全生产标准化部署会议，对工贸行业安全生产标准化建设工作进行部署。按照培训方案的要求，区安全监管局在5月底之前完成三级标准化达标创建培训工作，培训有关人员2500余人。

（张伟）

【专业评审机构对标评审】 8月，通州区安全监管局选定两家专业评审机构对全区企业标准化创建工作开展对标评审，提高标准化评审质量。建立工贸行业安全生产标准化工作抽查考核制度，按照每月集中开展一次、每季度抽查不少于20家企业的频次，对获得标准化三级达标称号的工业企业进行抽查，对抽查中发现的隐患整改不到位和达不到标准的，撤销其标准化三级证书和“金安企业”称号，确保标准化工作的权威性和规范化。

（张伟）

顺　义　区

概　　述

2014年，顺义区全面启动全国安全发展示范城市创建，推进安全生产标准化达标创建和安全隐患排查治理体系建设，开展安全生产大检查和“六打六治”打非治违专项行动，全区安全生产形势保持总体稳定。

一、安全生产标准化建设。全区紧紧围绕“隐患排查治理”这条主线，以“企业安全条件持续提升、隐患排查治理机制得到巩固深化”两个目标以及“企业基础台账不清不放过、隐患不整改不放过、企业责任机制不建立不放过”为原则，开展全行业、全过程、全员、全覆盖的安全生产标准化创建工作，形成以隐患排查治理为核心、“三标合一”标准为支撑、信息化系统为载体，政府强力推动，行业属地全程参与、社会机构技术支持的创建模式，区政府3年投入标准化创建资金1500万元，按照一级、二级、三级、微型企业岗位达标4个等级组织达标创建。截至年底，全区一级达标企业18家、二级达标企业198家、三级达标企业1526家、微型岗位达标企业8879家，实现辖区内企业安全生产标准化全部达标的工作任务，同时梳理出47类7708条标准和503套设备设施考评表作为三级、微型企业评定标准得到国家安全监管总局的认可，并在北京市应用推广。

二、重点行业领域专项整治。按照全市城乡结合部、“六打六治”和APEC会议安全保障的统一部署，结合本区隐患突出行业和领域，重点开展液氨使用单位、工业企业有限空间等专项治理，针对无证无照废品回收、“三合一”、“多合一”等违法行为加大打击力度。在全市统一部署涉氨使用单位隐患整改专项行动中，全区11家涉氨制冷企业累计更换管道1.5万米和阀门3969个，投入整改资金3493万元。

三、实施安全发展工程。抓住市政、交通、建设、危险化学品等重点行业，以隐患排查治理为中心，以城乡安全发展为落脚点，扎实推进21家行业部门牵头的66项重点安全工程，通过建立联席协调机制、责任考核机制和督查验收机制，截至年底，21家行业部门牵头的66项重点项目已完成27项，34项工程正在有条不紊地推进，5项工程正在办理前期手续。

四、开展安全社区创建。从本年顺义区正式启动北京市级和国家级安全社区创建工作。区政府投入安全社区专项资金300万元拨付6家试点单位，用于专家咨询、宣传培训、促进项目实施等。通过一年的工作，北小营镇、南彩镇、牛栏山镇、马坡镇、空港街道、旺泉街道首批6家试点单位通过市级安全社区专家评审验收。

五、完善信息化监管平台。本年顺义区开发安全生产条件普查系统，用于全区生产经营单位的安全生产条件普查。同时对综合监管系统从界面展示、用户体验、功能模块、数据统计等方面进行重新升级，建成互联互通、信息共享、业务协同、统一高效的综合监管信息网络。

六、全覆盖开展教育培训。突出事故警示教育作用，开辟300平方米建立顺义区安全生产事故教育警示基地，制作百幅安全事故警示展板，组织企业主要负责人、安全管理人员和一线职工集中参观，做到“一厂出事故、万厂受教育，一地有隐患、全区受警示”。分25期对5500名企业负责人和安全管理人员进行培训；组织开展家庭安全知识竞赛、第二届安全生产优秀课件评比；区电视台《安全伴你行》专栏播出10期专题。

七、组建基层安全员队伍。本年完成275名安全员招聘、考试、录用工作，有效补充基层监管力量。

八、加大执法监察力度。本年，区镇两级安全监管队伍检查生产经营单位11089家次，下达执法文书11339份，查处隐患10495项，开展大型活动安全保障10次，罚款179.6万元。

综合监管

【控制考核指标】 本年，顺义区发生各类安全生产事故死亡 120 人，与市安委会下达年度控制指标持平。其中：道路交通事故死亡 109 人，占控制指标的 99.09%；生产安全事故死亡 5 人，占控制指标的 62.50%。

（王维）

【春节前安全检查】 1 月 23 日至 24 日，顺义区常务副区长林向阳、副区长盛德利、燕瑛分别带领相关部门负责人到医院、文化娱乐场所、学校、商市场等人员密集场所进行安全生产检查。区领导听取各单位汇报，询问安全措施落实、消防设施配备、安全用电等情况，查看应急保障演示。要求相关部门加强检查，及时发现问题，解决问题，增强企业负责人安全保障意识，提高应对突发事件能力，杜绝各类事故发生，确保全区人民度过一个平安、欢乐、祥和、喜庆的春节。

（王维）

【春节前安全夜查】 1 月 30 日，顺义区副区长盛德利带队进行春节前安全夜查。检查组先后检查北京北方中油石油销售有限公司、北京市逗逗烟花爆竹有限公司零售点、北京市顺义恒亮加油站安全生产工作。盛德利要求各单位加强应急值守工作，确保冬季防火安全。并对春节假期安全生产工作提出要求。

（王维）

【安全生产形势分析会】 2 月 8 日，顺义区政府召开安全生产形势分析会。会上，区应急办通报春节期间烟花爆竹管理工作情况；区公安分局消防支队通报 1 月份典型火灾事故情况；区安全监管局通报全区安全生产形势，并部署下一阶段安全生产工作。副区长盛德利对全区及全市典型事故情况进行分析，并传达市领导指示精神。盛德利要求各部门牢固树立“红线”意识，增强责任感、使命感、紧迫感，推动科学发展、安全发展；严格执行“管行业必须管安全、管业务必须管安全、管生产经营必须管安全”的“一岗双责”制度，真正形成齐抓共管的工作格局；坚持“四不两直”工作法，开展有限空间、建筑施工、商市场、烟花爆竹等重点行业领域安全检查，做到检查全覆盖、零容忍、严执法、重实效。

（王维）

【安全生产大会】 4 月 25 日，顺义区政府召开 2014 年安全生产工作会议，全区 19 个镇、6 个街道、13 个经济功能区主管安全副职领导和安全科长及 26 家主要行业部门主管副职参加会议。会上，顺义区安全监管局通报 2013 年工作开展情况，重点对 2014 年安全生产工作进行部署。副区长盛德利参加会议并讲话。

（王维）

【防雷工作部署会】 5 月 20 日，顺义区安全监管局联合区气象局，消防支队、住房城乡建设委召集 40 个属地部门召开 2014 年防雷安全专项执法检查工作部署会。专项执法检查采取属地自查、专项检查和联合检查的方式，自 5 月下旬至 8 月底结束，分 3 个阶段进行。会议要求各部门高度重视此次工作，加强领导，认真部署，结合实际细化检查方案，对辖区内在建的新（改、扩）建工程进行拉网式检查，并建立管理台账。加强组织协调，及时总结分析检查工作中出现的新情况、新问题，并研究解决措施，确保取得实效。

（王维）

【安全生产条件普查动员】 6月24日，顺义区政府召开生产经营单位安全生产条件普查试点工作动员会，全区28个属地和相关行业部门主管副职及安全科长，以及安全监管局各科室负责人80人参加会议。会议明确安全生产条件普查试点工作的目标，确定普查范围、内容及具体时间安排，对组织机构及职责进行分工。成立安全生产条件普查试点工作领导小组，小组办公室下设10个督导组，负责督导试点普查工作的进展，具体指导试点普查工作的实施。会议要求：一是深刻认识安全生产条件普查工作的重要意义，及时传达贯彻落实会议精神；二是高度重视此项工作，切实加强领导，确保普查工作准备到位；三是强化监督指导，确保普查质量。

（王维）

【安全生产条件普查培训】 7月2日至3日，顺义区安委会办公室举办生产经营单位安全生产条件普查培训，全区28个属地、相关行业部门安全科长、普查工作人员及安全监管局各科室人员217人参加培训。会上，市劳保所专家向培训人员详细讲解安全生产条件普查的标准、要求，技术人员具体讲解普查系统操作流程，培训人员上机实际操作。通过培训，使人员了解安全生产条件普查标准的具体内容，熟悉掌握普查系统操作流程，为普查工作顺利开展奠定基础。

（王维）

【夏季防暑降温】 7月4日，顺义区安全监管局联合区卫生局、人力社保局、总工会下发《关于做好顺义区2014年夏季防暑降温工作的通知》。针对夏季高温安全生产工作的特点，重点对冶金行业、建筑工地和露天作业场所等存在高温岗位的用人单位进行专项检查。检查内容包括用人单位防暑降温各项措施落实、高温津贴发放、中暑职工工伤保险待遇等。

（王维）

【本年安全生产分析部署会】 8月29日，顺义区召开上半年安全生产形势分析及下半年工作部署会，全区各行业部门、属地及部分重点企业350人参加会议。会上，区安全监管局通报安全生产形势，部署隐患排查治理、"六打六治"打非治违专项行动和企业安全生产条件普查工作。副区长盛德利参加会议并讲话。

（王维）

【国庆节前安全检查】 9月27日至28日，顺义区副区长盛德利、李向英带领相关部门负责人到危险化学品、粮库、度假村、超市、餐饮等重点单位进行安全生产检查。检查组分别听取各单位负责人国庆节期间工作部署，询问安全措施落实、消防设施配备、安全用电等情况。要求相关部门和单位深入基层，加强检查，及时发现问题，解决问题，开展消防及安全隐患排查治理，杜绝各类事故的发生，确保国庆节期间安全稳定。

（王维）

【总局标准化、液氨整治调研】 11月5日，国家安全监管总局副局长李兆前带队实地考察顺义区高丽营镇安全生产动态管理系统使用情况及重点企业标准化建设和液氨整治情况，副市长张延昆参加调研。国家安全监管总局调研组在顺义区召开座谈会，各区县安全监管部门主要领导汇报安全生产标准化、隐患排查治理和液氨专项整治开展情况。李兆前强调：要充分落实企业安全生产主体责任，通过激励约束机制，调动企业主动开展安全生产标准化和安全隐患排查治理的积极性，提升企业安全管理水平。张延昆指出：北京市已经草拟安全生产党政同责规定，这是对“党政同责、一岗双责、齐抓共管”要求的具体落实，要发挥社会化作用，启动安全生产责任险，将企业安全生产工作情况与该企业的工商、社保、银行以及保险等信息进行共享与联动，实现企业安全生产诚信状况与市场经济政策有机结合。

（王维）

危险化学品安全监管

【涉危使用单位安全工作会】 2月18日，顺义区安全监管局组织13家涉危使用行业部门、8家涉氨企业召开一季度安全管理工作会。通报青岛输油管道爆炸事故及北京恩布拉科雪花压缩机有限公司安全生产事故有关情况，要求企业吸取事故教训，保证安全检查和全员培训到位。会上强调：各企业要加强安全管理，落实主体责任，重新核对基础信息，查缺补漏企业及危险品类别，不断完善和更新，做到尽责履职；在《制冷企业自查情况表》逐项检查的基础上，持续消除隐患；各行业部门加强对重点企业、重点部位检查，加强专业技术指导，对生产工艺改造、更换设备等保证安全达标。

（柳静）

【液氨整治部署】 3月14日，顺义区安全监管局召开涉氨制冷行业重大隐患消隐工程工作会，区质监局、体育局、消防支队、动监局参加会议。会上要求企业建立健全各种规章制度和操作规程，认真排查隐患，巡查记录要及时填写，应急救援器材配备齐全，设备设施及时检修保养更换，并就涉氨制冷行业重大隐患消隐工作进行安排。会后对全区20多家企业进行检查，5月底整治验收完毕。

（柳静）

【涉氨制冷企业专项整治】 3月至9月，顺义区安全监管局开展11家涉氨制冷工业企业专项整治工作。截至9月26日，11家工业涉氨企业全部完成达标验收工作。专项整治期间，召开9次工作部署会，涉及9个属地，123人参加。派出执法人员65组180余人次，下达《现场检查记录》23份，下达《责令整改指令书》23份，发现隐患223项，消除隐患214项，整改率96.2%。11家工业企业更换管道15158米，灰铸铁阀门3696个，投入资金6493.4万元。

（张晓静）

【油库改造审核会】 5月14日，顺义区安全监管局召开牛栏山油库改造设计审核工作会，市安全监管局有关人员参加会议，邀请中国安全生产科学研究院、北京工业技术研究院开发中心、北京化学工业协会等多名专家参加会议。会上，设计公司陕西长之河石油工程公司介绍本次改造设计方案。安全评价公司北京工业技术研究院开发中心介绍预评价报告，施工单位陕西长之河石油工程公司就施工中可能遇到的安全生产问题及措施进行汇报和分析。专家针对设计方案提出意见，要求设计公司做好统筹规划，在预留用电线路、供电问题方面要做好详细的设计工作。

（柳静）

【危险化学品企业三季度例会】 6月10日，顺义区安全监管局召开危险化学品企业三季度工作例会及应急演练周动员工作会，全区危险化学品企业118家单位参加会议。会上，下发2014年危险化学品企业“一书一签”专项检查工作通知，明确涉及单位及检查的重点内容，对相关工作进行部署。要求企业制定防汛恶劣天气应对工作方案，做好设备设施夏季维护，加油站要加强对散装油的管理等。

（柳静）

【输油管道安全检查部署】 7月4日，顺义区安全监管局组织辖区内各输油管线产权单位相关负责人召开工作会，传达市安全监管局、市政市容委联合下发的《关于开展输油管道安全检查工作的紧急通知》精神，部署下一步具体工作。会议要求各单位认清形势，加强安全检查，强化领导带班制度，做好应急保障，与政府部门建立沟通联系机制。

（柳静）

【顺义石油公司安全监控工程验收】 9月16日，市安全监管局组织顺义区安全监管局及专家组，对顺义石油公司安全监控系统工程进行验收。验收专家按照职责分工，依据验收标准细则，按照验收程序，逐项对储罐液位监测、温度监测、可燃报警装置及联锁装置、消防、监控室等进行检查、核实、沟通。专家组对验收情况出具验收意见，本次验收合格通过，并要求企业对存在的其他问题整改完善。

（柳静）

【油库安全自动化改造验收会】 9月28日，顺义区安全监管局召开中国航油集团北京石油有限公司油库安全监控自动化改造工程竣工验收专家审查会。市安全监管局和系统改造设计单位、施工单位、安全评价单位有关专家参加评审。会上专家听取油库人员介绍改造情况，以及设计单位、改造施工单位、安全评价单位的情况汇报，依据北京市油库安全监控自动化系统验收检查表对油库12个子系统逐一进行检查和评估。经过专家组评定，一致认为油库安全监控自动化系统改造工程各项指标全部达标，符合验收标准，验收予以通过。

（柳静）

【危险化学品企业四季度例会】 9月30日，顺义区安全监管局召开危险化学品企业四季度工作例会及国庆、APEC会议安保工作会，全区危险化学品企业单位参加会议。会上，印发《顺义区开展矿山危险化学品重点领域“六打六治”打非治违专项整治及国庆、APEC安保工作的方案》《顺义区危化重点乡镇及城乡结合部重点地区危险化学品专项整治工作方案》等文件，通报9月28日夜查情况。

（柳静）

【牛山油库安全监控改造验收】 10月28日，顺义区安全监管局组织召开北京市石油化工产品开发供应有限公司牛山油库安全监控自动化改造工程竣工验收审查会。市安全监管局、系统改造设计单位、施工单位、安全评价单位等有关专家参加评审。会上，听取油库人员介绍改造情况，以及设计单位、改造施工单位、安全评价单位的情况汇报，依据北京市油库安全监控自动化系统验收检查表对油库12个子系统逐一进行检查和评估。经过评定，一致认为牛山油库安全监控自动化系统改造工程各项指标全部达标，符合验收标准，验收予以通过。

（柳静）

烟花爆竹安全监管

【零售网点条件审核】 本年，顺义区安全监管局贯彻全市烟花爆竹安全工作会议精神，开展销售网点周边安全条件审查工作。烟花爆竹零售网点的审查工作严格按照《烟花爆竹零售网点设置管理安全要求》，对网点周边的环境进行核查。

（柳静）

【暗访夜查行动】 1月23日，顺义区安全监管局对烟花爆竹销售（储存）单位开展安全生产暗访夜查专项行动，重点对烟花爆竹销售（储存）单位应急值守工作及消防设备设施进行检查。顺义电视台对夜查行动进行全程跟踪报道。全区出动执法人员123人次，出动执法车辆40车次，检查李桥烟花爆竹库及零售网点47处，下达烟花爆竹零售单位安全检查表40余份。

（王维）

【总局检查储存库安全】 1月24日，国家安全监管总局监管三司副司长刘幼贞带队，检查顺义区烟花爆竹储存库安全生产工作。检查组重点对烟花爆竹批发企业人员资质、储存和消防设施等情况进行安全检查。刘幼贞强调，批发企业要严格按照各项安全部署开展烟花爆竹的配送、储存、日常巡查和看护工作；区安全监管局及各属地要做好春节期间应急值守和人员管理工作，重点时段相关领导必须在岗值守，定时对储存、经营现场和应急救援设备设施进行巡查，确保春节期间安全稳定。

（柳静）

【春节夜查】 1月31日至2月4日，顺义区安全监管局及各属地基层执法人员，开展烟花爆竹（储存）单位夜查行动，对全区烟花爆竹47家零售网点进行全覆盖夜查，确保重点时段、燃放高峰期零售网点不发生安全事故。3次夜查行动出动执法人员370人次，执法车辆122车次，检查烟花爆竹单位213家次，下达烟花爆竹零售单位安全检查表98份，发现隐患33项，全部整改完毕。

（王维）

【零售网点安全检查】 春节期间，顺义区安全监管局对北小营、木林、南彩、龙湾屯10个烟花爆竹零售网点进行不间断检查，出动车辆20车次，出动人员40人次，下达现场检查记录28份，下达责令限期整改指令书5份，发现隐患15项。下达复查整改意见书5份，消除隐患15项。

（张晓静）

【零售网点全程监控】 春节期间，顺义区烟花爆竹零售网点47个。根据北京市2014年烟花爆竹物联网系统建设标准的相关要求，区安全监管局统一在城区及周边的25个烟花爆竹零售网点安装视频监控系统，网点销售区和储存区分别设置至少一个广角视频监控摄像头，零售网点外设置4个枪式摄像头，实现网点四周无盲区监控。监控网点全部新增音频设备，与网点负责人实现在线通话。

（王维）

矿山安全监管监察

【顺义矿山安全生产工作检查】 3月14日，市安全监管局检查顺义区矿山安全生产工作。检查组重点对开采边坡、粉碎加工、机械设备、现场用电、隐患排查、教育培训、特种作业等进行检查和询问。要求矿山企业严格按照开采设计施工，保证隐患排查落实到位，加强复工前安全准备，做好环保和植被恢复工作。

（柳静）

【矿山应急救援演练】 6月20日，顺义区安全监管局在玉林矿山开展以坍塌为背景的应急救援演练。矿山全体职工参与，演练模拟开采中发生坍塌事故，造成人员受伤，进行救援的场景。通过演练，使矿山救援人员掌握救援程序，增强配合能力，明确救援各岗位职责，增强安全意识。

（王维）

【矿山单位换证检查】 10月，顺义区安全监管局配合市安全监管局，聘请专家对顺义区年底许可证到期的玉林、哲君两家矿山单位进行换证检查。按照《非煤矿山企业安全生产许可证实施办法》实地检查企业的软、硬件条件。两家矿山单位通过延期换证审查。

（柳静）

隐患排查治理

【总局隐患自查自报调研】 1月10日，国家安全监管总局监管四司副司长罗音宇带队，到顺义区牛栏山镇和北京恩布拉科雪花压缩机有限公司调研隐患自查自报开展情况。牛栏山镇镇政府和北京恩布拉科雪花压缩机有限公司负责人汇报企业安全监管情况和隐患自查自报工作开展情况。

（王维）

【隐患排查治理经验交流会】 2月20日，市安全监管局局长张树森等在顺义区主持召开由各区县安全监管局局长参加的隐患排查治理体系经验汇报会。会议听取顺义区安全监管局关于安全生产隐患排查治理、安全生产标准化创建、安全发展城市创建、信息化建设等方面的工作汇报。各区县安全监管局就本地区安全监管经验做法进行交流。张树森强调：“顺义经验”是以安全发展、科学发展为统领，以隐患排查治理为核心，以信息化为手段，创建“全覆盖企业自查、全行业政府监管、全流程精细管理”的隐患排查治理体系。各区县要结合本地区实际，借鉴应用“顺义经验”，实现全市安全生产监管工作的法治化、标准化、信息化、社会化。

（王维）

【隐患排查体系建设调研】 12月17日，市政府法制办主任刘振刚、副主任王荣梅带队，到顺义区调研隐患排查治理体系建设工作。调研组听取顺义区安全监管局关于隐患排查治理体系建设情况介绍，并由顺鑫农业集团创新食品公司汇报隐患排查治理经验。

（王维）

【隐患自查自报】 本年，顺义区生产经营单位隐患自查自报系统上报企业23079

家/次，企业上报率 90.05%，上报隐患数 63520 项，隐患整改 63331 项，隐患整改率 99.7%。

（王维）

应急救援

【应急演练周动员会】 6月16日，顺义区安全监管局召开应急演练周动员会，全区危险化学品企业 118 家参加会议。会上，区安全监管局对安全生产月应急演练周进行部署，要求开展一次有针对性的应急演练，向企业从业人员宣传普及应急管理相关知识，提高公众应急意识，做好应急演练的总结和分析。

（王维）

【消防应急演练】 6月17日至18日，顺义区安全监管局在顺规加油站、顺安奇特气体供应站开展消防应急演练活动。演练模拟加油过程中汽车撞击加油机起火、罐体发生泄漏，导致厂区火灾，实施消防应急演练。演练有效检验企业消防应急处置和综合协调能力。

（王维）

【有限空间安全应急演练】 6月30日，顺义区安全监管局在区安全生产事故教育警示基地举行有限空间作业事故应急救援演练。演练内容模拟某公司在有限空间封闭储罐进行清垢作业过程中发生缺氧窒息事故，先后启动企业和区级应急救援预案，并组织抢险救援。通过演练普及有限空间作业事故应急救援知识，提高企业应对有限空间作业事故的应急处置能力，并检验政府相关部门应急救援响应处置能力。

（张晓静）

【突发事件应急演练】 7月3日，顺义区安全监管局在北京中油住海石油销售有限公司开展实战性突发事件应急处置演练。演练模拟某输油管线地段路面塌陷，造成管道断裂成品油泄漏，巡线人员发现后迅速向值班人员报告并启动应急预案，应急救援人员接令后立即进入应急状态，分组进行处置。演练增强企业应急处理能力。

（王维）

执法监察

【元旦期间执法检查】 1月2日，顺义区安全监管局在全区开展安全生产暗访夜查，严厉打击安全生产违法违规行为。区安全监管局执法人员分成两个执法检查组，由主管领导带队开展行动。出动执法人员 14 人、执法车辆 4 部，检查工业企业、宾馆饭店、餐饮企业等 6 家单位，下达责令整改指令书 6 份，现场检查记录 6 份，发现隐患 42 项并全部整改完毕。

（王维）

【暗访夜查专项行动】 1月2日至16日，顺义区安全监管局在全区范围内开展 4 次安全生产暗访夜查工作。检查危险化学品行业、人员密集场所、工业企业、宾馆饭店等类型生产经营单位 24 家，出动执法车辆 16 车次，执法人员 56 人次，下达责令整改指令书 24 份，发现隐患 133 项并全部整改完毕。

（王维）

【"扫黄打非"专项执法检查行动】 1月15日至16日，顺义区"扫黄打非"办公室联合区安全监管局、文化委等部门开展专项执法检查行动。此次检查以歌厅、网吧、印刷企业为重点，以安全制度落实、从业人员教育培训、用电安全、消防器材设置、安全疏散指示标志、应急照明为内容。区安全监管局出动执法人员24人次，出动执法车辆8车次，检查企业30家。发现隐患120余项，下达责令限期整改执法文书25份。经复查，隐患均按期完成整改。

（王维）

【建材行业安全专项检查】 3月至6月，顺义区安全监管局在全区范围内开展建材行业安全生产专项执法检查行动。检查企业196家，下达现场检查记录196份，下达责令整改指令书196份，发现隐患985项，消除隐患934项，整改率94.8%。下达行政处罚决定书12份，处罚企业12家，罚款11.7万元。

（张晓静）

【有限空间安全检查】 3月至10月，顺义区安全监管局对全区263家涉及有限空间的工业企业开展安全生产专项排查整治工作。区镇两级监管部门检查95家有限空间自行作业的企业，下达现场检查记录95份，下达责令整改指令书95份，发现隐患344项，消除隐患329项，整改率95.6%。下达行政处罚决定书4份，处罚企业4家，罚款7.5万元。

（张晓静）

【有限空间安全交叉夜查】 7月，顺义区安全监管局参加市安全监管局组织的各区县有限空间交叉执法夜查行动。每周2次巡查有限空间一线作业现场，主要检查经营资质、一线人员教育培训、规章制度、气体检测设备、个人防护用品、应急救援装备、警示标识设置、安全管理协议签订、作业监护人持证上岗和危险作业审批等内容。对存在问题较多的单位，执法人员及时对其主要负责人进行警示约谈。约谈3家有限空间作业单位负责人，下达整改指令书5份，发现隐患14项，消除隐患14项，整改率100%。

（王艳林）

【粉尘爆炸危险企业专项整治】 8月4日至15日，顺义区安全监管局集中对工业企业中涉及粉尘爆炸危险企业进行为期10天的摸底排查和专项整治。专项整治期间，联合属地对辖区内96家粉尘爆炸危险企业进行隐患排查，排查8大类521项隐患，整改隐患505项，整改率97%。下达责令整改指令书96份，处罚13家企业，罚款15.5万元。

（王维）

【网吧专项执法夜查】 9月25日，顺义区安全监管局开展网吧专项执法夜查，检查网吧6家，下达责令限期整改指令书4份，现场检查记录6份，发现隐患14项。主要是营业区吸烟，安全出口、疏散通道堆放杂物、照明不足，消防设施被圈占阻挡，配电箱和开关箱内外、周围有杂物，安全检查记录不完善、不真实等。各单位已按要求整改完毕。

（王维）

职业卫生监督检查

【有限空间安全治理部署】 2月28日，顺义区安委会办公室印发《顺义区2014年有限空间安全生产治理工作方案》。要求相关行业和属地部门立即召开有限空间专题培训会，制定专项治理工作方案，明确职责、任务，做到早动员、早部署；组织本行业领域内和辖区内有限空间作业单位隐患排查工作，登记有限空间作业单位台账，统计各类有限空间数量；督促有限空间作业单位建立完善有限空间内部审批制度，严格核查有限空间承包单位安全生产条件。

（王艳林）

【职业危害执法检查部署】 4月21日，顺义区安全监管局印发《关于开展“工作场所职业卫生监督执法年”活动的通知》，明确“执法年”活动的目标、重点及要求。将家具、汽车制造2个行业作为“执法年”活动监管重点，在全区确定30家家具制造企业、40家汽车零部件制造企业为必查的重点企业。将此次活动与职业卫生基础建设、职业健康监护“一人一档”工作和安全生产标准化创建结合起来，做到相互促进。

（王艳林）

【职业卫生监督执法年】 4月至7月，顺义区安全监管局组织本区涉及职业危害企业主要负责人和职业卫生管理员开展“职业卫生监督执法年”活动。活动期间，区安全监管局执法人员联合属地安监部门对重点企业进行抽查，抽查83家，发现隐患285项，已全部消除。各属地按照“广覆盖、零容忍、严执法、重实效”的要求，对全区560家申报职业危害企业是否存在“9项违法违规行为”进行全覆盖检查。检查企业1324家次，下达整改指令书682份，消除职业病危害隐患994项。

（王艳林）

【有限空间安全培训】 6月26日，顺义区安全监管局召开有限空间安全作业培训会。全区各有限空间施工作业队、物业管理公司、建筑公司安全负责人，各镇、街道、经济功能区及16家行业管理部门安全科长170人参加培训。授课教师结合影像资料介绍北京市发生的几起有限空间作业事故案例，剖析事故发生原因和教训，并对《地下有限空间作业安全技术规范》、有限空间作业程序和要求、有限空间作业承发包管理规定等内容进行培训。

（王艳林）

【职业卫生培训会】 9月16日至17日，顺义区安全监管局召开职业卫生培训会。邀请专家授课，全区600余家存在职业危害企业主要负责人参加培训。主要为企业负责人讲解职业卫生法律法规、职业卫生形势以及用人单位职业卫生管理。培训结束后，当场进行考核，考核合格者，由区安全监管局颁发《北京市用人单位主要负责人职业卫生培训合格证》。全区有536人持证上岗。

（王艳林）

【职业卫生统计】 9月18日，顺义区安全监管局向各属地下发《关于开展2014年度工矿商贸企业职业卫生监管统计数据填报工作的通知》，要求各属地立即组织辖区工矿商贸企业开展职业卫生统计数据填报工作，统计数据以职业危害申报数据为依据，统计范围为属地辖区内已进行职业危害项目申报的企业。截至年底，有511家企业完成填报，统计填报率93.1%。

（王艳林）

【乡镇职业卫生监管干部培训】 12月3日，顺义区安全监管局召开乡镇职业卫生监管干部培训会。全区各属地监管干部 148 人参加培训。会议要求各属地加强对《中华人民共和国职业病防治法》和国家安全监管总局有关规章的学习研究，将职业病危害隐患列为企业检查内容，责令限期整改并督促落实整改。

（王艳林）

【职业卫生检测】 本年，顺义区职业危害重点企业与顺义区疾病预防控制中心等 10 多家有资质的单位联系，进行职业病危害现状评价、作业现场职业危害因素检测评价及职业健康体检。截至年底，开展职业病危害现状评价的企业 43 家，检测涉及职业危害因素的企业 272 家，体检涉及职业危害 326 家企业的 18759 人。检测评价结果不符合国家职业卫生标准的企业，均完成整改。

（王艳林）

【职业卫生技术体系建设】 本年，顺义区安全监管局与北京市工业技术开发中心、顺义区疾病预防控制中心和北京德康莱安全卫生技术发展有限公司 3 家检测机构签订《顺义区职业卫生技术支撑机构委托书》。3 家检测机构作为区级职业卫生技术支撑机构，为顺义区存在职业危害因素的企业开展工作场所职业病危害因素检测评价工作。

（王艳林）

宣传培训

【有限空间专项培训】 3 月 17 日，顺义区安全监管局组织全区工业企业有限空间专项培训工作，邀请市劳保所专家进行培训，有 26 个属地的检查人员和 834 家工业企业的主要负责人和安全管理人员参加培训。

（张晓静）

【安全文化建设培训班】 3 月 21 日，顺义区安全监管局举办安全文化建设培训班。全市有关企业安全文化建设工作负责人 200 余人参加培训。培训班介绍企业创建安全文化示范企业基本情况、存在的不足和采取的措施，从安全文化建设历史背景、安全风险管理存在的问题、安全文化导向和凝聚作用、安全文化发展阶段等方面进行解读，通过案例分析解读安全文化建设示范企业重要作用。顺义区中北华宇建筑工程公司和顺鑫农业作为典型企业汇报创建经验。培训班还参观中北华宇建筑公司和顺鑫农业安全文化建设现场。

（李义）

【安全社区建设培训会】 5 月 5 日，顺义区安全监管局召开安全社区创建工作部署暨培训工作会。区 38 个属地和经济功能区的安全社区创建工作主管副职、科长和具体工作人员 200 余人参加。会上，区安全监管局介绍 2014 年安全社区的工作目标、工作要求、组织机构及职责分工、实施步骤和时间的安排等内容。局长孙书林强调，要建立完善的安全社区创建体系，增强群众的安全意识，减少伤害程度，提高预防伤害能力，创建安全、和谐的生产、生活环境，全面提高公众安全和健康水平。

（王维）

【安全社区试点座谈】 5 月 5 日，顺义区安全监管局召开安全社区试点单位座谈会。北小营镇、马坡镇、牛栏山镇、南彩镇、旺泉街道、空港街道 6 家试点单位安全社区创建工作主管领导、具体工作人员参加会议。会上，6 家试点单位通报安全社区创建方案实施情况，对社区人口数量、环境、区域特点、资金投入、组织结构与人员配置、安全形势、事故与危险辨识进行简要介绍。

（王维）

【安全社区建设方案】 5 月，顺义区安全监管局制定的《顺义区安全社区建设工作方案》分别经区政府第 7 次常务会和区委第 11 次常委会审议通过，以区政府文件形式正式印发。顺义区安全社区创建工作采取全面推广、重点推进的方式，将北小营镇、南彩镇、牛栏山镇、马坡镇、空港街道、旺泉街道作为首批 6 家试点单位开展重点创建。其余镇、街道和经济功能区全部启动创建工作，并将安全社区创建工作纳入对属地安全生产考核的范畴。

（王维）

【宣传咨询日】 6 月 14 日，顺义区安全生产月宣传咨询日活动在顺义光明文化广场举行。区人大常委会副主任吴建国、副区长盛德利、政协副主席孙桂祥等参加现场咨询活动。围绕坚守“红线”意识、落实“一岗双责”、创建全国安全发展示范城市的活动主题，区内主要行业部门现场向群众进行宣传和咨询，并组织群众参观事故警示宣传展板，现场发放各类宣传材料 3000 余份。与此同时，全区各镇、街道、经济功能区在城乡结合部、“五小企业”“六小场所”密集地区开展宣传咨询活动。

（李义）

【安全生产书画展】 6 月 18 日至 20 日，顺义区安全监管局举办第九届“顺鑫杯”安全生产书画展。参展作品 120 件，其中漫画作品 90 件、书法作品 20 件、摄影作品 10 件。作品涉及生产安全、交通安全、消防安全、建筑施工安全、危险化学品安全等方面内容。38 个属地及经济功能区安全管理人员参观展览。

（李义）

【家庭安全知识竞赛】 7 月，顺义区安全监管局在 38 个属地及经济功能区组织开展家庭安全知识竞赛活动。竞赛答题内容涉及安全生产、消防、交通、生活常识等。经过层层选拔，通过 4 轮激烈比拼，最终光明街道代表队获得第一名。

（李义）

【粉尘防爆安全培训】 8 月 27 日，顺义区安全监管局召开工业企业粉尘防爆安全知识培训会，聘请东北工业大学粉尘爆炸及防护研究所所长钟圣俊讲解企业粉尘防爆安全知识，讲解粉尘爆炸原理、事故统计与分析、风险评估、预防措施等内容。26 个属地检查人员和 96 家粉尘爆炸危险企业主要负责人和安全生产管理人员参加培训。

（张晓静）

【安全生产情景剧】 9 月 24 日，北京市“安全是永恒的旋律”主题情景剧大赛汇报演出在顺义区中北华宇建筑工程公司举行。市安全监管局、文化局和顺义区相关部门领导现场观看演出。大赛情景剧内容紧紧围绕安全生产主题，以车间、班组一线职工的日常生产、生活环境为背景，完整演绎精致短小、通俗易懂的小故事，起到良好宣传效果。经过初赛、复赛和决赛，最终评选出企业组和区县组各 2 名一等奖。顺义区安全监管局选送的中北华宇建筑工程公司表演的情景剧《安全生产大于天》获得区县组一等奖和优秀编剧奖。

（李义）

【执法大比武】 10月，顺义区安全监管局组织安全生产监察队伍执法大比武活动。全区38个属地的76名检查员参加大比武活动，大比武分笔试和查找隐患2个环节，以属地为单位2人一组参加考试。考试内容为安全生产法律法规、专业知识、事故案例分析和文书填写等内容。随机抽选生产经营单位存在隐患的照片进行分析，在规定时间内，按照发现正确的多少进行计分。隐患包括工业生产、危险化学品及其他类型企业中存在的机械设备、用电、职业卫生、人员操作等。经过评鉴，最终评出一等奖1名、二等奖2名、三等奖3名。通过此次活动，全面提升属地安全生产检查人员发现、处置隐患的能力，提高属地政府履行安全生产管理职责的能力。

（王维）

法制建设

【法规培训考试】 1月7日，顺义区安全监管局组织全局工作人员进行《中华人民共和国行政处罚法》培训考试。7月14日，组织全局工作人员进行《北京市行政问责办法》培训考试。通过培训考试，有效规范执法人员行政行为、促进依法行政、改进行政管理工作，从而保证行政处罚法全面、正确地实施并以此促进依法行政工作。

（董爽）

【案卷评查分析会】 9月6日，顺义区安全监管局召开全局行政处罚案卷评查分析会议。对行政处罚案卷制作进行培训，采用优秀案件为范本的方式讲解案卷制作的规范和要求，对案卷制作中存在的问题进行剖析，同时针对案卷制作中的重点注意事项进行答疑。通过培训，执法人员案卷制作优秀率大幅提高。

（董爽）

【安全生产法培训】 11月4日，顺义区安全监管局召开新修订的《中华人民共和国安全生产法》专题培训会，区内主要行业部门和38个属地主管副职和安全科长以及全体安全监管人员300余人参加培训。市安全监管局专家对新修订的《中华人民共和国安全生产法》进行解释说明。副区长盛德利参加培训会并讲话。

（董爽）

【法制宣传日】 11月30日，顺义区安全监管局在仁和镇文体广场举办以“弘扬法治文化，建设法治顺义”为主题的法制宣传日活动。活动中，发放《北京市安全生产条例》《危险化学品管理条例》单行本、安全生产知识海报、安全生产常识手册等各种宣传材料1000余份。

（董爽）

标准化建设

【标准化培训】 2月26日、3月4日，顺义区安全监管局组织相关行业和属地部门召开安全生产标准化系统培训会。会上，对《顺义区2014年创建国家安全生产标准化示范城市工作实施方案》进行解读，部署2014年目标任务、责任分工、实施步骤和时间安排。要求各部门重视评审报告指出问题的整改与核查工作。

（张凯）

【经验交流】 5月21日，顺义区安全监管局组织安全生产标准化达标企业经验交流活动。交流活动分为座谈和现场参观两种形式，听取达标企业介绍安全生产标准化创建经验汇报，实地参观企业标准化达标现场。

（张凯）

大 兴 区

概 述

2014年，大兴区安全生产工作围绕“深化一个格局、构建两个体系、夯实三项基础”的总任务，以隐患排查治理为中心，以科技创安为抓手，以网格化动态安全监管、标准化达标创建和联合执法为载体，深入开展各项安全监管工作。

一、健全安全生产责任体系。大兴区政府制定《大兴区安全生产一岗双责暂行规定》，梳理区政府部门安全生产职责，明确区四套班子领导、区级部门和镇街领导安全监管职责。各部门、各属地深入贯彻落实，细化安全生产“一岗双责”制度，制定实施方案，明确本单位各级人员安全生产职责，层层签订责任状，使安全生产责任得到落实。

二、联合执法和专项整治。围绕建筑施工、危险化学品、燃气等重点行业领域联合执法专项行动37项，暗访夜查行动62次。完成城乡结合部、涉氨制冷企业治理、粉尘防爆、1蒸吨以下燃煤设施治理、“六打六治”打非治违、电气安全暨特种作业“双打”等专项整治行动，全年检查生产经营单位53667家次，发现隐患问题62646项，对542家生产经营单位进行行政处罚，罚款815.7万元。做好重大活动安全生产保障工作。完成重要会议、活动安全监管和保障任务。

三、落实企业主体责任。3月在大兴区试运行动态安全监管和预警预报系统，8月正式推广应用。系统推广应用以来，全区321名基层安全生产监管人员已经全部实名制下沉到基本网格，利用“安监通”移动手机终端开展日常巡查检查，实现问题解决在基层，隐患消除在萌芽，全区隐患排查治理力度明显加大，各类事故明显减少。通过对拟达标企业的“全覆盖”培训、开展“四不两直”抽查、实施表彰激励等措施，全年完成1109家企业三级达标，3650家企业岗位达标。深入开展职业卫生基础建设年创建活动，511家用人单位完成创建任务。完成143家带有储存设施的危险化学品企业风险点防控，查找715个风险点，全部制定防范措施。组织1次专项培训，开展1次区级重大危险源企业事故桌面演练和1次实战演练，为6个镇街补充一批重大危险源事故应急物资。

四、夯实安全生产基层基础。组织全区基层安全生产检查员、企业从业人员培训1764期，培训13.5万余人；开展每月一主题安全宣传、志愿者宣传服务、安全生产月宣传、新修订的《中华人民共和国安全生产法》宣传等136次、发放宣传资料19.1万余份，受教育群众达12万人次。

五、引导属地单位和企业开展安全社区、安全文化示范企业创建。庞各庄镇成为全市第一家获得“国家级安全社区”称号的乡镇；新媒体产业基地通过“市级安全社区”验收，有效提升区域安全文化建设和安全发展的软实力。

六、深化基层安全监管基础。夯实基层安全检查力量，在全区招聘475名基层安全检查员。全面启动安全生产条件普查。对全区所有生产经营单位进行调查，摸清全区安全生产现状。

大兴区各单位在安全监管（管理）工作中不断探索和实践，区安全监管局在全区143家带有储存设施的危险化学品企业创新开展风险点防控管理；区住房城乡建设委根据工程特点及安全管理重点，在全区推行在施工程条块安全管理体系；区农委采取政府购买社会服务方式，创建农村能源设施运行新型管理模式。这些做法和经验得到上级领导的充分肯定，大兴区被市安委会评为“安全生产工作先进区县”，并获得市安全监管局颁发的“北京市安全生产监督管理工作改革创新奖”。虽然取得一定成绩，但也存在薄弱环节。一是企业主体责任尚未完全落实，大部分企业还停留在“要我安全”的阶段，安全教育培训走形式、安全条件落后的问题还比较突出。二是安全监管工作仍处于“闻灾而动”“亡羊补牢”的被动局面，主动而为、创新发展的力度仍需加大。三是在如何固化网格化动态安全监管模式应用，如何提升安全生产全员大培训、安全生产标准化达标创建等工作效果，推动安全监管工作向深层次延伸方面还需要深入探索和研究。

综合监管

【控制考核指标】 本年，市安委会下达大兴区安全生产控制指标61人。其中：道路交通49人，生产安全8人，火灾2人，铁路交通2人。全年，大兴区发生各类安全生产事故死亡57人，占年度控制指标的93.44%。其中：道路交通事故死亡49人，与控制指标持平；生产安全事故死亡3人，占控制指标的37.50%。全区未发生一次死亡3人以上的较大事故。

（郑学雅）

【区领导调研安全生产工作】 1月13日，大兴区区委副书记、组织部长王有国到区安全监管局调研，听取区安全监管局工作汇报并与领导班子成员座谈。王有国要求：一要结合全区网格化工作，将安全生产工作融入网格，组织全局领导干部下沉基层，条面结合，全力抓实工作；二要强化安全生产执法，对非法违法生产经营行为，加大打击治理力度，消除安全隐患；三要抓好班子建设，各级干部要尽职尽责，从局班子内部做起，加强团结，抓好作风建设、窗口工作和业务工作。同时，一级抓一级，提升自身素质，强化业务知识，做到执法有据、方法得当。

（郑学雅）

【一季度安全生产工作会】 1月21日，大兴区政府召开第一季度安全生产工作会，对在建工程、烟花爆竹、道路交通安全管理，推进城乡结合部地区专项整治、节前安全检查、消防安全检查、预防煤气中毒等工作进行部署。副区长沈洁参加会议并讲话。会议要求：一要加强烟花爆竹安全监管，看好禁放点、销售点、燃放点，强化存储、经营、运输三个环节安全管理；二要加强预防煤气中毒安全检查，强化人员密集场所、建筑施工工地、危险化学品企业安全监管，加大平原造林地区、废品回收场所等重点区域可燃物清理；三要健全“一岗双责”机制、企业安全主体责任制、联合执法机制等三项机制；四要严格落实“1＋N”专项整治，即城乡结合部地区专项整治和其他各类专项整治；五要强化工作指导和督查。各部门要进一步强化执法检查，将执法关口前移，做好各项工作的督导督查。

（郑学雅）

【节前安全检查】 1月，大兴区安委会制定并印发《关于开展两节期间安全生产执法检查专项行动的通知》，组织全区各行业部门和属地单位针对城乡结合部地区、人员密集场所、烟花爆竹零售网点等重点区域进行安全检查，通过强化属地巡查、行业检查、联合执法和每周四夜查，促进隐患整改。截至1月10日，检查生产经营单位215家次，查处问题和隐患362项。

（郑学雅）

【网格化安全监管调研】 2月28日，市安全监管局局长张树森到大兴区调研网格化动态安全监管工作。大兴区区委书记李长友从打非治违、环境整治、城乡结合部地区专项整治、领导干部“一岗双责”等方面进行简要介绍；区安全监管局对安全生产工作思路和网格化动态安全监管工作进行汇报。张树森对大兴区安全生产工作，特别是网格化动态安全监管工作给予充分肯定，并要求：一要坚定“遏制重特大事故、压减一般安全事故”的目标不放松；二要通过实践应用，注意总结和发现动态监管和预警预报系统中的问题，并加以改进和完善，为全市信息化建设工作做出示范；三要依托信息化建设，解决安全生产工作中的问题，在精细化管理和精准化服务上下功夫。大兴区区委副书记、副区长、开发区工委副书记、管委会主任张伯旭，大兴区副区长沈洁参加调研。

（郑学雅）

【城乡结合部专项整治督查】 2月至9月，大兴区城乡结合部整治领导小组成立5个督查组，分别由区政府办、安全监管局、公安分局、工商分局、公安消防支队牵头，对全区各行业部门和属地单位城乡结合部专项整治进行督查。督查采取“四不两直”的方式，每月15日至20日进行一次面对面督查和暗访抽查，督查组根据督查标准为被督查单位打分，同时对督查过程中发现的非法违法行为进行现场处理。

（李新杰）

【安全生产部署会】 3月4日，大兴区政府召开全区安全工作部署会，总结2013年安全生产工作，并对2014年安全生产工作和全国“两会”期间安保工作进行部署。区长谈绪祥参加会议并强调：一要增强安全工作的政治敏感度、责任感和使命感；二要重点抓住“五一”“国庆”等重要时间节点的安全工作特点，细化工作措施，围绕区委、区政府中心工作，强化工作衔接；三要突出安全工作重点，将各项工作关口前移，有效遏制各类突发事件发生；四要明确各部门、各属地责任，统筹安排各项工作；五要加强全国“两会”安保工作，重点做好安全生产管理工作和流动人口管控，开展环境和社会秩序整治，营造良好的社会环境。

（张捷飞）

【“一岗双责”】 3 月 18 日，大兴区政府印发《大兴区安全生产“一岗双责”暂行规定》，明确全区各级政府以及区四套班子领导、区级部门和镇街领导干部安全监管职责。3 月 31 日，区安全监管局组织专题会对“一岗双责”进行讨论学习。

（张捷飞）

【二季度安全生产工作会】 4 月 10 日，大兴区安委会召开二季度安全生产工作会，结合安全形势，明确二季度 6 项重点工作。一是围绕有限空间、在施工程、地下空间、危险化学品等重点行业领域，抓好 9 项联合执法和专项检查。二是推进城乡结合部安全生产专项整治，加大对无照经营、彩钢板、物流等整治力度。三是督促企业做好隐患自查自报和标准化达标创建工作。四是抓好动态安全监管信息系统试运行，推动网格化安全检查巡查。五是继续开展每月一主题宣传活动，推进安全生产全员大培训和安全执法人员季度培训。六是强化消防重点单位和重点场所安全管理，遏制火灾事故发生。副区长沈洁参加会议，并强调：一要全面落实安全生产“一岗双责”工作要求；二要强化城乡结合部专项整治，以“三合一”、“多合一”、“厂改居”、“棚改居”、商市场等为重点，推动重点工作落实；三要发挥动态安全监管信息系统作用，利用科学方法推进安全工作，逐步建立安全管理长效机制；四要强化工作督查和责任追究。

（郑学雅）

【城乡结合部专项整治推进会】 5 月 15 日，大兴区副区长沈洁主持召开城乡结合部专项整治第二阶段工作推进会。区安全监管局对各单位专项整治工作进度和取得阶段性成果情况进行通报，并就下一步工作提出要求。沈洁肯定各单位工作成绩，强调：一是专项整治工作要与打非治违、环境整治、流动人口管控等有机结合，主动做好对接；二是各行业部门要运用行政手段，积极配合属地开展执法，确保整治工作落到实处；三是全力保障第 26 届“西瓜节”和第 20 届“世界美食美酒图书大奖赛”等重大活动的顺利举办。

（张钦）

【安全生产统计调研】 5 月 15 日，国家安全监管总局统计司巡视员周永平带队到大兴区调研安全生产统计工作。听取大兴区安全监管局关于安全生产事故统计和控制指标实施工作情况汇报；观看大兴区动态安全监管和预警预报信息平台；就如何做好安全生产统计工作进行交流。调研组对大兴区安全生产统计工作给予充分肯定。

（张磊）

【安全生产新闻发布会】 7 月 31 日，大兴区安全监管局联合区委宣传部召开全区安全生产专题新闻发布会。会上，区安全监管局通报上半年安全生产形势及重点工作开展情况。对有关媒体记者就安全生产形势、城乡结合部安全生产隐患治理、职业健康等关注点提出的问题给予回答。

（苗雅菡）

【安全生产工作例会】 8月6日，大兴区安委会召开安全生产工作例会，对APEC会议期间安全生产监管工作进行部署，明确5项重点工作：一是组织开展“1＋N”专项整治，“1”即市安委会组织开展的建筑施工和道路交通行业专项整治，“N”即区内自行组织危险化学品、建筑施工、商业零售、文娱场所、液化石油气、公园景区等重点行业领域专项整治；二是全力推进标准化创建，严把评审关，提升创建质量，落实未达标隐患挂账督办；三是启动安全生产条件普查，研究制定普查工作方案；四是吸取昆山“8·2”事故教训，全面做好工业、军工民爆行业安全生产隐患排查治理；五是启动职业卫生基础建设复评工作，加强对粉尘、化学毒物超标和高噪声企业监督检查；六是强化应急值守工作。

（郑学雅）

【隐患排查治理工作会】 9月17日，大兴区政府召开国庆65周年活动期间安全生产隐患排查治理工作会议，部署国庆65周年活动期间4项重点工作：一是各行业部门、专业职能部门要采取“四不两直”方式开展执法检查，全面排查安全隐患；二是各属地单位深入开展检查，强化重点地区、重点企业的排查整治力度；三是要集中开展安全生产专项整治工作；四是按照“三个一”活动要求，落实“党政同责、一岗双责”。

（张捷飞）

【“六打六治”专项督查】 11月26日，市国土局副局长李燕飞带领市安委会“六打六治”打非治违专项行动综合督查组到大兴区督查。督查组观看“三场一基地”打非拆违宣传片，查阅“六打六治”打非治违专项行动相关资料，并随机抽查2家企业。督查组对大兴区“六打六治”工作给予充分肯定，并强调：一要深化认识，建立长效机制；二要督促自查，强化城乡结合部等重点地区整治；三要加强执法，及时整改隐患。

（郑阳）

【四季度安全生产工作会】 12月，大兴区安委会召开第四季度安全生产工作会，会议通报三季度生产安全、消防安全和煤气中毒预防等工作情况，并对下一阶段重点工作进行部署。会议要求：一要认真梳理事故情况，总结经验教训，抓好责任方约谈整改工作；二要制定排查整治方案，加强对重点区域、重点行业，特别是危险化学品企业、市政管线、物流运输等执法监管；三要落实人防、物防、技防措施，强化安全生产监管、煤气中毒防控、烟花爆竹管理等工作，全力保障元旦、全国“两会”、春节等重要时期城市运行安全平稳。副区长沈洁、区安委会各成员单位负责人参加会议。

（张捷飞）

危险化学品安全监管

【年度部署会】 3月6日，大兴区安全监管局召开全区2014年危险化学品安全生产管理工作部署会，总结2013年危险化学品行业安全生产工作，并对2014年重点工作进行部署。

（刘晓梅）

【重点时期安全监管】 3月，大兴区安全监管局制定并向各属地政府及各危险化学品企业发布《关于做好重点时期和特殊气候期间危险化学品和烟花爆竹领域安全保障工作方案》，《方案》明确组织机构，细化职责分工，部署总体及具体工作要求，将此《方案》作为重点时期和特殊气候期间自动启动的应急机制。

（胡伟）

【风险防控体系构建】 4月23日，大兴区安全监管局在区内143家带有储存设施的危险化学品生产经营单位开展为期6个月的风险点排查建档活动。活动期间，共查找确认风险点715个，全部制定防范措施，危险化学品生产经营单位安全风险防控体系初步构建。

（胡伟）

【油库自动化控制改造】 5月23日，大兴区安全监管局组织专家对北京天金石油销售有限公司油库自动化控制改造工作进行竣工验收。专家经实地检测，提出审查意见，企业按照审查意见对安装的设备和相关系统进行调试，于6月初顺利通过竣工验收。

（胡伟）

【“一书一签”专项整治回头看检查】 本年，大兴区安全监管局部署开展危险化学品“一书一签”专项整治回头看检查，根据2013年专项整治发现的问题，重点对生产企业、气体和溶剂分装企业、带仓储的危险化学品经营企业进行检查。6月30日，纳入整治的38家危险化学品生产经营企业均上报自查情况，9月22日、23日区安全监管局配合市安全监管局抽查9家重点企业，发现部分企业“一书一签”管理工作仍存在漏洞，区安全监管局针对整治中的问题进行督促整改，10月10日前存在问题全部整改完毕。

（张杰）

【行政许可及备案】 本年，大兴区安全监管局共办理危险化学品经营许可证新增、变更及延期申请55项，办理非药品类易制毒化学品第二类、第三类生产和经营备案13项，全部按规定时限办结。

（刘晓梅）

【危险化学品建设项目审查】 本年，大兴区安全监管局针对2家生产工业气体企业新建项目和6家加油站改造项目，组织项目审查19次，其中安全条件审查7次，设施设计审查7次，验收审查5次。

（张振杰）

【执法检查】 本年，大兴区安全监管局检查危险化学品企业和烟花爆竹经营单位335家次，下达整改指令书18份，现场处理措施决定书19份，发现并消除隐患62项，对6家单位进行立案处罚，罚款7.5万元。

（刘晓梅）

【专项整治行动】 本年，大兴区安全监管局开展危险化学品专项整治行动。1月底，组织21个属地对辖区内所有危险化学品企业进行调查摸底，建立危险化学品生产、经营、液氨使用单位隐患整治台账，累计上报安全隐患156项。截至9月25日，上报隐患全部整改。行动期间，取缔非法经营危险化学品企业3家，罚款22.78万元。

（张杰）

烟花爆竹安全监管

【零售网点设置与许可】 本年，大兴区安全监管局依据《烟花爆竹零售网点设置管理安全要求》，设置并许可烟花爆竹零售网点72个，包括零售大棚71个、固定网点1个，分布在全区12个镇和6个街道办事处，其中五环路以内网点22个。

（张杰）

【安全管理部署会】 1月13日，大兴区安全监管局召开烟花爆竹销售（储存）安全管理工作部署会，传达市、区两级烟花爆竹安全管理工作要求，通报零售网点布设情况，部署零售大棚搭建和视频设备安装监管等具体工作。各属地主管领导参加会议。

（张杰）

【零售网点负责人会议】 1月30日，大兴区安全监管局召开烟花爆竹零售网点负责人安全管理工作会。会上，区安全监管局、公安分局、工商分局、交通局、消防支队分别就烟花爆竹销售、储存安全、反恐防暴、应急处置、证照注册等工作进行部署。零售网点负责人代表就网点销售期间的安全管理等相关工作作出承诺。

（张杰）

【从业人员安全培训】 2月7日，大兴区安全监管局对全区72家烟花爆竹零售单位的288名从业人员进行安全培训。培训从法律法规要求及采购、销售、储存、反恐、应急值守等方面进行讲解。培训后，对参加培训的从业人员进行执业资格考核，并向考核合格人员发放从业人员上岗证。对于考试不合格的人员，区安全监管局组织再培训，确保每名烟花爆竹零售网点从业人员执业技能达到要求。

（张杰）

【经营网点安全检查】 春节期间，大兴区安全监管局领导班子成员分别带队组成10个检查组对烟花爆竹经营单位进行安全检查，重点对烟花爆竹采购销售合法产品、网点周边看护、从业人员持证上岗、夜间应急值守及监控设备持续供电等内容进行检查。大兴区安全监管局检查烟花爆竹经营单位141家次，其中批发企业3家次，发现并消除事故隐患18项。

（张杰）

隐患排查治理

【安全生产条件普查试点】 5月，大兴区安全监管局组织召开安全生产条件普查试点工作会，对普查试点工作进行动员部署，确定西红门镇团河南村、团河北村、小白楼村和金星庄村4个村为普查试点村，提出工作目标和要求，发放《北京市生产经营单位安全生产条件普查标准》2000册。7月，600家小微企业、个体工商户安全生产条件普查试点任务全部完成。

（吴思航）

【安全生产条件普查入户】 本年，大兴区政府第34次常委会审议通过《大兴区安全生产条件普查工作实施方案》，9月19日，区安全监管局主要负责人在全区第3期“一把手大讲堂”上，对安全生产条件普查工作进行部署。10月，区安委会办公室制发《关于做好安全生产条件普查宣传工作的通知》，宣传横幅1300条，《致全区各单位和百姓的一封信》1万封。11月，区安全生产条件普查领导小组办公室就普查方案解读、普查标准解析及信息系统上报3项内容对各属地的主管领导、科室负责人及普查人员开展8期、2467人培训，印发普查标准6.41万册，普查光盘2万张，安全生产条件普查入户工作全面启动。截至年底，共完成普查系统录入20981家，核销企业28282家。

（吴思航）

【企业隐患自查自报】 本年，大兴区安全监管局从两个方面加强企业隐患自查自报工作。一方面，实行“月通报”制度，每月向各属地通报企业隐患自查自报开展情况；另一方面，严格按照《大兴区安全生产隐患排查不达标企业悬挂警示标牌暂行办法》《大兴区对生产安全事故隐患严重单位悬挂安全提示标牌暂行办法》，对不按要求开展隐患自查自报工作的生产经营单位悬挂警示标牌，并加大检查力度。全年，悬挂警示标牌27块，对逾期未整改隐患的5家生产经营单位立案处罚，罚款12.46万元。大兴区安全生产监管信息系统内有生产经营单位8621家，其中8593家开展自查自报工作，自查自报率99.9%，有11个属地四个季度自查自报率均达到100%。全年，上报隐患31897项，整改31706项，整改率99.4%。

（崔丽雅）

应急救援

【应急管理机制建设】 2月14日，大兴区安委会办公室制发《大兴区重要时期安全生产应急保障工作机制》。3月10日，区安全监管局重新修订《生产安全事故应急处置和调查处理工作规则》；4月8日，制定《大兴区生产安全事故预防研判工作制度》；5月21日，制定《2014年防汛工作方案》。从组织结构、工作职责和工作程序等方面加以梳理细化，进一步完善安全生产应急工作机制，规范预测预警和应急响应工作程序。

（宋志光）

【应急预案培训】 4月，大兴区安全监管局组织涉及重大危险源的6个镇街、13个村居以及11家重大危险源企业近70人开展危险化学品重大危险源“一对一”生产安全事故应急预案培训，对危险化学品重大危险源相关法律法规和重要文件进行宣贯，重点解读《大兴区人民政府与重大危险源企业“一对一”生产安全事故应急预案》，并对各镇街、村居及企业队伍建设、物资配备、方案制定、学习培训和演练实施等方面提出具体要求。

（贾东）

【应急救援演练】 6月26日，大兴区安全监管局联合区应急办组织开展危险化学品事故桌面推演。此次演练以位于安定镇的1家重大危险源企业为背景，以《“一对一”应急预案》中的处置流程为主线，依托电子沙盘，对事故发生后的企业自救、信息报告、人员疏散与安置、现场集结及现场指挥部成立、应急处置、信息发布等6个环节进行全程推演。通过演练，检验《“一对一”应急预案》的实用性和可操作性，提升重大危险源企业生产安全事故应对能力。区委宣传部、政府应急办、安全监管局、公安分局、交通支队、消防支队、环保局、卫生局和安定镇政府9个部门、30余人参加演练，市安全监管局相关领导、各属地单位主管领导和重大危险源企业负责人到场观摩。

（宋志光）

【应急演练周】 6月，大兴区安全监管局部署应急演练周各项工作，督促各有关行业部门、属地单位和企业以危险化学品、人员密集场所、道路交通、油气输送管线等领域为重点，开展多种形式演练活动。演练周期间，各行业部门及属地单位演练75次，生产经营单位应急演练1670次。

（贾东）

【涉氨事故应急演练】 9月24日，大兴区安全监管局联合区应急办在北京金星鸭业有限公司金星分公司开展液氨泄漏事故应急演练活动。演练以制冷车间高压输氨管道破损为背景，采用实战方式，对事发后的信息报告、应急疏散、现场警戒、人员洗消、泄漏点封堵、伤员救治以及污水处理等环节进行重点演练。通过演练，检验预案、锻炼队伍。副区长沈洁，市安全监管局和区应急办、区安全监管局有关人员参加活动，各属地、涉氨企业和重大危险源企业相关人员观摩演练。

（周堃）

【物资储备库建设】 9月，大兴区安全监管局维修年检物资储备库内到期灭火器24个。10月，为全区涉及重大危险源的6个街镇配发应急照明、应急广播、气体检测仪、正压式空气呼吸器和反光贴纸等应急物资，解决属地政府缺少应急装备的问题，为有效预防和妥善应对重大危险源事故奠定坚实基础。

（宋志光）

【应急预案备案】 本年，大兴区安全监管局在区属国有企业开展应急预案备案工作。截至9月，区内7家区属国有企业全部完成备案。区安全监管局将预案备案与安全生产标准化工作相结合，推进工业企业应急预案备案工作，截至12月底，工业企业完成备案企业915家。并配合市安全监管局对区内6家危险化学品生产企业开展预案备案工作。

（贾东）

【应急值守】 本年，大兴区安全监管局加强春节、国庆等重要节假日和全国“两会”、APEC会议等重要时期应急值守，在值守人员24小时在岗值班的基础上，实行局领导“双带班”和有关科室人员备勤制度。每日安排执法人员对危险化学品生产经营单位、人员密集场所、建筑施工工地以及城乡结合部等重点行业或区域进行安全检查，及时发现和消除安全隐患，对违法违规行为保持高压态势，确保安全稳定。

（宋志光）

【应急处置】 本年，大兴区安全监管局处置“3·17”南六环油罐车追尾事故和“4·8”京开高速油罐车侧翻事故。一是根据现场指挥部要求，立即组织协调事故现场救援，迅速传达指挥部指令。二是及时与安全生产专家联系，提供专业知识。三是督促区危险化学品应急救援物资储备库随时待命，做好相关应急物资运输准备工作。

（李青松）

【事故分析】 本年，大兴区安全监管局坚持每季度对安全生产形势进行分析，形成事故情况分析和下阶段形势预测，有针对性地指导重点时期事故预防工作。不断更新、完善事故统计数据，每月加以简要分析。

（周堃）

执法监察

【全国“两会”执法检查】 3月，大兴区安委会在全区开展全国“两会”安全保障专项执法检查行动。以建筑施工、危险化学品、人员密集场所等行业领域为重点，深入开展安全检查。全国“两会”期间，检查生产经营单位3598家次，查处隐患和问题5273项，关停生产经营单位67家，对94家进行处罚。

（郑阳）

【“双打”执法检查】 6月，大兴区安委会以工业企业、建筑施工、人员密集场所、商业楼宇等7个行业领域为重点，围绕电气安全使用、特种设备安全作业、特种作业人员持证上岗等内容，坚持“行业牵头、属地负责、部门联动”的执法检查模式，开展“双打”执法检查行动。行动实行检查指标量化管理，要求每个行业部门和属地单位抽（检）查企业均不少于50家次。行动期间，全区共出动执法人员1612人次，检查生产经营单位763家次，查处安全隐患1122项。检查特种作业及特种设备作业人员603人，发现持假证、无证上岗人员28人，违反操作规程作业15人，全部当场责令特种作业人员停止作业，立案查处8起，罚款7.5万元，行政拘留35人。

（郑阳）

【粉尘防爆安全专项治理】 8月，大兴区安全监管局制发《关于深刻汲取“8·2”昆山事故教训扎实做好隐患排查治理工作的通知》《关于上报存在粉尘爆炸危险场所企业台账的通知》《严格贯彻落实“五条规定”深入推进粉尘防爆专项整治工作的通知》，在全区部署开展粉尘防爆安全专项整治工作。经过摸排，建立粉尘企业台账202家；以“五条规定”为重点，对全区安全管理人员、涉粉尘企业负责人581人，分3期进行培训。加强执法检查，截至12月底，累计检查粉尘企业919家次，查处隐患1006项，停产停业7家，立案处罚10家，罚款6.5万元。

（韦起鹏）

【餐饮场所燃气安全专项整治】 10月，大兴区安全监管局制发《关于进一步深入开展餐饮场所燃气安全专项治理工作的通知》，在全区部署开展餐饮场所燃气安全专项整治工作，采取4项措施抓好落实。一是建立使用燃气餐饮企业台账，督促企业开展隐患自查自报，整治期间，上报隐患937项，全部整改完毕。二是指导企业开展标准化达标创建，完成三级达标57家，岗位达标384家。三是加大执法检查和处罚力度，全力消除燃气安全隐患。开展专项执法行动154次，检查燃气使用单位2800余家次，查扣不合格液化气罐1600个，取缔非法储存、销售液化气窝点2个。四是深入宣传，张贴燃气安全宣传材料1万余份，悬挂燃气使用安全宣传横幅340余条，通过公共宣传屏滚动播放宣传标语日均132条次。

（崔丽雅）

【日常执法检查】 本年，大兴区安全监管局制发《2014年度安全生产监管行政执法工作计划》，全年计划检查企业766家，其中重点企业283家。截至12月底，检查生产经营单位1176家次，其中重点企业561家次；发现并消除隐患1717项，责令停产停业整顿67家，对124家生产经营单位进行立案处罚，罚款260.68万元，高标准完成全年计划任务。

（郑阳）

【联合执法检查】 本年，大兴区安委会结合季度特点和安全监管工作实际制定《大兴区2014年安全生产联合执法月历》《大兴区安全生产联合执法检查方案暨2014年大兴区安全生产重点执法检查计划》，分7个重要时间节点开展37项联合执法检查行动。全年，检查生产经营单位5824家次，查处隐患问题5227项，停产停业整顿63家，对421家生产经营单位进行立案处罚，处罚金额677.51万元。

（郑阳）

【专项执法检查】 本年，大兴区安全监管局先后参与西红门镇团河地区专项整治、“六打六治”打非治违、粉尘治理等专项执法检查行动11项，通过专项整治，查处8起非法生产经营储存危险化学品生产经营单位，配合公安消防部门查封扣押非法危险化学品200余吨，行政拘留3人，刑事拘留1人，罚款49万余元。

（郑阳）

【重点行业执法监察】 本年，大兴区安全监管局根据商务行业、建筑行业等重点行业领域制定执法监察工作计划，分别在4月、7月、9月对区商务委、住房城乡建设委、交通局、食品药品监管局等单位履行安全生产职责情况进行执法监察，并向行业主管部门通报行业内存在的隐患和问题，提出意见建议。全年，针对人员密集场所、有限空间作业等重点行业领域开展“四不两直”夜查暗访行动62次，检查生产经营单位165家次，查处问题隐患110项，向行业、属地通报问题4次。

（郑阳）

【城乡结合部专项整治】 本年，大兴区深入开展城乡结合部地区安全生产专项整治。截至9月底，全区建立专项整治台账677处，销账率100%。责令停产停业4258家，关闭取缔1830家，处理人员106人，清退人员19773人，实施行政处罚1996次，处罚271.9万元。

（孙兴）

【有限空间专项治理】 本年，大兴区安全监管局制发《关于加强有限空间安全生产监管工作的通知》《关于做好2014年有限空间安全生产工作的意见》，部署全年有限空间安全生产工作。6月至8月，组织行业部门开展有限空间安全生产“巡查季”行动，巡查9次，含2次夜查，巡查作业单位17家，发现19项隐患，全部整改完毕。

（韦起鹏）

【大型活动安全监管】 本年，大兴区安全监管局对北京春茶节、梨花旅游节、世界美食美酒图书大奖赛、西瓜节等19项大型活动进行全程安全监管，确保重大活动舞台搭建零事故。

（郑阳）

【举报投诉事项】 本年，大兴区安全监管局受理举报投诉事项38件，其中“12350”电话举报投诉事项20件，“12350”网络平台举报投诉15件，办结率100%。经查属实14件，依法立案处罚4件，罚款23.88万元。

（张志富）

职业卫生监督检查

【年度部署会】 1月，大兴区安全监管局召开职业卫生工作部署会，会议明确4项工作重点。一是加强职业卫生培训，对企业负责人及职业卫生管理员进行年度继续教育培训。二是督促用人单位完成年度职业病危害项目申报。三是开展职业卫生“基础建设年活动”，完成500家用人单位职业卫生基础建设。四是严格建设项目职业卫生“三同时”审查备案，对区内存在职业病危害的新建、改建、扩建等项目实施职业卫生“三同时”审查备案许可。

（刘佳）

【管理人员培训】 4月9日，大兴区安全监管局对721家企业主要负责人和职业卫生管理人员进行6期培训，约1500余人参加培训。

（陈冰）

【职业卫生宣传周】 4月28日，大兴区安全监管局以“防治职业病，职业要健康”为主题开展《职业病防治法》宣传周活动。活动期间，联合区卫生局、安定镇政府在京华腾化工园区开展《职业病防治法》宣传周启动仪式；组织卫生监督员到企业发放宣传资料14672份；在和平广场等设宣传车并接受270人次法律咨询。

（杨凯）

【总局职业卫生工作调研】 9月15日，国家安全监管总局职安司组织调研组到大兴区调研职业卫生工作。调研组听取大兴区职业卫生工作开展情况汇报，实地对壳牌统一（北京）石油化工有限公司及博洛尼家居用品（北京）股份有限公司进行检查。通过调研，对大兴区职业卫生工作给予肯定。

（李刚）

【企业职业卫生统计】 10月，大兴区安全监管局在全区开展工矿商贸企业职业卫生统计填报工作。其间，完成大兴区安全生产监管信息平台职业卫生模块与市安全监管局职业卫生统计系统的数据对接，并对属地进行统计数据填报培训，完成707家工矿商贸企业职业卫生统计工作。

（杨凯）

【职业病危害专项治理】 本年，大兴区安全监管局在全区开展石材加工企业职业危害专项治理行动。行动分全面摸底排查、部署动员和培训、执法检查验收、专项督查、工作总结5个阶段开展。其间，出动执法人员100余人次，检查石材加工单位47家次，下达执法文书39份，治理隐患80余项，清退石材加工企业4家、生产改经营企业1家。

（李刚）

【职业卫生行政许可】 本年，大兴区安全监管局严格职业卫生行政许可工作，制定职业卫生行政许可权力运行清单和办事流程，并利用政务网站向社会公开。全年，受理用人单位职业卫生行政许可申请5件，全部办结。

（陈冰）

【职业病危害执法检查】 本年，大兴区安全监管局检查存在职业病危害用人单位225家次，开具现场检查记录223份，限期责令整改32份，复查意见书32份，查处隐患350项，对14家用人单位进行行政处罚，罚款101.9万元。

（李刚）

【规范档案管理】 本年，大兴区安全监管局采取多项措施加强用人单位档案规范管理。召开职业卫生档案管理规范工作动员部署会，明确工作任务、措施以及时间节点。以镇街为单位组织7期培训班，对全区职业卫生用人单位主要负责人和管理人员进行培训，指导用人单位掌握职业健康监护档案内容和要求。印发800份职业卫生管理档案模板，有效规范企业健康监护档案制作和管理。每周抽取8家职业卫生重点企业，就职业卫生“一人一档”进行抽查。截至12月底，全区建档率达到100%。

（杨凯）

【职业卫生“基础建设年”活动】 本年，大兴区安全监管局在职业病危害用人单位开展职业卫生“基础建设年”活动。活动期间，召开专题会6次，下基层动员部署和专项培训22场次。6月至8月，每天派出5个评审组，安排10～15名专家对用人单位基础建设情况进行评审和指导。全年，511家职业卫生用人单位完成基础建设。

（陈冰）

【职业病危害申报】 本年，大兴区安全监管局加强职业病危害项目申报工作，全年受理、申报491件，下发备案通知书491份，累计受理企业申报721家。

（王静怡）

宣传培训

【教育培训部署】 3月13日，大兴区安全监管局召开安全生产教育培训工作部署会，对安全生产教育培训工作进行部署，要求各单位以安全监管干部和企业从业人员为重点，严格落实安办统筹、行业监管、属地负责、企业落实的安全培训责任，深入开展培训工作。各属地政府主管领导、安全科科长和22家安全培训机构负责人参加会议。

（李蕾）

【安全检查员培训】 4月28日至5月9日，大兴区安全监管局在基层安全员中开展培训，培训以安全监管业务知识、消防知识、特种设备安全监察、燃气检查等相关基础知识为重点内容，培训2期，450余人参加。

（燕非）

【特种作业考点建设】 5月至11月，市、区两级安全监管局指导大兴区立业技术培训中心开展安全生产资格考试点建设，针对理论考试所需考场、计算机、网络系统、远程监控和实操考试所需考场、考位、设备设施等硬件标准，以及培训考核相关管理制度等软件条件，按照标准化、信息化、现代化标准进行建设和改造。大兴区立业技术培训中心成为全市第一家“三化”特种作业考点。

（侯勇）

【“安康杯”竞赛】 5月至12月，大兴区安全监管局配合区总工会在全区开展“安康杯”竞赛活动，活动围绕营造安全文化氛围、加强安全基础建设、推进安全生产标准化、安全隐患排查整治等内容展开。全区300余家单位参加，6家获评全国优胜单位，1家获评全国优秀组织单位；3家获评北京市优胜单位，1家获评北京市优秀组织单位。

（黄述强）

【安全生产月】 6月，大兴区安委会以“坚守红线意识，保障城市安全”为主题，按照警示教育周、隐患排查治理周、安全文化周、应急演练周4个阶段在全区开展安全生产月宣传活动。活动坚持领导带头、行业参与、基层为主、企业员工和社会公众唱主角，区领导、行业部门领导、属地单位领导参与，带头开展安全检查；区商务委、住房城乡建设委、总工会和妇联等单位牵头开展进企业、进工地、进社区、进村庄、进家庭、进学校“六进”活动。6月16日，“学习安全知识，树立安全意识”为主题，在西红门镇开展进企业宣传咨询日活动，区长谈绪祥、人大常委会副主任靳文浦、副区长沈洁、区政协副主席李维民等参加活动，与企业员工一起参加现场咨询，进车间、班组检查指导安全工作，并与部分属地政府、行业、企业代表座谈。咨询日现场，设立21个咨询点，安全知识展板36块，悬挂条幅12条，发放各类宣传品2万余份。荣获北京市安全生产月活动优秀组织奖。

（黄述强）

【“一把手大讲堂”】 9月19日，大兴区委、区政府举办第9期领导干部周末大讲堂暨第3期“一把手大讲堂”。邀请国务院参事室特约研究员、国家安全监管总局新闻发言人、总工程师黄毅作题为“坚持安全发展，坚守红线意识”的专题报告；大兴区安全监管局局长张福长以“强化安全意识，落实安全责任，用信息化手段推动安全生产监管工作”介绍全区安全监管情况。全区处级和双管单位领导班子成员、各属地、各相关单位安全科长以及部分非公企业负责人300余人参加培训。

（李蕾）

【全员大培训】 本年，大兴区安委会依托安全生产培训机构和企业自主培训，举办安全生产培训班1762期，培训13万余人。

（黄述强）

【“三项岗位”培训】 本年，大兴区组织特种作业人员、高危行业主要负责人和安全管理人员“三项岗位”人员培训考核20期、19276人次。其中特种作业人员培训考核10期、18507人次，高危行业主要负责人和安全管理人员培训考核10期、769人次。

（侯勇）

【安全生产培训专项检查】 本年，大兴区安全监管局采取属地检查、区安全监管局督导组抽查形式，在全区开展安全生产培训专项检查。其间，属地单位检查生产经营单位2402家次，查处隐患1866项；局督查抽查生产经营单位20家，对未按规定落实培训、未进行职业病危害项目申报的3家生产经营单位依法进行处罚，罚款16万元。

（黄述强）

【“每月一个主题”宣传活动】 本年，大兴区安委会办公室统筹，安委会成员单位牵头，结合行业职责和工作特点，整合宣传资源，开展“每月一个主题”宣传教育活动。1月，区文化委开展消防安全培训，300余人参加；2月，区公安分局以“少燃放一组烟花爆竹，多呼吸一口新鲜空气”为主题，宣传引导和警示教育；3月，区农委围绕“保农资安全，促农业生产”主题，普及农资安全常识；4月，区交通支队开展“老年代步车、电动三轮车安全出行”宣传教育；5月，区民防局以“增强民防意识，共享平安生活”为主题，结合实际，采取多种形式，广泛开展社会宣传活动；6月，区安全监管局围绕“坚守红线意识，保障城市安全”为主线，开展宣传教育；7月，区住房城乡建设委以“抓消防安全，保工地建设”为主题，开展消防安全演练；8月，区商务委以“珍爱生命、安全发展”为主题，开展隐患排查治理活动；9月，区教委开展“小手拉大手，平安健康一起走”安全进校园宣传活动；10月，区旅游委开展以“没有安全，就没有旅游”为主题的宣传教育；11月，区公安分局开展“预防煤气中毒，珍爱生命健康”宣传教育；12月，区社会办围绕冬季社会安全特点开展宣传教育活动。

（黄述强）

【媒体宣传】 本年，大兴区安委会借助电视台、报刊、网络、杂志等宣传平台，着力构建以“两台三报四网”（大兴电视台、北京广播电台；安全生产报、大兴报、安全生产月报；大兴信息网、政法综治网、区安全监管局网站、市安全监管局网站）为基础的立体宣传体系。全年，报道新闻信息242条，编印《大兴区安全生产月报》13期、13万份。

（黄述强）

【志愿者服务】 本年，大兴区安委会以1000名安全生产宣传教育志愿者为骨干，发挥“宣传员、监督员、信息员”的作用，在“两节”、“两会”、“5·12”、国庆节等重要时期，开展志愿服务活动。全年，组织活动126次、3000余人次参与，发放宣传材料24万余份，摆放展板1507块，悬挂条幅1714条。

（黄述强）

法制建设

【规范行政处罚程序】 1月16日，大兴区安全监管局依据有关法律法规，制定实施《行政处罚案件处理程序（试行）》，规范行政执法行为。

（张福珍）

【贯彻《北京市大气污染防治条例》】 3月31日，大兴区安全监管局组织《北京市大气污染防治条例》培训会，全局80余人参加培训。本次培训从起草说明、立法亮点、执法案由3个方面展开，重点解读新增违法行为，规定对拒不执行空气重污染应急措施的责任单位及责任人实施重罚。通过培训，提高执法人员的业务素质和执法能力。

（杨涛）

【监管重心下沉基层】 2月起，大兴区安全监管局开展执法力量下沉基层，服务基层活动。一是实行“局领导包片，AB角配合；执法人员包镇街”的工作模式，按照镇街功能特点，将全区21个属地单位划分为4片8个责任区域，局主要领导负责2片4个责任区域，副职直接负责1个责任区域，同时按照AB角原则，配合负责1个责任区域。二是深入基层，采取与基层安全员座谈、现场指导、解答执法中存在问题的形式，指导基层执法人员依法行政，规范执法行为，提高执法水平。三是全面了解、掌握基层基础和安全监管队伍状况，促进安全生产重点工作落实，加大安全执法监察力度。全年出动执法人员228人次，暗访企业71家，发现问题145项，采取措施108项，提出工作建议134项，实施行政处罚4万元。

（谷学宁）

【安全员队伍建设】 6月，按照市政府办公厅《关于建立乡镇、街道（园区）安全生产专职安全员队伍的意见》文件要求，大兴区成立乡镇、街道（园区）安全员队伍推进工作领导小组和办公室，全面筹划专职安全员队伍建设工作。区委、区政府召开6次专题会，批复30万元资金（不含安全员工资）保障工作开展。大兴区专职安全员招聘工作面向具有本区户籍的社会人员，对现有安全员和有工作经验的人员，放宽招录条件。在区委组织部、财政局、安全监管局、人力社保局、监察局配合下，完成网上报名、参加全市统一笔试、现场资格审核并选报属地单位、属地组织面试、政审体检、全区统一培训、参加全市考核、签订劳动合同等程序。1547人报名，1214人参加笔试考试，1004人通过现场审核，最终招录安全员475名。

（谷学宁）

【行政处罚听证会】 9月12日，大兴区安全监管局就“北京光明橡塑制品厂未建立职业健康监护档案、未按照规定对工作场所职业病危害因素进行检测及评价、未建立职业卫生管理制度和操作规程案”召开行政处罚听证会。经过各自申辩陈述、举证质证等环节，对案件进行梳理，提高行政执法案件透明度。

（谷学宁）

【法制员培训班】 10月16日至17日，大兴区安全监管局组织局机关、各镇街和生物医药基地、新媒体产业基地安全科科长及法制员进行安全生产法制员培训。邀请市法制专家对新修订的《中华人民共和国安全生产法》进行解析，并对职业卫生及危险化学品法律法规进行讲解。

（谷学宁）

【执法案件审核】 本年，大兴区安全监管局严把执法案件调查取证关、定性量裁关、审批定案关、案件执行关，提高案件质量和执行效率。审核执法案件105件，申请法院强制执行案件14件，追缴行政处罚金额12.3万元。

（张福珍）

科技与信息化

【科技成果获奖与申报】 1月26日，大兴区企业安全风险评定标准和宏观预警研究课题获区政府颁发的大兴区科学技术奖技术进步奖软科学类一等奖。10月27日，完成第二届北京市安全生产科技成果奖申报。11月1日，完成市安全监管工作改革创新奖申报。

（张捷飞）

【动态安全监管系统培训】 2月27日，大兴区安全监管局组织行业部门开展动态安全监管和预警预报系统培训。通过集中授课和上机实操相结合的方式，对《大兴区生产经营单位动态安全监督管理办法》和系统操作进行讲解，使全区各相关行业人员了解办法内容和工作流程，掌握动态安全监管系统和移动终端的使用。区农委、住房城乡建设委、市政市容委等22个部门60余人参加培训。

（张磊）

【动态安全监管系统应用】 3月20日，大兴区动态安全监管系统在全区范围内正式试运行。试运行期间，区安全监管局组织相关技术人员深入属地进行现场指导，对167处系统功能进行完善，8月系统正式推广应用。全区321名基层安全人员利用“安监通”移动手机终端开展日常巡查检查，共检查企业4124家，查处隐患2332项。

（李新杰）

【职业卫生监管模块建设】 11月，大兴区安全监管局对区级安全监管信息化管理平台职业卫生监管模块进行升级改造，在原有职业卫生监管台账、职业病危害项目申报、职业病危害因素检测、职业健康体检等重点监管内容基础上，加入职业卫生执法管理和职业健康管理员管理功能。

（李刚）

标准化建设

【标准化创建部署】 3月13日，大兴区安委会办公室召开安全生产教育培训暨标准化达标创建工作会，对本年安全生产标准化工作进行部署。

（于洋）

【企业抽查】 2月至4月，大兴区安全监管局采取“四不两直”的方式对已通过评审的企业开展抽查，抽查重点行业领域企业361家，抽查率36.5%，发现问题536项，15家企业予以重审；抽查小微企业345家，抽查率15%，发现问题576项，13家小微企业不符合达标要求。

（苗雅菡）

【达标宣传与创建】 本年，大兴区安全监管局组织属地单位全面开展安全生产标准化达标创建宣传。统一印发专题宣传海报2.04万张、宣传横幅2100条、《致生产经营单位的一封信》5000张，全面营造创建氛围。全区完成1109家企业三级标准化达标创建，3650家小微企业岗位达标。

（苗雅菡）

【标准化培训】 本年，大兴区安全监管局以行业部门、属地单位及本年拟创建企业负责人和管理人员为重点，开展标准化实名制培训。培训以创建标准、流程、系统操作等为主要内容，区级培训与属地培训相结合，确保培训“全覆盖”。共培训14期，2513人参加培训。

（苗雅菡）

昌　平　区

概　　述

2014年，昌平区安全生产工作紧紧围绕安全生产“四化三体系双基”总任务，以“强基础、严执法、树形象”为重点，以强化“红线”意识、落实安全责任、遏制重特大生产安全事故为目标，持续加大安全监管监察力度，完成流动人口规模调控综合执法、城乡结合部等专项整治和“春节”、全国“两会”、第二届北京农业嘉年华等重要时期、重大活动的安全生产保障任务，为昌平区经济社会的深度转型发展创造安全稳定的社会环境。区安全监管局获得“2014年北京市安全生产月活动优秀组织奖”和“2014年度北京市安全生产监督管理工作改革创新奖”。

一、深化重点行业领域专项整治行动。采用日常执法、重点执法、跟踪执法、专项执法、联合执法等形式，加大对危险化学品、非煤矿山、职业危害、建筑施工、人员密集场所等行业领域生产经营单位的监管监察力度，深入开展专项执法行动。累计检查各类生产经营单位6586家次，查处各类安全生产隐患9933项，下达各类执法文书5373份，立案处罚违法生产经营单位118家，罚款132.56万元。

二、依法依规实施安全生产行政许可。对行政审批事项、流程进行重新梳理和公开，梳理后保留行政审批事项11项，其中：行政许可事项9项，非行政许可审批事项2项。审批颁发危险化学品经营许可证36个，烟花爆竹销售许可证119个，注销危险化学品经营许可证3个。完成建设项目职业卫生“三同时”审查5家。

三、强化安全生产宣传教育。投入136万元，将“安全文化建设提升工程”列为区政府为民办实事项目。以“平安点亮生活”“坚守红线意识，保障城市安全”为主题，以安全生产月系列活动为主线，开展安全生产宣传教育活动。安全生产月期间，召开动员部署会500余场，刊登新闻报道40余条，发放各种宣传材料40万余份，开展执法检查6000余次，消除安全隐患5000余条，34万余人、1.2万余家单位参加活动。强化安全生产培训与特种作业人员资质考核，组织安全生产培训260余期，培训10万余人；考核各类特种作业人员5810人，高危从业人员427人。

四、推进标准化和信息化建设。印发《昌平区2014年安全生产标准化创建工作方案》，组织开展标准化创建培训，累计培训企业2100余家，培训企业主要负责人、安全生产管理人员及相关人员4000余人。开展3期安全生产标准化“公共咨询日”活动，邀请专家现场为80余家企业进行现场答疑。建立奖励机制，对10月31日前通过三级安全生产标准化达标的企业予以每家企业3000元的奖励。制定《昌平区隐患排查治理体系建设工作方案》，加强物联网建设，春节期间对重点地区的60家烟花爆竹网点安装（音）视频监控系统，对网点安全情况进行24小时实时监控。以“京安工程”试点区县为契机，推动执法系统的使用和推广，推行行政许可网上审批和报备，共审批危险化学品经营许可证36个，备案应急预案124个，申报职业危害366个。

五、健全安全生产责任体系。组织安委会各成员单位、各属地政府签订《2014年度安全生产目标管理责任书》，细化《2014年昌平区各镇街安全生产综合考核细则》。实行“双例会”制度，定期总结、分析、研讨安全生产形势，结合实际部署安全生产重点工作。按照“管行业必须管安全”“管业务必须管安全”“管生产经营必须管安全”“分级负责、属地为主”的原则，制定《昌平区安全生产党政同责、一岗双责实施办法》，并于区政府第39次常务会上讨论通过。

六、加强安全监管队伍建设。依据市政府办公厅、区政府办公室关于建立安全生产专职安全员队伍的通知要求，为各镇街配备320名安全生产专职安全员，专门从事安全生产检查工作，进一步加强基层安全生产监管力量，缓解基层检查力量薄弱问题。

昌平区安全生产工作仍然存在一些问题和不足，主要表现在：部门间执法资源不能得到有效整合，尚未建立畅通的信息共享机制；部分行业领域从业人员安全意识淡薄，安全操作技能不高，生产经营现场隐患较为突出；有的单位存在以“安全协议”代替“安全管理”的现象，未成立统一的安全生产管理机构，致使安全管理、隐患排查存在盲区；“五小企业”“六小场所”等规模较小的生产经营单位、“三合一”“多合一”生产经营场所及大型综合批发市场安全监管力度不够，隐患较为突出，易发生安全事故。

综合监管

【控制考核指标】 本年，昌平区发生安全生产事故死亡119人，与市安委会下达年度控制指标持平。其中：道路交通事故死亡103人，占控制指标的96.26%；生产安全事故死亡8人，与控制指标持平。未突破市安委会下达的安全生产控制指标。

（樊朝花）

【春节安全生产部署】 1月26日，昌平区安全监管局召开专题会议，部署春节期间安全监管工作。一是制定《2014年春节期间安全生产保障工作方案》，成立领导小组，明确对重点行业领域的93项重点内容进行检查。二是分4个检查组，在日常检查的基础上，结合城乡结合部地区安全生产暗访夜查行动，重点做好除夕和正月十五“夜查烟花爆竹”工作。三是加大执法检查力度，对销售违规、伪劣、超标烟花爆竹及消防安全条件不符合要求的烟花爆竹销售网点视情节予以警告，或暂扣销售许可证的处罚。四是加强应急值守，由1名领导带班，3名经验丰富、工作能力强的工作人员值班。五是做好信息报送工作，严禁迟报、漏报、瞒报等现象出现。

（樊朝花）

【安全生产总结大会】 3月5日，昌平区安委会召开全区安全生产工作大会。区长张燕友分别与安委会成员代表和属地政府代表签订安全生产目标管理责任书。会议播放昌平区2013年安全生产标准化建设纪录片，通报安全生产工作情况，对安全生产标准化创建工作进行专项部署。区安委会各成员单位负责人，各镇街党委书记和安全生产主管领导，安全生产标准化三级达标企业和优秀小微达标企业负责人，商务、旅游、文化、交通、体育等重点行业200家达标创建企业负责人，500余人参加会议。

（樊朝花）

【学习顺义标准化经验】 3月18日，昌平区安全监管局组织班子成员和各科室负责人、标准化及信息化工作人员到顺义区安全监管局，重点对顺义区安全生产标准化和信息化建设工作进行学习交流。听取顺义区关于安全生产隐患排查治理、安全生产标准化创建、安全发展城市创建、信息化建设等方面的工作介绍，并对标准化建设及隐患自查自报系统进行现场观摩。双方就隐患排查治理体系的基础数据、标准制定、监管机制等问题进行深入的交流。

（樊朝花）

【清明节安全检查】 清明节期间，昌平区安全监管局加大对事故多发行业和领域、墓地周边生产经营单位的检查力度，要求各生产经营单位加大巡查力度，排查整改火灾隐患，严格落实消防安全措施，及时对周边的杂草、废旧物品等易燃品进行清理，从源头上消除事故隐患。检查生产经营单位146家，整改消除安全隐患252项。

（樊朝花）

【涉氨制冷企业专项治理】 4月1日，昌平区安全监管局对全区8家涉氨制冷企业隐患治理情况进行督导。8家涉氨制冷企业均建立隐患治理台账，制定整改措施和计划，整治工作稳步开展。区安全监管局在确保工作进度的前提下，按照整治目标倒排工期，每周对企业进行督促检查，指导和监督涉氨制冷企业推进隐患整改。

（樊朝花）

【地下空间安全隐患专项整治】 4月2日，昌平区安委会办公室召开昌平区地下空间安全隐患专项整治协调会。传达区政府第7次专题会关于专项整治工作部署及区领导批示要求，统一专项整治各阶段时间节点，分析研究专项整治工作存在的问题，细化专项整治工作方案，明确行业部门责任分工。会议强调：各单位要在思想上高度重视，将地下空间安全隐患专项整治工作落到实处；在工作中要勇于创新，充分发挥部门联动，多措并举，消除地下空间安全隐患。

（樊朝花）

【城乡结合部安全检查】 4月8日，昌平区副区长苏贵光带领区安全监管局、消防局、公安局、工商局、住房城乡建设委，对城乡结合部地区回龙观北四村进行检查。检查重点包括：一是核实前期关停、查封8家单位关停情况；二是检查门窗加工点和闽都家园公寓，杜绝“三合一”“多合一”场所；三是检查高压线下隐患，充分征求属地政府整改意见，采取长效措施解决线下隐患。经检查，8家企业均已关停。

（樊朝花）

【安全工程创新实践基地揭牌】 5月22日，昌平区安全生产协会和中国矿业大学（北京）资源与安全工程学院举行“安全工程创新实践基地”签字揭牌仪式。中国矿业大学（北京）资源与安全工程学院党委书记傅贵系统介绍建立“安全工程创新实践基地”的重要性，昌平区副区长苏贵光和中国矿业大学副校长王忠强为“安全工程创新实践基地”进行揭牌。建立“安全工程创新实践基地”，旨在为昌平区安全生产领域提供技术支撑。

（樊朝花）

【涉氨隐患整治督查】 6月19日，昌平区区长张燕友、副区长苏贵光带领安全监管、质监等部门对北京市第五肉类联合加工厂涉氨隐患治理工作进行督查。区领导听取企业相关负责人对改造基本情况的介绍，了解企业改造过程中遇到的问题，查看现场施工作业。要求相关单位落实涉氨隐患整治的标准要求，严格过程控制，严把工程质量关，加强时间节点控制，确保整治工作进度。

（樊朝花）

【安全生产条件普查部署】 8月27日，昌平区政府召开安全生产条件普查动员部署会，对昌平区第一次安全生产条件普查工作进行部署。区长张燕友要求：一是强化“红线”意识，全面落实一岗双责精神，将普查工作作为“一把手”工程来抓，增强“安全生产工作无小事”的意识；二是把握关键环节，扎实推进普查各项工作，将普查质量控制贯穿全过程，建立动态更新机制，将普查成果最大化运用到安全监管工作中；三是通过多种渠道广泛宣传，强化企业对普查工作重要性的认识，切实落实企业安全生产主体责任，杜绝重大安全事故发生。

（樊朝花）

【总局液氨专项治理调研】 9月25日，国家安全监管总局到昌平区调研涉氨制冷企业液氨使用专项治理、工贸企业有限空间作业条件确认和粉尘防爆专项整治工作。调研组分别听取华都肉鸡公司、北京安泰钢研超硬材料制品有限责任公司等单位液氨使用专项治理、粉尘专项整治工作开展情况的汇报，查阅“三项治理”工作有关文件、台账、培训、执法检查记录等资料，并实地查看两个单位专项整治工作落实情况。昌平区副区长苏贵光参加调研。

（樊朝花）

【“党政同责、一岗双责”】 10月23日，昌平区政府召开第39次常务会，讨论并原则通过《昌平区安全生产党政同责、一岗双责实施办法》。区长张燕友强调：一是要深刻认识安全生产的长期性和艰巨性，把安全生产与转型发展各项工作同步规划、同步部署、同步推进，加强安全监管，坚决遏制和有效防范各类安全事故发生；二是各镇街、各部门党政领导班子要定期研究安全生产工作，严格落实“党政同责、一岗双责、齐抓共管”；三是完善安全隐患排查治理体系，深入开展“六打六治”专项行动，加大对56个重点村、人员密集场所、未经审批幼儿园、危险化学品、地下空间等重点领域、重点部位的执法检查力度，提高执法检查频率，推进安全监管工作制度化、常态化；四是贯彻落实新修订的《中华人民共和国安全生产法》，建好、管好、用好安全生产专职安全员队伍，做到管理重心下移、执法力量下沉。对落实安全生产“党政同责、一岗双责”制度不到位、履行安全生产工作职责不认真造成不良影响的，要依法追究责任。

（樊朝花）

【APEC期间安全检查】 11月5日，昌平区常务副区长周云帆带领环保、安全监管等部门到位于北七家镇的北京稻香村食品有限责任公司和北京同仁堂股份有限公司检查。重点检查两家单位安全生产管理现状，应急器材及紧急疏散设置情况，污染物处理与节能减排情况。周云帆强调：一是要强化企业的安全生产责任意识，加强日常安全生产与消防隐患排查，确保生产安全；二是会议期间列入停产、限产的企业，要严格执行规定；三是各单位要加强应急值守，实行领导干部24小时带班制度，确保会议期间安全稳定。

（樊朝花）

【专职安全员岗前动员】 12月30日，昌平区政府召开安全生产专职安全员岗前动员会，副区长苏贵光和区安全监管局、人力社保局、财政局及镇街（园区）主管领导、首批317名专职安全员近400人参加动员会议。会上，苏贵光强调安全生产基层队伍建设的重要性，并提出希望和具体要求。

（樊朝花）

【流动人口调控和服务管理】 本年，昌平区政府各部门联合开展流动人口规模调控和服务管理工作。检查各行业生产经营单位3130家次，查处安全隐患7352项，下达责令限期整改指令书1341份、现场检查记录2543份、行政（当场）处罚决定书8份、现场处理措施决定书7份。

（樊朝花）

危险化学品安全监管

【全国“两会”危险化学品安全部署】 3月3日，昌平区安全监管局召开全区危险化学品企业全国“两会”期间安全保障工作部署会。会议传达市安全监管局关于做好全国“两会”危险化学品和烟花爆竹安全保障工作的通知精神，要求各单位落实企业主体责任，加强培训教育，加强对重要部门、重点工艺、重要环节的监管，落实流向登记制度。

（樊朝花）

【加油站贯标改造】 6月12日，昌平区安全监管局启动对全区76家加油站开展贯标（GB 50156—2012）改造专项整治工作。改造内容涉及变更危险化学品储存设施设备布局、规模及功能的企业。区安全监管局全覆盖收集昌平区加油站基本情况、贯标改造计划，汇总改造中可能涉及的问题，并明确操作具体标准，探讨问题解决方案。

（樊朝花）

【违法经营查处】 8月，昌平区安全监管局联合公安、消防、环保、工商和沙河镇政府等部门，对位于沙河镇南一村8号工业院北京偶合科技有限公司未取得危险化学品经营许可证，违法经营危险化学品行为进行联合执法检查。经查，该单位擅自储存销售易制毒物品，储存现场存在严重的消防安全隐患。消防部门对库房及宿舍进行查封，公安部门对相关责任人员予以治安拘留。安全监管部门针对未经许可擅自经营危险化学品的行为，依法给予10万元罚款，收缴违法所得3万余元，没收非法危险化学品，并委托有资质的单位进行无害化处理。

（樊朝花）

【易制毒化学品专项整治】 8月，昌平区安全监管局制定《易制毒化学品集中整治行动实施方案》，联合公安分局、综治办、工商局等部门在全区范围内开展易制毒化学品集中清理整治行动。一是严格对非药品类易制毒化学品经营环节实施许可和备案管理。二是加强对非药品类易制毒化学品经营许可和备案制度进行监督检查。三是对违反《易制毒化学品管理条例》从事生产经营的单位，自主管部门做出行政处罚之日起3年内停止受理非药品类易制毒化学品经营许可或备案申请，并及时上报市、区禁毒部门。

（樊朝花）

【加油站安全夜查】 9月28日，昌平区

安全监管局出动执法人员30人，执法车辆13辆，分8个执法检查组和4个督导检查组，对全区76家加油站和1家油库进行全覆盖夜查。重点检查各加油站电器安全、消防器材、卸油作业及各单位“三件大事”期间安全生产保障措施落实情况。排查配电室安全管理措施落实不到位、临时电线拉接不符合安全规定、配电箱无线路图等安全隐患62项，下达责令限期整改指令书9份，现场检查记录77份，现场处理措施决定书2份。安全隐患和问题按要求整改完毕。

（樊朝花）

烟花爆竹安全监管

【行政许可】 本年，昌平区行政许可烟花爆竹零售网点119家，同比减少22家。在回龙观、东小口、城北街道等镇街的60个重点烟花爆竹销售网点安装音、视频监控系统。

（樊朝花）

【烟花爆竹安全部署】 年初，昌平区安全监管局联合公安、工商、消防等部门召开烟花爆竹专题工作会，部署2014年烟花爆竹销售（储存）安全管理工作，明确各阶段的工作任务和时间节点，对烟花爆竹经营许可及安全监管进行部署。一是把好前期准入关，联合工商部门做好申请单位资质审查。二是发挥视频监控系统作用，通过科技手段严防安全死角。三是加强属地监管，严禁商户私自挪动烟花爆竹销售大棚所在位置。四是加强从业人员培训，将公安部门的“三禁止、三报告、一登记”制度纳入培训内容。五是根据市烟花办统一要求，监督企业在重度污染橙色预警时段暂停配送和销售烟花爆竹，并将相关要求纳入《烟花爆竹零售经营安全生产承诺书》的内容。

（樊朝花）

【销售大棚搭建】 1月2日至14日，昌平陶瓷杂品公司按照规定要求完成临时销售大棚搭建，完成城区60家烟花爆竹零售网点视频监控的安装及接入工作，保持与区政府应急办及视频监控的联系，并对烟花爆竹综合管理物联网应用系统进行及时调试。

（樊朝花）

【从业人员培训】 1月12日，昌平区安全监管局会同区工商分局、城管执法局、消防支队、公安分局治安支队对119家烟花爆竹经营单位的347名从业人员进行培训。各部门分别结合各自职责就经营资质、进货渠道、储存安全、周边环境、安全管理制度、安全设施要求、应急值守等内容进行培训。

（樊朝花）

【销售执法检查】 烟花爆竹销售期间，昌平区出动执法人员1156人次，执法车辆531车次，对全区烟花爆竹销售网点进行安全检查，检查网点1535家次，下达执法文书243份，查处隐患396项。针对存在的销售人员工作期间未持证上岗、包装箱等易燃物未及时清理、储存区产品码放混乱、棚外销售摆放等问题，执法人员责令当场整改完毕，并将相关信息及时向负责烟花爆竹图像监控的执法人员进行反馈。

（樊朝花）

【春节期间烟花爆竹销售】 春节期间，昌平区119个烟花爆竹销售网点配送烟花爆竹 25457 箱，同比（48552 箱）减少 23095 箱。实际销售 21004 箱，同比（38214 箱）减少 17210 箱；实际销售率为当年配送量的 82.5%，同比（78.70%）上升 3.8 个百分点。

（樊朝花）

矿山安全监管监察

【凤山矿防洪应急演练】 6 月 11 日，昌平凤山矿组织开展防洪应急演练活动。演练模拟突降暴雨，对凤山矿原料仓平台和设备平台间的水泥挡墙造成威胁，极易导致挡墙坍塌，威胁石渣车间现场人员和设备安全，凤山矿应急救援指挥部接到报警后，立即启动《凤山矿防汛四级预警预案》，调派铲车进入现场推开路边挡墙分流洪水，就近取土堵住土坝拦截，抢险救灾组组织人员用沙袋加固堤坝。协调组组织人员和设备撤离，医疗组准备抢救受伤人员，崔村镇应急抢险队前来支援，演练增强防汛抢险应急处置能力。

（樊朝花）

【矿洞封堵】 10 月 17 日，昌平区安全监管局检查延寿、南口两镇矿洞封堵情况。延寿镇封堵矿洞 457 个，看护人员 21 人；南口镇封堵矿洞 28 个，看护人员 3 人。

（樊朝花）

【非煤矿山安全检查】 本年，昌平区安全监管局定期对辖区 2 家非煤矿山企业进行执法检查。在节前检查企业开采现场、机械设备、应急值守情况等，针对节后企业复工等情况，对从业人员教育培训、采场边坡、警示标志、安全生产管理制度和应急预案修订进行重点检查，对检查中发现的作业现场缺少安全警示标志、现场局部边坡有浮石、边坡角度不符合安全规定等隐患，责令企业立即整改并监督落实。

（樊朝花）

隐患排查治理

【水运游船专项整治】 5 月 28 日，昌平区安全监管局联合区交通局开展水运游船行业专项整治行动，对昌平公园、回龙观公园、温都水城 3 处水运游船单位进行安全检查。听取 3 家水运游船企业就安全生产工作开展情况及日常安全生产开展情况的汇报，检查防护措施、安全生产制度落实等情况。要求企业根据自身特点，进一步落实安全责任，切实做好应急预案和安全保障工作，严格执行安全管理制度，提升从业人员安全意识及操作技能水平，杜绝事故的发生。

（樊朝花）

【人员密集场所夜查行动】 6 月 12 日、19 日，昌平区安全监管局分别对人员密集场所较为集中的城北、城南、天通苑南、天通苑北、马池口、北七家、回龙观、小汤山、沙河等镇开展以电气使用安全及特种作业安全管理为重点内容的夜查行动，两次夜查检查人员密集场所 32 家，查处安全隐患 108 项，下达责令限期整改指令书 26 份、现场检查记录 26 份。

（樊朝花）

【生产经营单位安全调查】 8 月，昌平区安全监管局联合消防、公安、回龙观镇政府，对“北四村”生产经营单位进行摸底调查。摸排生产经营单位 982 家，其中有照单位 130 家。针对“北四村”

生产经营单位存在的20项挂账安全隐患，组织执法人员督促整改。

（樊朝花）

【制定事故调查处理程序】 10月28日，昌平区政府召开第45次常务会，专题研究讨论并原则通过《北京市昌平区生产安全事故调查处理工作程序》。区长张燕友强调，各部门要高度重视生产安全事故调查处理工作，进一步规范调查处理工作程序。公安、监察、总工会、人力社保、检察等部门要通力合作，相互配合，保证事故调查处理工作质量。

（樊朝花）

【企业隐患自查自报】 本年，昌平区安全监管局以建立“职责明确、机制健全、标准清晰、政企互动、社会参与、保障有力、运转高效”的隐患排查治理体系为目标，制定《昌平区隐患排查治理体系建设工作方案》，将隐患排查治理与安全生产监管监察、专项治理等工作紧密结合，统筹推进隐患排查治理体系建设。

（樊朝花）

【未经审批幼儿园联合检查】 本年，昌平区安全监管局配合属地、行业主管部门检查未经审批幼儿园489家、自办学校22家，查处安全隐患1908项，填写《未经审批幼儿园安全定级表》485份、未经审批自办学校安全检查表22份、未经审批幼儿园学校安全定级评定检查表489份，出具现场检查记录489份。

（樊朝花）

【“六打六治”打非治违专项行动】 本年，昌平区政府组织开展“六打六治”打非治违专项行动。出动检查人员23648人次，检查各类生产经营单位28646家次，查处各类隐患45268项，其中6个牵头部门检查5607家次，查处各项安全隐患9411项。查处重大非法违法行为2080件，其中关停取缔违法行为1320件，责令停产整顿613家，处罚147起，罚款241.8万元。

（樊朝花）

【举报投诉案件查处】 本年，昌平区安全监管局充分发挥举报投诉电话等各类举报监督平台作用，受理各类安全生产举报投诉案件118起。按照“有举必查、查实必究、究其必严”的原则进行查处和回复，查处率100％。

（樊朝花）

应急救援

【应急物资储备库检查】 4月15日，昌平区安全监管局对辖区4家危险化学品应急物资储备库进行检查。检查发现危险化学品应急物资储备库总体运行情况良好，应急储备物资摆放有序，建立健全应急物资日常管理、维护、出入库管理制度，应急物资实行专人管理，24小时值班，严格人员和物资的出入库管理，确保应急物资储存安全、可靠、有效，随时应对危险化学品事故应急抢险工作。

（樊朝花）

【应急物资响应演练】 6月26日，昌平区安全监管局对北京宏福聚兴商贸有限公司、昌平陶瓷杂品公司、昌平液化气有限公司、中石化北京石油分公司沙河油库4个应急物资储备库进行物资调拨应急响应演练。演练采用“不通知各单位做准备，临时下达调用物资种类、数量并派送至指定地点”的无脚本演练方式。演练中，4家储备库均能快速做出反应，按要求将所需应急物资及时送至指定地点，保证应急物资调配快速有效。

（樊朝花）

【危险货物运输应急演练】 7月2日，昌平区安全监管局、交通局、公安分局对国网通用航空有限公司道路危险货物运输应急演练进行指导。此次应急演练分两个科目，分别为直升机加油安全操作规程演练及危险货物运输过程中道路交通事故应急处置演练。演练按照发生险情、紧急处置、现场救援、险情处理、现场清理等环节进行，各项工作组织有序、有条不紊。

（樊朝花）

【网上应急预案审核备案】 本年，昌平区安全监管局落实《北京市生产安全事故应急预案管理办法》，规范预案备案程序，对124家危险化学品企业和规模以上企业进行网上应急预案审核备案。完成6项昌平区政府与重大危险源企业生产安全事故“一对一”应急预案备案工作。组织应急演练221次。定期对4个危险化学品应急物资储备库进行检查，及时对应急物资进行年检更新。加强应急值守，强化领导带班和值班责任，特别是在春节、全国“两会”、国庆、APEC会议等重点时期实行“双班”制度，确保应急值守人员24小时在岗在位，出现突发情况，能够及时、迅速、有效进行处置。

（樊朝花）

【应急救援物资储备库管理】 本年，昌平区安全监管局落实应急救援物资储备库管理制度，安排专人负责日常管理工作，做到管理责任明确，工作落实到人，检查记录到位，定期对应急救援物资储备库及应急救援物资进行检查，按照各类物资有效日期和使用年限等规定，及时对储备库中的应急救援物资进行年检、更新、替换和补充。针对市区两级应急物资储备合同到期而产生的地址更换问题，完成重新选址工作。

（樊朝花）

执法监察

【春节期间执法检查】 春节期间，昌平区安全监管局强化执法检查，每天由1名领导带队，2组执法人员重点对烟花爆竹销售网点、加油站、油库等危险化学品生产经营单位，以及旅游景区、商市场等人员密集场所的安全生产管理制度、应急预案、应急值守、教育培训、特种作业人员持证上岗、危险化学品储存码放、烟花爆竹销售网点是否符合规范要求等情况进行执法检查。出动执法人员128人次，执法车辆49车次，检查各类生产经营单位245家次，发现各类隐患147项，针对烟花爆竹销售网点部分人员未佩戴上岗证、店内货物码放安全距离不够，人员密集场所配电箱无安全警示标志，疏散通道被杂物阻挡等安全隐患，执法人员下达执法文书127份并监督隐患整改消除。

（樊朝花）

【“嘉年华”执法检查】 2月19日，昌平区安全监管局开展“嘉年华”安全生产执法检查。对各场馆临建设施集中检查5次，联合执法检查20余次。3月15日至5月4日活动举办期间，出动执法力量386人次、执法车辆168车次，确保“嘉年华”活动安全运行。

（樊朝花）

【"双打"专项检查】 6月，昌平区安全监管局开展电气使用安全暨特种作业领域"双打"专项行动，出动执法人员196人次、执法车辆98车次，检查各类生产经营单位168家次，检查范围涵盖全区21个镇街、北企公司，查处安全隐患614项，下达现场检查记录154份、责令限期整改指令书112份，检查特种作业人员402人次（其中北京证264人次，外埠证138人次）。

（樊朝花）

【建筑施工联合检查行动】 3月18日至4月20日，昌平区安全监管局联合区住房城乡建设委、消防支队、城管执法局等单位开展建筑施工企业联合执法检查行动，对全区31个在建工程的35家施工单位进行执法检查，检查复查施工单位70家次，查处隐患86项，下达责令限期整改指令书35份，出具现场检查记录35份。

（樊朝花）

【人员密集场所专项检查】 4月22日至5月23日，昌平区安全监管局联合区商务委、市政市容委、消防支队、质监局等部门，通过联合检查和执法抽查相结合、查阅管理资料和现场检查相结合的方式，对55家商场、餐饮企业开展人员密集场所专项检查，发现各类安全隐患177项，下达责令限期整改指令书64份，出具现场检查记录93份。存在隐患问题单位，均整改落实。

（樊朝花）

【"三件大事"安全保障】 6月，昌平区安委会办公室制发《关于全面落实"三件大事"期间安全生产保障工作措施的通知》，对全区"三件大事"（十八届四中全会、国庆、APEC会议）期间安全生产保障工作进行部署。其间，检查工业企业、建筑施工、人员密集场所、危险化学品等各行业领域生产经营单位615家，查处安全隐患1096项，下达责令限期整改指令书196份、现场检查记录493份、现场处理措施决定书3份、行政（当场）处罚决定书6份，实施行政处罚8起，罚款21.25万元。

（樊朝花）

【粉尘防爆专项整治】 8月至11月，昌平区安全监管局开展粉尘防爆专项整治行动，制定严防企业粉尘爆炸5条规定宣传贯彻方案，组织具有粉尘爆炸危险的128家工贸企业开展粉尘防爆安全培训，编写并印制、发放《工业企业粉尘爆炸知识手册》1万册。通过联合执法、抽查等形式，加强对粉尘爆炸危险企业监督检查。共检查企业68家，查处隐患204项。

（樊朝花）

【低端产业联合检查】 本年，昌平区安全监管局根据全区流动人口规模调控及服务管理工作方案部署，按照"五管"工作职责，配合各属地政府及行业主管部门，开展低端产业联合执法检查，检查各类单位211家，查处安全生产隐患252项，下达责令限期整改指令书47份、现场检查记录163份，行政（当场）处罚决定书2份，现场处理措施决定书1份。

（樊朝花）

职业卫生监督检查

【有限空间事故通报】 1月13日，昌平区安全监管局紧急召开“1·11”有限空间事故通报会，并对全区春节和全国“两会”期间有限空间安全监管工作进行部署。会议要求：各单位要深刻吸取事故教训，各相关行业部门切实肩负监管职责，组织开展专项检查，各生产经营单位要彻底排查安全隐患，整改落实到位，杜绝类似事故的发生

（樊朝花）

【有限空间安全监管】 2月，昌平区安全监管局开展有限空间施工作业登记备案，严格审核各施工队伍登记备案材料，对不具备安全施工条件的施工队伍，取消其在昌平区施工作业许可。开展有限空间知识“进企业、进工地、进社区、进新农村”活动，加大有限空间施工现场巡查力度，对于违章作业单位依法给予行政处罚。

（樊朝花）

【职业卫生基础建设抽查】 3月24日至28日，昌平区安全监管局对中石化、中石油、三元直营加油站开展职业卫生抽查。抽查加油站6家，各加油站均按照职业卫生基础建设活动要求，进行职业卫生档案建档、场所职业危害因素检测、员工职业健康检查等工作，设立职业卫生管理机构和管理员。执法人员要求各单位推进职业卫生基础建设达标，规范职业卫生安全管理。

（樊朝花）

【《职业病防治法》宣传】 5月8日，昌平区安全监管局、卫生计生委、总工会、人力社保局在永安公园联合开展《职业病防治法》宣传活动。此次宣传活动紧紧围绕“防治职业病，职业要健康”主题，向群众现场讲解职业病防治知识、用人单位职业危害防治职责等重点内容。活动吸引500余名群众参与，发放《职业病防治问答》《尘肺病防治知识》《职业病防治法普及读本》等各类宣传材料3650份。

（樊朝花）

【职业危害防治检查】 5月，昌平区安全监管局对全区水泥制造和石材加工企业开展全面检查。重点检查职业危害防治责任制、职业病危害因素检测和评价、职业病防护设施、个体防护用品、警示标志和中文警示说明、职业健康检查等情况，及时发现问题并提出整改意见，督促企业认真解决作业场所存在的职业危害问题。

（樊朝花）

【粉尘生产经营单位安全检查】 8月2日，昌平区安全监管局召开会议，专题研究涉粉尘生产经营单位安全检查工作。结合全区涉粉尘企业特点，制定监管方案和检查计划。8月5日，区安委会办公室印发通知，开展为期3个月的大检查行动。检查采取企业自查、镇街初查、行业排查、安全监管局检查相结合的方式，对全区铝镁等金属粉尘、粮食、饲料、农副产品、合成材料等易产生粉尘的生产经营单位进行重点检查。

（樊朝花）

【粉尘爆炸知识手册】 8月，昌平区安全监管局编写并印制《工业企业粉尘爆炸知识手册》1万册，包括国家安全监管总局发布的《严防企业粉尘爆炸五条规定》和粉尘爆炸安全常识、2014年粉尘爆炸事故及粉尘爆炸防护方法和技术等相关内容，图文并茂，便于企业了解、学习和落实。

（樊朝花）

【职业病危害防治评估】 12月11日、12日，市安全监管局评估组对昌平区职业病危害防治工作进行评估。评估组从昌平区作业场所职业病危害申报管理系统中随机抽取30家用人单位，对抽取用人单位接触职业病危害的职工花名册、新增及转岗劳动者职业卫生培训记录、职业健康检查报告、职业病危害因素检测报告、劳动合同等材料进行审查。随后又抽取其中6家单位，对用人单位各项工作落实情况进行现场检查评估。评估组充分肯定昌平区职业病危害防治工作所取得的成绩。

（樊朝花）

【职业卫生“三同时”监管】 本年，昌平区安全监管局结合《职业病防治法》宣传周、安全生产月等活动，利用各种媒体资源和信息平台大力宣传《职业病防治法》《建设项目职业卫生“三同时”监督管理暂行办法》等法律法规，提高企业对职业卫生“三同时”的知晓率，督促指导建设单位严格落实建设项目职业卫生“三同时”各项要求。在监督检查中，责令未依法执行职业卫生“三同时”规定建设项目的单位采取相应的整改措施进行整改。全年完成建设项目职业病危害预评价报告备案2项，职业病防护设施竣工验收2项，竣工备案1项。

（樊朝花）

【职业卫生基础建设达标】 本年，昌平区有145家企业达到职业卫生基础建设合格标准，总达标率81%。区安全监管局将职业卫生基础建设达标牌匾发放给各达标企业，要求各企业继续完善职业卫生管理档案建设和工作场所管理，明确职业卫生管理机构和相关责任人，确保各项工作的具体落实。

（樊朝花）

宣传培训

【全员大培训】 年初，昌平区安全监管局制定《2014年昌平区安全生产全员大培训行动计划实施方案》，对各属地、各行业培训任务进行分解。将安全生产培训纳入区委组织部“领导干部进高校”大讲堂活动，对各行业安全生产主管领导、镇街安全生产分管领导、安全生产检查员、高危行业生产经营单位“三项岗位”人员、特种作业等人员进行安全生产培训教育。各行业管理部门、各属地对非高危行业生产经营单位主要负责人和安全生产管理人员进行统一培训，加大对“五小企业”“六小场所”生产经营单位一般从业人员的培训力度。通过开展联合执法、专项执法，对生产经营单位各类人员持证上岗情况进行检查。实行培训月报制度，定期通报培训情况，将安全生产培训工作纳入《安全生产综合考核细则》。

（樊朝花）

【初任安全员培训】 3月19日，昌平区安全监管局在昌平区考试中心对全区14个镇街49名初任安全生产检查员进行岗前培训。培训结合安全生产形势及安全生产监管情况，对《中华人民共和国安全生产法》《北京市安全生产条例》《国务院关于进一步加强企业安全生产工作的通知》《北京市人民政府关于进一步加强企业安全生产工作的通知》《北京市乡镇、街道安全生产检查员暂行管理办法》

等内容进行讲解。

（樊朝花）

【“领导干部进高校”大讲堂】 4月26日，昌平区政府举办“领导干部进高校”第一期学习活动，邀请国家安全监管总局新闻发言人黄毅做“强化红线意识，促进安全生产与经济社会同步协调发展”专题讲座。

（樊朝花）

【安全生产条件普查宣传培训】 5月27日，昌平区第一期安全生产条件普查动员暨培训在百善镇开班，标志着全区试点工作正式启动。普查由各村相关工作人员承担，按照村域内影像图资料全覆盖调查；组织一般法人和大型个体工商户培训，自行填表；普查人员重点填写小微法人和小型个体工商户普查表。共入户普查企业8400余家，填写普查表5500余张，录入系统5500余家，查清城北街道及百善镇辖区内企业数量、建立企业台账，为全区开展工作提供经验。在全区安全生产条件普查工作开展过程中，区安全监管局通过现场答疑、建立“安普工作”QQ群、热线电话、工作邮箱等方式，加强与镇街安全科和普查员的沟通联系，及时解决普查工作中的各类问题。充分发挥电视、报刊、电子显示屏等宣传平台，滚动播放安全生产条件普查宣传标语，印制宣传海报3000张、《致企业负责人的一封信》40000份，由普查员向企业发放。

（樊朝花）

【安全生产月】 6月，昌平区政府启动2014年安全生产月活动。深入重点行业和镇街的9家企业开展直击现场媒体采访活动；面向50所中学开展中学生交通安全知识竞赛；利用各村数字电影播放系统，开展安全科普电影展演，播放电影6部30场次；征集、推选、上报安全生产情景剧2部，参加全市评比活动；开展宣传咨询日活动，设置展板1000余块，悬挂横幅300余条，发放各类宣传材料10万余份；向全区各村、社区及30万户家庭发放《家庭生活安全知识手册》和生活安全知识挂图；启动“平安家庭”评选。通过面向不同群体开展宣传活动，全区安全生产知识知晓率和宣传覆盖面达到100%。

（樊朝花）

【宣传咨询日】 6月16日，昌平区政府以安全文化主题公园——昌平永安公园为主会场，各镇街、企业设分会场，开展以“学习安全知识，树立安全意识”为主题的安全生产月宣传咨询日活动。区安委会近20个成员单位在主会场设立宣传站，为群众现场解答安全生产、应急自救等相关问题，设置展板90块，悬挂横幅20条，发放安全生产挂图、漫画、折页、实物等宣传品2万余份。各镇街、北企公司、科技园区、沙河高教园区、未来科技城及重点企业在各所属区域内及厂区举办安全生产咨询活动，设置展板1000余块，悬挂横幅300余条，发放各类宣传材料10万余份。

（樊朝花）

【家庭安全知识竞赛】 7月10日，昌平区安全监管局联合区教委举办以“人人学安全，家家享平安”为主题的昌平区家庭安全知识竞赛决赛。比赛分初赛、复赛，内容涉及安全生产法律法规、家庭安全知识、安全科普知识、安全生产相关工作等，比赛形式多样。最终，决出一等奖1名、二等奖2名、三等奖3名。

（樊朝花）

【安全生产法培训】 10月24日，昌平区区委、区政府理论中心组学习（扩大）会召开，邀请国家安全监管总局政策法规司副司长邬燕云就新修订的《中华人民共和国安全生产法》进行讲解。区领导、区安委会成员单位负责人和各镇街党政“一把手”参加学习。邬燕云对《中华人民共和国安全生产法》修改背景，修法思路、原则和要求，以及修订的主要内容进行分析和讲解。

（樊朝花）

【安全生活科普剧展演】 11月20日，昌平区安全监管局举办安全生活科普剧展演比赛活动。此次活动收集全区中小学参赛作品50多部，前期经过专家评委对选送作品初评，评选出10所学校代表队进入决赛。最终，北七家中心小学、回龙观中学获得一等奖，二毛学校、南口镇小学、回龙观中心小学获得二等奖，其余5所学校获得三等奖。

（樊朝花）

【专职安全员培训】 11月27日至12月6日，昌平区安全监管局在北京吉利学院对符合条件的318名安全员进行为期10天的封闭式培训。培训采取听讲座、观看光盘、分组讨论、军训等形式，重点就《中华人民共和国安全生产法》，危险化学品、有限空间安全管理，事故案例分析，检查礼仪规范等8项与安全生产监管工作密切相关的课程进行培训。12月6日，举行培训及军训结业式，对30名优秀学员进行表彰，并有8名学员代表作交流发言，全体学员进行军训成果汇报演出。

（樊朝花）

【编制危险化学品安全宣传册】 本年，昌平区安全监管局编制《危险化学品安全管理文件汇编》宣传册并下发至企业，使企业员工安全教育培训有据可依。将《化工（危险化学品）企业保障生产安全十条规定》宣传海报发送企业张贴到明显位置，严格落实规定中的“五必须”“五严禁”；将《十条规定》的相关说明和具体解释收录在《危险化学品安全管理文件汇编》中，便于企业员工理解规定的具体内涵。

（樊朝花）

【安全心语短信征集】 本年，昌平区安全监管局在全区组织开展“幸福源于安全”安全心语短信征集活动。活动面向基层，面向生产一线。182家单位3480人参加活动。通过活动的开展，提升广大从业人员安全素质和安全意识。

（樊朝花）

【安全生产法宣贯】 11月，昌平区安委会办公室制发新修订的《中华人民共和国安全生产法》宣贯工作方案，成立领导小组，制定任务分解表，明确责任部门和完成时限；公布30条宣传规范用语和15项宣传重点内容，利用电子显示屏、镇村广播、电视、报纸、悬挂横幅标语、印制宣传手册等方式进行宣传；在全区范围内开展有奖竞答、大型公开课、主题征文宣讲、送法进企业等广大群众参与度高的多项特色活动，提升社会公众安全意识；区安委会办公室每季度对各镇街、各行业、各部门工作开展进行督查，并将督查结果纳入安全生产绩效考核内容。

（樊朝花）

标准化建设

【标准化评审员培训】 4月1日，昌平区安全监管局聘请专家对全区各镇街安全生产科室负责人和工作人员，进行小微企业安全生产标准化评审员培训工作。会议传达区安委会《昌平区2014年安全生产标准化创建工作方案的通知》，下发《昌平区小微企业安全生产标准化评定标准》和标准释义等文件和材料，由专家对小微企业达标标准进行讲解。

（樊朝花）

【标准化创建调研】 4月28日，昌平区副区长苏贵光到区安全监管局调研安全生产标准化创建工作，听取全区安全生产标准化工作总体开展情况汇报，了解2014年以来安全生产标准化创建工作进展情况，查看安全生产事故隐患自查自报系统上报使用情况。

（樊朝花）

【标准化公共咨询日活动】 6月5日，昌平区安全监管局举办安全生产标准化公共咨询日活动。55家企业130余人到现场咨询，有关专家解答企业在达标创建工作中的各项问题，并对企业达标创建工作进行指导。

（樊朝花）

【标准化创建再部署】 8月，昌平区政府组织全区各镇街、安全生产标准化创建工作相关部门主要负责人召开会议，对全区安全生产标准化创建工作进行再部署。会议通报各行业三级安全生产标准化工作进展和各镇街小微企业评审工作开展情况，部署下一阶段重点工作。要求各行业部门、各镇街加强达标创建工作的组织领导，加大对企业宣传和指导力度，用好用足区政府承担小微企业评审费用的奖励政策，加强统筹协调，采取多种工作措施，创新工作方法，引导企业积极开展达标创建工作，全面消除各类安全隐患。

（樊朝花）

【三级标准化达标】 本年，昌平区安全监管局通过专题培训、公共咨询日及对10月31日前通过三级安全生产标准化达标的企业予以每家企业3000元的奖励等方式，推进标准化创建工作。全区1449家小微企业通过达标评审，170家企业通过三级安全生产标准化评审，超额完成工作任务。

（樊朝花）

平　谷　区

概　　述

2014年，平谷区安全生产工作以推进“四化”（法治化、标准化、信息化、社会化）进程，健全3个体系（安全生产责任体系、隐患排查治理体系、安全预防控制体系），提升“双基”水平（基层安全监管水平、安全生产基础工作）为总任务，以“严格执法、热情服务、安全第一、预防为主”为工作准则，强化安全生产执法检查、隐患排查治理和宣传教育工作，确保安全生产形势平稳有序。

一、完善安全生产责任体系。制定《安全生产“一岗双责”制度》《安全生产“党政同责”制度》《关于进一步完善和加强区政府工作部门安全监管（管理）职责的通知》《安全生产约谈办法》《安全生产通报办法》《关于推进安全生产隐患排查治理体系建设的意见》，落实各乡镇街道、各行业主管部门安全监管（管理）职责，实施《平谷区安全生产监督管理办法》。区安委会办公室联合区防火办，采取“抽查企业——通告给所属部门——部门督促整改——督查组验收打分”的工作模式，每季度对全区20个乡镇街道、管委会和14个重点行业部门安全生产工作情况进行督查。平谷区安全监管局与100家企业“一把手”签订安全生产承诺书，创建100个安全生产先进班组活动。

二、加大执法检查力度。依法查处各类违法行为，全年检查各类生产经营单位7989家次，排查整改事故隐患12986项，下达执法文书1832份，罚款86.4万元。开展重点行业领域和重点时期专项整治，实施“城乡结合部”“粉尘爆炸”“六打六治”“液氨”4项专项整治行动，开展全覆盖式安全生产专项检查，保证春节、桃花音乐季系列活动、APEC会议期间无事故。

三、建立隐患排查体系和预防控制体系。制定《平谷区关于推进安全生产隐患排查治理体系建设的意见》，明确体系建设指导思想、工作目标、工作原则、主要任务和保障措施。组织平谷区83家危险化学品企业开展应急预案修订和评审工作，对《属地人民政府与重大危险源单位“一对一”生产安全事故应急预案》进行修改完善。

四、营造遵法守法安全生产氛围。制定以“坚守红线意识，保障城市安全”为主题的平谷区安全生产月活动方案，开展宣传咨询日、情景剧竞赛、安全警示教育宣传片播放、文化演出等活动，发放各类宣传品6万余份，悬挂宣传横幅500多条，张贴宣传画1万余张，印制5000份《姜帆区长致广大企业法人的一封公开信》。丰富宣传形式，实现重点企业所有车间全覆盖式张贴宣传画报、警示标语的宣传氛围；采取“送教下乡、服务上门”的形式，把安全生产法律法规和技术指导送到企业，帮助企业解决在项目建设和生产过程中遇到的困难和问题；开展“直击安全现场活动”，对存在事故隐患的企业利用媒体进行曝光；联合各属地政府开展“每天播放10分钟安全知识”的村（社区）级广播活动。开通短信警示平台，向全区各部门、乡镇街道和重点企业发送安全警示信息5万余条。

五、推进安全生产标准化创建。平谷区安全监管局联合各属地政府和区文化委、旅游委、商务委、农业局、药监分局等部门，采取聘请专家、分级分类、集中授课、现场观摩等形式，对安全生产标准化达标创建企业主要负责人和安全管理人员进行培训，举办培训班46期，培训3500余人次。全年完成安全生产标准化达标企业732家，其中三级以上达标210家，小微企业岗位达标522

家，完成市安委会下达的平谷区标准化达标任务，安全生产标准化建设成果显著。

六、加强安全监管队伍建设。平谷区政府批准组建100人的专职安全员队伍，充实到基层安全监管部门，基层监管力量得到加强。开展安全生产专项培训，组织各类安全生产培训200场次，参加安全生产培训7789人，颁发《安全生产培训合格证书》7551份。考核特种作业人员2005人。

综合监管

【控制考核指标】 本年，平谷区发生安全生产事故死亡27人，占市安委会下达年度控制指标的90%。其中：道路交通事故死亡25人，与控制指标持平；生产安全事故死亡1人，占控制指标的33.33%。

（郭俊）

【安全生产总结大会】 1月6日，平谷区副区长刘晓光主持召开2013年安全生产总结大会，总结2013年安全生产工作，明确2014年工作思路、目标、任务和要求，并与各乡镇街道、管委会和安委会各成员单位签订《平谷区2014年安全生产责任书》。

（郭俊）

【中国乐谷欢乐节安全保障】 2月14日，第四届中国乐谷欢乐节（平谷区2014年秧歌花会进城大拜年）活动在平谷区府前街举办。平谷区安全监管局加强活动期间安全生产保障工作，执法人员在舞台搭建、演员彩排及活动当天对舞台临建设备设施、演员表演道具进行全过程安全检查，完成本届活动安全保障任务。

（马鹏程）

【城乡结合部整治督查】 3月6日，市安委会城乡结合部专项整治督查组对平谷区城乡结合部地区安全生产专项整治工作进行综合督查。督查组听取平谷区政府关于开展专项整治汇报，查阅城乡结合部地区安全生产专项整治工作方案、台账等相关材料对各属地政府落实专项整治情况进行督查。督查组对平谷区城乡结合部地区专项整治工作给予肯定，要求各单位提高认识，贯彻落实市委、市政府关于城乡结合部地区安全生产专项整治工作要求，结合安全生产大检查“回头看”工作，按照“四不两直”的执法检查方式，彻底整治城乡结合部地区生产经营单位安全隐患，确保专项整治工作落到实处。

（马鹏程）

【美食小吃文化节安全保障】 4月10日，平谷区安全监管局联合区旅游委、消防支队等部门对北京平谷第二届国际特色美食小吃节活动现场开展专项执法检查。检查组重点查看现场各摊位临时用电安全及消防设备配置情况。对检查中发现的安全隐患，执法人员责令相关方整改完毕后恢复营业。通过专项执法检查，消除现场各类安全隐患，为广大游客营造良好的安全环境。

（马鹏程）

【城乡结合部专项整治再督查】 4月24日，市安委会城乡结合部专项整治督查组对平谷区城乡结合部地区安全生产专项整治工作开展情况进行第二次综合督查。督查组采取“四不两直”的方式，对平谷镇4家存在“三合一”“多合一”安全隐患的生产经营单位安全隐患整改落实情况进行检查。督查组要求：一是加大整治工作力度，通过专项整治工作，净化安全生产环境；二是整合辖区执法力量，专项整治工作各职能部门要齐抓共管，注重协同配合，形成“整治重拳”；三是进一步排查安全隐患，按照市政府、市安委会办公室的总体部署，消除城乡结合部地区安全隐患，及时更新整治台账，做到专项整治不留死角。

（马鹏程）

【音乐季安全保障】 2014中国乐谷·北京国际流行音乐季5月1日至3日在中国乐谷草地音乐公园（平谷渔阳滑雪场）举办，平谷区安全监管局3项措施加强活动安全保障工作。一是成立安全保障领导小组，制定工作方案，明确活动期间安全监管任务。二是严格执法检查和跟踪督查，加强对临建设施施工安全、临时用电安全等重点设施及重点部位的安全检查。三是加强与主办单位、属地政府和行业部门的协调配合，形成监管合力，并在活动期间开展不间断安全巡查。

（马鹏程）

【龙舟大赛安全保障】 6月1日至2日，北京市端午节赛龙舟全民健身活动暨金海湖健身大赛活动在平谷区金海湖景区举办，平谷区安全监管局加强活动举办期间安全生产工作。根据活动具体情况及规格，执法人员在活动舞台搭建、龙舟大赛预决赛期间进行全过程动态安全监管，确保此项活动安全、有序进行。

（马鹏程）

【户外三项赛安全保障】 7月12日，北京金海湖2014“Mountain Hardwear山浩杯”第十五届三夫户外三项赛在平谷区金海湖景区举行。赛前，平谷区安全监管局联合消防支队对比赛场地舞台等临建设施进行安全检查，重点对临建设施是否按设计图纸进行搭建、特种作业人员是否持证上岗，以及临时用电安全敷设、驻地场所消防通道、安全指示标志、消防设备设施等是否完备进行检查、验收。比赛期间，区安全监管局安排专人对比赛场地舞台等临建设施进行跟踪巡查，圆满完成安全保障任务。

（马鹏程）

【粉尘防爆专项治理行动】 8月至12月，平谷区安委会办公室根据市安委会办公室《关于深入开展安全生产专项整治的通知》文件精神，深刻吸取江苏省昆山市“8·2”特别重大事故教训，结合“六打六治”打非治违专项行动，面向全区开展以存在粉尘爆炸危险的企业为重点的隐患排查治理专项行动。此次专项治理的重点是存在铝镁粉尘爆炸危险的企业，以及其他存在粉尘爆炸危险的企业。区安委会办公室印发《关于深入开展安全生产专项整治的通知》，要求各乡镇街道、有关部门开展摸底排查，建立台账并组织专项督查工作。检查存在粉尘爆炸危险企业27家，排查各类安全隐患43项，责令立即整改，经复查全部整改完毕。其间，区安全监管局对涉及粉尘爆炸危险企业的11家乡镇街道安全管理人员开展专项培训，培训内容主要包括粉尘爆炸危害、存在爆炸危险企业类型、日常检查监管重点等，有效推进专项治理行动的开展。

（李君）

【国庆节前“四不两直”安全检查】 9月24日，平谷区副区长屈志奇带领区旅游发展委、住房城乡建设委、质监局、安全监管局、消防支队等部门及相关属地政府主要领导，采取“四不两直”方式，对辖区内旅游景区、农家院、建筑工地、工艺制造等行业领域安全生产工作进行检查。屈志奇询问各单位安全生产责任制及安全管理制度落实情况，对现场进行实地检查。屈志奇要求各单位落实安全生产责任制，加大安全生产投入，落实隐患整改措施，坚决遏制各类安全事故的发生。

（马鹏程）

【十八届四中全会安全保障】 10月21日，平谷区安全监管局联合区商务委、旅游委等部门对多家宾馆、饭店开展安全检查。检查内容主要包括：各项安全管理制度及责任制落实情况，应急预案制定和演练情况，从业人员安全生产培训教育及特种作业人员持证上岗情况，安全疏散标志设置等情况。针对部分宾馆存在安全检查记录不及时、人员培训不到位和应急处置能力不强等问题，检查人员当场下达整改指令书，责令立即整改并监督落实。确保十八届四中全会期间安全稳定。

（马鹏程）

【APEC期间安全保障】 APEC会议期间，平谷区安全监管局全面开展安全专项整治，加强安全生产工作。开展危险化学品储存、运输专项整治，严厉查处违法违规行为，消除各类事故隐患；开展道路交通安全专项整治，打击“两客一危”非法运输行为，整治无证经营、充装、运输，非法改装、认证，违法挂靠、外包，违规装载和超速、超员、疲劳驾驶和长途客车夜间违规行驶等问题；开展“三合一”“多合一”违法生产经营专项整治，打击违法生产经营行为，整治违规住人、消防设施缺失损坏、安全出口疏散通道堵塞封闭等问题；开展油气管道和液化石油气专项整治，打击破坏损害油气管道和液化石油气非法违法行为，整治管道周边乱建乱挖乱钻和违法违规从事燃气经营活动等问题。确保APEC会议期间安全生产形势平稳。

（马鹏程）

【“六打六治”专项整治综合督查】 11月25日，由市安全监管局、市公安局交管局组成的市安委会综合督查组对平谷区打非治违专项行动开展情况进行综合督查，副区长刘学亮和区安全监管局等部门主要领导参加督查。督查组听取平谷区政府关于开展“六打六治”打非治违专项行动情况汇报，查阅专项行动工作方案、台账等相关材料，重点对各行业部门及属地政府落实专项行动工作进行实地检查。督查组对平谷区“六打六治”打非治违专项行动给予肯定，并要求对重点行业领域、重点地区、重点企业、重要部位实施跟踪监管、重点监管，确保专项行动扎实推进，取得明显成效。

（马鹏程）

【国际陆港进出口展交会安全保障】 12月23日，平谷区安全监管局会同消防支队、治安支队等部门对国际陆港进出口商品展交会活动开展专项执法检查。检查组重点对活动展台等临建设施、临时用电、安全通道、消防设施配备、临时摊位搭设等情况进行全面检查。针对搭建现场存在的问题，区安全监管局对相关单位下达责令改正指令书，责令其立即整改并监督落实，切实做好展交会期间安全保障工作。

（马鹏程）

【节前安全生产责任检查】 12月31日，平谷区副区长周泽光带领区住房城乡建设委、文化委、市政市容委、商务委、安全监管局、消防支队等部门及相关属地政府主要领导，采取“四不两直”方式，对辖区内大型油库、服装加工、液化气站、建筑工地、文娱场所等行业领域安全生产工作进行检查。周泽光询问各企业安全生产责任制及应急管理落实情况，对现场进行检查。并对“两节”期间安全生产工作提出要求。

（马鹏程）

【安全生产监管办法实施】 本年，平谷区实施《平谷区安全生产监督管理办法》。一是量化工作目标，明确各单位在安全生产执法检查、事故隐患排查治理、宣传教育培训、标准化建设、信息报送等工作任务。二是建立督查机制，包括区政府领导带队督查和区安委会和防火委联合督查，重点对“不落实、落实难、落实慢”等问题进行督查，对难点问题挂牌督办，并将结果在全区通报。三是强化督办考核，通过安委会例会、一对一下发整改督办通知、年终考核等方式，督促各单位落实安全生产责任，确保各项工作取得实效。

（王艳娇）

危险化学品安全监管

【危险化学品企业节前安全检查】 1月30日，平谷区副区长李宝峰带领区安全监管局、市政市容委、公安分局、消防支队等部门对城区加油加气站等危险化学品企业春节期间安全生产工作进行检查。检查中石化燕谷加油站和北京新奥燃气有限公司罐区，重点检查人员值守、烟花爆竹燃放巡查、视频监控设备运转、计量设备核准、消防设备设施配置、安全用电、安全生产标准化运行、各类警示标志张贴、管线日常安全检查、各项安全管理制度、岗位操作规程、应急预案等情况。

（杜春光）

【涉危企业专项治理】 本年，平谷区安委会办公室落实《北京市安全生产“一岗双责”暂行规定》相关要求，在全区开展涉危企业专项治理“十项行动”。重点开展液氨使用单位专项治理、加油加气站贯标专项治理、重大危险源单位专项治理、危险化学品使用单位专项治理、汽车修理企业专项治理、餐饮企业专项治理、制药企业专项治理等10项专项治理行动。各行业监管部门、属地政府按照“谁主管、谁负责”“管行业必须管安全”“管业务必须管安全”“管生产经营必须管安全”“分级负责、属地为主”的原则，履行安全生产监督管理职责，加强安全生产工作。

（杜春光）

【液氨使用单位专项整治】 本年，平谷区安全监管局制定《平谷区涉氨制冷企业重大隐患消隐工程专项整治工作方案》，明确专项整治工作目标、组织机构、时间安排及专项整治工作要求等方面的内容。专人看护，建立一对一隐患整改监管机制。指定一名执法人员负责一家涉氨制冷企业的整治工作，实时监督企业隐患整改进展情况，确保完成专项整治工作。加强隐患挂账管理工作，为每家企业建立隐患台账，包括企业基本情况、施工单位资质、整改项目、整改进度情况及改造方案等方面内容，要求企业每半个月报告整改进度。加强检查，对检查中发现的问题责令企业进行整改，未进行整改的责令停产停业整顿。加强培训教育，聘请液氨制冷行业专家对此次专项整治工作的内容进行讲解。加强与区消防支队、质监局等部门沟通联动，采取联合执法的形式对液氨制冷企业专项治理工作进行检查督查，严格审查液氨管道阀门质量、压力管道检测、消防设备设施配置、电力系统保障等内容，确保整治到位。

（杜春光）

烟花爆竹安全监管

【烟花爆竹仓库验收】 1月27日，市安全监管局督查组到平谷区对烟花爆竹仓库安全状况进行检查验收。重点检查烟花爆竹仓库防静电措施、消防设备设施、消防水池、应急值守、视频监控、货品码放、温湿度监控、车辆及人员出入库登记、烟花爆竹储备、烟花爆竹等级规格等情况。经现场审核，区烟花爆竹仓库通过市安全监管局验收。

（杜春光）

【烟花爆竹销售安全检查】 1月28日，副区长李宝峰带队检查全区烟花爆竹销售和安全管理工作情况，检查城北销售区4家个体销售网点。重点检查烟花爆竹产品是否正规产品、销售人员是否持证上岗、货物码放是否符合规定，以及消防设备配置、安全管理制度落实、“三禁止、三报告、一登记”制度告知情况等。李宝峰要求烟花爆竹零售网点负责人提高责任意识，严格执行各项安全管理制度，严格遵守烟花爆竹销售安全管理规定，确保应急值守到位。

（杜春光）

【安全监管四项措施】 春节期间，平谷区安全监管局采取四项措施加强烟花爆竹安全监管工作。一是统筹考虑，合理布设，严格按照相关标准对网点安全条件进行筛查，进一步压减网点数量。二是充分发挥网点监控系统的作用，加强对零售网点安全管理。三是实行“风险抵押金”制度，提高经营单位防范事故和抵御风险的能力。四是充分利用物联网技术，做好电子标签入库、出库、返库扫描，并将信息利用无线传输方式实时传送到区烟花爆竹流向监控系统。

（杜春光）

【应对“橙色”雾霾天气】 本年，平谷区安全监管局加强烟花爆竹经营单位监管，落实空气污染“橙色”预警级别应急措施。一是烟花爆竹零售网点全面完成剩余烟花爆竹产品回收入库工作，注销并回收所有临时网点销售许可证。二是要求农达丰农业生产资料有限公司烟花爆竹仓库启动应急响应，停止向零售网点配送烟花爆竹产品。三是要求烟花爆竹零售网点在雾霾天气停止销售活动，所存烟花爆竹一律封存。四是在雾霾天气预警期间，加大对烟花爆竹销售网点和储存仓库执法检查力度，严肃处理违反规定的批发、零售单位。

（杜春光）

【烟花爆竹“三无”目标】 本年，平谷区安全监管局采取5项措施，确保烟花爆竹安全销售与燃放，实现“三无”目标。一是强化环保宣传，通过电视、网络、报刊等媒体，宣传烟花爆竹对环境的污染和非法产品的危害性。二是严厉打击违法行为，要求各单位加强销售期间现场安全管理工作，要责任到人，严格落实各项安全管理规定，落实“三禁止、三报告、一登记”制度，对现场存在安全隐患的责令立即整改。三是加强教育培训，会同区公安、消防、工商等部门召开专题会议进行动员部署、事故案例和安全销售知识的培训，对各销售网点负责人进行安全知识考试。四是贯彻“联动＋监督”的监管机制，确保依法行政、履职到位。五是加强巡查安检，除夕夜晚、初一至初七等重要时段对重点危险化学品企业、烟花爆竹销售网点进行不间断巡查，及时发现并排除各类安全隐患。确保安全监管到位，隐患排查不留死角，实现春节期间烟花爆竹安全监管“无重大火灾、无死亡、无摘眼球”的“三无”目标。

（杜春光）

隐患排查治理

【“五小企业”隐患排查治理】 1月16日，平谷区安全监管局联合区消防支队、马坊镇政府，对马坊镇部分服装加工企业进行安全生产执法检查。检查服装加工企业12家，下达限期整改指令书10份，排查治理事故隐患45项。

（马鹏程）

【全国“两会”期间隐患排查治理】 全国“两会”期间，平谷区安全监管局加强重点行业领域隐患排查治理工作。重点对烟花爆竹销售网点和存储库、危险化学品企业、商品市场、歌厅、网吧、滑雪场等人员密集场所进行监督检查，排查整改各类安全隐患96项。并组织执法检查“回头看”行动，确保隐患整改到位。

（马鹏程）

【城乡结合部隐患排查治理】 3月12日，平谷区安全监管局、公安分局、城管执法局、消防支队等部门组成联合检查组，对城乡结合部地区安全隐患进行排查。检查组一行实地查看金谷丰火锅城、金杏宾馆、丰宴楼、京客隆超市4家单位的消防设施、电气设备、灭火器材的配备及职工培训情况，排查整改隐患15项。检查组要求有关单位落实安全生产主体责任，以城乡结合部地区专项整治工作为契机，开展隐患自纠自查和整改治理工作。

（马鹏程）

【建筑工地隐患排查】 5月29日，平谷区安全监管局联合区住房城乡建设委、消防支队等部门对建筑工地在建项目进行拉网式隐患排查。此次检查重点：建筑工地工人接受安全生产“三级教育”情况，施工现场物料提升机、塔吊、起重吊装等大型机械设备使用情况，特种作业人员持证上岗情况，制定完善应急救援预案、雨季施工防范措施情况，施工临时用电情况，脚手架、模板支撑系统情况，工人食堂、宿舍安全情况，活动板房等临时设施情况等内容。针对检查发现的问题，检查组作好现场检查记录，责令相关单位限期完成整改，并监督落实。检查组要求各建筑施工企业落实各级安全生产责任制，防止各类生产安全事故的发生。

（马鹏程）

【夏季隐患排查治理】 7月1日至4日，平谷区安全监管局强化夏季高温作业条件下安全生产监督检查工作，排查治理事故隐患。检查危险化学品企业41家，排除各类隐患63项。对服装加工业、印刷业开展防火安全专项检查，重点检查电气线路、疏散通道等火灾隐患，检查相关企业54家，排查整改隐患61项。加强人员密集场所安全监管，联合区消防支队、商务委、文化委、旅游委等部门对商场超市、宾馆饭店、网吧歌厅等人员密集场所开展夏季安全专项检查，全力排除各类事故隐患。

（马鹏程）

【“六打六治”打非治违专项行动】 9月，平谷区各部门、各单位针对危险化学品、油气管道、交通运输、建设施工等行业领域开展“六打六治”打非治违专项行动。组织部门联合执法36次，出动执法人员462人次，检查各类生产经营单位162家次，立案处罚8家，责令停产整顿1家。打击破坏损害油气管道行为，整治管道周边乱建乱挖乱钻22起；打击危险化学品非法运输行为，整治无证经营、充装、运输、非法改装、认证、违法挂靠、外包、违规装载等29起；打击无资质施工行为，整治层层转包、违法分包24起；打击客车客船非法营运行为，整治无证经营、超范围经营、挂靠经营及超速、超员、疲劳驾驶和长途客车夜间违规行驶16起；打击“三合一”“多合一”场所违法生产经营行为，整治违规住人、消防设施缺失损坏、安全出口疏散通道堵塞封闭等46起。排查治理企业粉尘爆炸安全隐患298项。

（马鹏程）

【服装加工业隐患排查治理】 11月2日，平谷区安全监管局联合峪口镇政府对镇域内服装加工企业开展拉网式安全隐患排查。检查服装加工企业18家，下达限期整改指令书18份，排查各类事故隐患56项。通过检查发现，部分服装加工场所存在疏散通道、安全出口被货物堵塞，应急疏散照明灯损坏、临时用电线路未做穿管保护等安全隐患。经复查，隐患全部整改完毕。

（马鹏程）

【举报投诉受理查处】 本年，平谷区安全监管局加强安全生产举报投诉工作，做到对举报投诉第一时间赴现场处理，及时将查处情况反馈举报人，努力降低社会影响事件发生。全年通过“12350”举报投诉系统、区政府办举报电话、区安全监管局办公室举报电话等渠道，受理安全生产举报投诉18件、办结18件、反馈18件。对举报投诉核查的隐患予以整改，并复查整改落实情况。

（马鹏程）

应急救援

【有限空间应急演练】 3月25日，平谷区安全监管局组织区内相关企业开展有限空间事故应急救援演练。区安全监管局、涉及有限空间作业企业负责人现场观摩演练。演练过程中，现场向一线工人讲解相关急救知识。要求各部门通过演练及时总结经验、完善预案，建立有效的应急通信渠道和应急救援保障机制，强化教育培训，提高企业应急救援处置能力。

（郭向东）

【危险化学品储存企业应急演练】 6月16日，平谷区安全监管局组织危险化学品储存企业开展应急救援预案演练，区消防支队出动2辆消防车配合演练。演练模拟企业储油罐泄漏发生火灾事故，值班员及时报告事故情况并报警，企业应急救援小组及时进行事故处理，并设置警戒线。相关部门到达现场，实施救援，顺利完成应急救援演练。

（杜春光）

【企业应急管理】 本年，平谷区安全监管局加强危险化学品企业应急管理工作。一是要求企业修订、更新、完善现有应急预案，组织专家对应急预案实用性、基本要素完整性、预案措施针对性、组织体系科学性、应急保障可行性、应急预案衔接性等内容进行评审。二是要求企业制定事故应急演练计划，每年至少组织两次以上应急演练。三是组织区消防支队、市政市容委、公安分局等部门指导危险化学品单位针对防恐、火灾、泄漏等突发事故开展应急救援演练。

（郭向东）

执法监察

【商市场消防安全检查】 2月11日，平谷区安全监管局、消防支队和兴谷街道办事处对城乡结合部地区商市场进行安全突击检查。检查重点针对商市场消防设备设施是否完备、用火用电是否安全、安全通道是否畅通等情况。检查发现部分单位存在电源线未穿管保护、配电箱被遮挡等安全隐患，执法人员当场下达行政执法文书，责令立即整改，并跟踪督办直至隐患彻底消除。

（马鹏程）

【“两节”期间暗访夜查行动】 2月13日，平谷区安全监管局集中开展安全生产暗访夜查专项整治行动。制定“两节”期间安全生产暗访夜查工作方案，成立安全生产暗访夜查领导小组，统筹安排暗访夜查工作。“两节”期间，由局领导带队分别对危险化学品经营单位、烟花爆竹销售网点开展夜查。暗访夜查行动期间，对城乡结合部地区餐饮、娱乐、商场超市等重点单位、“五小企业”、“六小场所”、烟花爆竹仓库及零售网点等行业领域开展暗访夜查行动8次，出动执法人员106人次、执法车辆68车次，检查生产经营单位48家，下达责令限期整改指令书、复查意见书及现场检查记录41份，排查各类安全隐患和问题39项。经复查，隐患全部整改完毕。

（马鹏程）

【城乡结合部联合执法检查】 3月4日，平谷区安全监管局联合区工商分局、消防支队、东高村镇政府，对东高村镇城乡结合部地区南埝头村提琴加工厂、废品回收站进行专项执法检查。重点检查：是否存在无照经营、“三合一”、“多合一”等情况。通过检查发现，部分企业存在商户住宿、做饭、存储、经营一体，用电线路敷设不符合安全规范要求，安全疏散通道被货物挤占，且易燃物未及时清理的情况。针对安全隐患和问题，执法人员下达执法文书，责令立即或限期整改，对逾期未整改的企业采取措施严肃处理。

（马鹏程）

【“六小场所”联合执法检查】 3月19日，区安全监管局、城管执法局、工商分局、公安分局等部门组成联合执法组，对兴谷街道城乡结合部地区小服装、小加工、小作坊等“六小场所”集中开展专项执法检查。执法人员重点查看各经营单位营业执照及相关证照、安全生产规章制度、消防设施维护使用等情况。检查生产经营单位3家，下达限期整改通知书3份。检查发现部分单位存在安全疏散通道不畅、临时用电线路私拉乱接等安全隐患。经跟踪复查，隐患全部整改完毕。

（马鹏程）

【建筑工地春季复工安全检查】 3月25日，平谷区安全监管局联合马坊镇政府对辖区内多家建筑施工工地进行安全生产专项检查。针对春节期间建筑施工设备停用时间长、新工人大批入场等特点，检查组重点对在建项目脚手架、塔吊、模板存放区等重点部位和关键施工环节进行检查，要求施工方加强对危险性较大工程项目的安全检查和实时监控。检查组查阅施工人员三级教育考核试卷、劳动防护用品发放记录、突发事件应急预案等相关资料。出动执法人员12人次，检查施工工地3家，下达执法文书2份，排查治理安全隐患9项。检查组要求相关施工单位迅速开展安全隐患自查自纠工作，全面落实安全生产责任制，确保安全生产。

（马鹏程）

【工业企业春季复工安全检查】 3月28日，平谷区安全监管局联合马坊管委会对马坊工业园区内多家工业企业进行安全生产执法检查。检查组对各工业企业安全生产机构设置、安全管理人员配备、安全设施设备维护、安全管理制度及安全操作规程落实情况进行检查。出动执法人员16人次，检查工业企业8家，下达责令限期整改指令书6份，排查治理安全隐患36项。

（马鹏程）

【人员密集场所执法检查】 4月28日，平谷区安全监管局联合区商务委、消防支队、滨河街道办事处对商场超市等多家人员密集场所集中开展安全生产执法检查。检查组重点检查各单位消防设施和灭火器材是否完备有效；疏散通道、安全出口是否畅通；是否落实用火、用电、用气消防安全措施；电梯是否定期检测；是否制定“五一”期间安全生产突发事件应急预案和落实值班制度等内容。检查过程中，检查组要求各单位重视节日期间安全生产工作，落实安全管理制度，及时排查治理安全隐患。

（马鹏程）

【夏季游泳场馆安全检查】 7月4日，平谷区安全监管局联合区体育局、卫生计生委、公安分局等部门对5家游泳场馆进行安全检查。重点检查游泳场馆夏季救生安全工作的实施情况、场馆内现场安全措施、安全制度、记录及教育培训情况，消除安全隐患。联合检查后，区安全监管局及时与有关单位沟通，反馈现场检查处理意见和查处落实情况，提出相关建议和意见，确保检查取得实效。

（马鹏程）

【粉尘防爆企业执法检查】 8月25日，平谷区安全监管局联合区消防支队、兴谷街道办事处对涉及粉尘防爆企业进行安全生产执法检查。检查涉及粉尘企业5家，其中食品加工行业3家、汽配制造行业2家。检查重点：一是企业是否有预防和控制粉尘爆炸措施；二是企业是否制定粉尘防爆实施细则；三是企业安全负责人是否制定安全检查表，要求企业每季度至少检查一次、车间每月至少检查一次粉尘防爆重点岗位；四是企业是否悬挂相关安全警示标志；五是企业是否对岗位员工进行粉尘防爆岗前知识培训及考核。通过检查发现，部分企业从业人员安全意识比较淡薄，还存在未设置安全标志、未制定粉尘防爆规程等问题。针对安全隐患和问题，执法人员当即下达限期整改指令，责令并监督存在隐患企业在规定时间内整改完毕。

（马鹏程）

【人员密集场所联合检查】 9月4日，平谷区安全监管局联合区商务委、消防支队、工商分局、卫生监督所等部门对本区多家商场超市等人员密集场所集中开展安全生产执法检查。重点对人员密集场所营业执照是否年检，餐饮场所卫生条件是否符合要求，安全疏散通道及安全出口是否畅通，消防设施、消防器材是否按规定维护保养，用火、用电、用气等安全管理制度是否落实，以及消防器材使用等情况进行检查。对检查发现的安全隐患和问题，执法人员责令相关单位当场整改，要求各单位加强安全生产隐患自查工作，落实安全巡查制度，确保中秋节日期间安全。

（马鹏程）

【工业企业安全执法检查】 9月10日，平谷区安全监管局联合兴谷街道办事处对多家工业企业进行安全生产执法检查。检查组对各工业企业安全生产机构设置、安全管理人员配备、安全设施设备、安全管理制度及安全操作规程的建立和落实等情况进行检查。出动执法人员16人次，检查工业企业8家，下达责令限期整改指令书6份，排查治理各类隐患36项。

（马鹏程）

【“元旦”前人员密集场所安全检查】 12月30日，平谷区安全监管局联合区商务委、文化委、消防支队、兴谷街道办事处对商场超市、宾馆饭店、网吧歌厅等8家人员密集场所集中开展安全生产执法检查。重点检查各单位消防设施和灭火器材是否配齐配全，疏散通道及安全出口是否畅通，用火、用电、用气消防安全措施是否落实，节日期间是否落实值班制度，是否制定突发事件应急预案等内容。对检查发现的51项事故隐患，相关单位按要求全部整改完毕。

（马鹏程）

【电气安全暨特种作业“双打”行动】 本年，平谷区安全监管局以工业企业、建筑工地、人员密集场所、商业综合楼宇物业管理单位作为重点，开展电气隐患排查治理；以配电室安全管理、配电柜规范设置、电气线路规范敷设作为隐患排查重点，强化特种作业安全监管。对企业特种作业人员持证上岗、劳动防护用品佩戴、安全生产教育培训、生产安全事故应急演练等情况进行严格检查，对“持假证上岗、无证上岗”给予严肃处理。督促企业落实安全生产主体责任。

（马鹏程）

职业卫生监督检查

【有限空间安全检查】 3月7日，平谷区安全监管局联合平谷镇、王辛庄镇和兴谷街道有关部门，对存在有限空间作业的重点企业进行执法检查。对检查中发现的缺少安全警示标志、无安全巡查记录和有限空间作业设备和器材配备不全等问题，执法人员当场下达限期整改指令书，经复查全部整改完毕。

（王志宝）

【地下经营单位联合执法检查】 3月18日，平谷区安全监管局联合区住房城乡建设委、民防局和消防支队对全区地下经营单位进行执法检查。对于智高点网吧、麦当劳地下餐饮区和国泰百货存在的应急照明灯损坏、消火栓被遮挡、安全警示标志不明显和安全通道被挤占等问题，执法人员当场下达限期整改指令书，经复查全部整改完毕。

（王志宝）

【有限空间作业安全工作会】 4月25日，平谷区安全监管局召开有限空间作业安全工作会，区安全监管局、住房城乡建设委、发展改革委、市政市容委等12个部门和重点单位参加会议。会上，印发《北京市安全生产委员会办公室关于做好2014年有限空间安全生产工作的通知》，要求与会单位按照“管行业必须管安全、管业务必须管安全”要求，加强对本行业有限空间作业安全管理。5月至6月，区安委会办公室组织相关行业部门对有限空间安全生产工作开展情况进行专项督查。

（李君）

【职业卫生宣传周】 4月30日，平谷区安全监管局会同区疾控中心、兴谷街道办事处等单位，组织城区28家重点企业主要负责人和职业健康管理员开展“职业卫生宣传周”活动。在通报会议上，区安全监管局通报近年来北京市和平谷区职业卫生管理现状，部署2014年职业卫生基础建设、规范职业卫生档案和开展工作场所职业卫生监督执法年等3项职业卫生重点工作。会议要求各单位落实主体责任，做好本单位职业危害防治工作，做好职业卫生基础档案管理和员工职业健康体检、作业场所职业危害检测等各项工作，按照《职业卫生档案管理规范》实现平谷区职业健康监护“一人一档”任务，实现职业危害档案达标率90%和职业卫生基础建设达标率70%的工作目标，有效保障劳动者健康权益。区疾控中心进行《职业病防治法》专题培训，并印发宣传材料。

（李君）

【全国职业病防治知识竞赛答题活动】 4月至8月，平谷区安委会办公室按照市安全监管局和市总工会工作部署，组织平谷区重点企业参加“全国职业病防治知识竞赛”。区安委会办公室制定专项工作方案并印发《关于组织参加全国职业病防治知识竞赛的通知》，动员全区21个乡镇街道2200名企业主要负责人、安全管理人员及班组长开展竞赛答题活动。

（李君）

【通信行业有限空间专项检查】 5月6日，平谷区安全监管局对北京联合网络通信有限公司平谷分公司、北京歌华有线电视网络股份有限公司涉及有限空间作业单位进行专项执法检查，排查治理通信等行业地下管网安全隐患。重点检查有限空间安全管理制度建立及落实情况、有限空间特种作业持证上岗情况、有限空间安全防护设备配备情况、有限空间作业现场安全隐患排查治理情况。检查发现各类问题和隐患7项，均立即整改消除。

（李君）

宣传培训

【现场检查培训】 2月18日，平谷区安全监管局组织平谷镇、王辛庄镇、山东庄镇有关部门安全生产管理人员，对属地企业进行安全检查。在检查过程中，区安全监管局执法人员针对不同行业如何发现安全隐患，如何排除安全隐患和企业安全检查的注意事项等进行现场培训。通过现场检查培训，使乡镇街道安全生产管理人员掌握安全生产执法检查的重点，为强化企业安全生产工作夯实基础。

（李君）

【特种作业安全监管培训】 本年，平谷区安全监管局采取3项措施加强特种作业安全监管培训工作。一是组织区住房城乡建设委、商务委、市政市容委、文化委和区再就业园区培训学校、金通远培训学校参加市安全监管局培训考核工作视频会。二是针对重点行业领域和作业类别，定期组织开展特种作业专项执法行动。三是加强特种作业培训考核发证管理工作。

（王振民）

【宣传咨询日】 6月16日，平谷区安全监管局举办安全生产月宣传咨询日活动，副区长刘学亮和区委宣传部、公安分局等部门主管领导参加活动。区消防支队、交通支队、气象局、地震局、红十字会、千喜鹤食品有限公司、兴谷街道社区居民代表及重点企业员工300余人参加活动。活动现场设置举报投诉、地震、消防、交通4个咨询台，摆放宣传展板60块，发放宣传材料1.5万余份。

（张振宇）

【家庭安全知识竞赛】 6月，平谷区安全监管局联合区妇联在全区范围内开展家庭安全知识竞赛活动。竞赛以“人人学安全，家家享平安”为主题，以企业职工家庭为对象，覆盖全区重点生产经营单位职工。竞赛采用“覆盖参与”“竞争参与”两种形式进行。“覆盖参与”方式是以答题卡形式下发至竞赛家庭，收集答题卡8000余份。7月8日，9组优秀家庭代表参加区级竞赛，活动现场采取必答题和抢答题的形式进行竞赛。通过此次活动，重点宣传安全生产法律法规及安全生产基础知识，提高全社会安全意识，预防事故发生。

（王艳娇）

【安全生产大讲堂培训班】 9月11日，

平谷区安全监管局举办企业安全生产管理人员安全生产大讲堂培训班。兴谷开发区、平谷镇所属企业负责人和安全生产管理人员100多人参加培训。北京安科研培科技有限公司专家通报典型事故案例，介绍国内安全生产形势和安全生产法律法规，并就企业安全生产管理人员如何做好安全生产工作进行重点讲解。通过培训，强化企业负责人和安全生产管理人员安全意识，提高安全生产管理水平。

（王振民）

标准化建设

【商贸零售企业标准化复核】 3月3日，平谷区安全监管局、商务委对全区24家商贸零售企业进行三级安全生产标准化评审复核。通过复核，24家商贸零售企业均符合三级安全生产标准化企业达标要求。复核发现，北京京客隆商业集团股份有限公司平谷分店、北京天地和工贸有限责任公司和北京星宇昊经济技术发展中心家具城等6家单位分别存在安全警示标志不合格、安全通道被堵占、员工未进行安全教育培训等安全隐患和问题，区安全监管局当即下达整改指令书，责令立即整改。

（李佳鹏）

【标准化培训大会】 3月19日，平谷区安全监管局召开2014年安全生产标准化培训大会。马坊镇、马坊管委、马昌营镇等6个乡镇街道近百家企业负责人参加培训。此次培训邀请市级评审专家授课，就评分标准、企业自查报告、事故案例等方面进行解读。区安全监管局对安全生产标准化创建工作提出要求。

（李佳鹏）

【评审单位负责人会议】 3月27日，平谷区安全监管局组织北京中安质环技术评价中心、北京安科研培技术有限公司等6家评审单位主要负责人召开会议。会上，各评审单位负责人对安全生产标准化工作进展进行汇报。区安全监管局负责人向评审单位负责人介绍全区企业基本情况，要求评审单位做好评审和咨询服务工作，严格按照标准要求推进全区企业安全生产标准化建设工作。

（王志宝）

【标准化培训创新】 5月14日，平谷区安全监管局创新安全生产标准化培训，改变以往授课式培训方式，集中组织企业负责人到达标企业进行现场观摩式培训。邀请达标企业负责人现身说法，讲解通过标准化创建，推进安全生产基础管理到现场管理上的提高，通过“亲眼见实效、亲耳闻体会、亲身受感染”的方式，提升企业开展标准化创建的积极性。区安全监管局以行业和乡镇街道为单位，广泛开展现场观摩式培训工作。

（纪元）

怀 柔 区

概 述

2014年，怀柔区安全生产工作紧紧围绕“推进四化建设、健全三个体系”的工作思路，以夯实基层基础工作为主攻方向，以落实企业安全生产主体责任为主线，进一步落实安全生产各项责任，不断完善隐患预防治理体系，全面推进安全生产标准化和科技创安工作，深入开展各类专项整治，全年各项工作稳步推进，全区安全生产形势总体稳定，被市安委会评为“安全生产工作先进区县”。

一、落实安全生产责任制。坚持各项会议制度，区政府召开常务会议每季度听取安全生产工作汇报。全年召开安委会全会4次，召开安委会办公室会议15次，对重点行业领域提出综合监管措施58项。相继出台《怀柔区安全生产“一岗双责”规定》《安全生产情况通报办法》《安全生产约谈办法》《区政府工作部门安全监管（管理）职责》，制定《怀柔区安全生产综合考核方案》，安全生产责任体系进一步完善。固化领导干部带队检查和“四不两直”工作模式，全年全区各级领导干部带队对1993家生产经营单位进行安全生产检查，整改消除隐患1664项。

二、推进科技创安工作。不断提升“怀柔区安全生产智慧监察平台”建设，对全区1.4万家法人单位进行动态管理。实施安全监管物联网应用示范工程，烟花爆竹销售期间，城区内烟花爆竹零售网点全部安装视频监控系统。2014年全区三级和小微企业安全生产标准化达标数分别占全年计划的103%和100%。

三、强化应急管理工作。组织重大危险源企业和高危行业重点企业开展“一对一”应急预案演练。依托开发区和企业，组建有限空间、危险化学品应急救援队伍。各行业领域全年组织安全生产应急救援演练300余次。

四、狠抓专项整治工作。在全区范围内持续开展城乡结合部、“六打六治”“双打”、液氨、危险化学品“一书一签”、粉尘作业等安全生产专项整治，消除隐患1.21万项。完成十八届四中全会、国庆活动、全国“两会”以及重要节假日等各个重要时期、关键节点的安全监管工作。集全区之力，高标准、高质量、高水平完成APEC会议期间安全生产各项保障工作。

五、深化基层基础工作。组建怀柔区镇乡、街道专职安全员队伍，126名专职安全员正式上岗。全面启动高危行业以及相关重点行业领域安全生产责任保险制度试点，开展安全生产条件普查。面向社会聘任40名安全生产专家，组建危险化学品、矿山、职业卫生安全生产专家库。

六、提高全民安全意识。组织策划

安全生产月活动，制作2014年“安全生产月”公益宣传片，重点加强对城乡结合部地区“五小企业”“六小场所”务工人员的宣传教育，共举办各类宣传活动390余次，4万余人参与。

在肯定成绩的同时，也必须清醒地认识到安全监管工作中存在的突出问题和薄弱环节。一是安全监管工作的大局意识不强，个别领导干部安全监管工作视野狭窄，站位较低，对安全监管工作如何服从服务怀柔区文化科技高端产业新区建设需要研究不深入。二是对安全监管职责和范围存在模糊意识，个别行业监管部门缺乏责任意识和工作主观能动性。三是企业安全基础工作不扎实，从业人员安全意识淡薄。企业负责人存在侥幸和麻痹心理，重效益，轻管理。作业现场“三违”现象突出，安全检查、隐患排查治理不能形成制度和常态，安全检查流于形式。

综合监管

【控制考核指标】 本年，怀柔区发生各类安全生产事故死亡34人，占市安委会下达年度控制指标的91.89%。其中：道路交通事故死亡29人，与控制指标持平；生产安全事故死亡5人，与控制指示持平。未发生火灾、铁路交通死亡事故。

（李颖鑫）

【安全生产总结大会】 2月20日，怀柔区安委会召开2014年度安全生产大会。会议总结2013年安全生产工作，部署2014年安全生产工作任务。副区长张勇参加会议，对安全生产工作提出要求。

（夏科）

【清明节前安全检查】 4月4日，怀柔区副区长张勇带队对雁栖湖示范区会展中心项目，杨家园住宅项目以及北京巴蜀永兴饮食服务有限公司等单位清明节前安全生产工作进行检查。检查组抽查在建工地特种作业人员持证上岗及施工作业人员培训教育情况，对现场工人劳动防护用品佩戴、施工现场防护设施安装、特种设备使用、施工企业现场检查记录及整改落实情况进行检查，对发现的问题责令责任单位立即整改并监督落实。

（夏科）

【安全生产月部署】 5月27日，怀柔区安委会办公室召开专题会议，部署安全生产月活动。围绕“坚守红线意识，保障城市运行——喜迎APEC”这一主题，开展安全宣传咨询、大讲堂、知识竞赛、应急演练等活动，树立安全生产“红线”意识，促进辖区安全生产工作。会议要求安全生产月活动要做到紧扣主题、紧跟节奏、抓紧落实。

（夏科）

【汛期安全部署】 6月10日，怀柔区安全监管局联合区水务、交通、旅游等部门及各镇乡、街道，雁栖经济开发区管委会，慕田峪长城旅游办事处召开会议，部署全区汛期安全生产工作。要求各单位迅速部署，制定有针对性的预防措施，确保安全度汛。

（夏科）

【市区联合“双打”行动】 6月25日至26日，市安全监管局和怀柔区安全监管局采取“四不两直”的方式，对怀柔区6家生产经营单位的特种作业安全生产工作进行突击检查，针对检查发现的问题，检查组责令各单位限期整改，处理一批违法违规企业，消除特种作业安全隐患。

（夏科）

【扩大报告会】 8月29日，怀柔区安委会办公室以“强化红线意识，促进安全发展——喜迎APEC”为题组织开展学习扩大报告会。活动邀请国务院参事室特约研究员、国家安全监管总局新闻发言人黄毅做专题辅导报告，强化和提升怀柔区各级党政领导干部的安全生产责任意识，推动各级安全生产工作的建设和落实。

（夏科）

【国庆节前安全夜查】 9月25日、28日，怀柔区安全监管局围绕互联网上网服务营业场所和加油（气）站、油库、鞭炮库等危险化学品领域开展国庆节前夜间专项安全生产执法检查。成立9个执法检查组，出动执法人员42人次，出动执法车辆9车次，检查生产经营单位18家。对检查发现的安全问题和事故隐患及时进行整改。

（夏科）

【国庆节前安全执法检查】 9月29日，怀柔区副区长张勇带队对北京吉祥九九嘉餐饮有限公司和北京天毅裕隆农副产品市场有限公司开展国庆节前安全生产专项执法检查工作。张勇要求各职能部门落实安全监管职责，及时排查整改各类安全问题和事故隐患。

（夏科）

【人员密集场所联合检查】 12月22日至26日，怀柔区安全监管局、文委、商务委、旅游委、体育局、工商分局、质监局、公安分局消防支队联合开展人员密集场所安全生产大检查。共检查生产经营单位8家，下达执法文书10份，整改消除事故隐患7项。

（张凤英）

【APEC驻地安全监管】 本年，怀柔区安全监管局加强APEC会议驻地安全监管工作。年初，制定《APEC会议驻地及活动场所周边200米范围内生产经营单位调查摸底工作执行方案》，向雁栖湖生态示范区会议驻地及活动场所周边200米范围内的生产经营单位发出《2014年亚太经合组织会议期间进一步加强企业安全生产检查管理工作告知书》，与生产经营单位签订《2014年亚太经合组织会议期间安全生产责任承诺书》。9月，成立3个执法组，每周对会议驻地及活动场所周边200米范围内的生产经营单位进行全覆盖执法检查。10月，每天进行执法检查，实行“零报告”制度。截至APEC会议结束，怀柔区安全监管局出动执法人员1200余人次，检查生产经营单位600余家次，整改消除隐患80余项。高标准、高质量、高水平完成会议期间安全生产各项保障工作。

（王佳贺）

危险化学品安全监管

【易制毒易制爆管控】 全国“两会”“五一”“国庆”等重大节假日期间怀柔区安全监管局开展易制毒、易制爆经营单位安全监管工作。要求各重点监管单位做好本单位危险化学品流向登记工作，对重点监管的危险化学品和区域实施24小时监控，危险化学品库房要落实双人双锁制度，加强领导带班及应急值守。节日期间检查重点监管的危险化学品经营单位53家，下达执法文书77份，整改消除事故隐患 23 项。

（王晴）

【加油站改造安全审查】 3 月 3 日，怀柔区安全监管局邀请 3 名化工专家，对辖区内中石化高两河加油站和迎宾园加油站的改建项目进行安全审查。专家组依据《危险化学品建设项目安全监督管理办法》《汽车加油加气站设计与施工规范》等相关法规和标准，从加油站改造建设项目的工艺、电气、建筑、结构、消防等方面进行安全条件、安全设施设计审查。重点对两个建设项目的安全评价报告和安全设施设计专篇进行质询和讨论。通过评审形成专家组意见，原则通过“两个建设项目”的安全条件审查和安全设施设计审查。

（王晴）

【全国“两会”期间安全保障工作会】 3 月 6 日，怀柔区安全监管局组织召开“两会”期间危险化学品和烟花爆竹经营单位安全保障工作会。各属地政府及危险化学品和烟花爆竹批发、零售单位 78 人参加会议。会上部署“两会”期间危险化学品和烟花爆竹安全生产工作，签订“2014 年安全生产责任书”，明确属地监管责任和企业主体责任。要求企业落实主体责任，完善企业内部各项责任制度，加大自查自改力度，做好人防、物防、技防三方面工作。

（王晴）

【液氨制冷企业执法检查】 3 月 23 日至 6 月 25 日，怀柔区安全监管局对 13 家液氨制冷企业进行执法检查。重点对液氨制冷系统建设、设计情况，液氨标识、防护设施、制冷系统管道、阀门、安全操作规程和相关制度进行检查。检查液氨制冷企业 69 家次，下达执法文书 167 份，整改消除事故隐患 139 项，整改率 100%。

（王晴）

【液氨治理联席会议】 4 月 9 日，怀柔区安全监管局组织区质监、消防等部门参加液氨整治联席会议，督导液氨制冷企业隐患治理进度，研究隐患整改方案。会上，听取 8 家未完成整改企业整改进度及存在问题汇报。区消防、质监、安监等部门按照各自监管职责对企业提出整改要求。

（王晴）

【危险化学品运输企业联合检查】 4 月 22 日、23 日，怀柔区安全监管局、交通局、公安分局交通支队联合开展危险化学品运输企业专项执法检查。检查运输企业 7 家，针对企业“一书一签”制度不健全、预案针对性不强等问题下达限期整改指令书 4 份，整改消除隐患 8 项。

（王晴）

【涉氨制冷企业设备改造研讨会】 4 月 25 日，怀柔区安全监管局组织召开辖区内涉氨制冷企业设备改造工作研讨会，区质监局、公安分局消防支队、设计单位、验收专家组及 6 家液氨制冷企业主要负责人参加会议。会上，由设计单位介绍液氨设备改造的具体方案，根据每个单位的不同情况，设计单位一对一，面对面地与改造单位进行交流。区安全监管局、质监局、消防支队等职能部门，就改造过程中如何发挥职能部门监管作用，做好协调管理工作发表意见。专家组结合验收标准，对改造方案及现场施工等情况提出问题，要求设计单位在为企业改造设计过程中，按照整改意见加以改进和完善。研讨会结束后，6家液氨制冷企业设计单位按照专家组提出的问题，对设计方案和施工问题进行整改。

（王晴）

【218油库自动化系统改造】 5月6日，怀柔区安全监管局组织召开北京中油国门油料销售有限公司218油库安全监控自动化系统改造工程竣工验收专家审查会。与会专家审阅了218油库安全监控自动化系统改造工程安全验收评价报告、系统设施施工情况报告以及相关材料，听取建设单位、设计单位、施工单位对项目完成情况的汇报，进行质询和讨论，并依据油库自动化改造验收工作有关文件要求，对现场液位、温度、报警、视频监控、机泵、气象站、静电设施、联锁、消防等12个子系统进行全面细致的测试评估，最终形成一致性意见：218油库安全监控自动化系统改造工程各项指标全部达标，符合验收标准，予以通过。218油库安全监控自动化系统改造项目，是北京市首家市区两级共同组织并验收顺利通过的示范性项目工程。

（王晴）

【压力管道检测】 5月10日至12日，怀柔区朝日啤酒有限公司完成的管道内10吨液氨抽除、管道检测、设备充氨工作，实现了整治、安全、生产三兼顾的工作目标。在液氨专项整治过程中，企业提出的最难解决的问题就是管道检测过程中面临的抽氨、检测、整改、投入使用等各环节时间长达近两个月，给企业生产正常运营带来很多现实问题。本着服务于企业的工作方针，怀柔区安全监管局协调区质监局、专业抽氨单位、朝日啤酒有限公司专题讨论整治工作方案。最终制定工作计划，使企业局部停产、抽氨单位进场、质监部门检测等各环节达到无缝连接，最终实现只用3天时间安全、高效、顺利完成压力管道检测。

（王晴）

【肉联厂冷库改造设计评审】 5月18日，怀柔区安全监管局组织区质监局、公安分局消防支队以及冷库改造工程设计单位和有关专家对北京市怀柔区肉类联合加工厂冷库改造工程进行设计评审。专家组在听取设计单位对冷库改造的设计方案后，对冷库的系统可行性、消防设备设施、安全措施等方面进行充分论证。此次评审，专家组一致认为，设计符合各项标准、规范的要求，具有可行性，可以通过设计评审。肉类联合加工厂通过评审后，可以进入设备改造和土建工程施工阶段，企业用于冷库改造费用高达1000万元。

（王晴）

【“一书一签”专项检查】 6月3日至7月8日，怀柔区安全监管局对辖区21家票据公司开展“一书一签”专项执法检查，整改消除事故隐患7项。要求各经营单位严格执行“一书一签”安全管理制度，做好危险化学品流向登记工作。涉及经营易制毒化学品的单位，严格做好备案工作。

（王晴）

【重点管控单位检查】 8月25日至11月15日，怀柔区安全监管局对辖区危险化学品、烟花爆竹、易制毒、易制爆，液氨等重点管控单位开展专项执法检查。检查经营单位85家次，下达执法文书129份，整改消除事故隐患56项，整改率 100％。

（王晴）

【液氨法规标准研讨会】 9月4日，怀柔区安全监管局组织6家液氨制冷企业主要负责人召开液氨制冷企业法律法规、标准研讨会。会上，学习《液氨制冷企业液氨使用专项治理技术指导书》《北京市液氨使用与储存安全管理导则（试行）》，围绕专项整治工作的技术难点和共性问题进行探讨。针对液氨制冷企业制度不完善，操作规程和标识不清晰的情况，达能乳业有限公司介绍本公司的各项管理制度、制冷系统操作程序、液氨警示标识等管理经验。

（王晴）

【液氨整治交叉互检】 9月25日，黑龙江省安全监管局来怀柔区开展液氨专项整治交叉互检。怀柔区安全监管局向检查组进行专题汇报，检查组查阅怀柔区液氨整治工作台账、整治成果照片、整治验收表等基础数据库，现场检查怀柔区肉类联合加工厂新建液氨机房工作状况。检查组对怀柔区液氨专项整治力度及所取得的成果给予充分肯定。

（王晴）

【危险化学品专题培训】 10月23日，怀柔区安全监管局举办危险化学品隐患排查治理专题培训班，各属地安全科，危险化学品经营、使用单位主要负责人和安全管理人员300人参加培训。培训采取以案说法、事故图片、原因分析等方式，通报分析生产安全死亡事故案例，对隐患排查治理、生产经营单位安全生产人员机构配备、应急预案编制、用电用气、特种作业以及安全设备设施管理等重点场所、重点部位、重点环节进行培训。

（夏科）

【重大危险源备案评审】 12月5日，怀柔区安全监管局聘请5名专家对北京啤酒朝日有限公司和北京市怀柔区肉类联合加工厂重大危险源安全评价报告进行评审工作。对评价公司出具的评价报告内容、适用法规情况、评价对策措施等进行全面审核，提出整改意见。评价公司依据整改意见对评价报告进行修改。

（王晴）

【APEC核心区危险物品监管】 本年，怀柔区安全监管局抽调专门执法力量，对APEC会议核心区及周边200米范围内生产经营单位企业机构设置、人员管理、制度建设、危险化学品使用情况、应急预案制定及演练情况等进行拉网式排查摸底，建立详细的危险因素管理台账，制定周密的执法检查、巡查工作方案并组织实施，实现核心区及周边“零事故”目标。

（王晴）

【液氨整治成果】 本年，怀柔区13家隐患挂账单位关、停、转7家，占总数的53.85％。其中：拆除3家、抽氨停产整顿2家、完成R22替代改造2家，6家企业进行全面设计复核和隐患治理。全区整改项目投资1972.2万元，累计整改消除各类隐患2989项。

（王晴）

【危险化学品许可】 本年，受理危险化学品经营许可26家，其中：1家为首次申请，20家为延期申请，5家为变更申请，并核发危险化学品经营许可证。

（王晴）

【危险化学品建设项目“三同时”审核】

本年，怀柔区安全监管局开展危险化学品重点建设项目“三同时”审核，严把准入关，组织专家开展6家单位建设项目安全条件、安全设施设计审查，对5家单位建设项目进行建设项目安全设施竣工验收。

（王晴）

烟花爆竹安全监管

【烟花爆竹网点】 本年，怀柔区烟花爆竹零售许可网点45个，同比减少13个。其中，长期零售点4个，春节期间临时网点41个。

（王晴）

【储存仓库和零售点安全检查】 1月22日，国家安全监管总局监管三司副司长刘幼贞带队，对怀柔区怀欣合花炮公司烟花爆竹储存仓库和零售点进行安全检查，市安全监管局、怀柔区安全监管局有关人员参加检查。检查重点围绕烟花爆竹储存仓库的烟花品种规格、标签、价格、消防设施、监控设备、人员值班、记录台账情况以及零售网点烟花爆竹产品分区存放、人员持证上岗、销售烟花品种等情况开展，检查组要求烟花爆竹各零售网点负责人加强销售摊位安全管理和看护。

（王晴）

【燃放高峰安全检查】 1月25日至2月14日，怀柔区安全监管局增加执法力量，在春节、除夕和正月十五等燃放高峰期开展全区烟花爆竹网点全覆盖检查。累计出动执法人员368人次，执法车辆178车次，检查生产经营单位502家次，下达执法文书604份，整改消除隐患89项。

（王晴）

【烟花爆竹安全培训】 11月25日至27日，怀柔区安全监管局组织辖区内烟花爆竹批发、零售企业主要负责人和安全管理人员以及各属地安全科负责人100余人，开展烟花爆竹安全知识培训。培训主要针对安全生产法律法规、事故案例，烟花爆竹安全经营管理、地方标准，烟花爆竹储存、搬运、燃放等方面进行培训。

（夏科）

【销售和回收】 本年，怀柔区烟花爆竹批发单位累计储备烟花爆竹6200箱，配送至各零售网点5200箱，同比下降25.7%。累计销售4130.5箱，158.98万元，同比下降28.8%。回收烟花爆竹1070箱。

（王晴）

矿山安全监管监察

【非煤矿山复产验收】 3月18日，怀柔区安全监管局组织区环保局、水务局、人力社保局、公安分局、国土分局以及属地政府对北京兴发水泥有限公司进行复产验收。验收遵循“严格标准、严格程序、逐级把关、企业负责”的原则，按照企业和镇级验收、区级验收、区政府主管领导审批的程序进行。3月28日，该公司通过复产验收恢复正常生产。

（王佳贺）

【尾矿库安全检查】 6月18日，市安全监管局对北京前安岭铁矿有限公司尾矿库、京冀工贸尾矿库安全生产防汛工作进行实地检查。检查组查看库区内库面及排洪设施、导流洞等，向企业详细询问了解防汛工作管理和落实情况，对北京前安岭铁矿有限公司尾矿库的汛期安全生产工作给予肯定。

（夏科）

隐患排查治理

【城乡结合部专项整治】 1月至9月，怀柔区开展城乡结合部地区安全生产专项整治，监督检查各类生产经营单位11681家次，出动执法人员18407人次，整改消除各类隐患8217项，行政处罚92次，停产停业130家，关闭取缔2329家，罚款51.5万元，处理人员20人，清退人员3013人，建立整治台账364项。召开城乡结合部周例会26次，月专题会8次，季工作会和动员部署会5次，组织9个督查组赴18个属地实施检查督查5次，检查督查企业286家。

（李颖鑫）

【铝合金加工行业专项整治】 4月9日，怀柔区安全监管局联合区城管执法局、工商分局、市政市容委、公安分局治安支队、消防支队以及怀柔镇、龙山街道等部门和属地，对北斜街、北园街、下元村、南关村等城区及其周边重点区域的铝合金加工企业进行联合执法。针对检查发现的问题，执法人员当场要求商户进行整改，特别是对违法违规经营行为进行制止和劝导。此次联合检查行动，出动执法人员40余人，车辆8台，查抄没收1家无照经营商户，拆除违法广告牌4块。

（夏科）

【“双打”专项行动】 6月，怀柔区安全监管局开展电气使用安全暨特种作业、特种设备作业人员“双打”专项执法行动。出动执法人员992人次，出动车辆353车次，检查生产经营单位326家，检查特种作业人员440人，整改消除隐患372项，下达执法文书296份，行政处罚2起，罚款1.3万元。

（李颖鑫）

【“六打六治”打非治违专项行动】 8月至12月，怀柔区安全监管局在非煤矿山、危险化学品、油气管道、交通运输、建筑施工、消防等重点行业领域，集中开展“六打六治”打非治违专项行动。组织执法检查组1864个，出动执法人员8542人次，聘请专家46人，检查企事业单位2085家次，开展跨部门联合执法293次，整改消除隐患431项，罚款200余万元。

（李颖鑫）

【可燃粉尘治理】 8月至12月，怀柔区安全监管局开展以存在粉尘爆炸危险企业为重点的安全生产专项整治。对初步确定的42家涉及粉尘爆炸企业完成全覆盖执法检查，出动执法人员152人次，车辆76车次，下达执法文书124份，整改消除隐患156项，行政处罚5起，罚款2.4万元。

（于跃海）

【涉氨制冷企业隐患排查】 本年，怀柔区安全监管局、经济信息化委、质监局、公安分局消防支队等部门联合对辖区内13家液氨制冷企业隐患情况进行摸排，及时填报《重大事故隐患治理贴息、补助项目申报书》。13家单位涉及重大事故挂账隐患5类、36项，全部完成整改。

（王晴）

应急救援

【示范区应急演练】 3月26日，怀柔区安全监管局组织北京城建亚泰建设集团有限公司，在示范区安保中心施工现场，开展触电、消防安全生产事故应急救援演练活动。触电演练模拟工人在触电晕倒，公司启动应急预案，组织开展应急自救，切断电源，拉设警戒，医疗组现场初步抢救，立即送往医院救治。消防演练模拟施工现场某处起火，公司启动火灾应急预案，现场作业人员分两路，一组人员利用消防水带连接水源灭火，一组人员利用灭火器灭火。整个演练历时45分钟，抢险队员按照预定流程，完成应急演练。通过演练，检验施工作业单位应急准备状态和处置能力，检验应急救援预案的实用性、可操作性。

（夏科）

【汛期救援演练】 6月12日，怀柔区安全监管局组织尾矿库重大危险源“一对一”应急救援预案应急演练。此次演练模拟前安岭铁矿所在地区发生强降雨，铁矿尾矿库主坝坝角20米标高处发生渗漏并有发生溃坝的危险，前安岭铁矿迅速启动应急预案，现场抢险队、设备设施抢修队等应急救援队伍赶到现场进行处理。区应急救援指挥部接到报警后，立即启动“一对一”应急预案并按照预案要求，通知公安、消防、医疗、安全监管等部门到现场进行处置。根据渗漏的情况，专家组给出扩大疏散范围的建议，现场指挥部发布警报，并向周边企业及民众发布撤离的指令。在各救援队伍的努力下，最终堵漏加固成功，险情得到控制，应急救援取得成功。

（夏科）

【矿山救援演练】 6月25日，北京兴发水泥有限公司组织开展矿山山体滑坡事故应急救援预案演练。演练模拟兴发水泥公司矿山120米平台处山体发生滑坡，公司启动应急救援预案，实施公司级救援抢险。整个演练历时50分钟，兴发水泥公司派出8个抢险组30余人，出动运输车辆、抢险车辆4台，使用各类应急救援器材40余件。

（夏科）

【有限空间应急救援队培训】 7月25日，怀柔区安全监管局在双阳宾馆举办怀柔区有限空间事故应急救援队培训班，有限空间事故应急救援队23名成员全部参加培训。此次培训重点对有限空间基础知识、应急救援程序及要点、事故现场人员创伤急救、心肺复苏等理论进行讲解，对有限空间设备设施使用和心肺复苏手法进行实操练习。

（于跃海）

执法监察

【燃气行业专项检查】 1月14日至16日，怀柔区安全监管局联合区市政市容委对燃气供应单位进行检查，重点检查企业安全生产管理制度建立健全情况、主要负责人和安全管理人员持资格证书上岗情况、特种作业人员（电工）持证上岗情况及特种作业人员档案建立情况、应急演练开展情况。出动执法人员28人次，检查燃气供应单位14家，下达执法文书10份。

（王佳贺）

【全国“两会”安全保障】 全国“两会”期间，怀柔区安全监管局采取联合检查、重点检查、专项检查相结合的方式，开展安全生产专项执法检查工作。检查生产经营单位30家次，下达执法文书45份，整改消除事故隐患36项，行政处罚4起，罚款3.7万元。

（张凤英）

【建材行业专项检查】 4月10日、5月28日，怀柔区安全监管局联合相关部门对建材行业开展执法检查。检查内容主要涉及企业安全管理制度和责任制的建立、员工培训教育、特种作业人员持证上岗、临时用电、火灾抢险物资配备等情况，整改消除事故隐患17项。

（王佳贺）

【公路改建工程专项检查】 3月20日至4月2日，怀柔区安全监管局联合相关行业部门对怀长路改建工程和111国道二期改建工程进行专项执法检查。检查生产经营单位8家次，下达执法文书12份、整改指令书4份，整改消除事故隐患13项。

（张凤英）

【建筑施工安全检查】 4月22日，怀柔区安全监管局、住房城乡建设委联合开展庙城镇在建工地安全生产执法检查。针对现场检查发现木材加工区消防设施配备不到位，楼层临边防护栏杆设置不齐全等隐患，责令施工企业立即整改并监督落实。

（夏科）

【商场、市场及“合用场所”专项检查】 5月至6月，怀柔区安全监管局在全区范围内开展商场、市场及“合用场所”消防安全专项检查。出动执法人员52人，检查生产经营单位26家，整改消除事故隐患18项。

（张凤英）

【粉尘治理专项检查】 8月26日，怀柔区安全监管局开展粉尘治理安全生产专项检查。检查重点围绕企业安全教育培训、应急救援预案，防爆电气设备使用，作业场所通风除尘，劳动防护用品配备使用等情况开展。共检查企业10家，整改消除隐患41项。

（夏科）

【违法建设实施强制拆除】 9月23日，怀柔区安全监管局联合区城管执法局对下元市场违法建设实施强制拆除。拆除27处违法建筑，约316.79平方米。

（张凤英）

【经营单位集中开展安全生产工作夜查】 9月25日、28日，怀柔区安全监管局分别对怀柔区互联网服务营业场所和加油站、油库、鞭炮库等单位开展夜查。出动执法人员42人次，出动执法车辆9车次，检查生产经营单位18家，整改消除事故隐患10项。

（张凤英）

【异地交叉检查】 9月25日至26日，黑龙江省安全监管局检查组代表国家安全监管总局，对怀柔区涉氨制冷企业液氨使用、工贸企业有限空间作业条件确认和粉尘防爆专项整治工作开展异地交叉检查。检查组听取北京二商集团和怀柔区肉类联合加工厂液氨专项整治情况并进行实地查看，在北京雁栖诚泰热力中心观看有限空间应急处置演练。检查组对怀柔区安全生产工作予以肯定。

（夏科）

【加油站管控检查】 11月3日至15日，

怀柔区APEC会议会场及联络线周边20个加油站实施分期停业管控措施。区安全监管局抽调人员，每天分两组开展加油站安全运营、值守、盯守执法检查。重点检查散装加油管理，领导带班及应急值守，视频监控、应急照明等设备运行情况、站容站貌情况。检查经营单位81家次，下达执法文书87份，整改消除事故隐患9项。

（王晴）

【人员密集场所专项检查】 本年，怀柔区安全监管局对餐饮燃气、市场等人员密集场所进行专项执法检查。检查生产经营单位143家次，下达执法文书37份，整改指令书7份，整改消除事故隐患35项。

（张凤英）

【案卷评查】 本年，怀柔区安全监管局在参加市安全监管局和怀柔区政府法制办组织的案卷评查中，4本参评案卷均在90分以上，获得优秀成绩。

（田保海）

职业卫生监督检查

【喷砂企业专项检查】 2月27日至3月3日，怀柔区安全监管局对辖区职业危害严重、存在喷砂工艺企业开展专项执法检查。重点检查企业各项职业卫生规章制度建立、职业病防护设备设施运转使用、劳动者个人防护用品佩戴使用等情况。检查企业7家，下达执法文书15份，整改消除隐患6项，行政处罚4家企业。

（于跃海）

【家具制造行业专项检查】 5月15日至20日，怀柔区安全监管局对辖区内家具制造企业进行专项执法检查。重点检查职业卫生管理制度和职业卫生档案建立、主要负责人和职业危害管理人员参加职业卫生培训、工作场所职业病危害因素检测、组织劳动者进行职业健康体检等情况。检查企业10家，下达执法文书30份，及时整改消除事故隐患。

（于跃海）

【职业健康体检】 5月28日至30日，怀柔区安全监管局会同雁栖经济开发区，协调北京化工职业病防治院，组织怀柔区2014年第二期职业健康集中体检，共43家企业800余人参加体检。

（于跃海）

【建材行业专项检查】 6月16日至26日，怀柔区安全监管局对辖区内建材企业职业卫生安全管理工作进行专项执法检查。重点检查企业职业卫生档案建立、工作场所职业病危害因素检测、组织劳动者进行职业健康体检等情况。检查企业12家，下达执法文书30份，整改消除隐患19项，对1家违反职业病防治法的企业进行警告并处1万元罚款的行政处罚。

（于跃海）

【有限空间巡查】 6月24日至25日，怀柔区安全监管局对城区主干道、雁栖镇、雁栖经济开发区、北房镇、杨宋镇、庙城镇等路段进行有限空间集中巡查。重点检查有限空间作业单位一线作业班组设备设施配备、个人防护用品配备、警示标识设置、承发包管理及作业现场管理等情况。检查有限空间作业单位3家，其中1家作业单位存在违法违规行为，区安全监管局要求该单位立即停止有限空间作业，并对其实施行政处罚。

（于跃海）

【福田汽车职业卫生培训】 6月26日，怀柔区安全监管局受邀对北京福田戴姆勒有限公司200余人进行职业卫生培训。培训对怀柔区职业卫生形势进行总结分析，对职业卫生法律法规标准进行解读。针对职业危害因素分类及危害、个体防护用品管理，以及职业健康监护等方面进行讲解。

（于跃海）

【轻工行业专项检查】 6月30日至7月8日，怀柔区安全监管局开展轻工行业职业卫生专项执法检查。重点检查企业职业卫生档案和劳动者健康监护档案的建立完善、工作场所职业病危害因素检测、组织劳动者进行职业健康体检等情况，整改消除隐患13项。

（于跃海）

【职业卫生监管职责划转】 7月2日，怀柔区安全监管局、卫生局召开职业卫生监管工作交接会议，将原由区卫生局承担的职业卫生监督管理职责划入区安全监管局。一是负责对本区投资的建设项目进行职业病危害预评价审核、职业病防护设施设计卫生审查和竣工验收。二是负责本区职业卫生技术服务机构监督管理。三是负责对本区用人单位开展职业健康监护情况进行监督检查。

（于跃海）

【职业病防治知识竞赛】 7月，怀柔区安全监管局组织职业病防治知识竞赛，全区存在职业危害的336家企业1万名职工参加竞赛活动。通过竞赛，提高广大职工的安全防范意识及职业安全知识水平。

（夏科）

【有限空间专项检查】 9月22日，怀柔区安全监管局联合区国资委，对北京沃绿洁环保工程有限公司、北京市怀源供水有限公司进行有限空间专项执法检查。重点检查有限空间作业安全生产责任制建立、安全管理制度制定、安全教育培训，作业防护用品及防护设施配备，作业现场警示标识设置，以及作业监护者特种作业操作证持证等情况。通过检查发现，两家单位落实有限空间安全管理工作，建立有限空间管理制度，监护人员能够持证上岗，并配备作业所需仪器设备。

（夏科）

宣传培训

【职业卫生培训】 3月14日，怀柔区安全监管局开展本年度第一期职业卫生教育培训。雁栖经济开发区存在职业危害的120家企业主要负责人及职业健康管理人员，240余人参加培训。培训围绕职业卫生概念和基本工作内容、职业病危害因素辨识、职业卫生法律法规、个体防护用品的选择、使用及保养、职业健康监护等方面开展，介绍企业职业危害的管理及相关知识内容，并对职业卫生档案管理规范和职业卫生统计填报工作进行讲解。培训结束后对主要负责人及职业健康管理人员进行考核，合格率100%。

（夏科）

【安全生产检查员培训】 3月21日，怀柔区安全监管局对辖区79名安全生产检查员开展业务培训。培训结合有关事故案例、企业管理现状、执法现场等实际情况和问题，从有关安全生产法律法规、职业卫生安全管理、安全生产执法检查重点内容和安全生产标准化创建等方面进行讲解。培训结束后对参训人员进行现场笔试考核，合格率100%。

（夏科）

【“一岗双责”及标准化培训】 4月4日，怀柔区安全监管局组织“一岗双责”及安全生产标准化培训，120余人参加培训。重点对《北京市安全生产“一岗双责”暂行规定》进行解读，对行业和属地安全监管履职、标准化建设要点等方面进行讲解。

（夏科）

【液氨企业管理人员培训】 4月18日，怀柔区安全监管局开展涉氨制冷企业主要负责人和安全管理人员培训。10家液氨企业37名主要负责人和安全管理人员参加培训。此次培训邀请专业培训教师，以安全生产法律法规和危险化学品安全管理条例为主要内容，结合有关事故案例和行业标准，进行有针对性的培训。

（王晴）

【涉氨特种作业培训】 5月12日至6月5日，怀柔区7家涉氨制冷企业的30名涉氨制冷运行作业人员，分4期参加市安全监管局组织的涉氨制冷企业特种作业操作人员培训考核。此次培训分为制冷设备运行操作作业培训和制冷设备安装修理作业培训。怀柔区30名制冷运行作业人员全部通过培训考核，取得北京市涉氨企业特种作业人员制冷专项培训考试合格证书。

（王晴）

【有限空间安全知识宣传教育】 6月，怀柔区安全监管局利用企业管理人员安全会议、安全生产月活动、综合性培训、社区广播、发放宣传材料、咨询活动等多种时机和形式，宣传有限空间安全作业知识，指导职工了解掌握有限空间作业安全防范基本知识和方法。发放各类宣传品1000余份，接待咨询100多人次，接受教育的企业安全管理人员和作业人员400余人。

（于跃海）

【宣传咨询日】 6月16日，怀柔区安全监管局在福田戴姆勒汽车公司举行安全生产月宣传咨询日活动，350余人参加。区安全监管局从怀柔区安全生产月的全区性、区域性和生产经营单位3个层面开展活动进行简要介绍；福田戴姆勒汽车公司介绍近年来安全生产主体责任落实情况，向全区生产经营单位发出安全生产倡议。副区长张勇和区有关部门领导向工人和学生代表赠送安全生产书籍和视频资料。参加咨询日活动的领导和企业职工，在安全生产“四不伤害”承诺背板上签字，并参观消防器材、有限空间和职业危害防护器材装备展示。活动当日向企业职工发放安全书籍、视频光盘、安全小扇子和安全提示板等各类宣传资料1000余份。

（夏科）

【加油站宣传培训】 6月13日、18日、25日、27日，怀柔区安全监管局开展加油站“迎接APEC，做好服务保障”系列专题培训，辖区26家加油站178人参加培训。培训分为通识培训、行业技能培训、安全知识培训。重点培训APEC相关知识、加油站服务常用英语、文明礼仪、应急处置等内容。

（王晴）

【家庭安全知识竞赛】 7月15日，怀柔区安全监管局联合区总工会、妇联开展怀柔区2014年家庭安全知识竞赛活动。比赛以“安全生产红线意识”为主导，以家庭为主体，以生产安全、劳动保护、职业卫生、公共安全、消防安全、用电安全、燃气安全等为主要内容展开。泉河街道家庭代表队获得第一名，并代表怀柔区参加全市复赛。

（夏科）

【安全生产法培训】 10月29日，怀柔区安全监管局组织新修订的《中华人民共和国安全生产法》及“一岗双责”专题培训会，200余人参加。下发《中华人民共和国安全生产法》单行本及其《释义》200余份。

（夏科）

【三项岗位与标准化培训】 本年，怀柔区安全监管局完成特种作业考核10批1668人，生产经营单位主要负责人和安全生产管理人员培训考核32期5121人。安全生产标准化培训14次，1514人参加培训。

（王明华）

标准化建设

【标准化达标】 本年，怀柔区1家非煤矿山、36家危险化学品企业完成安全生产标准化建设工作。工业企业达标情况：3家为一级标准化企业，4家为二级标准化企业，205家为三级标准化企业，504家为小微标准化企业。三级达标占全年任务的102.5%，小微企业达标占全年任务的100.8%。

（王明华）

【重点行业标准化达标】 本年，怀柔区商务、文化、旅游、市政市容、建筑、交通运输等部门分别组织所属行业企业开展安全生产标准化建设工作。其中9家商务企业、18家网吧和7家危险货物运输企业完成三级达标；11家建筑施工企业、17家旅游行业企业、10家燃气企业和3家热力企业已与评审单位签约。

（王明华）

【标准化经验交流】 本年，怀柔区安全监管局召开5次评审单位、属地和行业部门标准化创建工作会，对评审报告填写不规范，忽视标准评审否决项等问题进行整改。定期编写工作简报，分析各行业各属地标准化工作开展不平衡的原因。全年组织北房镇和雁栖经济开发区两个示范区达标企业观摩学习和经验交流会，推广优秀企业的经验做法。

（王明华）

密 云 县

概 述

2014年，密云县深入贯彻落实习近平总书记关于安全生产的系列重要讲话精神及北京市安全生产工作要求，推进安全生产“四化”（法治化、标准化、信息化、社会化）建设进程，着力构建“三体系”（安全生产责任体系、隐患排查治理体系和安全预防控制体系），扎实开展“双基”（基层、基础）工作。

一、推进“四化”建设进程

法治化建设：一是利用《密云新闻》《密云报》等媒体宣传新修订的《中华人民共和国安全生产法》，并借助安全生产月活动平台，开展家庭知识竞赛等活动，普及安全生产法。二是根据《中华人民共和国安全生产法》《安全生产监管监察职责和行政执法责任追究的暂行规定》等要求，印发《2014 年度执法工作计划》，统筹全年执法检查工作。三是按照“四不放过”原则，依法对事故企业和责任人进行处理。

标准化建设：年内完成 325 家企业三级标准化验收工作，627 家小微企业岗位达标验收工作，验收企业全部达标。邀请专家，联合属地、行业主管部门组成两个抽查小组，对三级企业、小微企业分别按照 10%和 5%的比例开展达标抽查工作。

信息化建设：密云县隐患自查自报工作进入常态化管理，参与企业不断增多，全年受理自查自报问题 253 项，自查自报入库企业增至 3655 家，同比增加 2800 家。

社会化建设：一是开展安全生产月系列活动，包括“宣传咨询日”“家庭安全知识竞赛”“十佳安全监管卫士”等 16 项全县性活动。二是组织特种作业人员培训 41 期，培训人数 2670 人，特种作业安全技术考试 10 期，参考人员 2917 人；组织高危行业安全资格考核 10 期，考核 375 人；组织 611 家生产经营单位的 1065 名主要负责人和安全管理人员进行安全培训。三是处理举报投诉事件 22 起，案件办结率和群众满意率 100%。

二、全面构建三个体系

安全生产责任体系：43 个单位签订《2014 年度安全生产目标管理责任书》，并进行年底综合考核。及时修订《密云县安全生产职责规定》，并按照要求制定《密云县安全生产党政同责规定》，进一步强化安全生产责任的落实。

隐患排查治理体系：一是县安委会召开专题会进行研究部署，制发工作方案，严格落实各项安全防范措施，确保全县重要时期安全稳定。二是稳步推进事故隐患排查治理月报告制度，共排查生产经营单位 3250 家，查处安全隐患 11837 项，督促整改隐患 11834 项，整改率 99.9%，落实整改资金 105.3 万元。三是持续推进“打非治违”专项行动，打击非法违法行为 6562 起，消除大量安全事故隐患。四是开展城乡结合部地区安全生产专项整治，监督检查各类单位 34484 家，排查发现各类安全隐患 25097 项，实施行政处罚 97 次，罚款 22.02 万元。全县共上报台账隐患 232 项，全部整改。五是对本县 7 家液氨制冷企业进行治理，发现各类问题 55 项，经治理并通过专家组验收。六是联合开展燃气使用专项检查，检查餐饮企业 23 家，查处隐患 30 余项。

安全预防控制体系：一是加强应急预案管理，完成县级生产安全事故应急预案 4 个，全县规模企业基本完成应急预案备案，7 家重大危险源企业（油库 1 家、尾矿库 6 座）完成属地政府与重大危险源企业“一对一”生产安全事故应急预案编制备案工作。二是严格执行应急工作制度，结合重点时期、汛期安全保障等工作，加强应急值守，确保信息渠道畅通，按规定加强队伍建设、应急物资设备储备，确保应急工作需要。三是开展应急演练，全县组织各类安全生产应急演练686场（次），参加演练活动人数11.29万人次。

三、扎实开展基层基础工作

提升基层安全监管水平：一是通过专项培训、针对新修订的法律法规和有关政策普及培训，提高安全监管人员业务水平和能力，加强安全监管（管理）队伍建设。二是根据市政府办公厅指导意见，组建120名专职安全员基层队伍，增加基层安全生产管理力量。三是督促企业落实安全主体责任，依法建立健全安全管理机构、配齐配全专兼职安全员。

夯实安全生产基础工作：县安全监管局检查生产经营单位2071家次，整改各类事故隐患2825项，行政处罚29起，罚款42.7万元。

综合监管

【控制考核指标】 本年，密云县发生各类安全生产事故死亡43人，占市安委会下达年度安全生产控制指标的93.48%。其中：道路交通事故死亡36人，占控制指标的90%；生产安全事故死亡3人，占控制指标的75%。

（柳世杰）

【安全生产监管工作调研】 1月3日，市安全监管局局长张树森带队到密云县调研安全监管工作。调研组听取密云、怀柔、昌平、平谷4个区县安全生产基础工作建设、重点工作开展、人员编制及财政支撑等方面的工作汇报，了解各区县2014年安全生产工作思路和工作计划，以及对市安全监管局的工作意见和建议。对正在开展的安全生产标准化、物联网建设、信息化办公、城乡结合部安全生产专项整治、隐患排查治理和日常工作开展中存在的问题及工作思路进行深入讨论和沟通。张树森指出，2014年是全市安全生产基层基础建设年，要把工作重心放在指导、帮助和解决具体问题上，要多学习、多思考，注意创新方法，把安全生产工作做得更好。

（柳世杰）

【人员密集场所安全暗查】 1月7日，密云县副县长郭鹏带队暗查密云县物美大卖场（鼓楼店）和密云县华远市场的安全生产情况，县安全监管局、商务委、消防支队负责人参加检查。检查组重点检查消防设施配备使用、用电安全、疏散通道以及企业各项安全管理情况，对检查中发现的安全疏散通道堵塞、配电箱被遮挡、灭火器材失效、检查记录填写不规范等问题当场进行纠正。郭鹏要求企业负责人加强春节期间的安全管理工作，将责任落实到岗、到人，不能有丝毫麻痹思想。要求相关部门密切配合，在春节期间，进一步加大人员密集场所隐患排查力度，消除各类事故隐患，筑牢安全基础；督促企业落实安全生产主体责任，细化各项安全制度和措施，加大技防、物防、人防工作投入力度，从源头上预防和遏制各类安全事故的发生。

（李磊）

【落实中央主要领导批示督查】 1月10日，国家煤矿安全监察局调查司副司长史宝中带领国家安全监管总局督查组，到密云县对落实习近平总书记、李克强总理等中央领导重要批示和国务院安委会全体会议精神的情况进行检查，并对安全生产大检查情况进行“回头看”督查。督查组对首云矿业股份有限公司尾矿库、调度中心和生产车间以及北京威克冶金股份有限公司矿区采场、生产车间进行现场检查，重点抽查2家企业台账中所列隐患整改落实情况。对中国石油化工股份有限公司北京密云石油分公司、北京轩雅阁火锅城进行安全检查，随机对1家餐饮企业进行抽查。督查组指出，密云县县委、县政府高度重视安全生产大检查工作，周密部署，精心组织，全县各镇街、各部门团结协作，履行安全生产监管职责，狠抓安全生产大检查各项具体工作的落实，全面排查安全事故隐患，取得很大成效，确保安全生产大检查工作的完成。同时，督查组对5家被检查企业中发现的问题提出整改和改进建议。副县长郭鹏、县安全监管局主要负责人参加检查督查。

（柳世杰）

【贯彻“一岗双责”】 1月，密云县安全监管局贯彻落实市政府“一岗双责”暂行规定。一是依据暂行规定修订《密云县安全生产职责规定》，重点突出“谁主管、谁负责”“管行业必须管安全”“管业务必须管安全”“管生产经营必须管安全”“分级负责、属地为主”的工作原则，明确各级政府与各部门负责人、分管负责人安全生产职责以及部门和属地的安全生产监管责任，健全安全监管体系。二是抓好暂行规定的学习宣传，通过召开会议、培训及在简报、网络上刊登、电视广播媒体开辟专题等方式，将暂行规定传达到各有关单位及所有党政领导干部。三是建立健全相关工作制度，主要包括：党政领导干部履行安全生产职责情况纳入年度述职内容；安全监管会同监察部门就党政领导干部履行安全生产情况纳入事故调查内容；制定具体办法，明确事故调查中涉及党政领导履行职责以及责任追究情况。四是开展落实暂行规定督查和考核，安委会会同督查室、监察部门，就暂行规定的落实情况开展专项督查，推动暂行规定的贯彻落实，督查结果纳入年度各有关部门、单位年终考核的重要内容。

（柳世杰）

【春节期间安全保障】 春节前，密云县县委、县政府召开专题会议对春节期间安全工作进行动员部署，县领导多次带队对全县非煤矿山、烟花爆竹、人员密集场所等重点行业领域进行安全检查，对安全生产工作提出要求。各属地、各部门春节期间检查生产经营单位2912家，出动执法人员2575人，出动执法车辆988车次，下达执法文书251份，发现各类隐患483项并全部整改，对8家单位进行行政处罚，罚款2.5万元，并对2家单位依法责令停产停业整顿。

（柳世杰）

【安全生产形势分析会】 4月17日，密云县政府召开2014年一季度安全生产形势分析会，副县长郭鹏和全县各镇街、各部门领导参加会议。会议通报2014年一季度全县安全生产工作情况，分析安全生产形势并部署下一阶段安全生产工作。会议确定5项重点工作：一是深化城乡结合部地区专项整治工作；二是抓好安全生产标准化工作；三是推进安全生产宣传教育工作；四是开展执法检查和专项治理工作；五是加强应急管理工作。

（柳世杰）

【“五一”节前安全检查】 4月28日，密云县副县长郭鹏带队对首云矿业股份有限公司、北京冶仙塔旅游风景区管理处进行“五一”前安全检查。县安全监管局、质监局负责人参加检查。郭鹏指出，要严格落实企业安全生产主体责任，开展从业人员安全教育培训工作，加强各类设备设施的日常维护及特种设备检验检测工作，强化隐患排查治理工作，抓好各类应急救援预案的制定和演练工作。并强调“五一”小长假，要提前做好游人增多的准备，时刻绷紧安全生产这根弦，防止安全事故的发生。

（李磊）

【安全生产工作会】 9月17日，密云县政府组织召开全县安全生产工作会议，副县长郭鹏和各镇街、各部门安全生产主管领导参加会议。会议通报2014年以来全县安全生产工作情况、布置安全生产工作任务；部署亚太经合组织会议期间安全监管工作和安全生产“六打六治”打非治违专项行动。

（柳世杰）

【国庆节前安全检查】 9月24日，密云县副县长郭鹏带领县安全监管局、商务委、市政市容委、城管执法局、公安消防支队和鼓楼街道办事处主管领导，开展国庆节前安全大检查。检查组采取“四不两直”方式，实地检查北京市仙塔液化气供应站、金手勺饺子坊、福辰肥牛火锅城、北京燕赛奥特莱斯购物中心有限公司4家生产经营单位。重点对液化气销售及使用、消防安全、应急响应等情况进行检查。郭鹏强调，国庆期间经济、旅游等活动剧增，商、市场繁荣，道路交通压力增大，安全保障和应急管理任务繁重，各生产经营单位要高度重视加强安全生产应急管理，做好应急值班值守等各项工作，落实安全生产保障措施，确保节日期间安全生产。

（柳世杰）

危险化学品安全监管

【加油站改造项目“三同时”评审】 2月18日，密云县安全监管局根据《危险化学品建设项目安全监督管理办法》相关要求，邀请专家对密云县一加油站改造项目进行竣工验收，按照专家意见和试生产（使用）方案备案情况，该站符合安全生产条件，通过评审验收，允许经营使用。

（刘佳）

【涉氨制冷专项治理】 本年，密云县安全监管局按照市安委会要求，部署涉氨制冷企业专项治理工作。经排查，全县涉及涉氨制冷企业7家，均完成《涉氨制冷企业自查自改情况表》填写和上报工作，发现各类事故隐患48项，投入整改资金462万元，全部整改完毕。

（刘佳）

烟花爆竹安全监管

【烟花爆竹网点审批】 年初，密云县安全监管局审批《烟花爆竹经营许可证》50个，其中临时网点49个（含乡镇网点34个、城区网点15个），长期烟花爆竹网点1个。烟花爆竹网点总数较2013年（71个）下降30%。

（刘佳）

【安全管理培训】 1月21日，密云县安全监管局召开烟花爆竹零售网点主要负责人安全管理培训会。各镇街烟花爆竹安全管理机构、烟花爆竹批发单位及50家销售网点负责人参加培训。县公安局、工商分局、消防支队、安全监管局根据各自职责向参加培训人员讲解烟花爆竹安全管理知识，并提出工作要求。

（刘佳）

【安全生产承诺书】 1月，密云县安全监管局督促50家烟花爆竹零售网点签订《安全生产承诺书》，要求各零售网点对销售期间安全生产工作承诺，确保安全经营。

（刘佳）

【执法检查】 1月至2月，密云县安全监管局每日派出3个执法小组对县域内烟花爆竹零售网点开展执法检查。截至2月14日，完成城区网点检查4轮、乡镇网点检查2轮的全覆盖检查计划，出动检查人员270人次，检查烟花爆竹网点135家次，发现各类安全隐患56项。主要存在的问题是从业人员未佩戴上岗证件、警示标志不齐全、零售场所电气线路未按照规范设置有效防护等，执法人员对发现的问题责令改正，并督促全部整改完毕。

（刘佳）

【烟花爆竹回收】 2月14日，密云县烟花爆竹零售销售4600箱，同比减少23%。2月15日至18日，密云县烟花爆竹批发单位回收零售网点全部剩余产品50箱，并统一储存。2月18日，全县烟花爆竹零售棚拆除清理完毕。

（刘佳）

矿山安全监管监察

【非煤矿山春节前安全检查】 1月6日至15日，密云县安全监管局对非煤矿山企业开展春节前安全检查。检查5家非煤矿山企业、13家外协单位，发现各类隐患79项，经复查隐患整改完毕。县安全监管局要求各企业落实安全生产工作防范措施，加大隐患排查治理力度，加强教育培训工作，杜绝“三违”现象。

（李磊）

【企业安全座谈会】 1月17日，密云县安全监管局在首云矿业股份有限公司召开非煤矿山企业安全生产工作座谈会，县矿山公司及5家非煤矿山主要负责人参加座谈会。会上，各矿山企业主要负责人分别汇报“安全·和谐”矿山建设、安全生产大检查、班组建设、防中毒窒息整治及信息化建设等情况。会议对2014年安全生产重点工作进行部署。

（张鹏鹏）

【春节安全部署】 春节前，密云县安全监管局部署非煤矿山春节期间安全生产工作。一是要求企业重视节日期间安全生产，加强组织领导，层层落实责任。二是结合城乡结合部专项整治工作，制定切实可行的安全检查工作方案，及时消除生产安全事故隐患。三是制定节假日期间值班值守计划，落实24小时值班制度，确保通信迅速有效。四是停产期间要对存在的共性和突出问题进行梳理、分析，开展自查自纠活动，针对存在的问题及时逐项进行整改落实，做好节后复产复工前职工安全教育和设备设施验收等各项准备工作。

（张鹏鹏）

【外包工程安全监管】 2月，密云县安全监管局组织矿山企业及外包工程采掘施工单位学习贯彻《非煤矿山外包工程安全管理暂行办法》。要求相关企业：一是发包方和承包方要签订专门的安全生产管理协议，明确各自的安全生产管理职责，发包方要加强对承包施工单位安全生产工作的统一协调、管理，严禁以包代管；二是井下施工作业的单位，发包单位和承包单位必须有领导带班，遇到险情及时撤离人员，发现隐患及时处理；三是采掘施工单位要落实安全生产责任制，建立和完善各项安全规章制度，加强对职工的安全教育培训工作，自觉接受发包企业的安全管理，定期向县安全监管部门汇报安全生产情况；四是在检修、安装、拆移大型设备设施等工作前，要向县安全监管局上报工作计划及安全措施方案。

（张鹏鹏）

【尾矿库汛期安全检查】 8月7日，市安全监管局副局长贾太保带队到密云县检查尾矿库汛期安全生产工作。副县长郭鹏参加检查。贾太保实地查看威克冶金有限责任公司尾矿库运行、安全措施落实情况，查阅安全巡查记录，听取尾矿库防汛工作汇报，向企业询问防汛工作管理情况。贾太保充分肯定密云县尾矿库防汛工作，并提出工作要求。

（张鹏鹏）

隐患排查治理

【城乡结合部专项整治工作会】 1月27日，密云县政府召开城乡结合部地区安全生产专项整治工作会议。会上，通报全县专项整治工作开展情况，县政府与21个镇街、31个部门签订城乡结合部地区安全生产专项整治工作承诺书。副县长郭鹏参加会议并提出要求：一要提高认识，树立“红线”意识，以此项工作为抓手，从保发展、保民生、保稳定，建设平安密云的高度，把安全工作放在首位；二是强化重点领域安全监管，做到隐患排查全面深入，上报及时准确，整改坚决彻底，实现发现一处、整改一处、取缔一处的工作目标；三是各镇街、各部门、各单位要增强大局意识，各镇街要真正履行属地监管责任，各牵头单位要勇于担当，履行行业监管责任，各相关单位要积极配合，各尽其责，共同将专项整治工作开展好。并要强化社会监督、群众监督和新闻媒体监督，构建政府统一领导、部门依法监管、责任主体全面负责、群众广泛参与的工作格局。

（柳世杰）

【隐患排查治理经验交流会】 4月16日，密云县安全监管局邀请顺义区安全监管局标准化办公室负责人到密云县介绍安全生产隐患排查治理先进工作经验，并就安全生产标准化建设、隐患自查自报、执法检查、行政许可、行政处罚及信息化工作进行交流。通过借鉴顺义区的先进工作经验，结合密云县实际特点，逐步改善安全生产行政执法监管体系建设，实施以“一岗双责”为核心的安全生产责任制，形成以综合监管与行业监管为构架的安全生产工作格局，并以推进标准化建设为抓手，建立以本质安全为目标的企业安全生产监管体制，提高全县安全生产监管水平。

（陈旭）

【城乡结合部专项整治督查】 5月14日至15日，密云县专项整治指挥部对密云镇、穆家峪镇、果园街道城乡结合部专项整治工作进行综合督查。督查组了解各镇街的专项整治工作开展情况及对挂账隐患整改落实情况。密云县城乡结合部地区专项整治工作按照市县两级工作要求超额完成3月底前30％挂账隐患整改任务，经过整改工作，城乡结合部地区的安全生产环境有较大改善。对于整改难度大、任务重的挂账隐患，督查组要求各镇街主动出击，与各牵头责任单位配合，形成整改合力，确保圆满完成各阶段整改任务。

（柳世杰）

【城乡结合部专项整治】 本年，密云县按照全市统一部署，开展城乡结合部地区安全生产专项整治工作，专项整治期间监督检查各类单位34484家，排查发现各类安全隐患25097项，实施行政处罚97起，罚款22.02万元。全县上报台账隐患232项，全部整改。

（柳世杰）

【全年隐患排查治理】 本年，全县各部门和单位开展安全生产事故隐患排查治理工作，排查生产经营单位3250家，发现安全隐患11837项，督促整改隐患11834项，整改率为99.9％。全县共落实整改资金105.3万元。

（柳世杰）

【“六打六治”打非治违会议】 8月12日，国务院安委会办公室召开“六打六治”打非治违专项行动视频会。密云县设立分会场，县发展改革委、住房城乡建设委、公安局、安全监管局、交通委、国土分局、工商分局、质监局主管领导参加会议。会后，密云县立即召开“六打六治”打非治违专项行动工作会议，要求各相关部门落实国务院安委会办公室和北京市安委会办公室工作要求，抓好各项工作。一是统一思想，提高认识，时刻保持清醒认识和高度警惕，准确把握安全生产工作重点。总结经验、吸取教训，着力提升安全生产治理能力，促进全县安全生产形势持续稳定好转。二是突出非煤矿山、危险化学品、交通运输、建筑施工、消防、可燃爆粉尘企业和无证无照生产经营单位等重点行业领域安全监管，全面开展隐患排查整治。三是加强领导，确保实效，注重工作落实。做到强化组织领导，强化工作结合，强化指导督查，强化氛围营造。

（柳世杰）

应急救援

【地下矿山坍塌事故应急演练】 4月17日，密云县安全监管局组织威克铁矿开展地下矿山坍塌事故应急救援预案演练。此次演练模拟地下矿井发生坍塌事故，2名作业工人受伤，5名工人被困井下，下井带班领导接到报告后通过井下通信系统通知井上调度室启动事故应急救援预案，调集抢险救援队伍及设备车辆，展开先期处置，并按预案程序迅速将险情上报至县安全监管局等有关部门。政府相关部门赶赴事故现场与企业组成现场抢险救援指挥部，各应急工作小组按照预案的职责分工开展医疗救护、撤离人员等抢险救援工作。清除坍塌工作面岩石后，成功解救被困工人并由现场救护车辆将受伤人员送往医院治疗。演练结束后，各单位及时总结经验、完善预案，健全可靠的应急通信渠道和有效的应急救援保障机制，提高应急处置、协调处理事故能力，确保发生事故后最大限度减少人员伤亡和财产损失。

（张鹏鹏）

【矿山中毒窒息事故应急演练】 4月25日，密云县地下矿山中毒窒息事故应急救援演练在云冶矿业有限公司地下矿山开展。此次演练模拟地下矿井发生中毒窒息事故，造成1人遇险昏迷，下井带班领导接到报告后，通过井下通信系统通知井上调度室启动事故应急救援预案，并请求矿山应急救援队伍支援。矿山应急救援指挥部现场指挥，各应急工作小组按照预案职责分工，开展医疗救护、撤离人员等抢险救援工作。演练结束后，矿山应急救援队的队员现场向一线工人讲授人工心肺复苏术。

（张鹏鹏）

【矿山火灾事故应急演练】 4月29日，密云县地下矿山火灾事故抢险救援演练在首云矿业股份有限公司地下矿山开展。此次演练以井下发生火灾事故为背景，模拟铁矿在开采过程中，发生电器火灾事故，1名工人遇险昏迷，请求紧急救援。下井带班领导接到报告后，通过井下通信系统通知井上调度室启动事故紧急救援预案，并请求矿山应急救援队伍支援。矿山应急救援指挥部现场指挥，调集抢险救援队伍及设备车辆，各应急工作小组按照预案职责分工，开展医疗救护、撤离人员等抢险救援工作。20分钟后，遇险人员得到及时抢救，事故现场得到妥善处理，避免一起伤亡事故的发生，演练取得圆满成功。

（张鹏鹏）

【尾矿库事故应急演练】 5月，密云县5家尾矿库使用单位开展尾矿库事故应急救援预案演习。出动抢险人员600余人，抢险救援车辆50余辆，大型机械设备20余台，专业医疗救护队5支，紧急疏散尾矿库下游村民500余人，并模拟不同类型事故和事故危害程度进行具有较强针对性的抢险救援和紧急疏散演练。演练结束后，各单位及时总结经验、完善预案，确保建立和保持可靠通信渠道和应急人员协同性。

（张鹏鹏）

【尾矿库“一对一”应急演练】 6月26日，密云县安全监管局、冯家峪镇政府和北京云冶矿业有限责任公司联合开展汛期尾矿库“一对一”事故应急救援预案演练。市安全监管局副局长唐明明、密云县副县长郭鹏参加活动。演练采取以实战演习为主，结合桌面推演的方式进行。按照“统一领导、分级响应、快速联动、协调有序、高效处置”的原则，模拟尾矿库事故场景，密云县生产安全事故应急指挥部各成员单位根据预案要求，相继启动四级至一级响应程序。重点演练信息上报、多部门协同配合处置、组织疏散尾矿库下游村民等环节。此次演练活动，既是贯彻落实市、县两级政府关于加强防汛工作的具体行动，也是检验尾矿库事故应急预案的科学性、实效性，磨合地方政府与企业应急联动机制的重要举措，更是对尾矿库防汛应急处置能力的一次检阅。通过演练，各相关单位完善尾矿库事故应急准备，锻炼应急救援队伍，也对企业职工和周边群众进行宣传教育。

（张鹏鹏）

执法监察

【烟花爆竹和加油站安全检查】 1月28日，副县长郭鹏带队检查烟花爆竹零售网点和加油站安全管理工作，县安全监管局主管领导参加检查。检查组先后检查果园烟花爆竹销售网点和北京中石化密云桥头加油站，重点检查安全警示标志设置、销售人员持证上岗、应急值守及消防器材配备等。郭鹏要求县安全监管局加强烟花爆竹零售网点安全管理工作，加大执法频次和力度，做到全覆盖无死角。加强危险化学品生产、储存、经营和使用等环节的安全监管，强化危险化学品反恐工作，做到早发现、早报告、早处置。

（陈旭）

【春节期间烟花爆竹执法检查】 1月，密云县安全监管局组织力量，对全县烟花爆竹零售网点安全状况进行检查。3个检查组检查烟花爆竹零售网点42家。对于个别网点有零售棚外设置销售区、销售人员未持证上岗、未设置明显安全警示标志等情况，检查组当场责令立即整改，并监督整改完毕。

（李磊）

【机加工企业复工检查】 2月至3月，密云县安全监管局对全县重点工业企业开展安全检查。重点检查机加工企业和人员密集型企业复工前隐患排查情况，以及电气安全和机械防护安全。出动执法人员135人次，检查企业45家，下达责令限期整改指令书29份，发现隐患124项。经复查，隐患全部整改完毕。

（李磊）

【常压热水锅炉安全检查】 2月19日至21日，密云县安全监管局联合县质监局对密云县现有常压热水锅炉（含茶炉）的使用情况进行集中检查。出动检查人员30人次，检查食品加工企业、餐具消毒企业、学校、村委会阳光浴室、敬老院等17家单位的18台热水锅炉，下达执法文书34份，其中责令改正指令书4份。检查发现，中小企业存在改变锅炉排气管直径、在锅炉排气管路上加装阀门、安全阀和压力表未定期检测、锅炉房内电缆线未穿管保护、锅炉房未设置明显安全警示标识等问题。针对此类问题，检查人员责令相关单位限期整改并监督整改完毕。

（李磊）

【特种作业“双打”抽查】 6月19日至20日，市安全监管局到密云县指导电气安全暨特种作业领域“双打”工作。检查组抽查6家生产经营单位，主要对特种作业人员持证情况进行检查，检查613人次，发现无证人员2人，未发现持假证人员，立案2起。经检查，各生产经营单位建立各项特种作业安全管理制度和档案，并实现有效管理。同时发现存在临时性作业或人员流动性较大的企业有特种作业人员无证上岗作业、变配电室高压开关柜操作面地面未铺满绝缘胶垫、个别用电设备未设置漏电保护器、三级配电不符合规范要求的现象。对此，检查组要求县安全监管局加大执法力度，督促企业对隐患问题进行有效整改，确保“双打”行动取得实效。经复查，存在问题整改完毕。

（李磊）

职业卫生监督检查

【统计数据填报】 1月，密云县安全监管局开展工矿商贸企业职业卫生统计数据填报工作。一是按照辖区企业数量进行分批培训，分别对企业数量较多的西田各庄镇、穆家峪镇、十里堡镇、河南寨镇、经济开发区等重点镇街进行网络填报程序培训。对企业数量较少的乡镇采取集中培训的方式进行网络填报程序培训。二是对企业填报的数据逐一进行审核，对不合格的予以反馈，并指导督促企业对不合格数据进行修改。268家企业进行统计填报并通过审核。此次统计工作摸清密云县职业卫生企业底数，为职业卫生监管提供有效支持。

（马尚彬）

【粮库安全专项执法检查】 3月，密云县安全监管局对县粮油总公司所属5家粮库和中央储备粮北京密云直属库进行专项检查。依据《北京市有限空间作业安全生产规范》，重点检查企业安全管理制度和台账、安全设备设施、个人劳动防护用品使用等情况。检查发现有的单位存在劳动防护用品配备不全、未设置排风扇等16项隐患，检查人员下达整改指令书并监督企业整改完毕。通过检查，规范粮食仓储企业安全管理制度和管理台账，提高粮库主要负责人和管理人员对有限空间作业危险性的认识，增强安全防范意识。

（马尚彬）

【职业卫生培训班】 3月4日，密云县安全监管局在县委党校举办职业卫生培训班，针对企业负责人履行职业病防治主体责任和企业按照职业卫生法律法规规定落实职业病防治工作进行培训。培训班邀请市安全监管局相关专家授课，313家企业负责人参加此次培训，并进行资格考试。通过此次培训，全面提高企业职业病防控主体责任意识。

（马尚彬）

【有限空间监管工作会】 4月25日，市安委会办公室召开全市有限空间安全生产工作视频会后，密云县安全监管局召开有限空间监管工作会，印发《2014年密云县有限空间安全生产监管工作方案》，部署2014年密云县有限空间安全监管工作，要求各行业主管部门和相关单位在涉及有限空间作业时严格执行北京市3个地下有限空间地方标准，对所属有限空间和地下管网开展全面摸底排查，并根据自身有限空间作业特点，建立健全有限空间作业分布情况台账。7月至9月，县安全监管局对全县有限空间作业进行联合执法检查。

（马尚彬）

【职业病防治宣传】 4月30日，密云县安全监管局联合县疾控中心、总工会在经济开发区开展以“防治职业病，职业要健康”为主题的职业病防治现场宣教活动，30余家企业2000余人参加。现场设置20块宣传展板和一个咨询台，由县疾控中心相关专家和县安全监管局工作人员对职业病危害因素防护和个人防护用品佩戴等职业病防治知识进行现场解答。活动中发放《职业病防治问答》《尘肺病防治知识》等宣传手册2000余份，宣传纪念品1000余份，宣传挂图10套，悬挂横幅2条。此次主题宣教活动形式多样，普及职业病防治知识，提高企业劳动者的职业危害防护意识，取得较好宣教效果。

（马尚彬）

【监控室新建改造试点】 5月，密云县放马峪铁矿和首云矿业股份有限公司作为监控室（休息室）新建改造试点单位，完成新建改造试点工作，投入资金约9.7万元。经县安全监管局组织验收，试点企业3个监控室（休息室）内的噪声值均下降18～22 dB，达到预期效果。县矿山公司、各矿山企业有关负责人参加此次验收工作。

（马尚彬）

【粉尘爆炸事故专项治理】 8月至12月，密云县安全监管局在全县范围内开展预防粉尘爆炸事故专项治理。县安全监管局召开专题会议，成立专项治理领导小组，部署粉尘排查工作。统一协调，组成4个检查组，对全县103家涉及粉尘的企业逐一检查排查。通过排查，确定28家涉及爆炸性粉尘企业，其中木粉尘类企业10家、饲料粉尘类企业6家、棉尘类企业1家、纸尘类企业1家、塑料粉尘类企业7家、植物粉尘类企业1家、橡胶尘类企业2家。检查组下达责令限期整改指令书32份，发现并整改隐患79项，对1家企业进行行政处罚。

（马尚彬）

【职业卫生工作调研】 9月18日，市安全监管局副局长阎军带队到密云县调研职业卫生工作。调研组首先到北京科勒有限公司车间，实地查看生产工人劳动防护用品佩戴和职业危害岗位警示标牌及公告栏设置情况；询问通风除尘系统运行管理等职业卫生防护管理情况；查阅企业职业卫生档案资料，并对存在的问题，提出整改意见。随后，听取密云县职业卫生工作汇报，并进行座谈。调研组对密云县职业安全卫生工作取得的成绩给予肯定，要求县安全监管局加强职业卫生基础建设和执法检查工作。

（马尚彬）

【职业卫生“三同时”验收】 9月24日，密云县安全监管局组织北京燕山石化职业病防治所、密云县卫生局卫生监督所专家对北新住宅产业有限公司建塑产品生产线搬迁工程和年产40万片钢制板式散热器生产线搬迁工程两个建设项目进行职业卫生“三同时”职业病防护设施竣工验收。专家组听取北新住宅产业有限公司对两个建设项目试运行情况的介绍及北京市化工职业病防治院对两个建设项目职业病危害控制效果评价报告书的汇报。对两个建设项目工作场所和有关资料进行核查。专家组一致同意北新住宅产业有限公司两个建设项目职业卫生“三同时”职业病防护设施通过竣工验收。职业卫生“三同时”职能划转后，这是密云县安全监管局首次组织的职业卫生“三同时”职业病防护设施竣工验收，对下一步开展职业卫生“三同时”审核、审查、竣工验收工作奠定基础。

（马尚彬）

【职业病危害防治评估】 12月17日，市安全监管局委托市安全生产科学技术研究院和市疾病预防控制中心两家机构组成评估组，对密云县职业病危害防治工作进行评估。评估组查看20家企业职业卫生档案资料，并从20家企业中抽取4家进行现场审查。专家组对密云县职业病危害防治整体工作给予肯定，对个别企业档案管理问题提出改进建议。

（马尚彬）

宣传培训

【安全生产月部署】 5月16日，密云县安委会在县政府召开安全生产月活动动员部署会。副县长郭鹏主持会议，县政府57个部门及各镇街负责人参加会议。会议明确安全生产月活动主题为“坚守红线意识，保障城市安全”，确定宣传咨询日、家庭安全知识大赛、万名工人安全承诺等16项重点活动。

（陈旭）

【宣传咨询日】 6月16日，密云县安委会在经济开发区同方人工环境有限公司组织开展以“坚守红线意识，保障城市安全”为主题的安全生产宣传咨询日活动。副县长郭鹏和县委宣传部、安全监管局、公安局、应急办、教委、民防局、广电中心、总工会、团县委、妇联等部门主管领导以及县市政市容委、地震局、民防局、气象局等参展单位相关领导和工作人员参加活动。活动现场设置气拱门，门口悬挂安全生产宣传条幅，设置“12350”宣传咨询台，集中摆放安全生产宣传展板80余块。活动向开发区企业职工发放主题招贴画、宣传折页、环保袋、标语、宣传扑克、围裙、雨伞等各类宣传资料和宣传品1万余份。300余名企业职工参与宣传咨询活动。

（陈旭）

【家庭安全知识竞赛】 7月10日，密云县安全监管局、总工会、妇联在工人俱乐部联合举办“人人学安全，家家享平安”北京市家庭安全知识竞赛密云赛区选拔赛。经过各镇街、地区、开发区预赛推选的21组参赛家庭参加县级复赛，分组比赛后密云镇、不老屯镇、高岭镇、十里堡镇、鼓楼街道、开发区选拔的6组家庭入围决赛。同日举行决赛，比赛现场各参赛家庭精神饱满，观众互动环节踊跃，掌声频起，现场气氛热烈，达到普及安全知识、增强群众安全意识的预期效果。经个人必答题、抢答题、团体必答题、风险题4个环节角逐，最终开发区代表队脱颖而出，以200分的优异成绩摘得桂冠，其他代表队分别获得二、三等奖。活动结束后，现场举行颁奖仪式，活动主办单位领导为获奖单位颁发荣誉证书。各镇街、地区、开发区、各有关部门主管领导和矿山、建筑施工、危险化学品、文化、商务、旅游、交通、水务等行业企业从业人员以及参赛家庭组织的啦啦队200余人观看比赛。

（陈旭）

【安全主题情景剧决赛】 9月12日，市安全监管局和市文化局联合举办“安全是永恒的旋律”主题情景剧决赛。密云县住房城乡建设委、发展改革委选送的情景剧《安全在心中，平安永相伴》和《小小螺丝钉》两部作品分别荣获区县竞赛组二等奖和三等奖。情景剧《安全在心中，平安永相伴》主要讲述企业对工人进行三级安全教育培训后，仍有个别人违章操作、危险作业，造成的严重后果向所有人敲响安全警钟。《小小螺丝钉》简述一段电力公司员工更换智能表过程中因一颗小小的螺丝钉引发的一段故事，反映电力员工要向螺丝钉一样，坚守安全岗位，严把安全关。通过此次活动的开展，提高企业职工安全意识和防范能力，为促进安全生产形势根本好转营造良好安全生产氛围。

（陈旭）

法制建设

【安全生产行政许可】 5月28日，市安全监管局检查2013年以来密云县安全生产行政许可工作情况，并就行政许可相关工作问题与密云县安全监管局进行探讨交流。2013年，密云县安全监管局共实施行政许可87项，其中非煤矿山建设项目安全设施设计审查1项、危险化学品建设项目安全条件审查3项、危险化学品建设项目安全设施设计审查3项、危险化学品建设项目安全设施竣工验收1项、生产企业经营许可27项、烟花爆竹经营（批发）许可1项、经营（零售）许可51项。市安全监管局检查组随机抽查非煤矿山、危险化学品、烟花爆竹行政许可档案各1件以及建设项目职业病防护设施竣工验收备案1件。检查组认为密云县各项安全生产行政许可工作程序清楚，整理规范。并就危险化学品评价报告时间与行政审批时间如何有效衔接以及各行业如何统一行政许可标准等问题进行研究，提出改进意见。

（陈旭）

【规范行政执法】 本年，密云县安全监管局采取措施，规范安全生产行政执法行为。一是树立正确的执法理念，通过召开会议、开展培训、举办讲座等方式促使执法人员树立正确的执法理念，提升执法人员法律知识和执政能力。密云县有44名监察员、259名检查员经培训取得相应的资格证书。二是明确界定行政执法主体和权限，在法律法规授权和“三定方案”规定的基础上，建立完善《联合执法制度》《执法人员持证上岗制度》《自由裁量适用制度》，对执法权限进行限定。三是细化行政执法程序，依照法律法规建立健全《行政执法工作流程》《执法告知制度》《调查取证制度》《听证制度》《重大案件集体讨论制度》，规范行政执法人员执法程序，提高执法过程的规范性和合法性。四是强化行政执法监督，注重发挥社会监督作用，对外公开“12350”举报电话和24小时值班电话，保障人民群众投诉举报的权利。五是完善行政处罚案件复核制度，按要求对行政处罚案件进行复核，确保案件的实体和程序合法。健全并落实行政执法过错责任制，制定《安全生产行政执法过错责任追究办法》，对故意或过失不履行法定职责的追究其行政责任。

（陈旭）

【执法部门与企业沟通】 本年，密云县安全监管局为提升行政机关公服能力，搭建执法部门与企业沟通的桥梁。一是推行“一企两卡”服务制度，即向企业发放《企业服务联系卡》和《企业意见反馈卡》，通过“一企两卡”服务制度搭建起执法部门与企业之间的沟通桥梁，企业遇到需要指导性帮助的疑难问题可直接联系执法部门，执法人员针对企业的服务测评和意见反馈，可及时做出合理化修正，从而提高服务质量和水平。二是建立健全与企业对话沟通制度，检查前，提前与企业进行电话沟通，说明执法检查的目的，取得企业的支持和配合，并初步了解企业安全生产动态，制定有针对性的检查方案。检查中，对检查出的隐患或问题及时与企业沟通，告知其存在的危险性和建议整改的措施。处罚前，对违法行为内容，法律依据以及拟处罚的种类和幅度，陈述申辩、听证权利等予以当面告知。三是建立健全法律法规资源共享制度，利用执法检查、宣传咨询日、普法教育课、公共宣传栏以及网站、电视、广播等媒体，向企业宣传安全生产法律法规、政策性文件，进而加强与企业在安全生产政策法规资源方面的沟通。

（陈旭）

【行政执法能力建设】 本年，密云县安全监管局采取措施，加强行政执法能力建设。一是建立和完善学习培训机制，针对执法人员任职年限不同制定执法业务培训计划，明确学习目标。同时充分利用信息化手段，共享学习资料，并开展形式多样的学习培训，达到提高业务水平的效果。二是建立完善业务科室与法制科室协商机制，通过建立协商机制为执法人员具备所在岗位必需的法律素质和在执法检查、立案调查、行政处罚过程中能够依法依规履行职责提供保障，有效避免因程序违法或实体违法引发诉讼和复议。三是充分发挥执法业务骨干的作用，针对执法人员业务水平现状，充分发挥业务骨干传帮带的作用，带领执法人员进行现场执法检查观摩，通过实地检查、参与整个案件的办理过程，了解以往不熟悉的专业领域，掌握检查技巧，积累检查经验，使执法人员执法业务知识得到充实，从而把全局执法检查能力推上新台阶。

（陈旭）

标准化建设

【安全生产标准化工作部署】 1月，密云县安全监管局组织各镇街、行业主管部门召开标准化工作会，传达市安全监管局关于对标准化工作有关要求，解读市政府办公厅《关于全面推进企业安全生产标准化建设若干政策》和市安委会《关于进一步深化企业安全生产标准化建设工作的若干意见》文件精神。会议要求各单位立即开展规模以下企业的摸底调查工作，掌握企业安全生产状况，及时汇总上报企业台账，动员企业开展标准化创建工作，做好安全生产标准化培训的准备工作。

（张鹏鹏）

【标准化培训】 2月20日至27日，密云县安全监管局在县委党校举办安全生产标准化培训班，邀请中国安全生产科学研究院专家授课，对安全生产法律法规、标准化评审标准和工作流程、信息化操作进行讲解。全县各镇街、经济开发区、行业主管部门及300家企业共1000人分3期参加培训。开班仪式上，县安全监管局主管领导做动员讲话，提出要求：一是充分认识开展安全生产标准化建设的重要意义；二是按照标准化建设要求抓好落实；三是明确目标进度，确保工作有效推进；四是加大投入，保障企业安全运行。通过培训，使参训人员掌握安全生产标准化基本规范核心要素及标准化自评、申报等方面的知识。

（张鹏鹏）

【标准化创建工作专家指导】 3月11日至14日，密云县安全监管局聘请中国安全生产科学研究院专家，对14个镇街、经济开发区规模以下企业安全生产标准化创建工作进行培训，讲解标准化创建工作内容、流程和网上申报程序等，帮助企业确定评审标准的行业类型，解答企业现场提出的问题并进行指导。130家规模以下企业的200余名标准化管理人员参加培训，此次培训为全县推进安全生产标准化工作顺利开展奠定基础。

（张鹏鹏）

【标准化专题座谈会】 3月13日，密云县政府召开党的群众路线教育实践活动暨安全生产标准化建设专题座谈会。副县长郭鹏主持座谈会，县安全监管局、市政市容委、文化委、住房城乡建设委、交通委等部门主要负责人，21个镇街安全生产主管领导，5家重点企业代表参加会议。会上，县安全监管局介绍全县安全生产标准化建设工作进展及2014年标准化建设的目标和进程。与会人员围绕企业标准化创建难点、创建方法提出意见和建议。郭鹏表示，与会人员提出的意见和建议中肯，贴近安全生产实际，符合党的群众路线，并具有一定的可操作性。郭鹏强调：一是实行差异化标准，根据实际情况，对规模以下及小微企业按照不同规模和行业实行不同的标准。二是层级推动，注重选重点，树典型，以点带面，以先动带动后动，有顺序、有层级地推动全县规模以下及小微企业标准化创建工作。三是强化监督检查，执法部门要适时开展抽查，帮助企业解决实际问题；各镇街、行业部门可组织达标企业间开展互查，促进企业间相互交流借鉴成功经验，巩固标准化创建成果。四是树立“三位一体”理念，建立标准化达标、隐患排查治理、执法检查“三位一体”的安全生产工作理念，多措并举，推动安全生产工作上新台阶。

（张鹏鹏）

【小微企业标准化达标创建会】 4月3日，密云县安全监管局召开小微企业安全生产标准化达标创建工作会，全县各镇街、开发区21名安全生产工作负责人参加会议。会议对《密云县小微企业安全生产标准化达标管理办法》进行讲解，明确小微企业安全生产标准化岗位达标流程、评审办法、岗位达标标准等内容。会议要求各单位：一要学习小微企业安全生产标准化达标有关内容，熟悉和遵守岗位达标规范要求，加强组织领导，开展宣传动员工作，做到家喻户晓；二要严把评审质量关，规范检查评审流程，夯实小微企业安全基础，防止安全生产标准化建设流于形式，切实取得实效；三要遵守时间节点，保证工作效率，确保年内达标创建工作目标任务顺利完成。

（张鹏鹏）

【三级达标企业抽查】 5月，密云县安全监管局联合行业主管部门、属地镇街，并邀请专家，对安全生产三级标准化达标企业进行抽查。检查组主要对企业的警示标识设置、安全通道畅通、安全设备设施、应急值守和应急演练、安全生产教育培训、未达标项整改等进行检查。对检查中发现的问题和隐患给予指导，并责令限期整改，经复查整改完毕。

（张鹏鹏）

【标准化达标企业核查】 11月17日至18日，市安全生产科学技术研究院聘请专家到密云县进行安全生产标准化达标企业核查工作。此次核查选取18家企业，涉及汽车及配件制造业、药品生产业、食品和饮料制造业、机械企业、星级饭店、旅游景区、商业零售、机动车维修、文化娱乐场所等行业。核查组听取企业标准化工作介绍，了解企业安全管理机构、基本工艺流程、标准化培训等情况。核查组分批开展现场检查和资料审查，并针对评审过程中的未达标项进行重点抽查。核查组认为密云县安全生产标准化工作整体情况良好，评审过程公平公正合理，评审标准选取准确。各企业专门成立标准化工作小组，标准化工作深入到各车间各岗位，并能够对标准化评审单位提出的整改建议，进行分步骤落实整改，取得实效。各企业在达标后坚持安全标准化运行，做到岗位达标、专业达标和企业达标，实现企业安全生产管理的科学化、制度化、规范化和信息化，逐步建立自我约束、自我完善、持续改进的安全生产管理长效机制。

（张鹏鹏）

【标准化建设进展】 本年，密云县安全监管局结合全县企业实际情况，按照“巩固原有达标成果，扩大企业创建面，保证达标质量”的原则，推进安全生产标准化建设工作，取得阶段性成果。325家企业通过三级标准化评审，完成三级标准化企业网上申报工作。另有627家小微企业完成岗位达标。县安全监管局分别按照10％和5％的比例抽查三级达标企业和小微岗位达标企业的运行情况。

（张鹏鹏）

延庆县

概述

2014年，延庆县的安全生产工作坚持“安全第一、预防为主、综合治理”的方针，强化“警钟长鸣、预防为主、全民参与”的意识。在县委、县政府的正确领导下，在县安委会各成员单位以及其他有关部门和单位的共同努力下，全县安全生产形势继续保持稳中向好态势。延庆县被市安委会评为“安全生产工作先进区县”。

一、落实“一岗双责”，构建长效机制。县委常委会、县长办公会多次听取全县安全生产工作汇报，主要领导和各分管领导按照“四不两直”工作要求，定期或不定期深入一线检查安全生产工作。县政府与全县68家处级单位签订《2014年安全生产责任书》，明确工作职责、任务和要求，加强督查考核工作。实施《延庆县安全生产党政同责规定》《延庆县安全生产“一岗双责”实施办法》《延庆县安全生产约谈办法》《关于进一步完善安全生产监管责任的实施意见》《延庆县企业安全生产违法行为警示办法》。

二、深化专项整治，开展执法检查。根据延庆县安全生产执法检查计划要求，先后开展危险化学品、消防、特种设备、道路交通、建筑施工、人员密集场所、餐饮场所燃气安全、用电安全、“六打六治”打非治违等重点领域的专项执法检查行动，有效遏制事故发生。区安委会各成员单位检查生产经营单位38003家次，查处问题隐患11208项，下达执法文书8557份，停产、停业36家，行政处罚115885起，罚款2715.41万元，约谈企业30家次。

三、拓展监管手段，加强精细化管理。延庆县安全监管局加强综合监管，建立约谈机制，细化监管内容。推进安全生产标准化达标创建，为三级及以上达标企业发放补助资金72.6万元，全县110家企业完成安全生产标准化三级以上达标创建工作，464家小微企业完成岗位达标创建工作。加强安全监管队伍建设，完成100名专职安全员的录用，实施岗前培训，通过全市统一岗前考试，100名专职安全员奔赴各自的工作岗位。全年，开展重点建设工程、职业卫生、文化娱乐场所、电气设备等专项执法行动。检查生产经营单位2727家次，下达执法文书784份，查处事故隐患2656项，行政处罚89起，罚款109.63万元。完成大型活动保障24项，出动检查车辆117车次，出动执法人员294人次。

四、构建安全文化，加强宣传培训。县安委会成员单位综合运用多种宣教手段，贯彻落实新修订的《中华人民共和国安全生产法》，推动安全生产宣传教育培训工作。举办各类安全生产培训班427期，培训特种作业人员、生产经营单位负责人及管理人员30361人。开展大型公开课、宣传咨询日等各类宣传活动690余场，发放各类宣传材料36.7万份，开展各类应急演练708场。加强领导干部、执法人员学习培训，督促生产经营单位负责人、安全生产管理人员、从业人员的教育培训，在全县营造了良好的安全生产环境。

综合监管

【控制考核指标】 本年，延庆县发生各类安全生产事故死亡33人，占市安委会下达安全生产控制指标的89.19%。其中：道路交通事故死亡31人，占控制指标的96.88%；生产安全事故死亡1人，占控制指标的33.33%。未发生铁路交通死亡事故。

（王丹）

【绩效综合考核】 本年，延庆县安委会办公室按照延庆县考核工作领导小组关于《延庆县处级班子单位绩效考核办法（试行）》《延庆县党的建设工作考核办法（试行）》要求，结合县政府与各部门签订《2014年安全生产责任书》和县安委会《关于对全县处级班子单位2014年度安全生产工作考核的实施方案》，对全县44个部门安全生产工作进行考核。

（王丹）

【暗访夜查餐饮企业专项执法行动】 1月16日，延庆县副县长刘兵带领县安全监管局、城管执法局、消防支队、市政市容委和延庆镇负责人和执法人员，对重庆佳家火锅城、英尚法式铁板、桂彬棠羊蝎子等6家餐饮企业开展暗访夜查专项执法行动。检查组重点对餐饮企业燃气安全使用、电气线路敷设使用、安全通道和消防设施等情况进行检查。经检查发现17项隐患问题。针对检查发现的问题，执法人员下达责令整改指令书，责令存在问题的单位立即或限期进行整改。经复查，存在问题均完成整改。

（闫建杰）

【安全生产总结大会】 1月28日，延庆县安委会召开全县安全生产工作大会，县直各部门、各乡镇街道党政“一把手”参加会议。会上，县长李先忠与参会单位代表签订2014年安全生产责任书。副县长刘兵总结2013年安全生产工作，对2014年工作进行部署；常务副县长张素枝总结2013年应急管理工作，对2014年工作进行部署；县委副书记胡耀刚对全县春节期间应急值守和社会安全维稳工作进行部署。县委书记李志军参加会议并讲话。

（王丹）

【春节前安全检查】 1月29日，延庆县县委书记李志军带领县委办公室、旅游委、商务委、安全监管局、公安局、消防支队、质监局、食品药品监管局等部门主要负责人，到小营村、石河营村、柳沟民俗户、八达岭景区、八达岭索道施工现场、柏春耀加油站、志勇伟亚烟花爆竹零售网点、中踏购物广场、人民商场进行春节前安全生产检查。要求各单位切实加强春节期间安全生产隐患排查、消防安全、人员疏散、应急值守等方面工作。

（闫建杰）

【春节期间安全检查】 春节期间，延庆县安委会办公室制发《关于2014年春节、“两会”安全生产大检查工作方案》，由有关行业主管部门牵头，相关部门配合，分成12个联合检查组，在全县范围内组织开展安全生产大检查。检查生产经营单位266家次，其中危险化学品10家次、烟花爆竹7家次、职业危害4家次、工业企业20家次、人员密集场所7家次、旅游景点29家次、文化娱乐场所8家次、建筑施工9家次、其他172家次。出动检查人员380人次，检查车辆104车次。下达行政执法文书145份，查处问题隐患392项。

（王丹）

【第二季度安全生产工作会】 4月25日，延庆县安委会召开第二季度安全生产暨消防安全工作会。会上，县安全监管局对一季度安全生产工作进行总结，部署工作重点。县消防支队通报延庆县火灾情况，对重点工作进行部署。副县长刘兵传达国务院消防考核组对本县消防安全工作考核的反馈意见，指出本县一季度安全生产工作存在的主要问题，并提出工作要求。

（王丹）

【“五一”节前安全检查】 4月30日，延庆县县委书记李志军带领县安全监管局、公安局、质监局、旅游委、八达岭特区等部门，对八达岭特区新改建索道进行安全生产检查。要求各单位针对检查中发现的问题严格落实整改，举一反三，强化各项安全防范措施，加强对员工安全培训教育。

（闫建杰）

【第三季度安全生产工作会】 7月18日，延庆县安委会召开第三季度安全生产暨消防安全工作会。会议总结上半年安全生产和消防安全工作，部署重点工作。副县长刘兵要求各单位树立“红线”意识，严格落实“党政同责、一岗双责、齐抓共管”工作。

（王丹）

【安全生产形势新闻发布会】 8月14日，延庆县安全监管局召开新闻发布会。延庆电视台、延庆广播电台、《延庆报》等新闻媒体参加新闻发布会。新闻发布会通报全县安全生产形势、安全生产主要工作开展情况及重点工作，并回答记者提问。

（王丹）

【“六打六治”专项整治行动】 8月至12月，延庆县安全生产委员会办公室部署开展“六打六治”打非治违专项行动。全县各乡镇街道，各部门、各单位采取“四不两直”的方式进行集中打击和整治，出动执法人员3947人次，检查企事业单位和场所2015家次，组织开展跨地区、跨部门联合执法39次，对重点地区和单位实施暗查暗访31次，查处隐患736项，下达执法文书386份，临时查封9家，立案处罚86起，罚款43.55万元。

（王丹）

【“六打六治”打非治违工作会】 9月1日，延庆县安委会办公室召开“六打六治”打非治违专项行动动员部署会。会议对全县集中开展“六打六治”打非治违专项行动的组织领导、时间步骤、工作措施等环节进行部署。副县长谢文征参加会议并提出工作要求。

（王丹）

【第四季度安全生产工作会】 9月23日，延庆县安委会召开第四季度安全生产暨消防安全工作会。会议总结前三季度安全生产和消防安全工作，部署重点工作。副县长谢文征参加会议并讲话，要求各单位做好国庆节、APEC会议期间的生产安全和消防安全工作以及推进安全生产标准化建设、“六打六治”打非治违专项行动。

（王丹）

【国庆节前安全检查】 9月26日，延庆县县委副书记胡耀刚带领县安全监管局、综治办、公安局、交通局等部门负责人，对中石化鑫鑫旺园加油站进行安全检查。查看加油站安全管理制度、从业人员状况、基本设施和条件、零售散装汽油等情况，要求加油站加强国庆节期间安全生产工作，严格实行领导带班和24小时值班制度，加强零售散装汽油安全管理，及时消除安全隐患，有效遏制安全事故。

（闫建杰）

【液化气站联合检查】 10月22日，延庆县安全监管局、燃气办、消防支队、城管执法局、质监局等部门对6家燃气供应企业进行安全生产联合检查。重点检查各燃气供应单位厂站内充装设施、设备安全运行、是否使用超期未检或报废钢瓶、消防设施是否有效等情况，要求各燃气供应企业针对检查情况加强燃气使用安全知识宣传，将燃气使用安全提示张贴在明显位置，以提示居民安全用气。

（陈祥）

【APEC前安全检查】 10月24日，延庆县副县长谢文征带领县安全监管局、消防支队、住房城乡建设委、教委、食品药品监管局、工商局主管领导，采取“四不两直”的方式，对金才双语幼儿园、七彩童星幼儿园、育心幼儿园、石河营建材城、北京中义渔洋商贸中心等单位进行安全生产检查。针对检查发现的问题，要求有关单位在整改期间加强管理，认真巡查，落实各项安全防范措施，确保安全生产。

（杜嘉乐）

【商市场消防专项整治】 11月，延庆县安全监管局联合消防、商委等职能部门对全县的商场市场进行专项整治行动，分别对全县大型商场、市场以及超市的安全生产管理制度建立、安全标识、消防器材配备、教育培训、劳动防护用品配备和使用、特种作业人员持证上岗、安全设施设备运行、应急值守及应急演练进行安全生产检查。专项整治行动共出动执法人员156人次，执法车辆52车次，检查生产经营单位122家次，查出事故隐患293项，整改隐患288项，整改率为98%。共下达执法文书103份，其中责令限期整改指令书60份，整改复查意见书42份，行政处罚1起。

（宋悦）

【元旦前安全检查】 12月31日，延庆县副县长谢文征带领县商务委、安全监管局、消防支队、教委、食品药品监管局、工商局等部门负责人，到外贸商业楼装修施工现场、延庆一中、中石油高塔加油站、恒生市场、双信商城（东外大街店）进行元旦前安全生产检查。谢文征强调：一是各单位必须高度重视，严格落实责任；二是加强安全巡查和监控，深入细致地做好安全隐患排查整改工作；三是加强节日期间领导带班，完善应急预案，加强应急值守，确保节日期间安全稳定。

（闫建杰）

【城乡结合部专项整治】 本年，延庆县继续开展城乡结合部专项整治工作。按照工作部署，经过摸底调查、任务分解、集中整治、跟踪督查、例会协调、信息上报等工作环节和措施的落实，全县挂账的25项整治任务，全部于8月底前整治完成。

（王丹）

【打非治违】 本年，延庆县安委会办公室组织有关部门打击非法违法、治理纠正违规违章行为10549起。其中：道路交通8191起，建筑施工190起，消防638起，危险化学品175起，烟花爆竹34起，其他1321起。

（王丹）

危险化学品安全监管

【化工行业培训会】 2月28日，延庆县安全监管局组织县域内14家化工油漆经营单位负责人召开培训会，对化工油漆行业安全生产标准化、危险化学品事故防范、应急值守和安全生产责任制，以及各项安全管理制度落实工作进行培训，会后组织参会人员进行考试。

（陈祥）

【加油站安全工作会】 3月3日，延庆县安全监管局会同中石化北京公司组织25家中石化加油站经理，召开全国“两会”期间安全生产工作会。会议结合有关事故教训，针对散装油销售、安全防范措施落实等进行部署，要求各加油站各项安全管理工作落实到岗到人，提高监控管理和巡查防控等级，严格落实市公安局、工商局、安全监管局联合印发的《关于强化加油站安全管理的工作意见》要求，严格管控散装油，确保“两会”期间安全稳定。

（陈祥）

【康庄油库通过验收】 4月14日，康庄油库开始对油罐进行更换罐前阀改造，4月底全部完成汽油储罐和柴油储罐的罐前阀更换。施工期间，县安全监管局执法人员多次到施工现场实地检查施工安全保障措施，确保施工方安全施工作业。6月12日，市安全监管局邀请有关专家对中石化北京延庆康庄油库“两重点一重大”施工改造进行验收，经专家组现场检查，康庄油库施工改造项目通过验收。此次“两重点一重大”施工改造的完成，使康庄油库全面实现危险化学品重大危险源温度、压力、液位、流量、可燃气体泄漏等重要参数自动监测监控、自动报警和连续记录，有效提升“两重点一重大”企业安全管理水平。

（陈祥）

【危险化学品安全视频会】 5月8日，延庆县安全监管局组织全县44家危险化学品生产经营单位相关负责人参加全国危险化学品安全生产视频会。会后召开危险化学品安全管理工作会，要求各单位充分认识当前危险化学品和化工安全生产形势的严峻性，加强日常安全管理和动火、进入有限空间、检维修等特种作业的安全管理，完善相关制度，全面辨识作业风险，严格落实审批手续，落实防范措施。在施工改造过程中杜绝出现以包代管的现象，并有针对性地对从业人员进行安全教育培训和考核，将理论培训和实际操作考核相结合，提高从业人员实际操作水平和防范风险的能力。

（陈祥）

【“一书一签”整治回头看】 6月27日，延庆县安全监管局对北京玻钢院复合材料有限公司和北京兴晨氧气销售有限公司等5家单位开展危险化学品“一书一签”专项整治回头看检查。重点对生产或经营的危险化学品是否具备“一书一签”情况、“一书一签”管理制度的制定和流通中的责任要求情况、生产和储存场所制作安全周知卡情况进行检查。对检查中发现的问题，要求企业立即进行整改。

（陈祥）

【应急预案编制评审】 7月23日，延庆县安全监管局组织中国安全生产科学研究院、首都经济贸易大学等7名专家召开政府与康庄油库“一对一”生产安全事故应急预案评审会。会上，北京联合智业认证有限公司对“一对一”应急预案进行讲解，7名专家针对应急预案的编制情况先后提出整改意见，并出具专家评审意见。至此，延庆县政府与重大危险源企业中石化北京延庆康庄油库“一对一”生产安全事故应急预案通过专家评审。

（陈祥）

【应急预案桌面演练】 8月15日，延庆县安全监管局组织县应急办、公安局、交通局、教委、卫生局、交通队、消防支队、康庄镇政府和康庄油库负责人参加延庆县政府与康庄油库“一对一”生产安全事故应急预案桌面演练。以油库围墙外林地发现农民烧荒造成林火桌面推演，按照发现火情后的信息报告、启动三级响应，发生罐体火灾后启动二级响应，发生油品泄漏后启动一级响应，发生池火灾后响应升级以及应急恢复和事故调查处理的演练程序，各部门负责人详细叙述各个环节中的工作任务，演练紧张有序。

（陈祥）

【国庆节前联合检查】 9月23日，延庆县安全监管局会同县工商局、环保局、质监局、八达岭经济开发区等部门对危险化学品经营单位、烟花爆竹长期销售网点及工业企业进行联合检查。检查人员先后到北京温美兰商贸中心、中石化京张路加油站和北京天立成信机械电子设备有限公司等6家单位，重点检查国庆节期间应急值守、应急救援演练、散装油销售、安全生产隐患排查及营业执照是否到期、废弃物排放等情况。检查发现个别单位存在营业室内应急照明灯损坏，工人未佩戴劳动防护用品等问题。检查人员下达责令限期整改指令书，要求各单位严格落实国庆节期间应急值守工作，加强应急救援物资管理，做好日常隐患排查，确保节日期间安全稳定。存在问题企业在限期内完成整改。

（陈祥）

【加油站夜查】 9月28日，延庆县安全监管局组成3个检查组，出动检查人员10人，对县域内部分加油站开展夜查。检查人员先后对中石化八里店加油站、中石油爱心加油站等16个加油站进行执法检查，重点检查各加油站国庆节及APEC会议期间应急值守、反恐防控、散装油销售、应急救援演练、隐患排查等安全措施落实情况。发现问题18项，下达执法文书10份。针对检查中发现的问题，各加油站立即进行整改。

（陈祥）

【液氨使用专项治理】 9月，延庆县安全监管局制发《延庆县安全生产监督管理局关于深入开展涉氨制冷企业液氨使用专项治理的通知》，组织2家涉氨制冷企业和属地乡镇负责人参加液氨专项治理视频讲座，邀请市安全监管局相关领导和专家进行实地指导。列入专项整治范围的北京中农绿安有限责任公司完成施工改造，于9月17日通过专家验收。

（陈祥）

【APEC前加油站专项检查】 10月29日，延庆县安全监管局组成2个检查组，对县域36家加油站进行全覆盖检查。重点检查各加油站APEC会议期间应急值守、反恐防控、散装油销售、应急救援演练、隐患排查等安全措施落实情况，发放《关于做好APEC会议期间散装油安全管理的通知》，要求各加油站加强应急值守，熟练使用应急救援设备，确保APEC会议期间安全稳定。

（陈祥）

【气体充装企业安全专项检查】 12月5日，延庆县安全监管局联合县市政市容委、质监局、城管执法局、交通局、公安局、工商局等部门对北京兴晨氧气有限公司等4家危险化学品充装企业及7家液化气充装单位进行专项检查。重点对企业完善查验制度和流向信息登记、销售货物品名、数量、购买单位及购买人等相关信息记录、应急救援预案及演练、应急物资储备、落实应急值守和领导带班制度、违规充装发货等情况进行检查。联合检查组发现一起非法运输液化天然气行为，移交县交通局执法队进行处理。

（陈祥）

【酚醛树脂生产线改造专家验收】 12月24日，市安全监管局、延庆县安全监管局组织危险化学品专家组对北京玻钢院酚醛树脂生产线技术改造项目进行竣工验收。专家组主要对北京玻钢院施工改造的酚醛树脂车间生产及公辅工程、储罐区、仓库等改造项目进行检查。经专家组现场审查，北京玻钢院酚醛树脂车间施工改造项目通过验收。此次施工改造的完成，酚醛树脂生产线全面实现温度、压力、液位、流量、可燃气体泄漏等重要参数自动监测监控、自动报警和连续记录，有效提升危险化学品生产企业安全管理水平。

（陈祥）

【行政许可】 本年，延庆县安全监管局受理并完成危险化学品经营单位行政许可18家，其中首次申请2家，延期申请15家，危险化学品建设项目“三同时”竣工验收审查1家。

（陈祥）

烟花爆竹安全监管

【申请许可证商户动员部署】 年初，延庆县安全监管局组织县公安局、工商局、城管执法局、消防支队等部门召开会议，对准备申请2014年烟花爆竹零售经营许可证的25家商户进行动员部署。会议传达《延庆县2014年春节期间烟花爆竹销售（储存）安全管理工作方案》有关要求，并对零售网点各项安全管理规定和措施进行部署。

（陈祥）

【零售网点现场审查】 本年，延庆县安全监管局联合县公安局、工商局、城管执法局、消防支队等部门联合对烟花爆竹零售网点进行现场审查，最终对符合条件的21家商户颁发烟花爆竹经营（零售）许可证（其中长年销售点4家）。

（陈祥）

【安全管理培训会】 1月8日，延庆县安全监管局组织由烟花爆竹批发仓库和零售网点管理人员参加的安全管理培训会。会上，主要对烟花爆竹销售时间节点、网点安全管理要求、零售大棚搭设和音视频系统安装、产品配送销售和回收、“三禁止、三报告、一登记”和雾霾橙色预警停止配送销售等内容进行培训。会后组织各零售网点销售人员进行安全知识考试，并与21家零售网点签订烟花爆竹安全管理责任书和承诺书，确保烟花爆竹经营单位依法守规经营。

（陈祥）

【销售期间执法检查】 1月25日至2月14日烟花爆竹销售期间，延庆县安全监管局加强执法检查，重点检查烟花爆竹存货数量、品种和货物码放、应急值守和突发事件应急处置准备情况。出动检查人员81人次，检查车辆36车次，检查烟花爆竹经营单位70家次，下达行政执法文书10份，查处问题隐患11项。

（陈祥）

【举报投诉核查】 1月29日至30日，延庆县安全监管局先后两次接到烟花爆竹违规经营的举报投诉，举报北京桐海鸿商贸中心（烟花爆竹零售经营网点）在店外销售烟花爆竹的违规行为。县安全监管局立即安排执法人员赶赴现场进行核实。经核查，两次举报投诉属实，北京桐海鸿商贸中心存在将室内烟花爆竹摆放至商店门口道路进行销售的违规行为，由于过往行人众多，存在安全隐患。执法人员责令其将烟花爆竹搬至室内，并监督至整改清理完毕。

（陈祥）

【春节期间执法安全检查】 春节期间，延庆县安全监管局严格执行领导带班制度，加派应急值守人员（每天保证在岗7人），每天出动2组执法检查人员，对烟花爆竹零售网点进行不间断安全检查。出动执法检查人员54人次，检查车辆14车次，检查烟花爆竹零售网点27家次，对发现的安全隐患立即整改，确保销售安全。

（陈祥）

【配送、销售和回收】 春节期间，延庆县烟花爆竹批发仓库配送烟花爆竹1775箱，价值53.3万元，配送数量同比减少43.5%；1月25日至2月14日销售期间，销售烟花爆竹1455箱，销售金额50.9万元，销售额同比减少45.7%。回收烟花爆竹320箱。

（陈祥）

【烟花爆竹燃放联合检查】 3月28日，延庆县安全监管局会同县旅游委、商务委对宾馆饭店等餐饮经营单位安全燃放烟花爆竹工作进行联合检查。先后检查延庆县凯思大酒店和延庆新风大酒店等5家餐饮经营单位，重点检查各行业主管部门与餐饮经营单位签订的烟花爆竹安全管理责任书以及各餐饮经营单位与举办各类庆典活动的顾客签订的安全燃放正规烟花爆竹责任书、安全燃放烟花爆竹的日常管理等情况。

（陈祥）

【零售大棚视频监控建设】 本年，延庆县安全监管局在城区主要街道搭设8个烟花爆竹零售大棚，为9家零售网点安装音视频监控设施，通过监控平台对9家烟花爆竹零售网点实施24小时监控，随时查看零售网点销售情况，及时消除安全隐患。

（陈祥）

隐患排查治理

【“送气下乡”安全隐患整改工作会】 11月6日，延庆县安全监管局、农委、市政市容委和永宁镇、香营乡召开会议，针对“送气下乡”存在的安全隐患情况，各部门经过协商，提出整改建议：一是逐村逐站通知，要求各单位加大日常看护和巡查力度，将液化气罐柜门安装明锁，并提高警惕性，严禁非本村人员购买液化气；二是及时将液化气罐放入专用柜内，严禁露天存放，杜绝因高温发生爆炸事故；三是对各乡镇的煤气罐管理现状进行安全评估，确保煤气罐储存符合有关法律法规和标准规范，并确保灭火器充足有效，在煤气罐周边设置安全警示标识；四是通知属地乡镇政府，在APEC会议期间加大安全检查力度，确保不发生突发事件。

（陈祥）

【防粉尘爆炸专项检查】 本年，延庆县安全监管局开展防粉尘爆炸专项执法检查工作，成立检查组，对全县涉及粉尘危害的生产经营单位逐个进行摸排和检查。出动执法人员57人次，执法车辆16车次，检查生产经营单位36家次，下达责令改正指令书11份，查处事故隐患39项，立案调查1起。

（闫淑亮）

【举报投诉查处】 本年，延庆县安全监管局受理举报投诉事项24件，其中20

件为市安全监管局“12350”举报投诉中心转办，4件为群众电话举报。通过对举报事件的核查，情况基本属实，全部为安全生产隐患类。所有举报均在规定时限内查办完毕，并反馈给转办单位和举报人，满意率100%，办结率100%。

（朱静）

应急救援

【消防应急救援演练】 2月21日，延庆县市政市容委石河营换热站举行消防应急救援演练，县安全监管局参加演练。演练出动抢险队员和消防人员30余人，各类应急救援车辆5台，演练各个环节协调有序、行动迅速。演练结束后，县市政市容委、安全监管局、消防支队等相关部门领导进行点评。此次演练增强应急预案的实用性和可操作性，切实提高火灾事故的应急处置和救援能力。

（陈祥）

【汽油泄漏应急演练】 5月12日，延庆县应急办、公路分局、安全监管局和交通大队配合市交通委路政局在京藏高速辅路青龙桥隧道进行道路交通事故致汽油泄漏应急演练。演练各个环节协调有序、行动迅速。演练结束后，市交通委路政局、县公路分局和应急办等相关部门领导进行点评，并要求有关单位完善事故应急预案，有效提升应对突发事故的应急处置能力。

（陈祥）

【“世葡会”燃气安全演练】 7月8日，延庆县安全监管局联合县应急办、市政市容委燃气办在世界葡萄博览会主会场组织相关职能部门、张山营镇、辉煌国际会议中心开展燃气安全专项应急救援演练。参演人员45人，出动车辆11台，使用抢险救援设备9大类24件。副县长魏怡参加演练活动，县应急办领导对演练进行点评。

（陈祥）

【消防安全应急演练】 7月18日，延庆县安全监管局联合县应急办、世界葡萄博览会指挥部、卫生局、消防支队在八达岭国际会展中心开展消防安全应急演练。参演人员129余人，出动车辆10台。

（陈祥）

【应急救援管理机构】 10月1日，延庆县安全监管局根据县机构编制委员会办公室《关于县安全监管局监察科加挂应急事故科牌子的函》，成立应急事故科。应急事故科主要职责：负责依法组织本县生产安全事故的调查处理并监督责任追究落实，指导安全生产应急救援体系建设，组织相关应急预案的编制、修订与演练，负责生产安全事故信息的统计、分析，负责生产安全事故应急管理工作，承担事故应急值守、事故信息接报处置工作，组织、协调生产安全事故应急救援工作，负责生产安全事故应急信息的收集、整理、分析、报告等，承担县安委会（延庆县生产安全应急指挥部）办公室生产安全事故应急救援方面的日常工作。通过设立专门机构，县安全监管局明确应急处置工作职责，为及时、高效处置生产安全突发事件提供保障。

（李辛）

【应急物资储备摸底检查】 10月14日，延庆县安全监管局先后对县域内北京市延庆县日用杂品公司、北京路桥瑞通养护中心有限公司和延庆县森林消防大队3

家应急储备库进行物资储备情况摸底检查。经检查，应急物资储备库总体运行情况良好，应急储备物资摆放有序，有健全的应急物资日常管理、维护、出入库管理制度，应急物资实行专人管理，24小时值班，严格人员和物资的出入库管理，能够随时应对突发事故应急救援抢险工作。

（李辛）

【数字影院消防演练指导】 11月25日，延庆县安全监管局会同县文委、消防支队等部门对延庆县大地数字影院消防演练进行指导，全县30多个网吧、歌厅等人员密集场所负责人及安全管理人员到场学习，市广电局有关领导观摩此次活动。

（李辛）

【危险化学品运输突发事件处置】 本年，延庆县安全监管局在各职能部门的配合下，有效处置危险化学品运输突发事件5起，未造成次生灾害及事件扩大。2月24日，处置LNG液化天然气罐车交通事故；4月17日，处置甲醇罐车交通事故；7月2日，处置甲醇罐车交通事故；9月1日，处置LNG罐车交通事故；10月28日，处置甲醇罐车追尾泄漏事故。

（陈祥）

【应急储备物资更新】 本年，延庆县安全监管局投入资金4万元，对失效的活性炭、呼吸器等物资进行更新，添置防爆手电、防爆式对讲机、雨衣等设备，确保应急救援工作的有效开展。

（李辛）

执法监察

【生产经营单位联合执法检查】 1月21日至22日，延庆县安全监管局会同县经济信息化委、质监局、消防支队、总工会对延庆开发区、八达岭开发区、康庄镇、大榆树镇、沈家营镇所属的20余家生产经营单位安全生产管理制度建立和落实、安全标识设置、消防器材设置和配备、劳动防护用品配备和使用、特种作业人员持证上岗、应急值守及应急演练等情况进行联合执法检查。检查组发现生产车间缺少安全疏散指示标识、个别配电柜缺少警示标志、个别配电柜和消防栓被圈占等25项问题隐患，全部督促完成整改。

（宋悦）

【春节安全专项检查】 1月，延庆县安全监管局会同县商务委、各乡镇安全主管部门对县域内生产经营单位开展执法专项检查，包括人员密集场所检查、工业企业集中暗访突击夜查。重点对企业的安全生产管理制度建立、安全标识的设置、消防器材配备、安全生产教育培训、劳动防护用品配备和使用、特种作业人员持证上岗及值守、设施设备的运行、应急值守及应急演练等情况进行检查。针对检查发现的隐患问题，执法人员下达责令改正指令书。对于复查不合格的单位，进行立案调查和行政处罚。

（宋悦）

【执法监察视频会议】 2月26日，延庆县安全监管局召开执法监察视频会议，通报2013年执法检查总体情况，部署2014年工作任务。

（王程）

【人员密集场所安全检查】 3月3日，延庆县安全监管局对日上批发市场、恒生综合市场等4家人员密集场所进行执法检查。重点检查安全生产管理制度建立和落实、安全标识的设置、消防器材设置和配备、安全生产教育培训、营业区货架货物码放高度、营业区疏散通道、应急值守及应急演练等情况。检查中发现个别生产经营单位营业区货架货物码放过高、营业区疏散通道未保持畅通等问题。针对检查中发现的问题，执法人员分别对存在问题的单位下达责令整改指令书，经复查均完成整改。

（宋悦）

【餐饮和商业零售单位安全检查】 4月23日、29日，延庆县安全监管局联合县商务委分别对县域内北京豪杰尚品自助烤肉餐厅、北京全味轩餐饮中心以及北京中踏购物广场、沃尔玛商业零售有限公司、北京日上综合市场等5家单位进行执法检查。重点检查安全生产管理制度建立和落实、安全警示标识的设置、消防器材的配备、从业人员安全教育培训、营业区疏散通道、应急预案的制定及演练等情况。针对检查中所发现的安全隐患，下达责令限期整改指令书，经复查均完成整改。

（杜嘉乐）

【中秋节人员密集场所安全检查】 9月3日至4日，延庆县安全监管局联合县商务委对县域内的北京龙隆昌餐饮管理有限公司、沃尔玛超市、苏宁商城、中踏商场等人员密集场所进行安全检查。重点检查安全生产管理制度建立和落实、安全警示标识设置、消防器材配备、营业区疏散通道、应急预案制定及演练等情况。针对检查中所发现的安全隐患，下达责令限期整改指令书，经复查均完成整改。

（王程）

【滑雪场专项执法检查】 11月28日，延庆县安全监管局联合县旅游委、质监局、食品药品监管局、消防支队等部门对北京石京龙滑雪场、北京八达岭滑雪场的营业区疏散通道、安全警示标识的设置、消防器材的配备、从业人员安全教育培训等进行执法检查。针对检查发现的安全隐患下达责令限期整改指令书，经复查，两家单位均按期整改。

（杜嘉乐）

【大型活动安全保障】 本年，延庆县安全监管局加强对“2014中国体育彩票全国新年群众登高健身活动”“延庆县第二十八届龙庆峡冰灯艺术节”“世葡会吉祥物宣传活动”“世界汽车房车露营大会”“夏日文化广场”“千森杯自行车赛”“北京国际自行车博览会暨第三届北京自行车文化节”“2014北京国际马球公开赛”“第十六届北京国际旅游节”“第二十九届冰雪欢乐节”“长城点灯仪式”“第十一届世界葡萄大会倒计时100天新闻发布会”“2014禧玛诺车迷节·北京延庆站自行车赛事活动”“第六届北京端午文化节暨北京市首届‘非遗大观园’端午游园会”“城建万科杯第四届北京国际自行车骑游大会”“第十一届世界葡萄大会”“2014年全国公路自行车锦标赛暨全国青年公路自行车锦标赛”“2014·北京·延庆长城森林艺术节”“2014第二届中国越野拉力赛八达岭段发车活动”“红牛徒步主题活动”“2014年环北京职业公路自行车赛”“2015年北京新年倒计时延庆分会场活动”等大型活动现场的安全保障。提前对活动现场的临建设施搭建、临时用电、现场防护等情况进行执法检查，对存在安全隐患的单位下达责令整改指令书，并监督落实整改。在重大活动举办过程中全程应急值守，确保活动顺利进行。

（闫建杰、宋悦、王程、杜嘉乐、李乐）

职业卫生监督检查

【职业卫生执法检查】 1月21日，延庆县安全监管局会同县总工会、人力社保局组成执法检查组，对20家存在职业危害企业的职业病危害申报、规章制度建立、管理机构及健康管理员设置、教育培训、劳动者职业危害告知、警示标志和警示说明、防护设备设施及个人使用职业病防护用品等进行检查。针对个别单位职工劳动防护用品佩戴不齐全的问题，执法人员当场予以指出并督促其立即改正。

（闫淑亮）

【职业健康体检】 7月22日至25日，香山化工职业病防治院“健康大篷车”在延庆县康庄镇北京玻璃钢复合材料有限公司厂区，设置临时体检中心，为延庆县工业企业、印刷企业、汽车维修等行业900余名职工进行职业健康体检。

（闫淑亮）

【职业病危害防治评估】 12月9日至11日，市安全生产科学技术研究院对延庆县开展职业病危害防治评估、检查工作。审查20家用人单位提供的材料，实地抽查4家单位职业病防治工作情况。评估组对延庆县职业卫生管理工作给予肯定。

（闫淑亮）

【职业危害单位执法检查】 本年，延庆县安全监管局检查存在职业危害单位569次，下达行政执法文书193份。查出事故隐患262项，整改事故隐患258项，整改率98%。行政处罚17起，罚款14.3万元。

（闫淑亮）

【职业卫生申报】 本年，延庆县存在职业病危害的生产经营单位完成申报并通过审核的有142家，申报率100%。

（闫淑亮）

【职业病防治法宣传】 本年，延庆县安全监管局、卫生监督所、人力社保局举办职业病防治法宣传周和宣传咨询日活动，发放宣传资料，实物挂图等近200份。6月16日安全生产宣传咨询日，县安全监管局、总工会、经济信息化委、八达岭经济技术开发区在中材科技风电叶片股份有限公司开展以“坚守红线意识，保障城市安全”为主题的宣传咨询活动。活动中向企业职工发放宣传资料，讲解安全生产法律法规和安全常识，受到广大员工的欢迎。

（闫淑亮）

【职业病防治法知识竞赛】 本年，延庆县安全监管局联合县总工会，组织辖区职业危害企业参加职业病防治法知识竞赛答题。156家企业参与知识竞赛答题，收回2552份答题卡。

（闫淑亮）

宣传培训

【安全生产月】 安全生产月活动期间，延庆县政府制发《延庆县2014年安全生产月活动方案》，成立由副县长刘兵为组长的安全生产月活动领导小组，开展安全生产宣传咨询日、“六进”、展板巡展、家庭安全知识大赛等11项具体活动。6月9日，组织开展宣传咨询日及“六进”活动（即安全知识服务基层，安全教育进企业、进工地、进乡镇、进社区、进景区、进商场），副县长刘兵和县委宣传部、应急办、住房城乡建设委、交通大队、消防支队等22个部门的领导80余人参加主会场的活动。全县各乡镇街道、经济开发区、大型商市场、旅游景区、宾馆饭店、社区、危险化学品企业及有关单位设立宣传分站。此次活动设立宣传站40余处，发放宣传挂图、各类折页等宣传资料7万余份。由县领导带队，以安全生产法律法规、标准化建设、打非治违专项行动为主要内容，在同富建材城、葡萄博览园建设指挥部、井庄镇、百泉街道、水关长城、环球新意百货开展安全知识宣传教育活动。通过面向基层、面向企业、面向一线的宣教，进一步提高生产经营单位从业人员和社会公众的安全意识，营造良好的安全生产社会氛围。在市级安全生产月活动表彰中，延庆县获得北京市安全生产月活动优秀组织奖。

（王丹）

【家庭安全知识竞赛活动】 7月23日，延庆县在全县范围内组织开展以“人人学安全，家家享平安”为主题的家庭安全知识竞赛。竞赛内容涵盖安全生产法律法规、家庭安全、安全科普等方面的知识。大榆树镇队代表延庆县参加北京市比赛。

（王丹）

【企业负责人安全生产培训班】 7月25日，延庆县政府组织全县规模以上企业负责人及县旅游委、发展改革委、住房城乡建设委等部门的科室负责人150余人，举办企业主要负责人安全生产专题培训会。邀请北京安科研培技术有限公司讲师纪玉松进行授课，通过历年典型事故案例，结合安全生产形势，重点从企业主要负责人的工作职责、安全管理等方面进行讲解。

（王丹）

【安全生产法宣贯】 本年，延庆县安全监管局开展《中华人民共和国安全生产法》宣传贯彻工作。购买新修订的《中华人民共和国安全生产法》单行本5000册，发放到全县各乡镇街道、开发区及行业主管部门。在延庆台、北京文艺、北京科教和中央3、5、6、8等7个频道连续播放宣传字幕和公益宣传短片。在县内各主要街道路口、社区、商市场、旅游景点等人员密集场所的电子显示屏播放宣传口号。执法人员按照安全生产“六进”的要求，在执法检查的同时送法进企业、进工地、进乡镇、进社区、进景区、进商场。

（王丹）

【年度培训】 本年，延庆县安全监管局举办各类安全生产培训班78期，培训特种作业人员、生产经营单位负责人及管理人员4283人次。其中举办特种作业培训班60期，培训特种作业人员2076人。低压电工作业取证的326人、高压电工作业取证的65人、焊工取证的119人、有限空间作业取证的37人、登高架设取证的11人；低压电工作业复审的639人、高压电工作业复审的556人、焊工复审的206人、有限空间作业复审的73人、登高架设复审的44人。实际发证

1988人。

（王丹、李宏昌）

【特种作业人员培训】 本年，延庆县安全生产指导中心（属三级安全生产培训机构），全年培训特种作业人员2248人，经补考实际发证人员2108人。

（李宏昌）

标准化建设

【标准化建设工作部署】 3月18日，副县长刘兵主持召开延庆县安全生产标准化建设工作部署会，将创建任务进行分解。

（王丹）

【标准化建设工作培训交流】 4月，延庆县安全监管局邀请顺义区安全监管局标准化办公室负责人和联合智业评审机构专家，对全县乡镇街道、行业主管部门及拟达标企业主要负责人和安全管理人员，分两期组织开展安全生产标准化培训，460余人参加。7月，县安全监管局组织全县规模以上企业负责人及县旅游委、发展改革委、住房城乡建设委等部门的科室负责人200余人，举办安全生产标准化建设专题培训会。县安全监管局深入基层分别为延庆镇、大榆树镇、儒林街道等单位的所属企业开展安全生产标准化建设培训交流工作。

（王丹）

【达标企业抽查考核及政策支持】 本年，延庆县安全监管局按照《延庆县安全生产标准化抽查考核制度》，按比例对达标企业进行抽查检查。年初拨付的60万元专项资金全部下拨基层。通过以奖代补政策，对在8月底前完成二级、三级达标的企业给予4000元的评审补助；对在8月底前与评审机构签约，在年底前可以完成评审的企业给予2000元的评审补助。截至12月底，完成计划任务。

（王丹）

北京经济技术开发区

概　　述

2014年，北京经济技术开发区安全生产工作扎实推进隐患排查治理，严格开展执法监察，充分发挥安委会职能作用，强化部门联动机制建设工作，推进落实“党政同责”“一岗双责”，做好重点行业、重点时段、重点建设项目安全保障工作。全面推进安全监管信息化建设，探索园区危险化学品管理新模式，创建工业企业隐患排查体系；践行先行先试，系统推进安全生产大培训、企业安全生产条件普查、安全标准化创建和注册安全工程师事务所等各项试点工作；落实危险化学品安全监管，深入开展涉氨制冷企业专项整治，重点加强企业生产工艺系统安全管理，严格实施危险化学品“三同时”安全审查；加强职业卫生安全监管，稳步推进职业卫生“三同时”行政许可，开展职业卫生专项行动。全年各项安全生产工作平稳有序，稳步推进各项安全监管措施，开发区安全生产执法力量进一步形成合力，安全生产培训初步实现社会化，以企业为主导的隐患排查体系进一步完善，区域应急救援能力进一步提高，全力保障开发区安全稳定发展。

综合监管

【控制考核指标】 本年，开发区发生各类安全生产事故死亡7人，占市安委会下达安全生产控制指标的87.50%。其中：道路交通事故死亡6人，占控制指标的120%；生产安全事故死亡1人，占控制指标的33.33%。未发生火灾死亡事故。

（孙鹏）

【安全维稳工作会商会】 1月24日，开发区召开安全维稳工作会商会。会议由开发区管委会副主任王合生主持，开发区安全监管局、消防支队、公安分局、政法工作部、人劳局等相关部门负责人参会。会议传达全国“两会”安全维稳工作精神，就存在的安全隐患进行会商排查，并对春节期间开发区安全维稳工作进行部署。

（刘茜紫）

【督查安全生产工作】 2月28日，由工业和信息化部安全生产司副司长金鑫带队的国务院安委会专项督查组到开发区督查安全生产工作。市安全监管局副局长陈清和开发区安全监管局相关人员参加督查。督查组对保健（中国）日用品有限公司和北京金佰利个人卫生用品有限公司进行安全生产检查，围绕企业开展安全生产大检查以来的隐患排查治理情况、全国“两会”期间安全生产工作措施的制定及落实情况等进行检查。督查组对两家企业安全生产工作给予肯定，要求企业加大安全管理力度，实现长治久安。

（王山）

【生产安全事故调查研讨会】 3月6日，开发区安委会办公室邀请市安全监管局事故处有关人员到开发区指导生产安全事故调查处理工作，开发区安全监管局、监察局、公安分局和总工会等12个部门负责事故调查处理的工作人员参加研讨。会上，市安全监管局介绍市级事故调查组工作经验和工作机制，各部门通过共同探讨，集中解决事故调查处理程序、法律法规应用、协调配合机制等重点难点问题。

（刘占超）

【安全生产工作会】 3月25日，开发区安全监管局召开2014年安全生产工作会，区内240余家单位的安全负责人和安全管理人员参加会议。会议分析开发区安全生产形势，对企业隐患排查治理体系、安全大培训、安全条件普查、建立企业安全情况基础信息库等工作进行部署。

（刘国建）

【安全生产月部署会】 5月22日，开发区安委会办公室召开安全生产月活动领导小组工作部署会，区安全监管局、发改局、建发局、交通大队、消防支队等部门主管领导参加会议。会议明确各部门安全生产月活动的工作职责，并针对活动方案和咨询日安排征求各单位的意见。会议要求，各单位要突出“坚守红线意识，保障安全发展”安全生产月活动主题，部署并充分调动各基层单位开展活动的积极性，确保活动开展的质量和效果。

（刘茜紫）

【安全生产月启动会】 6月5日，开发区安委会组织召开2014年安全生产月活动启动会，并举行开发区建筑工程安全培训体验基地揭牌仪式，开发区管委会副主任王合生、开发区总公司经理白文参加会议并揭牌。会议指出，安全生产事关职工群众安全和生命财产安全，事关企业改革发展和开发区稳定的大局，各企业、各部门要加强安全生产月活动的自觉性和主动性，结合安全形势、安全生产的工作实际，增强安全生产月活动的针对性和时效性。

（刘茜紫）

【六类危化单位工艺系统安全管理】 6月10日，开发区安全监管局联合区质监局等部门召开六类危险化学品重点单位工艺系统安全管理工作部署会。会上明确提出建立年度自检制度、开展设计复核工作、强化人员培训、严格承包商管理、完善应急体系建设等7项工作要求，要求企业切实加强涉及危险化学品使用、储存、加工、处理工艺系统本质安全的管理工作，32家涉及六类危险化学品重点单位安全管理人员参加议。

（张润婕）

【食品企业安全生产部署会】 6月12日，开发区安全监管局、食品药品监管局召开食品生产企业工作部署会，区内19家食品生产企业参加会议。会议对《食品生产企业安全生产监督管理暂行规定》进行宣贯，要求各企业贯彻执行，落实主体责任，强化安全管理。

（刘国建）

【地下管线安全专题会议】 6月19日，开发安委会、发改局、市政局等部门召开地下管线安全专题会议。会议要求各专业公司制定隐患排查治理方案，摸清地下管线长度、井口数量等基本信息，健全地下管线台账，针对不同区域、不同使用年限以及发生事故可能造成的社会危害性，科学合理地细化隐患排查治理，并依法依规对地下管线安全现状进行评估。对可能存在的安全风险进行分析预测，加强与其他专业公司之间信息联络，确保在发生突发应急事件时及时告知相关单位。

（林晓伟）

【汛期安全生产】 6月，开发区安全监管局向全区企业印发《关于做好汛期安全生产工作的通知》，要求企业认真制定防汛工作方案，强化隐患排查治理工作，完善汛期突发情况的应急救援预案和措施，有效防范自然灾害引发的生产安全事故，确保安全度汛。

（张润婕）

【新入驻企业评定工作启动会】 7月31日，开发区安全监管局召开区内新入驻企业安全生产分类分级评定工作启动会。对分类分级评定标准和管理办法进行说明，并邀请评定专家对评定流程、人员安排、资料准备、注意事项等进行介绍。会议强调，对于专家现场评定的主要目的是帮助企业完善安全管理的系统性，发现安全管理中的问题，为企业整改提供专业指导，解决企业安全工作的实际问题。此次评定涉及专用设备、交通运输、医疗仪器、医药制造、仪器仪表、食品、通信设备等7个行业、15家企业。

（蒋立涛）

【管委会领导检查粉尘企业】 8月5日，开发区管委会副主任王合生带队，对SMC（中国）有限公司和富智康精密组件（北京）有限公司的粉尘作业情况进行专项检查。王合生要求，企业必须加大安全培训力度，尤其是粉尘爆炸方面的知识；粉尘作业场所必须做好电气防爆，动火作业必须审批；要制定粉尘爆炸事故应急救援预案；在注意防止粉尘作业场所爆炸的同时，必须高度注意粉尘职业危害，做好年度职业病危害因素检测，确保作业工人安全健康。

（王山）

【安全审计调研】 8月13日，市交通委安全督查事务中心到开发区就如何开展安全审计工作进行调研。开发区安全监管局负责人向调研人员介绍近几年开展的安全生产工作，重点是开发区基本情况、安全审计开展情况、审计实施效果、审计存在的问题和未来工作设想等5个方面，并就审计标准的制定、中介力量的利用、审计质量的保证等问题，与调研人员进行深入探讨。

（赵伟）

【国庆及APEC安全保障】 9月18日，开发区召开国庆及APEC会议期间安全保障工作会，开发区工委副书记贲勇和工委、管委会、总公司、街道等职能部门的有关领导参加会议。参会人员包括开发区工业、建筑、餐饮、物业等行业的单位负责人和安全负责人500余人。会上，区安全监管局、建发局、市政局、公安分局、交通大队、消防支队分别汇报各部门在国庆及APEC会议期间的安全保障工作。会议要求各部门、各单位全力做好安全稳定工作，明确责任，抓好工作落实，加大惩治力度，对违规违法企业“零容忍”。会后，开发区安全监管局分区域组织召开工业企业安全保障会议，就企业应重点注意的问题提出要求。对涉及危险化学品的企业，要求企业对全体人员进行安全教育培训，进行日常安全检查，点检应急物资并确保其处于有效使用状态，进行一次危险化学品事故专项应急演练，节假日期间停止生产、实验的企业要保证危险化学品存储的安全。特别强调涉及企业尤其是科研单位要严格予以落实。

（刘茜紫、蒋立涛）

【安全生产条件普查工作会】 9月24日至25日，开发区安全监管局组织区内400余家工业企业召开安全生产条件普查工作会。会议就普查工作的意义、目的及重要性进行宣贯，并就企业如何进行普查数据网报进行讲解。按计划，开发区条件普查以工业企业为龙头，分阶段开展对区内所有生产经营单位条件普查工作。

（刘国建）

【安全生产能力建设督查】 9月25日，国家安全监管总局办公厅副主任王士杰带领国务院安委会督查组，到开发区就安全生产能力建设进行督查，区管委会副主任高言杰、宣传部长赵雅娟参加督查。开发区安全监管局就开发区安全生产能力建设进行汇报，并提供相关文件材料供督导组查阅。督查组对SMC（中国）有限公司的粉尘作业现场和中航技易发研发办公楼项目的施工现场进行督查。

（王山）

【住宅小区电梯安全协调会】 9月25日，

开发区安委会办公室组织相关部门召开住宅小区电梯安全工作协调会，解决区内住宅小区电梯安全运行问题。会议要求由开发区房土局牵头，联合安全监管局、质监局，组织区内住宅小区物业公司和业委会负责人召开会议，要求物业公司和业委会共同对住宅电梯存在的安全问题，按照技术标准和相关法规进行排查，并由有资质的机构进行安全评估鉴定；要求物业公司按照安全评估鉴定结果，针对存在安全隐患的电梯，制定维修方案，并做好电梯安全状况的日常维修检查，对检查中发现的问题及时改正；业委会与物业公司达成共识的，按程序进行维修，并在本小区内进行公示；未达成协议的，进一步找出症结，有针对性地解决问题，确保居民电梯使用安全。

（刘茜紫）

【市安全监管局检查粉尘企业】 12 月 19 日，市安全监管局对亿滋食品（北京）有限公司进行粉尘专项检查。检查组对该公司料仓间进行现场检查，并查看预防粉尘危害相关的教育培训记录、日常检查记录等文件。检查组对企业粉尘安全管理工作给予肯定。

（赵伟）

【联系企业活动】 本年，开发区安全监管局开展领导联系企业活动，4 名处级领导每人选择 1 家年产值亿元以上企业，定期与企业中方高管（外资企业）、企业党群组织负责人、“两代表一委员”、高层次人才或其他需要联系的人员进行联系，每人全年联系企业次数不少于 5 次。企业安全生产联系工作采取座谈、走访、电话、网络等方式开展，帮助企业解决发展中的安全生产难题。

（王山）

危险化学品安全监管

【危险化学品安全管理培训】 5 月至 6 月，开发区安全监管局举办 5 期危险化学品安全管理专题培训，区内涉危企业 800 余人参加培训。培训围绕危险化学品应急救援专题，邀请北京化学工业协会专家，从危险化学品事故概念及特点、平时防范、事故现场处置、事后处置等方面进行授课。针对危险化学品使用和储存中的风险点，以及企业在日常管理中的薄弱环节进行讲解，并进行现场答疑。

（张润婕）

【涉危企业部署会】 7 月 23 日，开发区安全监管局联合区交通大队召开涉危企业落实安全主体责任动员部署会，100 余家危险化学品企业参加会议。会上，区安全监管局对生产、使用、经营、存储、运输剧毒危险化学品应注意的事项进行提示，区交通大队通报“7・19”沪昆高速客货车相撞事故情况。会议要求各企业对客货运和危险化学品运输管理情况、车辆及驾驶人信息进行一次细致的排查摸底，重点是企业安全主体责任落实情况、车辆安全性能情况、驾驶员资质及卫星定位使用情况。

（王山）

隐患排查治理

【液氨使用专项整治】 3 月至 5 月，开发区安全监管局对区内 3 家涉氨制冷企业开展液氨使用专项整治工作。通过建立“每周上报进度，每月现场督查”的工作机制，组织企业申请上报治理项目资金补助，到实地走访，查看设计复核进展，了解整治改造情况，督促企业按照时间和要求完成此项任务。6月23日至25日，开发区安全监管局组织相关专家进行审核验收，所有涉及专项整治的企业基本完成改造整治工作。

（张润婕）

【安全生产条件普查试点】 5月至8月，开发区安全监管局启动安全生产条件普查试点工作，普查内容涉及安全生产和事故应急的各个方面。截至7月15日，全区100余家试点企业完成网上填报工作。填报完成后，开发区安全监管局对数据进行整合分析，对试点企业进行入户抽查，对企业填报数据进行确认审核。试点工作为下一阶段全市安全生产条件普查全面开展积累经验。

（孙鹏）

【隐患自查自报系统应用会】 7月3日，开发区安全监管局召开2014年度执法工作部署暨隐患自查自报系统应用会，229家企业参加会议。会议对2014年执法工作重点进行部署，对隐患自查自报系统应用进行讲解。

（冯丽颖）

【汽修行业隐患排查治理启动会】 9月11日，开发区安全监管局组织全区28家汽修企业安全负责人召开开发区汽修行业三级安全隐患排查治理暨职业卫生基础建设启动会。会上，开发区安全监管局对三级安全隐患排查治理工作进行部署，由第三方中介机构针对隐患排查自查标准及隐患排查自查表进行解读。要求企业深入开展隐患排查治理工作，促进职业卫生基础建设。

（高云祥）

应急救援

【天然气管线泄漏事故应急演练】 6月26日，开发区安全监管局、发改局、应急办、消防支队、交通大队联合组织天然气管线泄漏事故应急演练。此次演练由北燃港华燃气公司具体承办，整个演练过程真实到位、稳中有序，严格按照应急职责分工和操作流程进行。通过应急演练，提高实际处理燃气突发事件的能力。

（王山）

【有限空间作业应急演练】 7月3日，开发区安全监管局、交通大队和总公司联合组织有限空间作业应急演练。此次演练由北京博大网信科技发展有限公司具体承办，演练过程围绕“预防”和“救援”两大主题，分阶段进行。“预防”演练，以作业现场开辟、现场安全会、救援设备自检、施工作业申报、气体检测和巡查单位检查等环节为主要内容；“救援”阶段，以救生员着装下井、拨打求救电话和事故报告、停止现场作业、启动单位应急机制、伤员升井、体外心肺复苏等为主要内容，验证各环节的时间，以期为减少伤亡和有效救护赢得时间。

（王山）

执法监察

【春节期间专项检查】 春节期间，开发区安全监管局加强值守，每天由值班领导带队，对区内危险化学品单位、商场超市、餐饮企业等单位进行抽查，要求企业加强应急值守，配备应急物资。针对重点危险化学品生产、使用单位和加油站周边等重点区域以及烟花爆竹重点燃放时段进行重点督查，确保全区安全生产形势平稳、有序。

（李浩）

【暗访夜查专项行动】 1月至2月，开发区安全监管局对区内生产经营单位及“五小企业”和“六小场所”开展暗访夜查行动。暗访夜查行动分8期，出动执法人员32人次，出动执法车辆16车次，检查企业49家，涉及餐饮、超市、加油站、仓储物流、电子制造、医药制造、物业等14个行业，发现安全隐患问题62项，下达执法文书28份，对发现的安全隐患问题要求企业限时整改，其中部分问题要求企业立即整改。对于下达执法文书，要求企业限时整改的安全隐患，执法人员已经按期进行复查，整改率100%。

（蒋立涛）

【开启信息化执法模式】 3月，开发区安全监管局执法人员在执法检查后，利用移动终端、移动打印机等设备进行执法文书处理，规范记录方式，不再使用纸质文书进行执法检查录入工作，实现执法规范化、信息化执法。

（孙鹏）

【端午节安全检查】 端午节前，开发区安全监管局联合区消防支队，对部分重点人员密集场所进行安全联合检查。检查组对丰大国际酒店等4家人员密集场所进行检查，主要对安全生产管理制度、应急预案、人员教育培训、消防设备设施、安全用火用电和节假日期间应急值守等工作的落实情况进行检查，对检查中发现的问题下达执法文书并督促整改。

（褚巍）

【“六打六治”打非治违专项行动】 8月至12月，开发区开展“六打六治”打非治违专项行动。检查生产经营单位1819家，发现事故隐患3576项，行政处罚94起，罚款32.1万元，关停企业9家，暂停施工项目42个，封停企业公务用车1125辆，治安拘留39人，刑事拘留10人。

（赵伟）

【年度执法检查】 本年，开发区安全监管局检查各类生产经营单位812家次，查处各类安全隐患831项，下达执法文书306份，实施行政处罚20起，罚款24.3万元。

（肖怡宁）

职业卫生监督检查

【职业卫生管理员继续教育】 5月13日至14日，开发区安全监管局分两期组织职业卫生管理员年度继续教育，177家企业的292名职业卫生管理人员参加培训。培训聘请专家，对企业职业卫生基础建设和企业职业卫生档案建立等方面进行授课。要求企业重视职业卫生工作，做到申报、培训、检测、体检和告知5个100%，完善企业职业卫生档案，尤其是接触职业病危害员工的职业健康监护档案。

（王山）

【新上岗职业卫生管理员培训】 5月20日至23日，开发区安全监管局举办职业卫生管理员初训，区内120家企业的176名新上岗职业卫生管理员参加培训。重点培训职业卫生相关法规及管理中的常见问题，以国内外典型案例进行讲解分析，提高新上岗职业卫生管理员的安全意识和管理能力。

（刘国建）

【粉尘治理紧急部署会】 8月3日，开发区管委会副主任王合生主持召开粉尘专项安全生产治理工作紧急会议，针对江苏昆山金属粉尘爆炸事故，部署开发区爆炸性粉尘企业安全隐患整治工作。开发区安全监管局介绍江苏昆山事故情况，就区内存在爆炸性粉尘企业的安全生产情况进行汇报。会议要求，开发区安全监管局核实区内粉尘企业基本情况，开展粉尘专项执法检查。并召开重点企业会议，要求企业落实主体责任，开展隐患自查，并上报有关情况。

（王山）

【爆炸性粉尘企业专项检查】 8月，开发区安全监管局对区内23家涉及爆炸性粉尘企业进行专项检查。专项检查涉及金属、食品、纸制品、制药、塑料、机械等行业企业，对粉尘产生的设备、除尘设备、车间电气防爆等逐一核查，对企业粉尘场所防爆安全的教育培训、粉尘检测、安全检查、动火作业等情况进行检查。所检查企业未出现粉尘浓度超标情况，对于部分存在粉尘防控措施不足的企业，开发区安全监管局请专家到现场进行评估，指导整改，并督促企业整改到位。

（王山）

【职业病危害防治评估工作】 12月29日，市安科院和市劳保所两家职业卫生专业机构组成的评估组，对开发区职业病危害防治工作进行评估。评估组查阅20家企业的职业卫生档案资料，并对4家企业的作业场所进行现场核审。评估组对开发区的职业病危害防治工作给予肯定。

（王山）

宣传培训

【安全管理人员培训】 3月，开发区安全监管局组织开展企业主要负责人、安全管理人员安全培训，区内85家企业的160名新上岗安全管理人员参加培训。培训聘请多位专家就安全生产法律、法规，安全生产技术、企业职业健康管理等课程进行讲解。通过集中学习，主要负责人和安全管理人员在安全理念，安全意识，风险防控等方面得到提升。

（刘国建）

【宣传咨询日】 6月16日，开发区安委会在博大公园组织开展以“坚守红线意识，促进安全发展”为主题的安全生产咨询日活动，区管委会副主任王合生、宣传部部长赵雅娟、总工会主席张凤民参加活动。开发区安全监管局、食品药品监管局、质监分局、消防队、供电公司、燃气公司等17个部门前来布展，为群众发放各类宣传资料2万余份，设立百余块宣传展板，宣传安全生产、交通安全、食品安全、消防安全等知识，参与人员1000余人次，掀起全区安全生产工作的宣传高潮。

（刘茜紫）

【隐患排查治理体系建设培训】 6月25日，开发区安全监管局对85家已分类分级企业进行集中辅导，针对企业如何建立隐患排查治理体系进行讲解。通过推动企业建立隐患排查治理体系，形成“职责明确、标准清晰、企业负责、全员参与”的隐患排查治理工作格局，让企业建立起有计划、有标准、有措施的隐患自查、整改、复查的闭环管理模式，有效落实企业主体责任。

（蒋立涛）

【有限空间管理人员培训班】 6月26日，开发区安全监管局举办有限空间管理人员培训班，区内近百家涉及有限空间企业的150余名管理人员参加培训。培训聘请专家从事故案例、原因分析等入手，对有限空间作业安全管理常识、法律法规和标准规范等进行讲解。会议要求企业加强有限空间作业安全管理，规范有限空间作业行为，有效防范夏季炎热气候下有限空间作业事故的发生。

（刘国建）

【燃气安全培训】 6月26日，开发区安全监管局与区商务局联合举办针对区内使用罐装液化石油气的餐饮企业及工业企业的燃气安全专项培训，灌装液化石油气使用单位80余人参加培训。培训聘请专家结合燃气事故案例和主要问题就相关法律法规、购买及使用灌装液化石油气应注意事项，以及事故应急处理等进行讲解。

（刘国建）

【注册安全工程师考前辅导】 7月11日至15日，开发区安全监管局拨付专项资金，组织注册安全工程师考前辅导，区内企业120余名安全生产负责人和管理人员参加培训。培训聘请对注册安全工程师考试有多年研究的高校老师，对安全生产法律、管理、技术和事故案例进行系统的讲解。

（王山）

【人员密集型企业教育培训调研】 7月31日，开发区安全监管局对区内部分人员密集型加工企业开展安全生产教育培训和专题调研，组织相关企业对于劳动密集型企业的三级安全教育存在的共性问题以及经验做法进行交流共享。将企业存在的共性问题和相应法规的要求进行明确解释，并将调研中发现的企业采取的有特色安全教育培训方法进行具体介绍，听取企业存在的困难和建议，研究、提炼劳动密集型企业安全生产三级教育培训的及时性、有效性的可行性做法。

（蒋立涛）

【安全管理人员再培训】 8月，开发区安全监管局组织区内300余名安全管理人员进行安全再培训，培训聘请专家就粉尘防爆、安全生产标准化、隐患排查治理、专项整治等内容进行深入的讲解。对昆山中荣金属制品有限公司发生特大粉尘爆炸事故进行通报，并对粉尘爆炸的成因、危害、预防与防护等进行分析与讲解。

（刘国建）

【“一对一”辅导】 本年，开发区安全监管局根据企业安全管理实际需要，专门聘请安全生产技术服务机构为区内部分企业量身定制“一对一”辅导。一个专家组对一个企业，一个专家对一种隐患，对企业开展面对面、手把手的培训，并对企业改进情况进行包干式、跟踪式辅导。“一对一”的辅导方式让执法检查与主动服务有效结合在一起，增强企业加大安全投入的积极性。

（李浩）

法制建设

【法制研讨会】 1月21日，开发区安全监管局邀请专业律师召开法制研讨会。会上，与会人员就如何在决策前听取多方面、多角度意见和建议等内容进行深入探讨，针对法律文书的制作、行政法规的理解与律师进行交流。探索在行政执法过程中，如何更好引进法律服务，将法律顾问作为专业技术支持，运用法治思维和法治方式规范行政执法，提高行政执法公信力的一种新模式。

（张涛）

【“红线”意识专题讲座】 6月27日，开发区安全监管局邀请国家安全监管总局政策法规司副司长郇燕云为执法人员进行以“强化红线意识，促进安全发展”为主题的讲座，围绕“红线”意识提出的时代背景和重大现实意义，解读习近平总书记关于安全生产的重要论述。要求执法人员认真学习习近平总书记关于安全生产的重要论述精神，把思想统一到中央关于安全生产工作的决策部署上来，切实增强坚守“红线”的能力，推动全区安全发展。

（王山）

【依法行政培训】 10月31日，开发区安全监管局组织全体工作人员开展依法行政内部培训，培训聘请中国政法大学教授进行授课，结合十八届四中全会精神就依法行政进行深入浅出的讲解，使全体人员对依法行政有更深层次的理解，提高日常执法检查能力。

（刘国建）

标准化建设

【行业标准化推进会】 2月25日，开发区安委会办公室组织区发改局、建发局、房土局、市政局、社发局等部门召开行业安全生产标准化推进工作会，听取各行业主管部门关于标准化达标创建工作资金、人员及进度安排情况的汇报，对推进开发区行业安全生产标准化达标创建工作提出要求。

（孙鹏）

【科研单位标准化创建工作会】 5月15日，开发区安全监管局组织区内62家科研单位，召开科研单位安全生产标准化创建工作会。会上，学习贯彻国家有关部委及北京市政府安全生产标准化相关文件，对下一阶段科研单位安全生产标准化工作进行部署。

（孙鹏）

【工业企业三级标准化创建推进会】 5月27日，开发区安全监管局组织区内77家未开展标准化工作的企业，召开工业企业三级安全生产标准化达标创建工作推进会。会上，学习贯彻国家有关部委及北京市政府安全生产标准化相关文件，对下一步工业企业三级达标创建工作做出安排。

（孙鹏）

【生产经营单位标准化达标分工负责】 本年，开发区安全生产标准化达标创建工作涉及工业、危险化学品、科研、商贸、文化、娱乐、体育、物业等8个行业领域。其中工业、危险化学品、科研由开发区安全监管局推动企业开展创建工作，其他 5 个行业分别由开发区商务委、房土局、社发局负责。截至年底，开发区完成达标创建企业 160 家，其中二级达标 54 家，三级达标 91 家，小微企业达标 15 家，达标企业均为开发区安全监管局直管工业企业及科研单位。行业主管部门完成物业三级达标 30 家；商业三级达标 27 家，小微 50 家；文化娱乐体育场所三级达标 3 家，小微 17 家。开发区达标企业 287 家，其中二级、三级达标 205 家，小微达标 82 家。

（孙鹏）

▲ 6月25日，首钢总公司董事长靳伟（前左三）带队检查施工现场安全工作

▲ 6月24日，首钢园区管理部开展有限空间应急演练

▲ 7月，水钢公司举办安全生产知识竞赛

▲ 6月24日，首钢运输部开展“坚守红线意识，确保安全运输”现场签名活动

▲ 7月，通钢公司开展安全环保演讲比赛

1月，北汽集团副董事长吕振清（前右四）带队对北汽福田公司安全管理工作进行督查

7月，北汽集团召开安委会专题会议

8月，北汽集团领导带队对北京奔驰公司进行安全检查

◀ 京城机电公司董事长任亚光（中）带队检查安全生产工作

▶ 京城机电公司领导参加应急救援现场培训

◀ 北开股份公司举办安全培训班

▲ 6 月 16 日，机电院股份公司与朝阳区三里屯街道办事处联合开展安全生产月宣传咨询日活动

▲ 6 月 24 日，京城机电公司开展紧急避险应急演练活动

▶ 京仪集团北仪创新公司“安全是永恒的旋律”情景剧参赛节目获得“优秀作品三等奖”

◀ 京仪集团“安全生产，青年当先”演讲比赛

◀ 京仪集团开展高层楼宇逃生舱演练

▲ 化工集团举办消防运动会

▲ 化工集团应急预案专家评审会

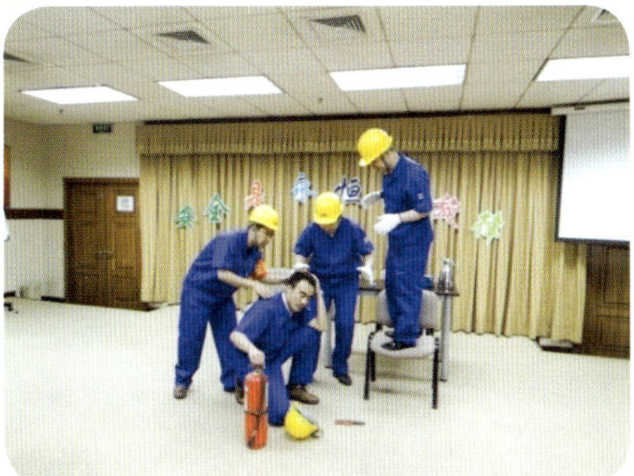

▲ 化工集团“安全是永恒的旋律”情景剧《平安是福》剧照

▲ 化工集团组织开展危险化学品泄漏应急演练

▲ 7月3日，京煤集团开展“强化红线意识，健全安全生产责任体系”专题讲座

▲ 京煤集团开展安全隐患大排查、大治理活动

▲ 京海电厂举行“强化红线意识，促进安全发展”主题签名活动

▲ 京煤集团安全生产月宣传专刊

▶ 1月22日，金隅集团副总经理李伟东（左三）带队进行春节前安全生产检查

◀ 9月25日，金隅集团红树林公司参加突发环境事件暨反恐应急综合演练

▶ 金隅集团建机公司开展特种设备安全检查活动

▲ 一轻控股公司董事长苏志民（左三）带队检查企业 APEC 会议安全保障工作

▶ 6 月 17 日，一轻控股公司总经理阮忠奎（左四）带队检查安全生产工作

◀ 一轻控股公司召开安全工作暨“安康杯”竞赛活动总结表彰大会

▶ 4月24日，隆达公司召开安委会（扩大）会议

◀ 6月19日，隆达公司开展安全生产“一岗双责”专题培训

▶ 隆达公司安全生产月活动期间举办消防运动会

▲ 纺织控股公司总经理李学彬（右三）带队检查安全生产工作

▲ 纺织控股公司副总经理吴鹤立（左三）检查企业安全生产工作

▲ 纺织控股公司万人安全教育培训活动启动仪式

▲ 纺织控股公司召开安全生产工作会

◀ 工美集团安全稳定工作会

▶ 白孔雀艺术世界安全文化演出活动

◀ 工美大厦开展安全知识教育培训

▶ 同仁堂召开稳定安全工作会

◀ 同仁堂召开应急预案评审会

▶ 同仁堂宿舍区房管中心对保安人员进行消防实操培训

同仁堂科技集团专职消防队进行灭火演练

同仁堂科技集团沙河仓库开展防汛安防工作

同仁堂药酒厂消防、安全比赛

◀ 10 月 20 日，北京市电力公司召开隐患排查治理工作会

▶ 7 月 30 日，北京市电力公司为 APEC 会议配套电网建设项目，怀柔区一座 110 千伏智能变电站投入运行

◀ 10 月 4 日，北京市电力公司检修公司对 220 千伏设备进行检修

▶ 12 月 22 日，加强重点设备安全巡查

◀ 北京住总集团安全生产“大宣讲”活动

▶ 北京住总集团防汛应急演练

▼ 北京住总集团地铁 15 号线土建施工 10 合同段工程被评为 2014 年“AAA 级安全文明标准化工地”

AAA

北京住总集团有限责任公司承建的北京地铁15号线土建施工10合同段工程荣获

AAA级安全文明标准化工地

中国建筑业协会建筑安全分会

二〇一四年十一月

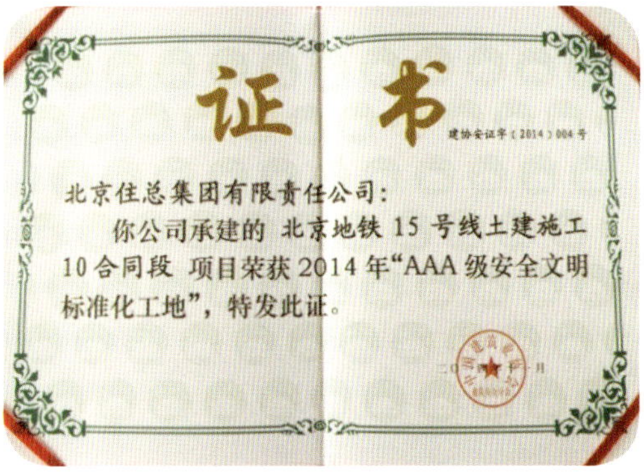

证 书

建协安证字（2014）004号

北京住总集团有限责任公司：

你公司承建的 北京地铁 15 号线土建施工 10 合同段 项目荣获 2014 年“AAA 级安全文明标准化工地”，特发此证。

◀ 市燃气集团高压管道翻转内衬修复新技术应用

▶ 市燃气集团举办安全管理人员培训班

◀ 市燃气集团举办安全生产督查员培训

▶ 北京燃气《员工安全手册》

▶ 北京环卫集团进行环卫作业

◀ 4月24日，北京环卫集团举办安全管理培训

▶ 6月，北京环卫集团举办有限空间施工现场应急演练

◀ 北京环卫集团获得市安委会办公室颁发的安全生产最佳实践活动奖和优秀组织奖

祥龙公司开展安全生产标准化评审活动

祥龙公司举办安全生产、消防安全知识培训

祥龙公司领导带队检查安全生产工作

祥龙公司安全生产月宣传咨询日活动

▲ 6 月 12 日，北京地铁公司举办"平安地铁梦"主题情景剧决赛

▲ 3 月 28 日，北京地铁公司在地铁 15 号线国展站高架线路区间开展应急疏散演练

▲ 11 月 27 日，北京地铁公司举办安全文化论坛

◀ 6 月 27 日，北京地铁公司开展企业安全大讨论活动

▶ 6 月 16 日，北京地铁公司安全生产月宣传咨询日活动现场

▶ 首旅集团党政一把手"一岗双责"安全生产培训

◀ 首旅集团召开 APEC 会议服务保障工作动员大会

▶ 首旅集团开展消防安全实操培训

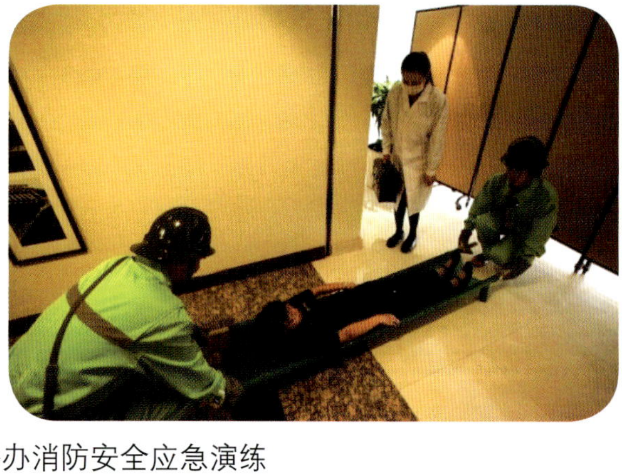

▲ 首旅集团举办消防安全应急演练

3月18日，北京排水集团召开安全文化建设经验交流会

5月16日，北京排水集团开展防汛应急演练

6月27日，北京排水集团举办安全智力运动会

▶ 8月6日，北京奔驰公司召开安全工作会

▲ 北京奔驰公司管理层安全政策培训

▲ 北京奔驰公司召开创建国家安全生产标准化示范企业专家评审会

▶ 北京奔驰公司安全管理信息平台建设

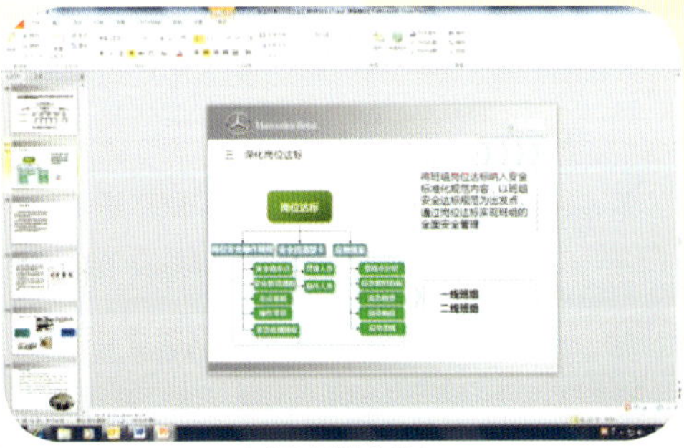

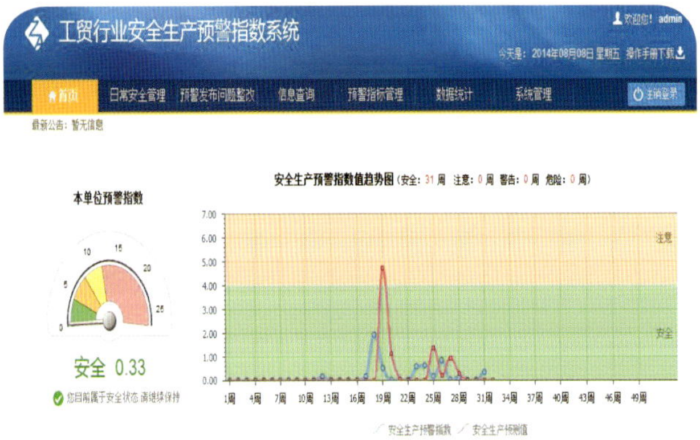

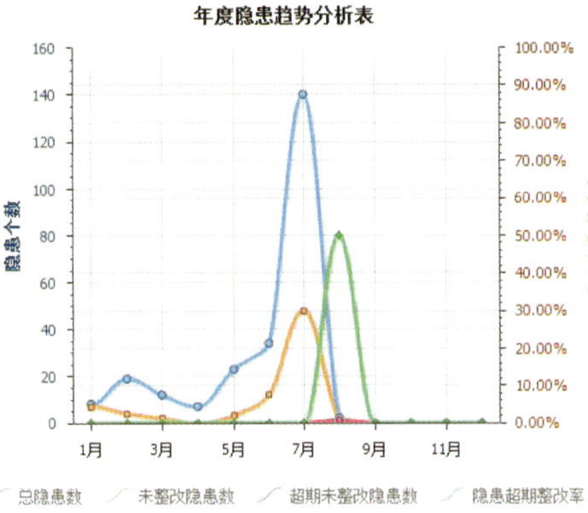

◀ 北京启迪公司与北京一轻日化有限责任公司安全顾问项目签约仪式

▶ 北京启迪公司开展企业负责人安全生产培训

◀ 北京启迪公司专家在企业进行电气安全评估

▶ 北京启迪公司参加北京市安全生产监管系统工作会并做大会发言

▲ 市安科院举办全市职业卫生技术服务机构人员培训班

▲ 市安科院在中石化北京燕山分公司调研特种作业培训考核工作

▲ 全市安全生产资格培训考试管理暨"三化"考试点建设工作现场会

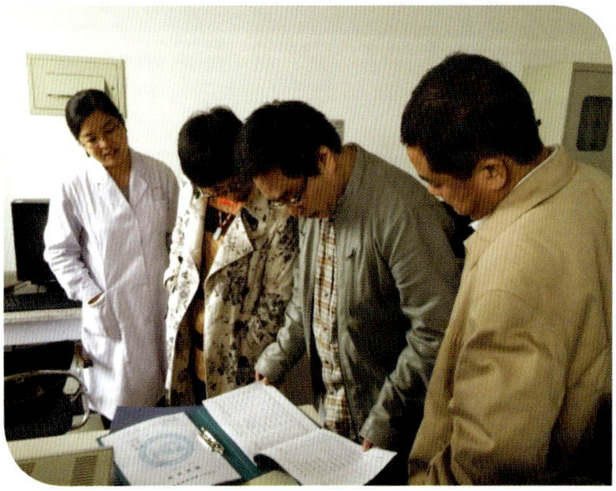

▲ 市安科院在房山区疾病预防控制中心开展年度评估检查工作

▲ 市安科院安全服务中心实验室计量资质通过评审

◀ 2月26日，市安全生产宣教中心组织召开安全生产新闻发布会

▶ 7月3日，市安全生产宣教中心组织安全生产新闻发言人培训

◀ 12月31日，市安全生产宣教中心有关负责人做客首都之窗“关注羊年烟花爆竹安全监管”访谈活动

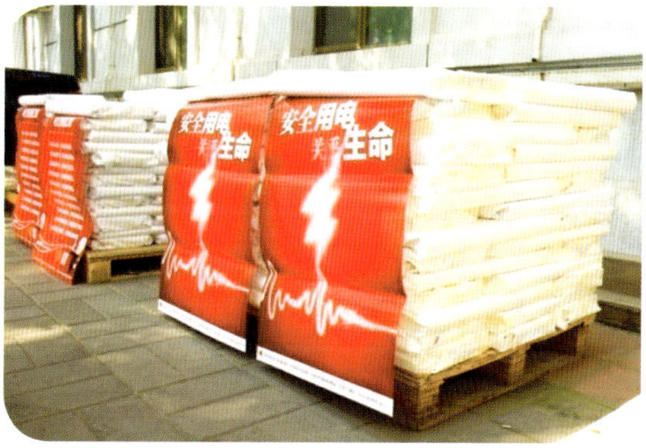

▲ 8月19日，市安全生产宣教中心设计制作用电安全宣传海报

▲ 12月8日，市安全生产宣教中心开展“我的岗位我畅想”安全生产宣传教育活动

▶ 全市安全生产信息化工作研究部署会

◀ 市安全生产信息中心举办安全生产信息化工作培训会

▶ 北京市第一次安全生产条件普查试点工作座谈会

◀ “烟花爆竹安全监管物联网应用示范工程项目”在第三届智慧北京大赛上被评为“优秀示范应用奖”

市安全生产举报投诉中心参加首都之窗访谈节目

市安全生产举报投诉中心开展公共卫生服务热线调研

市安全生产举报投诉中心举办举报投诉联络员培训班

9月16日，市安全生产举报投诉中心与兄弟省市安全监管局相关部门交流工作经验

市安全生产协会召开第三届会员大会

3月28日，市安全生产协会组织召开关于企业安全生产标准化评审工作会

市安全监管局委托市安全生产协会编纂的《北京安全生产年鉴（2013）》参加北京市首届年鉴综合质量评比，被评为二等奖

企事业单位安全生产管理

首钢总公司

2014年，首钢总公司认真学习贯彻国家和地方政府关于安全生产的各项要求，落实首钢总公司工作部署，深入开展多种形式的安全生产检查和隐患排查治理工作。

【落实安全生产责任】 本年，首钢总公司通过党委书记会、党委常委会、经理办公会、安全生产专题会等形式，15次对安全生产工作进行专题研究部署。对于国家和地方政府的各项指示和工作要求，先后以首钢总公司名义下发19个关于加强安全生产工作的文件。首钢总公司各专业部门围绕落实总公司要求，对安全工作进行督办核查，指导督促基层单位建立健全责任制，落实主体责任，推动安全生产工作不断向纵深发展。8月，为了贯彻落实新修订的《中华人民共和国安全生产法》，首钢总公司召开集团专业会，组织各单位安全管理人员进行学习。9月和10月，分两期举办北京地区生产经营单位主要负责人及安全管理人员培训班。11月在《首钢日报》全文刊登新修订的《中华人民共和国安全生产法》。为了加深对新修订的《中华人民共和国安全生产法》的理解，将国家安全监管总局副局长杨元元在北京市安全监管系统的辅导讲座录像发至集团各单位，并利用首钢领导干部周末大讲堂，组织全体领导和基层单位党政领导观看学习，使领导干部进一步增强安全生产"红线"意识，为贯彻落实工作打下坚实基础。各基层单位也结合实际，学习和宣传《中华人民共和国安全生产法》。首秦公司利用网络、宣传、授课及发放学习材料等形式宣传《中华人民共和国安全生产法》，营造学法、懂法、守法和用法的氛围，组织授课21次，发放公开信、相关挂图等材料360余份并将《中华人民共和国安全生产法》学习内容纳入安全知识库，通过培训考试，提高领导干部和岗位职工的安全生产意识。

【隐患排查治理】 本年，首钢总公司按照"全覆盖、零容忍、严检查、重实效"的要求，周密部署安全生产工作，迅速行动，先后组织开展元旦、春节、"五一"、"十一"以及全国"两会"、APEC会议等安全生产大检查和隐患排查治理工作。首钢总公司领导带队到基层单位、重点区域和关键岗位进行安全检查，组织排查和治理隐患，强化安全生产措施的落实。根据国家和地方政府的要求，结合首钢实际有针对性地开展安全生产工作。为吸取"8·2"昆山爆炸事故教训，以冶金、矿山、民爆、危险品及爆炸性粉尘为重点，开展为期100天的安全生产大检查。针对季节特点，开展防暑降温、防触电、矿山防汛、冶金煤气安全防护等专项整治。首钢生物质能源公司吸取上海、福建垃圾焚烧厂发生较大爆炸事故教训，针对渗沥液收集间清理，成立领导小组周密组织，开展培训考试，强化隐患排查，开展有限空间应急救援预案演练，还购置2台大功率风机向收集间送风。在施工中，操作人员穿着防护服、佩戴空气呼吸器和使用铜质工具严格按规程作业，专业部门坚守现场全天监护，确保该项高风险作业安全圆满完成。对于安全生产检查和隐患排查中发现的较大问题，坚持落实责任，严格考核。全年，通过安全检查和隐患排查，发现问题12859项，全部落实整改。下达安全检查通知书1895份，查处违规行为1904起，对472个责任单位2356名责任人给予严肃处理。对发生事故的单位和责任人、责任领导严肃追责。其中对发生死亡事故的单位，严肃处理115人，包括撤职3人、降级1人、记大过7人、记过15人、警告15人，考核74人。

【非煤矿山安全管理】 首钢总公司强化非煤矿山安全管理，吸取矿业公司"4·8"事故教训，在组织矿业公司抓好整改落实，强化源头管理，将合同管理、队伍管理纳入自身安全管理体系的同时，组织非煤矿山单位开展全面自查整改，对查出的问题下达"整改令"，要求有关单位立即采取措施，按时限全面整改，并对整改情况进行严格复查评估。通钢公司大栗子矿与不符合安全生产许可要求的外包单位终止工程合同，清退施工人员。首钢总公司在安全处增设分管矿山安全的专职副处长，在矿业公司安全处增设处长助理和相关科室，矿山各车间全部设置专职安全管理人员，地采矿山配备专职安全副矿长、总工程师及负责采掘、机电运输、通风等工作的专业技术人员，增强安全生产保障能力。

【安全生产月活动】 本年，首钢总公司制定安全生产月活动方案，组织各单位做好警示教育、宣传咨询、隐患排查治理、应急救援演练等工作，推广适用有效的方式方法，不断提高现场安全教育的针对性。各基层单位结合自身实际，开展宣传教育活动。冷轧薄板公司组织实施每天班前会"安全宣誓"，增加"手指口述"确认，避免误操作；现场增加安全警示、提醒设施，组织职工对"交接班确认及岗中控制"、异常处置等各环节进行危险辨识，完善岗位安全看板，提升现场安全管理水平。开展以"我身边最美的安全员"为主题的有奖征文活动，参加市安全监管局"幸福源于安全"安全心语短信征集活动。各级党组织和党员以"遵章守制作表率，夯实基础我带头"为主题，推进以安全工作为重点的创建党员示范岗和党员安全创优活动。首钢总公司团委通过首钢青年网站、"青春首钢"微信平台等媒体，以安全漫画、微视频、案例教育、互动投票等形式开展4期以安全为主题的网络宣传，并通过开展知识竞赛、演讲比赛、征文等活动，引导和教育职工安全生产、安全出行、安全生活，营造和谐幸福的安全生产环境。

首钢总公司叶凯供稿

北京汽车集团有限公司

2014年，北京汽车集团有限公司坚持"以人为本"的理念，紧紧把握"强化红线意识、促进安全发展"的总基调，狠抓安全生产各项工作的落实，安全生产形势稳定，全年未发生重伤以上安全生产事故，企业安全管理水平持续提升，为实现北京市安全稳定的社会环境做出贡献。

【强化安全生产管理】 本年，北汽集团组织深刻分析安全生产形势，针对北汽集团生产经营特点，围绕全国“两会”和APEC会议，有针对性地制定2014年安全生产工作指导意见，提出具体工作目标和各项重点工作要求，有计划地开展全年各项安全生产工作。为落实企业主体安全责任，本年各项安全生产工作纳入北汽集团考核体系，并与所属二级企业主要负责人签订安全生产目标责任书，明确具体工作要求和各项工作考核标准。

【推进标准化建设】 本年，北汽集团根据国家及北京市关于深入开展安全生产标准化工作的要求，确定11家安全生产标准化达标企业。有关单位对标准化达标工作重视，对本单位标准化达标工作任务进行分解，成立标准化达标领导小组和工作小组，按计划、要求有序推进达标工作，有力地促进安全生产标准化达标工作的开展，全年标准化达标企业22家，超额完成达标计划任务。北汽集团安全生产标准化达标单位上升到71家，达标单位涵盖本市所有生产性企业、外埠生产性企业、在京4S店以及部分在京非生产性企业。

【安全生产月活动】 本年，北汽集团将安全生产月活动列为安全生产重点工作内容。结合北汽集团安全生产形势和全年安全生产重点工作，制定下发《关于开展2014年“安全生产月”活动的通知》，以“倡导安全文化，创建安全企业”为活动主题，全面部署安全生产月活动的各项工作。北汽集团所属各企业精心组织、周密筹划，在企业广泛开展形式多样、内容丰富的安全生产月活动。如演讲比赛、知识竞赛、摄影比赛、安全生产征文、安全文化街、安全微信平台、安全生产咨询日、简报、漫画、播放宣传片等，丰富员工安全知识、提高员工安全意识，形成人人关注安全，人人重视安全的氛围。

【企业安全生产宣传教育】 本年，北汽集团充分发挥职工主动参与安全管理的热情，开展以“安全是不可逾越的红线”为主题的安全征文活动，征集400余件作品。北京现代汽车有限公司开展360°安全文化建设系列活动，遵循“凡事有章可循，凡事有人负责，凡事有人监督，凡事高效闭合”的安全工作理念，构建360°安全文化体系。北京奔驰汽车有限公司通过安全管理网盘，上传各种形式的安全动漫供各车间下载，同时各车间自行购买不同类型安全警示教育光盘在车间内部放映，以此提高员工对预防、识别、处置安全事故的技能水平。北汽福田汽车股份有限公司开展的专职安全培训讲师制度和体验式培训方式得到上级领导的肯定，并鼓励其继续扩大讲师团规模和专业领域，开发更多课件，使培训更加专业化和深入化。

【全国“两会”和APEC安全保障】 本年，北汽集团加强全国“两会”和APEC会议期间安全生产保障工作。制定安全生产工作计划和保障方案，将全国“两会”和APEC会议安全保障作为全年重中之重的工作。针对这两个时期的不同特点和要求，北汽集团采取有力措施，全面部署和实施安全生产保障工作。

【安全生产大检查活动】 本年，北汽集团开展为期3个月的安全生产大检查活动，要求企业领导干部亲自带队，做到全面排查隐患、不留死角。在此次安全生产大检查活动中，各单位整改各类安全隐患373项，结合安全生产标准化建设，对本单位安全管理制度再一次进行梳理，安全责任得到有效落实。

【完善安全基础管理】 本年，北汽集团进一步完善安全基础管理工作。完成北汽集团所属二级企业输油输气管道排查治理工作，排查天然气站房15077平方米，天然气管道61349米，油罐1435立方米，输油管路9807米，摸清集团输油输气管道底数，健全油气管路以及油气站房档案。建立企业安全生产投入台账，北汽集团所属企业安全生产投入近4亿元，及时整改一批安全隐患，有效改善职工作业环境。

北汽集团赵长明供稿

北京京城机电控股有限责任公司

2014年，北京京城机电控股有限责任公司坚持“安全第一、预防为主、综合治理”的方针，落实安全生产主体责任，建立“一岗双责”制度、强化隐患治理等一系列工作，促进安全生产形势的持续稳定，为京城控股公司安全发展提供坚强可靠的保障。

【贯彻“一岗双责”规定】 2月18日，京城控股公司与各企业签订安全生产目标责任书，明确企业安全生产主体责任和做好安全生产工作的各项要求。各企业按照“分级管理、分线负责”的原则，根据目标责任书的要求，将安全生产各项工作任务进行细分和量化，分解落实到基层，并逐级签订目标责任书，做到“安全生产、人人有责”。全年，18家主要生产经营企业全部完成制度的建立工作。

【安全生产月活动】 6月，京城控股公司在全系统开展安全生产月活动。控股公司董事长、总经理及控股公司领导班子成员深入重点生产经营单位进行安全生产督查，听取企业汇报生产安全情况，了解企业安全生产月各项工作开展和落实情况，对车间及重点部位进行检查，参与企业应急演练活动。控股公司为企业订购《机电安全（安全生产月专刊)》杂志300本，在《京城机电》报上开辟安全专版，利用控股公司OA办公平台，多角度大篇幅持续宣传报道安全生产月组织开展的各项工作，充分营造浓厚舆论氛围，共同营造关爱生命、关注安全的良好氛围。控股公司聘请市公安局交管局警官，对所属企业的交通安全管理干部和控股公司本部人员进行交通安全培训。其间，张贴各种宣传画2200余张，悬挂横幅、设置专栏、板报等宣传园地178个，利用64块电子显示屏循环播放安全生产月主题或公益宣传片；举办应急演练达百场，开展“查找身边的安全隐患”活动，排查安全隐患611项，整改率98.4%；开展安全教育培训198次，发放宣传材料8500余份。

【安全生产培训】 京城控股公司各单位结合实际，对全员进行《中华人民共和国安全生产法》《致全国企业负责人公开信》宣贯和培训，引导员工参与安全生产工作，全面增强懂法守法意识。9月12日，举办“2014年度系统企业领导干部安全生产管理培训班”和“安全生产主管领导、部门负责人、督导组成员、企业安全管理骨干安全生产管理培训班”。控股公司党政主要领导重点学习企业安全生产责任体系，主管领导、部门负责人、安全管理骨干学习隐患排查体系建设。控股公司直属企业贯彻执行关于开展安全培训教育的有关要求，依法依规分别对本单位高管、各级管理人员、班组长、一线员工及特种作业人员开展有关安全生产、交通、消防等安全教育培训340余场次，参加培训1.8万余人次，投入培训经费约70万元。

【重点时期安全保障】 APEC会议期间，京城控股公司先后印发《关于加强APEC会议期间生产安全保障工作的通知》《关于加强APEC期间房屋出租等场所安全保障工作通知》，通过控股公司OA办公平台发布《关于APEC会议期间部分加班企业加强安全生产和环境保护工作的通知》。对APEC会议期间安全隐患再排查工作提出具体要求。APEC会议召开前，控股公司领导班子全体成员对所属企业进行安全督查，控股公司派出安全生产督导组对重点企业、重点地区、房屋出租、地下空间、锅炉房等重点部位进行重点检查。在重要假日、重点时期，控股公司领导都进行安全生产督查，涉及控股公司主要生产经营单位。同时，控股公司各部门和安全生产督导组也进行例行检查，覆盖全部所属单位。

【隐患排查治理长效机制】 本年，京城控股公司修改完善《安全生产月报》内容，新月报针对性更强、填写更简化，强化指标管控和工作监督，逐步实现对企业自查隐患、上报隐患、整改隐患的安全生产精细化和规范化管理。企业建立健全隐患排查治理长效机制，开展全员隐患排查工作，加大隐患治理力度，按照“三定四不推”原则，做到发现隐患、及时整改，建立并完善隐患治理整改台账，强化安全生产基础管理，有效防范各类事故发生。

【标准化达标创建】 本年，京城控股公司所属22家二级企业安全生产标准化达标创建已基本结束，其中国家一级4家，省市二级9家，区县三级9家。三级企业有11家完成达标创建工作。京城机电控股公司进入后安全生产标准化时期。全年，控股公司所属各单位通过做好前期工作、完善组织机构、邀请专家指导、配合整改，全面开展安全生产标准化自评、复评工作。

京城控股公司安全环保部穆嘉澍供稿

北京京仪集团有限责任公司

北京京仪集团有限责任公司是一家以科研、制造、销售、服务为主的国有企业，拥有12家生产型企业、6家服务型企业、3家科研院所和1家技工学校。企业拥有的工业厂房、专业设备、家属宿舍较多。随着“十三五”期间MOS产业发展格局的确立，现代服务业不断壮大，消防安全作为安全生产重点位置越来越突出。形成安全生产工作以生产安全和消防安全为重点，同时兼顾交通安全、食品安全、治安保卫等工作的京仪集团"大安全"的管理体系。

2014年，京仪集团安全生产工作坚持"安全第一、预防为主、综合治理"的方针，落实企业安全生产主体责任，加强安全生产管理，开展安全生产标准化建设和企业安全文化建设工作，使全系统安全生产形势始终处于良好稳定状态。为京仪集团的经济发展提供安全保障。

【责任落实】 本年，京仪集团召开全系统安全稳定工作会议，总结上年度安全生产工作，对本年安全生产工作进行部署。制定下发《2014年安全生产工作要点》《2014年安全生产管理目标责任书》，明确各单位安全生产工作重点和工作要求，将安全生产责任落实到企业。

【标准化建设】 本年，京仪集团全力推进安全生产标准化建设工作，把安全生产标准化创建作为全年安全生产工作的重点，以重点任务的形式落实到企业。3月下发《北京京仪集团安全生产标准化建设工作方案》。确定各单位安全生产标准化达标的等级和期限，对全系统安全生产标准化工作进行部署。以安全生产目标管理责任书的形式，将企业实现安全生产标准化达标企业的管理责任落实到企业主要领导，强化企业责任意识。京仪集团所属单位高度重视安全生产标准化建设工作，主要领导挂帅，加强安全生产标准化工作的组织领导。企业安全生产标准化达标工作分级落实到各个部门和方位，做到明确分工，落实责任。同时明确各部门、岗位的工作标准，严格考核。积极调动企业的人力、物力、财力，精心组织，周密部署，动员全员参与；充分调动和发挥各部门的力量，群策群力，共同推进安全生产标准化工作的开展。开展培训教育，提高职工对安全生产标准工作的理解，增强自觉性和主动性，为安全生产标准化工作打好群众基础。京仪集团有18家单位实现安全生产标准化达标，其中9家企业实现二级达标，9家企业实现三级达标，为京仪集团全面开展安全生产标准化达标工作积累经验。

【隐患排查治理】 本年，京仪集团以安全生产隐患排查治理工作为重点，以安全生产标准化工作为抓手，开展安全生产隐患排查治理工作。围绕安全生产标准化达标工作，依据安全生产标准对照检查，对有悖于安全生产标准的都作为安全隐患。对排查出各类安全隐患和问题，分析原因，提出解决方案，采取措施进行治理，解决工作中的问题，弥补管理中的漏洞，消除现场的安全隐患。京仪集团及所属企业开展各类安全生产检查300余次，开展安全隐患排查200余次，查出安全隐患800余项，投入人力、物力进行治理，取得良好的效果。京仪集团所属企业安全生产投入1100余万元，用于安全隐患治理415余万元，用于生产环境改造350余万元。

【安全文化建设】 本年，京仪集团工会联合北仪创新公司，代表北控集团参加由市安全监管局和市文化局主办的"安全是永恒的旋律"主题情景剧大赛活动。北仪创新公司党政领导对活动高度重视，全力支持北仪创新公司承接情景剧创作、表演、录制任务。经过京仪集团工会和北仪创新公司创作、表演、录制小组的共同努力，取得"优秀作品三等奖"的好成绩。京仪集团团委强化团员青年安全生产意识，提高青年安全技能，完善青年安全工作管理，把青年的智慧和力量凝聚到为企业安全生产做贡献上来，筑起牢固的“青字号”安全防线，在安全生产月活动期间举办“安全生产，青年当先”演讲比赛。各单位组织青年围绕“安全生产，青年当先”撰写参赛稿件，畅谈对安全生产工作的理解和认识，从不同角度、不同侧面诠释安全生产工作的重要意义。讲演比赛活动赢得青年的支持与参与，对强化青年安全生产意识，推进企业安全文化建设，起到推动作用。

【应急装置启用】 本年，京仪集团为落实安全重在预防的原则，投入92万元资金，在京仪大厦安装高层楼宇逃生舱设备，京仪集团作为试点单位正式启用大型逃生缓降装置，是北京市第一个启用逃生舱的高层楼宇。

京仪集团行政安保部沈庆临供稿

北京化学工业集团有限责任公司

2014年，北京化学工业集团有限责任公司按照市政府、市安委会要求，发布并实施《北京化学工业集团有限责任公司安全生产“党政同责、一岗双责”规定》，明确集团公司各级党组织、行政领导班子安全职责，集团公司安全生产责任体系建设工作得到进一步完善。成立由党委书记、董事长、总经理任组长的安委会，每半年召开一次会议，听取安全生产工作汇报，审议安全生产工作计划和措施，提出工作要求和建议。确保APEC会议等重点时期、重要节假日安全，对危险化学品生产、储存、运输实施安全管控，清空处置危险废物。化工园区按照北京市关于危险化学品生产企业厂区采取封闭管理的要求，加大对门卫、界区四周、重点装置、值班等安全管理力度。集团公司对重点单位安全、保卫、环保措施落实情况进行多次现场检查。

【安全生产月】 6月，北化集团所属各单位深入开展安全生产宣传教育、培训、安全检查、应急演练4阶段的活动。重点加强生产经营企业、物业置业单位、母体企业以及院校、医院、人员密集场所等应急演练工作，分别进行消防、疏散、救援等演练，有的还与当地消防部门联合演练。在安全生产月活动期间，集团公司获得市安委会颁发的“2014年安全生产月优秀组织奖”；华腾化工、华腾橡塑、技师学院等3家单位开展具有本单位特色的活动，荣获“2014年安全生产月最佳实践活动奖”。

【化工园区安全环保一体化管理】 本年，北化集团印发《北京华腾化工基地安全一体化监督管理工作细则》，要求化工园区授权管理单位华腾化工公司及园区各单位履行各自主体责任，相互配合，抓好落实。为落实细则，园区成立5个专业安全生产检查组，集园区各方面专家、骨干的优势，定期开展5个方面的专业安全检查。化工园区安委会定期召开会议，研究、协调、部署园区安全生产、消防、环保、治安保卫等工作，实施甲类库封闭式管理规定，请专家开展危险化学品储运过程风险防控及事故应急处置培训。

【应急管理】 本年，北化集团重视应急预案的修订工作，成立以总经理为组长，主管副总经理为副组长的应急预案修订领导小组。5月开始组织修订，先后召开各类调研会8次，统计全系统31家相关企业应急物资配置情况，整理汇总8家重点生产企业应急物资数量，征求全系统相关部门的意见和建议，为预案修订提供全面翔实的理论依据，按照国家标准进行修订，形成以综合预案为指导，下设危险化学品、火灾爆炸、物料泄漏、重大危险源、机械伤害、职业危害和防汛7个专项预案的应急预案管理体系。6月18日，集团公司组织专家对《北京化学工业集团有限责任公司生产安全事故综合应急预案》以及7个专项应急预案进行评审。市安全监管局有关领导、评审专家对应急预案进行研讨，提出修改意见，认为化工集团修订的综合应急预案和7个专项应急预案内容紧密衔接，符合《生产经营单位生产安全事故应急预案编制导则》要求。

【职工消防运动会和青年示范岗创建】 本年，北化集团安全管理部门与工会共同组织开展消防运动会，增强全体职工的安全消防意识、知识、技能。集团公司安全管理部门与团委开展青年安全示范岗创建活动，集团公司所属华腾橡塑瑞京公司医药手套生产车间获得团中央、国家安全监管总局联合颁发的“全国青年安全生产示范岗”荣誉称号。

北化集团安全环保部化鹏飞供稿

北京京煤集团有限责任公司

北京京煤集团有限责任公司是2001年由原北京矿务局和原北京市煤炭总公司合并重组的国有独资大型企业集团。重组10多年来，京煤集团主动适应首都产业结构调整，落实企业发展战略，对内科学提升，对外扩张发展，在控制北京煤炭产量的同时，推进煤炭开采和煤电产业向外埠转移，在内蒙古投资建设大型现代化煤矿和煤矸石热电厂，打造首都新能源基地。同时，京煤集团充分发挥规模优势和区位优势，利用拥有丰富土地资源和经营网点优势条件，转型发展房地产业和现代物流、旅游饭店、燃料经营、物业租赁、汽车贸易等城市服务业，逐步形成“以能源、房地产和城市服务三大产业为主导，其他相关产业多元发展”的战略格局。京煤集团权属二级、三级单位60余家，分布在北京、天津、河北、内蒙古、辽宁、海南等地和南非，员工2.4万余人。

2014年，京煤集团坚持科学发展，落实强大京煤战略，深化改革，转型升级，整合资源，调整结构，创新驱动，改善民生，企业保持平稳发展的态势。12月28日，在市委、市政府和市国资委的主导下，京煤集团与京能集团实现战略重组，迎来京煤集团新的发展机遇，对安全生产工作提出新的要求。这一年，京煤集团资产总额为492亿元，经营总收入为286亿元，利润完成6.54亿元。北京地区现有4个生产煤矿，属低瓦斯矿井，年生产能力为520万吨。

【安全生产工作部署落实】 本年，京煤集团先后15次就安全生产工作召开专题会议，部署落实年度、月度安全生产工作。传达上级指示精神和工作要求，布置安排阶段性安全生产工作。一年来，京煤集团以安全生产一号文件为核心，与“六打六治”打非治违专项行动相结合，贯彻国务院和市委、市政府关于安全生产工作的整体部署，为全国“两会”和十八届四中全会以及 APEC 会议召开做出不懈努力。坚持开展京煤保障行动，先后出台多项安全生产管理制度，配合上级各项安全检查，坚持每季度开展隐患大排查、大治理活动，在工作中直奔基层，直插现场，全力排查和治理各类安全隐患，使安全责任有效落实，安全基础不断强化，保障京煤集团安全发展。

【京煤保障行动】 本年，京煤集团开展“京煤保障行动”，夯双基、精管理、强检查、重落实，各项工作有序推进。一是坚持预防为主，开展煤矿隐患大排查、大治理。二是全面贯彻落实煤矿安全“双七条”和顶板管理 5 条措施，形成长效机制。三是开展矿领导班子成员和中层谈心谈话、公司总经理和副总经理与采掘开正副段长谈话活动，安全责任意识得到加强。四是开展“我从安全事故中应吸取什么教训”安全生产警示教育活动，员工安全意识明显提高。五是召开安全质量标准化标准执行研讨会和加强安监站军事化建设研讨会，提高标准化管理水平。六是开展“提升系统”安全专项检查活动，系统安全保障能力明显提升。七是开展“百日安全决战”活动，安全管控水平提升明显。八是继续开展“安全·和谐”示范班组建设活动，班组自主管理水平得到进一步加强。九是开展对重点工作督查活动，提升精细化值派班、精细化收施工会、精细化二次分配、精细化培训等精细化工作。十是加强教育培训，员工安全意识全面提升。

【专项检查整改】 本年，京煤集团组织专项、专业安全检查和安全工作评审检查，进行季度安全督导检查和其他安全大检查。细化安全检查内容，以《安全检查内容明细表》的形式明确检查内容，做到内容具体、针对性强。9 月至 12 月底，集中开展“六打六治”打非治违专项行动，权属各单位每月至少开展一次安全检查和隐患排查整改活动，京煤集团组成 11 个督查组，由集团领导分别带队，直奔基层、直插现场，查出问题和隐患 455 项，已全部整改。将打非治违纳入长效机制，权属各煤矿进一步健全“四位一体”的现场防治“三违”制度体系，用制度约束各级管理人员和操作人员的行为，实现事前防控。

【安全达标】 本年，京煤集团对安全达标工作进行全面部署，权属各单位制定安全达标实施方案，明确安全达标目标、时限、工作步骤、负责人和责任部门。煤矿、化工、电力、机械、城市服务业(13 家)、物业均已达标。

【隐患排查】 本年，京煤集团各单位主要领导负责，定期开展隐患大排查、大治理活动，对发现的各类隐患，按照国家标准、行业标准、技术规范等立即整改，落实到位，不留后患。按照安全生产隐患排查治理制度，登记造册，责任到人，跟踪检查、验收和销账。一年来，排查出各类安全隐患 2561 项，整改完成 2557 项，整改率达到 99.8%。

【制度建设】 本年，京煤集团出台《安全生产党政同责、一岗双责实施办法》；修订《安全生产隐患排查治理制度》；建立《安全生产问责考核管理办法》；修订《应急综合预案及11项专项应急预案》；建立《森林防火管理办法》；完善《特种设备安全管理制度》。

【教育培训】 本年，京煤集团强化全体员工安全培训教育，创新安全培训方式，突出安全警示教育，按照“四个看待”的要求，推进事故警示教育。注重安全培训实效性和针对性，对权属单位主要负责人和管理人员进行“强化红线意识，健全安全生产责任体系”安全大宣讲专题培训和《中华人民共和国安全生产法》培训；开展特种作业及特殊工种操作资格培训；组织注册安全工程师考前培训；开展全封闭班队长综合素质培训；开展煤矿全员安全脱产培训；举办特种设备管理、安全达标培训；举办职业卫生、公共卫生、食品卫生安全培训。

【安全文化】 本年，京煤集团开展安全宣传和案例教育，宣贯安全文化，普及安全知识，牢固树立安全“零理念”和隐患“零容忍”思想，并以深入开展“安康杯”竞赛、青年安全卫士示范岗和安全生产月活动为载体，参加市安全监管局开展的“幸福源于安全”安全心语短信征集活动，把安全文化建设推向深入。权属两家单位荣获北京市安全生产月活动优秀组织奖；权属两家单位获北京市安全生产月活动最佳实践活动奖。

京煤集团安监部韩焕军供稿

北京金隅集团有限责任公司

2014年，北京金隅集团有限责任公司持续强化安全责任体系建设，落实“党政同责、一岗双责”，紧抓安全责任主线，从规章制度、组织保障、条件保障、教育培训、监督检查和安全文化等方面不断深化安全生产和保卫工作体系支撑作用，夯实安全管理工作基础，确保公司安全生产和保卫工作形势总体平稳。全年，金隅集团范围内未发生安全生产死亡和重伤事故、未发生新增职业病病例，未发生有影响的其他安全事故。

【企业安全文化建设】 本年，金隅集团将《安全文化手册》下发到企业班组一线，要求各单位利用多种形式进行宣传普及教育，在安全生产月活动中进行主题宣传。北京水泥厂有限公司被评为全国安全文化示范企业，金隅物业、涉县金隅等被评为省市级安全文化示范企业。公司提交的《金隅集团安全文化建设为核心的集团安全管理体系的构建与实施》荣获北京市企业管理现代化创新成果一等奖，安全文化建设的成果得到认可和肯定。

【安全责任体系建设】 本年，金隅集团进一步明确和落实公司及各成员单位两级党政领导安全生产责任。在广泛征求意见的基础上，全面梳理有关法规政策及相关制度，制定《安全生产“党政同责、一岗双责”暂行办法》，经金隅集团经理办公会、政工办公会及党委常委会讨论通过下发执行。

【安全检查】 本年，金隅集团对重点单位重点部位进行安全检查累计2020次，发现问题145项，现场纠正129项。其中夜查50次，316个重点部位，发现问题8项，现场纠正8项。下达隐患整改通知书18份，向5家单位下达5份违法及隐患考核反馈单。

【春节期间安全检查】 春节期间，金隅集团为应对燃放烟花爆竹高峰时段的火灾风险，组织木材加工、物业管理等重点单位对草坪绿植进行全面湿化，面积达100万平方米以上。相关单位增加人员，加大频度，增设高处瞭望点，确保消防防范措施到位。

【全国“两会”安全检查】 全国“两会”期间，金隅集团责成写字楼大厦等单位的装修作业暂停施工，确保安全；各级管理部门加强在施工程项目安全检查，监督重点安装等项目责任人对施工现场存在临边、洞口防护不到位等安全隐患进行整改。

【APEC期间安全检查】 APEC会议期间，金隅集团实施管控措施，责令施工工地全面整顿并进行跟踪检查，实现重点时期安全稳定。3家企业专职消防队在重要时期全部做到“人员”“车辆”“器材”三落实，确保一方平安。

【交通安全检查】 本年，金隅集团开展季度、年度交通安全目标管理考核验收工作，继续细化相关考核标准。全年，机动车安全状况总体保持平稳。

【非煤矿山安全管理】 本年，金隅集团完善矿山企业安全规章制度建设，加强人员教育培训，强化外包工程管理的专项指导和检查。着力推动北水凤山矿“安全·和谐”示范矿山建设成果分享，凤山矿成功通过一级安全生产标准化现场评审。

【安全生产标准化】 本年，金隅集团采取有效措施，继续深化推动安全生产标准化工作，将安全生产标准化达标从制造业企业向其他业态覆盖转移。全年，有1个单位通过一级标准化达标评审，1个单位通过二级标准化达标评审，5个单位通过三级标准化达标评审。

【非经营性资产出租安全管理】 本年，金隅集团重点对10个非经营性资产出租部位进行现场检查和调研，形成《公司资产出租安全管理情况调研报告》，提出具体管理意见。在“打非治违”专项行动中，拆除红龙宾馆等违规建筑14个，总面积达1.6万平方米，消除一批安全隐患，为企业健康经营奠定基础。

金隅集团安保部王慧芬供稿

北京一轻控股有限责任公司

2014年，北京一轻控股有限责任公司安全生产工作坚持把“生命高于一切”的理念落实到生产经营全过程，强化“红线”意识，构建“党政同责、一岗双责”安全生产责任体系，深化安全生产标准化建设，健全完善工作制度，加强隐患排查治理工作，全年未发生各类安全事故，确保安全生产形势持续稳定。

【责任落实】 本年，为实现安全生产“零事故、零死亡”的目标，一轻控股公司年初对安全工作进行部署，印发《2014年安全生产工作要点》，明确全年的工作任务和重点。与各直属单位签订《安全工作目标管理责任书》，推进“党政同责、一岗双责”安全生产责任体系建设，所属各单位将安全责任目标、指标层层分解落实，制定相应的保障措施，强化各级人员安全责任意识。

【培训教育】 本年，一轻控股公司有针对性地开展培训工作。一是面向所属单位主要负责人、安全生产主管领导和管理人员，针对新修订的《中华人民共和国安全生产法》以及“党政同责、一岗双责”安全生产责任体系建设内容分别组织集中培训。二是面向各直属单位安全生产管理人员，以职业安全健康目标与方案管理、相关方安全管理、安全合规性评价、有限空间作业、工业粉尘防爆等为主要内容，坚持做好常规性安全培训。三是面向企业各级安全管理人员举办“强化红线意识，排查治理隐患”的安全生产公开课。通过持续不断的教育培训，提高各级人员安全意识和工作水平，使安全生产警钟长鸣。

【标准化建设】 本年，一轻控股公司以落实企业主体责任、强化安全管理为目的，推进安全生产标准化建设。按照市安委会《关于进一步深化企业安全生产标准化建设工作的若干意见》文件要求，明确安全生产标准化的总体目标和工作方案，红星股份公司、百事可乐公司、龙徽酿酒公司、博美北京公司在通过二级标准化复评的基础上本年获准取证，首量公司、博士伦公司、一轻日化和金鱼科技公司通过公司的审核或周期复评。一轻控股公司有24家安全生产标准化达标单位。在安全生产标准化工作中，各单位依据标准，落实各项安全生产法律法规，建立完善规章制度，改善安全生产条件，形成自我检查、自我纠正和自我完善的安全生产工作机制。一轻控股公司以隐患排查治理为核心，着重对企业不合格项目的整改落实情况进行督促检查，使安全生产标准化与隐患排查治理工作相辅相成，相互促进，进一步消除隐患，安全生产水平有效提升。

【安全生产大检查】 本年，一轻控股公司开展安全生产大检查及隐患排查治理工作。一是在安全生产月活动期间，采取分组互查与安全生产专业委员会和顾问单位的专家现场指导相结合，开展全面安全检查，既加强各单位之间的交流学习，又提高检查的专业性，同时做好隐患的复查整改，确保落实到位。二是加强重点时期的安全检查，在法定节假日前和APEC会议等重要会议期间，以人员密集场所、易燃易爆场所等为重点，对各单位进行安全检查，提出节假日期间安全工作的要求，强化各项防范措施的落实。三是开展安全生产专项检查，吸取江苏昆山中荣金属制品公司“8·2”铝镁粉尘爆炸事故教训，开展粉尘安全专项检查。落实北京市液氨专项整治工作部署，开展液氨专项检查。四是抓好常规性的安全检查，根据季节变化特点，重点开展雷雨季节防汛、防触电、防雷击，高温季节防暑降温，冬春季节防火的安全检查，形成常态化检查机制，把事后处理转变为事前预防。

【全员宣传】 本年，一轻控股公司组织开展以“坚守红线意识，保障企业安全”为主题的全国安全生产月活动，发放彩旗、安全挂图、横幅标语等宣传材料；开展“中国梦·劳动美——我的安全家园”安全征文活动，在征集的61篇文章中评选出16篇优秀作品，在北京一轻报上陆续选登；开展“幸福源于安全”的心语短信征集活动，征集短信1000余条；集中开展APEC会议期间和各节假日以及事故高发时期的安全宣传工作，加强安全防范；开展《中华人民共和国安全生产法》系列宣传活动，提高依法治安的法律意识。

一轻控股公司张秀岩供稿

北京隆达轻工控股有限责任公司

2014年，北京隆达轻工控股有限责任公司按照“党政同责、一岗双责、齐抓共管”的要求，进一步落实企业安全生产主体责任，推动企业隐患排查治理体系建设，组织开展各项安全工作，提升企业安全生产管理能力，促进安全与经营工作协调发展。

【安全稳定工作会】 2月11日，隆达公司召开年度安全稳定工作会议。会议的主要任务是传达市国资委2014年安全稳定工作部署会精神，总结2013年安全稳定工作，部署2014年重点工作。隆达公司董事长李玎、总经理张德华与所属单位签订《隆达公司2014年维护稳定工作责任书》。会上，印包公司、有色公司和楠辰皮革公司等3家单位做经验交流发言。

【安全生产培训】 2014年年初，隆达公司下发《关于转发〈北京市人民政府关于印发安全生产“一岗双责”暂行规定的通知〉的通知》《北京安全生产“一岗双责”暂行规定》政策解读单行本，各单位领导班子成员自学，并对学习落实情况进行考核。各单位领导班子成员（应试领导干部66人）都进行笔答。6月19日举办一期120名领导干部参加的安全生产“一岗双责”培训班，市安全监管局有关人员介绍安全生产“一岗双责”规定出台的背景和主要内容。

【春节及全国“两会”安全检查】 春节及全国“两会”期间，隆达公司董事长李玎，总经理张德华，工会主席战英和纪委书记杨维义，副总经理粟国锦、董淳、李文宽，财务总监段远刚分别带领隆达公司安委会成员部门对白菊公司、雪花公司、北泡公司、厨房公司、有色公司、印包公司、楠辰皮革公司、华盾公司、英特塑机总厂、兴业公司、文百公司、京华虎彩公司等12家单位开展春节前安全督导检查。隆达公司领导对各单位安全保卫工作给予肯定，要求各单位根据检查过程中发现的问题、隐患，立即落实整改措施，切实做好春节及全国“两会”等重点时期的安全稳定工作。隆达公司领导强调：一是企业主体责任要落实到位，严格落实“党政同责、一岗双责、齐抓共管”的总要求；二是明确管理对象，加强检查，必须做好安全生产标准化工作；三是完善安全管理制度，安全管理上要有办法，要及时排查治理安全隐患。

【安全生产标准化】 5月22日，隆达公司召开安全生产标准化现场会，推广学习宝岛公司安全生产标准化创建工作经验。7月10日，举办安全生产标准化培训班。7月25日，召开2014年申报安全生产标准化（二级）单位专题会议。10月16日，召开安全管理现场会，学习厨房公司安全生产标准化持续改进经验。北京市塑料三厂等4家企业通过北京市安全生产标准化（三级）评审。

【安全生产月活动】 6月，隆达公司制发《关于在全系统组织开展安全生产月活动的通知》，开展以“坚守红线意识，保障企业安全”为主题的安全生产月活动，制定活动计划和实施方案使安全生产月活动有组织、有计划、有序进行。全系统各单位在安全生产月活动期间组织开展多种活动，特别是举办消防运动会和开展“幸福源于安全”安全心语短信征集活动。投入资金 50.4 万元，分别用于应急演练、宣传教育、专题培训和隐患排查治理等活动。隆达公司和印包公司获市安委会颁发的优秀组织奖。

【安全生产大检查】 本年，隆达公司根据《北京市人民政府关于推进安全生产隐患排查治理体系建设的意见》，制定符合生产经营活动特点的安全生产隐患排查标准。按照“全覆盖、零容忍、严要求、重实效”的总体要求，在节假日和全国“两会”、APEC 会议组织 89 次安全督导检查，组织交叉互查互学活动，下达限期整改隐患通知书 26 次。

【消防安全】 本年，隆达公司制发《消防安全、生产安全及两节两会期间安全保卫工作方案》，结合方案阶段性工作，分期开展隐患排查，对重点单位的要害部位及易燃易爆危险化学品、剧毒物品的管理进行督查，对存在隐患和问题的单位及时整改。举办两期防火知识培训班，80 余人参加培训。安全生产月活动期间，举办第二届职工消防运动会，13 家单位 108 名运动员参加 3 个团体比赛的激烈角逐。

隆达公司安保部闫秋义供稿

北京纺织控股有限责任公司

2014 年，北京纺织控股有限责任公司安全生产工作继续以创建“平安纺织”为目标，贯彻习近平总书记重要批示精神，落实市政府安全生产工作部署。树立安全生产“红线”意识，落实“一岗双责”责任体系。推行安全生产标准化、安全考核常态化、安全培训全员化、安全管理信息化、应急演练实战化，进一步落实企业安全生产主体责任，构建安全生产长效机制。深化安全生产教育培训，夯实安全生产基础工作。实现与各单位主要领导签订的安全责任书，生产安全死亡事故、重伤事故等各项指标为零。

【安全生产月活动】 5 月 22 日，纺织控股公司召开安全生产月活动动员部署大会暨万人安全教育培训活动启动仪式，纺织控股公司领导班子全体成员以及各集团公司、企事业单位主要领导、工会主席、安保管理部门负责人等 220 余人参加启动仪式。会上，国家安全生产法律专家石少华为各级领导和职工做了《加强管理，落实企业安全生产主体责任》的授课。5 月 27 日，京棉集团在莱锦文化创意产业园举行消防演练，130 余人参加活动。京棉集团所属单位参加以宣传教育、隐患排查、应急演练为主，同时结合自身情况，组织开展的各类贴实际、接地气的安全生产教育活动。安全生产月活动期间，全系统悬挂安全生产横幅 210 条、标语 1320 张、壁报 265 张，张贴宣传画近 700 张、专栏板报 120 幅，参加安全知识答题 2600 人次，观看安全生产宣传录像 2100 人次，发送安全生产学习书籍 1700 余册。

【宣传咨询日】 6 月 6 日，毛纺集团在平谷马坊工业园举行安全生产月咨询日活动，120 余人参加活动。在咨询日活动现场，毛纺园区各生产企业组成 4 支代表队，分别进行消防水带连接和灭火演练。活动过程中，毛纺集团还组织 846 名职工开展全员安全生产答题比赛。大华衬衫厂在房山良乡生产园区、大华科技大厦和天坛大厦分别组织企业职工、大厦出租商户100余人开展消防安全培训，通过观看事故案例，使员工不仅掌握消防安全知识，了解火灾给个人、家庭及社会带来的危害，同时学会如何预防火灾，如何进行火灾逃生及消防器材的使用方法，从而对消防安全的重要性有更深刻的认识。光华集团工业园举行以“强化红线意识，促进安全发展”为主题的安全咨询日活动，200余职工围绕工业园触电应急救援演练、食物中毒应急救援演练、灭火实操和现场咨询服务等开展演练。同时，组织职工观看安全生产教育宣传片和安全生产月主题招贴挂图，发放《员工日常安全教育知识读本》以及学习工业园安全生产网格化工作。

【“雪莲杯”知识决赛】 6月25日，雪莲集团以“从我做起，建设平安纺织！——雪莲是魂、产品是链、安全是根”为主题的首届“雪莲杯”安全生产知识竞赛决赛在大兴瀛海工业园举行，近200名职工观摩比赛。6支代表队的18名优秀选手经过多轮回合的较量，北京毛纺织科学研究所有限公司代表队最终一举夺魁。雪莲集团始终坚持“平安雪莲、和谐发展”的安全文化理念，连续12年保持安全生产无事故的运行状态。

【“安全在我身边”演讲比赛】 6月27日，光华集团举行“安全在我身边”演讲比赛，经过预赛有12名参加最后的决赛，90余人观摩比赛。这12名选手结合自身经历和安全生产工作中的经验及典型案例，用生动、精练的语言讲述“以人为本、关爱生命、呵护心灵”的理念，突出“强化红线意识，促进安全发展”的主题，强化“隐患险于明火、防范胜于救灾、责任重于泰山”的意识，切实把安全生产工作落到实处。

【隐患排查治理】 本年，纺织控股公司对大华衬衫厂、超羽公司、雪莲股份、五洲艳阳、金商梦、清兰公司和红旗厂等单位进行“回头看”安全生产检查。在检查中发现安全隐患33项，对排查出的安全隐患建立档案，按照隐患整改责任、措施、资金、时限、预案“五到位”和安全评价的要求及时落实整改。

纺织控股公司安全保卫部杨建军供稿

北京工美集团有限责任公司

2014年，北京工美集团有限责任公司以“强化红线意识，夯实安全基础，稳步推进安全发展”为主线，以实现集团公司“十二五”发展为目标，落实《安全生产工作“一岗双责”暂行规定》，强化企业安全责任，年度安全稳定工作全面达标。

【安全责任制】 年初，工美集团分别与各下属单位签订年度《安全保卫责任书》，结合北京市安全生产“一岗双责”有关要求，制定工美集团《安全生产“党政同责、一岗双责”暂行办法》，要求各基层单位层层签订安全保卫责任书，使安全稳定工作的职责逐级得到落实，做到工作到岗、责任到人，为安全生产工作打下基础。

【教育培训】 本年，工美集团召开安全保卫工作会议，对全年安全稳定工作进行全面动员部署。5月29日，召开安全生产月活动部署会，传达国家安全监管总局、市政府、市国资委关于安全生产月、安全稳定专项会议和北京市“两违”治理工作的要求，集团公司总部及各单位党委书记、总经理、主管安全领导及保卫部门负责人90余人参加会议。全年集团公司组织保卫干部安全专项培训4次，200余人参加。各单位对新入职员工进行安全知识培训1500人，定期对特殊工种及消防监控人员进行在岗培训，开展“安康杯”安全知识竞赛答题活动。为营造安全生产月活动氛围，加大企业安全文化宣传工作，集团公司白孔雀艺术世界职工自编、自演进行安全文艺演出。

【安全检查】 本年，重要会议、活动和重大节假日期间，工美集团结合生产经营、物业管理、教育培训等工作实际及时修订安全检查方案，对下属单位进行全面安全检查5批次，下达安全检查记录单30份，提出安全整改建议90余条。全年各单位消防设施设备、电器管理年检率100%，为消除安全隐患，确保单位内部安全提供安全保障。

【安全长效机制】 本年，工美集团所属各单位围绕落实企业主体责任、提升全员安全意识、夯实安全基础、形成安全生产长效机制这个主题，不断增强企业抓好安全工作的主动性。一是集团公司领导带领主管安全部门，按照“四不两直”工作要求，对27家所属单位进行全覆盖安全大检查，及时对安全隐患提出整改要求。二是各单位将安全工作融入每个部门、每个班组、每名员工，实现“月有安全周、周有安全日、每日进基层”工作模式。三是以安全生产月及消防宣传日活动为契机，推动企业安全文化建设，促进安全工作标准化、规范化、科学化，使员工安全意识内固于心、外化于形。四是及时总结交流经验，对安全工作有新创意、新方式的单位，集团公司及时组织现场参观、会议交流进行推广，实现以点带面的工作机制，推动集团公司安全工作不断持续改进、不断创新。

工美集团综合管理部苏辉供稿

中国北京同仁堂（集团）有限责任公司

2014年，中国北京同仁堂（集团）有限责任公司安全保卫工作以“讲政治、讲大局、讲程序、讲责任、讲纪律、讲奉献”为指导，紧紧围绕集团公司“十二五”发展规划，贯彻同仁堂2014年稳定安全工作会议精神，坚持“安全第一、预防为主、综合治理”的方针，确保全国“两会”、APEC会议和重大节日期间安全和稳定，实现“五个零”的安全保卫工作目标。

【责任制度】 2014年年初，同仁堂集团公司党政主管领导分别与各子集团及各直属单位签订《稳定与安全工作目标责任书》，各基层单位逐级签订安全保证书，使安全稳定工作职责逐级得到落实，做到工作到岗、责任到人。重新修订安全生产管理制度、交通安全管理制度、消防安全管理制度、治安保卫安全管理制度和安全生产应急救援预案。建立健全“党政同责、一岗双责、齐抓共管”安全生产责任体系，制定下发《安全生产党政同责、一岗双责暂行办法》，形成党委（总支、支部）领导、行政负责、部门分工、职工参与的企业安全生产工作格局。

【标准化建设】 本年，同仁堂集团公司领导将2014年定为本系统“标准化”建设年，全系统在京单位全部通过安全生产标准化企业认证达标工作。股份集团安全生产标准化认证达标工作于5月28日评审验收，完成以同仁堂股份有限公司为首的南厂、北厂、前处理厂、药酒厂的二级安全生产标准化企业的达标工作。3月，科技发展集团完成安全生产标准化达标的现场检查和认证。7月29日，健康集团邀请安全生产标准化评审组专家对生产作业现场进行安全生产标准化二级达标评审。10月，药材参茸集团完成安全生产标准化达标的现场检查，其中药材参茸集团、药材公司、参茸公司、参茸制品公司4家公司通过安全生产标准化二级达标企业认证。商业集团制定安全生产标准化达标计划，对班组长以上员工进行培训，于12月30日完成大栅栏药店、崇文门药店等85家药店的达标验收和申报工作。制药公司通过主管部门进行标准化达标的复检工作。

【宣传教育】 安全生产月活动期间，同仁堂集团公司举办安全保卫干部培训班，80余人参加培训；股份集团举办“企业安全文化建设”培训班，同时股份集团所属各单位及大厦本部开展以“找火灾隐患，保家庭平安”为主题的消防安全宣传周活动，开展消防安全知识答卷、消防运动会和灭火逃生演练等活动；科技集团组织2次安全生产教育培训，同时对各单位三级安全教育培训进行指导检查，新员工三级安全教育培训率100%；监督分厂对特种设备作业人员进行资格复审，复审通过率100%，依照《中华人民共和国特种设备安全法》组织各单位叉车安全管理人员取证培训，做到特殊工种作业人员持证上岗率达到100%；商业集团开展各种安全培训教育300人次，安全知识答卷900人次；健康集团公司完成125名新员工岗前三级安全培训，组织开展一线生产作业人员年度安全培训446人次，并开展安全生产标准化、危险源辨识、消防知识、交通安全等专项培训6场，培训员工近500人次；制药公司与专职驾驶员签订安全协议书，有效遏制重大或较大交通事故。

【安全大检查】 本年，同仁堂集团公司在全国“两会”、APEC会议和重大节日期间，开展4次安全生产大检查，检查单位50家（不包括下属单位自查）。对于重点单位做到每次必查，采取突击检查方式，不通知、不打招呼。全国“两会”和APEC会议期间实施不间断检查，做到不走过场、不留死角、不讲情面，并找准重点，如加工点、施工单位等，有针对性地进行检查，做到查出一处、解决一处，分兵把手，责任到人。商业集团排查安全隐患70项，整改率100%；健康集团公司查出安全问题与隐患200余项，绝大多数当场得到解决，全部整改完毕。

同仁堂集团公司安保部李懿供稿

国网北京市电力公司

2014年，国网北京市电力公司以“四个突出、四个提升”为核心，以安全风险管控、APEC会议供电保障、配电网建设改造和营配调数据深化应用为重点，统筹开展安全管理、运维检修、调度运行、应急建设等各方面工作，确保APEC会议供电保障万无一失，圆满完成迎峰度夏（冬）和防汛任务，完成APEC会议等重大保电任务173项，全面实现政治供电“零闪动”、安全生产“零死亡”目标。

【APEC供电保障】 本年，北京市电力公司各部门、各单位扎实开展APEC会议供电保障工作，确保300余场会议活动供电安全。公司制定各阶段工作计划，强化过程管控和进度调度；相关部门通力配合，打破专业界限，协同推进，有力地提升保障工作效率。各保障单位以确保重要用户安全可靠供电为己任，开展电网安全形势分析、设备检修预试、输电通道隐患治理、新增临时用电接入、重要用户安全评估等各项工作。推进怀柔地区电网建设，怀柔电网主配网结构、供电可靠性和配电自动化水平得到显著提升。各级领导干部深入基层，调查研究解决保障工作存在的实际问题，督导检查各项要求在基层落地情况，有效落实公司各项保障要求。广大一线保障人员恪尽职守，无私奉献，在各级指挥部、各相关重点变电站、开闭站、会场、驻地上岗值班，对重点站线进行24小时特巡看护，确保APEC会议供电保障万无一失。APEC会议供电保障取得的成绩，得到上级领导的和社会各界的广泛赞誉。

【安全管理】 本年，北京市电力公司以确保各类生产作业现场安全为核心，以安全风险管控为抓手，扎实推进各项安全管理工作。公司资产全寿命周期管理体系建设通过国家电网公司验收，安全管理工作荣获国家电网公司专业标杆，公司安全管理标准化、规范化水平显著提升。一是安全风险管控持续深化。优化调整风险定级标准，明确“一级＋”风险定级和管控要求；完善风险会商体系，将继电保护、自动化二次专业纳入公司风险管控体系；建成风险指数管理系统，定期发布各单位安全风险指数，推动风险管控与专业管理工作有效融合。二是隐患排查不断深入。完善排查治理工作机制，修编隐患排查标准930项，细化“一单、三档、一表”管理规范；组织开展APEC会议保电、直流系统、电缆隧道专项隐患排查，建立隐患专家排查、督查工作机制，强化差异化管控措施落实情况监督检查，确保各类隐患风险可控、能控、在控。三是作业现场安全管理逐步规范。完善不同类型作业现场安全规范化管理指导意见，实施有限空间作业许可审批，全面应用现场安全管理提示卡；以配网、外协施工人员工作现场为重点，公司巡检覆盖率97.67%，不断扩展巡检范围，实现从查禁现场违章到查禁管理违章的延伸。四是外协施工队伍安全管控进一步加强。在开展外协施工企业资质审核、外包单位关键岗位人员安全准入考试的基础上，依据现场安全事件情况、违章情况，动态调整关键岗位人员安全技能等级和作业资格；建立外协施工企业“负面清单”制度，实现企业、人员“双准入”动态管理。五是应急突发事件处置效率显著提升。以提升一线人员应急处置能力为目标，编制10个专业的应急响应工作卡，开展3个层次400余人的应急专业培训；深化与冀北、天津公司应急救援协调联动机制，与北京市公安局消防局签订应急合作协议，完成公司应急指挥中心改造工作。

【设备管理】 本年，北京市电力公司开展设备精益化管理，推进设备状态评价，全年设备故障、外力故障和配网故障均明显下降，在国家电网公司同业对标排名显著上升，完成全年生产任务。在主网设备管理方面，推进设备状态检修，7个特高压变电站设备状态检测工作得到国家电网公司高度评价；强化智能变电站运维和设备交接验收管理，规范变电站提示卡制作，开展定福庄、韩村河站220千伏刀闸工厂化检修；完成369条输电线路、159座变电站标准化建设。推进输电通道属地化运维，建立与市园林绿化局树线安全管理协助工作机制，研究试点杆塔防攀爬技术措施。公司外力故障较去年下降48%，反外力成效显著。在配网设备管理方面，加强隧道及管井进出入管理，开展电缆隧道专项隐患排查治理，完成1660个井盖，6.5公里隧道整治；加大红外、超声波等带电检测技术应用，开展配网会诊巡视，编制完善配电自动化设备分工管理规定；营配贯通低压配网数据普测工作有序推进，公司台区采录率95.86%、贯通率94.07%，完成公司既定目标。在生产组织方面，强化资产管理单位主体责任，完成输变电设备资产优化调整，理顺电缆断面审批和10千伏线路迁改管理模式；组织各单位制定生产业务委托实施方案，确定业务委托范围和实施模式；强化大修技改项目实施过程管控，建立项目实施月调度工作机制；结合设备状态评价和监控信息分析，完成2015年项目储备。

【电网管理】 本年，北京市电力公司围绕市地两级调控中心电网运行管控能力建设，在持续推进调控一体化、调度一体化建设的基础上，加强电网风险管控，强化两级调度应急能力提升，试点开展地调安全保障能力评估，建成配网抢修指挥体系，提升二次专业管理水平，确保北京电网安全稳定运行。试点开展市调层面电网突发事件应急“一键操作”，扩大两级调控中心远方操作范围，市地两级调控累计完成设备状态操作195项，发现并消除设备缺陷20项；完善电网运行管理与管控机制，实现电网中长期风险信息预警分析、定级、发布、反馈的闭环管理。推进变电站无人值守技术条件落实，优化变电站传动接入模式，35千伏及以上变电站集中监控率98.3%。建成监控信息分析管理系统，建立设备异常全过程准实时分析处置工作流程，及时发现并处置840项设备异常。全面开展二次专业管理提升年活动，制定智能变电站二次设备调试验收规范，将自动化参数配置单等同继电保护定值单管理，完善作业现场二次安全措施票和标准化作业指导书，开展保护自动化一线专业技术人员培训，初步完成厂站端继电保护自动化设备属地化运维检修调整。

【配网建设改造】 本年，北京市电力公司正式启动配网建设改造和营配调数据深化应用工作。公司相关部门和各基层单位落实公司各项决策部署，公司配电网建设改造管理中心和工程实施指挥部强化专业协调，在方案编制、标准制定、项目梳理实施等方面协同配合，高效率、高质量完成各项工作。在配网建设改造上，以方案制定为抓手，编制完成公司

《配电网建设改造技术原则》《配电自动化建设改造指导意见》，梳理工程改造项目3894项，明确工程实施时序、完成时间和目标效果。以标准制定为核心，完成公司配电网设备选型技术原则、检测技术规范、工程典型设计和运维检修标准等27项标准编制发布工作。以项目实施为重点，当年批复的1023项工程项目全部完成可研编制批复、项目立项核准、初设编制审核和主要设备材料招标工作；770项完成施工监理招标，59项实现进场施工，确保项目按期稳步推进。在营配调数据深化应用上，科学制定顶层设计，明确涵盖电网运行、客户服务和经营管理等各个方面的38项业务提升目标。确定试点先行原则，确定亦庄公司作为试点单位，明确“3＋2＋1”6项基础建设任务和26项业务提升目标，为推广应用打基础。细致开展需求分析，综合各专业业务需求，仅用3个月时间，完成26项业务提升需求分析，形成系统开发概要设计，为后续工作顺利推进打下坚实基础。

北京市电力公司安全监察质量部宗晓茜供稿

北京住总集团有限责任公司

2014年，北京住总集团有限责任公司坚持安全发展、科学发展，坚守安全生产“红线”，持续开展隐患排查治理、安全教育培训及施工扬尘治理等活动，安全生产、绿色施工、文明施工工作稳步提高。新创建北京市级绿色施工文明工地21个，其中样板工地5个，创建集团公司级绿色施工文明工地32个，全国“AAA级”文明安全工地2个；北京住总集团获得北京市安全生产月活动优秀组织奖和最佳实践活动奖等多个奖项。

【教育培训】 4月，北京住总集团举办安全责任工程师和专职安全员继续教育，分两期每期16学时，受教育人数300多人次。组织外施企业负责人、劳务队伍负责人专项安全教育培训活动。11月组织安全管理“三类人员”证书续期继续教育活动，对北京住总集团所属项目经理、专职安全员300多人进行安全培训。组织所属两级单位安委会成员、项目经理，贯彻新修订的《中华人民共和国安全生产法》，重点宣传讲解习近平总书记等中央领导对安全工作的批示和安全法规标准、管理知识，有效地提升管理人员的安全知识和技能。实施“劳务人员入场五步法安全流程管理”，严格落实市住房城乡建设委安全培训要求，组织开展三级安全教育培训，对培训进行记录、签到、拍照存档备查。培训后，对每一个新入场工人进行书面考试，保证入场人员安全教育符合法规要求。北京住总集团所属各单位开展班组作业环境风险辨识活动和班组早会、午会、晚会“三会”活动，强化班组安全管理。

【APEC安全保障】 APEC会议期间，北京住总集团贯彻落实市委、市政府关于推进环境整治工作要求，全方位开展安全保障工作，成立专项工作领导机构，编制工作方案，明确工作标准、责任，为会议期间安全生产奠定良好基础。北京住总集团就APEC会议期间放假调休、工程停工及各项安全和环保保障措施的落实召开专题工作部署会。APEC会议期间，加大检查频次，组织6个专项检查组对122个项目工程进行逐项排查，主要领导落实带班制度要求，重点时间坚持现场带班值守。落实施工扬尘污染控制措施，每天报告空气质量保障措施落实及工作进展，施工现场用及时洒水、清扫、覆盖、封闭等手段治理扬尘，全力做好绿色施工、文明施工。

【隐患排查治理】 本年，北京住总集团落实全国安全生产电视电话会议“五个必须”“四个到位”工作要求，坚持源头治理、合法合规生产经营，消除违法行为、消除重大安全隐患，杜绝各类生产安全责任事故，抓好停复工阶段的安全管控。春节前，大部分工程进入收尾阶段，北京住总集团及时召开安全工作会议，统计节前停工工程，跟踪确定日期，停工一个，组织整理封闭一个，并进行项目自检和公司验收。北京住总集团组织抽查，停工项目均符合集团停复工现场标准要求，集团抽查直到所有工地全部停工验收完毕，保证春节期间安全生产。春节过后，工程项目陆续恢复生产，北京住总集团要求复工工地必须先整理完善现场安全设施，自查合格后提交复工申请，二级单位安全部门组织复工检查合格后方可施工。由于检查严格，手续齐全，北京住总集团所属工程项目一停一开，未发生安全事故。4月，天气回暖是各类基坑、高大设施坍塌事故的高发期。北京住总集团按市住房城乡建设委要求开展深基坑、脚手架专项检查，对北京档案馆等重点工程进行专项检查。夏季高温季节，易发生触电类事故，北京住总集团及时组织临电安全专项检查和研讨活动，加强用电管理，交流施工现场临电安全管理经验和做法。

【扬尘治理与环保】 本年，北京住总集团制定《2014年施工现场扬尘治理专项行动工作方案》，集团所属施工二级单位全部设置专职环保管理人员，项目部有专人负责施工现场的环保工作，加强环保管理体系建设。北京住总集团严格落实市政府有关文件精神，组织开展扬尘治理宣传教育培训和观摩交流活动。坚持月度扬尘治理专项检查，并在月度例会上通报扬尘治理检查情况，部署下一步工作。对土方施工工程、渣土运输车辆和空气重污染天气应急措施落实进行监督检查，土方施工的项目均已经安装使用洗轮机、视频监控系统、使用“四统一”车辆，100%具备《渣土消纳证》《运输证》。在施工扬尘治理工作中，北京住总集团推广先进做法和创新措施，如在现场主要道路、重点区域设置雾化喷淋设施减少人工洒水的工作量，提高工作效率；现场使用可移动开启式封闭垃圾站，便于垃圾装卸运输等，取得良好的社会和经济效果。

【标准制度】 本年，北京住总集团加强对脚手架防护、临时用电安全、安全宣传标识、环境保护管理4个方面工作，完成标准化图集编制、修订工作。北京住总集团新开工程按照标准化图集要求落实现场各项实物、管理标准要求，提升施工现场安全环保工作的规范化、标准化水平。按照政府主管部门日常执法检查要求，编制《住总集团质量安全检查指导手册》，促进集团各二级公司和项目部强化法规、标准、流程的学习和贯彻，提升各级安全管理水平。

【应急管理】 本年，北京住总集团对各单位应急预案体系进行检查、监督，督促各单位和项目部建立以综合应急预案为核心、以专项应急预案为支撑的应急预案体系。加强应急队伍管理，做好人员训练和设备配置，做到队伍与预案紧密衔接，成为处置各类突发事件的主力军。北京住总集团推行桌面演练活动，结合安全生产月活动，组织各单位开展“应急演练周”活动，开展应急知识宣传、教育、培训和预案演练，做到在发生紧急事件及时上报，并启动相应级别的应急预案，做到早发现、早报告、早处理。加强应急预警工作，特别是对大风、大雨、大雪、雷电、寒流等灾害性天气及空气重污染天气情况的预警信息。北京住总集团通过网络、手机、电视、广播等多种渠道获取信息，并通过北京住总集团办公平台发布预警信息，提升整体应急工作的及时性、针对性。

北京住总集团崔玮供稿

北京市燃气集团有限责任公司

2014 年，北京市燃气集团有限责任公司安全管理工作按照“安全第一、预防为主、综合治理”总体要求，以建立职业健康安全管理体系为抓手，推进“一岗双责”的落实，完善安全生产责任制，深化隐患排查治理，加强事故调查处理，强化监督检查考核，夯实基础管理。经过全体员工辛勤努力，攻坚克难，安全管理绩效进一步提升，安全管理水平迈上新台阶。

【完善责任制】 本年，燃气集团深化安全发展理念，将安全生产作为集团公司发展的生命线，根据新修订的《中华人民共和国安全生产法》，结合安全管理工作面临的新形势，按照“安全生产红线意识”“党政同责、一岗双责”“谁主管、谁负责，管业务必须管安全，管生产经营必须管安全”的要求及企业特点，对《安全生产责任制》进行全面修订。《安全生产责任制》从制度层面明确集团公司各部门、各单位、各岗位职工安全生产基本责任、相应义务及权利，全面体现“安全生产人人有责”的大安全理念，成为集团公司安全管理工作的纲领性文件。

【安全管理制度】 本年，燃气集团在通过《职业健康安全管理体系》认证审核的基础上，组织内部审核、管理评审及合规性评价，并通过通标标准技术服务有限公司（SGS）的复审工作。通过贯彻落实职业健康安全管理体系，集团公司安全管理工作得到持续、系统的改进。制定和修订《安全检查规定》《安全生产督查管理规定》《安全生产事故隐患管理规定》《工程施工作业安全管理办法》《施工作业现场临时用电安全管理办法》《施工作业现场防火、动火安全管理办法》《基本建设工程监督检查管理规定》，提升安全工作的精细化管理水平。坚持“安全发展”的理念，编制《投资企业安全管理指导性意见》，通过 13 项具体管理要求，统一、规范管控模式，保障企业的生产经营活动顺利开展。

【班组安全达标】 本年，燃气集团各单位推进安全达标班组建设，累计 206 个班组通过标准验收，班组达标率 70%。集团公司将安全班组达标的重点放在达标班组的监督管理，制定退出机制，加大抽检范围，抽检 24 个班组，结果良好。通过达标检查，促进一线班组安全基础管理的规范化、标准化。

【隐患排查治理】 本年，燃气集团组织地下燃气管线及设施安全隐患专项排查整治工作，8月至11月再次组织开展为期3个月的安全生产大检查活动，并将此次安全大检查列为重点监察项目，进行督办。通过全面拉网式隐患排查，处置管线漏气安全隐患300余项，消除管线交叉隐患5项，消除土暖气用户隐患20余户。投入资金1.59亿元，消除结构性隐患60余项，累计改造管网长度30公里，减少箱群及引入口隐患453项，涉及4224用户。在全面普查的基础上，对所有违章占压隐患建立台账和档案，做到“一隐患、一档案、一预案”。

【统计分析】 本年，燃气集团建立季度安全例会、月度安全分析通报机制。开展安全数据统计分析，定期在集团公司经理办公会进行通报；建立集团公司级季度安全工作会，对安全生产情况进行总结分析，通报事故（事件）情况、安全指标完成情况、检查督查情况，对国内外典型事故案例进行分析，针对突出的安全问题提出管理建议和工作要求，部署安全重点工作。在集团公司季度安全分析例会的引领下，各基层单位召开安全分析例会，初步形成集团公司、基层单位两级分析会的机制。

【监督检查体系】 本年，燃气集团建立安全生产三级监督检查机制，在完善日常安全检查基础上，重点组建安全生产监督检查网络。建立起300余人的集团公司级、分（子）公司级、所级督查员队伍，全部经过专项督查培训考核，持证上岗。在进行模块检查的基础上，采取“四不两直”的方式，对安全生产关键环节进行监督检查，有效促进各单位及员工安全意识和安全管理水平的提升。

【新技术研发】 本年，燃气集团积极推广燃气高压管道翻转内衬修复技术应用，成功修复西南三环近20公里次高压管道，运行情况良好。同时，继续与德国卡尔维斯公司共同研发新一代翻转内衬修复技术。

【培训模式创新】 本年，燃气集团组织各级领导班子成员等脱产4天，强化安全生产学习培训，先后组织科级安全管理干部专业培训、有限空间监护人员培训。通过生产经营单位主要负责人和安全生产管理人员考核，持证率达到100%。加强注册安全工程师队伍建设，年内新增15人获得注册安全工程师资格，使得集团公司注册安全工程师达64人。

【编制《员工安全手册》】 本年，燃气集团结合集团公司的自身特点和工作实际，编制《员工安全手册》。手册分10项内容，包括集团公司安全文化、员工安全职责、安全管理、安全指令、安全禁令、燃气安全标志、安全常识、员工个体安全防护常识、安全急救知识、常用报警电话等内容，全体员工人手一册。

【安全生产月活动】 本年，燃气集团开展安全生产月活动。充分利用集团公司媒体，宣传安全生产法律法规，通报集团公司安全管理工作动态；举办400余场宣传活动，发放燃气宣传材料1.5万余份、宣传品1.3万余份，宣传受众近3万余人。一分公司、五分公司、密云公司分别获得北京市安全生产月优秀组织奖和最佳实践活动奖。工程建设管理分公司、液化气公司“情景剧大赛”入围北京市决赛并获得三等奖。燃气集团被北京市推荐为全国安全生产月活动先进单位。

【安全文化示范企业建设】 本年，市燃气集团探索以安全文化促安全管理的新模式，开展安全文化示范企业建设工作。有5个单位通过市安全监管局的验收，取得市级安全文化建设示范企业称号，第五分公司和液化气公司被北京市推选参加国家级安全文化建设示范企业评选。集团公司开展以“坚守安全红线，保障城市安全”为主题的燃气安全文化论坛活动，落实企业主体责任，集中研讨安全生产领域疑难问题、热点问题和重点问题，开阔思路，深化认识，为企业履行安全生产主体责任增加助力。

市燃气集团企业安全部吕宏敏供稿

北京环境卫生工程集团有限公司

2014年，北京环境卫生工程集团有限公司安全生产形势稳定，顺利完成“两节”及APEC会议等重要会议和重大活动期间安全保障，各项环卫作业正常开展，所属环卫设施安全运行。环卫保障作业完成123.9万运输车次，安全行驶4491.1万公里。北京环卫集团被评为市级交通安全先进单位；在安全生产月活动中，北京环卫集团荣获北京市安全生产月活动优秀组织奖和最佳实践活动奖。

北京环卫集团安全生产工作以生产经营和设施安全运行为主线，结合集团公司“一去”（去掉单一环卫运营化），“三化”（市场化、专业化、国际化），“新五者”（清洁美丽城市的创造者、环卫科技高地的占领者、城市矿产资源的开发者、环境产业发展的引领者、现代企业制度的实践者）的改革发展目标，进一步完善安全管理体系，细化安全管理工作措施，明确各级安全管理责任，严格按照“党政同责、一岗双责”的要求和“管生产经营必须管安全”的原则，落实安全生产主体责任，做到守土有责、守土尽责、守土负责。同时，抓实抓细安全基础管理，“立规矩、刹歪风、破陋习”，深入开展安全生产隐患排查治理体系建设工作，做到责任无盲区、管理无死角。做好重点时期和重要区域的反恐防范和应急值守工作，完成重要节假日、重大政治活动期间环卫服务安全保障各项工作任务。

【落实安全责任】 本年，北京环卫集团按照“谁主管、谁负责”的原则，建立安全生产责任制和安全管理考核机制，与各分、子公司签订年度安全管理责任书，明确全年安全工作重点，制定工作目标，并对完成情况进行考核。严格落实各级责任制，把安全生产工作目标任务层层分解，层层签订安全责任书，做到领导强化、任务细化、措施硬化、工作深化，促进各级安全生产责任的落实。

【重点时段安全】 春节、全国“两会”等重要会议和重大活动期间，北京环卫集团开展可燃易燃物清理、安全隐患排查及增湿保湿作业，加强燃放烟花爆竹安全管理，在燃放时间段，各单位加强值班值守和巡查看护力量，全面做好防火、防盗、防破坏等工作，组织应急力量在岗备勤，确保不发生任何事故。新中国成立65周年及APEC会议期间，集团公司抓好“三个重点”，即重点人、重点路段、重点设施要排查，做到底数清、情况明。严格落实人防、物防、技防、协防措施，环卫服务保障作业车辆和设备全部单独停放，专人24小时值守，做到“大事不出，小事也不出”，确保重大活动期间安全和稳定。

【隐患排查治理】 本年，北京环卫集团结合市安委会“六打六治”打非治违工作部署，按照“全覆盖、零容忍、重实效”的原则，深入开展安全隐患排查治理，发现并整改各类安全隐患，建立台账，做好安全生产隐患自查自改工作。集团公司开展安全隐患排查38次，夜查10次，开具隐患整改通知单5份，针对重点地区、重要部位采取“四不两直”的方式，加大突击抽查、暗查力度，严肃查处违规违章行为，坚持铁腕管安全，强化安全生产措施，严格落实隐患排查治理责任制，做到彻查隐患、及时整改。

【安全生产月活动】 本年，北京环卫集团组织安全生产月各项活动。安全生产月活动期间，紧紧围绕“坚守红线意识，保障城市安全”活动主题，开展安全生产宣传教育。宣传教育及培训受众9000余人次；利用电子显示屏开展公益宣传8块；悬挂安全横幅28幅，张贴宣传漫画、板报36块；开展培训32次，各类应急演练26次。

【安全文化建设】 本年，北京环卫集团结合安全生产工作目标和重点工作要求，将安全教育培训工作重心下移、关口前移，加强对基层岗位安全意识的培养。通过深化安全文化建设，开展安全生产宣传教育，确立“预防为主”的思想，创造有利的安全环境，强化职工的责任意识和安全保护意识，使全员养成良好的安全行为习惯，努力实现本质安全。

市环卫集团安保后勤部祝国伟供稿

北京祥龙资产经营有限责任公司

2014年，北京祥龙资产经营有限责任公司安全生产工作坚持以人为本，深入开展安全生产年活动，牢固树立科学发展、安全发展理念和“底线思维、红线意识”，坚持“安全第一、预防为主、综合治理”的工作方针，落实单位安全生产工作主体责任、落实单位“党政同责、一岗双责、齐抓共管”的责任体系。坚持依法治理，强化科技支撑，强化应急处置，强化基础建设，严防严控各类安全生产责任事故的发生，完成全年的安全生产工作任务。

【责任落实】 本年，祥龙公司制定《北京祥龙资产经营有限责任公司安全生产“党政同责、一岗双责”暂行办法》，明确各级党政领导和部门负责人安全职责，完善公司安全生产责任制，从安全生产工作职责、监督落实与责任追究、检查考核等方面作出明确规定，报市安委会办公室备案。年初，与所属各单位主要负责人签订2014年度《安全工作管理目标责任书》，向各单位下达2014年度各项安全工作指标。5月，签订《安全迎汛责任书》，明确汛期的各项任务和职责。全系统有各项安全管理制度746项，其中新增、完善116项。签订各类责任书37087份。

【应急预案编制备案】 本年，祥龙公司提高应急处置能力，根据实际情况，重新编制应急预案。公司在对重点单位进行调研和风险源评估的基础上，历经5次修改，征求所属各单位和机关各部门意见，形成最终的1个综合预案、13个专项预案的应急预案体系，并通过专家评审，完成在市安全监管局备案登记。该预案是公司实施应急救援的规范性文件，用于指导公司突发安全事故的应急救援行动，于11月19日发布实施。

【宣传培训活动】 本年，祥龙公司深入开展安全生产月活动，召开各类安全生产工作会议238次，悬挂张贴各类安全宣传画701处，制作安全板报宣传栏271处，举办各类安全培训216次，设立安全宣传咨询站63处，发放宣传材料15443份，进行各类安全应急演练118次，整改安全隐患1539项。在全系统开展“学法规、知法规、守法规”宣传教育活动，18532人参加考试，其中各级领导797人，组织学习培训218次。举办《北京市消防条例》专题培训，参训人员包括各二级单位的安全工作主管领导、部门负责人、三级单位的主要领导、主管领导、部门负责人以及重点基层单位的主要负责人170余人。在市安全监管局开展的“幸福源于安全”短信评比活动中，祥龙物流集团员工杨曦的作品“一点一滴谨慎小心防事故，一朝一暮健康平安是幸福”荣获一等奖；祥龙百子湾公司员工赵鹏程的作品荣获二等奖；一商物流分公司员工许俊生的作品荣获三等奖。本年，全系统进行各类安全培训1088次，印发各类宣传材料32107份。

【隐患排查整改】 本年，祥龙公司制定统一表格对各单位未整改完毕的安全隐患进行登记和梳理。表格明确各单位未整改完毕隐患的具体位置、隐患问题、整改期限、安全防护措施、责任单位和责任人，各单位按照整改情况每月报送一次，形成一份完整的台账，并将台账刊登在安全简报上，送达公司各领导、机关各部室及各二级单位领导班子成员，使各级领导能够了解公司存在的安全隐患和问题，更有利于监督和督促安全隐患整改工作的落实。全系统进行安全检查3426次，整改安全隐患3269项，安全投入资金2065.61万元。

【出租商户安全管理】 本年，祥龙公司加强出租商户安全管理工作，修订承租户安全管理办法60部，与承租户签订安全协议3273份。特别要求出租库房的单位要明确知晓库存商品的物理属性和化学属性，坚决杜绝“三合一”“多合一”等违规现象。一商集团对危险化学品、非法违法生产经营建设、“三合一”等进行清理整治，清除8处不符合安全要求的租赁场所，拆除违法建设3处，合计700余平方米。祥龙客运集团与4家承租单位解除租赁合同，对一家承租单位予以停业整改，清理、整治“三合一”场所15处。祥龙物流集团排查整改隐患410项，下达隐患通知书27份，投入资金150万元，与存在隐患或隐患整改不力的客户终止租赁协议31份。

【标准化达标】 本年，祥龙公司所属交通企业相继完成安全生产标准化达标工作。一商干校作为评审机构，对各单位进行指导和咨询。各单位对基础档案材料进行梳理和完善，对设施设备及作业现场安全隐患进行整改，最终祥龙公交公司、祥龙出租公司、祥龙博瑞集团一分公司、七分公司、八分公司、九分公司、凌志店、祥龙物流集团配送分公司、大件分公司、干线分公司通过安全生产标准化二级达标。公司交通行业安全生产标准化达标创建工作全部完成，全系统安全生产标准化一级达标单位 2 家，二级达标单位 10 家，三级达标单位 10 家。

【应急演练】 本年，客运集团赵公口客运站、六里桥客运主枢纽开展反恐防暴、大客流疏散等突发事件演练。祥龙公交公司组织“运营中遇突发情况 18 个怎么办”的演练活动。商业学校开展全校应急处置演练。全年全系统进行各类应急演练 287 次。

【防汛任务】 本年，祥龙公司重新修订安全迎汛应急预案，预案重新明确组织机构、各单位防汛工作任务和汛期应急工作程序。公司安全管理部对各防汛重点单位防汛预案修订、责任书逐级签订、防汛领导小组和抢险队伍落实情况、防汛值班和通信保障情况进行检查，对老旧平房宿舍区等重点部位进行隐患排查，对防汛抢险设备物资准备情况进行检查。祥龙物流集团设立 3 支防汛物资应急运输保障队伍，包括 100 部备勤运行车辆及 2 部吊机，对所有市级运力储备进行设备维护，制定各种检查制度。按车辆数配备人员并进行汛前培训等。各单位针对自己公司的实际情况，组织不同形式的防汛应急演练。防汛队伍 24 小时领导带班，做好防汛准备工作，确保抢险队伍拉得动、用得上。

祥龙公司安全管理部李伟供稿

北京市地铁运营有限公司

2014 年，北京市地铁运营有限公司坚持“以人为本创平安，永远追求零风险”的安全理念，努力践行“安全为基础、服务为根本、效益为目标”的企业核心价值观，牢固树立并践行“小问题大影响、抓小防大、安全关前移”等一系列“超前防控”的安全管理理念，强化落实由“人、机、环、管”四大要素和“治、控、救”三道防线构成的矩阵式安全控制体系，安全管理基础更加稳固，运营服务管理水平进一步提升。

【安全文化】 本年，北京地铁公司坚持安全文化引领，结合大规模网络化运营特点，组织全员围绕“小问题大影响”“小故障大影响”持续开展安全管理理念和安全工作标准大讨论活动。抓住安全生产月契机，以“远离安全红线，践行平安地铁”为主题，深入开展安全文化论坛、“平安地铁梦”情景剧巡演、安全展览等 19 项安全文化宣贯活动。分批组织 600 余名基层安全管理人员，重点就安全生产法律法规、规章制度等进行脱产培训，提升安全管理水平。使全体员工特别是管理人员加深对首都地铁安全重要性的认识，安全责任意识和落实工作标准的自觉性得到进一步提升。

【设备维修】 本年，北京地铁公司加快车辆设备维修管理信息化建设，在 3 个运营分公司推广列检信息视频采集系统，运用信息化手段提升检修到位率，有效减少车辆漏检漏修和维修不到位现象；建立 AFC、电梯等服务设施状态追踪档案，定期对运行状态进行分析并制定对策，提升设备检修的针对性。推进检修中心、乘务中心、项目部标准化达标工作，落实动态验收评定和退出机制，达标率分别为86.67%、71.43%和78.13%。全面落实检修“实名制”和维修工艺标准，制定故障延时KPI考核指标，强化质量管理考核。针对5号线屏蔽门电源故障、10号线信号不稳定等突出问题，制定解决方案并集中整治，故障率分别下降6.25%和50.43%。依靠信息化手段和管理创新，车辆设备安全可靠性持续提升，设备故障率同比下降1.29%，车辆掉线率同比下降21.3%。

【运营环境】 本年，北京地铁公司着力治理土建设施隐患，完成13号线过火桥梁结构加固工程以及昌平线、机场线等线路29处桥梁支座隐患整治，实施机场线T2至三元桥区段管片错台应急抢险配合建设工程，降低安全风险。加强控制保护区管控，配合属地政府对控制保护区内树木侵界、违法建筑、违法施工、违法经营等进行治理，消除控制保护区各类隐患176项。加强外部施工监管，完成31项外部配合工程，最大程度地降低对运营安全影响。加强安检工作，各站区增配专职副站区长，增强管理力量，强化岗位抽查及对抗式检查，发现问题及时整改。按要求在9座车站35个安检点开展“人、物同检”试点，在3条新线（段）30座车站同步实施“人、物同检”。全年安检人员13.05亿人次，物品13.14亿件，查获违禁品18.96万件。坚持警企联防联动，全面落实防恐责任制并组建防恐维稳信息员队伍，形成群策群力、群防群治的局面。

【安全管理】 本年，北京地铁公司结合网络化运营管理实践经验，对排查出的259项安全隐患，按照“三个逐一”的要求逐项落实整改或监控措施，提升安全可靠性。加强夜间施工管理，统筹协调重点工程、更新改造、设备大修等施工计划，降低因交叉作业导致的安全风险。严格落实三级检查机制，坚持安全综合检查与日常隐患排查有机结合，组织综合检查50次，发现的297项问题、隐患均落实整改或监控措施。

【应急管理】 本年，北京地铁公司构建适应大规模网络化运营要求的故障抢修和事故抢险体系，建立故障抢修分级响应机制，加快网络化应急抢险布点建设，完成8个核心区15个网点设置和物资配备；修订《北京地铁综合应急预案》，编制《突发事件应急处置22个怎么办》及客运、行车等49个专项应急预案，强化员工应急处置培训和抽考，提升应急处置能力。配合国家交通运输部、市交通委完成由地铁、公交、医疗、消防、公安等多方联动的突发事件应急演练，并邀请媒体及热心乘客参与，检验各方协调组织能力和应急预案可操作性，提升公众对地铁安全的了解认知，增强乘客自救逃生能力。

【运营服务】 本年，北京地铁公司完善站区（车站）规范化达标评定办法，落实动态评定退出机制，每两个月开展复评验收，全线网232个车站、46个站区通过复评验收，达标率分别为99%和95%。完善站台岗接发车作业标准，细化工作内容和流程，接发车位置、动作更加标准规范。实行车站导向标志标准化管理，落实管理责任制和日检月巡制度，并重点对英文标识、英文广播进行规范，确保形式标准、内容准确。

【设施整修】 本年，北京地铁公司以迎接国庆及APEC会议为契机，开展环境整治和服务设施整修，完成1、2号线29座车站144个出入口外立面整治，以及1、2、13号线和八通线20座车站卫生间改造。完成全部车体外观及9条线路洞体隧道清洗，调整部分线路车站空调系统通风模式，增加1、2、5、10号线车站卫生间空气净化装置，完成亦庄线3座飘板车站站台封闭改造，进一步改善乘降环境。

【乘客沟通】 本年，北京地铁公司以官方微博为主阵地，增设地铁专业知识“微课堂”和乘客问询回复“微反馈”栏目，微博影响力持续提升，在全国交通行业影响力排名中上升至第3位；开通官方微信，用户量迅速上升，关注用户突破11万；增加热线功能，受理来电37万余件，满意率99.78%。围绕新票制票价实施、卫生间改造等工作线上征集乘客的反馈建议，组织“儿童地铁行”、列车模拟驾驶、应急演练等线下体验交流活动，使乘客进一步了解地铁，扩大潜在支持力。

【新票制实施】 本年，北京地铁公司全力确保新票制票价政策的实施。在积极配合政府部门完成成本监审、票制票价调整方案制定、听证会等前期工作的基础上，修订票务规则、操作流程并强化员工培训，利用各种渠道增强乘客宣传，充分预想新政策对运营的影响并逐站制定落实保障方案，组织技术力量加强设备维修保障，招募4000余名志愿者做好过渡期间乘客服务和秩序维护，实现员工培训、乘客宣传、客运组织、设备稳定、支援保障“五到位”，成功实现新票制票价政策“一次实施、一次成功”的目标。

【大客流应对】 本年，北京地铁公司每月对“一站一方案”和常态限流车站进行评估，对限流车站和限流时间进行动态调整，同时增加重点部位疏导力量，确保线网客流安全可控。整合站车广播、官方微博、PIS系统等渠道，遇列车延误或突发事件时迅速发布信息，引导乘客选择其他线路。针对大客流及个别乘客的不安全行为，开展列车、屏蔽门故障及乘客跳下站台等突发情况的演练，提升一线员工应急处置能力。

北京地铁公司安全监察室王敏供稿

北京城市排水集团有限责任公司

2014年，北京城市排水集团有限责任公司坚持“安全第一、预防为主、综合治理”的方针，坚守“红线”意识，以全面落实安全责任制为主体，以安全生产标准化和安全生产信息化为手段，以隐患排查治理、安全过程控制为主要任务，强化安全基础，狠抓基层落实，完善安全管控机制，进一步提升安全管理的标准化、信息化、专业化水平，形成“党政同责、一岗双责、齐抓共管”的安全生产责任体系，克服业务重组、建设工程任务繁重、水厂污泥堆置等困难，确保安全形势稳定。

【责任体系】 本年，北京排水集团按照“以岗定责、一岗双责”“横向到边、纵向到底”“全覆盖、重实效”的原则，对安全生产责任体系进行全面梳理，修订5

项安全生产目标管理责任书，固化各单位责任书内容、明确签约架构，首次将各单位、机关各部室纳入签约范围。北京排水集团在岗人员3376名，签约率100%。其中责任书版本数1146份，签订责任书4122份（一人多岗）。以平台动态监控和现场督查的形式，对新员工签订、员工责任落实情况开展检查，领导带队专项检查5次，基本形成“党政同责、一岗双责、齐抓共管”的安全生产责任体系。

【管理制度】 本年，北京排水集团开展安全生产制度全面梳理工作。制定安全生产绩效考核补充规定、安全员工作标准、约谈办法3项制度，制定党政同责办法、安全生产费用管理2项制度，各单位梳理完善安全生产规章制度356项。

【培训教育】 本年，北京排水集团在安全生产月期间组织安全生产宣传教育活动16项，相比往年在活动设置、时间安排等方面都有创新，既坚持安全演讲比赛、大型公开课等传统项目，又有安全智力运动形式的活动，最大范围地引导广大职工参与到安全生产宣传教育活动中来。全年，北京排水集团组织各类安全培训275次、5895人次。首次组织注册安全工程师继续教育15人，首次组织单位负责人、安全员全员取证培训，参加94人，91人取证，通过率96.8%，实现集团公司企业负责人、安全管理人员持证上岗，进一步提升集团公司整体安全管理专业化水平。

【交通安全管理】 本年，北京排水集团加强交通安全管理工作，明确各层级、各岗位、各工种安全责任，有效遏制交通事故和交通违法行为。据统计，集团公司交通违法行为130起，其中一季度26起、二季度27起、三季度46起、四季度31起，均控制在指标范围内。同比减少15起，下降12.82%。

【监督检查】 本年，北京排水集团结合工艺调整、水厂升级改造、泵站升级改造、季节变化等实际，开展安全生产检查33次（不含绩效考核48家次），同比增加8次。其中专项检查25次、领导带队检查20次，排查治理安全隐患77项，累计发布检查通报10次。实施绩效考核，考核偏重于现场安全管理，尤其是有限空间、临时用电等危险作业现场，充分借助安全监管综合信息平台对各单位的智能评价结果和安全大数据的优势，有针对性地开展现场检查和内页复核。特别是对于小单位台账规范、作业流程方面，效果明显。

【信息化系统】 本年，北京排水集团加强安全监管综合信息系统建设，重点做好信息平台试运行、验收及全面推广工作。在集团公司内部推广运用以来，绝大部分安全生产管理信息都能从平台了解获取，既能一键对各单位安全管理情况进行实时评价，又能快速定位到各单位安全生产管理薄弱环节，尤其是通过电子化流转提升安全生产管理工作效率，节约管理成本。各单位通过平台信息化手段实现危险作业审批4497项，安全隐患闭环整改1856项，实现安全生产各项工作的动态、实时管控。

【标准化创建】 本年，北京排水集团自主编写的2项标准经市水务局批准作为北京市排水企业开展安全生产标准化工作的评审标准。集团公司安全生产标准化达标认证工作全面推进，完成招标、合同签订工作，并召开安全生产标准化启动会，首批6家单位完成现场初评。

【安全文化建设】 本年，北京排水集团以高碑店污水处理厂荣获2013年安全文化建设示范企业为契机，开展经验交流活动。在2014年北京市安全文化示范企业评选活动中，推荐清河再生水厂和第一管网运营分公司参加评选，荣获安全文化示范企业荣誉称号。开展“百日安全”活动，此次活动有101个项目标段参加，排查治理各类安全隐患161项，评选出“安全文明样板项目”1个、“安全文明项目”6个，进一步完善建设单位制度、理清参建各方责任、规范现场安全管理，为建设施工营造良好的安全氛围。创新培训方式，编制开发《有限空间作业》《临用电安全管理》在线学习课程，以动漫加互动的方式，让员工在轻松愉快的氛围中掌握安全知识。课件荣获北京市优秀宣传品一等奖。

北京排水集团安全部徐院锋供稿

北京首都旅游集团有限责任公司

2014年，北京首都旅游集团有限责任公司安全生产工作本着“安全第一、预防为主、综合治理”的工作方针，强化安全生产主体责任落实，加强安全生产规章制度建立和完善，全力压减一般事故，遏制较大事故发生。首旅集团完成全国“两会”、世界汽车房车露营大会暨首届中国汽车房车露营大会活动、第九届中国北京国际文化创意产业博览会、科博会、京郊博览会、新疆和田老干部来京参观游览活动、南水北调功勋团来京观摩接待活动和APEC会议服务保障工作。

【标准化建设】 11月，首旅集团全面开展安全生产标准化建设。经过市安全生产科学技术促进会举办的北京市人员密集经营场所安全生产标准化培训班的学习，21人取得《培训合格证书》，首旅集团取得《北京市人员密集经营场所安全生产标准化评审机构资质证书》，这些人员又经过内部的培训、学习、模拟演练。12月，首旅集团所属餐饮企业、商场、集团公司总部开展标准化创建工作。

【制度建设】 本年，首旅集团重新修订《首旅集团安全管理制度》。该《制度》涉及安全工作基本原则、方针和指导思想，包括国家安全生产管理制度、消防安全管理制度、治安安全管理制度等；行业方面包括酒店安全管理办法、商场等人员密集场所安全管理办法等。首旅集团专门组织所属企业保卫部经理进行专项培训，并以电子版形式下发到各个企业参照执行。

【安全文化建设】 本年，首旅集团以科学发展观和安全发展观为指导，开展职工参与安全文化活动，实现“要我安全”向“我要安全”“我会安全”“我管安全”“个人安全”和集体安全的转变。倡导先进安全文化，开展安全文化建设示范企业创建活动，推进“文化助安”战略，切实提升全员安全文化素质。东来顺集团开展多次安全培训，紫金置业公司有针对性地开展消防安全技能大练兵，新北纬饭店开展宿舍员工消防疏散演练，珠宝城进行防止暴力抢劫突发事件演练，长富宫饭店开展消防安全运动会，宣武门饭店开展多种形式的消防安全大检查，长城饭店组织观摩消防车出水活动等，各企业开展丰富多彩的安全文化活动。北京饭店、北京展览馆还荣获“2014 北京市安全文化建设示范企业”称号。

【科技兴安】 本年，首旅集团安全保障部、全聚德集团与北京杰厨科技有限公司组成“撞击流技术”科技研发小组，对“撞击流技术”烟道灭火进行研讨。通过论证，双方一致认为从理论技术上可行，并进行多次成功实验。在市安全监管局支持下，市科委将“撞击流烟道油烟防火项目”确定为 2014 年北京市科技重点项目，列入“市委、市政府重点工作及区县政府应急项目”，给予 495 万元资金应用推广。

【世界汽车房车露营大会安全保障】 6 月 8 日，由华龙总公司承办的第 80 届世界汽车房车露营大会暨首届中国汽车房车露营大会召开。在大会准备和召开期间遇到重重困难，出现车多人挤现象。首旅集团及有关单位沉着应对，齐心协力，精心筹备，确保大会安全。国际汽车露营联盟主席佩雷拉对大会成功举办表示高度赞赏，对中国的房车露营事业充满信心。

【APEC 安全保障】 本年，首旅集团及所属企业承担 APEC 高官会议、财长会议和会议期间服务接待保障任务。在 APEC 会议期间，首旅集团负责参观首都博物馆茶歇服务保障任务、水立方欢迎晚宴服务保障任务、雁栖湖国际会都核心岛 APEC 首脑峰会服务保障任务、颐和安缦酒店接待 APEC 会议领导人配偶集体活动服务保障任务、为 APEC 会议国家领导人和与会高官及代表等提供交通服务保障任务等工作。还负责巴基斯坦等国家领导人和香港特首住宿接待服务安全保障等。安全保障任务圆满完成。

首旅集团安全保障部芦杰供稿

北京奔驰汽车有限公司

2014 年，北京奔驰汽车有限公司秉承“唯有最好”的品牌理念与“安全第一、预防为主、综合治理”的安全方针，以创建安全生产标准化示范企业为契机，推行安全生产标准化、信息化、规范化管理，实现安全生产“5 个零”的目标，即安全生产死亡事故为零，火灾事故（损失 5 万元以上）为零，甲方责任重大交通安全事故为零，重大设备事故为零，食品中毒事故为零。安全生产管理水平稳步提升。

【标准化体系建设】 4 月，国家安全监管总局四司司长马锐莅临北京奔驰公司，与公司高层管理人员召开关于创建安全生产标准化示范企业工作交流会。北京奔驰公司高层重视该项创建工作并为示范企业创建提供人力、资金等方面的支持和保障，成立以“一把手”为组长的示范企业领导小组并成立专项推进机构。5 月，北京奔驰公司印发专项通知，以“打造核心企业竞争力，争创安全生产标准化示范企业”为总体目标，全面启动安全生产标准化示范企业创建工作。11 月，北京奔驰公司通过国家安全生产标准化专家组预评审。北京奔驰公司还通过德国莱茵公司职业健康安全管理体系认证。

【信息平台建设】 6 月，北京奔驰公司发布《北京奔驰安全生产信息平台管理暂行规定》，安全管理信息平台（一期）全面上线运行。平台设置安全生产法律法规、管理制度、隐患排查治理3个功能模块，其中，安全生产法律法规、管理制度模块可实现文件在线共享查询、文本下载及更新；隐患排查治理模块则更加注重过程控制与闭环管理，将隐患的发现、处理、验证和验收环节通过管理节点层层把关进行控制，在隐患解决环节中明确隐患整改责任，在信息系统中与日常邮箱关联，实现对整个过程的控制与闭环管理。平台收录国家法规标准2937个，公司安全管理制度178个；记录安全隐患131项，整改完成并归档81项。有效推动北京奔驰公司安全生产管理水平提升。

【预测预警系统】 本年，北京奔驰公司根据《冶金等工贸行业企业安全生产预警系统技术标准（试行）》文件要求，与浙江图讯公司合作建立安全生产预警指数系统，安装《工贸行业安全生产管理预警指数系统》软件。制定《安全生产预警指数系统管理制度》，规定各类人员职责和管理要求。每周进行数据录入和更新，将4个模块数据按照要求进行录入和上传。每周将公司的预警预测报告发送给浙江图讯公司，针对预警预测状态采取应对措施。

【岗位达标管理】 本年，北京奔驰公司按照安全生产标准化要求落实岗位达标工作。将班组岗位达标纳入安全生产标准化规范内容，以班组安全达标规范为出发点，通过岗位达标实现班组全面安全管理。公司各一线班组均按照《北京奔驰安全班组达标验收规范》开展年度安全班组验收，公司正式班组549个，安全合格班组533个（含优秀班组），合格率97.1%，合格班组数量同比增长3.0%。北京奔驰公司强化岗位达标覆盖面和深度，将岗位达标延伸至二线班组，二线班组验收质量明显提高。

【建设项目安全管理】 6月，北京奔驰公司编制并发布《北京奔驰建设项目工程相关方安全管理工作细则》，完善公司建设项目安全管控，加大建设项目安全监管力度。全年发布项目安全联合检查通报52期，组织联合安全检查59次，下达隐患整改通知并督促解决安全隐患310项，对严重违反公司规定的相关方按照公司《相关方管理日常检查考核标准》实施处罚53次，局部停工整改27次。

【教育与培训】 本年，北京奔驰公司重视员工的安全生产教育与培训工作。公司新入职员工1305人，全部接受三级安全教育并考核合格。公司对派入北京奔驰的长短期外籍人员实行英文式入职安全生产培训机制，全年157名外籍派遣人员接受入职培训并通过考试。公司组织管理层和安全生产管理人员学习国家颁布的有关法律法规政策，落实公司“一把手”安全生产职责，明确“管生产必须管安全、管业务必须管安全”的职责。北京奔驰公司邀请专家先后开展安全生产“一岗双责”及新修订的《中华人民共和国安全生产法》等一系列有关安全生产新法规及要求的宣传培训，及时贯彻国家有关安全生产最新的法律法规。

【应急管理】 本年，北京奔驰公司对全部公司级专项应急预案进行重新修订，将组织机构、人员及应急物资准备、工艺过程和应急响应程序，梳理为1个公司级综合应急预案和12个专项应急预案。北京奔驰公司应急管理强调协同联动管理，在“安全生产季”期间，公司组织喷漆车间、设备维护中心、专职消防队等部门开展联合应急演练，检验各个单位协同应急响应能力。

【职业健康管理】 本年，北京奔驰公司委托北京预防医学研究中心职业病门诊部对接触职业病危害因素人员完成职业健康体检4260人，其中岗前体检111人、在岗体检4111人、离岗体检51人，受检率达到100%。并完成职业健康监护档案更新存档。11月，公司委托北京德康莱安全卫生技术发展有限公司对涉及职业病危害因素的15个车间、部门137个作业点进行现场检测。

【特种设备安全管理】 本年，北京奔驰公司依据《中华人民共和国特种设备安全法》，修订并发布《北京奔驰特种设备及作业人员安全管理制度》，确保公司管理符合国家法律法规的规定。北京奔驰公司开展2005年至2006年在用压力管道安全隐患整改，在设备维护中心中外方总经理的亲自组织下，开展公司在用压力容器安全附件的全部更换、检测工作。

北京奔驰公司安全管理与环保科曾尧供稿

北京启迪智信注册安全工程师事务所有限责任公司（原北京启迪注安技术服务有限公司）

2014年，北京启迪智信注册安全工程师事务所有限责任公司一如既往为企业提供各类咨询与服务，奉行“诚信为本、服务至上、严谨求实、开拓创新”经营理念，继续强化市场开发，强化项目运行管理，强化咨询师素质培训，全面完成各项任务，在市场结构、项目运行、咨询队伍建设方面有新的突破。3月17日，北京启迪智信注册安全工程师事务所作为试点单位正式挂牌成立。3月31日，启动“日化启迪携手行，共建安全防火墙”的战略合作项目，成为北京一轻日化集团的安全顾问单位。公司立足于做好政府专业技术助手、企业专业安全顾问，在安全管理咨询、培训、安标评审、安全评估，特别是隐患排查指导等方面展开工作。

【咨询师队伍建设】 本年，公司拥有专职安全顾问40余人，其中注册安全工程师20人、安全评价师10人（一级3人、二级3人、三级4人）、安全生产标准化评审员20人、北京市安全生产培训讲师6人。专职安全顾问增长7.5%，三级安全评价师增长50%。为不断提升咨询师专业知识和技能，不断完善不同服务内容的咨询模式，组织内、外部培训20余天，涉及近30项培训内容，涵盖咨询方法、咨询模式、咨询师综合素质、专业知识、专业技能、成果交流、新兴内容讲解等。

【企业安全管理服务】 本年，公司为150余家企业提供HSE管理咨询，提升企业安全管理水平。开展60余项安全培训，包括各类企业专项需求，如危险化学品、电气、消防、仓库等和班组长安全培训，包括行业系统专业系列培训，还包括各类法律法规培训及地方政府组织的企业主要负责人和安全管理人员培训。“注册安全工程师考前辅导培训”是常规性辅导课程，在上海、北京等地举办10余期，培训人员达千余人次。公司为多家集团和企业的安全顾问，主要为企业提供中长期安全规划，并为实现企业中长期目标实施技术支持，包括安全管理人员培养、安全专项技术支撑、安全管理系统和方法建设、生产安全事故（事件）的分析、集团内部安全绩效评估等。为企业策划并实施各类安全生产技术服务，包括应急预案编制和评审、企业各专项隐患排查、安全管理手册编制、企业内部安全条件论证和“三同时”方案评审、安全文化建设、安全培训系列课程教材开发项目等。

【安全监管技术支撑】 本年，公司为北京市工业企业二级安全生产标准化评审单位，完成10余家市二级安标咨询和评审。公司在为企业提供服务的同时，也承接国家、北京市及区县安全监管部门委托的项目，提供相应技术支撑服务。公司协助丰台安全监管局成功组织“北京市安全生产标准化现场会”，作为示范单位的咨询评审单位，为参会人员展示安全标准化工作的成果。公司作为昌平区安全监管局聘请的技术支持服务单位，为辖区内各行业企业提供专业技术服务工作，建立“昌平安标工作QQ群”；派遣专家参加安标现场答疑4期；为行业主管部门及下属企业提供安全专业培训；派遣专家到企业进行隐患排查和指导；负责昌平区三级和小微安全生产标准化达标企业核查工作，完成近200家的核查工作。公司派遣专家全程参与西城区企业主要负责人安全生产大培训24期3000人。公司与通州区安全监管局合作，为15个街乡办的企业主要负责人安全培训。公司参与完成海淀区三级及小微安全生产标准化达标企业核查。公司按照市安全管监局的要求组织编制《北京市助理注册安全工程师培训教材》，负责编制《安全生产实务与案例分析》中的“通用安全技术”部分和“其他专业”部分；并受市安全监管局委托，编制《北京市企业建立隐患排查治理责任机制实施导则》，旨在落实企业主体责任，按照安全生产的法治化、标准化、信息化、社会化建设的“四化”要求，规范并指导企业形成系统的事故隐患排查治理责任机制。

北京启迪智信注册安全工程师事务所有限责任公司综合管理部常莎供稿

北京市安全生产科学技术研究院

2014年，北京市安全生产科学技术研究院紧密围绕“四化三体系双基”目标任务，加强特种作业考核管理，推进安全生产技术支撑中心建设，完成全年各项工作任务。

【考核管理】 本年，市安科院制定《北京市特种作业考点管理办法》，明确考点规划布局，日常管理程序和考点认定标准，严格考点设置条件。修订《北京市特种作业实操考评员管理办法》，明确考评员任职条件、工作职责等内容，规范日常管理，建立考评员淘汰退出机制。制定《北京市安全生产考试违规处理办法》，明确考生、监考人员、实操考评员及考点违规行为处罚措施，严肃考试纪律。召开各区县安全监管局会议，研讨考试点建设标准，制定《北京市安全生产资格考试点建设标准（试行）》《北京市安全生产资格考试体系建设工作实施方案》，下发《关于开展安全生产资格考试点认定工作的通知》，开展考点认定工作。召开考点现场会，推广大兴区标准化、信息化、现代化安全资格考点建设经验，安排部署考点认定工作。全年完成10期特种作业人员资格考试和11期高危行业相关人员安全资格考试。全年派出468人次、220个检查组，并邀请电工、焊工、制冷等行业领域专家，对全市特种作业考点进行检查，严查违规违纪行为。全年考核特种作业人员155752人，合格117406人，合格率75.4%。考核高危行业相关人员10388人，合格5209人，合格率50.14%。严把许可准入关，加强材料审核，在规定时限完成“三项岗位人员”资格许可材料整理、归档等工作。全年审核各类申请资料116524份。

【考核保障】 本年，市安科院建设完成培训、考核、许可等6大子系统，实现考生统筹调剂、自主择考、实操无纸化、考场远程监控、语音查询、统计分析等10大功能。5月在全市启用新系统，在西城公交等6个特种作业考点部署考场远程监控系统，配合市安全生产信息中心对新系统进行项目初验，基本实现全市培训、考核及证后监管的全过程网络化闭环管理。坚持“贴近实际、注重应用、通俗易懂、体现特色”的原则，全面修编特种作业及高危人员培训教材。配合北京市乡镇、街道（园区）安全生产专职安全员队伍建立工作，编写岗前培训教材、考核标准大纲，组建专职安全员考试题库，组编考题500道；配合本市涉氨制冷企业液氨使用专项治理工作，修订液氨制冷特种作业人员安全培训教材，组编理论考题738道、实操考题30道；贯彻落实《地下有限空间作业安全技术规范》等3个地方标准，修订有限空间特种作业人员安全培训教材。健全6项便民服务举措：一是完善特种作业网格化咨询服务体系；二是修订咨询服务手册；三是简化办事程序；四是设立便民补证网点；五是开辟“一站式”绿色服务通道；六是通过多媒体系统公布监督电话，自觉上级纪检监察部门和群众监督等。全年接听群众咨询电话约2.5万个，接待办事人员3400余人次，补办变更证件3360个。

【特种作业证书管理】 6月，市安科院会同市安全监管局执法监察总队开展为期一个月的电气安全暨“双打”专项执法行动，在总结2013年“双打”工作经验基础上，制定详细工作方案，协调市住房城乡建设委、质监局、公安局消防局、能源监管等部门，严厉查处电气使用安全隐患，打击特种作业无证、持假证上岗等违法行为。

【市安全生产科学技术促进会成立】 本年，市安科院依据《社会团体登记管理条例》，向市民政局社团办提出筹备成立市安全生产科学技术促进会申请，发展单位会员63家、个人会员40名，筹集注册资金10万元，成功召开第一届会员大会，选举产生第一届理事会和监事会。6月19日，完成促进会成立登记。

【市安全生产职业技能鉴定所成立】 本年，市安科院与市人力社保局沟通，建立安全生产技能鉴定场所，承担电工、焊工、架子工、制冷工等项目五级、四级、三级职业技能鉴定工作，实现特种作业考核与职业技能鉴定有序衔接，拓宽安全培训考核的服务领域，打通特种作业人员职业技能晋升通道。

【市安全生产技术服务中心成立】 8月21日，市安科院取得市编办核发的事业单位法人证书，成立安全技术服务中心。按照实验室计量认定和职业卫生技术服务机构资质认可要求，建立质量管理体系四级文件，完成检测项目的方法确认报告58份、现场模拟检测报告22份，编制机械、设备、电器制造业等行业18份职业病危害评价报告。9月27日，通过市质监局专家组现场评审，取得86项实验室检测项目资质。10月15日，通过职业卫生专家组现场评审，取得职业卫生技术服务机构乙级资质。

【安全生产标准化核查】 本年，市安科院开展安全生产标准化核查工作，组建4个核查工作组，严格时间节点，明确现场32项重点检查项目，出动核查人员1350余人次，核查企业450家。其中，二级达标企业70家，三级达标企业380家，涉及30家标准化评审机构，发现不符合项2400余处，逐步建立了一套"运转有序、相互衔接"的核查程序，做到事前有计划、事中有要求、事后有总结。

【职业卫生技术服务机构评估检查】 本年，市安科院开展职业卫生技术服务机构年度评估检查，成立2个评估组，10月9日至11月6日，完成职业卫生技术服务机构年度评估检查，通过年度评估检查。

【人员密集经营场所标准化评审组织】 本年，市安科院依托科技促进会，承担商务、旅游、文化、新闻广电等行业人员密集经营场所安全标准化评审组织工作。制定《北京市人员密集经营场所安全生产标准化评审管理规定》《评审单位管理办法》，确定评审机构准入条件、日常管理、工作程序等内容。按照市商务委要求，举办两期商务行业标准化培训班，培训评审人员140人，启动商场超市、影剧院、歌舞厅等企业的标准化评审。

【危险化学品"一书一签"专项整治回头看现场检查】 本年，市安科院在通州区、门头沟区开展两期"一书一签"管理专题培训班，培训人员110余人。抽调技术骨干，组建2个检查组，出动检查人员153人次，检查企业54家，发现不符合项151项。与区县建立联合查处机制，责成区县安全监管局下达8份行政执法文书，督促企业落实整改。创刊技术支撑工作动态"一书一签"检查专报，发布信息11篇。

【区县职业病危害防治评估】 本年，市安科院会同国家安全监管总局职业安全卫生研究中心、市疾病控制预防中心、劳保所、北京化工职防院等4家单位。完成区县评估工作，进一步掌握本市职业病危害防治现状，分析存在的突出问题，提出对策措施，为有效落实用人单位职业病防治主体责任，提高本市职业病危害防治水平提供技术支持。

市安科院王罡供稿

北京市安全生产宣传教育中心

2014年，北京市安全生产宣传教育中心以"四化三体系双基"为指导思想，以“坚守红线意识，保障城市安全”为主题，组织开展各项安全生产宣传教育活动，较好地完成宣教活动、新闻宣传、安全文化建设等一系列工作。

【宣教活动】 2014年年初，宣传教育中心制定《2014年北京市安全生产宣传工作指导意见》，组织召开全市安全生产宣传工作会议。起草《北京市安全生产月活动方案》，确定12项全市性重点活动，并对全市各区县、行业、企业提出安全生产月活动各项工作的具体要求。注重从活动的内容和形式进行突破，设计竞赛类、宣讲类、评选类、展映类、表演类、征集类等多种活动形式，覆盖社区、青年、学生、职工、农民工等各类群体，激发公众参与热情。对活动进行深度策划和创新，确定“家庭安全知识竞赛”“安全生产主题情景剧大赛”“十佳安全宣传员”“十佳安全生产监管卫士”“青年安全生产示范岗创建”等7项创新性活动。这些创新性活动形式新颖，效果显著。如“家庭安全知识竞赛”以家庭为单位，增强活动的趣味性，总决赛在北京电视台举办，突出活动效果；“安全生产主题情景剧大赛”总决赛结束后，举行汇报演出，得到公众好评；“青年安全生产示范岗创建”“青年安全管理大师赛”活动对广大青年职工强化安全生产意识、参与安全生产管理、提高安全生产技能、维护自身安全权益起到激励作用；“十佳安全宣传员”活动树立基层安全生产宣传工作典型，调动基层宣传安全生产工作积极性。

【新闻宣传】 本年，宣传教育中心从服务区县、行业部门出发，主动沟通协调，策划重点工作宣传，充分发挥新闻媒体的作用。全年在各新闻媒体刊发报道1001篇，其中电视媒体120篇、报刊媒体451篇、广播媒体88篇、网络媒体342篇。强化深度报道，围绕全市安全生产重点工作，以《北京日报》《中国安全生产报》等重点媒体为阵地，围绕“盘点2013”、“对话安监一把手”、安全生产“走基层”、易发事故预防、执法检查、机关作风建设、“六打六治”打非治违专项行动、全市招聘专职基层安全员和APEC会议安全保障等工作，深入基层和企业一线，组织新闻媒体开展10次深度报道，主流媒体以整版大篇幅进行刊发。强化新闻发布，紧密联合市委宣传部、市政府新闻办，做好安全生产专题发布，加强突发事件新闻发布工作。邀请媒体开展采访120次，同比增长17.6%。面向各新闻媒体开展新闻发布工作19次，其中组织书面新闻发布工作13次，内容涉及液氨制冷企业安全管理、企业安全生产标准化建设激励政策、安全生产“六打六治”打非治违专项行动、乡镇街道（园区）安全生产专职安全员招聘工作等。强化阵地建设，会同各主流媒体，就如何充分发挥宣传专题专栏作用进行调研，加强“三报一网”阵地建设。关注安全生产工作动态，强化安全生产日常新闻素材和宣传选题的筛选积累，做好《北京日报》、《北京晚报》、《中国安全生产报》、首都之窗网站“三报一网”宣传专栏的内容维护工作。在《北京日报》策划宣传专版5期，在《北京晚报》刊发专栏22期，在《中国安全生产报》策划专版16期，在首都之窗录制播出访谈节目10期。强化负面舆情主动监测，撰写安全生产每日舆情235期，编发舆情短信息105条，围绕“地铁13号线附近商铺发生火灾”等舆情热点编写9期舆情专报，起草安全生产每月舆情分析12期，推进舆情监测和分析工作，开展舆论引导工作。

【安全文化】 本年，宣传教育中心以安全文化促进会为桥梁、以安全文化论坛为典范、以安全社区建设为抓手，努力提升全社会关爱生命、关注安全的意识。成立安全文化促进会，制定促进会3年工作方案及专家管理办法，邀请103家企业、社会团体、教育机构的54名专家加入该组织，为企业与政府之间搭建“桥梁”，为安全文化建设注入新的力量。开展安全文化示范企业创建，举办安全文化建设示范企业培训班，召开现场会，培养一批企业安全文化建设骨干。在各企业组织开展安全文化示范企业创建工作，68家企业组织申请市级安全文化建设示范企业的评审，30家企业获评安全文化建设示范企业。

【安全社区】 本年，宣传教育中心积极推进安全社区建设，重点夯实基层基础工作。重启安全社区促进委员会工作机制，研究社区三年行动计划，并与中国职业安全健康协会协调，理顺安全社区工作机制。到2014年年底，全市共建设国际级安全社区24个、国家级安全社区38个，新创建市级安全社区7个。

【安全文化论坛】 本年，宣传教育中心筹办以“坚守安全红线，保障城市安全”为主题的第八届北京安全文化论坛。在主论坛外同步开设9个分论坛，以扩大论坛的影响力；论坛主题贴近首都安全监管工作实际，突出高危行业和区县监管举措；承办单位多元，有企业、区县、社会团体、高等院校等分别作为承办单位参与文化论坛组织工作。

【社会化宣传】 本年，宣传教育中心充分调动和发挥社会力量，建立健全安全生产宣传教育运行机制，努力营造全社会支持安全生产工作的环境氛围。深入基层开展各项活动，如“安全生产宣传咨询日”面向城乡结合部地区广大从业人员宣传安全知识，北京市各行各业企业职工、社区群众、新闻媒体等1000余人参加咨询日活动；“家庭安全知识竞赛”专门设置公众参与答卷环节，收到家庭参与答卷8363份；“十佳安全生产监管卫士”评选出的前30名候选人在网站上进行公示并累计接受有效网络投票40余万张；安全影视片展映播放3000场，受众36万人。强化分类宣教，制作发放6大类21项安全生产宣传品24.16万件。拍摄视频资料4246分钟，制作视频影片44部。深化政务网站改革和新媒体应用，市安全监管局政务网站发布信息14293条，页面浏览量达3472801次，政务微博及发言人微博发布消息千余条，采取“微视频”“微话题”“微访谈”“微宣讲”等方式，增强微博的互动参与性，粉丝量突破75万人。

市安全生产宣教中心焦文霞供稿

北京市安全生产信息中心

2014年，北京市安全生产信息中心围绕“四化三体系双基”总任务，转作风、抓落实、敢担当，全面推进信息化“京安”工程建设，进一步优化安全监管信息平台功能，深化系统应用，稳步开展北京市第一次安全生产条件普查，建立健全信息化运维管理体系，强化干部队伍建设，圆满完成各项工作任务。

【安全生产条件普查】 本年，信息中心高起点统筹谋划北京市安全生产条件普查工作。明确工作目标，重点实现“全覆盖、完整性、动态性”3项工作目标；完善组织机构，建立北京市安全生产条件普查联席会议制度，指导解决普查工作中遇到的问题；优化普查标准，对安全生产条件普查指标进行筛选提炼，增强普查的可操作性。做好市区联动，夯实普查工作基础。一是坚持把开展普查与落实“四化三体系双基”的总任务结合起来，组织区县座谈，征求区县和相关委办局意见，并对文件内容组织专家进行论证。二是建立健全服务保障措施，组织编制普查表的填表说明、普查知识百问百答、宣传手册和培训课件等材料，保证普查人员人手一册，进行精细化指导。为检验普查方案和标准的可行性，组织选定西城、朝阳、门头沟等7个区县开展普查试点，在有代表性的10个乡镇街道开展安全生产条件普查。安全生产条件普查工作在全市各区县全面推开。

【“京安”工程应用】 本年，信息中心围绕安全监管核心业务，优化整合平台功能。新增3项功能，新建安全生产培训考核管理、区县安全生产综合考核、安全生产条件普查等系统功能，实现本市相关从业人员安全生产培训、考核、发证的全流程网上管理，规范区县安全生产绩效考核工作，提高普查工作效率；完善6个模块，对危险化学品管理、安委会日常管理、隐患自查自报等模块进行优化完善，业务支撑能力大幅提升。新增全文检索、在线咨询功能，提升平台易用性和安全性。针对重点系统，加大推广应用力度。保持已有系统使用顺畅，随时跟踪业务系统使用情况，定期通报各系统运行数据，持续整改完善；加大对新建业务功能的推广力度，通过赴区县现场调研、召开研讨会、培训会等方式，掌握系统使用和运行情况，协助解决基层使用中遇到的问题，提高系统稳定性和易用性。为扩大共享范围，强化数据综合利用。推进与国家安全监管总局资源共享，建立数据共享交换渠道，协调国家安全监管总局通信中心，经多次测试完成隐患排查、易制毒危化品数据的交换工作；推进与市级行业部门的资源共享，先后与市经济信息化委、质监局、工商局、统计局建立共享机制，及时共享全局业务急需的企业基础数据和地理基础数据。

【信息化技术保障】 本年，信息中心安排专人专岗，做好安全监管信息化运维服务台建设。一是建立统一的运维服务台，安排专人管理，集中受理各类运维服务事项。服务台负责统一接听电话、记录运维服务事项，安排技术人员提供服务保障，定期跟踪分析运维工作完成情况。二是合理调配资源，开展日常巡检巡查。充分发挥现有运维资源效率，实行等级运维，将软硬件设备和信息系统分为9个大类、2个等级进行信息化运维管理，每项运维服务事项均制定具体操作规程。对各类设备和系统加强日常巡检和安全检查，定期对软硬件进行调试调优。三是强化信息安全，提高技术保障能力定期对信息系统进行升级和加固，开展信息安全自查，及时整改发现的系统漏洞。完成3个新建、在建项目的软件质量检测和安全测评，保证项目质量。强化对重要网络与信息系统的应急演练工作，完善应急预案，提高应急反应能力。

【规范信息化管理】 本年，信息中心强化信息化管理能力。一是完善信息化顶层设计，制发《北京市安全生产信息化三年行动计划》《关于进一步加强全市安全生产信息化建设工作的指导意见》，提出3年信息化发展目标、重点工程和具体措施，统筹引领全市安全生产信息化建设应用，明晰市区两级信息化发展思路，理清工作职责、任务，建立健全系统建设、共享、推广使用方面的工作机制。二是健全信息化标准规范体系，制定《安全生产监管业务信息化建设管理办法》，明确组织机构和工作职责，实现对需求确认、建设验收、推广应用和绩效考核的全面规范化管理；起草和修订平台对接和资源共享技术指南、平台运行管理办法、数字证书管理办法、平台用户及权限管理办法，加强对信息共享和系统使用的管理。三是完善运维管理体系，制定网络与信息系统运维管理制度和运维服务目录，编制计算机终端、应急指挥中心等11套运维管理规范，从制度上规范运维工作流程；制定运维绩效考核管理办法和实施细则，对运维总包单位按季度予以考核，考核结果与资金支付挂钩，有效提升运维服务质量和工作效率。四是坚持项目负责人制度，明确项目负责人，合理分配资源，组建工作团队，落实“一岗双责”要求。对信息化项目实施全过程监管，重点加强对招投标环节的管理，严格工作纪律，对违规违纪问题“零容忍”。五是坚持项目征集储备制度。每年7月15日前向市安全监管局业务处室、区县安全监管局征集下一年度业务信息化建设需求，经主管局领导专题会研究通过后，纳入信息化建设项目储备库。为确保项目预算资金申报科学合理，中心对投资在20万元以上的项目，委托专业机构进行造价评估。

【队伍建设】 本年，信息中心建章立制，全面加强干部队伍建设。一是强化内部管理，结合领导班子调整和新干部入职，重新梳理岗位职责，制定内部轮岗制度，做到“人岗相宜”，提升工作效率；健全中心内部工作制度，组织编制督办、考勤、休假、人事、财务等12项管理制度，做到工作有规可依、有章可循；强化工作督查督办，对于折子工程、领导批示等重点工作，安排专人进行跟踪督促，每周反馈工作进展，每月至少召开2次专题会研究推进。二是增强干部综合素质，坚持每周五下午例会制度，学习重要文件和优秀公文；发动全体干部参加优秀青年人才评选、注册安全工程师考试和公文培训等活动，提升“以文辅政”水平；坚持学以致用、学用结合，实行项目负责制，提升统筹协调和项目管理能力，培养复合型人才；谋划“两书”工作，在针对性和实效性上做文章，凝聚集体力量，“三上三下”反复修改、征求意见，编制完成中心党支部目标管理任务书和人员岗位建功承诺书。三是巩固“红线”意识，抓责任制落实，中心“一把手”担任党支部书记，明确一名副主任为支部纪检委员，层层签订责任书，做到用制度、用机制管好权；抓廉政风险防控，明确廉政风险点和具体防控措施，工作中互相提醒、互相监督；完善机制抓廉政，在项目立项阶段做好造价评估，在建设阶段加强过程监督，在验收环节坚持专家评审会制度，在运行保障阶段强化绩效管理。

市安全生产信息中心范开花供稿

北京市安全生产举报投诉中心

2014年，北京市安全生产举报投诉中心紧紧围绕“四化三体系双基”总任务，以改革创新的方法全面审视、谋划、推进举报投诉工作，在顶层设计、服务转型、团队建设、创新管理等方面取得一定成效。

【烟花爆竹举报】 烟花爆竹销售期间，举报投诉中心未接到涉及烟花爆竹非法违法储存和事故类举报。咨询电话123件，建议1件，主要内容是咨询烟花爆竹零售网点位置、零售网点规划设置和安全距离要求、烟花爆竹销售时间、烟花爆竹燃放时间、办理烟花爆竹零售网点所需资格条件和申请销售许可证条件和程序等问题。举报24件，属实举报情况是烟花爆竹销售大棚占压盲道、非机动车道6件，擅自挪动销售大棚位置1件，棚外或店外销售烟花爆竹2件。均由区县安全监管部门责令存在安全隐患的经营单位整改。

【举报投诉联络员培训】 5月7日至9日，举报投诉中心举办2014年举报投诉联络员培训班，市安委会有关成员单位和各区县安全监管局65人参加培训。培训邀请国家安全监管总局、中科院心理研究所、中国安科院、新华社北京分社、北京市检察院反渎职侵权检察局、通州区信访办专家学者从各自专业领域对学员进行有针对性的授课。

【举报投诉短信平台试运行】 6月19日，“12350”安全生产举报投诉短信平台开始试运行，其覆盖北京移动、北京联通、北京电信的全部号段，实现短消息编辑、发送和接收，易于被社会公众识别，可充分发挥社会公众参与安全生产社会监督的积极性，扩大“12350”的社会影响。

【举报投诉三项措施】 APEC会议期间，举报投诉中心加强值班力量，保障举报投诉工作正常开展。“12350”值班实行双人值班，建立协调机制，实现即时分转。建立协调沟通机制，对涉及会场、驻地周边200米范围内生产经营单位举报投诉线索，与安全监管部门及时协调沟通，确定承办单位，实现即时受理、即时分转、及时核查和反馈。做好设备维护，实行每日设备检查维护，重点检查网络系统、电话状态、终端设备，保证“12350”特服电话和网络畅通。

【创新工作模式】 本年，举报投诉中心创新工作模式，提高服务水平。一是开展《举报投诉典型案例选编》的编写工作，精研20个举报案件作为典型案例，组织专家编写成册，旨在提升企业安全保障能力，普及广大群众安全生产知识，同时也为执法人员统一执法标准提供指导。二是开通“12350”信息平台，定期发送“安全心语”“安全提示”短信，延伸举报投诉窗口化服务，发送45万余条。三是开设《12350安全快讯》彩信服务，创新宣传方式，“点对点”宣传安全生产常识，充分发挥手机平台的多媒体功能。四是开展统计分析工作，做好来电事项的整理、分析和归档工作，定期对市民举报热点和办理情况进行综合分析，及时向市委、市政府有关领导报告举报有关情况。2014 年编发《12350 举报投诉日报》365 期，撰写统计分析 11 期，烟花爆竹统计分析 2 期，专项分析 2 期。

【干部队伍建设】 本年，举报投诉中心以争创北京市“青年文明号”为契机，狠抓干部队伍建设。一是着手“青年文明号”创建工作，组织年轻干部参与制定《创建“青年文明号”实施方案》《青年文明号创建活动对标表》，按照《北京市青年文明号考评参考细则》进行自查，落实各项工作标准，顺利通过 2014 年北京市“青年文明号”评审。二是采用多样化培训形式，培养安全生产工作“业务通”。坚持“每日半小时”专业培训，讲解业务知识。举办举报投诉联络员培训班，邀请高级专家、学者从各自的专业领域对学员进行针对性授课，提高举报投诉工作能力。三是营造“比学赶帮超”氛围，开展月度、季度“青年服务之星”评选，公示评选结果。开展以“文明服务我第一、受理准确我第一、转办准确我第一、首问负责我第一”为主题的“十项技能竞赛”活动，强化岗位练兵，增强业务技能。推选出月“服务之星”10 人次，季度“服务之星”3 人次，“十项技能竞赛标兵”10 人次。

【举报类型】 本年，举报投诉中心受理举报 2007 件，未接到不稳定因素类举报。其中，安全隐患类举报 1785 件，占举报总量的 88.94%；事故类举报 46 件，占举报总量的 2.3%；非法违法生产经营建设类举报 132 件，占举报总量的 6.57%；其他举报 44 件，占举报总量的 2.19%（见图 1）。

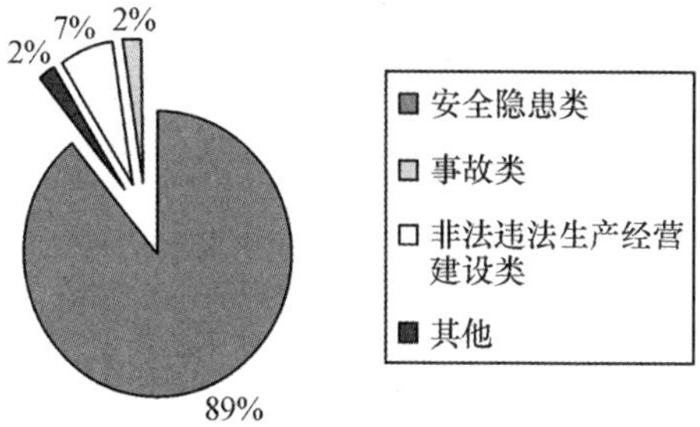

图 1　2014 年举报内容分类图

【群众咨询】 本年，举报投诉中心受理群众咨询主要内容有办理烟花爆竹临时销售许可证相关法律法规、文件，特种作业证申请条件、范围、成绩、补办和复审问题，安全生产许可证复审、真伪查询等，特别是对于全市首次招聘乡镇、街道（园区）安全生产专职安全员的咨询报名条件、程序、成绩等来电数量短时大幅增多，中心均按相关规定进行答复。

【受理渠道】 本年，举报投诉中心受理的 2022 件举报和投诉事项中，按照举报投诉渠道分类，其中电话渠道 480 件，占总量的 23.74%；网络渠道 1529 件，占总量的 75.62%；信件渠道 7 件，占总量的 0.35%；转件渠道 6 件，占总量的 0.3%（见图 2）。

【立案查处】 本年，立案查处举报 2007 件，办结 1867 件，办结率 93.02%。查证属实 779 件，属实率 38.81%。采取各项行政措施 913 项，其中暂扣或者吊销许可证、执照 1 家次，行政拘留 1 家次，拆除 6 家次，责令停产停业 9 家次，罚款 6 家次，整改 648 家次，宣传教育 56 家次，警告 12 家次，约谈 24 家次，其

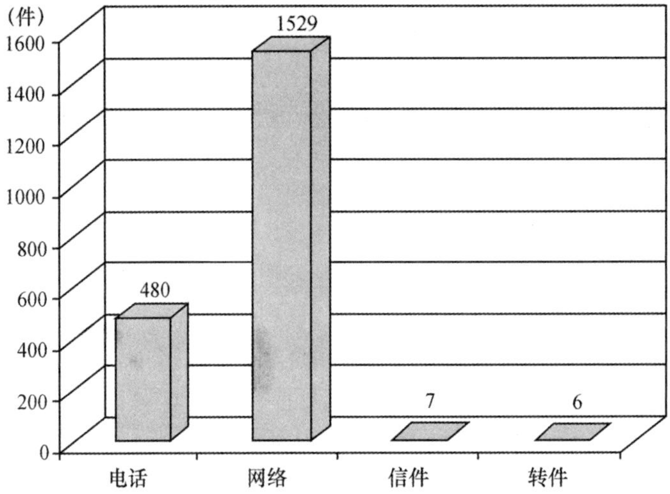

图 2　2014 年举报投诉途径情况

他 150 家次。其中：区县安全监管局立案查处举报 1038 件，占总量的 51.72%；办理 1054 件，占总量的 52.52%。市安委会成员单位立案查处举报 879 件，占总量的 43.8%；办理 877 件，占总量的 43.7%。区县政府立案查处举报 76 件，占总量的 3.79%；办理 76 件，占总量的 3.79%。市安全监管局立案查处举报 14 件（见表 1）。

表 1　　2014 年行政处罚情况

单位：家/次

整改	648	警告	12
约谈	24	罚款	6
责令停产停业	9	暂扣或者吊销许可证、执照	1
拆除	6	其他	150
行政拘留	1	合计	913
宣传教育	56		

【奖励情况】　本年，应奖励举报事项 1271 件，奖励金 25.42 万元。举报人实际领取 1089 件，领取金额 21.78 万元，同比增长 12.97%。

【被举报单位所属行业】　本年，按照被举报单位所属行业进行划分，举报数量较多的前 6 个行业是批发零售业、住宿餐饮业、建筑业、文化体育娱乐业、制造业和居民服务业，占举报总量的 84.95%（见表 2、图 3）。

表 2　2014 年群众举报信息行业分布

序号	名称	件数
1	批发零售业	648
2	住宿餐饮业	485
3	建筑业	182
4	文化体育娱乐业	134
5	制造业	130
6	居民服务业	126
7	电力、燃气及水的生产和供应业	74
8	交通运输、仓储和邮政业	57
9	公共管理和社会组织	45
10	房地产业	44
11	租赁和商务服务业	33
12	水利、环境和公共设施管理业	9
13	信息传输、计算机服务和软件业	8

续表

序号	名称	件数
14	科学研究、技术服务和地质勘查业	7
15	金融业	6
16	教育业	6
17	采矿业	5
18	卫生、社会保障和社会福利业	4
19	农林牧渔业	3
20	国际组织	1
	合计	2007

【区县安全监管局办理】 本年，由区县安全监管局查处办理的1054件举报案件中，直接监管领域的特种作业类举报115件，危险化学品类举报74件，烟花爆竹类举报24件，职业危害类举报13件，煤矿和非煤矿山类举报2件；综合监管领域的人员密集场所类举报324件，消防类举报43件，建筑业类举报42件，工业类举报16件，道路交通类举报2件，其他341件（见图4）。

【被举报单位所属区域】 本年，按照被举报单位所处区域进行划分，举报数量较多的是朝阳区、西城区、丰台区、海淀区、通州区和昌平区，占举报总量的66.87%（见图5）。

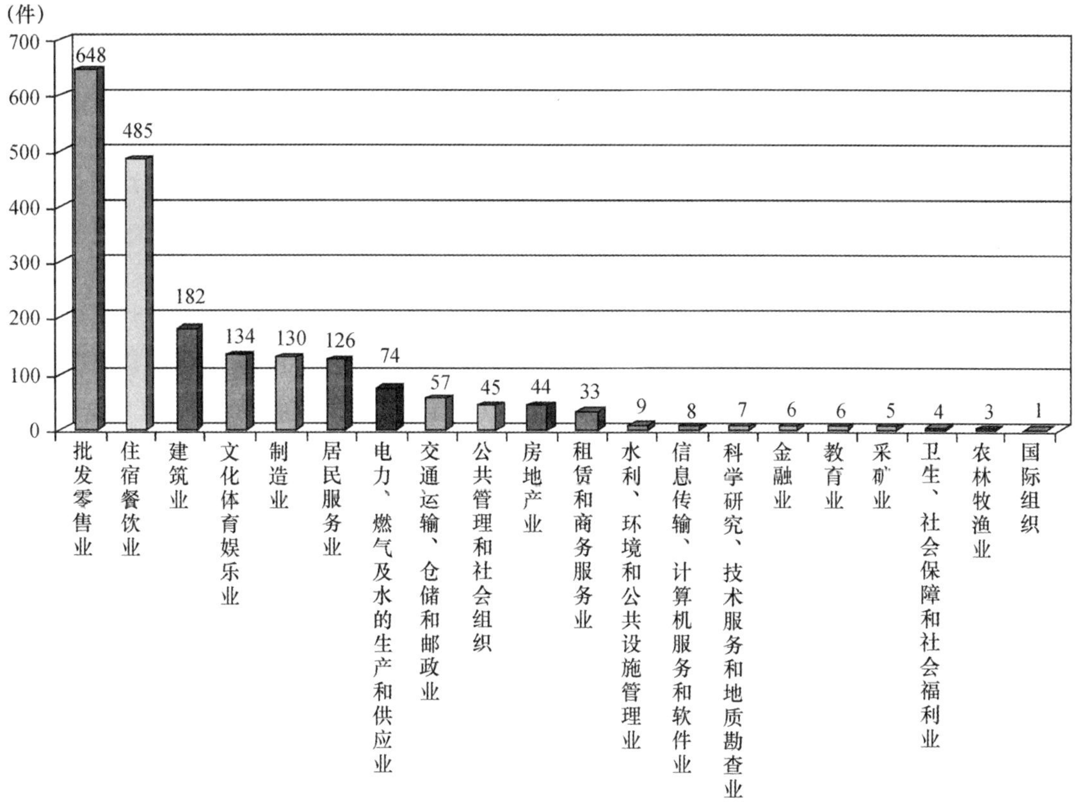

图3 2014年群众举报信息行业分布

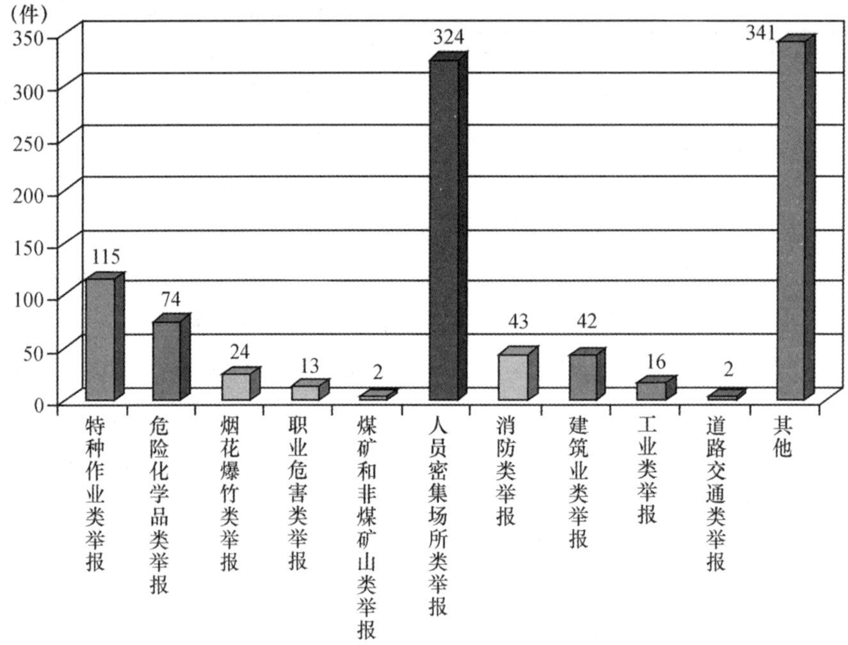

图 4　2014 年区县安全监管局承办隐患类举报事项情况

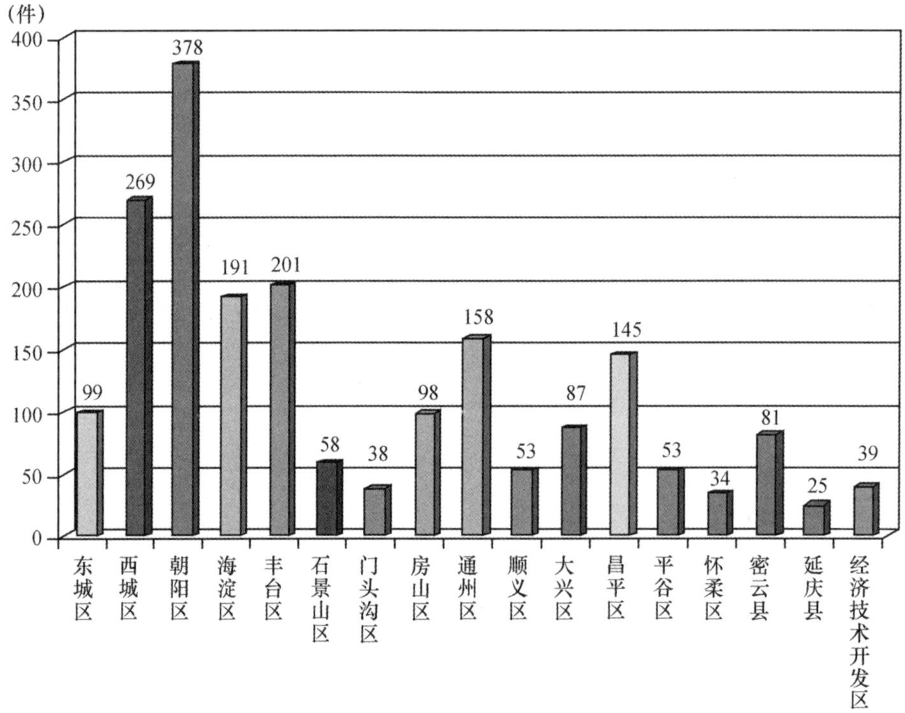

图 5　2014 年群众举报事项区域分布

市安全生产举报投诉中心焦宁供稿

北京市安全生产联合会

2014年，是北京市安全生产联合会（原北京市安全生产协会）改革、发展的一年，在市民政局社团办的领导和市安全监管局的指导监督下、在全体会员单位的大力支持下，市安全生产协会紧紧围绕全市安全生产中心工作，坚持发挥助手参谋作用、发挥桥梁纽带和服务功能作用，取得良好的社会效果。

【二届理事会五次会议】 5月14日，市安全生产协会召开第二届理事会第五次全体会议，市安全监管局副局长唐明明出席会议并讲话。会议审议通过协会2013年工作报告、2014年工作要点和2014年财务收支情况的报告；审议通过32家企业加入北京市安全生产协会的申请，以及新增8家企业理事资格的申请；宣布表彰2013年度征文活动获奖个人的决定、表彰2013年度安全生产信息工作先进单位和优秀信息员的决定。

【二届理事会六次会议】 11月17日，市安全生产协会召开第二届理事会第六次全体会议，听取并审议副会长王克信关于《积极进取、完善机制，为首都安全生产工作贡献力量》报告，市安全监管局有关领导宣读北京市安全生产协会提前换届的说明；根据市委组织部（京组发〔2014〕6号）文件和市社团办有关规定，按照《北京市安全生产协会章程》并结合协会实际情况，决定市安全生产协会提前换届。会议审议第二届理事会财务工作报告、第二届监事会工作报告，审议北京市安全生产协会更名北京市安全生产联合会的提议，宣读《北京市安全生产监督管理局关于北京市安全生产协会第三届会长、监事长、秘书长人选的批复函》。

【第三届会员大会】 12月25日，市安全生产协会召开第三届会员大会。会议审议通过第二届理事会财务工作报告和监事会工作报告；审议通过《北京市安全生产协会章程》修改说明，以及修改后的《北京市安全生产协会章程（草案）》；会议选举第三届理事会、监事会，并向大会公布选举结果；第三届理事会、监事会召开第一次会议，选举出会长、副会长、监事长和秘书长，并向大会公布结果；会议审议通过北京市安全生产协会更名北京市安全生产联合会的提议。

【标准化（二级）评审】 本年，市安全生产协会组织25人的专家组，推荐、审核41家评审机构和11家工业总公司（集团）作为评审单位，编印发行1000册《北京市企业安全生产标准化工作建设指南》和1000册《北京市工业企业安全生产标准化建设有关文件》，编写4个规范性文件和18个管理制度。举办3次评审单位负责人和评审员培训班，52家评审单位716人参加培训。组织专家复核评审资料339份、现场抽查51家企业。

【安全社区报刊】 市安全生产协会按照市安全监管局对安全社区建设的工作要求，推进本市安全社区建设工作。编辑出版发行《安全社区报》5200份，做好安全社区创建的宣传、交流和指导工作。

【会员单位走访】 本年，市安全生产协会为提高会员单位服务质量，分别走访北京城建集团有限责任公司、北京建工集团有限责任公司、北京住总集团有限责任公司、北京市首都公路发展集团有限公司、北京城市排水集团有限责任公司、中国石油化工股份有限公司北京石油分公司、密云冶金矿山公司等20家会员单位，广泛听取会员单位对协会工作及发展提出的建议。

【年鉴编纂】 本年，市安全生产协会受市安全监管局委托，继续组织编写《北京安全生产年鉴》。发行2013年版《北京安全生产年鉴》800余册。2013年版《北京安全生产年鉴》参加北京首届年鉴质量评比，获二等奖。2014年版《北京安全生产年鉴》年鉴质量提高，版面增容，增加13个重点行业领域安全生产工作内容，从而拓宽年鉴资料收集渠道，全面反映全市安全监管（管理）和城市运行安全等情况，收到较好效果。

市安全生产联合会于伯镔供稿

统计资料

北京市2014年度安全生产形势分析报告

一、全市安全生产事故总体情况

2014年，全市发生道路交通、生产安全、火灾、铁路交通死亡事故1003起，死亡1096人，事故起数同比增加66起，上升7.0%，死亡人数同比增加64人，上升6.2%。从指标控制情况看，考核性生产经营事故总量占国务院安委会下达年度指标的77.7%。

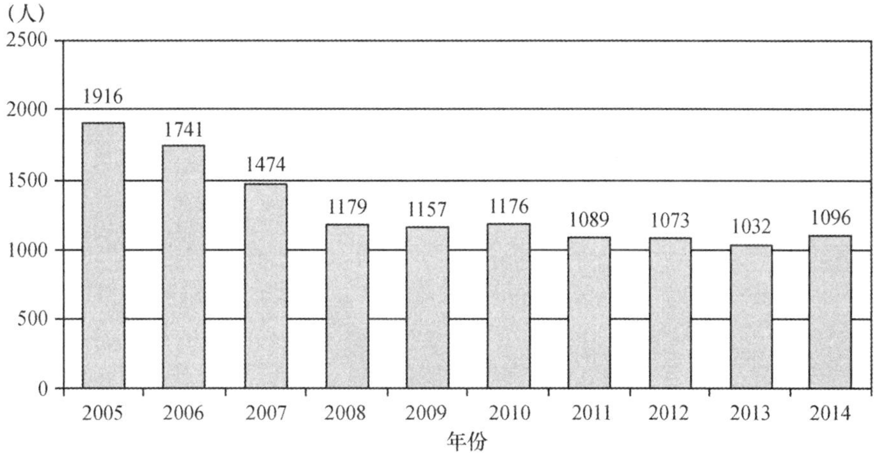

图1　近10年安全生产事故死亡人数对比图

发生一次死亡3人以上较大事故10起，死亡37人，事故起数同比减少6起，下降37.5%，死亡人数同比减少18人，下降32.7%。发生一起重大建筑施工事故，造成10人死亡，4人受伤，突破国务院安委会下达的年度控制指标。

相对指标控制情况，亿元地区GDP生产安全事故死亡率为0.051，与国务院安委会下达指标0.056相比，减少0.005；工矿商贸企业从业人员10万人生产安全事故死亡率为0.91，与国务院安委会下达指标1.27相比，减少0.36；煤矿百万吨煤死亡率为0.9，与国务院安委会下达指标1.685相比，减少0.785。

二、重点行业领域安全生产事故情况

(一)生产安全事故反弹

发生生产安全死亡事故80起，死亡102人，事故起数同比减少11起，下降12.1%，死亡人数同比增加7人，上升7.4%。事故类别主要集中在高处坠落、物体打

表 1　　2014 年 1—12 月份全市安全生产事故统计表

序号	项目	事故起数		死亡人数		较大以上事故			
						事故起数		死亡人数	
		实际（起）	同比（%）	实际（人）	同比（%）	实际（起）	同比（%）	实际（人）	同比（%）
1	生产安全	80	－12.1	102	7.4	4	＋4	23	＋23
2	道路交通	860	8.7	923	7.3	7	－50.0	24	－51.0
	其中：生产经营性	227	17.6	248	15.9	—	—	—	—
3	火灾	43	34.4	51	－3.8	0	－100	0	－100
	其中：生产经营性	3	－25.0	5	－66.7	—	—	—	—
4	铁路交通	20	－13.0	20	－16.7	0	持平	0	持平
5	农业机械	0	持平	0	持平	0	持平	0	持平
总计		1003	7.0	1096	6.2	11	－35.3	47	－29.9

击和触电，分别占全市事故总量的 28.8%、17.5%和 12.5%。作业人员违反操作规程或劳动纪律仍是引发事故的主要原因，造成 59 人死亡，超过全市死亡总人数的 50%。

其中，建筑业事故高发态势明显。发生建筑业死亡事故 51 起，死亡 69 人，分别占事故总量的 63.8%和 67.6%。煤矿事故反弹，发生 5 起，造成 5 人死亡，同比分别上升 150%。有限空间事故反弹，发生 4 起，造成 10 人死亡，事故起数同比减少 1 起，下降 20%，死亡人数同比增加 5 人，上升 100%。工业企业事故总体平稳，发生 8 起，死亡 10 人，同比减少 6 起 4 人。全年未发生危险化学品、非煤矿山特种设备死亡事故。

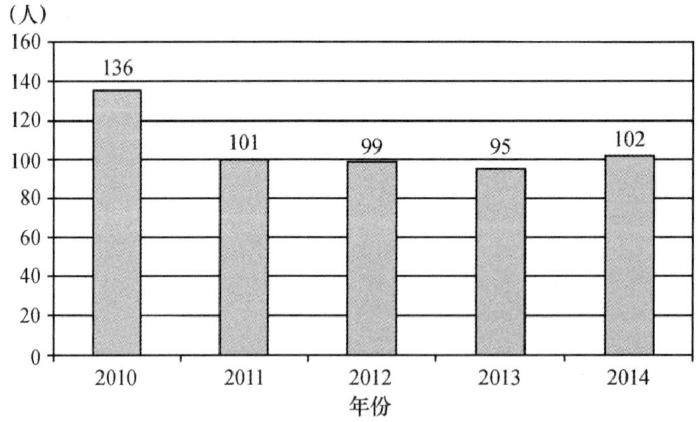

图 2　近 5 年生产安全事故死亡人数对比图

（二）道路交通事故同比上升

全市发生道路交通死亡事故 860 起，死亡 923 人，事故起数同比增加 69 起，上升 8.7%，死亡人数同比增加 63 人，上升 7.3%。其中，发生生产经营性道路交通死亡事故 227 起，死亡 248 人，同比增加 34 起 34 人，分别上升 17.6%和 15.9%。

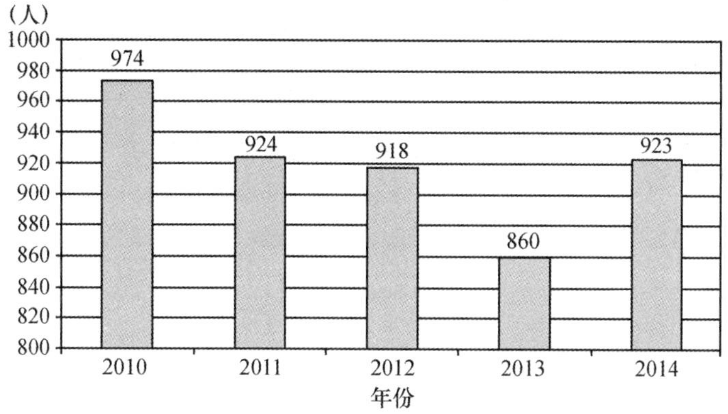

图 3　近 5 年道路交通事故死亡人数对比图

分析全年情况，上半年事故多发，同比最高上升幅度达到 30%；下半年事故高发情况得到一定控制，但同比上升趋势未得到控制。

(三) 火灾事故保持相对稳定

全市发生火灾死亡事故 43 起，死亡 51 人，事故起数同比增加 11 起，上升 34.4%，死亡人数同比减少 2 人，下降 3.8%。其中，发生生产经营性火灾死亡事故 3 起，死亡 5 人，同比减少 1 起 10 人，分别下降 25%和 66.7%。

分析全年火灾事故，“小火亡人”事故多发，占死亡事故总量近 60%；从事故发生区域看，主要集中在朝阳、海淀、昌平等区县；从事故原因看，电气原因引发火灾居首位，占火灾事故总量的近 30%。

(四) 铁路交通和农机事故总体平稳

全市发生铁路交通死亡事故 20 起，死亡 20 人，同比减少 3 起、4 人，分别下降 13.0%和 16.7%。从事故发生原因看，随意穿越铁路线路是导致事故的主要原因，占事故总量的 65.4%。从事故发生区域看，主要集中在京承线、丰沙县和 S2 线，占事故总量的 71.4%。农业机械死亡事故继续保持零死亡的良好态势，经济损失下降 74.8%。

三、各区县安全生产事故情况

全市 15 个区县和北京经济技术开发区安全生产事故死亡人数指标控制在市安委会年初下达的目标范围内。东城区、门头沟区、石景山区总体指标控制情况较好，列全市前三位，海淀区发生 1 起重大建筑施工事故，全年死亡人数超标 1 人。有 4 个区县事故总量同比下降，12 个区县未发生较大以上死亡事故。

表 2　　2014 年 1—12 月份各区县安全生产指标控制情况统计表

排名	区县名称	控制指标	实际数	控制比率	较大以上事故起数
1	东城区	21	16	1.31	0
2	门头沟区	22	18	1.22	0
3	石景山区	21	18	1.17	0

续表

排名	区县名称	控制指标	实际数	控制比率	较大以上事故起数
4	通州区	113	98	1.15	2
5	开发区	8	7	1.14	0
6	延庆县	37	33	1.12	0
7	丰台区	87	78	1.12	0
8	平谷区	30	27	1.11	0
9	怀柔区	37	34	1.09	0
10	大兴区	61	57	1.07	0
11	密云县	46	43	1.07	0
12	房山区	112	105	1.07	0
13	朝阳区	186	183	1.02	1
14	西城区	23	23	1	0
14	顺义区	120	120	1	3
14	昌平区	119	119	1	2
17	海淀区	104	105	0.99	3

其中：

(一) 生产安全事故

东城区、石景山区情况最好，死亡人数低于全年控制指标的30%，为全市最低。海淀区、昌平区、怀柔区与全年控制指标持平。

表3　　2014年1—12月份各区县生产安全事故统计表

区县名称	指标	实际	同比
东城区	7	2	−4
西城区	8	5	1
朝阳区	24	20	5
海淀区	20	20	3
丰台区	15	7	2
石景山区	7	2	−3
门头沟区	5	2	−2
房山区	9	3	−9
通州区	9	8	7
顺义区	8	5	持平
大兴区	8	3	2

续表

区县名称	指标	实际	同比
昌平区	8	8	6
平谷区	3	1	持平
怀柔区	5	5	持平
密云县	4	3	持平
延庆县	3	1	－1
开发区	3	1	－1

（二）火灾事故

门头沟区、怀柔区、开发区全年未发生火灾亡人事故；西城区、密云县火灾事故死亡人数同比上升3人，为全市最高。

表4　　2014年1—12月份各区县火灾事故统计表

区县名称	总数	同比
东城区	2	持平
西城区	4	3
朝阳区	6	－11
海淀区	8	持平
丰台区	4	持平
石景山区	2	持平
门头沟区	0	－1
房山区	3	持平
通州区	2	2
顺义区	3	2
大兴区	4	2
昌平区	6	持平
平谷区	1	持平
怀柔区	0	持平
密云县	4	3
延庆县	1	1
开发区	0	持平

（三）道路交通事故

通州区、密云县控制情况最好，低于全年控制指标的90%；东城区、西城区、丰台区、石景山区、门头沟区、顺义区、平谷区、怀柔区与全年控制指标持平；开发区道路交通事故与生产经营性道路交通事故均超过控制指标。

表 5　　2014 年 1—12 月份各区县道路交通事故统计表

区县名称	指标	实际	同比
东城区	12	12	3
西城区	14	14	2
朝阳区	157	155	1
海淀区	80	77	13
丰台区	64	64	6
石景山区	12	12	1
门头沟区	14	14	6
房山区	99	98	3
通州区	98	86	1
顺义区	110	109	3
大兴区	49	49	2
昌平区	107	103	1
平谷区	25	25	2
怀柔区	29	29	5
密云县	40	36	4
延庆县	32	31	5
开发区	5	6	4

四、市属国有企业生产安全事故情况

本年，市属国有企业总体情况平稳，但是部分单位生产安全事故多发。共有 9 个市属国有企业（集团）发生事故。其中：建工集团 3 起 12 人；京煤集团 5 起 5 人；城建集团 1 起 5 人；住总集团 2 起 2 人；北控集团、市政建设集团、地铁运营公司、恩布拉科雪花压缩机有限公司、天罡星机械设备租赁有限公司各 1 起 1 人。

表 6　　2010 年至 2014 年全市安全生产事故情况表　　单位：起/人

指标名称	2010 年	2011 年	2012 年	2013 年	2014 年
安全生产死亡事故起数人数	1062/1176	977/1089	982/1073	937/1032	1003/1096
其中：1. 生产安全	119/136	88/101	83/99	91/95	80/102
煤矿	6/8	0	2/2	2/2	5/5
建筑施工	73/84	57/64	52/64	55/56	51/69
建委系统	24/30	28/34	17/23	16/16	18/19

续表

指标名称	2010 年	2011 年	2012 年	2013 年	2014 年
2. 道路交通	884/974	843/924	845/918	791/860	860/923
生产经营性	—	—	251/283	193/214	227/248
3. 火灾	26/32	12/30	24/26	32/53	43/51
生产经营性	—	—	12/14	4/15	3/5
4. 铁路交通	32/33	33/33	29/29	23/24	20/20
5. 农业机械	1/1	1/1	1/1	0	0
安全生产指标控制比率（%）	111	117	108	111	106

表 7　　2010 年至 2014 年全市安全生产事故指标控制比率情况表

事故类别	生产安全		火灾		道路交通		铁路交通		农业机械	
	事故死亡人数	指标控制比率	事故死亡人数	指标控制比率	事故死亡人数	指标控制比率	事故死亡人数	指标控制比率	事故死亡人数	指标控制比率
2010 年	136	121	32	100	974	110	33	121	1	200
2011 年	101	158	30	90	924	114	33	97	1	200
2012 年	99	145	26	104	918	103	29	110	1	400
2013 年	95	149	53	57	860	109	24	133	0	—
2014 年	102	147	51	59	923	103	20	150	0	—

表 8　　2010 年至 2014 年全市安全生产较大以上事故起数人数　　单位：起/人

事故类别	2010 年	2011 年	2012 年	2013 年	2014 年
生产安全	4/12	1/5	2/10	0	4/23
其中：建筑施工	3/9	0	2/10	0	0
煤矿	1/3	0	0	0	0
道路交通	18/58	18/62	14/49	14/49	7/24
火灾	2/6	1/18	1/3	3/18	0
铁路交通	0	0	0	0	0
农业机械	0	0	0	0	0
总计	24/76	20/85	17/62	17/67	11/47

表 9　　2010 年至 2014 年全市安全生产相对指标情况

指标名称	2010 年	2011 年	2012 年	2013 年	2014 年
亿元地区 GDP 生产安全事故死亡率（人/亿元）	0.085	0.068	0.060	0.053	0.051
工矿商贸企业从业人员 10 万人生产安全事故死亡率（人/10 万人）	1.45	1.04	0.98	0.94	0.91

续表

指标名称	2010年	2011年	2012年	2013年	2014年
道路交通万车死亡率（人/万车）	2.03	1.85	1.77	1.58	1.65
煤矿百万吨死亡率（人/百万吨）	1.569	0	0.41	0.4	0.91
特种设备万台死亡率（人/万台）	—	—	0.079	0.070	0

表10　2014年全市各区县安全生产事故情况

单位名称	合计			生产安全			火灾			道路交通			铁路交通		
	指标	实际	同比	指标	实际	同比	总数	生产经营性		指标	实际	同比	指标	实际	同比
								指标	实际						
首都功能核心区	44	39	5	15	7	−3	6	2	0	26	26	5	1	0	0
东城区	21	16	−1	7	2	−4	2	1	0	12	12	3	1	0	0
西城区	23	23	6	8	5	1	4	1	0	14	14	2	0	0	0
城市功能拓展区	398	384	19	66	49	7	20	9	4	313	308	21	10	7	2
朝阳区	186	183	−6	24	20	5	6	3	2	157	155	1	2	2	−1
海淀区	104	105	15	20	20	3	8	3	2	80	77	13	1	0	−1
丰台区	87	78	10	15	7	2	4	2	0	64	64	6	6	3	2
石景山区	21	18	0	7	2	−3	2	1	0	12	12	1	1	2	2
城市发展新区	533	506	22	45	28	5	18	8	1	468	451	14	12	9	1
房山区	112	105	−7	9	3	−9	3	1	0	99	98	3	3	1	−1
通州区	113	98	6	9	8	7	2	2	0	98	86	1	4	2	0
顺义区	120	120	7	8	5	0	3	1	0	110	109	3	1	3	2
昌平区	119	119	6	8	8	6	6	2	1	107	103	1	2	2	−1
大兴区	61	57	7	8	3	2	4	2	0	49	49	2	2	1	1
开发区	8	7	3	3	1	−1	0	0	0	5	6	4	0	0	0
生态涵养发展区	172	155	14	20	12	−3	6	5	0	140	135	22	7	2	−8
门头沟区	22	18	4	5	2	−2	0	1	0	14	14	6	2	2	1
怀柔区	37	34	2	5	5	0	0	1	0	29	29	5	2	0	−3
平谷区	30	27	−1	3	1	0	1	1	0	25	25	2	1	0	−3

续表

单位名称	合计			生产安全			火灾			道路交通			铁路交通		
	指标	实际	同比	指标	实际	同比	总数	生产经营性		指标	实际	同比	指标	实际	同比
								指标	实际						
密云县	46	43	5	4	3	0	4	1	0	40	36	4	1	0	−2
延庆县	37	33	4	3	1	−1	1	1	0	32	31	5	1	0	−1
其他	17	12	4	4	6	1	1	6	0	3	3	1	0	2	1
合计	1164	1096	64	150	102	7	51	30	5	950	923	63	30	20	−4

表 11　　2010 年至 2014 年全市生产安全事故类别情况　　单位：起/人

事故类别	2010 年	2011 年	2012 年	2013 年	2014 年
物体打击	12/14	14/14	6/6	4/4	14/14
车辆伤害	5/5	3/3	3/3	2/2	4/4
机械伤害	11/11	6/6	3/3	5/5	2/2
起重伤害	10/13	6/7	7/13	10/10	6/6
触电	24/25	14/15	4/4	14/14	10/10
淹溺	3/3	1/1	0	3/3	1/1
灼烫	0	1/1	1/1	0	0
火灾	0	0	2/3	0	0
高处坠落	31/31	28/30	33/33	26/27	23/24
坍塌	11/15	10/12	12/16	9/10	9/22
冒顶片帮	0	0	2/2	1/1	0
透水	0	0	0	0	0
放炮	0	0	0	0	0
火药爆炸	0	0	0	0	0
瓦斯爆炸	0	0	0	2/3	0
锅炉爆炸	0	0	1/1	2/2	0
容器爆炸	0	0	0	0	0
其他爆炸	4/5	1/2	3/4	1/1	0
中毒窒息	6/12	4/10	6/10	7/8	6/14
其他伤害	2/2	0	0	5/5	5/5
全市	119/136	88/101	83/99	91/95	80/102

表 12　　2010 年至 2014 年全市生产安全按事故原因分类情况　　单位：起/人

事故类别	2010 年	2011 年	2012 年	2013 年	2014 年
技术和设计有缺陷	1/1	1/1	5/13	0	0
设备设施工具附件有缺陷	1/1	3/3	4/4	4/5	7/7
安全设施缺少或有缺陷	18/19	11/11	9/11	11/11	7/7
生产场所环境不良	11/11	2/2	8/8	4/4	2/2
个人防护用品缺少或有缺陷	3/3	8/8	4/5	7/7	4/5
没有安全操作规程或不健全	5/6	0	1/1	0	1/1
违反操作规程或劳动纪律	58/70	47/60	40/44	51/53	41/57
劳动组织不合理	2/2	5/5	2/2	1/1	3/4
对现场工作缺乏检查或指挥错误	8/11	4/4	5/6	5/6	3/7
培训教育不够，缺乏安全操作知识	7/7	5/5	5/5	2/2	4/4
其他	5/5	2/2	0	6/6	8/8
全市	119/136	88/101	83/99	91/95	80/102

市安全监管局协调处供稿

事故案例

【案例一】

通州区新华大街京杭广场1号住宅商业楼“1·7”卸料平台高处坠落事故

2014年1月7日14时50分，通州区新华大街京杭广场1号住宅商业楼施工现场发生坍塌事故，5人死亡。

一、事故基本情况

2014年1月7日14时50分，通州区新华大街京杭广场1号住宅商业楼施工现场，2名工人在B区1号楼6层西侧卸料平台从楼层内倒运物料过程中，发生一起坍塌事故，造成5人死亡。

该工程建设单位为北京东部绿城置业有限公司（法定代表人朱××，房地产开发四级资质）；监理单位为中国建筑设计咨询公司（法定代表人丁×，房屋建筑工程监理甲级资质）；施工单位为北京城建二建设工程有限公司（以下简称“城建二公司”，为北京城建集团有限责任公司全资子公司，法定代表人陈××，房屋建筑施工总承包一级资质）是本事故的施工单位。1月7日6时30分，劳务木工班组长张××安排杜××、邵×、仇××等3人到B区1号楼南侧的基坑内清理物料。张××因下午外出不在施工现场，便委托现场技术负责人秦××检查杜××、邵×、仇××等3人的出勤情况。13时30分左右，秦××安排周××、付××2人到B区1号楼6层西侧卸料平台从楼层内倒运物料。当天下午，杜××、邵×、仇××在西侧卸料平台下方基坑内清理物料，同时周××、付××在上方的6层西侧卸料平台实施物料码放作业。14时50分，卸料平台的吊环螺栓突然断裂，平台侧翻。周××、付××随平台上码放的物料一同坠落至下方基坑内，将在基坑内作业的杜××、邵×、仇××砸伤。事故发生后，政府组织相关部门全力救援，5名人员经医院全力救治无效，于当日21时15分确认死亡。

二、事故原因

（一）直接原因

卸料平台超载、未按照施工方案安装和吊环螺栓实际承载能力较差是造成此次事故的直接原因。

1.卸料平台超载。经鉴定分析，卸料平台总装载限重为1.5 t，在使用过程中，卸料平台上装料过多（经对现场坠落物料捡拾称重，已超过平台限重）；当装料不均时，会进一步引起两侧钢丝绳和吊环受力不平均，加剧吊环螺杆的断裂。

2. 未按照施工方案安装。卸料平台在安装过程中，未按照施工方案的要求，改变平台吊环螺栓的竖向高度和水平位置，对吊环螺杆的受力产生不利影响。经勘验，卸料平台外侧钢丝绳上端吊环螺杆距主钢梁的高度为 5.9 m，通过对“悬挑卸料平台计算书”的核查，其设计高度为 11.0 m。外侧钢丝绳与卸料平台主钢梁的实际夹角 α 为 43.0°与设计要求的 64.3°不符。经计算，吊环竖向高度由 11.00 m 变为 5.9 m 时，吊环螺杆所受的拉力将增大 17.6%；吊环螺杆水平位置偏移 1.25 m 后，吊环螺杆所承受的应力将增大 1.2%。

3. 吊环螺栓实际承载能力较差。通过试验室模拟加载试验、对吊环受力的有限元分析和对吊环螺栓的断裂原因的鉴定分析，吊环的内侧焊趾存在较为严重的局部应力集中，而吊环焊接缺欠、弯曲成形时受损、吊环螺杆的反复使用及该部位的应力较复杂等因素均影响吊环的承载能力，导致吊环螺杆在较低的应力水平下发生脆性破坏。

（二）间接原因

卸料平台日常使用、安装和验收过程中各方管理不到位，是导致事故发生的间接原因。

1. 城建二公司施工现场管理混乱，未能有效制止施工现场长期存在的卸料平台超重、未按照施工方案安装和未经验收便投入使用等安全隐患。一是未按照标准要求指派专人监督卸料平台的日常使用，致使卸料平台长期超载。二是未对事故当天的卸料平台作业的两名作业人员进行安全技术交底，致使两名作业人员违章作业。三是未能严格按照专项施工方案组织卸料平台的安装作业，致使现场作业人员未严格按照专项施工方案设置平台吊环螺栓位置。四是对发生事故的卸料平台在未经验收的情况下投入使用失管失察。

2. 中国建筑设计咨询公司作为该工程监理单位，未严格履行监理单位职责，未对该工程卸料平台的安装、验收和使用实施有效的安全监理。一是未有效制止施工现场卸料平台长期超载的事故隐患。二是对卸料平台未按照施工方案安装和未经验收投入使用失管失察。

三、处理结果

（一）现场施工负责人秦××，未按照《建筑施工高处作业安全技术规范要求》5.1.2 的要求，安排专人监督卸料平台两名作业人员施工作业，致使卸料平台超载，对事故发生负有直接责任。其行为涉嫌违法犯罪，由公安机关立案侦查，依法追究其刑事责任。

（二）卸料平台安装负责人丁××，未按照卸料平台施工方案要求设置吊环螺栓位置，私自改变设计致使卸料平台承载力下降；未按照项目部要求在卸料平台安装完毕后申请验收，对事故发生负有直接责任。其行为涉嫌违法犯罪，由公安机关立案侦查，依法追究其刑事责任。

（三）城建二公司项目经理部安全部部长王××，作为本项目安全负责人，未制止卸料平台未经验收投入使用的违规行为；未及时消除卸料平台长期超载使用的事故隐患，对事故发生负有直接管理责任。其行为涉嫌违法犯罪，由公安机关立案侦查，依法追究其刑事责任。

（四）城建二公司项目经理部总工程师孙×，作为本项目分管技术的负责人，未按照相关规定要求，组织项目部技术、安全等部门实施卸料平台的验收工作；未及时发现卸料平台未按照施工方案安装的事故隐患，对事故发生负有直接管理责任。其行为涉嫌违法犯罪，由公安机关立案侦查，依法追究其刑事责任。

（五）城建二公司董事长兼总经理陈××，作为该单位主要负责人，在本单位组织的对京杭广场项目部定期安全督查和巡查工作过程中，未发现并消除卸料平台超载、未按照施工方案安装和未经验收便投入使用等生产安全事故隐患。其行为违反《北京市安全生产条例》第十六条第（五）项的规定，对事故发生负有主要领导责任。依据《生产安全事故报告和调查处理条例》第三十八条第（二）项的规定，由安全监管部门给予其上一年年收入40%罚款的行政处罚。

（六）城建二公司项目经理刁××，作为该项目部主要负责人，负责该项目部安全生产的全面工作，对卸料平台日常使用、安装和验收等环节的安全检查不到位，未及时发现并制止施工现场存在的安全隐患，其行为违反《建设工程安全生产管理条例》第二十一条第二款的规定，对事故发生负有主要管理责任。依据《建设工程安全生产管理条例》第五十八条的规定，由建设行政主管部门吊销其执业资格，5年内不予注册。同时，依据《安全生产领域违法违纪行为政纪处分暂行规定》第十二条第（一）项的规定，责成城建二公司给予其记大过处分。

（七）中国建筑设计咨询公司总监理工程师张××，作为本项目监理工作主要负责人，在多次发现卸料平台存在超载使用安全隐患的情况下，未按照《建设工程安全监理规程》（DB 11/382—2006）6.1.5的要求，及时下达工程暂停令；对卸料平台未按照施工方案安装和未经验收投入使用的情况监理不到位，其行为违反《建设工程安全生产管理条例》第十四条第三款的规定，对事故发生负有监理责任。依据《建设工程安全生产管理条例》第五十八条和《北京市建设工程施工现场生产安全事故及重大隐患处理规定》第十八条第（二）项的规定，由建设行政主管部门暂停其执业资格12个月。

（八）城建二公司作为本项目施工单位，未按照专项施工方案组织卸料平台安装作业，对卸料平台长期在未经验收的情况下投入使用失管失察；未能消除卸料平台长期的超载的事故隐患，其行为违反《建设工程质量管理条例》第二十八条的规定，对事故发生负有主要责任。依据《生产安全事故报告和调查处理条例》第三十七条第（二）项的规定，由安全监管部门给予其28万元罚款的行政处罚。同时，由住房城乡建设主管部门给予其暂扣安全生产许可证60日的行政处罚，并停止其扣证期间在北京建筑市场的投标资格。

（九）中国建筑设计咨询公司作为本项目监理单位，监理职责履行不到位，在多次发现卸料平台存在超载使用安全隐患的情况下，未及时下达工程暂停令；对卸料平台未按照施工方案安装和未经验收投入使用的情况监理不到位，其行为违反《建设工程安全生产管理条例》第十四条第二款的规定，对事故发生负有监理责任。依据《生产安全事故报告和调查处理条例》第三十七条第（二）项的规定，由安全监管部门给予其26万元罚款的行政处罚。

（十）城建二公司住宅商业楼项目经理部生产经理赵××，作为本项目分管生产和安全的负责人，对卸料平台日常使用、验收等环节的安全检查不到位，未及时发现并制止施工现场未进行安全技术交底、未安排专人监督卸料平台施工作业的安全隐患，对事故发生负有主要管理责任。依据《安全生产领域违法违纪行为政纪处分暂行规定》第十二条第（一）项的规定，责成城建二公司给予其记大过处分。

（十一）城建二公司副总经理武×，作为该单位分管项目施工的负责人，在本单位组织的对京杭广场项目部定期安全督查和巡查工作过程中，未发现并消除卸料平台超载、未按照施工方案安装和未经验收便投入使用等生产安全事故隐患，对事故发生负有主要领导责任。依据《安全生产领域违法违纪行为政纪处分暂行规定》第十二条第（一）项的规定，责成城建集团公司给予其记过处分。

（十二）北京城建集团有限责任公司副总经理李××，作为集团公司主管生产和安全工作的负责人，指导城建二公司及其下属项目部管理人员贯彻落实安全生产规章制度不到位，对城建二公司项目安全管理混乱负有一定领导责任。依据《安全生产领域违法违纪行为政纪处分暂行规定》第十二条第（七）项的规定，建议由市国资委给予其警告处分。

此外，责成北京城建集团有限责任公司就事故中暴露的施工组织管理、安全生产监督检查等方面存在的问题，向市国资委做出深刻检查。建议市政府就安全生产管理工作约谈北京城建集团有限责任公司主要负责人。

【案例二】

北京密云华鑫水电技术开发总公司“1·11”铺设电缆作业中毒事故

2014年1月11日10时，昌平区某电力工程施工现场发生中毒和窒息事故，造成5人死亡。

一、事故基本情况

2014年1月11日10时，在昌平区某电力工程施工现场发生一起中毒事故，造成5人死亡。该工程建设单位为中海阳能源集团股份有限公司（以下简称中海阳公司）；施工单位为北京密云华鑫水电技术开发总公司（以下简称华鑫公司）（具有北京市建委颁发的送变电工程专业承包三级资质和建筑施工安全生产许可证，华北电力监管局颁发的承装、承修、承试四级资质）；北京华电水电有限公司为华鑫公司的上级单位；电力管沟运行管理单位为北京华商电力管道有限公司。

2013年4月17日，中海阳公司与华鑫公司签订电力工程施工合同，铺设井下电缆为合同的一部分；2014年1月9日，华鑫公司副总经理单××电话通知王××，将铺设井下电缆施工交给王××，双方未签订书面合同，仅口头约定，由王××负责组织人员进行井下电缆铺设，由华鑫公司负责井上电缆的运送、管沟气体的检测和通风。根据中海阳公司和华鑫公司签订的电力工程施工合同约定，由华鑫公司负责和电力管沟管理部门办理相关施工手续。华鑫公司未向北京华商电力管道有限公司办理进入电力管沟施工的相关手续。

2014年1月10日晚，为准备实施井下电缆铺设作业，王××组织社会人员41人（含王××）。1月11日华鑫公司安排本单位施工人员18人，与王××组织的41名施工人员共同实施电缆铺设作业，其中井下作业人员31人。6时40分至7时，华鑫公司人员对2号井进行机械通风，对3号井进行有毒有害气体检测。检测气体内容为硫化氢、一氧化碳、甲烷和氧气含量情况，检测结果未显示异常。7时至9时50分，施工人员完成从3号井通向2号井的第一根电缆铺设，第二根电缆即将铺设完成。9时50分，井下人员反映持续通风太冷，华鑫公司人员遂关闭2号井口风机，停止通风。9时50分至10时10分，3号井到2号井之间先后有7人晕倒在水中，其中距离2号井约20 m处有1人、距离2号井约80 m处有5人、距离3号井约90 m处有1人。10时18分，华鑫公司人员重启2号井口风机。10时13分至10时30分，晕倒的7人均由其他现场作业人员救出并由120急救车送医院抢救。事故中，有4人经抢救无效当场死亡，1人于1月12日下午死亡，2人于数日后康复。另有11人出现明显不适症状，于1月11日住院检查、治疗，14日出院。

昌平区公安司法鉴定中心对5人死亡的鉴定意见为：吸入有毒有害气体中毒后倒入水中溺水死亡。经现场检测，电力管沟污水和空气中含有乙醇、乙酸、乙醛、丙酮等多种化学物质，专家根据检测报告进行分析论证，结论为：一是管沟内有毒有害气体来自于沟内污水；二是如果人员短期内大量吸入上述物质，可出现中枢神经系统抑制作用和呼吸系统损害作用；三是此事件造成的人员伤害为急性混合性气体中毒，淹溺是死亡的协同因素。

二、事故原因

（一）直接原因

1. 华鑫公司施工现场安全管理缺失，在发现管沟内存在明显的刺鼻刺眼的酸臭气味情况下，违章指挥施工人员冒险下井作业。

2. 事故中死亡的5人在事故发生前违规冒险作业，导致吸入有毒有害气体中毒后倒入水中溺水死亡。

（二）间接原因

1. 华鑫公司施工现场安全管理缺失。未向电力管沟运行管理部门办理相关审批手续擅自进入施工；将井下铺设电缆工程交给王××个人负责，未对作业人员进行安全教育培训和安全技术交底；公司安全管理混乱，各部门安全生产责任不清。

2. 北京华电水电有限公司对其下属公司安全管理监督检查制度缺失，对下属公司安全管理不到位；对下属公司工程项目安全检查不到位，未能发现下属公司在项目施工过程中违法违规行为。

3. 北京华商电力管道有限公司未按规定及时对电力管沟进行内部巡查，未发现管沟内存积大量污水的安全隐患。发现有人在对事故发生地段的电力管沟进行抽水的情况下，未及时采取防止人员进入电力管沟施工的有效措施。

三、处理结果

（一）华鑫公司副总经理单××，作为该项目的负责人，在未向电缆线路运行管理部门办理相关许可手续和在发现管沟内存在明显的刺鼻刺眼的酸臭气味情况下，擅自组织安排人员进行施工，对事故发生负有直接责任。其行为涉嫌违反《中华人民共和国刑法》第一百三十四条的规定，涉嫌重大责任事故罪，由司法机关依法追究其刑事责任。

（二）华鑫公司员工王××，作为施工现场负责人，对施工现场安全管理缺失，未对施工人员进行安全教育培训和安全技术交底，在发现管沟内存在明显的刺鼻刺眼的酸臭气味情况下，仍然违章指挥施工人员冒险作业，对本起事故发生负有直接责任。其行为涉嫌违反《中华人民共和国刑法》第一百三十四条的规定，涉嫌重大责任事故罪，由司法机关依法追究其刑事责任。

（三）华鑫公司员工程××，作为施工现场安全管理人员和有限空间作业现场监护人，发现井下作业环境气体复杂时，未按照《地下有限空间作业安全技术规范　第2部分：气体检测与通风》（DB 11/852.2—2013）的要求委托具有检测能力的机构进行检测，未对作业环境进行评估；未能履行监护人员职责就井下作业的危险因素、作业安全要求和应急措施向作业人员详细说明，对本起事故负有直接责任。其行为涉嫌违反《中华人民共和国刑法》第一百三十四条的规定，涉嫌重大责任事故罪，由司法机关依法追究其刑事责任。

（四）王××，作为铺设电缆的施工组织人，随意组织施工人员进行铺设电缆工作，发现管沟内存在明显的刺鼻刺眼的酸臭气味情况下，仍然违章指挥施工人员冒险作业，对本起事故负有直接责任。其行为涉嫌违反《中华人民共和国刑法》第一百三十四条的规定，涉嫌重大责任事故罪，由司法机关依法追究其刑事责任。

（五）华鑫公司法定代表人范××，未组织建立本单位安全生产责任制；组织制定的安全管理制度和操作规程不完善；未能及时督促、检查本单位的安全生产工作，未能及时发现施工现场的违章作业行为；未组织制定本单位安全生产事故应急预案。其行为违反《北京市安全生产条例》第十六条的规定，由安全监管部门给予其上一年年收入40%罚款的行政处罚。同时，责成北京华商电力管道有限公司给予其撤职处分。

（六）华鑫公司未制定有限空间作业

管理制度，未对施工现场作业人员进行有限空间作业安全培训教育，未对下井施工人员提供符合标准的劳动防护用品。其行为违反《北京市安全生产条例》第十八条、第二十一条、第三十六条的规定，对事故发生负有管理责任。依据《生产安全事故报告和调查处理条例》第三十七条第（二）项的规定，由安全监管部门给予其28万元罚款的行政处罚。同时，依据《建筑施工企业安全生产许可证管理规定》第二十三条的规定，由建设行政主管部门暂扣其安全生产许可证60日，并责令停业整顿。

（七）北京华电水电有限公司副总经理李××，作为华鑫公司的主管领导履行企业主管负责人的安全管理职责不到位，未能按照北京华电水电有限公司制定的《安全生产职责的规定》深入下属公司生产现场进行检查。依据《安全生产领域违法违纪行为政纪处分暂行规定》第十二条第（一）项的规定，责成北京华电水电有限公司上级单位给予其记过处分。

（八）北京华商电力管道有限公司运行管理部某班班长谷××，负责昌平城区电缆通道运行维护工作，未按照规定每3个月对电力管沟内部进行巡查。依据《安全生产领域违法违纪行为政纪处分暂行规定》第十二条第（一）项的规定，责成北京华商电力管道有限公司给予其记大过处分。

（九）北京华商电力管道有限公司监控中心主任王××，履行企业部门负责人的安全管理职责不到位，对下属班组电缆通道巡视工作未履行监督检查职责。依据《安全生产领域违法违纪行为政纪处分暂行规定》第十二条第（一）项的规定，责成北京华商电力管道有限公司给予其记过处分。

此外，事故调查期间对电力管沟内污水来源问题，事故调查组已组成环境污染专案组同步开展调查，已查明电力管沟内积存的污水系相关企业涉嫌非法排放所致。专案组将依据环境污染相关法律法规，对涉嫌环境污染的单位和相关责任人员另案处理。

【案例三】

昌平区某小区“12·20”爆燃事故

2014年12月20日15时32分许，昌平区某小区居民住宅楼内爆炸造成4人死亡、1人受伤。

一、事故基本情况

（一）2014年12月20日15时32分许，在昌平区某小区居民住宅楼内，个人非法违法组织加工制作脉冲式超细干粉自动灭火装置启动器过程中发生爆炸，造成室内作业及居住人员4人死亡、1人受伤。事发现场勘查，该小区现有楼房23栋，其中商用楼1栋（3层），住宅楼22栋（3层14栋、4层5栋、6层3

栋）。发生事故的甲6号楼为6层砖混结构住宅楼，事故现场位于5单元101室，房屋结构为两室一厅，套内建筑面积96.9平方米。房屋南侧小院加盖阳光房，阳光房与客厅相通。客厅内东侧放置一张床垫，西侧有一长条形用于装料的操作台，操作台南北两侧各放置一台用于压盖的加工机器（下部有电机）。事故发生后，房屋门窗全部损毁，屋内残留大量用于生产的零部件和白色粉末类物质，阳光房和次卧内存放的大量配件、原料及包装物部分过火。6号楼5单元1～6层住户南侧玻璃全部损坏，北侧1、2层玻璃损坏，相邻的4单元1～6层住户南侧玻璃不同程度损坏。

（二）事故所涉相关人员。2011年，周×和王×共同出资购买某小区甲6号楼5单元101室。二人原为北京世纪联保消防新技术有限公司同事，王×为公司生产技术负责人，2009年辞职；周×负责脉冲式超细干粉自动灭火装置启动器原材料采购和外委加工业务。2012年前，周×曾代表公司委托河北省从事烟花爆竹生产企业负责启动器加工业务。2012年年底，因加工启动器利润丰厚，周×与王×合谋雇用吴×在事发房屋内加工启动器，并提供加工机器。周×负责从北京世纪联保消防新技术有限公司领取启动器加工原材料；完成加工后将成品回收，交由北京世纪联保消防新技术有限公司入库登记；并以其在天津注册的多家五金加工部名义与北京世纪联保消防新技术有限公司结算加工费。王×负责加工过程中的技术指导。吴×组织其妹吴×乙、表姐郑×从事现场加工作业，并共同居住在加工作业房屋内。周×和王×向吴×交代加工过程中应当注意事项，并按加工数量向吴×支付加工费。

经查，事故发生时现场5人，除吴×、吴×乙和郑×3名作业人员外，吴×的父母吴××、郑××因来京就医，临时居住在6号楼5单元101室。

（三）脉冲式超细干粉自动灭火装置用途及启动器加工工艺。脉冲式超细干粉自动灭火装置主要用于汽车发动机、电柜箱的灭火。其中启动器为灭火装置的启动部件，通过电控、温控方式引爆，将装置内干粉喷出，起到灭火作用。启动器主要由金属壳体、电线、感温线、镁粉、硝酸钾、打孔螺丝、螺母和无纺布等组成。按照镁粉和硝酸钾混合料重量，启动器分为1.5 g和10 g两种规格。

启动器加工步骤：第一步，将镁粉和硝酸钾以1∶1比例搅拌均匀备用；第二步，将电线和感温线穿进螺母，用胶粘好固定；第三步，将搅拌好的镁粉和硝酸钾混合料称重，再用无纺布包装进凹壳；第四步，用压盖机将壳帽、凹壳两部分压制成型。事发时，现场正在制作1.5 g规格的脉冲式超细干粉自动灭火装置启动器。

二、事故原因

（一）直接原因

脉冲式超细干粉灭火装置启动器壳体压盖操作过程中，因摩擦产生热量引燃镁粉，致使镁粉与硝酸钾混合物发生爆炸，是造成事故的直接原因。

（二）间接原因

非法违法组织生产，盲目加工脉冲

式超细干粉灭火装置启动器，是造成事故的间接原因。周×和王×二人明知脉冲式超细干粉灭火装置启动器生产作业过程中使用镁粉、硝酸钾具有一定的危险性，仍雇用人员在居民楼内非法生产加工启动器，并在生产场所储存镁粉、硝酸钾等加工原材料、居住人员。作业人员不具备易制爆危险化学品安全生产知识，盲目加工制作启动器。根据国家有关法律法规的规定，事故调查组认定，该起事故为一起个人非法违法组织加工脉冲式超细干粉灭火装置启动器引发的安全责任事故。

三、处理结果

（一）追究刑事责任人员

1. 周×，北京世纪联保消防新技术有限公司代理厂长，负责公司脉冲式超细干粉自动灭火装置启动器材料采购及外委加工。从未经许可的危险化学品经营企业购买易制爆危险化学品硝酸钾、镁粉。明知启动器加工存在安全风险的情况下，仍利用职务之便，在居民楼内设立非法加工点，组织人员加工超细干粉自动灭火器的启动器，对事故负有直接责任。其行为涉嫌危险物品肇事罪，2015年1月28日，已由检察机关审查后批准逮捕。

2. 王×，明知启动器加工存在安全风险情况下，仍与周×合谋在居民楼内设立非法加工点，组织人员加工脉冲式超细干粉自动灭火装置启动器，对事故负有直接责任。其行为涉嫌危险物品肇事罪，2015年1月28日，已由检察机关审查后批准逮捕。

3. 吴×，脉冲式超细干粉自动灭火装置启动器加工现场负责人。在了解启动器加工存在安全风险情况下，未采取必要安全措施，组织人员现场加工超细干粉自动灭火器启动装置，对事故发生负有直接责任。由公安机关立案侦查，依法追究其刑事责任。

（二）给予行政处罚的单位

1. 北京世纪联保消防新技术有限公司从未经许可的企业购买、运输易制爆危险化学品硝酸钾、镁粉，未将购买的硝酸钾、镁粉危险化学品品种、数量以及流向信息报所在区政府公安机关备案。其行为违反《危险化学品安全管理条例》第四十一条第二款的规定，依据《危险化学品安全管理条例》第八十一条第（五）项的规定，由公安机关给予其1万元的罚款。同时，由安全监管部门对其存在的安全生产违法行为，依法责令限期改正。

2. 北京风礼精求商贸有限公司未经许可从事危险化学品硝酸钾的储存、经营。其行为违反《危险化学品安全管理条例》第三十三条第一款的规定，依据《危险化学品安全管理条例》第七十七条的规定，由大兴区安全监管部门没收其违法所得，并处10万元以上20万元以下的罚款。

3. 北京鑫成元翔科技发展有限公司未经许可从事危险化学品镁粉的经营。其行为违反《危险化学品安全管理条例》第三十三条第一款的规定，依据《危险化学品安全管理条例》第七十七条的规定，由通州区安全监管部门没收其违法所得，并处10万元以上20万元以下的罚款。

【案例四】

顺义区北京恩布拉科雪花压缩机有限公司“2·5”气浮罐清理作业中毒窒息事故

2014年2月5日10时30分左右，顺义区北京恩布拉科雪花压缩机有限公司动力车间发生中毒和窒息，造成3人死亡。

一、事故基本情况

2014年2月5日10时30分左右，在顺义区北京恩布拉科雪花压缩机有限公司动力车间发生一起中毒窒息事故，造成3人死亡。事故单位为北京恩布拉科雪花压缩机有限公司，主要产品为高效节能环保电冰箱压缩机。2月5日9时50分左右，在北京恩布拉科雪花压缩机有限公司动力车间，现场作业负责人刘×带领贾××、康××、赵×3人，实施气浮罐清理作业。贾××进入气浮罐内，卸下环形管道可拆除部分后，发现管道堵塞，且结构复杂，难以清理。4人商议后决定使用车间存放的浓度为50%的硫酸清除管道内淤泥。随后，赵×从气浮罐旁的硫酸储存罐中取10升硫酸，由康××从气浮罐外侧的出水口处将硫酸倒入，约10分钟后，发现气浮罐内环形管道未完全疏通，并伴有大量刺鼻气体产生。刘×安排贾××再次进入气浮罐内，将之前拆卸的环形管道回装，以继续使用硫酸疏通环形管道。10时20分左右，贾××进入气浮罐后，随即晕倒在罐中。康××、刘×先后进入罐内施救时晕倒。赵×见状，急忙找来2名维修工人，确认无法施救后，等待救援。11时09分，顺义区消防支队接到北京市消防总队119指挥中心调派命令，迅速出警。11时20分，救援人员赶到事故现场后对被困人员实施救援。11时53分，贾××、康××、刘×3人被救出，紧急送往地坛医院经抢救无效死亡。事发后，北京市疾病预防控制中心对气浮罐内气体进行检测，结果表明，硫化氢气体浓度超标。经试验验证，气浮罐内沉淀的淤泥与50%浓度硫酸混合后发生化学反应，分解产生大量硫化氢气体。人员短期吸入大量硫化氢气体后，会导致中毒反应，极高浓度时可在数秒钟后发生急性中毒死亡。经法医鉴定，死者符合硫化氢中毒死亡。

二、事故原因

（一）直接原因

1. 刘×、贾××、康××等4人在未获得其公司环境安全科开具有限空间作业许可证的情况下，违规进入气浮罐作业，同时违反公司危险化学品使用管理规定，在未经环境健康安全科审批的情况下，擅自使用硫酸清理气浮罐管道，违章作业是事故发生的直接原因之一。

2. 动力车间领班王×违反公司危险作业管理规定，在节假日安排工作前未到公司环境健康安全科开具有限空间危险作业许可证，致使现场作业人员在未经公司环境健康安全科许可、未检测含氧量及有害气体、未进行强制通风、未佩戴个人防护用品的情况下，盲目进入气浮罐内开展清理作业，违章指挥是事故发生的直接原因之二。

（二）间接原因

北京恩布拉科雪花压缩机有限公司安全管理不到位是造成此次事故的间接原因。

1. 未制定进入气浮罐清洗作业的操作规程。在公司已将进入气浮罐作业纳入危险作业管理的情况下，未制定气浮罐清理作业操作规程，致使作业人员擅自使用硫酸实施清理作业。

2. 未严格执行有限空间安全管理制度。维修部动力车间在制定节假日期间进行气浮罐清理作业的工作计划时，未按照公司《危险作业许可管理制度》的规定，到环境健康安全科办理危险作业许可审批，也未安排具有有限空间作业资格的专业人员进行现场监护。

3. 危险化学品管理制度不健全。公司制定的《化学品安全管理》中缺乏硫酸出库进入动力车间后的管理要求；动力车间未制定硫酸在车间内存放、使用、用途变更等方面的管理细则，致使硫酸的使用环节无人监管。

4. 事故应急救援管理工作存在漏洞。公司制定的《有限空间作业安全规程》中的应急救援部分缺乏针对性；日常工作中，未针对有限空间作业开展事故应急演练，导致事故发生后，作业人员盲目施救。

5. 安全培训教育不到位。虽对员工实施三级安全培训教育，但一线作业人员安全意识淡漠，明知气浮罐上张贴“有限空间作业必须到环境健康安全科申请”的标识，在未办理审批的情况下，违规使用危险化学品进入气浮罐实施清理作业。

三、处理结果

（一）北京恩布拉科雪花压缩机有限公司维修部动力车间领班王×，违反公司《危险作业许可管理制度》（SOP005014）中第2.2.5条的规定，制定节假日期间工作计划后，未到环境健康安全科办理危险作业许可审批，致使现场作业人员在未经公司环境健康安全科许可、未检测含氧量及有害气体、未进行强制通风、未佩戴个人防护用品的情况下，擅自进入气浮罐内开展清理作业，对事故发生负有直接责任。其行为涉嫌违反《中华人民共和国刑法》第一百三十四条的规定，涉嫌重大责任事故罪，由司法机关依法追究其刑事责任。

（二）气浮罐清理作业现场负责人刘×，违反公司《化学品安全管理》中危险化学品使用审批的规定，在未经环境健康安全科审批的情况下，擅自改变硫酸使用用途，用于气浮罐清理作业，对事故发生负有直接责任。其行为涉嫌违反《中华人民共和国刑法》第一百三十四条的规定，涉嫌重大责任事故罪，鉴于其在事故中死亡，不予追究。

（三）北京恩布拉科雪花压缩机有限公司总经理，作为企业主要负责人，对本企业的安全生产工作全面负责，未组织制定气浮罐清洗作业操作规程；对现场作业监督检查不到位，未及时消除气浮罐清理作业现场存在的事故隐患；未针对有限空间事故组织应急演练，其行为违反《北京市安全生产条例》第十六条第（二）、（五）、（七）项的规定，对事故发生负有重要领导责任。依据《北京市安全生产条例》第八十五条第二款的规定，由安全监管部门给予其5万元罚款的行政处罚。

（四）北京恩布拉科雪花压缩机有限公司对本单位从业人员安全培训教育不到位；未教育和督促本企业人员严格执行本单位的安全生产规章制度和安全操作规程；在本单位实施有限空间危险作业过程中，未确认现场作业的安全条件，未就危险因素、作业安全要求和应急措施向作业人员详细说明，其行为违反《北京市安全生产条例》第二十一条，第三十九条第（二）、（三）项和第四十七条的规定，对事故发生负有主要管理责任。依据《生产安全事故报告和调查处理条例》第三十七条第（二）项的规定，由安全监管部门给予其23万元罚款的行政处罚。

（五）北京恩布拉科雪花压缩机有限公司维修部动力车间科长骆××，作为本车间负责人，未针对气浮罐清理作业组织制定操作规程，对相关人员未办理危险作业许可的行为管理不力，对事故发生负有主要领导责任。依据《安全生产领域违法违纪行为政纪处分暂行规定》第十二条第（一）、（七）项和第十七条第二款的规定，责成北京恩布拉科雪花压缩机有限公司给予其撤职处分。

（六）北京恩布拉科雪花压缩机有限公司维修部经理王××，作为本单位分管动力车间的负责人，对动力车间作业人员的违章指挥、违规操作、安全教育培训不到位等安全隐患失管失察，对事故发生负有主要领导责任。依据《安全生产领域违法违纪行为政纪处分暂行规定》第十二条第（一）、（七）项和第十七条第二款的规定，责成北京恩布拉科雪花压缩机有限公司给予其撤职处分。

（七）北京恩布拉科雪花压缩机有限公司副总经理冯××，分管安全生产工作，对公司员工有限空间作业安全教育培训不到位、事故应急救援管理工作存在漏洞的情况失管失察，对事故发生负有一定领导责任。依据《安全生产领域违法违纪行为政纪处分暂行规定》第十二条第（七）项和第十七条第二款的规定，责成北京恩布拉科雪花压缩机有限公司给予其警告处分。

【案例五】

首钢矿业公司“4·8”罐笼倾翻起重伤害瞒报事故

2014年4月8日11时许，河北省大石河铁矿项目部发生起重伤害事故，造成2人死亡。

一、事故基本情况

2014年4月15日，北京市安全监管局接到河北省安全监管局《关于移交首钢矿业公司大石河铁矿项目部涉嫌瞒报“4·8”事故核查情况的函》后，立即开展调查核实工作。经调查核实，2014年4月8日11时许，温州二井建设有限公司驻大石河铁矿项目部2名出渣工，在大石河铁矿二马采区井巷工程副井内提升作业时，发生一起起重伤害事故。事故造成2名作业人员死亡，存在瞒报行为。

该铁矿项目部由首钢矿业公司（首钢矿业公司为首钢总公司直属企业，主要负责人吴×，管辖各类厂矿单位20个，职工1.3万人。具备由河北省国土资源部门针对首钢矿业公司下发的《采矿许可证》，有效期至2021年9月）同意，通过招投标方式与温州二井建设有限公司（原温州第二井井巷工程公司，2013年4月工商变更为现名，以下简称温州二井公司，法定代表人林××，经营范围为矿山工程施工总承包、隧道工程专业承包；建筑资质为矿山工程施工总承包二级，可承担100万吨/年及以下铁矿采、选工程。具有浙江省安全监管局核发的《安全生产许可证》）。

2014年4月8日7时30分许，温州二井公司二马项目部生产副经理曹×安排崔××1、崔××2等20名工人在井下进行采矿作业。当日11时许，崔××1、崔××2二人完成出渣作业后，检查装岩机设备时发现铲斗开裂，需要加固，遂将铲斗卸下装在平板车上，准备通过副井提升至井上维修。12时许，二人进入副井罐笼与装岩机铲斗一同提升至距井底约10 m处时，井口信号工听到剧烈撞击声，立即打响急停铃声，提升司机即刻停车。12时10分左右，位于井口带班班长带领人员沿副井梯子间下井查看，在井底发现崔××1、崔××2二人及一同坠落的平板车、装岩机铲斗、大臂和零落的罐道木。井下人员立即电话通知井口信号工，要求派人下井救援。此时，井口信号工通知项目负责人曹××，曹××立即安排项目生产副经理曹×组织救援工作，将崔××1、崔××2二人从主井提升至地面，由等候在主井井口的120救护车送往迁安市中医院抢救，二人经抢救无效死亡。

经查，事故发生后作业现场负责人曹××未立即向温州二井公司、首钢矿业公司大石河铁矿及事发地安全监管局及相关部门报告。2014年4月9日，群众向河北省安全监管局举报该起事故。河北省安全监管局进行初查后，认定事故发生地属于北京市管辖，将该事故移交北京市安全监管局。

2014年4月10日，温州二井公司与死者家属签订赔偿协议并进行赔偿，但仍未按照有关要求向属地安全生产监管部门报告。

二、事故原因

（一）直接原因

现场作业人员违规作业是事故发生的直接原因。经查，现场作业人员违反

《金属非金属矿山安全规程》（GB 16423—2006）6.3.3.4“同一层罐笼不应同时升降人员和物料”的规定，在提升过程中人货混装，由于罐笼内装岩机铲斗与井壁产生碰撞后倾翻，导致人员与货物一同坠落。

（二）间接原因

安全管理混乱，安全投入不足，安全隐患突出是造成事故的间接原因。

1. 温州二井公司作为该项目外包单位：一是安全管理缺失，未对其承包的大石河铁矿二马采区地下开采作业实施任何监督检查，致使该工程安全投入不足、现场安全隐患突出；二是安全教育培训不到位，未督促作业人员严格执行安全生产规章制度，致使作业人员违规作业；三是安全法律意识淡薄，将该项目交给无任何资格的曹××负责日常管理，致使项目管理混乱，事故发生后瞒报；四是劳动组织不合理，未按要求在井下设置提升罐笼专职信号工。

2. 首钢矿业公司作为该项目发包单位：一是未将外包单位及其项目部纳入本单位的安全管理体系实行统一管理，未对该外包工程的安全生产实施监督和管理，致使事故发生后瞒报，且对瞒报行为失管失察；二是未签订安全协议，未指定专职安全管理人员进行安全检查与协调，未能及时发现并制止外包单位安全管理混乱以及现场违规作业行为；三是未将外包单位应急处置方案纳入本单位应急预案体系，未定期组织演练；四是作为该工程安全投入的责任主体，未按照国家有关规定向承包单位明确安全投入项目和金额，提供保障施工作业安全所需的资金，监督承包单位落实到位，致使该项目安全投入不足、设备设施长期存在安全隐患；五是未针对该项目建立安全生产考核机制，并实施安全生产考核。

三、处理结果

鉴于该起事故存在瞒报行为，相关关键性证据已经灭失，现场无目击证人，且现场已不具备勘验条件，因此无法确定事故存在违章指挥行为（直接管理责任），故只针对矿井安全管理和事故管理工作存在的问题提出如下处理建议。

（一）温州二井公司林××作为该公司主管安全副总经理及驻大石河铁矿项目部主要负责人，将该工程交由无安全生产管理资格人员实施管理，未履行安全副总及项目负责人安全管理职责，其行为违反《安全生产领域违法违纪行为政纪处分暂行规定》第十一条第（三）项和第十二条第（一）项的规定，责成温州二井公司给予其撤销公司副总经理职务的处分。

（二）温州二井公司总经理林××未对下属企业进行安全检查，未能及时消除现场作业人员违规作业、安全投入不足等生产安全事故隐患，其行为违反《中华人民共和国安全生产法》第十七条条第（四）项的规定，对事故发生负有重要领导责任。依据《中华人民共和国安全生产法》第八十一条的规定，由安全监管部门给予其4万元罚款的行政处罚。

（三）大石河铁矿矿长李××对事故隐患及瞒报行为失管失察负有管理责任。其行为违反《生产安全事故报告和调查处理条例》第四条、《安全生产领域违法违纪行为政纪处分暂行规定》第十二条第（一）项和第十三条第（一）项的规定，对事故发生负有主要领导责任。依据《生产安全事故报告和调查处理条例》第三十六条第（一）项的规定，由安全监管部门给予其上一年年收入60%罚款的行政处罚。同时，依据《安全生产领域违法违纪行为政纪处分暂行规定》第十二条、第十三条的规定，责成总公司给予其撤职处分。

（四）首钢矿业公司副总经理齐××作为本单位主管生产、技术、安全等部门负责人员，未督促下属部门严格按照《非煤矿山外包工程安全管理暂行办法》对外包工程实施安全生产监督和管理，对事故发生负有重要领导责任。依据《安全生产领域违法违纪行为政纪处分暂行规定》第十二条第（七）项的规定，责成总公司给予其撤职处分。

（五）首钢矿业公司总经理吴×作为企业主要负责人，未能有效督促检查本单位安全生产工作，致使隐患长期存在，其行为违反《北京市安全生产条例》第十五条第（五）项和《安全生产领域违法违纪行为政纪处分暂行规定》第十二条第（一）项的规定，对事故发生负有一定领导责任。依据《生产安全事故报告和调查处理条例》第三十八条第（一）项的规定，由安全监管部门给予其上一年年收入30%罚款的行政处罚。同时，依据《安全生产领域违法违纪行为政纪处分暂行规定》第十二条的规定，责成总公司给予其记大过处分。

（六）温州二井公司作为该项目外包单位对项目安全管理严重缺失，致使井下未安排提升罐笼专职信号工，且作业人员违规作业，事故发生后瞒报。其行为违反《金属非金属矿山安全规程》（GB 16423—2006）4.4和《中华人民共和国安全生产法》第二十一条、第三十六条的规定，对事故发生负有主要责任。依据《生产安全事故报告和调查处理条例》第三十七条第（一）项和《北京市生产安全事故报告和调查处理办法》第二十二条的规定，由安全监管部门给予其19万元罚款的行政处罚。同时，其行为违反《生产安全事故报告和调查处理条例》第四条的规定，对事故瞒报负有管理责任。依据《生产安全事故报告和调查处理条例》第三十六条，由安全监管部门给予其100万元罚款的行政处罚。合并处罚，共计罚款119万元。

（七）首钢矿业公司未对其发包矿山工程项目及外包工程安全生产实施任何监督和管理；未按照要求向承包单位提供保障施工作业安全所需资金，未明确安全投入项目和金额，并监督承包单位落实到位，致使该项目安全投入不足、设备设施长期存在安全隐患。其行为违反《中华人民共和国安全生产法》第十九条、第四十条，《非煤矿山外包工程安全管理暂行办法》第六条、第九条、第十四条、第十五条的规定，对事故发生负有重要责任。依据《生产安全事故报告和调查处理条例》第三十七条第（一）项和《北京市生产安全事故报告和调查处理办法》第二十二条的规定，由安全监管部门给予其19万元罚款的行政处罚。同时，其行为违反《生产安全事故报告和调查处理条例》第四条的规定，对事故瞒报负有管理责任。依据《生产安全事故报告和调查处理条例》第三十六条第（一）项，由安全监管部门给予其 100 万元罚款的行政处罚。合并处罚，共计罚款 119 万元。

【案例六】

朝阳区某综合体育馆 A 座等 10 项工程“10·27”生产安全事故

2014 年 10 月 27 日 9 时左右，朝阳区某综合体育馆 A 座等 10 项工程工地发生高处坠落事故，造成 2 人死亡。

一、事故基本情况

2014 年 10 月 27 日 9 时左右，在北京建工一建工程建设有限公司（以下简称“建工一建公司”）承建的朝阳区某综合体育馆 A 座等 10 项工程工地，2 名作业人员在一层 2 段拆除碗扣架横拉杆时，从一层的通风竖井预留孔洞坠落至地下二层地面，坠落高度约 9.7 米。事故造成 2 人死亡。

二、事故现场勘查情况

事故现场位于一层 2 段 52 轴通风竖井预留洞口，洞口长 4.1 m、宽 1.5 m，该洞口贯通于地下一层至地上四层，原用于封闭该洞口木板、木方、钢管和 U 托等物件随人员一同坠落至地下二层。事发时，地下一层预留洞口四周采用钢管搭设的防护栏杆封闭，但洞口未使用水平安全网进行防护；一层事发部位预留洞口周边模板支架下方的碗扣架横拉杆已大面积拆除。

三、事故原因

（一）直接原因

事发部位预留洞口防护做法不符合规范要求、地下一层预留洞口未按方案要求实施防护是造成事故的直接原因。

1. 事发部位预留洞口防护做法不符合规范要求。根据现场勘查以及散落物件和预留洞口痕迹对比分析，还原事发时该预留洞口防护的做法：在该预留洞口沿口位置用 6 根长约 1.2 m、两端带 U 托的钢管，顶住洞口两侧南北向两根长约 2.9 m 的 5 cm×10 cm 方木；在方木上方东西向铺设 7 根长约 1.5 m 的 10 cm×10 cm 方木；在最上方又铺设两张胶合板将预留洞口封闭。该防护做法违反《建筑施工高处作业安全技术规范》（JGJ 80—91）第 3.2.2 条和《建设工程施工现场安全防护、场容卫生及消防保卫标准》（DB 11/945—2012）第 2.6.1 条等相关标准规范的要求，形成的封闭无任何受力搁置点，洞口的竖向承载力仅靠沿口两侧方木与结构的摩擦力承担。

2. 地下一层预留洞口未按方案要求实施防护。事发部位预留洞口正下方地下一层的预留洞口防护作业违反项目部《电梯井口洞口安全防护施工方案》的要求，未设置水平安全网。

（二）间接原因

施工现场安全管理缺失、预留洞口安全防护检查不到位、项目部安全管理混乱是导致事故发生的间接原因。

1. 施工现场安全管理缺失。在未验算一层模板支撑体系荷载和履行项目部相关审批手续的情况下，现场劳务负责人刘××盲目指派不具备模板支拆工作经验的杂工实施碗扣架横拉杆拆除作业；拆除作业前，未对作业人员实施必要的安全技术交底，未告知作业人员现场的危险因素。

2. 预留洞口安全防护检查不到位。在公司检查过程中，明确指出项目工地存在洞口防护不到位问题的情况下，项目部未能及时发现事发部位预留洞口防护做法不符合规范要求的安全隐患；项目部在发现地下一层预留洞口防护未按要求支设水平安全网的安全隐患后，未能有效督促作业人员实施整改。

3. 项目部安全管理混乱。一是安全技术交底缺失，未按照要求规范开展安全技术交底工作，仅是让工人签字存档，且在事故发生后，技术员焦××伪造4份涉及模板作业的安全技术交底材料，并交由工长林××找作业人员签字。二是安全培训教育流于形式，缺乏针对性，未按照要求对全员实施安全培训教育。三是对劳务单位管理不到位，存在“以包代管”的现象，未及时发现作业人员盲目实施拆除碗扣架横拉杆作业、架子工仅有2人具备操作资格证等情况。

鉴于上述原因分析，根据安全生产有关法律、法规的规定，调查组认定，该起事故是一起生产安全责任事故。

四、处理结果

根据有关法律、法规规定，调查组依据调查核实的情况和事故原因分析，认定下列人员和单位应承担相应的责任，并提出如下处理建议：

（一）孝感市楚燕建筑劳务有限责任公司驻该项目部劳务队长刘××，作为劳务单位的现场负责人和事发当日作业的具体安排人，在项目部未决定拆除一层模板支撑体系、未发现并告知作业人员施工现场预留洞口防护不符合规范要求的情况下，盲目指派不具备模板支拆工作经验的杂工实施碗扣架横拉杆拆除作业；在项目部检查发现地下一层预留洞口的安全防护不到位并责令整改的情况下，未督促作业人员及时支设水平安全网，对事故发生负有直接管理责任。其行为涉嫌违反《中华人民共和国刑法》第一百三十四条第一款的规定，由公安机关依法追究其刑事责任。

（二）建工一建公司项目部木工工长林××，作为模板支拆、洞口防护作业的项目部负责人，未及时发现作业人员盲目拆除碗扣架横拉杆的行为；对地下一层预留洞口未支设水平安全网的行为督促整改不力；未对作业人员实施必要的安全技术交底，且事故发生后组织作业人员伪造安全技术交底资料，对事故发生负有主要管理责任。其行为违反《生产安全事故报告和调查处理条例》第三十六条第（五）项和《安全生产领域违法违纪行为政纪处分暂行规定》第十二条第（一）项、第十三条第（二）项的规定，由安全监管部门给予其上一年年收入60%罚款的行政处罚；同时责令建工一建公司给予其留用察看处分。

（三）建工一建公司项目部技术员焦××，作为项目部负责模板支拆作业安全技术交底的负责人，事故发生后，伪造安全技术交底资料。其行为违反《生产安全事故报告和调查处理条例》第三十六条第（五）项和《安全生产领域违法违纪行为政纪处分暂行规定》第十三条第（二）项的规定，由安全监管部门给予其上一年年收入60%罚款的行政处罚；同时责令建工一建公司给予其留用察看处分。

（四）建工一建公司项目部安全主管张×，作为施工现场安全巡视和隐患监督检查工作的负责人，未检查发现施工现场预留洞口安全防护不符合规范要求的安全隐患和事发当日作业人员盲目拆除碗扣架横拉杆的行为；对地下一层预留洞口未支设水平安全网的行为督促整改不力，对事故发生负有重要管理责任。其行为违反《安全生产领域违法违纪行为政纪处分暂行规定》第十二条第（一）项的规定，责令建工一建公司给予其留用察看处分。

（五）建工一建公司项目部总工程师鲁×，作为施工现场作业方案制定和安全技术交底的负责人，对作业人员安全技术交底工作流于形式和事故发生后伪造安全技术交底资料的情况失管失察；在未履行相关审批手续的情况下，对作业人员盲目拆除碗扣架横拉杆的行为监督检查不到位；组织制定的《模板支撑体系施工方案》中对预留孔洞的做法不具体细致，对事故发生负有重要管理责任。其行为违反《安全生产领域违法违纪行为政纪处分暂行规定》第十二条第（一）项的规定，责令建工一建公司给予其留用察看处分。

（六）建工一建公司项目部生产经理柳××，作为项目部主管生产安全的负责人，对作业现场预留洞口安全防护不到位、作业人员盲目拆除碗扣架横拉杆、项目部安全技术交底缺失等情况监督检查不到位，对事故发生负有重要管理责任。其行为违反《安全生产领域违法违纪行为政纪处分暂行规定》第十二条第（一）项的规定，责令建工一建公司给予其留用察看处分。

（七）建工一建公司项目部执行经理叶××，作为项目部主要负责人，对施工现场安全管理缺失、安全技术交底和安全培训教育不到位、洞口安全防护检查不到位、项目部安全管理混乱的情况失管失察，其行为违反《建设工程安全生产管理条例》第二十一条第二款和《安全生产领域违法违纪行为政纪处分暂行规定》第十二条第（一）项的规定，对事故发生负有重要管理责任。依据《建设工程安全生产管理条例》第五十八条的规定，由住房和城乡建设部门依法给予其停止执业资格6个月的行政处罚。同时，责令建工一建公司给予其留用察看处分。

（八）建工一建公司安全总监孙××，作为公司主管安全工作部门的负责人，对该项目安全管理工作监督检查不到位，未有效督促项目部对发现的预留洞口防护不到位的安全隐患进行整改，对事故发生负有一定管理责任。其行为违反《安全生产领域违法违纪行为政纪处分暂行规定》第十二条第（一）项的规定，责令建工一建公司给予其记过处分。

（九）建工一建公司副总经理徐××，作为公司分管生产安全工作的领导，对该项目安全管理工作，特别是对预留洞口防护作业方面监督检查不到位，在公司组织的检查中发现该项目预留洞口防护作业存在问题的情况下，未有效督促项目部整改落实，对事故发生负有一定管理责任。其行为违反《安全生产领域违法违纪行为政纪处分暂行规定》第十二条第（一）项的规定，责令某集团给予其警告处分。

（十）建工一建公司常务副总经理赵××，作为公司分管经营工作的领导，在监理单位明确提出该项目部申报的项目经理与实际项目经理不一致的情况后，仍未及时到行政主管部门办理变更手续，对全公司各项目部项目经理的配备和协调方面管理不到位。其行为违反《安全生产领域违法违纪行为政纪处分暂行规定》第十二条第（七）项的规定，责令某集团给予其记过处分。

（十一）建工一建公司总经理刘×，作为公司主要负责人，未及时督促、检查该项目安全生产工作，及时发现施工现场的违章违规作业的行为，及时消除施工现场存在的安全隐患。其行为违反《中华人民共和国安全生产法》第十七条第（四）项的规定，对事故发生负有一定领导责任。依据《中华人民共和国安全生产法》第八十一条第二款的规定，由安全监管部门给予其4万元罚款的行政处罚。

（十二）建工一建公司未督促施工人员严格执行本单位安全管理制度，对作业人员安全培训教育和安全技术交底工作不到位，对施工现场监督检查不到位，安全生产管理工作存在漏洞。其行为违反《中华人民共和国安全生产法》第二十一条、第三十六条的规定，对事故发生负有主要责任。依据《生产安全事故报告和调查处理条例》第三十七条第（一）项的规定，由安全监管部门给予19万元罚款的行政处罚。同时，依据《建筑施工企业安全生产许可证管理规定》第二十二条的规定，由建设行政主管部门依法暂扣其安全生产许可证45日的行政处罚。

（十三）建研凯勃建设工程咨询有限公司对该项目部安全监理工作履职不到位，在发现施工单位未经批准私自拆除模板支撑体系和临边洞口防护不到位的安全隐患后，未能有效督促施工单位整改落实，导致事发当日仍存在作业人员盲目拆除碗扣架横拉杆和地下一层预留洞口未按照专项施工方案要求支设水平安全网的违法行为。其行为违反《建设工程安全生产管理条例》第十四条的规定，对事故发生负有监理责任。依据《生产安全事故报告和调查处理条例》第三十一条第（一）项的规定，由安全监管部门给予10万元罚款的行政处罚。

【案例七】

通州区某天然气门站及L—CNG储配站“10·29”生产安全事故

2014年10月29日，通州区某天然气门站3号热力闸井发生中毒窒息事故，造成2人死亡。

一、事故基本情况

2014年10月29日，中国能源建设集团北京电力建设公司作业人员在通州区某天然气门站3号热力闸井进行排水作业时，发生一起中毒和窒息事故，造成2人死亡。发生事故的3号热力闸井（长5.7 m、宽4 m、深2.7 m，2个井口）位于某天然气门站内，闸井内有循环水系统管道、3只蝶阀和1个手动调节阀。循环水管道依靠门站外水泵压力运行，通过加热器加热水体，完成对天然气升温减压作业。某天然气门站内循环水管道在门站西北侧地下与杭州某实业集团有限公司负责建设的循环水系统对接，通过上游脱盐系统过滤市政自来水进行补水。脱盐水设备工艺依次为粗滤设备（石英砂、活性炭）、纯水储罐、两级反渗透装置、水中和装置和阻垢剂添加装置。

二、事故原因

（一）直接原因

违章指挥、违规进入有限空间作业，致使作业人员中毒窒息是造成此次事故的直接原因。作业人员违反《地下有限空间作业安全技术规范》（DB 11/852.1—2012）规定，安排有限空间作业前未制定专项作业方案，未办理申报、审批手续，未告知现场作业人员有限空间作业危险因素；进入有限空间作业前未检测井下空气成分，未采取强制通风，未配备必要的防护设备，未安排现场看护人员，致使作业人员盲目下井作业，被井内积水释放出的甲缩醛 $C_3H_8O_2$/$CH_2(OCH_3)_2$ 及双环戊二烯 $C_{10}H_{12}$ 等有毒化合物麻醉后窒息。事故发生后盲目施救，导致事故伤亡扩大。

（二）间接原因

项目部安全管理混乱。中国能源建设集团北京电力建设公司对地下有限空间作业人员教育培训不到位，未将工程建设单位相关要求传达到作业人员；对作业人员违反相关规定从事有限空间作业监督、检查不到位。

鉴于上述原因分析，根据安全生产有关法律、法规的规定，调查组认定，该起事故是一起生产安全责任事故。

三、处理结果

（一）中国能源建设集团北京电力建设公司项目部机务专工于××，在未经申报、审批的情况下，安排有限空间作业，未告知作业人员相关危险因素和防范措施，未采取气体检测和个人安全防护措施，事发后盲目施救，造成事故伤亡扩大。其行为违反《中华人民共和国安全生产法》第四十九条和《地下有限空间作业安全技术规范》（DB 11/852.1—2012）第 1 部分第 5.2.6 条、第 5.2.8 条、第 6.5 条的规定，对事故发生负有直接责任。鉴于于××已经死亡，不予追究其相关责任。

（二）中国能源建设集团北京电力建设公司一公司副总工程师陈××，作为分管管道施工技术负责人，对相关人员未经审批进入有限空间作业行为没有实施有效监督检查，对事故发生负有主要管理责任。其行为违反《安全生产领域违法违纪行为政纪处分暂行规定》第十二条第（七）项的规定，责令中国能源建设集团北京电力建设公司给予其撤职处分。

（三）中国能源建设集团北京电力建设公司一公司总工程师周××，作为事发期间项目部负责人，履行安全施工责任不到位，对作业人员未严格执行有限空间作业安全操作规程的行为管理不力，对事故发生负有重要管理责任。其行为违反《安全生产领域违法违纪行为政纪处分暂行规定》第十二条第（七）项的规定，责令中国能源建设集团北京电力建设公司给予其记过处分。

（四）中国能源建设集团北京电力建设公司项目部安全员杜××，未及时检查发现施工现场违章作业行为，履行安全生产教育培训职责不到位，对事故发生负有重要管理责任。其行为违反《安全生产领域违法违纪行为政纪处分暂行规定》第十二条第（七）项的规定，责令中国能源建设集团北京电力建设公司给予其记过处分。

（五）中国能源建设集团北京电力建设公司副总经济师兼一公司经理马××，分管该建设工程，对该工程项目部管理混乱、安全教育培训不到位、作业人员违反有限空间作业操作规程和管理制度等问题监督检查不到位，未能及时发现并消除作业现场安全隐患，对事故发生负有重要管理责任。其行为违反《安全生产领域违法违纪行为政纪处分暂行规定》第十二条第（七）项的规定，责令中国能源建设集团北京电力建设公司给予其警告处分。

（六）中国能源建设集团北京电力建设公司法定代表人宋××，对下属一公司项目部管理混乱、安全教育培训不到位等问题失管失察，未能及时发现并消除作业现场安全隐患，其行为违反《中华人民共和国安全生产法》第十七条第（四）项的规定，对事故发生负有一定领导责任。依据《中华人民共和国安全生产法》第八十一条第二款的规定，由安全监管部门给予其 4 万元罚款的行政处罚。

（七）中国能源建设集团北京电力建设公司未及时教育督促现场人员严格执行本单位的安全生产规章制度和有限空间安全操作规程，安全教育培训不到位，未将工程建设单位相关要求传达到作业人员。其行为违反《中华人民共和国安全生产法》第二十一条、第三十六条的规定，对事故发生负有主要责任。依据《生产安全事故报告和调查处理条例》第三十七条第（一）项的规定，由安全监管部门给予其19万元罚款的行政处罚。同时，依据《建筑施工企业安全生产许可证管理规定》第二十二条的规定，由建设行政主管部门依法暂扣安全生产许可证45日的行政处罚。

人 物

市安全监管局领导

局　　长　张树森（党组书记）
副 局 长　蔡淑敏（党组副书记）
陈　清（党组成员）
贾太保（兼）（党组成员）
汪卫国（党组成员）
阎　军
唐明明（党组成员）
市纪委驻局纪检组组长　高　翔（党组成员）
副巡视员　谢清顺
钱　山
高士虎

北京煤监局领导

局　　长　张树森（党组书记）
副 局 长　蔡淑敏（党组副书记）
陈　清（党组成员）
贾太保（党组成员、巡视员）
汪卫国（党组成员）
阎　军
唐明明（党组成员）
市纪委驻局纪检组组长　高　翔（党组成员）

市安全监管局处室（总队）领导

办公室（督查室）	主　任	段辉建
	副主任	任　忠
财务处	副主任	田志斌（主持工作）
	副主任	康　勇
法制处	处　长	李　刚
	副处长	仲俊生
研究室	主　任	路　韬
科技处	处　长	王树琦
	副处长	孙建军
安全生产协调处	处　长	靳玉光
	副处长	赵同立
应急工作处（值班室）	处　长	刘　丽
	副处长	李怀冰
事故调查处	处　长	曹柏成
安全监督管理一处	处　长	孟庆武
	副处长	时会佳
安全监督管理二处	处　长	魏丽萍
	副处长	毛宇权
		赵玉辉
安全监督管理三处	处　长	李东洲
职业卫生综合处	处　长	丁大鹏
	副处长	王　欣
职业卫生监督处	处　长	李玉祥
	副处长	靳大力
矿山安全监督管理处	处　长	马存金（兼）
行政审批处	处　长	王中堂
	副处长	冯印辉
人事教育处	处　长	孙　雷
	副处长	栗晋春
机关党委（工会）专职	副书记	李振龙
驻局纪检组副组长、监察处	处　长	张志永（兼）
执法监察总队	总队长	贾兴华
	副总队长	张　涛

北京煤监局处室领导

综合办公室	主　　任	何多云
监察一室	主　　任	贾克成
监察二室	主　　任	潘洪季
	监察专员	董文同
监察三室	主　　任	杨庆三
	副主任	贾　宏

市安全监管局直属单位领导

北京市安全生产科学技术研究院	院　　长	贾秋霞
	副院长	张　鹏
		张晋伟
		薛映宾
北京市安全生产宣传教育中心	主　　任	高云飞
	副主任	刘丽纯
北京市安全生产信息中心	主　　任	张震国
	副主任	安宏伟
		陆金周
北京市安全生产举报投诉中心	副主任	吴　强
		魏志钢
北京市安全生产联合会	秘书长	李文杰（离任）
		徐杰立（任职）

区县安全监管局领导成员

东城区安全监管局

局　　长	薛国强
副局长	赵鹏锦（党组书记）
	张丙申
	王寿永
	石建军
	黎洪垓（3月任职）
纪检组组长	张团南

西城区安全监管局

局　　　长　陈国红（8月脱产学习）
　　　　　　李　华（9月任职）
党组书记　李连防（8月任职）
副局长　丁　琪
　　　　　　毕军东
　　　　　　曹长春
　　　　　　姚　猛（8月离任）
纪检组长　陈礼玉
正处调研员　曲绍勃（7月任职）
副调研员　张　蕊

朝阳区安全监管局

局　　　长　刘炳起
党组书记　赵新跃
副局长　于洪涛（2月离任）
　　　　　　姜金平（2月任职）
　　　　　　刘　伟
　　　　　　周　琼
副调研员　刘　洪（10月退休）
　　　　　　张小平
　　　　　　陆宝根（7月退休）

海淀区安全监管局

局　　　长　王勇禄（9月离任）
　　　　　　田一川（9月任职）
党组书记　曾子锋
副局长　贾　宁
　　　　　　孙茂山
　　　　　　张有涛
纪检组长　王雪梅

丰台区安全监管局

局　　　长　董铁铮（党组书记）
副　局　长　崔　林
　　　　　　齐建明
　　　　　　史　勤
调　研　员　沈瑞平

石景山区安全监管局

局　　　长　韩从笔
党组书记　杨文明
副　局　长　李振华
　　　　　　董新理

门头沟区安全监管局

局　　　长　刘振林
党组书记　梁光学
副　局　长　郭黎明
　　　　　　于　彤
　　　　　　周玉陆
　　　　　　方　钢

房山区安全监管局

局　　　长　张海生
党组书记　周德运
副　局　长　刘继承
　　　　　　李劲松
　　　　　　高保光

通州区安全监管局

局　　　长　曹树常（党组书记）

副　局　长　杨文庆
吴宝祥
王志佳
纪检组长　雷雨雯
调　研　员　吴国语
副调研员　袁文旭

顺义区安全监管局

局　　长　孙书林（党组书记）
副　局　长　申志勇（纪检组长）
王桂金
孟家祝
工会主席　邱国庆
调　研　员　王明金
副调研员　张建明
杨　槟

大兴区安全监管局

局　　长　张福长
党组书记　张义祥
副　局　长　李建军
丁开明
王建军
纪检组长　杨玲荣
副调研员　李长龙
尉志强
陈春来
胡贵平

昌平区安全监管局

局　　长　兰剑波（党组书记）
副　局　长　徐立荣
彭士杰

张卫东
纪 检 组 长　郑秀云

平谷区安全监管局

局　　　　长　崔曙光
党 组 书 记　胡玉峰
副　 局　 长　赵承河
　　　　　　　张振宇
纪 检 组 长　李满胜

怀柔区安全监管局

局　　　　长　王国栋
副　 局　 长　李俊娥（党组书记）
副　 局　 长　姚怀峰
　　　　　　　高志平
纪 检 组 长　边振泉
副处级调研员　曹勇军
　　　　　　　乔海青

密云县安全监管局

局　　　　长　于庭满（党组书记）
党组副书记　马延春
副　 局　 长　梁乃顺
　　　　　　　张宏伟
副 调 研 员　刘海生
　　　　　　　赵德民

延庆县安全监管局

局　　　　长　臧文柱（党组书记）
副　 局　 长　尤长存
　　　　　　　王吉兴
　　　　　　　张　鑫

纪 检 组 长　王菊英
调　 研　 员　贾晓义
副 调 研 员　尤海泉
　　　　　　　闫福军

北京经济技术开发区安全监管局

局　　　　长　吴伯军
副　 局　 长　窦桂芹
调　 研　 员　王辰宇
　　　　　　　闫庆平

先进集体、先进个人

东　城　区

先进集体

东城区被市安委会评为“2014 年度安全生产工作先进区县”。

东城区新闻中心被市安委会办公室授予“2014 年安全生产月活动优秀新闻报道奖”。

东城区安全监管局、东四街道办事处、国资委被市安委会办公室授予“2014 年安全生产月活动最佳实践活动奖”。

东城区安全监管局、东直门街道办事处、崇外街道办事处、王府井建管办被市安委会办公室授予“2014 年安全生产月活动优秀组织奖”。

先进个人

东城区安全监管局田利和被国家安全监管总局、国家煤矿安全监察局评为“安全生产监管监察先进个人”。

东城区安全监管局姬燕婷被市安全监管局评为“2014 年北京市安全生产政务信息工作先进个人”。

西　城　区

先进集体

西城区被市安委会评为“2014 年度安全生产工作先进区县”。

西城区安全监管局制作《让明天更美好》被国家安全监管总局授予“第四届中国安

全生产电视作品教育培训类二等奖”。

西城区安全监管局制作《特种作业人员取得特种作业资格证书才能上岗》《12350公众举报投诉电话》被国家安全监管总局授予“第四届中国安全生产电视作品公益宣传类三等奖”。

西城区安全监管局被市安全监管局授予“2014年度北京市安全生产监管监察工作改革创新奖”。

西城区安全监管局被市安全监管局授予“2014年安全生产月活动优秀组织奖和最佳实践活动奖”。

西城区安全监管局被市档案局评为“档案工作市级优秀单位”。

先进个人

西城区安全监管局刘春祥被国家安全监管总局、国家煤矿安全监察局评为“安全生产监管监察先进个人”。

西城区展览路街道办事处马建国被市安委会评为“十佳安全生产监管卫士”。

朝　阳　区

先进集体

朝阳区被市安委会评为“2014年度安全生产工作先进区县”。

朝阳区安全监管局被国家安全监管总局评为“2014年全国安全生产月活动全国优秀单位”。

朝阳区安全监管局被市安全监管局授予“2014年度北京市安全生产监管监察工作改革创新奖”。

先进个人

朝阳区安全监管局刘炳起、冯春友被国家安全监管总局、国家煤矿安全监察局评为“安全生产监管监察先进个人”。

朝阳区安全监管局冯春友被市安委会评为“十佳安全生产监管卫士”。

海　淀　区

先进集体

海淀区被市交通委路政局评为“2014年度铁路道口安全生产管理先进区县”。

海淀区安全监管局被市安委会办公室授予“2014年北京市安全生产月活动优秀组织奖”。

先进个人

海淀街道办事处宋金良被国家安全监管总局、国家煤矿安全监察局评为“安全生产监管监察先进个人”。

海淀区安全监管局张海燕被市交通委路政局评为“铁路道口优秀管理干部”。

丰　台　区

先进集体

丰台区被市安委会评为“2014年度安全生产工作先进区县”。

丰台区安全监管局、住房城乡建设委、卢沟桥街道、长辛店镇被市安委会办公室授予“2014年度北京市安全生产月活动优秀组织奖”。

丰台区广播电视中心被市安委会办公室授予“2014年度北京市安全生产月活动优秀新闻报道奖”。

丰台区质监局、方庄地区办事处、房屋经营管理中心供暖设备服务所被市安委会办公室授予“2014年北京市安全生产月活动最佳实践活动奖”。

丰台区安全监管局、总工会被市安全监管局、总工会授予“全国职业健康知识竞赛优胜单位奖”。

丰台区安全监管局被市安全监管局授予“2014年‘幸福源于安全’安全心语短信征集活动优秀组织奖”。

丰台区安全监管局被市安全监管局、文化局授予“‘安全是永恒的旋律’主题情景剧大赛优秀组织奖”。

丰台区南车二七车辆有限公司、北京地铁车辆装备有限公司被市安全监管局、文化局评为“‘安全是永恒的旋律’主题情景剧大赛三等奖”。

丰台区安全监管局被市安全监管局、妇女联合会授予“家庭安全知识竞赛优秀组织奖”。

丰台区云岗家庭代表队被市安全监管局、妇女联合会评为“家庭安全知识竞赛三等奖”。

先进个人

丰台区安全监管局李颖被国家安全监管总局、国家煤矿安全监察局评为“安全生产监管监察先进个人”。

丰台区安全监管局李志被全国职业病防治知识竞赛组委会授予“全国职业健康知识竞赛优秀组织者奖”。

丰台区住建委安全质量监督站张红波被市安委会评为“十佳安全生产监管卫士”。

石景山区

先进集体

石景山区被市安委会评为“2014 年度安全生产工作先进区县”。

门头沟区

先进集体

门头沟区被市安委会评为“2014 年度安全生产工作先进区县”。

先进个人

门头沟区安全监管局林劲北被国家安全监管总局、国家煤矿安全监察局评为“安全生产监管监察先进个人”。

房　山　区

先进集体

房山区安全监管局被国家安全监管总局、国家煤矿安全监察局评为“安全生产监管监察先进单位”。

房山区被市安委会评为“2014 年度安全生产工作先进区县”，授予“安全生产工作重大进步奖”。

房山区安全监管局被市安委会办公室授予“2014 年北京市安全生产月活动优秀组织奖”。

房山区安全监管局被市安全监管局授予“2014 年度北京市安全生产监管监察工作改革创新奖”。

房山区安全监管局被市安全监管局、妇女联合会授予“家庭安全知识竞赛优秀组织奖”。

先进个人

房山区安全监管局邱玉珊被国家安全监管总局、国家煤矿安全监察局评为“安全生产监管监察先进个人”。

房山区安全监管局刘振国被市安委会评为“十佳安全生产监管卫士”。

通　州　区

先进集体

通州区被市安委会评为“2014 年度安全生产工作先进区县”。

通州区安全监管局被市安委会办公室授予“2014 年北京市安全生产月活动优秀组织奖、最佳实践活动奖”。

通州区安全监管局被市安全监管局授予“2014 年度北京市安全生产监管监察工作改革创新奖”。

先进个人

通州区安全监管局曹树常、顿六平被国家安全监管总局、国家煤矿安全监察局评为“安全生产监管监察先进个人”。

顺　义　区

先进集体

顺义区被市安委会评为“2014 年度安全生产工作先进区县”。

顺义区广电中心被市安委会办公室授予“2014 年北京市安全生产月活动优秀新闻报道奖”。

顺义区安全监管局被市安全监管局授予“2014 年度北京市安全生产监管监察工作改革创新奖”。

先进个人

顺义区安全监管局孙书林、李妍被国家安全监管总局、国家煤矿安全监察局评为“安全生产监管监察先进个人”。

顺义区安全监管局李妍被市安委会评为“十佳安全生产监管卫士”。

大　兴　区

先进集体

大兴区被市安委会评为“2014 年度安全生产工作先进区县”，授予“安全生产工作基础管理创新奖”。

大兴区安全监管局职业安全监督检查科被国家安全监管总局、国家煤矿安全监察局评为“安全生产监管监察先进单位”。

大兴区安全监管局被市安委会办公室评为“2014 年度北京市安全生产月先进单位”。

大兴区安全监管局被市安全监管局授予“2014 年度北京市安全生产监管监察工作改革创新奖”。

先进个人

大兴区安全监管局李新杰被国家安全监管总局、国家煤矿安全监察局评为“安全生产监管监察先进个人”。

昌　平　区

先进集体

昌平区安全监管局安全生产执法监察大队被国家安全监管总局、国家煤矿安全监察局评为“安全生产监管监察先进集体”。

昌平区安全监管局被市安委会办公室授予“2014 年度北京市安全生产月活动优秀组织奖”。

昌平区安全监管局被市安全监管局授予“2014 年度北京市安全生产监管监察工作改革创新奖”。

先进个人

昌平区安全监管局张林利被国家安全监管总局、国家煤矿安全监察局评为“安全生产监管监察先进个人”。

平　谷　区

先进集体

平谷区被市安委会评为“2014 年度安全生产工作先进区县”。

先进个人

平谷区安全监管局张凤果被国家安全监管总局、国家煤矿安全监察局评为“安全生产监管监察先进个人”。

怀　柔　区

先进集体

怀柔区被市安委会评为“2014 年度安全生产工作先进区县”。

怀柔区安全监管局被市安委会办公室授予“2014 年北京市安全生产月活动优秀组织奖、最佳实践活动奖”。

怀柔区安全监管局被市安全监管局授予“2014 年度北京市安全生产监管监察工作改革创新奖”。

先进个人

怀柔区安全监管局朱振民被国家安全监管总局、国家煤矿安全监察局评为“安全生产监管监察先进个人”。

怀柔区安全监管局朱振民被市安委会评为“十佳安全生产监管卫士”。

密　云　县

先进集体

密云县被市安委会评为“2014 年度安全生产工作先进区县”。

密云县安全监管局被市安全监管局授予“2014 年度北京市安全生产监管监察工作改革创新奖”。

密云县安全监管局被市安委会办公室授予“2014 年北京市安全生产月活动优秀组织奖”。

密云县安全监管局被市安全监管局、北京煤监局评为“全市安全监管系统政务信息工作先进单位”。

先进个人

密云县安全监管局于庭满被国家安全监管总局、国家煤矿安全监察局评为“安全生产监管监察先进个人”。

密云县安全监管局于庭满被市安委会评为“十佳安全生产监管卫士”。

延　庆　县

先进集体

延庆县被市安委会评为“2014 年度安全生产工作先进区县”。

先进个人

延庆县安全监管局沈铭新被国家安全监管总局、国家煤矿安全监察局评为“安全生产监管监察先进个人”。

延庆县安全监管局王建强被市安委会评为“十佳安全生产监管卫士”。

北京经济技术开发区

先进集体

北京经济技术开发区被市安委会评为“2014年度安全生产工作先进区县”。

北京经济技术开发区安全监管局被市安全监管局授予“2014年度北京市安全生产监管监察工作改革创新奖”。

先进个人

北京经济技术开发区安全监管局王雷、刘占超被国家安全监管总局、国家煤矿安全监察局评为“安全生产监管监察先进个人”。

十佳安全生产监管卫士

为进一步强化“红线”意识，加强全市安全生产监管队伍建设，树立先进典型，增强广大安监干部做好安全生产工作的荣誉感、责任感和使命感，北京市安委会面向全市安监系统和部分行业部门，开展“十佳安全生产监管卫士”评选活动。各单位申报近百名先进代表。经北京市安委会活动评审组认真研究，筛选出30名候选人，接受社会公众的网上投票（http://anjianweishi.esafety.cn/），结合投票情况最终综合评定出北京市“十佳安全生产监管卫士”（以姓氏笔画为序）。

马建国，西城区展览路街道办事处安全生产办公室主任

马建国负责街道500平方米以下餐饮场所燃气安全、普通地下室安全等工作，在安全生产一线已奋战9年时间。一年春节，他小脚趾骨折，为了不耽误工作，他拄着双拐坚守岗位。为了搞好烟花爆竹安全管理，他连续9年没在家过春节。

于庭满，密云县安全监管局局长

密云县安全监管局成立之初，人员少，资金缺，甚至连办公场所都是临时租赁的。面对困难局面，于庭满带领全局同志担负起全县安全生产监管任务。密云县各类事故逐年减少，特别是从2007年至今，密云县非煤矿山领域8年无死亡事故发生，轻伤事故逐年递减。

王军，北京市旅游发展委员会安全与应急处（假日办）处长

王军自1993年长期从事旅游行业安全监管工作。在工作中，他始终坚持重调研、知需求、解困难、抓落实，结合监管实际，他组织制定修订《北京市等级旅游景区安全管理办法》《北京市旅游突发事件总体预案》《北京市假日旅游工作运行机制》等管理制度。20年来，没休息过年假，没请一天病假。朋友聚会从不饮酒，以确保随时处理突发事件。王军曾多次被评为优秀党员、优秀公务员、先进工作者称号。

朱振民，怀柔区安全监管局监管一科科长

朱振民自2004年进入安监战线以来，一直负责事故处理工作。不管白天还是黑夜，他总是随叫随到，在绝大多数时候都是第一个赶到事故现场的人。在事故处理过程中，他坚持依法行政。他指导企业做好事故善后处理工作，严格执法、公正执法、廉洁执法。

徐阳，北京市安全监管局执法监察总队主任科员

2005—2010年，徐阳在中央、北京市主办的大型活动中，承担150多项监管任务，均圆满完成。2012年，他牵头负责的执法监察组的行政处罚数量和金额在总队排名第一。在2013年北京市政府法制办组织的案卷评查中，他的每个案卷均获评“优秀”。公务员年度考核，分别获得“优秀公务员”两次、“三等功”一次。

刘振国，房山区安全监管局综合监督管理科科长

刘振国工作作风严谨，在执法检查中，针对发现的问题总结出一套企业规章制度。一些企业存在的问题较为严重，为了避免受到处罚，四处托关系说情。面对这种情况，他每次都严词拒绝，向企业讲明处罚的意义，让企业将精力放在隐患整改上。4年来，他经手处理的所有事故原因清晰、责任明确、处理公正，结案率100%。刘振国先后被评为行政执法标兵，三等功，市区两级先进个人。

张红波，北京市丰台区住建委安全质量监督站副站长

张红波从事安全生产管理工作 22 年，病倒过、累倒过，可从未被难倒过。楼房坍塌，他带队进入倒塌的建筑搜救；“7·21”暴雨，他蹚水进入现场，协调配合相关部门排水，抢修路面；“4·8”园博园永定塔建设期间失火，他主动请缨在现场 24 小时驻守。

李妍，顺义区安全监管局创建办科长

李妍以创新思维推动工作开展。10 年来，利用业余时间，通过自学与实践，从一个普通人员成为业务骨干。顺义区刚开展安全生产标准化创建时，她不断探索，逐步总结出符合本地实际情况的标准化工作模式。她梳理出小微企业达标标准，实现安全生产执法检查、事故隐患排查、标准化评定的“三标合一”。她先后被评为先进个人，公务员考核两次三等功，巾帼建功标兵和市妇联巾帼奖章，市安全生产先进个人，信息北京十大应用成果奖，全国安全生产工作实践应用创新一等奖，全国安全生产先进个人。

王建强，延庆县安全监管局执法监察队副队长

10 年来，王建强一直在安全生产执法监察一线工作。多年来，他下发各类执法文书 4200 多份，未出现法律法规引用错误；处理行政处罚案件 90 多起，没有行政复议；参与处理群众举报 60 多起，满意率达 100%；完成各类大型活动安全保障任务 118 项。

冯春友，朝阳区安全监管局综合科科长

冯春友是工作中的有心人，看到好的资料就仔细研究，养成随时随地学习的好习惯，他在短时间内从一般安全生产监管的门外汉进步为行家里手。他领导的科室既有对外协调、对内统筹职责，又有诸多管理事项，他坚持把每项工作都完成好。几年来，他参与起草的规范文件 300 余份，组织修订的制度 30 余项，起草审核总结报告 1200 余份，汇总 43 个街乡及区委办局各种报表 6.2 万余份，特别是他编撰的安全生产现场检查流程，在全市推广。他先后被评为北京奥运会交通保障先进个人，朝阳区 2008 年奥运个人功勋金质奖，连续 7 年被朝阳区评为优秀公务员，4 次立三等功。

以上资料，根据《中国安全生产报》2014 年 7 月 10 日第七版“北京市‘十佳安全生产监管卫士’评选 30 名候选人风采”和市安全监管局宣传教育中心提供的“北京市十佳安全生产监管卫士事迹”整理。

附 录

【附录 1】

2014 年北京市工业企业安全生产标准化（二级）名单（共 264 家）

1. 北京御食园食品股份有限公司
2. 北京福田电子医疗仪器有限公司
3. 北京北方凯利金属制造有限公司
4. 铁力山（北京）控制技术有限公司
5. SMC（中国）有限公司
6. 美巢集团股份公司
7. 北京中纺优丝特种纤维科技有限公司
8. 北京华璞钻石有限责任公司
9. 北京利富高塑料制品有限公司
10. 北京新雷能科技股份有限公司
11. 北京大承精技汽车部件有限公司
12. 颇尔过滤器（北京）有限公司
13. 中科晶电信息材料（北京）有限公司
14. 联合利华食品（中国）有限公司北京第二分公司
15. 永丰余家纸（北京）有限公司
16. 曲美家具集团股份有限公司北京第一分公司
17. 夏晖物流（北京）有限公司
18. 北京天福号食品有限公司
19. 北京双健塑料包装制品有限公司
20. 东陶机器（北京）有限公司
21. 博美（北京）玻璃有限公司
22. 北京昆仑润滑油厂
23. 北京宝吉机械有限公司
24. 北京理韩汽车配件有限公司
25. 北京路桥方舟交通科技发展有限公司
26. 北京东西分析仪器有限公司
27. 北京曼特门业有限公司
28. 北京海纳川江森汽车部件有限公司
29. 富泰京精密电子（北京）有限公司
30. 北京市普利门电子科技有限公司
31. 北京同仁堂麦尔海生物技术有限公司
32. 北京雷力海洋生物新产业股份有限公司生产基地
33. 北京柳成新和汽车部件有限公司
34. 北京首量科技有限公司
35. 北京稻香村食品有限责任公司食品厂
36. 乐百氏（广东）饮用水有限公司北京分公司
37. 北京正大蛋业有限公司
38. 北京天竺兴业软件技术有限公司
39. 富智康精密组件（北京）有限公司
40. 有研新材料股份有限公司
41. 洪进（北京）体育用品有限公司
42. 北京天威瑞恒高压套管有限公司
43. 中印集团数字印务有限公司
44. 欧文托普（中国）暖通空调系统技术

有限公司
45. 北京市同顺城混凝土有限公司
46. 北京光瑞机械制造有限责任公司
47. 北京中拓机械有限责任公司
48. 北京太行前景水泥有限公司
49. 北京现代摩比斯汽车零部件有限公司
50. 安奕极（北京）电源系统有限公司
51. 福莱克斯光变颜料有限公司
52. 北京市恒慧通肉类食品有限公司
53. 北京供电福斯特开关设备有限公司
54. 中机十院国际工程有限公司
55. 北京益民药业有限公司
56. 北京天树标牌制造有限公司
57. 诺兰特移动通信配件（北京）有限公司
58. 北京市顺义医药药材公司
59. 北京江森汽车部件有限公司
60. 科博莱（北京）汽车技术有限公司
61. 北京恩派太阳能科技有限公司
62. 北京顺鑫农业股份有限公司耘丰种业分公司
63. 北京通力盛达节能设备股份有限公司
64. 北京坎普尔环保技术有限公司
65. 北京鑫益华工贸有限公司
66. 北京韩太汽车部件有限公司
67. 北京东方雨虹防水技术股份有限公司
68. 京珠盛世服饰有限公司
69. 科玛化妆品（北京）有限公司
70. 北京市京顺机动车检测场
71. 北京顺鑫农业股份有限公司顺科农业技术开发分公司
72. 北京同仁堂股份有限公司同仁堂制药厂
73. 北京同仁堂股份有限公司同仁堂药酒厂
74. 北京同仁堂股份有限公司
75. 络派模切（北京）有限公司
76. 北京智创联合科技有限公司
77. 北京韩美药品有限公司
78. 北京康美天鸿生物科技有限公司
79. 北京北起意欧替起重机有限公司
80. 北京北大维信生物科技有限公司
81. 可口可乐装瓶商生产（东莞）有限公司北京分公司
82. 北京南常肉食机械有限公司
83. 易兰德（北京）印务有限公司
84. 北京奇良海德印刷有限公司
85. 博奥生物有限公司
86. 北京西门子西伯乐斯电子有限公司
87. 北京中电普华信息技术有限公司
88. 玛氏食品（中国）有限公司
89. 康明斯发动机（北京）有限公司
90. 北京铁科首钢轨道技术股份有限公司
91. 北京航天益来电子科技有限公司
92. 北京城建沥青混凝土有限公司
93. 北京中铁通电务技术开发有限公司
94. 绿友机械集团股份有限公司
95. 北京科东电力控制系统有限责任公司
96. 莱宝光学设备（北京）有限公司
97. 北京前锋科技有限公司
98. 北京合康亿盛变频科技股份有限公司
99. 北京龙徽酿酒有限公司
100. 南京南瑞集团公司北京监控技术中心
101. 北京国电智深控制技术有限公司
102. 北京国网普瑞特高压输电技术有限公司
103. 北京国合海达利电子科技有限公司
104. 北京维益埃电气股份有限公司
105. 北京北汽摩有限公司散热器厂
106. 北京京澳毛纺有限公司
107. 施耐德（北京）中压电器有限公司

108. 北京市密云县粮油总公司
109. 北京卓越华盛供热投资管理有限公司
110. 北京经纬纺机新技术有限公司
111. 北京市大兴区粮油总公司
112. 北京市房山粮油贸易总公司
113. 北京市延庆粮油总公司
114. 北矿新材料科技有限公司
115. 北京市通州区粮油贸易公司
116. 北京华德液压工业集团有限公司液压泵分公司
117. 北京庆丰万兴食品科技研发中心
118. 欧玛嘉宝安瑞吉（北京）电气设备有限公司
119. 北京南瑞鸿捷科技有限公司
120. 北京菲斯曼供热技术有限公司
121. 北京中安特科技有限公司
122. 南瑞航天（北京）电气控制技术有限公司
123. 北京中纺化工股份有限公司
124. 北京红星股份有限公司
125. 楼氏电子（北京）有限公司
126. 世化普力特光电科技（北京）有限公司
127. 北京七星华创微波电子技术有限公司
128. 北京利祥制药有限公司
129. 北京北重汽轮电机有限责任公司
130. 北京方舟开源商务有限公司
131. 北京鑫诺金传感技术有限公司
132. 北京科晶天润玻璃有限公司
133. 北京市顺义粮油总公司
134. 北京龙德商业管理有限公司
135. 北京天威瑞恒电气有限责任公司
136. 北京剑江制衣集团
137. 北京七星飞行电子有限公司
138. 北京金隅砂浆有限公司
139. 北京光华启明烽科技有限公司
140. 北京相峰伟业汽车配件有限公司
141. 中施德电气设备（北京）有限公司
142. 北京三箭和众鼎电子有限公司
143. 北京电子动力设备安装工程公司
144. 北京爱拔益加家禽育种有限公司
145. 北京市顺义区自来水公司
146. 北京京城长野工程机械有限公司
147. 北京瑞普北光电子有限公司
148. 北京雪莲羊绒股份有限公司
149. 蓝星（北京）化工机械有限公司
150. 北京广振商工汽车部件有限公司
151. 雪润（北京）羊绒制品有限责任公司
152. 北京华邈中药工程技术开发中心
153. 北京五洲佳泰新型涂层材料有限公司
154. 蒙特空气处理设备（北京）有限公司
155. 北京京精医疗设备有限公司
156. 北京京门良实国有资产经营管理公司
157. 北京宝岛包装印刷有限公司
158. 北京华德液压工业集团有限责任公司液压阀分公司
159. 北京长征天民高科技有限公司
160. 可附特汽车零部件制造（北京）有限公司
161. 北京北广电子集团有限责任公司
162. 威讯联合半导体（北京）有限公司
163. 北京百事可乐饮料有限公司
164. 葆婴有限公司
165. 北京万辉双鹤药业有限责任公司
166. 北京特嘉汽车零部件有限公司
167. 安迅（北京）金融设备系统有限公司

168. 北京京仪椿树整流器有限责任公司
169. 北京新华空港航空食品有限公司
170. 北京宏达日新电机有限公司
171. 北京罗麦科技有限公司
172. 北京东方昊为工业装备有限公司
173. 北京北内设备工具有限公司
174. 北京天地人环保科技有限公司
175. 北京金轮坤天特种机械有限公司
176. 北京北内机械制造有限责任公司
177. 北京中钞锡克拜安全油墨有限公司
178. 北京市裕农优质农产品种植公司怀柔蔬菜加工厂
179. 北京北人富士印刷机械有限公司
180. 航卫通用电气医疗系统有限公司
181. 北京中丽制机喷丝板有限公司
182. 威世特迪亚—亨特利（北京）电子有限公司
183. 北京成旺食品有限公司
184. 北京汽车动力总成有限公司
185. 北京北内柴油机有限责任公司
186. 北京世宇汽车配件有限公司杨镇分公司
187. 北京曼可顿食品科技有限公司
188. 萨姆森控制设备（中国）有限公司
189. 揖斐电电子（北京）有限公司
190. 北京太时芯光科技有限公司
191. 国电南瑞（北京）控制系统有限公司
192. 北京大基康明医疗设备有限公司
193. 北京远东仪表有限公司
194. 北京物华天宝安全玻璃有限公司
195. 北京新进汽车零部件有限公司
196. 中都物流有限公司
197. 北京 ABB 高压开关设备有限公司
198. 现代农装科技股份有限公司
199. 威尔德（北京）香精有限公司
200. 北京市承顺成混凝土有限公司
201. 海福乐五金（中国）有限公司
202. 德瑞克斯安防产品（中国）有限公司
203. 北京中丽制机工程技术有限公司
204. 北京李尔汽车电子电器有限公司
205. 北京博大网信科技发展有限公司
206. 北京京仪绿能电力系统工程有限公司
207. 北京中丽制机配件有限公司
208. 北京汽车新能源汽车有限公司
209. 北京现代摩比斯汽车配件有限公司
210. 北京东明兴业科技有限公司
211. 北京隆达东方电器有限公司
212. 北京华通恒盛电气设备有限公司
213. 北京通用电气华伦医疗设备有限公司
214. 北京科锐配电自动化股份有限公司
215. 北京全路通信信号研究设计院有限公司
216. 施耐德（北京）中低压电器有限公司
217. 北京华都诗华生物制品有限公司
218. 北京旺旺食品有限公司
219. 北京来旺包装有限公司
220. 北京科诺德流体设备有限公司
221. 北人集团公司
222. 北京飞尼课斯科技股份有限公司
223. 北京隆轩橡塑有限公司
224. 北京旺洋食品有限公司
225. 北京印钞有限公司
226. 北京英思沃工业科技有限公司
227. 北京必旺食品有限公司
228. 北京中丽制机电气有限公司
229. 北京天元奥特橡塑有限公司
230. 北京北分瑞利分析仪器（集团）有

限责任公司
231. 北京北汽摩有限公司电动车分公司
232. 北京爱王塑料制品有限公司
233. 意莎普（中国）暖通空调有限公司
234. 北京同仁堂科技发展股份有限公司亦庄分厂
235. 北京乳旺食品有限公司
236. 北京京日东大食品有限公司
237. 宝健（中国）日用品有限公司
238. 北京住总商品混凝土中心
239. 中电普瑞电力工程有限公司
240. 北京博大经开置业有限公司
241. 霍曼（北京）门业有限公司
242. 北京美驰建筑材料有限责任公司
243. 北京通尼科技有限公司
244. 航天长征化学工程股份有限公司
245. 北京北汽李尔汽车系统有限公司
246. 资生堂丽源化妆品有限公司
247. 中冶赛迪电气技术有限公司
248. 北京金盾建材有限公司
249. 北京合力建筑机械有限公司
250. 通号工程局集团有限公司
251. 北京金风科创风电设备有限公司
252. 康明斯排放处理系统（中国）有限公司
253. 北京博飞仪器有限责任公司
254. 北京莱伯泰科仪器股份有限公司
255. 北京天诚同创电气有限公司
256. 北京市顺义城关预应力构件厂
257. 北京市北郎中面粉厂
258. 中国汽车工业进出口有限公司
259. 中电普瑞科技有限公司
260. 北京阿奇夏米尔工业电子有限公司
261. 拓普康（北京）科技发展有限公司
262. 北京星箭长空测控技术股份有限公司
263. 电子工业出版社
264. 比泽尔制冷技术（中国）有限公司

【附录 2】

北京市安全评价乙级机构

序号	机构名称	办公地址	业务范围（一类）	业务范围（二类）	联系人	联系电话
1	中国铁道科学研究院	北京市海淀区大柳树路 2 号		15.a 铁路运输业，15.b 城市轨道交通及辅助设施	郭湛	51893599
2	北京联合智业认证有限公司	北京市朝阳区北苑路 170 号	3. 石油和天然气开采业，4.a 石油加工业，4.b 化学原料、化学品及医药制造业，4.c 燃气生产及供应业，4.d 炼焦业	7. 房屋和土木工程建筑业，8. 管道运输业，9. 仓储业，14.a 黑色、有色金属冶炼及压延加工业，14.b 金属制品业，14.c 非金属矿物制品业，18.a 机械设备制造业，18.b 电器制造业，19.a 轻工业，19.b 纺织业，19.c 烟草加工制造业	李庆伟	84850008
3	北京市工业技术开发中心	北京市朝阳区工体北路凯富大厦	4.a 石油加工业，4.b 化学原料、化学品及医药制造业，4.c 燃气生产及供应业，4.d 炼焦业	7. 房屋和土木工程建筑业，9. 仓储业，11.a 火力发电业，11.b 热力生产和供应业，14.a 黑色、有色金属冶炼及压延加工业，14.b 金属制品业，14.c 非金属矿物制品业，18.a 机械设备制造业，18.b 电器制造业，19.a 轻工业，19.b 纺织业，19.c 烟草加工制造业	额冬梅	84045670

续表

序号	机构名称	办公地址	业务范围（一类）	业务范围（二类）	联系人	联系电话
4	北京市化工职业病防治院	北京市海淀区香山一棵松50号	2.a金属矿采选业，2.b非金属矿采选业，2.c其他矿采选业，4.a石油加工业，4.b化学原料、化学品及医药制造业，4.c燃气生产及供应业，4.d炼焦业	7. 房屋和土木工程建筑业，8. 管道运输业，9. 仓储业，11.a火力发电业，11.b热力生产和供应业，14.a黑色、有色金属冶炼及压延加工业，14.b金属制品业，14.c非金属矿物制品业，15.a铁路运输业，15.b城市轨道交通及辅助设施，16. 公路，17. 港口码头，18.a机械设备制造业，18.b电器制造业，19.a轻工业，19.b纺织业，19.c烟草加工制造业	崔西勇	62594766
5	中国船舶重工集团公司第七一四研究所	北京市朝阳区科荟路55号		7. 房屋和土木工程建筑业，9. 仓储业，14.a黑色、有色金属冶炼及延压加工业，14.b金属制品业，14.c非金属矿物制品业，15.a铁路运输业，15.b城市轨道交通及辅助设施，17. 港口码头，18.a机械设备制造业，18.b电器制造业，19.a轻工业，19.b纺织业，19.c烟草加工制造业	陈健	53255142

索 引

我们将进入真正的群体时代

L'âge où nous entrons sera véritable-
ment l'ère des foules.

— Gustave Le Bon

之众

Psychologie des foules

群体心理研究

Gustave Le Bon

〔法〕居斯塔夫·勒庞 著

胡小跃 译

浙江出版联合集团

浙江文艺出版社

建议上架：经典 社科

ISBN 978-7-5339-4196-3

定价：39.00